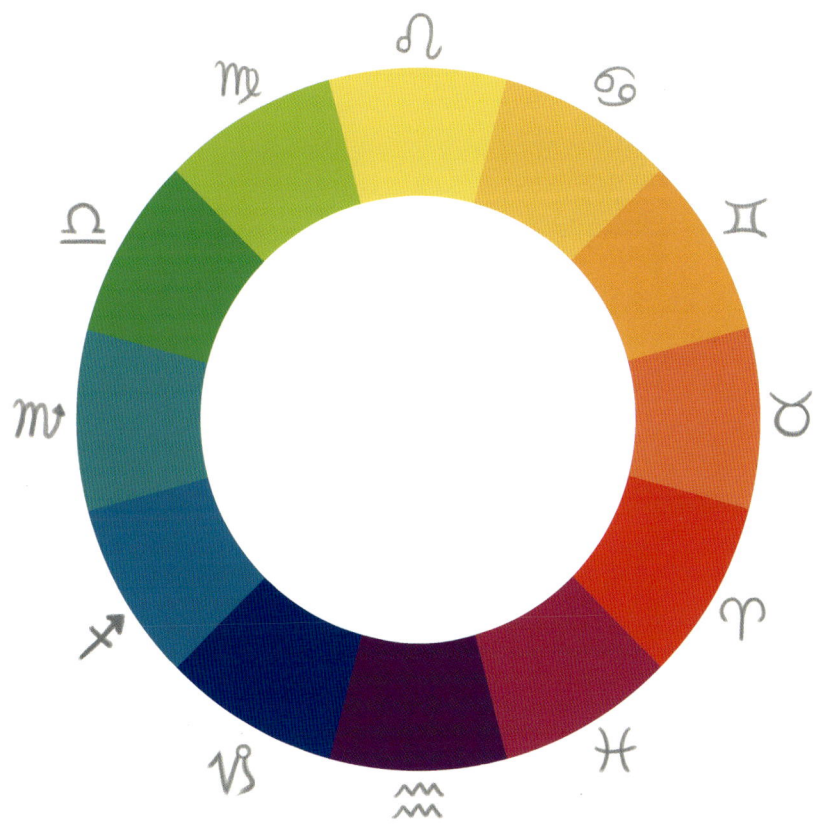

カラー・ゾディアック
(コラム 13「色彩と占星術」芳垣宗久)

はじめに

　最新の解剖学の観点からいえば、人間の内臓の働きは太陽系の惑星と共鳴しており、人間の身体は宇宙に開かれているということなのだそうです。
　内臓の働きは古代から何一つ変わらず、いつの時代になっても、私たちの身体は宇宙と交信しているといえるのです。人体の組織は、体壁系と内臓系に分かれており、体壁系は動物的性質、内臓系は植物的性質に対応しています。内臓系の中心となるものは心臓で、これは人の心を体現しています。
　体壁系の中心は脳で、これは頭を表します。頭と心は常に通信しあっていますが、そもそも心は頭よりもはるかに優れたものですが、現代の私たちは、西暦紀元以後から、少しずつ頭が中心になっており、内臓、すなわち心の声を聞かなくなっています。そのことで、人類は自然な生体圏から少しずつ孤立することになり、これが人類の多くの神経症を増加させているということもいえると思います。
　生命としての自然な生命リズムに戻し、宇宙と共存する生き方をする。このために、占星術を使うのは無理の少ない方法だといえるでしょう。西暦紀元後数世紀してから始まった、人間の自我の独立性を作るという良い面を強調し、自然界の作用と人類の働きを切り離すという試みは、人間の独立性を強調し、閉鎖的な世界に幽閉されるという悪い面を持っていましたが、新しく、あらためて宇宙的なリズムと私たちの生活を共存させるという第三の方法を採用すると、真の未来的な生き方ができるでしょ

I

う。それは頭と心を共存させることでもあります。

宇宙的なリズムと共鳴するということを考えた時に、惑星の公転周期を重視することはとても大切です。細かいリズムから、数十年単位のリズムまで、複数の惑星はさまざまな公転周期を持っていますが、惑星が10個あるということでは、10種類のリズムがあるということになります。そして、このそれぞれの回転の中に、牡羊座と蟹座と天秤座と山羊座という節目があります。つまり種まき、成長、完成、定着という四つのプロセスがあります。

私たちはさまざまなサイクルの複合で生活していますが、これらそれぞれがどの惑星に対応しているかを考えて、そこから行為を整理しなおしてみるとよいでしょう。

金星はミクロコスモスへ人を導くといわれています。火星はマクロコスモスへ人を導くといわれます。これはささやかで、平和な小さな世界に人を没入させます。火星に刺激されている行為は、より広い世界へと挑戦する行為は、火星に刺激されている行為です。火星は胆汁に関係しているといわれますが、胆汁は脂肪を分解し、乳化させ、その後体内に栄養として吸収されます。ですが脂肪は、身体の温度を保ち、また内臓とかさまざまな組織を保護するという意味では、人の生存をぬくぬくと守る性質があるのです。脂肪はそのままでは、その人を怠惰で閉鎖的にしてしまう一面もあるのです。

つまり金星は、個人のささやかな生活を守るという意味では、脂肪的で、火星はそれを分解して、より範囲を拡大したチャレンジへと導きます。これまでの生活を保つ脂肪でなく、燃える脂肪へと変わるのです。脂肪を溜め込むと、その人は金星的になったり、また炭水化物から内臓脂肪を生産する肝臓作用などがクローズアップされ、肝臓に対応する木星が強まったりします。そして運動して、脂肪をエネルギー源として頻繁に使う人は火星的になるというふうに考えます。

これは惑星の作用を身体の働きと結びつける一例ですが、結局、健康な生活とは、どれか一つの惑

はじめに

星を重視することではなく、全体を生かし、どれかが過剰に強まらないようにするということです。これを「全惑星意識」といいますが、そのためには、古い占星術のように火星や土星は凶星であるなどという考えをあらためなくてはいけないでしょう。

全惑星意識は、やがては太陽意識へと発展します。ることなので、その手がかりとして、占星術を使うと、勘違いしにくいメリットがあります。不得意な天体は、そのアスペクトか推移によって、その人にいろいろなトラブルを起こしますが、それは星の配置が悪いのではなく、その惑星が意味するような意識作用に対して本人が通じていない、自分のものにしていないということから来ます。

通じていくと、いかなるアスペクトも脅威とはならず、その上手な応用ができるのです。どの惑星に慣れているか、どの惑星が慣れていないのか、自分でチェックしてみるとよいと思います。あるいはある惑星と惑星の組み合わせが難しいとか、慣れているとか考えることも参考になります。

ホロスコープは自分の曼荼羅であると考えてみるとよいでしょう。それに馴染むことが、自分のすみずみまで慣れることになります。

3

目次 CONTENTS

はじめに 1

第1章 西洋占星術のホロスコープを読むのに必要な基本的な要素

序 ホロスコープリーディングに必要な要素とは…16
1 12サイン…16
2 10天体…22
3 公転周期…25
4 ジオセントリックシステムとヘリオセントリックシステム…31
5 ハウス…37
6 アスペクト…43
　(1) 90度のアスペクト　50
　(2) 180度のアスペクト…52
7 サイン、惑星、ハウス、アスペクトの組み合わせ…54

- (1) スティーヴ・ジョブズのケース…56
  - 11ハウスに近いところにある10ハウスの蟹座の天王星と木星…60
  - 12ハウスにある獅子座の26度の冥王星…60
  - 2ハウスにある天秤座の海王星…61
  - 5ハウス直前の4ハウスにある山羊座の金星…64
- (2) 天体が置かれたサインを詳細に見る場合…66
- (3) イコールハウス…67
- (4) それぞれのサインにあるアスペクトの基本的なパターン…69
  - 牡羊座と牡羊座0度…69
  - 牡羊座と牡牛座60度…71
  - 牡羊座と双子座60度…72
  - 牡羊座と蟹座90度…72
  - 牡羊座と獅子座120度…74
  - 牡羊座と乙女座150度…75
  - 牡羊座と天秤座180度…76
  - 牡羊座と蠍座150度…78
  - 牡羊座と射手座120度…80
  - 牡羊座と山羊座90度…81
  - 牡羊座と水瓶座60度…83
  - 牡羊座と魚座60度…84
  - 牡牛座と牡牛座0度…85
  - 牡牛座と双子座150度…86
  - 牡牛座と蟹座60度…88
  - 牡牛座と獅子座150度…89
  - 牡牛座と乙女座120度…90
  - 牡牛座と天秤座150度…91
  - 牡牛座と蠍座180度…92
  - 牡牛座と射手座150度…93
  - 牡牛座と山羊座120度…95
  - 牡牛座と水瓶座150度…97
  - 牡牛座と魚座60度…98
  - 双子座と双子座0度…99
  - 双子座と蟹座30度…100
  - 双子座と獅子座60度…102
  - 双子座と乙女座90度…104
  - 双子座と天秤座120度…105
  - 双子座と蠍座150度…106
  - 双子座と射手座180度…108
  - 蟹座と蟹座0度…110
  - 蟹座と獅子座30度…111
  - 蟹座と乙女座60度…114
  - 蟹座と天秤座90度…116
  - 蟹座と蠍座120度…118
  - 蟹座と射手座150度…119
  - 蟹座と山羊座180度…121
  - 蟹座と水瓶座150度…122
  - 獅子座と獅子座0度…124
  - 獅子座と乙女座30度…125
  - 獅子座と天秤座60度…127
  - 獅子座と蠍座90度…128
  - 獅子座と射手座120度…130
  - 獅子座と山羊座150度…131
  - 獅子座と水瓶座180度…132
  - 獅子座と魚座150度…134
  - 乙女座と乙女座0度…136
  - 乙女座と天秤座30度…138
  - 乙女座と蠍座60度…139
  - 乙女座と射手座90度…141
  - 乙女座と山羊座120度…142
  - 乙女座と水瓶座150度…144
  - 乙女座と魚座180度…145
  - 天秤座と天秤座0度…
  - 天秤座と射手座60度…

8 惑星の役割の補遺…178

(1) 準惑星となった冥王星…178

(2) 冥王星のサイクル…184

　牡羊座の冥王星（1823年〜1851年）…185
　牡牛座の冥王星（1851年〜1882年）…185
　双子座の冥王星（1882年〜1912年）…185
　蟹座の冥王星（1912年〜1937年）…186
　獅子座の冥王星（1937年〜1956年）…186
　乙女座の冥王星（1956年〜1971年）…187
　天秤座の冥王星（1971年〜1983年）…187
　蠍座の冥王星（1983年〜1995年）…188
　射手座の冥王星（1995年〜2008年）…188
　山羊座の冥王星（2008年〜2023年）…189
　水瓶座の冥王星（2023年〜2043年）…189
　魚座の冥王星（2043年〜2066年）…190

(3) 不安定で不吉な惑星とされた火星…190

(4) ケンタウルス小惑星群〜土星と天王星の間にある越えられない壁〜…196

天秤座と山羊座90度……147
蠍座と山羊座60度……156
射手座と水瓶座60度……163
水瓶座と水瓶座0度……172

天秤座と水瓶座120度……149
蠍座と水瓶座90度……158
射手座と魚座90度……166
魚座と魚座0度……174

天秤座と魚座150度……151
蠍座と魚座120度……160
射手座と山羊座0度……168

蠍座と蠍座0度……154
射手座と射手座0度……162
山羊座と魚座60度……170

9 シュタイナーの『オカルト生理学』における惑星の解釈…204
　(5) 人の一生を表す天王星…201
　(1) 血液は統一的な自我の乗り物…204
　(2) 脾臓の役割、土星の閉鎖…207
　(3) 知覚作用としての排泄…208
　(4) 自我と太陽の関係性…211

10 速読するための手順…213
　(1) 月、太陽、土星の三つの天体を組み合わせて読む…213
　(2) ケーススタディ ―コリン・ウィルソン― 怒れる若者世代の代表…219
　(3) ハウスの入り口にあるサインと中にあるサインの組み合わせ…222
　(4) サインにも5度前ルールはある…224
　(5) ディスポジターの考え方を導入する…227
　　　コリン・ウィルソンのケース…225

11 二つの天体の比較…228
　(1) 金星と月、太陽と火星…229
　(2) 真の太陽と占星術の太陽…231
　(3) 水星と金星…232

- (4) 火星と木星… 234
- (5) 木星と土星… 235
- (6) トランスサタニアンと土星… 236
  - 1951年10月から1952年11月くらいまで　天王星と土星が90度… 237
  - 1952年の始まりから1953年の秋ぐらいまで　海王星と土星が0度… 238
  - 1955年11月から1956年10月くらいまで　冥王星と土星が0度… 238
  - 1962年2月から1963年4月くらいまで　海王星と天王星が90度… 239
  - 1964年3月から1967年2月くらいまで　土星と天王星が180度／土星と冥王星が180度… 239
  - 1970年7月から1972年6月くらいまで　海王星と土星が180度… 240
  - 1973年8月から1974年7月くらいまで　冥王星と土星が90度… 241
  - 1975年7月から1977年6月くらいまで　海王星と土星が90度… 241
  - 1978年11月から1980年8月くらいまで　冥王星と土星が90度… 242
  - 1981年12月から1983年10月くらいまで　天王星と土星が0度… 242
  - 1987年3月から1989年1月くらいまで　海王星と土星が0度… 243
  - 1988年12月から1990年1月くらいまで　天王星と土星が0度… 244
  - 1999年6月から2000年6月くらいまで　海王星と土星が90度… 244
  - 1999年5月から1999年7月くらいまで　天王星と土星が90度… 245
  - 2001年6月から2002年7月くらいまで　冥王星と土星が180度… 246
  - 2006年7月から2007年8月くらいまで　海王星と土星が180度… 247
  - 2008年9月から2009年10月くらいまで　天王星と土星が180度… 247

12 進行とトランジットを組み合わせた三重円……248

(1) 欠けのない状態を目指す……248
(2) 進行天体……253
(3) サイクル……255
(4) 内側からの月と外側からの土星……257
(5) さまざまな周期の乗り物を使い分ける……258
(6) 知覚する印象は曲げられている……261
(7) 進行天体とトランジット天体の使い分け……263
(8) 人は出生図の可能性を生かしきれるのか……269
(9) 全惑星意識を獲得するには……276
　　月の位置……277　　水星の位置……277　　金星の位置……278　　太陽（＝地球）の位置……278　　火星の位置……279　　木星の位置……279　　土星の位置……279　　天王星の位置……280　　海王星の位置……280　　冥王星の位置……281
(10) 秘教占星術では恒星を重視する……282
(11) 非時間的・非空間的な影響……286
(12) 全惑星意識での時間・空間の中では無限の複製を作り出す……286

13 ソーラーリターンを読む……288

(1) 太陽の場所と月の場所の比較……291
(2) アスペクトの意味……287

14 年齢ハーモニックを読む……292

15 リロケーション—ハウスは相対的なものだと認識する…295

16 知っておくと便利な手法…302
　(1) ハーフサム（ミッドポイント）…302
　(2) 相性…305
　　すべての天体を比較する…306
　　　月…306
　　　水星…307
　　　金星…307
　　　太陽…307
　　　火星…307
　　　遠い天体…308
　　　冥王星…308
　　どちらに有利か…308

(1) 立ち位置としての土星…296
(2) 満たされ感を探す…298
(3) アストロカートグラフィあるいはパランの図…299

第2章　サビアンシンボル…311

序 サビアンシンボルを考えるに当たって…312

牡羊座1度…315
牡羊座2度…315
牡羊座3度…316
牡羊座4度…316
牡羊座5度…317
牡羊座6度…317

牡羊座7度…318
牡羊座8度…318
牡羊座9度…319
牡羊座10度…319
牡羊座11度…320
牡羊座12度…320

牡羊座13度…321
牡羊座14度…321
牡羊座15度…322
牡羊座16度…322
牡羊座17度…323
牡羊座18度…323

牡羊座19度…324
牡羊座20度…324
牡羊座21度…325
牡羊座22度…325
牡羊座23度…326
牡羊座24度…326

牡羊座25度…327
牡羊座26度…327
牡羊座27度…328
牡羊座28度…328
牡羊座29度…329
牡羊座30度…329

乙女座13度……396	乙女座7度……393	獅子座25度……390	獅子座19度……387	獅子座13度……384	獅子座7度……381	獅子座1度……378	蟹座25度……375	蟹座19度……372	蟹座13度……369	蟹座7度……366	蟹座1度……363	双子座25度……360	双子座19度……357	双子座13度……354	双子座7度……351	双子座1度……348	牡牛座25度……345	牡牛座19度……342	牡牛座13度……339	牡牛座7度……336	牡牛座1度……333	牡牛座1度……330
乙女座14度……396	乙女座8度……393	乙女座2度……390	獅子座26度……387	獅子座20度……384	獅子座14度……381	獅子座8度……378	獅子座2度……375	蟹座26度……372	蟹座20度……369	蟹座14度……366	蟹座8度……363	蟹座2度……360	双子座26度……357	双子座20度……354	双子座14度……351	双子座8度……348	双子座2度……345	牡牛座26度……342	牡牛座20度……339	牡牛座14度……336	牡牛座8度……333	牡牛座2度……330
乙女座15度……397	乙女座9度……394	乙女座3度……391	獅子座27度……388	獅子座21度……385	獅子座15度……382	獅子座9度……379	獅子座3度……376	蟹座27度……373	蟹座21度……370	蟹座15度……367	蟹座9度……364	蟹座3度……361	双子座27度……358	双子座21度……355	双子座15度……352	双子座9度……349	双子座3度……346	牡牛座27度……343	牡牛座21度……340	牡牛座15度……337	牡牛座9度……334	牡牛座3度……331
乙女座16度……397	乙女座10度……394	乙女座4度……391	獅子座28度……388	獅子座22度……385	獅子座16度……382	獅子座10度……379	獅子座4度……376	蟹座28度……373	蟹座22度……370	蟹座16度……367	蟹座10度……364	蟹座4度……361	双子座28度……358	双子座22度……355	双子座16度……352	双子座10度……349	双子座4度……346	牡牛座28度……343	牡牛座22度……340	牡牛座16度……337	牡牛座10度……334	牡牛座4度……331
乙女座17度……398	乙女座11度……395	乙女座5度……392	獅子座29度……389	獅子座23度……386	獅子座17度……383	獅子座11度……380	獅子座5度……377	蟹座29度……374	蟹座23度……371	蟹座17度……368	蟹座11度……365	蟹座5度……362	双子座29度……359	双子座23度……356	双子座17度……353	双子座11度……350	双子座5度……347	牡牛座29度……344	牡牛座23度……341	牡牛座17度……338	牡牛座11度……335	牡牛座5度……332
乙女座18度……398	乙女座12度……395	乙女座6度……392	獅子座30度……389	獅子座24度……386	獅子座18度……383	獅子座12度……380	獅子座6度……377	蟹座30度……374	蟹座24度……371	蟹座18度……368	蟹座12度……365	蟹座6度……362	双子座30度……359	双子座24度……356	双子座18度……353	双子座12度……350	双子座6度……347	牡牛座30度……344	牡牛座24度……341	牡牛座18度……338	牡牛座12度……335	牡牛座6度……332

乙女座19度……399	乙女座25度……402	天秤座1度……405	天秤座7度……408	天秤座13度……411	天秤座19度……414	天秤座25度……417	蠍座1度……420	蠍座7度……423	蠍座13度……426	蠍座19度……429	蠍座25度……432	射手座1度……435	射手座7度……438	射手座13度……441	射手座19度……444	射手座25度……447	山羊座1度……450	山羊座7度……453	山羊座13度……456	山羊座19度……459	山羊座25度……462
乙女座20度……399	乙女座26度……402	天秤座2度……405	天秤座8度……408	天秤座14度……411	天秤座20度……414	天秤座26度……417	蠍座2度……420	蠍座8度……423	蠍座14度……426	蠍座20度……429	蠍座26度……432	射手座2度……435	射手座8度……438	射手座14度……441	射手座20度……444	射手座26度……447	山羊座2度……450	山羊座8度……453	山羊座14度……456	山羊座20度……459	山羊座26度……462
乙女座21度……400	乙女座27度……403	天秤座3度……406	天秤座9度……409	天秤座15度……412	天秤座21度……415	天秤座27度……418	蠍座3度……421	蠍座9度……424	蠍座15度……427	蠍座21度……430	蠍座27度……433	射手座3度……436	射手座9度……439	射手座15度……442	射手座21度……445	射手座27度……448	山羊座3度……451	山羊座9度……454	山羊座15度……457	山羊座21度……460	山羊座27度……463
乙女座22度……400	乙女座28度……403	天秤座4度……406	天秤座10度……409	天秤座16度……412	天秤座22度……415	天秤座28度……418	蠍座4度……421	蠍座10度……424	蠍座16度……427	蠍座22度……430	蠍座28度……433	射手座4度……436	射手座10度……439	射手座16度……442	射手座22度……445	射手座28度……448	山羊座4度……451	山羊座10度……454	山羊座16度……457	山羊座22度……460	山羊座28度……463
乙女座23度……401	乙女座29度……404	天秤座5度……407	天秤座11度……410	天秤座17度……413	天秤座23度……416	天秤座29度……419	蠍座5度……422	蠍座11度……425	蠍座17度……428	蠍座23度……431	蠍座29度……434	射手座5度……437	射手座11度……440	射手座17度……443	射手座23度……446	射手座29度……449	山羊座5度……452	山羊座11度……455	山羊座17度……458	山羊座23度……461	山羊座29度……464
乙女座24度……401	乙女座30度……404	天秤座6度……407	天秤座12度……410	天秤座18度……413	天秤座24度……416	天秤座30度……419	蠍座6度……422	蠍座12度……425	蠍座18度……428	蠍座24度……431	蠍座30度……434	射手座6度……437	射手座12度……440	射手座18度……443	射手座24度……446	射手座30度……449	山羊座6度……452	山羊座12度……455	山羊座18度……458	山羊座24度……461	山羊座30度……464

付録 寄稿コラム…495

コラム1 古典的な技法とネイタルチャートの関係 いけだ笑み…496

コラム2 心理占星術とは何か 石塚隆一…511

コラム3 レクティフィケーション 石塚隆一…520

コラム4 コンサルテーションチャート 石塚隆一…529

コラム5 近年の欧米占星術界の動向 倉本和朋…534

水瓶座1度……465
水瓶座7度……468
水瓶座13度……471
水瓶座19度……474
水瓶座25度……477
魚座1度……480
魚座7度……483
魚座13度……486
魚座19度……489
魚座25度……492

水瓶座2度……465
水瓶座8度……468
水瓶座14度……471
水瓶座20度……474
水瓶座26度……477
魚座2度……480
魚座8度……483
魚座14度……486
魚座20度……489
魚座26度……492

水瓶座3度……466
水瓶座9度……469
水瓶座15度……472
水瓶座21度……475
水瓶座27度……478
魚座3度……481
魚座9度……484
魚座15度……487
魚座21度……490
魚座27度……493

水瓶座4度……466
水瓶座10度……469
水瓶座16度……472
水瓶座22度……475
水瓶座28度……478
魚座4度……481
魚座10度……484
魚座16度……487
魚座22度……490
魚座28度……493

水瓶座5度……467
水瓶座11度……470
水瓶座17度……473
水瓶座23度……476
水瓶座29度……479
魚座5度……482
魚座11度……485
魚座17度……488
魚座23度……491
魚座29度……494

水瓶座6度……467
水瓶座12度……470
水瓶座18度……473
水瓶座24度……476
水瓶座30度……479
魚座6度……482
魚座12度……485
魚座18度……488
魚座24度……491
魚座30度……494

コラム6 コンピューター占い 今、昔、そして未来　その境目を担う「土星・海王星180度」の世代　鷹石惠充…543

コラム7 モノの時代から心の時代へ。　竹内俊二…558

コラム8 メディカルアストロロジー　登石麻恭子…565

コラム9 占星術と季節の食養生 〜季節サイクルと食べ物（メニュー）〜　登石麻恭子…573

コラム10 植物療法と占星術　登石麻恭子…580

コラム11 アストロダイス教室　まついなつき…591

コラム12 ローカル・スペース占星術―方位に現れる惑星のシンボリズム　芳垣宗久…597

コラム13 色彩と占星術　芳垣宗久…607

コラム14 占い現場における占星術　ラクシュミー…622

コラム15 バースコントロール占星術　リマーナすず…629

コラム寄稿者紹介…642
おわりに…647
著者紹介…650

第1章

西洋占星術のホロスコープを読むのに必要な基本的な要素

序　ホロスコープリーディングに必要な要素とは

本書は、『完全マスター西洋占星術』の第2巻です。第1巻で、ホロスコープを読む上での基本的な要素は説明しましたが、第2巻では、その補足などをしていきます。そこで、ホロスコープをリーディングする時に必要な要素をあらためて確認しましょう。

ホロスコープを読む時に最低限知っておかなくてはならない項目は、12サイン、10天体、12ハウス、惑星のアスペクトです。これは算数でいえば四則演算のようなもので、どれも欠かすことはできません。日本では戦後から西洋占星術というのが少しずつ一般化してきましたが、70年代など初期の段階ではこの四つのうちどれかが欠けているか、ほとんど知らないような状態で、書籍や雑誌の原稿を書いている執筆者もいました。「アスペクトは重視しない」とか、「12サインの性質なんか意味がない」という人もいました。しかし、現代ではほとんどそのようなことはなくなりました。

またサイン、ハウス、惑星、アスペクトの四つを全部揃えるにしても、例えば12サインのうちどれかが嫌いとか、不得意というようなケースもあるでしょう。これもリーディングの段階で影を作ってしまい、正確に読めなくなります。自分でわかっているつもりでも、実際にはそうではないこともあ

ります。トレーニングとしては均等に同じ文字数で全部を書いてみるなどすると、自分でも偏りがわかると思います。アイデアの一つとして、ブログに記事を書いて練習してみるとよいでしょう。毎日の天体配置を説明してみるとか、有名人のホロスコープを解読して掲載してみるというのもよいのではないでしょうか。

1　12サイン

占星術で12サインは最も知られていますが、そこに天体が入ってきた時に、その天体の性格づけなどを表すことになります。

テレビや雑誌などでは時に「12星座」という言い方をすることもありますが、占星術で使う12サインは星座ではありません。12サインは、地球の赤道の延長である天の赤道と、太陽の通り道である黄道の交差した場所である春分点をスタート点にして、黄道を正確に30度ずつに区切ったものです。

星座は太陽系の外にある星座であり、それは12サインのように30度ずつ均等に並んでいるわけではありません。12サインは太陽と地球の関係でのみ決まるもので、正確な番地づけのようなものです。「獣帯」という言い方もしますから、十二支と同じように、動物イメージなどを借りて説明する

人もいます。ですが、実際には黄道を正確に30度ずつ区切り、そこに正確な幾何図形のような区切りができますから、動物イメージではなく図形イメージの方が近いのです。「山羊座だからヤギのようだ」という例えを使うのはかなり難しい面があります。

古い時代の哲学では、12サインという12の区分の数字そのものや、幾何図形にロゴスや意義があると考えられていました。12サインは、この中に正方形と正三角形、また六角形の組み合わせがあります。すると正方形の意味、正三角形の意味、六角形の意味などがそこに含まれていることになります。

この仕組みは非常に興味深いものです。図形が張りめぐらされた構造の中で、一点の意味は、それ以外との相対的な関係性から決まります。単独でどこかに意味が発生することはありません。つまり一点を成り立たせるためには、それ以外のすべての要素が必要なのです。

占星術などの占い技法を確立する歴史の上では、実データをたくさん蓄積して、その共通の意味を探るというような、統計的・実証的な要素はあまり含まれていません。実際のデータを検証するというような考え方は現代的なもので、古代から続く占星術の技法などは、むしろ精神の哲学とか、また数字や図形の法則などのようなアイデアから生まれたものです。

そのため、12サインの意味についても、たくさんの人のサインの特性を調査して、その意味を集計した結果、こういうものだろうと推理したのではありません。精神が考案したアイデア、つまり知識を探求する上では、本来正しい方法は上から降りてきたものを突き合わせて、だんだんと正確な知識が生まれてきます。これが本来正しい方法なのです。12サインを考える時には、乙女座の人は実際にこのようなことをしていたということを考える前に、まずは法則としての骨組み要素である土の元素、柔軟サイン、6番目のサインなどだということから考えてみましょう。その上で、実際に、その特性を帯びた人はこのようなことをしていたということを検証するのです。

実際には、実在の人物などから乙女座の性質を考えるのはほとんど不可能です。というのも太陽サインはその人のごく一部でしかなく、他の惑星は違うサインにあります。このような状況の中で、複雑な料理の中から、特定のスパイスの成分のみを抽出するかのように、特定のサインの性質を一人の人間の行動・性格観察で抽出することはほとんど無理なこと、いわば非可逆データなのです。

あらためていいますが、12サインは、いろいろなものの性格やカラーなどを表しています。この12サインを理解するために、黄道を太陽が移動することを参考にして、それぞれの

季節の性質を12サインの中に盛り込んでもよいでしょう。春分点(牡羊座)は種まきをして、夏至点(蟹座)では成長していき、秋分点(天秤座)では成果を刈り取り、冬至点(山羊座)では作物を乾燥保存する。季節の食べ物でいえば、春は種のもの、夏は水のもの、秋は実のもの、冬は根のものです。こうしたイメージは12サインの印象をより豊かに理解する参考になります。

12サインは地球上でどこの地域にもかかわらず共通していますから、地球上に住んでいる人に共通の性質づけなどを表しているのではないでしょうか。12サインは集合的な記憶の場のようなものを表しているのではないでしょうか。

昔から、時代の変化によって失われることのない集合的な記憶というものを「アカシックレコード」と呼びました。このアカシックレコードというものは古い時代から使われている言葉です。この記憶のレコードは、ピザの生地のようなところがあり、まずは数字や幾何図形の法則をもとにして作られ、12のロゴスが形成されます。このベースの中に、さまざまな時代の、さまざまな人の印象がストックされ、時代によっても少しずつとらえ方が変わってきます。といっても、記憶が変形するのではなく、それを読み取る人々のアプローチの方法が変わってくるという意味です。計測器が変わると、読み取られた内容は変わってしまうのです。誰もが共通して見るイメージとか、事象というのはほとんど存在しません。しかし根底のシンボリッ

クな意義は共有されていて、それはあまり変わらないと考えるとよいでしょう。

そしてこの集団の記憶の場は、人間の子供が生まれてくる時には、誰もがアクセスすることができるのです。指5本で手足が二つずつある、というような型記憶です。あまりにも膨大な記憶の蓄積があるので、12個という分類だけではとらえ切れず、後に説明しますが、もっと細分化された分析をしていき、細かくリーディングする必要も出てくるでしょう。

ベースは12というような数字的な法則で作られていますが、この中に具体的な記憶がたくさん重なってきます。思いや感情、体験、記憶などある程度具体的なイメージを伴うことのない純粋に抽象的な数字または図形の法則というのは、実は存在していません。数字とイメージは骨と肉の関係のようなものですが、この二つをくっきりと分離することはできません。そのことを意識して12サインの性質について考えてみるとよいでしょう。

多くの人が誤解しがちなことですが、特定の個人は、特定のサインが強いとか、この人はこのサインの人という限定された使い方は好ましいものではありません。これは雑誌とかテレビで、太陽生まれサインを重視した結果の弊害かもしれません。「私は射手座だから」というように、一つのサインが自分のもので、他のサインは自分とはあまり関係がないと勘違い

第1章 西洋占星術のホロスコープを読むのに必要な基本的な要素

すると、占星術を正しく理解できなくなります。

12サインが集団的な記憶の場であり、生きる上で必要なさまざまな型記憶がストックされている場であると考え、移動する惑星は、特定の時間・空間の中で、この記憶の場のどれかの部分をダウンロードするセンサーの役割をしていると考えてみます。

占星術で使う天体は10個あり、さらに、トランジット天体や進行天体は移動し続けています。速い天体もあれば、遅い天体もあります。結果的にすべての人が、この12サインのすべての要素を体験するのです。ある人はある記憶領域に深入りし、ある人はさらっと通り過ぎます。

もし、どれか嫌いなサインがあると、その後、トランジット天体とか進行天体などがトレースすることで、この嫌いなサインの場所も何度も通らなくてはならず、そのたびに不快な体験をしていきます。身体にも12サイン対応があります。嫌いなサインがある人は、「私は心臓は好きだが、肺は嫌い。胃は欲張りで下品すぎる」などと考えているのと同じです。そして胃を嫌ったあげく、胃癌になって、短命になったりするかもしれません。

私たちは12サインを余すところなく、すべて活用していると考えましょう。生まれてきた時の出生図では、サインは12あるが、天体は10個しかなく、一つずつマッピングしても、二つのサインに空席ができます。古い時代の仏教の曼荼羅に、

12サインとそこに七つの惑星を割り当てた図があり、ホロスコープはそのままその人の曼荼羅であるということになります。この個別性は、個人が持つ個性的な特性であるとともに、他のすべてを理解するための小窓となります。

自分が深くかかわるサインだけが重要なのではなく、むしろ、この個別性を通してのみ、他のすべてを理解できるのです。

個別の性質は他の12サインを通してのきっかけなのです。

これは「個性を通して、客観的にすべてを理解できる」という、一見、矛盾した真実を語ります。12サイン全体を理解するには、12サインの特定のどこかに錨を降ろさなくてはならないのです。そしてそこから歩いていく必要があるのです。

まず12サイン世界に降りる。そのためには、どこでもよいので一つのサインに足をかけるのです。

自分のホロスコープの場合、特定のサインに特定の惑星があるというのは、探検するための、12サインの作り出す建物の回廊の入り口なのだと考えてみることにしましょう。個人は特定の個性を持ってホロスコープを持って生まれ、そして、生きている間、すべてのサインを体験します。どこから出発しても全部を回るのです。

12サインという集団記憶の場のデータは膨大で、このすべてを知っていると断言できる人は一人も存在しません。本書では、第2章で1度ずつの意味を解説しておりますが、それを読んでもわかると思いますが、一つのサインについてステレ

19

オタイプ的に解釈していると、実はサインの中には、それを裏切る特性がたくさん含まれていることに驚きます。12サインを均等に学びましょう。そして、この無尽蔵に見える記庫を日々探索しましょう。

例えば、スマートフォンに、日々の天体位置の計算をするアプリケーションを入れてみます。朝起きた時に、トイレの中でこれを見る人もいます。今日はこの場所をデータアクセスしているのだと確認するのです。同じ場所をアクセスしても、人によって使い方とか掘り下げ方が違います。

占いというと、受動的に「こんな天体配置だから、こんなことが起こるのでは」と推理する人がいます。これは能動的な要素を忘れています。このサインのこのあたりをアクセスしている天体がある。能動的な面を発揮すると、このサインのこの局面を利用して、こんなことをしてみようと計画することもできるのです。

受動的な占いという見方をすると、占い番組を見て、ある占いライターがこう書いている。それをそのまま真に受けてしまうということもあります。以前私は朝日新聞でデイリー占いの連載をしていました。他のメディアでもたくさんしていた時期はありますが、後になるほど減ってきました。デイリー占いに関しては、最後にしていたのが朝日新聞です。

ある時、朝日新聞編集部が読者にアンケートを取りました。その結果、30％くらいの人が、内容を気にしていると回答してきました。しかし、私は太陽星占いというのは、10個の天体のうちの一つなので、太陽星占いは、その人の10％の要素しか語らないということを知っていますから、真に受けてはエンターテイメントとして受け取る側の人間です。多くの執筆者は、当たらないことは詳しく知っているので、なかなかひどい取り組み方もします。例えば、サイコロを使ってみるとか。

「30％の人が気にしている」。これはとんでもない話だと思いました。私がここで言いたいことから脱線しました。

太陽星占いは、もともと正確さを持つことができないのだということだけでなく、占いを書いている人は、その人の生き方や考え方、天体の使い方、サインの使い方に特有の癖があり、その人が見て、そのように見えるのだということしか書きません。そしてあたかもそれが正しい見解であると考えています。

土星や冥王星が苦手な人は、土星や冥王星の役割を否定的に書くのです。他の本にもそう書いてあるではないか、と。

20

第1章　西洋占星術のホロスコープを読むのに必要な基本的な要素

誰でも、たいていたくさんの資料や本の中でも、自分と共鳴する考え方のところに目がいきます。自分と同じような見解ばかりだ、と思うのです。視覚は思考の反映なので、誰もが正しく公平に見ることなんてできないのです。そして偏ったことを書いた時に被害を受けるのは、その本人です。追い出したものに追い出されるということになります。

人によって惑星やサインなどの活用の仕方には大きな違いがあることを認識しましょう。そして自分なりの開拓をしましょう。既に説明したように、個性的な追及や客観性を持つに至るのです。この独自性はすべての人に理解される客観性を持つという項目で解説しているものです。ズスマンは山羊座について、動物のヤギを連想するという間違いを犯していますが、狭い岩場でも平気な顔をして立っているヤギを想像したので、連想の誤りはともかく、山羊座は均衡感覚であり、それはとても狭い場所に立脚点を持つ。しかし同時にすべての空間に広がっているという考え方です。これは山羊座の優れた要素を上手く説明しています。

狭い空間に立ち、その明確な立脚点があるからこそ、同時に、他のすべての空間の支配者であるということ、特定の位置を決めると、そこから、他のものを測量できる安定点が生まれるのです。自分の位置を決めないと、他のものを理解できません。ここに個性という限定性と、全体の理解という普

遍性が結びつきます。ズスマンの12サイン論は、シュタイナーが試みた12感覚と12サインの対応からきています。

牡羊座	＝自我感覚
牡牛座	＝思考感覚
双子座	＝言語感覚
蟹　座	＝聴覚
獅子座	＝熱感覚
乙女座	＝視覚
天秤座	＝触覚
蠍　座	＝生命感覚
射手座	＝運動感覚
山羊座	＝均衡感覚
水瓶座	＝嗅覚
魚　座	＝味覚

この12サインと12感覚対応は、地球中心のジオセントリックの考え方ではしっくりこない面があり、太陽中心のヘリオセントリックだとぴったりくるので、2015年の段階では私はヘリオセントリック専用の定義にしようと考えています。本書は基本的に、従来のジオセントリックのホロスコープを扱います。ですので、少しだけ参考にするかたちがよいでしょう。深入りすると混乱します。

惑星にはそれぞれの固有の公転周期があり、この周期が、その惑星の持つ性質を決定している面があります。幼児は1か月以上の期間を認識できないといいますが、この場合、28日程度で12サインを回り終える月と関連づけられます。この

21

2　10天体

ホロスコープでは、太陽系の中の10個の天体を使います。

月、水星、金星、太陽、火星、木星、土星、天王星、海王星、冥王星です。また他にももっと細かく考えたい時には、小惑星やケンタウルス小惑星群のキロンなども考慮に入れます。

古い時代には、肉眼で見える天体として、月から土星までの七つの天体を使っていました。その頃には、ヨーロッパという狭い文化圏の中においては、まだ天王星や海王星、冥王星などが発見されていなかったからです。

ここで7天体が重視されていたのは、見える天体であるという以外に、宇宙法則として、七つの原理というものがとても大切だったということも関わっています。この七つの原理は、神学的な考え方の中では、宇宙の代表的な法則でした。音階や色彩などでもこの区分がいまだに力を握っていて、廃れたわけではありません。

例えば、今後も冥王星の外側のオールトの海の中にある複数の惑星がクローズアップされて、認知されることになる惑星の数は増える可能性がありますが、占星術では発見した惑星をむやみに体系に組み入れるということはないでしょう。なぜならば、占星術はそのベースに神学的、宇宙哲学的な法則というものがあり、この視点のもとで宇宙を見ていくからです。もし純粋に天文学的、物理学的に宇宙を見ていく場合には、そもそも占星術というものは存在しなくなります。人間の精神や意識を説明する法則というものがあり、それが適用されたものが、惑星の数の7やサインの12の法則であり、それを天文学的に見る宇宙に投影して、そこに秩序を見ているということになるのです。

そうであるならば、この法則を投影してみた宇宙像というのは、あまり客観的でもないのではないかと思う人もいるかもしれません。ですが、実は、私たちの感覚は私たちの思考

月が12サインを移動する時に、12サインは膨大なデータの蓄積がありますが、月の持つ作用という範囲で見えてくる部分だけに齧りつくのです。つまり月の読み取り機は、月らしい内容の情報しか読み取れないのです。金星や火星、土星などに見えている情報は月には全く見えていません。月の持つ理解と許容範囲は著しく狭く、複雑なことを理解しません。ある意識状態についての記憶は、意識状態が変わると失われます。しかしその意識レベルを復元すればまたその記憶はそのまま復元されるという理屈がありますが、その点では月のレベルでは、月にのみ見えている視野があり、それはまた月が同じサインをトレースすると再現されるのです。

このように考えてみると、12サインの記憶やデータは、まとめて簡単に扱うことができず、惑星の種類によって、違うものが出てくる面がある多角的なものだということです。

とか精神の投影で成り立っています。視覚も思考の反映です。

この主観とか感覚をなしにして、何かを観察するということはあり得ないことです。主観なしの視点を客観的ということがありますが、多くの人がいう客観的という場合、主観性のことです。それは長い時代に書き換えられていますが、謎の物体と化します。

私たちは何かを見ている時に、そこに精神や思考の投影をしています。目の前に椅子がある時、私たちの記憶の中で椅子の意味というものを知っており、この印象で椅子を見ていますが、もし椅子の記憶がないのならば、目の前にあるものは謎の物体と化します。

科学は現象を観測し、そこから法則を導きだすものだと考えられていますが、実際にはそう厳密なものではありません。ものを見るということ自体に、既に私たちは自分の精神や思考を投影しているので、予断を持たずに冷静に観察するということはあり得ないのです。この予断を持つことで、自然界の中にルールとか秩序を発見する行為は、サビアンシンボルの項目で説明していますが、乙女座の働きです。形のないものに秩序を見出すという時、秩序を見出すものの秩序以外で働くものを除外するのです。もし予断を持たずに冷静に見ていると思っている人は、たんに予断というものが無意識に働いていることに無自覚なだけで、他人から見るとその色眼鏡というのはしっかり働いていることが目立ちます。

ゲオルギイ・グルジェフやインドのオショーなどは、主観

芸術と客観芸術の違いについて説明していますが、客観芸術や客観意識は長い時代の中でもあまり変わりません。しかし、ここでいう客観というのは、主観を含めて統合的に見た二極化されない意識をしており、多くの人が使う客観的という言葉はかなり隔たりがあります。一般にいう客観というのは主観を取り去ったもので、その意味では二極化から免れていないために、結局、主観的なものとたいして変わりません。

占星術の体系には、精神哲学が深く結びついています。神智学などを参考にしてみると、宇宙法則は七つの原理で成り立っています。プリズムを参考にしてみると、一つの光は七つに分光します。この七つのうちの一つは、またさらに七つに分かれるのです。占星術に適用してみると、宇宙の中心があり、その周囲に全太陽としての七つの太陽です。この太陽は七つの惑星に分岐します。そのうちの一つが太陽系の太陽(恒星)に分岐します。惑星の一つに七つの月があるということになります。実際には地球の周りには月は一つしかなく、ここで神学的な7の法則が、上においては破綻します。地球はこの7という古い宇宙法則が、上においては上手く機能できない場所だと考えるとよいでしょう。

現実に、天文学的に、たくさんの天体や宇宙現象はゴミの堆積のように無秩序に散らばっていて、占星術はこの中で選り好みして、好みのものだけを拾っているように見えます。

人間は、精神の法則のフィルターを通して見えるものだけを

受け取り、それ以外の要素は注意力の及ぶ範囲からこぼれていきます。占星術では、精神や思考、人間の心としての法則の7や12を、宇宙の中に見ていきます。

どうしてそのようなことが必要なのでしょうか。例えば、どのような音楽もドからシまでの7音階を使って表現されます。その時に、私たちはそこに自分たちが理解できる情感というものを感じることができる下からのものが結合したものが、六角形のシンボルです。ばらばらな周波数で作られたサウンドには、私たちはあまり意味を感じません。むしろそれらに長らく浸されることで、自分が消耗し、自己喪失した気がしてきます。町には騒音がたくさんあり、ずっと晒されていると、ひどく疲れてきます。音楽を聴いた時には、そこに明確な情感というものを感じ取ることができて、統合的に、人間性を取り戻すことができるのです。やっと自分に戻ってきたと感じることができるでしょう。神経が混乱し、非常に疲れている人は、音楽というものに救いを求めます。そこに人間の心や感情の秩序があるからです。

上に精神があり、下に物質があるということを考えてみましょう。生産的な原理は正三角形で表現されます。精神の法則は上から降りていく正三角形です。そしてその鋳型に沿って、拾ってくる情報は、下から上がってくる正三角形です。実際には下から上がってくる情報は、混沌としているかもしれませんが、説明したように、精神は自分が働く原理に沿っ

たもの以外はすべて振り落としてしまい、そもそもはじめからそれはなかったかのように振る舞うのです。

結果的に、上から降りてきたものを自分の鏡像としての三角形にしてしまうのです。この上からのものと下からのものが結合したものが、六角形のシンボルです。

占星術はこうした使い方をしているので、惑星という物質の固まりに、愛情という意味を与えてみたり、創造力や知性、発展力などの意味を付与するのです。こうなると、惑星がつぎつぎに新しく発見されても、それを占星術の体系にそのまま加えることはないということが理解できるでしょう。

現在は、天王星、海王星、冥王星という目視できない天体が加わることで、この七つの法則が成り立たなくなっているということでもありません。七つのオクターヴの法則は、それ自身ではリニアに働くわけではなく、自力で乗り越えることのできない2か所の不足部分がある、というのがグルジェフの思想です。そこで七つの法則に、さらに二つのインターバルを必要とするということになります。ここで不足を補うのです。

さらに、基点としてのドの音に重なる要素があり、インターバルの二つを加えて、合計10個の要素があれば適切に機能するということになります。カバラの生命の樹の10個のセフィロト、

あるいは禅の十牛図で考えてもよいかもしれません。人間との何の関係もないようにも見える冷たい機械時計としての天体は、このようにして意味が与えられ、占星術として成り立つのです。

3 公転周期

私は、惑星の公転周期は、惑星の性質を考える時に最も参考になる要素だとみなしています。公転周期についての一つの回転、その意識の寿命を表しています。占星術は、12サインを回転する一つの円を有機体の一生とみなしており、1日、1年、一生などの円を、あるいは歳差の円を、全部同じ構造とみなしていますが、この同じ構造のものは、惑星の公転周期の違いなどによって、複数の階層の円になると考えるのです。

この円はまず二分割して考えることができます。吐く息と吸う息と考えてもよいですし、目覚めと眠りと考えてもよいのです。これが円の中の陰陽です。さらに、一つの円の中に春夏秋冬という四つの区分が出来上がります。1年は地球の公転からきていて、1日は地球の自転からきています。一生というのは、だいたい天王星の公転周期と見てもよいでしょうし、社会生活は土星の公転周期と合致していると見てもいいかもしれません。

惑星の公転周期は次のようなサイクルを持っています。恒星周期として考えてみましょう。

月	0.0748 年
水星	0.241 年
金星	0.615 年
太陽	1 年
火星	1.881 年
セレス	4.6 年
木星	11.87 年
土星	29.45 年
天王星	84.07 年
海王星	164.9 年
冥王星	248.1 年

人の一生は天王星の84年に最も近いので、人間をトータルに見る視点は天王星周期に関係しています。しかし私たちはこれを対象化できません。自分自身が立っている土台を本人は意識できないのです。

意識は、何か特定の対象に向かって射出され、自分と対象の落差がある時にのみ働くのです。ここでは自分が対象化して見ることのできるものは、自分よりも範囲の小さいものです。この天王星の土台から見て、明確に対象化できるのは、天王星よりも一つサイクルの早い土星だと考え、土星を対象化できる限界の周期だと考え、人生のさまざまな変化を考えるには、このサイズよりも小さな範囲の中で考えていくということになります。

この点で社会生活や具体的な人生の流れなどを考えるには、土星と、それよりも速度の早い七つの天体を考えるだけで事足りるということもあります。天王星、海王星、冥王星の影響は強く働き、それを無視することなどとうていできないのですが。しかし、これらは私たちの自覚ある人生の範囲からはみ出しています。

例えば、新幹線ののぞみの中で、ノートパソコンで仕事をしている人がいるとして、のぞみが移動していることは意識に上がらない場合もあります。このパソコンを操作するという作業は、移動するのぞみに支えられて成り立っているのです。

私たちは地球の上にいますが、今大きな音を立てて、地球が回転しているのだと感じる人はいません。そのように、天王星から冥王星までの影響は識域下で働き、意識に上がってこないかもしれませんが、意識できないからといって、それが働いていないとはいえないのです。

私はこの惑星のさまざまな周期について考える時に、太陽を中心にして、その周囲に複数の惑星軌道の同心円がある図を思い浮かべます。そして、この複数の惑星の同心円は、複数の触覚領域が存在すると表現します。これは奇妙な言い方なのでどういう意味を示しているのか説明しなくてはなりません。

フッサールがいうように、意識は何らかの方向に射出することで成り立ちます。さらにサルトルがいうように意識は空の構造で、この意識が投射された対象によってのみ意識の存在は証明されます。これは虚空の穴の淵があり、この淵によってのみ、虚空があることが理解できるというようなものです。意識は存在するということではなく、意識が何かに向かって飛び出している時だけ存在するというものです。

何らかの意識活動には意識が射出され、それを跳ね返す、抵抗するものが必要です。暗闇に石を投げて、それが何かに当たると、そこで手ごたえを感じますが、無音なままでは、投射したものは無駄に消えていったと感じます。誰かに話しかけても、誰も答えないのならば徒労です。意識が投射された時に、がつんと跳ね返す場所。これが触覚的境界線であり、惑星のそれぞれの同心円に例えるのです。太陽は大きな自己であり、これらをプリズムの七つの分光のように、七つの法則に沿って割ったものが惑星群です。そしてこの惑星は、さまざまな異なる公転周期に分かれた時に、太陽というトータルな意識を外に投射していき、リアクションとして、七つの手ごたえが得られます。一つの白い光を投げ出した時、それはぱっと七つの鮮やかな色として反射するのです。

ここで触覚という言葉を使ったのは抵抗であって、そこでぶつかり、それ以上は前に進めないということを示しているからです。私たちは触覚の範囲の中に閉じ込められているのです。

第1章　西洋占星術のホロスコープを読むのに必要な基本的な要素

すべての惑星の同心円の触覚的境界線は、すべての人に働いていますが、人によっては、この中で特定の惑星の軌道の部分をもっぱら自分の意識の手応えとして活用しています。その人が活動する場、つまり抵抗を感じ、手応えを感じ、交流の存在する場があり、そこが自分の活躍する場であるとみなすのです。

考えることといえば、ファッションしかなかったという人がいると仮定します。こういう時は、その人の意識の働きの触覚的輪郭、光を投げかける対象の淵に、金星の同心円部分があるということになります。それ以外も全部働いていますが、その人はもっぱら金星の同心円の輪郭部分を大切にしており、それを自分の意識の働きのターゲットにしているということです。そこに交流があり、楽しみがあり、喜びもあり、また苦痛も存在します。その輪郭の場で呼吸できるということです。

その人を競馬場に連れていくとすると、息もできなくなり死にかけたようになるかもしれません。そこに自分が活動するための手応えの場がないのです。ですが同じ年齢の人で、競馬場で盛り上がる人もいるはずです。

町のどこかに行くと元気になり、どこかに行くと元気がなくなる。町は、全部の惑星の作用がちりばめられている場と考えた時に、自分が手応えとして活用できる惑星とそうでない惑星がはっきりしている人は、町の中で、明るい場所と暗い場所のコントラストが出てきます。

火星の輪郭のものを知らなかった時、火星の働きによる自己確認、手応えというものを想像すらできません。ある日、火星に目覚めると「このような世界、このような楽しみ方があったのか」と感動します。同じ惑星の輪郭を共有する人々は、それぞれそこで交流ができて、実感を感じることができるのです。

私からすると、惑星そのものよりも、まずは、この公転軌道の同心円を意識することが重要で、この中を移動している惑星は、特定の時間という限定された場所にピンを置いたというイメージで考えます。惑星は時間の中で回転しています。どの時間においても普遍的に存在する同心円があり、この中で、惑星は、ある時間ポイントに、情報を引きずり下ろすのです。いわば静止した帯があり、この中で惑星は、物質的な三次元領域に落ちた穴であると考えます。そこが黒ずんで固まり、凝固していると考えるのです。

触覚的輪郭についてもっとしつこく例を挙げます。死者探索をしているブルース・モーエンは、ある日トイレの中で立っていた時に、死んだロバート・モンローがやってきたそうです。代わりにブルースに伝言してほしいことがあってきたそうです。とはいえ、死んだ夫であるモンローもまた死者です。死んだ人が死んだ人に何かを伝えたい時に、生きている人を伝言者に採用するというのもおかしな話です。「わ

27

かりました」と答えたブルースは、海王星の軌道に、意識の反射器、つまり触覚的輪郭を置いていたことになります。

しかし意識的注意力に上がるのはその人を貫通しています、誰の中でも、この海王星の意識はその人を貫通しています素通りになっている場合には気がつかないのです。

情報を、意識に上がらせることができるのです。ブルースは太陽と海王星が180度です。180度というのは、意識が特定の方向に射出されることを意味しており、静止した円を二つに割ったという点で、前に歩く、前進する、そこに踏み込むということを意味します。ブルースは太陽という主観的で、地球的な自我意識を、海王星の反射によって得られる印象によって自己確認するのです。

この180度は、意識 a が、反射器 b を鏡として自分を自覚するということです。180度の強さというのは、そこに反射器としての鏡を置いてしまうと、意識 a は、そこに向かって漏れ出さざるを得ないということです。周囲に何もないところに何か置くと、たいていの人はそれを見ます。目線はそこに引き寄せられます。置いたものに意識は向かっていくことを拒めないのです。ですから、180度のアスペクトが示す前進、行為、運動、歩みも、自分が意識的に b に向かっているのだと断言できない面があり、反対に、b が呼びかけて、a がそこに引き寄せられたともいえます。

主体は主体的な行動をするのかどうかわかりません。呼ばれているのかもしれないのです。ですが相手のことに無理解な、つまり主体の側でしか意識しない人は、自分がそこに行ったのであり、向こうが呼んだわけではないというかもしれません。いずれにしても、ここで意識が働くということになるのです。

そのためブルースは、他の人が全く意識することのない死者を、まるで目の前にいる生きた人間であるかのように扱うのです。そこに自分の触覚的活動の場があるのです。他の人がその時、モンローの奥さんを発見できなかったために、ブルースは妄想に取りつかれているのだということもできます。海王星の影響は誰の中にも貫通しています。しかし他の人は、それを自分の意識の働きの反射器に使っていないだけです。ある人はもっぱら土星を使っていたとします。そうすると、ブルースが見たものはどこをどう探しても、知ることはできないでしょう。

土星の輪郭の触覚を自己確認に使う人は、社会的に力を持つにはどうすればよいかとか、自分が置かれた物質的な場において、どういうことをするべきかなどがもっぱら関心事になるかもしれません。人生の価値は土星の回転する輪が反射する諸々の印象にあるので、死者に価値はないのです。幼児ならば、月の輪郭が自己確認のフィールドなので、ブルースが見ているものが、他の多くの人には見えないように、土星

第1章 西洋占星術のホロスコープを読むのに必要な基本的な要素

の輪郭の注意力の内容が、全く見えていません。
この複数の同心円の触覚的な境界線を踏まえた上で、一つの同心円は12サインという体験的区分が存在すると考えましょう。この同心円は12サインの要素をすべて持っています。しかし、凝固した穴としての惑星が円のどこかにピンを置いて、12サインのどれかの情報を拾い込んできます。それは一定量体験すると飽和状態になり、次に移動します。

12サインの説明の時にしたように、どれかのサインだけが重要だとか、自分に縁があると考えないでください。全部の惑星が、すべての人に活用されています。見える世界だけを重視している人は、見える天体である天王星までの七つの天体を重視にして生きています。天王星とか海王星、冥王星の作用はそれを筒抜けにさせたままで、それは身体を貫通していき、注意力はそれも十分に働いていますが、捕まえることができません。捕まえれば意識ががつんと突き当り、そこに抵抗を感じ、その乗りものに乗ったことになります。そこから広がる情報が、生活の中に流入してきます。それまで全く知らなかったようなものがなだれ込んでくるのです。

見えるものだけを意識活動範囲にしようとした時、土星と天王星の間には危険な溝があり、このケンタウルス惑星群の帯は、その人が合意的現実の領域にとどまるか、それとももっと先に進むことができるかの試金石の働きをします。土星の輪郭ま

で生きている人は、かなり狭い範囲の中で生きていますが、人の一生の範囲ということからすると、これはほどほどの与しやすい範囲にとどまっているし、退屈ではあるが、生きていくのに土星までで十分です。それはあまりたくさん食べない人といえるかもしれません。リスクの少ないお手軽な範囲と考えるとよいでしょう。贅沢な人は、もっと手を広げようとします。

土星は冬至点から始まる山羊座の支配星です。冬至に関係した冬は、冷えていて、また乾いていて、固いものを表します。土星はその点では、あらゆる有機体の外皮の部分を受け持ちます。この外皮は鈍く、また硬直していて、反対にそれが流動的で柔らかいと、その有機体は脆弱で生きていくことができません。この外皮は、定期的に脱皮する必要があります。土星の公転周期でいえば、29年ごとに新陳代謝しなくてはならないのですが、それは人の人生の支配権を握ると、3分の1程度なので、それが人の人生という範囲からすると、その人は常に偏ったところで生きなくてはならないことになります。そこでいったん壊し、また構築し、合計で考え方を3回くらい変えることで、一生を全うすることができます。

また、海王星や冥王星は、人の一生のサイズを超えた範囲ですから、それはいわば一人の人を溶かして、数人分をくっつけたようなかたちで、イメージとしては、もう一人の姿を失い、例えば、蛇のような形をした生体のようなものです。箸

29

墓の巫女は、オオモノヌシといわれる蛇の形をしたものと結婚しました。これは三輪山を通過するレイラインを象徴化したものですが、個人の意識の範囲を超えた超個的な意識と通信している巫女は、蛇の形をしたものの信号を拾っていたので す。人の姿の輪郭を超えて、その外にまで滲んだ範囲のものは、同時に時間的にも滲んで、過去から未来にまで拡大しています。これは土星の範囲からすれば、相対的に大きな個人を超えた範囲だという意味なのです。個体には個体のアイデンティティがありますが、この信念体系をクラッシュしないことには、海王星や冥王星の意識、その知覚の輪郭を意識化することはできません。硬い乾燥した殻としての土星の輪をみしみしと圧力をかけて、その外のものを取り込む行為です。

占星術を総合的に扱おうと思う人なら、天体は月から冥王星まで、10種類のものに均等に馴染みましょう。衛星や惑星としての月、水星、金星、火星、木星、土星、天王星、海王星、冥王星は、統合心理学のロベルト・アサジョーリのような発想でいえば、太陽という大きな自己の、内部的な分割で、それぞれ大きな自己が割れてできた小さな自己の集団です。

このすべてを欠けることなく集めないことには、元の太陽には戻れません。土星は嫌い、冥王星は不吉、火星はよくない天体などというかたちで、でこぼこした評価を与えると、それはその人が小さな自己の価値観に固執し、そこにとどまり、大きな自己としての太陽に戻る前に、自らたくさんの障害物を置いたことになります。それでそれでよいと考える人もいますが、この場合、占星術の役割が卑小な範囲にとどまることになるし、さらに、自分が信じている信念体系を人にも押しつけます。ですから、人の足を引っ張る生き方をするということにもなりやすいでしょう。

『ナグ・ハマディ文書』の中にある『ヘルメス文書』の考え方でいえば、すべての惑星の借りを返す（つまりその機能を自分の中に獲得し、惑星に力を借りない）ことで、人間は、その本来のアントロポースとしての席に戻れるのです。火星を良くない天体とみなすと、人生の中で、常に火星が象徴化する出来事に迷惑をかけられ、悩まされることになります。どうして自分世間はこんなに上手くいかないのだろうと考え、鬱病になったりします。

惑星の開発というのは、それぞれ12サインのどこに移動しても、そこでの活動に通暁することです。最終的にそれは12サインのカラーがなくなることです。つまりそれは、惑星の運航という空間・時間の限定がなくなり、公転周期の同心円そのものになることです。生まれた時、出生図では、特定の惑星は特定のサイン、ハウスにありますが、その後、それは違うサイン、ハウスを移動します。いわば、全部を全員が回るトラックがあるが、しかし人によって、その出発点が違う

30

4 ジオセントリックシステムとヘリオセントリックシステム

最近は、私はジオセントリックシステムと、ヘリオセントリックシステムの両方の本を書いています。ですので、この二つの見方についても少しだけ説明をしておきます。神智学の考え方で説明したように、哲学的・神学的には、全太陽があり、これは七つの太陽ということを意味しています。したがって、ここには中心点があることになります。それを取り囲む七つの太陽のうち一つが太陽系の太陽です。これが七つの惑星に分割されます。このうちの一つの惑星は七つの月に分割されます。アサジョーリのような統合心理学の考え方でいえば、私たちの大きな自己というものは太陽で、小さな七つの自己に分解されます。これを「分割魂」といいます。

大きな自己が分割されて七つに分かれた時、その一つは地球です。私たちはこの地球の中に入り込んでいきます。広いところに住んでいる人は、狭いところに引っ越しするとあまり居心地の良いものではありません。元の場所に戻りたいと思うでしょう。そこで逃げられないようにするために迷路のようなものを作り出します。ゲームの性質はまずそれが何のために、という特定の道具性を持たないこと。それ自身を楽しむということです。次に、より効率性が少なくなり、面倒なトラップがわざと作られることです。なぜなら、長く遊びたいからです。

まずは地球から見た視点を大きく拡大し、大きな自己と小さな七つの自己というような全体像がわからなくなってきます。目の前のことが最大の関心事になります。太陽を分割して、七つの惑星にした時に、七つの視点が存在することになるのですが、七つを公平に評価することではなく、そのうちの一つの地球から見た視点のみを大幅に拡大します。顕微鏡で見た一部を拡大し、あたかもそれしかないように思うのです。

太陽から同心円で並ぶ惑星の秩序を正常に見ることができなくなり、この同心円の回転が歪んだ形に見えてきます。惑星は逆行していないのに、あたかも逆行しているかのように感じます。地球から見た場合に、この見かけの逆行は、誤解とか勘違い、気の

迷い、神経症のようなもの、これらが逆行の持つ多数の要素の中の一部に含まれています。かなり面倒な話になってくるといえるでしょう。

この地球的な視点の拡大は、肉体に備わる感覚を重視することを表しています。シュタイナーは生命を七つの層に、感覚を12の区分に分けました。古い時代には感覚というものは七つで、それは生命の七つと連動していたので、感覚はとても柔らかい流動的なものでした。しかし12個に増えるに及んで、感覚は生命と連動しなくなり、硬直し形骸化した働きになってきたというわけです。気分が高揚すると見える色が変わってくるということは、今日の私たちにはあり得ないことです。しかし、生命と感覚が連動すると、感覚というものはこのように変わっていくということなのです。

このように、地球に閉じ込める手続きは、地球は太陽の周りを回っているのに、私たちの感覚を重視しすぎた結果、見える現象に真実を感じるという感覚優位性が働き、太陽が地球の周りを回っているという感じに重きを置いたことが第一の方法でした。太陽系の中で唯一太陽は無色透明であり、そこにサインという性質が付着することはありません。地球が染まったサインの特質を、あたかも太陽であるかのように押しつけていくのです。

例えば人の批判をする時に、たいていそれは自分のことを告白しているにすぎません。自分が持っている特徴を相手に

見るということなのです。地球以外の他の惑星の要素太陽にはそれはあり得ません。

話はもう少し複雑です。地球は太陽を見た時に、自分の逆像をそこに見ます。これは簡単なイメージとしてはゼロのものを二つに割った時、プラス10とマイナス10になるというような印象で考えてみてください。プラス10が自分であるとする時、太陽を見ると、そこに透明で聖なるものを見るだろうか、偏った人が透明で聖なるものを見るあろうかと邪悪なものとみなすという心理構造が働きます。過去の歴史において、これによって不幸な事件が多数起きたのです。占星術の上では、これは地球サインと太陽サインが反対になるということと似ています。実のところ、私たちは太陽サインに、自分の姿の逆像を見ています。それは私たちの裏側です。

芥川龍之介の「蜘蛛の糸」では、地獄の底に住むカンダタに、お釈迦様が上空から蜘蛛の糸を垂らすという光景が描かれています。カンダタは、この天国に通じる糸を登り始めますが、その時に、同じような他の人間も上がってくることを目撃します。カンダタは、それらを追い払おうとします。その結果としてお釈迦様から糸は切れてしまいます。

お釈迦様を太陽。カンダタを地球から見た視点と考えても

32

第1章 西洋占星術のホロスコープを読むのに必要な基本的な要素

よいでしょう。カンダタがお釈迦様の場所まで上がってくることができないのは、自分の見方や信念体系、つまり地球に住んでいる時のものの見方、感じ方にこだわり、すべてをそこから考えようとしているからです。自分の見方を捨てないかぎり、そこから脱出することはできません。カンダタが他の人を追い払おうとした行為は、いってみれば他のものの見方を否定し、自分の視点が正しいと主張することです。

人類の根底には、自分たちは天国からこの狭い世界に転落したという記憶が眠っています。果てしなく長い筒を下に落ちていくのです。2014年に、私はある対談をしましたが、対談相手の編集者は私が辛酸なめこさんと作った本『人間関係占星術講座』技術評論社）の巻末に書いた夢の話を何度も持ち出してきました。これはハイヤーセルフといえるような老人と、中学生の私が二人でエレベーターに乗っているという夢でした。エレベーターが降りてきて地上に着きました。その時に外に降りたのは私だけで、老人はエレベーターから決して外に出ることはなかったのです。そのことで、私は怒りを感じたという夢でした。

この夢では、芥川龍之介の「蜘蛛の糸」の光景を反対から見ています。私は地上に、地獄のような場所に降りていった。七つの生命には連動しない形骸化した12の感覚を持つ、いわば鉄仮面のような硬い甲冑に閉じ込められた世界に下降したのです。その時にハイヤーセルフとのつながりとなるものが

何か一つないと戻れません。あるいはハイヤーセルフに地上に一緒に来てほしい。しかしその両方がない。怒りを感じたというのは、その不安感の表れでしょう。

私は自分が生まれる時の記憶を持っています。日本の古い話では、死んだ人は先祖になって、山のてっぺんに住んでいます。地上に生まれる時にはこの山のてっぺんから下界の里に降りていくのです。私の記憶では、この山のてっぺんから下界に降りる時に、軍人のような人が「それでは今後は自力でよろしくお願いします」と言って、私を一気に崖から落としたのです。崖から落ちる時の恐怖は強かったです。山のてっぺんには「天国の綱」といわれ、プラトンのいう大きな色のついた毬の縫い目、惑星グリッドが張り巡らされています。そこを通じてより上位の次元に入ります。しかし下界にその糸はありません。

地球上で育ち、自分の肉体が持つところの感覚を通じてあらゆることを認識し、それが唯一の世界の見方だと思い込むことで、私たちはこの小さな自己の中に幽閉されます。ジオセントリックの占星術はこの視点から宇宙を考えることです。

一方でヘリオセントリックとは、上空から降りてきたお釈迦様の視点です。下界にカンダタを発見します。シュタイナーの考えでは、生命は七つの層があり、感覚は、古代においては七つです。しかし、現代では12個になり、感覚は生命とは連動しなくなったと説明しましたが、今日ではさ

33

らにその話はエスカレートして感覚は存在するが、生命は存在しないというふうに考える人々も多数出てきました。意識とか感情とか思考は、脳が作り出しているという考え方は、感覚は生命を演じており、生命という実体は、人間が死んだ時、すなわち感覚機能が働かなくなった時、存在しなくなる。つまり生命とは感覚が作り出した幻覚なのだと考えているのです。

ピュタゴラスとかプラトンの時代には、人間は二重に存在することができると考えられていました。同時に異なるところに存在するのです。実はこれは肉体感覚から見たところのジオセントリックの自分と、お釈迦様から見たヘリオセントリックのような視点というものが両方存在していたというふうに考えてみてもよいでしょう。

自分がどこかを走っている。その自分を上空から見ている。時代が後になるにつれて、この二重的な存在性は消えていき単一の存在性へと変化していき、さらに、この単一の視点の中に閉じ込められ、脱出の方法もわからなくなってきたということになります。

理想的な観点としては、自分の感覚的な肉体から物を見ていくという視点と、より大きな自己から自分を見ているというヘリオセントリックの視点の両方を比較することではないでしょうか。アインシュタインを例として挙げると、ジオセントリックにおいては水星と土星が合。ヘリオセントリックにおいては水星と海王星が合。前者においては物理屋としてのアインシュタイン。後者では、相対性理論を考えている時の思考実験をしているアインシュタイン。このように異なる視点が成り立つのです。両方から見ると、幅が広がり、息苦しさが減少します。

辛酸なめ子さんとの対談で強調したことは、太陽星座占いの性格というものは、その人の全体の10分の1の部分であるということでした。天体は10個存在しており、地球はそのうちの一つだからです。占星術で使われている太陽は地球の投影ですから、太陽とは創造力の源というよりは、個人のエゴを意味しています。しかし地球の中に、コンパクトに縮小した太陽を埋め込むという意味では、地上的創造力とみなしてもよいでしょう。ただし真の姿の逆像です。

「自分は山羊座で実際的」という時には、他の10分の9は違う性質で、つまりは山羊座としての実際性はごくわずかしかありませんし、山羊座という性格はその人にはほとんど当てはまらないという事を意味しています。少しだけは当てはまっているはずだという点では、10分の1くらいは当てはまります。実際の太陽星座占いでの、ジオセントリックの太陽の役割は10分の1でしかないのですが、重要度としては30％くらいあるのではないかという考え方も存在します。これは経験則です。既に説明したように、地球という個人の視点を最大

34

第1章　西洋占星術のホロスコープを読むのに必要な基本的な要素

限重視した結果として、10分の1ではなく、30％くらいの比率に拡大していけるように見えるデフォルメが起こるのです。

実際にはジオセントリックでは太陽の近くに常に水星と金星が寄り添っていて、しばしば三つの天体が一つのサインの中にあるというケースが増えてきますから、少しばかり太陽サインの性質が強調される可能性はありますが、全員にいえる話ではありません。

惑星の公転の輪のサイズの違いについて説明しましたが、さらに書きたいことがあるので、もう少し説明します。

グルジェフは、上位のコスモスを理解するといいました。同時に、下位にあるコスモスについても理解が進むといいました。また上にあるものは下にあるものに似ているという言葉がありますが、人間コスモスを間に挟んだ上と下のコスモスは全く同じではないが、構造はどこか似ているということです。

太陽系に似たモデルで、ミクロなものとは原子です。これは物質の最小単位ではありませんが、最初に原子のアイデアを空想した段階では、最小のものという意味がありました。原子というのは、原子核と電子によって構成されており、この原子核と電子は電磁相互作用の働きで、一定の距離で引き寄せられており、また一定の安定した運動エネルギーを持っています。といっても電子は、衛星のように回っているわけではなく、存在確立の雲として曖昧に広がっている状態です。この中心にある原子核は陽子と中性子によって作ら

れていて、陽子はプラスの電荷を帯びており、中性子は電気的には中性です。周囲の電子はマイナスの電荷を帯びていて、陽子の数と同じだけ存在するので、原子そのものは電気的には中性です。組み合わせパターンは数千種類あっても、陽子の数が等しいものは同じ元素を構成すると考えられ、現在この元素は114種類認められています。

よく原子核と電子の間には大きな隙間があり、その距離を説明するために、原子のサイズを運動場、原子核はこの中の砂粒の一つと例えることがあります。水素原子の場合、原子に対して原子核は10万分の1の大きさです。この原子の集積で私たちができているのならば、私たちの身体は隙間だらけで、ほとんど空に等しいような身体で生きているような印象かもしれません。

だとしたら、この隙間の空間に、さまざまなものが通り過ぎているかもしれません。また、私たちは隙間だらけなので、道を歩いている人とぶつかっても、その人をすり抜けることも可能なのではないかと空想します。ですが隙間だらけの身体なのに、すり抜けることはできません。というのも、原子核と電子の雲の関係性は、陰陽の関係という二つのポイントのようでいて、私たち全員が、この陰陽の関係性で決まった比率の上に作られた世界だけを認識しているからです。これは昔からよくいわれるような、私たちの世界はラジオの電波のように、ある周波数の上で作られたもので、そこ

にチューニングしているからこそ、その放送を聞くことができる。チューニングがずれると、もう放送は聞けないということに似ています。

この原子の構造を、グルジェフのいう下位のコスモスとなし、上位のコスモスを太陽系と考えてみましょう。太陽を中心にして、惑星が周囲を回転しています。太陽を原子核のように想像し、惑星を電子の帯の中を回転しているものと想像します。原子核と電子という中止点と周辺性。あるいはプラスとマイナスという陰陽の二極とみなしてみると、私たちは地球の公転の輪を電子の帯の帯とみなすような世界に住んでいます。つまりこの距離の波長を持つラジオ波にチューニングしているのです。

太陽の周りを回る惑星がいくつもあるように、電子の雲は何重かになっています。量子力学ができてから、電子は粒子と波動に二重性を持っているといわれるようになり、波動関数で表すようになってきました。

惑星の場合、公転の輪、波長とは、この始まりから終わりまでの長さです。一つのサイクルが生まれ、消えるまでの長さです。波長とは、横から見ると、サインウェーブに似ており、この1回転の半ば、つまり円の直径位置に、牡羊座と天秤座があります。牡羊座が自我を作り、それは外に向かって飛び出すますが、反対の天秤座は触覚として、この牡羊座から飛び出したものを反射します。天秤座は跳ね返すことで、牡羊座は

自分の体がどこにあるのかわからない幼児のような段階から、自分を認識できる段階まで成長します。この牡羊座と天秤座に対して90度の位置にある蟹座は円のサイズを小さく固めようとし、山羊座は円のサイズを大きく膨らませようと、いくつかの層になっています。原子核と、地球に対応するような電子の雲の例えば、私たちの肉体は、地球に対応するような大きさの例えの原子核と電子雲の陰陽の関係が作り出す特定の波長の場所に同調しており、そこで肉体を可視化し、地球に住む人はみなこれに同調することで、共有される地球という場に居合わせます。

核と外郭の距離が例えば10cmだと想像すると、誰かと渋谷駅前でぶつかった時、互いが10cm幅の物体だったのでぶつかるのです。もしここで私たちはこの3cmの幅の波動身体なら、すり抜けます。同時に、私たちはこの3cm幅の存在があることを見出すこともできず、ずっと死ぬまで、そんなものはいないと考えます。地球とは違う軌道半径を持つ惑星が複数あるのですが、これらは物体ではなく、私たちの精神とか感情などを形成していると考えるのです。そこで、3cmの幅の波動身体は、この地球以外の円に該当するのです。物体としては見えないが、心理的には何か感じるということになります。

このような奇妙なことをいうのは、私はある時、自分の身体の中から、同じような身長の、別の生き物が這い出してきたのを見ていたからです。それは太古の昔の自分の身体で、

36

私が横たわっていた時、それが背中の方から起き上がって来たのです。このようなことをいうと、これは想像か、それとも夢かと思うでしょう。ですが、それは中心点と外郭の距離が異なる、つまり異なる波長のものが私の身体の構成要素の膨大な隙間から這い出してきたと考えれば、別に奇妙でもありません。奇妙なのは私がそれに気がついたということです。つまり素通りさせず、私の注意力に引き止めたということです。

それを見た時、全く驚かず、それに同調し、注意力に引き止めたということは、それに同意したということだからで、多くの人が同じものを持っています。

科学的に現代で認められている原子の構造を考えるということをまずいったん脇に置いて、ミクロコスモスとしての身体の構成要素は、上なるコスモスの太陽系の構造と考えると、私たちの身体の構成要素は小さな太陽系です。

地球の公転の輪の内側にも外側にも、いくつかの惑星の公転の輪があり、それは古典的な考え方では、七つの層を持っています。原子の領域では、とりあえず、今はK核からP核まで6個の層があると考えられ、中心点を入れると7層です。

私たちは肉体としては、地球の幅の波長に同調しています。7層は、肉体、感情、精神などをすべて含んだものなので、さまざまな知覚作用は、他の惑星の公転の輪に同調させて働いていると考えてみましょう。身体は地球、ということは、私の身体から這い出してきたのですが、もう一つの生き物は、私の身長よりも少し小さかったのですが、いずれにしても、地球の近くにある公転の輪に所属するものですが、かなり単純な当てはめをすると、少し小さかったので金星かもしれません。それは外から来たのでなく、中から這い出してきたのでしかも太古の昔の位相から。

これは机上の空論かというと、個人的にはそうは思っていません。また、地球が危なくなった時、火星に逃げるという計画が立てられていますが、地球的な身体ということを重心にして、精神、思考、感情などが組み立てられているので、ベースをいったん火星に移動させると、ピースがばらばらになり、時差ボケところではなくなると思います。

と、急速に、短時間で、移住した人の身体は壊れていくと私は考えます。中心核と、周辺の皮膜は、一定の電磁力で引き合っています。陰陽運動はこの幅で行われています。地球的な身体ということを重心にして、精神、思考、感情などが組み立てられているので、ベースをいったん火星に移動させると、ピースがばらばらになり、時差ボケところではなくなると思います。

5　ハウス

個人が生まれた時、東の地平線の平均値の場所に特定のサインが上昇してきていますが、この場所をスタート点にして、あらためて黄道を12の区分に分割することでハウスが出来上がります。これは音楽でいえば、ドからシまでの絶対音があ

るが、特定の曲においては、任意のどれかの音をベースにして、調性を決めるということと似ています。ソの音をスタート点にした曲は、ト長調の曲です。特定のどの音を起点にしても、結局全部の音を使うことになるのです。

生まれた時間をもとにしてハウスを決定しますから、正確な生まれ時間がわからないことにはこのハウスを決めることができません。このハウスを使うことで、ホロスコープは細部に至るところまで考えることができるようになるので、占星術の面白さを味わうには、ハウスは欠かすことはできないという面があります。

一方で、個人的な視点としての感覚の強調というものを、ハウスはさらに推し進めてしまうことになります。自分が生まれた時を世界の始まりにして、自分の肉体、自分の視点で何でも考えてしまうということを意味しているからです。私の場合には、サインの度数の意味まで考えますから、そうなれば生まれ時間の数分の違いも問題になり、細かいところで考えていくことになります。

ハウスの始まりであるアセンダントは、4分で1度進みます。1度ずつを問題にした場合には、生まれ時間は秒単位でわかっていた方がよいことになります。

ただし居住地を変えたりすると、リロケーションの発想で、ハウスの度数が変わってきます。日本国内では度数の変化は少ないのですが、それでも変化しないとはいえません。関西

でアセンダントが魚座の終わりにある人が、北海道に引っ越すとアセンダントの初めの方になり、性格が急に過激になるという変化くらいはあります。どこに行くとどう変化するかは、それぞれの場所でホロスコープを作り直し、それを見るとかなりわかります。人生や仕事が変わってしまう点、その反対のICを貫く地平線のライン、南中している点、その反対のICを貫く子午線です。この東の地平線、西の地平線、南中としてのMC、その反対のICは、四つのゼロポイントあるいは陰陽の極点で、そこでそれまでの作用が切り替わります。

ハウスはこの四つの区分の中に、それぞれ三つの創造のリズムを組み込んだものだと考えることができます。能動の要素、それを反射する素材。そして結果として、創造的な成果を生み出すこと。12のハウスそのものが重要と考えるよりは、四つのポイントを骨組みにして、それらを内部的に三分割したものが、ハウスであると考える方が正しい考え方になるでしょう。7の法則とは3と4を足したもので、12の法則とは3と4をかけたものです。

7の生命の法則が、12の感覚の法則では精密に反映されなくなったというのは、運動法則の3と、その受け皿の4という関係性が、掛け合わされることで、3は4に規制され、さらに他の元素の圧力に圧迫されて、12それ自身で均衡を取

第1章　西洋占星術のホロスコープを読むのに必要な基本的な要素

性質が生まれてきて、生命の法則の7に対して、ブレーキ作用が働くようになったということもあります。押し合いへし合いする関係性が生まれて、どれもなかなか動いてくれなくなったという印象です。

ハウスの分割の方法は、地上から黄道を見るという点で、いろいろな計算法が考案されてきました。現在ではプレシダスのシステムというのが一般化していますが、しかしこれが最も正しいとはかぎりません。イギリスではすべての度数を均等にしたイコールハウスというものも普及しています。

子午線は縦に貫くラインなので、これは縦構造の意義を持っています。また集団社会の圧力とか役割ということも関係し、MCはその人の社会的な位置づけとか役割などを表します。地平線は横に走るラインなので、これはその人の横の広がりを表します。権力とか立場とか、立ち位置に関係なく、横に広がっていく人のつながりや、個人の可能性などを意味します。集団性としての子午線は、個人としての可能性を示す地平線のラインの意味を押し潰す面があるという傾向があります。例えば、夜の眠りを意味するICは、夜になってその人が眠ることを、あるいは大きな範囲では個人が死ぬことを表します。個が消えると、その元のソースとしての集団意識へ導かれます。朝になって、個人意識が目覚めることは、アセンダント(東の地平線)に象徴化されています。そして目覚めると、もう集団意識としての知覚は封じ込められ、意識に上がって

こなくなります。

つまり東の地平線としてのアセンダントの示す個人意識と、ICとしての個人の意識の死を示す集団意識の場所は、互いに互いを否定している面があるのですが、互いに支え合っている面もあります。しかし、位相が反転した意味では、互いに支え合っています。個人は夜に眠って、集団的な意識に浸されることで活力をチャージされ、朝元気に目覚めるのです。

青色LEDの開発でノーベル賞を獲得した中村修二さんは、自分個人としての研究成果を認めない会社に対して訴訟を起こそうとしましたが、しかし研究のための資材、時間を提供してくれたのも企業です。集団としての企業はMCが象徴します。この場合も、互いに対立しているように見えて、位相が反対の面で、互いを支え合っています。

個人の活動は、この集団性の子午線と、個人性の地平線の作り出す基盤の目を横断しながら歩いており、個人を主張しつつ、集団の中での役割を果たそうとしています。まずは、個人の能力を表すアセンダント、社会の中での役割を意味するMC。この二つの対比を見てみましょう。個人の能力が職業では生かされていない場合があります。そうした時にはその人は趣味でそれを実現しようとします。趣味は5ハウスで、これは1ハウス(アセンダント)の延長です。

中には個人の能力がそのまま職業的に生かされる場合もありますが、それは幸運なことかというと、逆にメリハリがつ

39

かないことでもあります。好きなことをしているのにそれが義務的になってしまうというところから、あまり楽しくないと感じる人もいます。公的な生活、私的な生活を分けて考えたいのです。

また日本人の場合には、家の名前と、個人の名前では家の名前の方が先に出てきます。これはMCの方を重視することを意味しています。外国では個人名の方が先に出てくる場合もあります。これはアセンダントの方をMCよりも重視しているということになります。結婚して苗字が変わる時にはアセンダントは変わらないが、MCの方が役割が変わるくという意味にもなります。子午線は集団社会を表していますから、小さな範囲では家ということを意味しているのです。生まれてきた子供からすると、最初に出会う集団社会の力は、父と母です。

アセンダントとMCの違いがはっきりわかれば、さらにそのサポートとして、西の地平線と、ICを点検してみましょう。4ハウスあるいはICは、最も小さな単位が家族で、その地層の下に家系とか、またさらに民族などがあります。集団意識の基盤は、いくつものレイヤーになっており、下にいくほどサイズが大きくなります。

私はしばしばリラックスできる家のイメージとしてICのサインを読むことがあります。ICから始まる4ハウスというのは、家族とか家とか、不動産などを示しています。多く

の人は家に戻って家族と一緒に眠ります。これは1日の単位の中での小さな死を表しています。警戒するような相手と一緒に眠ることはできません。寝ている間に何が起こるかわからないからです。無防備になっても安心できる相手と一緒に個人意識を失い、集団意識の中に溶け込んでいくのです。この点で4ハウスというのは無防備にリラックスする、眠り込むこともできる場所だということを意味しています。そのため必ずしも家とはかぎらず、人によっては事務所の場所もあります。事務所で眠ることができるのならばその場所は4ハウスなのです。どのような家が向いているのか考える時に私はICのサインを参考にします。例えばICが双子座ならば、殺伐とした路上のような場所に実はリラックスできるという人もいます。ICが蠍座の場合には、リラックスできる家は密室のようなものである必要があって、隙間風が入り込むような場所は最も嫌いな場所かもしれません。ICが風のサインなら、家で情報が行き来する環境ということで、その人は家で1日中ネットを見ているという場合もあります。ICのサインは個人が死んでいく時の扉のような作用を持っているので、眠りにつく前とか死んで行く前などはどういう状況になるのか、ここから考えることができるのかもしれません。

牡羊座は自我感覚を表し、天秤座は触覚を表していると定義されています。自我は外側に拡張しますが、それをせき止

第1章　西洋占星術のホロスコープを読むのに必要な基本的な要素

めるのが触覚です。触覚は外界から拒絶されていることを意味しているのです。つまり180度というのは跳ね返す鏡として作用しています。これを参考に考えてみると、アセンダントは西の地平線にMCはICに跳ね返されていると考えてもよいでしょう。

個人は自分自身を自覚するためには関わる相手が必要です。民族は特定の場所に拠点を置きます。さまようユダヤ人たちはイスラエルに拠点を置くことで、初めて自分たちの落ち着く状況を手に入れたのです。180度は反射する鏡であると考えると、それぞれのハウスにおいても反対側との関わりはハウスが機能するために、どうしても必要な要素であると考えることができるのです。

いずれにしても、占星術を具体的に使うにはハウスの概念というのはとても大切なものであるといえるでしょう。その構造のもとにあるのは12サインなのですが、しかし具体的にはこの二つというのは役割が違ってくることになります。

私はしばしばサインというのは性質を表し、ハウスというのは具体的な場所性とか働きを表していると説明します。例えばお金が欲しいというのは牡牛座です。実際に働いてお金を稼いでいるのは2ハウスです。働いてお金を稼ぐのに必ずしもお金が欲しいという欲求が必要なわけではありません。つまり物欲の少ないサインが2ハウスにある時には、お金が欲しいという欲求とは違うところで働いているのです。

一方で、お金が欲しいという欲求を満たすのに必ずしも働く必要がありません。誰かからもらってもよいでしょうし、奪ってもよいのです。牡牛座がどこかのハウスにあり、そのハウスの表している事柄の中で物欲が満たされていきます。例えば7ハウスに牡牛座があるならば、結婚相手とか人との関係にお金が行き来します。

お金が欲しいという欲求はサインで考えていき、実際にお金を稼いでいる行為はハウスで考えていく。このように考えると、柔らかい欲求というものはあるいは内的なものはもっぱらサインが表現し、もう少し硬直した、欲求とは別のもの、実際の行為などはハウスが受け持っていると考えてもよいのです。

感情は繰り返されすぎると、感じなくなり、そのように死骸化すると感覚に変わります。そのためサインの持つ欲求的な要素は、それが繰り返され、欲求ではなく死んだ形のあるものに変わった時、それはハウスに変わったという印象で考えてみるとよいでしょう。

12サインは12感覚ですから、これが12ハウスになった時には、サインよりももっと限定的で、形骸化したものであるということです。そして形骸化しているというのは、自分の内的実体からは離れているように見えます。ハウスは場所性であり、それは自分ではなく、自分が赴く外的環境として認識されます。かつては自分だったものであるが、今は自分とは

41

違う外的な環境に見えるのです。

ハウスは、サインよりもさらに外的で、心理占星術のような分野においては、形骸化が進んだので、あまり重視されない場合もあります。時にはハウスというものがあまり重視されない場合もあります。さらにハウスまで考えてしまうと、あまりにも個人の都合の中に埋没しすぎているということにもなるので、突破口のないところに閉じ込められてしまっていると考えることもできます。しかし個人的な生活の中で、自分の欲求を満たそうとする時には、サインというよりは、ハウスで考えた方が、より具体的な形のイメージを思い描くことができます。

占星術は、円環型時間意識を表しています。ですので、小さな円は大きな円につながり、さらにもっと大きな円につながり、終わりがありません。

ハウスで組み立てられた円の構造は、東の地平線が夜明け、MCが正午、西の地平線が夕方、ICが真夜中という一日の区分ですが、これを一生のスタイルと結びつけることもあります。生まれて仕事を始めるまではアセンダントからMCまで。仕事を始めて定年退職するくらいまでがMCからMCまで。退職後の生活から晩年までをディセンダントからICで。ICは死を表し、ICからアセンダントまでは死後を想定するという具合です。

このハウスの円環構造の中で、ある程度直線的な時間意識を示すのは、子午線の縦のラインです。直線時間

孤立した時間意識で、現代の私たちは、直線時間の概念の中で生きています。つまり生まれる前に闇があり、死んだ後にも闇があり、生きる期間は、まるで直立した棒のようなもので、それはどこにもつながらないのです。直線時間においての頂点はMCです。これは山のてっぺんのようなもので、社会的にも地位が最も高いと考えるとよいでしょう。円環時間においての頂点というか、最終的なまとめは12ハウスです。10ハウスに比較して、12ハウスは、この山の頂点から降りるような印象があります。社会的な立場とか、ローカルな社会においての信念体系にこだわると、その人は12ハウスに行くことは良くないことだと考えます。

直線時間意識としての頂点のMCはローカルな場所においての山の頂点で、それは場所を変えると、アイデンティティは崩れてしまいます。例えば、MCに惑星がたくさんあり、社会的な立場が強い人も西に30度経度を移動してしまえば、この惑星群は11ハウスに移動することになります。つまり特定の国だけでなく、世界的に活動している人は、特定の国においての10ハウスがあまり重要ではなくなってきます。生まれて住んでいる国で、惑星がみな地下のハウス、すなわち1ハウスから6ハウスまでに集中している人は、社会的に活発でなく、個人的な生活の作業、あるいは会社の中で開発する作業に埋没する傾向のある人ということになりますが、それはそのような生き方をしたいという動機で生まれてきたので

42

あって、もしそれが不満で、もっと社会的に活発に活動したいのならば、地球でその国と反対側にある国に行けば、惑星は全部地平線の上に移動します。

小説家の生活は、ほとんどが家にこもって書いていく作業です。書くことは3ハウス、家にいるのは4ハウス、創作はむしろ適性がないことになります。ほとんどが地下にあるハウスでの行為に集中しており、上にある人の方が5ハウス、せっせと働くのは6ハウスです。

ノーベル賞作家のウィリアム・フォークナーは、実際にこのような配置のホロスコープの持ち主で、地上にあるのは隠れた12ハウスの冥王星、海王星のみです。書く作業は水星が表すと思いますが、乙女座の26度の水星の近くに月、木星、太陽もあり、すべて家の中の4ハウスです。木星は書くことをどんどん増やしてしまいます。これらは根を詰めたような天王星・土星の合と60度の関係で、ひたすら正確に、規則的に作業していたことが推理されます。自国ではそんな活動をしているということです。国際的な評価という観点からすると、ハウスはその意義が成り立ちませんが、それぞれの国でどう評価されるかは、その国でホロスコープを作り直してみると参考になります。

私には友人といえる人はほとんどいないに等しいくらい少ないのですが、ホノルルに行くと、太陽は11ハウスに来ます。そして実際ホノルルでは結果的に、ペースランナーと数人の人と一緒にマラソンをしました。7ハウスという他者との交流の場から数えて5番目の11ハウスとは、一緒に遊ぶという意味なのです。

6 アスペクト

「アスペクト」というのは、惑星と惑星の間で働く内角のことを指しています。とはいえこれは大雑把に、前後の誤差の許容度が5度から8度くらいまでにおよび、必ずしもタイトに正確なものである必要がないからです。伸ばした腕の先の人差し指が1度くらいといわれていますから、そこからするとかなりルーズでもよいことになります。

アスペクトの代表的なものとしてメジャーアスペクトといわれるものは、円の二分化である180度です。正三角形を描く120度や正方形を描く90度、六角形を描く60度などがあります。

つまり、アスペクトというのは、惑星が描く幾何図形というものをイメージしており、この幾何図形の一辺であると考えることができるのです。幾何図形という概念があり、そこには特有の意味が働き、この構造の一部を惑星と惑星の関係が復元しようとしていると考えましょう。

12サインは30度ずつ区切られているために、サイン自身の中で、正方形や正三角形、六角形が成り立っています。12サ

インは春分点からスタートした固定的な位置づけで、この中に幾何図形の配置や、またサインを一つずつカウントしていく数え数字の理論が成り立っています。

それに対して運動していく惑星が作り出していく幾何図形は、相対的な位置から始まる動的図形であり、間の範囲の中で形成され、また消えてしまうものです。二つの惑星の間でアスペクトが成り立つ時に、aの地点の惑星から見てbの地点の惑星はどのような働きかけをしてくるのか。幾何図形の性質の中にそれを推理する鍵が出てきます。

12サインという空間的に固定された場所での幾何図形でなく、時間の中でダイナミックに形成されるのだということだけでなく、ここでは公転周期の違う惑星同士で形成される幾何図形の作用は、公転周期のそれぞれの位置から作り出されるアスペクトは、公転周期の遅い惑星がより長期的で深い意識を表しますから、これが能動的な意図を持ち、公転周期の速い惑星がより浅い、現象に引きずり出すキャリアとして働き、現象化するということになります。例えば土星が水星や金星の側で現象化するということになります。例えば土星が水星や金星とアスペクトを作る時には、土星の意図を、水星という言葉で表現し、金星という音楽などの表現で表すということになります。

ジョン・アディは「ハーモニック理論」というものを公表していますが、これは特定のアスペクトというもの

をもっと細分化したかたちで表しているとも考えられます。つまり、一つのアスペクトの内部光景です。例えば円の七分割は、セプタイルというマイナーアスペクトで51・42857142857……度という循環少数を持つ、割り切れないものです。ハーモニック7の図は、ホロスコープの度数を7倍にしたものです。つまりa惑星とb惑星がセプタイルの場合には、ハーモニック7の中では0度で合のアスペクトになるのです。ハーモニック7とはどうしても実現したい夢というものを表していて、その人は決して諦めることなく、その夢に向かって努力します。

セプタイルは強制された運命という意味を持つアスペクトですが、許容度が1・5度程度だとすると、ハーモニック7の方が、よほど基準が厳しいことになります。というのも、7倍のホロスコープでは誤差も7倍ですから、1・5度程度離れていると、明らかにハーモニック7のホロスコープの中では、除外されるからです。

ハーモニック7で合ができた天体は、何が何でも実現しようとする夢、ハーモニックにここまで重みがかかっているということは、セプタイルというマイナーアスペクトにそこまで強い力が働いているとみなさなくてはならないことになります。現実に、幾何図形の意味ということからすると、五角形や七角形は、個人としての可能性を発展させるキーとなる図形です。

44

占星術で使われているメジャーアスペクトとしての180度、120度、90度、60度などは、サインとかハウスなど、空間的な場に関係するものを意識しすぎているように思えます。いわば人を環境に張りつけにするのです。

例えば、古い時代の宗教で、キリスト教異端のグノーシス派は、世界を否定するという思想が根源にあり、人間は世界とは別のものであると考えます。そして世界は世界創造主が作り出した。人間は神のそばにいて、主が作り出した世界に好奇心を抱き、好奇心を持った瞬間に、世界の中に飲み込まれた。そこからどうやって元の場所に戻るかということをあれこれと考え続けるのがグノーシス派です。

量子論のように、人間の主体も世界の一部なので、見られる対象は、見るものによって変化してしまうという相互関係性は、人間を世界の中に組み込んでしまいます。古典科学においての、主体がじっと観察しても何を思っても、対象はこの主体による影響は決して受けないという主体と客体の溝は、グノーシス派の思想が誤解されている上でも見えます。人は世界の部品ではない。人は世界の一部。この考え方の違いを考えてみると、占星術のアスペクトは、もっぱら環境の原理である数字の2や3、4などを重視しているので、人は世界の中の部品であるという考えが強いようです。

エドガー・ケイシーは、しばしば占星術についても言及し

一方で、正方形は個人から離れた、環境の因子、あるいは集団的な作用のようなものでもあり、その人は環境から独立した働きをするものではありません。個人の発展力というものをもう少し重視しなくてはならないということになるでしょう。

私はしばしばタロットカードの大アルカナカードを、数字の意味を絵にしたものだと解釈することがあります。3は「女帝」で4は「皇帝」です。作り出す3とそれを普及させる4。4の数字は十字のような形にもなり、その影響を網目状に地上に拡大していきます。つまり領土を拡大する皇帝です。

地上のレイラインは、この十字の網目の中に、さらに南北に合計60度の傾斜角度を持つ籠目の図形が入り、それは三角形の3の数字に関係しています。

こうした地上にくまなく張り巡らされるグリッドに比較して、5の数字は山の等高線のような感じで、螺旋を描きながら天に向かってうず高く盛り上がる性質で「法皇」の絵柄では、実際に、ヒエラルキアが生まれ、人の上に立つ人が出てきます。より神（天）に近い人とより低い人の間で、立場や力の落差が出てきます。これは3や4の自然界の法則になく、人や生命が持つ性質であり、それは大地から離脱するというような特質でもあるのです。環境法則に縛られる、いわば「ベタな」性質を持つ3とか4、それに対してメンタルな発展力を作り出す5とか7など、数字や図形の性質を考えると、

ていますが、人間の本質は決して星の影響に盲従しているわけではないといいます。とはいえ、影響は強いが、人により差異もあり、また人間を一つの存在と考えるよりも、ある部分は受けていないというふうに考えてもよいでしょう。

ルドルフ・シュタイナーのオカルト生理学では、人間の自我は惑星（アストラル体）の影響を受けません。むしろその栄養分を取り入れながら、それでも自我は惑星などの諸力からは独立しており、独立性をさらに高めるには、自我自身の排泄機能の発達が必要だと説明しています。

シュタイナーは、人間を自我、アストラル体（動物的）、エーテル体（植物的）、肉体（鉱物的）の四つが組み合わされた建物だとみなし、惑星や占星術は、アストラル体、エーテル体などに関係し、自我はこの中の部品ではないと考えているということになります。

つまり簡単にいえば、身体は世界の部品ですが、本質面においては世界の部品ではないということです。正しくは、自我は、思考にも支配されていないのかもしれません。それは世界の中になく、神のそばにいるというグノーシス派的な姿勢を取り入れ、同時に、感情とか衝動、

生命力、肉体は、世界に属しており、それは世界の持ち物なので、本来は私たちの持ち物ではないと考えてみるのが妥当に見えます。

これら世界に属する要素はいわば洋服に、それらを世界に返却します。順次返却ということで、肉体を脱ぎ捨て、しばらくするとエーテル体が残ります。そして死ぬ時にアストラル体を世界に戻して、自我のみとなります。その後、また新しい試みに向かって、アストラル体、エーテル体、肉体をまとうことになります。

意識は脳が作り出しているという考えも、知らず知らずのうちにそこに同化してしまいます。私たちを土地の所有物、地霊（ノーム）のような存在にしてしまいます。私たちが地上の土地の所有権を主張し、土地を買ったりする行為は、所有することで所有されるという理屈からすると、私たち同時に、世界の中にある部品であり、独立した存在ではない、ということになります。船が沈む時に船長は船と運命を共にしなくてはならないという考えですが人間はそれらから超越できるというのがグノーシス思想です。

占星術は、人間の考えることまで、星の配置によっているのだと考えてしまう癖があります。それは占星術を扱う人の傾向です。環境遊離、そして人間的な遊び性、発展性を考慮に入れると、従来のアスペクトのような自然界の部品的な意

味を持つ「ベタな」メジャーアスペクトだけでなく、もっと五角形としての72度、七角形としての51・42857 1……度などを重視した方がよいのではないでしょうか。

環境という空間的、時間的な要素から独立・乖離するきっかけづくりとしては、空間幾何図形としては割り切れない数字を活用するとより効果的です。七角形を描くのはとても面倒です。また13という分割も、12サインや12ハウスとはそりが合いません。本来は、この「空間の中に落ち着かない」数字としての13は、12で回り終わった後、次にやってくる数字という意味で重要視されたものだと思います。

しかし、そもそも12サインとか12ハウスという12の空間的なまとまりのよい配置の中に、13を取り込むと、空間や時間リズムを捻じ曲げてしまうような傾向も出てきます。四角形で整った家に住まず、アントニオ・ガウディの作った建物に住むようなものです。

それは人が世界からはみ出すために大切な隙間を作り出すのかもしれません。ホゼ・アゲイアスなどは、13か月の暦を提唱し、12:60の数理システムを激しく攻撃しましたが、これは極端な考え方といえます。暦はいわばサインのような空間的な枠組みに基づくもので、これを最初から13のシステムなどにしてしまうと、人間はどこにも眠れる場所がなくなります。

それよりは、空間的なものとしては12という図形的に落ち着くシステムにして、惑星のアスペクトなどの動的な要素において、自由性を発揮する幾何図形などを取り入れて考えた方が自然だと私は思います。

数字の法則は幾何図形としての砂描き算と、数え数字としての小石並べ算の二種類があります。アスペクトは幾何図形の片鱗ですから、ハーモニックの数は、そのままこの幾何図形の数字の意味を表しています。

固定的なサインの間に作られていく図形というのは、空間的なところで形成される特徴であり、惑星が作り出す図形は時間の中で生きて動いているものが作り出すことになりますから、それはもっぱら行動とかアクションとか、変化というものを表していることになります。それは速度差の違う惑星同士で形成され、水が上から下に流れるように働くのです。

一方で、サインでは固定的ですから、それはスタイルとか、決まった形式とか枠として働きます。

例えば、古典的な占星術の考え方で、12サインというのは鉄壁の壁を作り出していて、この枠から出てしまうと、アスペクトは成り立たなくなるという考え方があります。蠍座の終わりに海王星があり、射手座の初めに火星があれば、これは合ではなく、無効とみなす考え方もあるのです。

この場合に固定的で空間的な意義が、時間の中で動くものに対して決定的な支配力を握っていると考えるならば、12サインは鉄壁だといえるでしょう。まずは枠があって、どのような運動もこの枠の中で動いてほしいということです。学校の授業では時間割りがあり、この時間割の中で、授業が進むのです。カラオケボックスの中で騒いでいた人は、外に出た瞬間に静かに歩かなくてはなりません。ですが現実には、カラオケボックスの中で興奮しすぎた人は、外でも騒ぐかもしれません。

千駄ヶ谷でアイドルグループの嵐のコンサートがある時に、チケットを手に入れることのできなかった人々は、コンサートが始まった後でも、外にたくさんたむろしています。枠の外でも興奮作用が続いているのです。おそらくここには国とか、時代の考え方の違いもあって、空間的な枠というものを決定的に支配できると考えた時代と、時間的なものが場が逆転する時代や考え方も存在するのではないでしょうか。

音楽は、意識が身体から外にはみ出すような効果を持っています。聴覚は唯一身体から外に連れ出してくれる感覚であるともいいます。音楽家は時間に遅れるとか、または空間的にじっと納まらないという癖を持つかもしれません。モーツァルトは教区から勝手に出ていきました。それはそもそも禁止されたことで、当時は、住民は教区の中にじっとしていなくてはならなかったのです。こういうふうに特定の空間にじっとして、この中で楽しまなくてはならないというのが、12サインは鉄壁であるというイメージに結びつきます。現代はそのようなことはありません。

12サインの壁があっても、蠍座の終わりの海王星と、射手座の初めの火星が3度くらい近いところにあると、これは合のアスペクトが成り立つと考えると、時間的、動的なものが、静的、空間的なサインの性質を超えるということを意味しています。時間的に動いているものは生命力で、そして空間的なものとは肉体であるとみなした時に、生命は身体の枠の中に納まる、おとなしく暮らしている場合には、12サインの枠の中で働くアスペクトとなりますが、平清盛の君臨した時代の歌人、西行法師は、しばしば想像力と感情が、身体から外に飛び出しました。この時代あるいはそれ以前は、日本でも西欧でも、人間の中身（自我、アストラル体、エーテル体の一部）は、肉体から外にはみ出したのではないでしょうか。こういうケースは、動的アスペクトが12サインの制限を突破するということと同じ構造であると考えてもよいでしょう。

動物は絶対音感で、人間のように相対音感という話があります。転調してしまうと同じメロディだと認識できないのです。動的なアスペクトは、相対的なサイン位置にくる図形ですから、それは相対音感のようなものであり、サインの壁は硬いという発想は動物の音感です。いずれにしても、これら占星術の理論は信念体系であって、

48

どれが正しいということでもなく、その人の生き方とか思想によって、扱い方が変わってきます。12サインという空間的なものの方が、惑星のアスペクトという時間的、動的な法則よりも優位にあるというのは、その理論が作られた時代の人々の生き方、風潮によっているのでしょう。

私個人は、後に説明しますが、サインの枠をはみ出して成り立つアスペクトに対しては特別な意味を与えています。アスペクトには許容範囲という「オーブ」と呼ばれる緩い、1/f的な揺らぎを表す遊び部分がありますから、こういう配置でも120度が成り立つ分があります。例えば、牡羊座の初めと蟹座の終わりの120度のアスペクトがあります。

蟹座の終わりにあるものは、獅子座に行きたがっています。こういう時に、牡羊座の初めの天体は、この家出したい欲求をそそのかして後押しします。にもかかわらず蟹座の終わりの天体は、まだまだ蟹座にあるのです。したがって、家の中でイライラしている人を表しており、なおかつ牡羊座との関係で、外に出て野放し的に生きることを夢見ています。言動の中にそのような自由性への憧れ、利点を主張することが増えてきますが、しかし行動としては何もしていないという場合も多いでしょう。蟹座の終わりにある天体は、自分では何もできない場合、蟹座という共同体の平和をかき乱すような不穏なものを持ち込みます。ですが出ていかないのです。

ある人は、火星は魚座の終わりにあり、これは決断力のなさを表していて、水のサインの終わり頃というのは常にくさ縁的な関係が断ち切れないことを表します。月は惑星よりも次元の人は、獅子座の初めに月があるのです。月は惑星に対して能動的に振る舞うことはできず、常に受動的です。そのため、惑星に対して、火星に決断力を与えることはできないのですが、瞬間的なリアクションとしては独立性というものを主張します。

火星と月のアスペクトというのは感情の興奮ということを意味していますから、瞬間的な感情の興奮が起こった時にみ、とりわけ防衛的な反応として、独立的な行動をしてしまうことになります。そして冷静になると柔軟サインの火星の性質が戻ってきて、やってしまったことを後悔したり、恐れたりすることになるでしょう。

ハーモニックの場合には、このサインの固定的な作用はほとんど度外視して、相対的な惑星のアスペクトを先に重視します。

生きて動いている惑星が互いに影響を与え合うのがアスペクトなので、もし惑星を10人の登場人物だとみなした時には、それぞれの交流や会話というものを想像することができます。楽しみを表す金星に、枠を作り出す土星が関わると、何らかの制約が加わった楽しみということになり、金額とか時間制限のある楽しみ方ということにもなるし、またクラシック

49

音楽のように明確な形式があって、この中で表現していくというようなものにもなるでしょう。土星の力が強くなりすぎれば、金星そのものの楽しみを奪うことにもなります。ほどほどの土星であれば、門限を過ぎたらやめてしまう楽しみという程度にもなります。

このような時に「どんな楽しみであるか」や「どんな制限であるか」は、これらは金星が置かれたサインとかハウスなどで考えることになります。金星が11ハウスにあって、土星が2ハウスで90度になると、お金がないので友達と十分に遊ぶことができないというふうに出てくるケースもあるでしょう。11ハウスは将来の準備ですから、将来したい芸事が、思いっきり取り込むことができないかもしれないので、収入が安定しないというケースもあるかもしれません。

アスペクトは決まりきった解釈をしても、それでカバーしきれません。さまざまな応用的な出方をするでしょうか、その読み手のトレーニングをしていくとよいでしょう。ある読み方のトレーニングをしていくとよいでしょう。それについて解釈したとしても、そのホロスコープの持ち主がもっと巧妙な応用的な生き方をしているというケースはいくらでもあるので、それはリーダーが読み取れなかったということにもなります。どんなに矛盾するアスペクトでも、それを楽々こなしている人などはたくさんいるのです。むしろ逆に、矛盾するア

スペクトというのは複雑な能力を作り出していくので、そうした応用的な能力というものが新しいものであればあるほど、リーディングすることそれを既存のよくあるスタイルとしてリーディングすることなどはできないのです。

どのような面白い使い方をしているのか、相手と話をしながら探ってみるというのがよいのではないでしょうか。教科書に書いてあることのすべてが古びてきます。人生は挑戦であると考えた人は、たいていの場合、ありきたりの使い方をしなくなるのです。

（1）90度のアスペクト

日本の考え方では、昔、今日一日何事もなく終わった、良い日だったという考え方をする傾向がありました。変化を嫌うというところでは、90度のアスペクトは一番嫌われるのではないでしょうか。

かつてアスペクトに対して吉、凶という考え方がありましたが、その点では90度は凶の最たるものです。

ここで考えなくてはならない重要な問題があります。例えば惑星は太陽という大きな自己を分割した小さな自己なので、どれか一つを強調することは、この小さな自己にこだわり続け、複数の自己を統合化することができないと説明しました。同じようなことでいえば、人間の生命というのは第五元素的

第1章 西洋占星術のホロスコープを読むのに必要な基本的な要素

な要素であり、これが分割されて四つの元素になったと考えます。

この場合、四つのうちの一つを強調しすぎると、結果的に、それは他の三つのうちのどれかを否定し、敵対することになります。四つの元素の中に生きている人はいかなる時でも願望実現はできません。というのも、四つは互いにけん制関係にあり、一つをクローズアップすると、必ず次に反対のものが来て、前の勢力を抑止するからです。いろいろな夢を語りながら、長い目で見ると、何もできていなかった人というのは、この四元素のどれかに同化して生きている人です。

人間はこの四つのうちの一つになりきることはできません。シュタイナーは四つの気質のうちどれかに染まった人は、世界をそのようにしか見ないので偏っており、他の元素を体験するために、生まれ直さなくてはならないと説明します。

90度のアスペクトというのは、この四つの中で、天敵となる元素との関わりが生じることを意味しています。

火の元素で、自由に行動しようとしたとします。例えば、火星は獅子座にありました。ですが水の元素の蠍座に土星があり、これが90度になったとしたら、水の元素は一緒にすることであり、誰かとともに一体化するということです。土星はしばしば義務意識を作り出し、こうしなくてはならないというルールになることもあります。ということは、獅子座の自由行動は禁止されます。

仲間との関係を思って、自分の自由行動を諦めたというケースもあります。出かけようとすると、家族が止めてきたのです。この場合に火の元素としては不満が残るでしょう。しかし人間が四元素全部を統合したところに存在の基盤があり、四つのものすべてが自分であると考えた場合には、水のサインの蠍座の動きも自分の中から発生したのです。

それは他者からいわれなき妨害を受けているわけではなく、自分自身の中で、そうした衝動が存在しているのです。たまたま自分が火星を演じて、たまたま他の人に土星を演じてもらっています。なぜならば、一人が両方演じてしまうと、まるで二重人格のようになってしまいます。しかし大きな自己からすると、他者の行動に投影された蠍座の土星もまた自分です。

四つのうちの一つを私とみなすとすると、90度は妨害されることなので、凶となります。四つをすべて統合した第五元素に自分の存在の基盤があるとします。すると、90度は、より大きなところに向かうための欠けたものを補う転換点です。自分が意識していなかったが、確かにこの蠍座、土星というのは自分のことであると。全く解釈が反対になってしまうということを考えてください。つまり考え方によって、解釈というのは正反対になってしまうのです。そして体験もそのようになります。

地上生活においては、あらゆるものが二極化するので、何

51

かの意義が存在するためには対立する意思が出てこないといけなくなります。制限があると、汚い部屋があるからこそ、綺麗な部屋があります。自由という方向へバウンドしようとする意志が発生します。閉じ込められた人でないと、人と交流しようとしません。

90度のアスペクトは、表向きなかなか両立しにくい要素ですが、片方を選ぶと、必ず反対側にひっくり返されます。ですから、最初から、両立を考えなくてはなりません。惑星は遅い速度から速い速度まで、たくさんあります。90度のアスペクトは、最も速い速度の天体感受点の移動としては、例えばアセンダントは、6時間で90度関係の惑星の上に移動します。数年かけて、まるで躁鬱病のように切り替わる人もいれば、意識的に両立を考え、同時に平行しているように活用できた人もいます。

生活のメリハリという点では、アセンダントとMCは基本的に90度関係になりますが、これは仕事ばかりしている生活と、好きなことばかりしている生活の切り替えなので、これを有効に切り替えることのできる人はたくさんいるでしょう。

（2）180度のアスペクト

180度のアスペクトもかつては凶といわれました。ところがこれは非常に積極的なものです。ホロスコープは一つの

円を表しています。円は静止し、動きはありません。これを割って方向づけをするのが180度です。つまり前に進む、ある方向に行動するというのが180度です。自分とターゲットの関係です。意識は何かに向けて投射しますが、そこで跳ね返すものがないと意識は成り立ちません。180度は壁に当たることで自分を意識します。壁に当たることで初めてその人は外界に働きかけることができるのです。

180度は働きかけの意思を表すので、例えば仕事をしたいとか、人生の可能性を試したいとか、何らかの行為というものはすべて180度ということを示しているのです。180度のアスペクトを一つも持たないホロスコープの人は、比較的おとなしい人で、自分から何かをしようという意志というものが弱いケースが多いことになります。そういう時にはトランジットや進行、あるいはまた他者の天体が相性的にアスペクトを作ることで後天的に手に入れることがあります。

出生図で180度を持っている人は、時期とか状況にかかわらず飛び出そうとするので、節操のない人に見えるかもしれません。例えば活動サインで、180度のアスペクトがある人は、いつでもそれが強く働きかけるので、目的がなくなったり、暇になったりすると、あらぬ方向に暴走するということにもなりかねません。

大型バイクは、雨の日に、マンホールの上で車輪が空周り

してしまうケースがあるといいますが、活動サインの180度の意味は働きつつも、外に対して働きかけないということも考えてもよいかもしれません。

度のその人はそのような性質に似ています。何か話したい人、書きたい人、このような人は水星に180度のアスペクトがあるということは容易に想像がつくのではないでしょうか。

言語的な発表力という意味では、シュタイナーはそれを火星に結びつけていますから、火星の180度と考えることもできます。火星はマクロコスモスへの誘いという意味で、自分が外の場所に働きかけたいという意志でもあるのでしょう。

180度が手応え、触覚、鏡、リアクションなどを意味するのならば、例えば創造的な活動を象徴する正三角形の作用は、それぞれ三つの場所が、何か反射的な活動を持つ時に六角形の受け皿を手に入れたことになり、それは自分の正三角形の作用になります。

そのため、タロットカードの6番は「恋人」のカードとして描かれています。

このように考えていけば、90度と180度を凶とみなす考え方は、何もしてはならない、ということを主張しているように見えるのです。人に迷惑をかけないで、どこにも働きかけず、何もせず、おとなしく日々を過ごすべきであるという考え方の人は、このように考えるのでしょう。

月、水星、金星は基本的にミクロな内輪のもので、火星、木星、土星はもっとマクロに外に、社会に飛び出す天体であると考えてみると、180度のアスペクトが月と水星、金星

で作られている時には、その働きかけの積極性という180度の意味は働きつつも、外に対して働きかけないということも考えてもよいかもしれません。

家の中で、忙しく電車の模型をもてあそんでいる。しかし、外に対しては何もいわない人というケースもあり得ます。月と木星の180度という時、まず月は惑星の周囲を回転する特定の惑星所属の要素であり、それは惑星の下にいるべきで、惑星のステージに持ち込むべきものではないのです。しかし木星によってそれを外部に公開するというのは、公開すべきでない惑星を内輪なものを拡大してしまうということで、基本は何となくみっともない、恥ずかしいことかもしれません。

このように180度といっても、意識的ではないものもたくさんあります。

ハーモニック占星術ではハーモニックの数を倍数にすることで、アスペクトが変化します。ある年齢で90度の倍数とがある人は、その倍の数の年齢の時に、それは180度に変化するのです。意味として、90度は何となく不快で目障りになります。なぜなら、その人の視野には入っていなかったものから来る呼びかけだからです。しかし、それはやがて達成目標に変化するという推移を表現しています。何かいやだと思ったものは、次に、興味の焦点になるのです。

ということは、90度とは虫の知らせやちゃんと正面から

見ていなかったもの、意識の中では除外されていたが、後で、それは重要だったと気がつくものになるということです。

アーノルド・ミンデルは不快なものを「センシェントな自分からのお知らせ」と説明していますが、意識的にとらえられなかったにも関わらず、信号としてやってきたものは、常にうるさいノイズ、邪魔なものとみなされるのです。その人がそれを正面から見ていなかっただけで、そう解釈されたのです。人間の意識がとても単純なかたちで働いている時には、それに対して協力的でないものはすべてノイズとみなされます。ところが後で重要だったことに気がつくのです。この切り替えが早い人は、いつでも始めは「要らない」と言い、直後に、「やはり要る」と言い換えるのではないでしょうか。

180度が前進するというイメージであれば、一直線に目標に向かって走っている人がいるとします。この目標しか目に入らないのです。すると、90度は横やりで、その人はこれを側道から入ってきた邪魔な車とみなすようなものです。180度はやがて0度になり、それは達成します。するとそれまで邪魔に見えていた90度関係のものが、180度の目標に上がってきます。

7 サイン、惑星、ハウス、アスペクトの組み合わせ

サイン、惑星、ハウス、アスペクト。この四つの要素をそれぞれ正確に覚えていても、これらを組み合わせてホロスコープを読むとなると、かなり難しい技術を要求されます。何百人も何千人もホロスコープを見ると、次第に慣れてきます。そしてだんだんと、自分の読み方が確立されてきます。

しかしそれでは何年もかかりますから、はじめは読み方の手順を決めておくと取り組みやすくなります。

ホロスコープの読み方は読み手の世界の見方、生き方、思想がそのままこの読み方に投影されますから、全く同じ手順で練習したとしても、慣れてくれば、結果的に違う読み方になるでしょう。このそれぞれ読み手によって違ってくるということを避けることはできませんし、誰が正しいというふうにはっきりいうこともできないでしょう。その人の独特の安定した個性的な読み方がある、というところまで到達したら、それが誰にも通じる普遍的で公平な読み方になったことを意味します。逆に、この個性的な読み方ということは間違っていると考えて、主観を抜いて読もうとすると、それは心のこもらない、そして実際には間違った読み方になります。一見、矛盾した説明に感じるかもしれませんが、個性を有害なものとみなし、主観を抜いて読もうとすると、反対に表面的なもので終わっ

54

第1章　西洋占星術のホロスコープを読むのに必要な基本的な要素

てしまい、ちゃんと深く読めないということになります。

本来は、客観的というのは主観とか個性を抜いたものの見方ではなく、主体と客体を両方組み込んだものを客観的といいます。禅の十牛図では、第八図以後を客観意識の発達段階と呼びますが、これはその人の主体、主観が溶けていき、主体と客体の固定的に位置づけがなくなり、さらに複数の主体が混じりこみます。

「私が見ている」、「私は見られている」、「誰かが見ている。それは私かもしれない」などというふうに、区分がなくなります。その後にやってくる第九図返本還源では、超個的な客観意識が安定しますが、これは複数の主体の見方を許容しています。

一方で、低次の意味での客観意識、すなわち、自分の個人的な思いとか主観を消して考えるというのは、まず人間には不可能であることと同時に、実は多くの人が客観的という時、それは他人の主観とか考え方を暗に攻撃している姿勢を表しています。あなたたちは違うといいたい。その時に公平なふりをして、一応、自分の考え方も同じように退けておきますと主張するのです。ですが、これは何かを否定するために同じレベルの違うものをぶつけているだけなので、結局は主観的な思い込みの姿勢とほとんど変わらず、堂々巡りだけがあります。長い目で見ると流行の変遷のようで、ある時期が来ると、また前に捨てたものを拾ってきます。

測量する時には、まず自分の位置が固定されなくてはなりません。つまりその人の特有の読み方や解釈の方法がある
わけです。そうすると、その地点から、他のものの位置関係が明確になります。その人にはその人の生き方の思想や考えがあるのです。好みもあるでしょう。ホロスコープの読み方を読むのです。ホロスコープの読み方に習熟すれば、その人なりの読み方が出てきて、そこで初めて正しい読み方が出てきます。

まずはシンプルな手順について考えてみます。

四つの要素を結合する練習として、短文にまとめてみるというのがトレーニングとしてはやりやすいと思います。

サイン	性格づけ。カラー
惑星	人物像
ハウス	場所
アスペクト	経験の中で、つまり時間の推移の中で生じること

つまり、これこれこういう性格の人が、どこで、何をしているという簡単な文章化をしてみるのです。惑星は主体だとすると、一つのホロスコープの中に、最低10個の主体があることになります。

55

(1) スティーヴ・ジョブズのケース

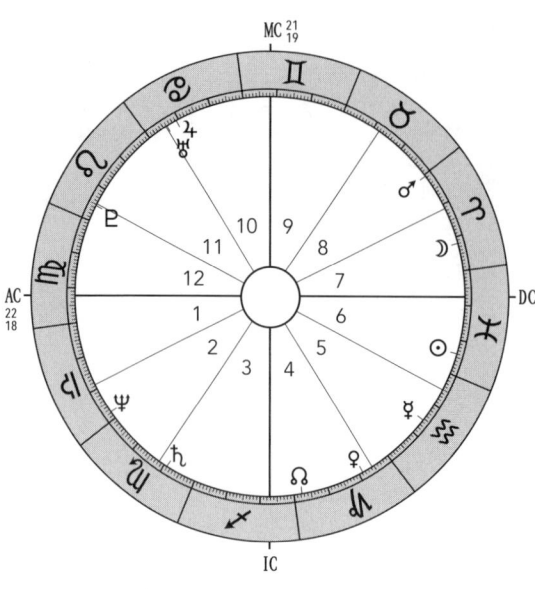

また、一つの惑星に関わるアスペクトは一つでなく、たいていの場合、複数あるはずです。

【スティーヴ・ジョブズのホロスコープ】

例としてスティーヴ・ジョブズのホロスコープを取り上げてみます。

火星は牡羊座の29度にあります。ジョブズが仕事をしている時の積極性、攻撃性はとても鋭いもので、誰も太陽サインの魚座の人だとは想像できないくらいです。

しかし創造的な夢を思い描き、それを仕事の上で実現していくというところでは、海王星との120度を持つ6ハウスの魚座太陽の特質がよく出ています。海王星は夢ですが、夢を実現しているのか、それとも、その夢に自分が分け入ってるのかがわかりません。

この攻撃的で過剰に活発な火星は活動サインのグランドクロスの中にあり、また冥王星とも120度です。ジョブズという統合的な人格の中の10分の1がこの火星の人格です。火星の人物像をスポーツマンとか戦う人とイメージづけてもよいでしょう。その人の中にあるそういう要素です。これは8ハウスにあります。

ここでは火星に関係することだけを取り上げてみましょう。
サインはカラー、惑星は登場人物、ハウスはその活動の場所、アスペクトはアクションということでこれらを結びつけて読んでみます。

56

第1章 西洋占星術のホロスコープを読むのに必要な基本的な要素

1. 牡羊座は、先進的な模索。
2. 戦闘的な人としての火星。ウォリアーとかのイメージで考えてもよいでしょう。
3. 8ハウスは孤立したものではなく、受け継いだり、組織的に共有されたりすることです。
4. 木星と90度。広い場に働きかける。

アスペクトはたくさんありますから、ここでは木星との90度のみを取り上げてみました。火星の攻撃的な積極性は、蟹座の木星という大衆的な広い場に働きかけますが、その意表を突く拡大性自体が90度です。新しい開発をしようとしている戦闘的な人が、組織ぐるみで多くの人にアピールする新しいコンセプトを提供するという文章が出来上がります。

ここではアスペクトは90度です。90度は平面的に並べた場合には、対立です。しかし、反対位相という裏側では協力関係です。牡羊座は個人的な積極性ですが、そもそもは蟹座という集団性では個人を否定した集団の中に飲み込まれてしまいます。ただし、裏側の協力関係という意味では、個人の先進的なアイデアは多くの人にアピールするということになります。火は水に消費されきってしまいます。ですが火のサインの獅子座の冥王星が、また火星にチャージします。90度は直線的な目的の追求の180度ではなく、横やり的

な、つまり寝耳に水の入り方です。火星は蟹座の集団へ、そういうアプローチの仕方をするのです。というのも牡羊座は種まきです。そして蟹座は集団的な畑、育てる場でもあります。蟹座からすると牡羊座の働きかけは、常に予想しないものです。蟹座は新しいものを決して作らず、保守的になっていく一方で、だからこそ、牡羊座という90度からの働きかけを予想しておらず、それでいていつも牡羊座を必要としています。

天王星・木星をエレクトロニクスとか、ITの分野、電気関係の分野と見てもよいでしょう。この場合、電気、電波などは天王星の象意ですが、多くの人が共通して使うものという点では天王星が関与した方がより自然なものになります。つまり蟹座、天王星と木星の合は、多くの人が共通して使う電気製品、つまり、iPhoneやパソコンなどを想定してもよいでしょう。

この天王星と木星のセットは、11ハウスに近いので、それは未来を作っているという見方もできます。現在の社会には、なくて、その機器が未来の動向を誘導します。もしこの天王星・木星という合のアスペクトが10ハウスの初めの方に近いと、未来ではなく、現状の社会のそのものに順応的になるので、世の中に対して新しいものを提供しようという姿勢は薄れます。11ハウスは常に10ハウスに対して批判的で、今の状況に対して、こうするべきだというビジョンを持ってきます。

基本として、このように、性格を示すサイン、主体を示す惑星、活動の場所のハウス、アクションとしてのアスペクトというふうに読んで練習するとよいと思います。四つの要素は一つでも欠けない方がよいでしょう。ですが、もし生まれ時間がわからない場合には、ハウスを抜くということもあります。そしてハウスの役割をそのままサインに兼用してもらうことになります。

惑星は10個あり、いわばキャラクターが10人いて、これが一人の人間の中に封入されていて、状況によってどれかの惑星にスイッチが入るので、これらをまとめて読むというのは、まず読み手そのものが「大きな自己として想定される私は、その中に小さな自己の10人分を含み、どれか一つだけを取り上げて、それ以外のものを排するという間違いを起こさないように気をつけて読む」という姿勢を心がけなくてはなりません。

例えば「この人はどういう性格の人ですか」と聞かれると思いますが、統一的な一つのイメージで語られる人はいません。人の性格は置かれた状況で変わります。ある人にとってやさしい人でも、他の人に対しては全く違う場合もあります。環境との関係でその人ができており、その人が単独で状況とか環境から独立して成り立つことはないのです。環境を変えるとその人は変わります。それは角度を変えてみると違う色になる結晶というふうに考えた方がよいでしょう。

「この人はどんな人か」という疑問に答えるために、これまでならば、太陽星座で見たりすることもあったかもしれませんが、これは真実ではありません。若い時は太陽の性格も変わります。また年齢域で性格に変わっていたというのは非常に多いのです。

ある外国人を見た時、昔はひどく乱暴で不良な人だったのに、今は家の中で工作しかしない、おとなしい不動産管理人という変貌をしているケースがありましたが、太陽サインという変貌をしているケースがありましたが、太陽サインと太陽のアスペクト、土星のサインとアスペクトが強いコントラストを持っていました。

ホロスコープでは、天体の10個あるいは七つの人格が統合化されて、大きな自己としての太陽になり、なおかつ太陽はどのようなサインの性質も帯びてはいないということが真実です。この小さな自己の10個のうち、時期によって、このどれかが他の天体よりも強く前面に出ていたということになります。

多くの占星術研究家は、その人のキーワードを決めるポイント、つまり「この人はこんな人」ということになるような最重要地点を探してきました。太陽を分割したものが惑星であり、つまり惑星は太陽の下で、相対的な関係にあります。この相対的な関係の中のどれかに中心点を求めても、それはすぐに崩れてしまう足場です。

それに一つを選ぶと、すぐさま、それに対立するものが浮

上してきます。横ならびの中でポイントを探しても、それは長く続くものではありません。低次なレベルでの統合点は、他の惑星とかアセンダントとかMCとか、そういうレベルで自己同一化する重心のポイントを探すと、そのまま自分の首を絞めてきますから、もう一つ次元を上げて、エルダーセルフとしての真の太陽にその人の重心を置くべきです。占星術のホロスコープには、この太陽系の中心点としての太陽の意義を発見することができないので、結局、この図に書かれているもの全部合わせて、というほかはなくなります。

そして太陽にはサインの特性もなく、太陽系内では無色透明の無のようなものです。これは外から見ると、太陽の特徴を理解する手だては一切ありません。

この図に書かれているもの全部合わせてというのは、全惑星という意味ですが、例えば、太陽を1とした時、その皿が割れて散らばった部品をかき集め、あらためて全部結合した全惑星は0・999999……というような近似値で、正確には同一ではありません。ですから、ホロスコープの全部を合わせたものは、自分の0・9999999……の要素です、というふうに考えるとよいでしょう。エジプトのイシスはオシリスの身体部位をかき集めて、オシリスを復元したけど、ちょっと何か足りない感じがするのです。

サイン、惑星、ハウス、アスペクトを組み合わせて、これはこういう性格の人がどこで何かをしているという読み方をしたのは、惑星の一つの天体がキャラクターを読んだことにすぎません。アスペクトには人物aと人物bのような二つの主体が一つのアスペクトには他の天体と結ばれています。そのため、相対的な関係性で関わっていることになります。

惑星の年齢域で考えると、金星と土星が合の人は、金星の年齢の時に土星の影響を受けて、若いのに老けているように見えるとか、慎重で暗いと思われるかもしれません。今度は土星の年齢になった時に、近くに金星がいて、金星を若い人と見た時には、若い人に囲まれた年寄りということになります。これはお稽古事の先生などによくあるパターンです。そして土星と金星の関係は二人の人物に例えられますが、金星に同一化した時には、土星は外から来た影響に見えて、今度は土星に同一化した時には、金星に接近されていると考えるのです。

ある時期には、惑星の一つに個人が同一化しており、それを自分とみなしており、他の惑星は外部の環境に投影されることも多くなります。錬金術の言葉でいえば、人は生まれた時に、自分のいろいろな部品を環境の中に投げ出している。それを一つひとつ引き取ってくる必要があるというものです。一つのホロスコープの中には9人の人物と1匹の犬か猫が

いるというふうにも考えてもよいでしょう。この犬あるいは猫は月を指しています。月は惑星よりも一つ次元が下にあり、人物とみなすのは難しいかもしれません。ジョブズの火星に関わるアスペクトは、次のようなものです。

11ハウスに近いところにある10ハウスの蟹座の天王星と木星

直線時間的な概念では、10ハウスは最も高所にいる地位の高い人々です。社会をピラミッドと考えると、この上にあるものは高額所得者、地位のある人、支配的な人、集団の上に立っている人です。

このピラミッドに飽きて、そこから降りようとしているのが11ハウスであり、また未来に向けて改革しようとしている領域が11ハウスです。そうなると、11ハウスの天王星は最も未来的なものであり、そして蟹座という家庭、国家、集団の中に新規なものを持ち込むのです。

ジョブズが生まれたのが1955年ですから、20歳くらいが70年代です。この頃に、世の中では、家電とかコンピューターが未来を開くというイメージが盛り上がっていました。木星は蟹座の最も勢いの強い21度にあり、これは集団社会のど真ん中で、その動きを仕切る人を意味します。つまり未来的な天王星のイメージを、この集団社会のど真ん中で人々を仕切ろうとする木星に伝達します。木星の度数を見るかぎり、決してアウトサイダー的ではないのですが、天王星は距離のあるところにいて、そこから木星へ力を伝達しています。もし木星がないのならば、そこから多くの人を巻き込みません。火星は新しい種を刺激的にここに持ち込むのです。

12ハウスにある獅子座の26度の冥王星

冥王星は公転周期が260年と長いので、一人の人物像にイメージ化することが不可能です。昔ならば、冥王星を冥府からやってきたとか、テロリストとか、破壊的とか、革命的と想像する人もいましたが、人間の一人が80年前後の寿命を持つので、この単位を3人分くらい結合した天体の意識、想念を、個人はとらえきることができないのです。

冥王星は太陽系の外との扉機能を果たす、超個別的な天体です。そして太陽系の中心の太陽にあまり素直に従っていません（離心率がかなり高い）。つまり太陽系秩序ということに対して、かなり反抗的です。

また12ハウスは、個人の人生の終わり、形がなくなること、集団的な領域、見えないものなどを意味します。人の形を超えたものが、さらに形のなくなる12ハウスにあります。

獅子座の26度は、常にどのサインでも26度は上からものを受け取る、享受するという性質ですから、火・固定サイン

としての獅子座の火を受け取るというのは、ある種超越的な使命というものを、天から受け取るということに関係します。土のサインの前にある火のサインの終わり頃というのは、常に土のサインを意識しており、地上の物質的な世界に持ち込まれる精神性、火の力を表しています。禅の十牛図では、山のてっぺんで天の力を受け取った人は、町の中に降りて、人々に影響を与えます。これが第十図の入纏垂手です。上空に行ったままが土へ、ということにどこか似ています。では完成とみなさないのです。

冥王星の意識を、個人が意識的にとらえることができないといいましたが、個人としての意識でない変成意識が働いている場合には注意力の中に入ってきます。誰の中でも、冥王星の影響は貫通し、それがある人は注意力に上がる。またある人は上がらないということになりますが、この影響力は12ハウスという見えないところからやってきて、火星に120度となり、火星の活力を駆り立てます。疲れを知らない活動力になるのです。火星が力尽きると、また冥王星が、天上的な超意識の領域から、パワーを充填します。

冥王星の公転周期は、人間としての言葉には落とせないので、26度の、天から降りてきた契約の虹として、「私には使命がある」と、火星戦闘員がいうことは少ないと思いますが、そう感じてはいると思います。

冥王星は人物化しにくいといいましたが、例えば、「新世紀エヴァンゲリオン」の庵野秀明監督の場合、太陽と冥王星は90度ですから、冥王星は世界を滅ぼす使徒、巨神兵としてイメージ化されています。これならば人物像でないのでわかりやすいです。天からやってきた巨神兵のようなものにパワーをチャージされたウォリアー（火星）は、強力です。この火星もまた土のサインにかなり近づいた火のサインなので、大地に持ち込むことが重要だとみなしているのです。

2ハウスにある天秤座の海王星

2ハウスは収入を得る、商売をするなどの場所です。海王星は、冥王星と同じく公転周期は人の一生を超えていますから、これも一人の人物像としてイメージ化しにくいものです。夢見がちな人、詩人、酒屋などのイメージを作っても、これはすべて人から見た外面的で皮相的な印象でしかありません。つまり海王星のことを理解しない人が海王星を見た時のものです。

私たちはグレゴリオ暦を使っています。これは宇宙的リズムから乖離したもので、グレゴリオ暦はそもそも宇宙的なリズムに従わないために作られたものです。つまりどこの円にもつながらない、虚空に浮かんだ空中楼閣です。

このようなところに従って社会生活をしていると、宇宙リズムと地上リズムにはずれが生じます。そもそもずれを狙っ

て、地上独自の暦を作ったので、そのことには成功していま
す。つまり人類は宇宙的な法則には従わないという意思表明
です。

この背後には、人は神のように価値がある、ということを
考えているということです。世界が滅びそうな時でも、自分
が今飲もうとしている紅茶の方が大切であるという姿勢です。
これは人類の長い歴史の中で、人類が自主性を持つというこ
とを目的にして、意図的に計画されたもので、それが暴走し
すぎる前に軌道修正されるべきものでもあります。つまり独
立的な自我を形成するという目的を達すれば、また宇宙的な
法則と共存的な生き方を取り戻す必要があるのです。

海王星は、たいていの場合、宇宙的なリズムに忠実です。
それは地上的な意味では、地上リズムに従わないことになり
ますから、いいかげんで気まぐれな人に見えてきます。です
が、海王星は宇宙的な法則には、非常に正確に反応するので
す。そのため地上的にでたらめで宇宙的に精密ということに
なります。土星は宇宙的にでたらめで地上リズムに精密とい
うことです。

トランシットの海王星がアセンダントとかMCに近づくと、
私生活や職業姿勢において、決まった予定に従いたくないと
いう特徴が出てくる人が多いようです。カレンダーで決まっ
た日課があるわけです。こういう時に海王星は抵抗しようと
する傾向があると思います。

カレンダーで決まった規則的なものは、グレゴリオ暦の上
での決定事項ですが、グレゴリオ暦は宇宙的なリズム、つま
り月の運行や太陽の動きのあらかたを無視して正確に生活し、
の総合として波の動きのあらかたを無視して正確に生活し、この中で、
グレゴリオ暦で生きている人は機械的に正確に生活し、この中で、
感性、感情、感受性などがどんどん鈍くなり、やがては生
命体としては死んでしまうかもしれません。

動物が帰巣本能を働かせるために活用している松果腺も、
グレゴリオ暦的社会生活の中では不要で退化します。宇宙的
な波をキャッチするアンテナがなくなった人は、スケジュー
ラに記録した予定をもとに行動しないことには、誰でも何も
できません。宇宙的な法則に合わせて生きている人は、この
宇宙時計で生きているので、ノートのスケジュールを見て確
認するという手段を使わなくても生きていけるのです。

海王星はこの宇宙的なリズムに忠実でとても正確です。し
かしノートに記録されたスケジュールに忠実であるグレゴ
リオ暦に従属する人々からすると、謎の行動をしているよう
に見えるかもしれません。

タロット占いをしている人は海王星的になります。昔、タ
ロット占いのマドモアゼル朱鷺さんと話をした時に、私は気
にかかっていたことを質問しました。
あるカルチャーセンターでマドモアゼル朱鷺さんのタロッ
トカードの授業が予定されており、既に50人以上の生徒が集

第1章 西洋占星術のホロスコープを読むのに必要な基本的な要素

まっていました。しかし、朱鷺さんはその授業を全く何の連絡もせずすっぽかしたのです。カルチャーセンターの担当者は、今後永久に朱鷺さんに講師を依頼することはないと断言していました。この担当者は私の担当者でもあったので、その話を聞いたのです。

なぜすっぽかしたのか朱鷺さんに聞いてみたところ「あれはもう限界」というよくわからない理由でした。朱鷺さんがグレゴリオ暦に従う生き方をしていれば、こういう予定を無視することはないでしょう。精神的に煮詰まっても、行くことは行くと思います。しかしタロット占いで、見えない風を受信しながら生きている人は、しばしば、こういうことをしてしまいます。その場合、見えない風を受信できない人の方こそ間違っているのだと断定する人は、グレゴリオ暦に従属する文明社会にはあまりいません。

もちろん理想的な姿勢は、宇宙的なリズムを意識しつつ、同時に、社会生活においては、この死んだ機械のようなリズムで動くグレゴリオ暦的習慣も考慮に入れるということです。グレゴリオ暦に従属する生き方がすべてになってしまうと、人間は直線時間の中で孤立し、未来も失われ、閉鎖された世界に幽閉されます。それはとても恐ろしいことです。ですから、グレゴリオ暦的世界観に合わせるふりをしつつ、ちゃんと別口で、宇宙的なリズム、すなわち小さな円は大きな円につながり、さらに大きな円はもっと大きな円につながるという、長い過去も

あり、長い未来もあり、始まりと終わりのない、果てしなく続く循環の中に、自分の正しい位置を見つけ出す必要があります。

宇宙的なリズムに従うということにおいては、天王星、海王星、冥王星は似ています。そして地上リズムを作り出す(孤立した)土星との間には、この地上的なものと宇宙的なものとの歪みがあり、それがケンタウロスの帯での過剰な軋轢を作り出します。

イギリスの占星術家であるチャールズ・カーターは、海王星に夢想的な要素はなく、むしろ政治家には必要な資質でもあるといいました。政治家はビジョンが必要だからです。

土星はグレゴリオ暦的な枠を作り出す天体でもありますが、ここで間違えてはならないのは、孤立した土星と、今度はこれらトランスサタニアンと連動したことを受け入れている土星があるということです。これは引き際を知らない土星と、引き際をはっきりと意識する土星です。土星そのものが問題なのではないのです。

私たちは収入を得る時に、つまり2ハウスの活動をする時に、会社員ならば、給料をもらいます。この会社はグレゴリオ暦に従って活動している地上的な集団であり、2ハウスはグレゴリオ暦の月末に入金されます。

海王星はこの地上リズムに従っておらず、ジョブズの収入

63

はこの海王星に従っています。海王星は、魚座の支配星で、輪郭のはっきりしない、霧、雲などのイメージにも結びつき、収入としては月末に決まった金額で入るというものではないのです。この決まった金額、月末という枠がないので、2ハウスの海王星は限界がないので、その可能性を追求すると巨額になる可能性もあります。

海王星を騙される、夢想的と解釈する人もいます。2ハウスはお金だとするとお金を騙されると考える人もいます。会社に通い、給料をもらっている人からすると、お金というのは、計算可能なもので、そこに予想を超える作用はないと考えます。しかしある人々から見ると、お金はそういう動き方をしません。つまり規則的な、計算可能なところでお金を得ている人々が、そのルールに従わないようなものを夢見て、儲けようとすると、計算可能な枠の中にありつつ、そこから脱線したことを考えるので、自分らしくないことを夢想しており、思惑が外れることは多いでしょう。それを夢想とか、夢想的に追求して失敗するということです。

ですが、ジョブズの場合、2ハウスは海王星色に染まっています。ジョブズにとって、月末給料をもらって支払い用途別に封筒に小分けにすることそのものが非現実的です。お金は宇宙的な増減の原理に従い、それは、冥王星と密接に結びついています（冥王星と60度）。そのため夢を

当てるようなかたちで収入を得るのが最も自然で、現実的な姿勢になるのです。

この商売の夢は、例えば、音楽市場などをコントロールするというようなかたちで出てくる場合もあります。音楽はしばしば海王星の夢です。というのも聴覚は感覚の中では、唯一身体から外に連れ出してくれる性質です。音楽が好きな人は、常に身体の枠からはみ出したい人です。ミュージシャンは常に待ち合わせにも遅れるというのは、私の決まった文句です。

この商売の夢は火星と180度で、180度はストレートなターゲット化ですから、火星の行動意欲を駆り立てます。海王星が思いついたことを火星はすべて実践しようとします。やりすぎ火星というのは冥王星と120度、海王星と180度のスタイルが多く、2ハウスと8ハウスのアスペクトで、商売に関係したことにたくさん手を出します。

5ハウス直前の4ハウスにある山羊座の金星

後に説明する5度前ルールという点からすると、金星は5ハウスです。5ハウスは趣味、道楽、ゲーム、創造などです。これはアセンダントという、原始的な個人の始まりの衝動を、そのまま拡大してくれる場所だからです。他の人との関わりというのは、たいていの場合、個人を押さえつけてストレス

64

を感じます。この関わりを度外視して、個人の個人的な都合だけを延長したものが、5ハウスなのです。

そのため5ハウスを恋愛ということはできません。相手がどう受け取るかはわからないが、個人の夢としての恋愛的な感情ということであれば5ハウスでもよいのです。相手の意志を全く考えずに一人で勝手に恋愛を夢見て、ストーカー的な行動をしている人がいるとして、これは5ハウス的な行動として考えることも可能かもしれません。相手の反応はたいてい7ハウスです。1ハウスが自我の主張。それを反射、跳ね返す鏡が7ハウスです。

恋愛的な夢を5ハウスとみなすと、そこに7ハウスの天体との60度のアスペクトなどがあると、5ハウスの衝動は、他者に受け入れられる傾向が強くなります。といってもこれは一般的な傾向ということでもあり、実際には、5ハウスの天体の力をそのまま受け取る天体位置を持った相手との組み合わせで考えてもよいのではないかと思います。

話は戻って、山羊座は冬至点から始まるサインで、太陽は12月21日とか22日などに通過し、冬の到来を示します。作物は、春に種をまき、夏に育ち、秋に収穫し、冬に備えて乾燥し、腐りにくい、安定した固い、皮膜的なものを示します。ですから、この金星の楽しみ事は、古めで、既に確立されたもので、型にはまっているものということにもなります。

これは種をまく牡羊座の火星と90度の関係で、火星の活動を締めつける傾向もあります。夜眠って、宇宙に拡大する、すなわちマクロコスモスへの誘導するのが火星です。朝目覚めて、感覚の支配する小さな世界に挟んだ内側のものか、それとも外なのかという違いです。

月と金星を比較した時には、普段着とよそ行きという具合に金星はあらたな可能性を探索しています。しかし、それは範囲が極端に狭い月との関係ではそうだということです。天体の次元的な階層は太陽⇨惑星⇨月で、月は惑星の周りを回っているので、それは「惑星の帯となり、惑星の作用を締めつけようとしている」ということです。

月は惑星ほどに許容度がなく、月に従うと、月と金星はとても心の狭いものになります。ですから月と金星は、月がいつものことしかせず、金星はそれよりももっと惑星としての可能性を拡大するということです。しかし惑星レベルにおいては、つまり、一つ視点の大きなところでは、金星は小さな世界にとどまり、火星はより外にチャレンジしようとするのです。

金星は火星が拡大しようとした時には、どうしてもそれを小さな範囲に止めようとするブレーキをかけるものなのではないでしょうか。それに金星は既に完成し確立され、冬の倉庫に保管されている楽しみ事でもあり、火星のどこに転ぶか

わからない新しい牡羊座の試みに対しては警戒します。そこで妥協して全く新しい試みをするのでなく、既存のものを新しい展開で運営するということも考えます。そしてそれらは商売の夢に結びつく。そういう意味では、新しく作曲するよりも、古い音楽データをオンラインで売るというようなものも関連すると思います。

火星はこうした古いものを意識し、また集団への働きかけも意識し、商売の夢を抱き、また使命感に燃えるというふうに、複数の影響を受けつつ活動しているのです。

ジョブズは、iTunesなどで配布する圧縮音楽データを、個人的には好んでおらず、自宅ではアナログレコードを聴いていたといいます。音楽家たちは、自分の曲が圧縮音源にされて、ひどい音で売られていることに抗議します。しかし山羊座は個人的に好きか嫌いかということをあまり気にしません。直立する場、置かれた立場というものを、自分の好みとは切り離して、時代に合わせて活用するということになります。金星に関わる事物を、置かれた立場というものをそのまま受け取ります。

ハイレゾの時代になるとハイレゾを売るかもしれませんが、ジョブズの生きていた時代では、外を歩きながら、ヘッドホンで聴くかぎりはあまり違いのわからない圧縮音源で販売するのです。

天王星・木星のグループをパソコン類。5ハウスの金星を、

(2) 天体が置かれたサインを詳細に見る場合

サインは性格、惑星は主体、ハウスは活動の場所、アスペクトはアクションのパターンとして組み合わせますが、天体の細かい内容については、サインをもっと細かくした度数やサビアンシンボルなどを参照すると、もっと細かい働きを見て取ることができます。

本書では、サビアンシンボルを説明していますから、惑星の作用について詳しく考えたい時には、このサビアンシンボルを見てください。

ジョブズの火星は牡羊座の30度です。ですから、あひるの池というシンボルです。次にあるのは牡牛座で、これは土・固定サインで、これは人間の身体とか、あるいは地球というふうに見てもよいでしょう。人間の身体とか地球に入り込む直前の段階と考えてみてください。

音楽などの販売というふうに分けてもよいかもしれませんが、いずれにしても、活動サインのグランドクロスという極めて活発で、決して休むことのない活動性を、ありありと思い浮かべてほしいと思います。こういう人は休暇で休むと逆に具合が悪くなります。そして死ぬ直前まで活動していた方がよいのです。

66

魂は人体の頭の真ん中に居座ります。地球ではこれは北極で、北極星の方向から地球に入ります。頭に入ると、ここから牡牛座の1度の清らかな川の流れというサビアンシンボルになり、これは下界に向けて勢いよく落ちていくことを示します。

この川の流れを作り出す水源は牡羊座の30度で、山のてっぺんに作られたあひるの池です。身体には肉体というものと、もう一つ気の身体であるエーテル体があるとみなすと、そこに牡羊座30度で降りて、次のその力は身体である牡牛座の1度へと降りると考えてもよいかもしれません。

火星は身体の頂点にあり、今から肉体に入ろうとしているということです。日本の古い考えでは、死者や先祖は山のてっぺんにいて、春先に地上の里に受肉するといいます。これは牡羊座30度、牡牛座1度のイメージに重なります。山の上にあひるの池があり、そこから崖を落ちるようにして、下界に、肉体に、魂は受肉するのです。この場合、地上的な細部の諸事に振り回されません。まだ純粋には地上に降りていないからです。形にする意志、自分にとって最も適した場を見つけ出すのです。

また、あひるというシンボルでもわかるように、うるさい性質です。牡羊座はシュタイナーによると自我感覚です。強引さや押しの強さ、うるさく言い立てることなどがあります。すべての30度のサインは、そのサインから離脱する意志を持ちつつあります。そのためには、これまで体験してきたサインに対して飽きていなくてはなりません。そのサインの嫌な面をたくさん見ています。つまり牡羊座の嫌な面をつくづく見るのです。やはりそれは押しつけがましく、うるさいということです。

それは外に自分の意志を突き出すのです。

（3）イコールハウス

ハウスの分割で最もシンプルなものに「イコールハウス」というのがあります。これはアセンダントのサインの度数が決まると、そのままそれぞれのハウスを30度ずつに分割する方式で、それぞれのハウスを通過する時の惑星の滞在時間は同じになります。

私はしばしばこの方式を使います。プレシダスのハウスで、ときどき惑星が特定のハウスのスタート点よりも6度くらい前にあるにもかかわらず、その惑星はどう見てもこの6度後から始まる次のハウスの意味で働いているようにしか見えないケースがあります。この場合、アセンダントの度数を見て、そこから頭の中で、イコールハウスならば何度からスタートするのだろうかと考えるのです。そこでイコールハウスを加味して、次のハウスとして読むこともあります。プレシダス

67

ハウス一つだけ見るよりも、イコールハウスなども併用して比較してみてほしいと思います。

もう一つ、イコールハウスにした方がよいという根拠としては、ハウスをそのままサビアンシンボルにしてしまうことができるという点です。これはアセンダントを牡羊座の0度とみなして、そこから、ハウスを細分化して読むという意味です。

6ハウスに惑星があるとしても、この6ハウスのどこにあるかで、発揮する特徴がかなり違います。そもそも6ハウスの終わりにある天体は、既に6ハウスの活動に対しては飽きており、そこから出たがっています。それに比較して、6ハウスの初めの方にある天体は、これから6ハウス活動にやる気満々です。

ハウスを細かく読むには、サインを1度ずつ細かく読むために便利なサビアンシンボルをそのままハウスに適用することです。この場合混同しないように、サインのサビアンシンボルは、性質とかカラーの面で、またハウスのサビアンシンボルは実際の行動面、現象面という、より感覚的な領域で発揮されているものだと識別することです。

しかしハウスは感覚的という場合、感覚というのはサインです。しかしハウスは感覚的という場合、感覚というのは形骸化した感情というイメージで考えてみてください。感情とか欲求とか気持ちは繰り返され機械化し、もうリアルに実感できなくなったあげくに、それは残像のよ

うなもので感覚になるのです。サインは実感します。しかしハウスは実感しません。しかし行動などではそれを実践するということです。

赤色に関連した感情があると思います。それは劇的であったり、興奮していたり、情熱的であったり、エゴの強いものであったりします。この感情が実体です。しかし赤色を見ても何も感じない、他人事のように見ることができるのを見ているのは感覚であり、無関心な感情で受け止めると、感情面では何も受け取りません。

ハウスのサビアンシンボルはハウスの意味についてもっと細かく見ることができるので、それはとても便利です。

牡牛座の中でも商売とか売り買いに関係する部分は全部ではありません。もっぱらそれは11度から15度くらいまでと考えてみましょう。するとイコールハウスでの2ハウスのスタート点から数えて11度から15度くらいまでがそれに該当します。16度くらいになると、ありきたりのものに飽きていても、誰もが手に入れるようなものを欲しがりません。とても趣味がうるさいのです。すると、2ハウスでもこの位置にある惑星は、いろいろと難癖をつけて、なかなか手に入らないものしか関心を持たないということにもなるのです。さらに21度を過ぎると文化的な方向に比率が高まり、商売とかお金儲けにそんなに凝らない傾向も出てきます。むしろ活動の結果としてのお金がついてくるという傾向になります。

68

なお、イコールハウスにした場合、子午線としてのMCとICは、10ハウス、4ハウスのスタート点とは違う場所になりますから、この場合、子午線は「集団社会との接点」という特化した意味で解釈します。

（4）それぞれのサインにあるアスペクトの基本的なパターン

最初は、アスペクトは0度、180度、90度、60度などに関して、その角度、図形から類型化して考えると思います。180度と90度はチャレンジアスペクト。120度と60度は援助的だが、サプライズがなくちょっと退屈。0度は生ものようなもので、フィルターなしで影響がそのまま飛び込んでくる。そのため関わる惑星が背後にストレスを抱え込んでいる場合にはそれも持ち込まれる。それと比較すると、120度は焼いた料理のようなもので、多少痛んでいても安全。以上のように見ることもできます。

ですがホロスコープは、類型化するにはまだまだ複雑なので、アスペクトという惑星の関係性を読む時には、アスペクトを作っている相手の惑星が、どこのサイン、どこのハウスにあるのかを考えて、それとの関係性ということで読むとよいのです。あるサインとあるサインが結びついている、また

はあるハウスとハウスが結びついて連動していると考えます。速度の遅い天体の方が意図を持ち、この意図の運び屋、形にする役割として速度の速い惑星があります。後輩にパンが欲しいというのがメインの意図であり、そのために速度の速い天体が実際にお店に買いに行く意図の発信者がどこにあるかを意識しつつ、アスペクトがどこのサイン・ハウスから、どこのサイン・ハウスに結ばれているかを考えます。

アスペクトの類型化をもう少し詳しく考えてみます。ここではサインとサインの関係で作りやすいアスペクトのパターンを書いてみます。このそれぞれのサインの中にある天体で、アスペクトができている場合、どういう傾向があるかを考える参考にしてください。

〈牡羊座〉と〈牡羊座〉0度

火・活動サインは他からの影響なしに、いきなり自分で何か始めようという力があります。水のサインの魚座はすべてを集めて結合する性質ですが、このすべてを集めるという性質は、そのサインの範囲が大きい時には、身近な環境にないものも集めてきます。身近な環境の性質を超えた広い受容性があるということです。

この広い範囲を持つ水の元素の性質を踏まえた上で、水の水面を叩いて波紋を作り出す牡羊座の火は、身近な環境、既知の経験などに配慮しないで、いわば非常識な要素をつつ、新しいことを始めようとします。水のサインでも蟹座とか蠍座は、また魚座に比較すると、活動の範囲が狭いので、その後にやってくる火のサインの力はある程度限定的ですが、魚座はすべてのサインの中で最も大きな範囲を持つために、その後にくる牡羊座の火は、脱色された普遍的な要素を持つということでもあります。

惑星はそれぞれ公転周期が違います。公転周期の遅いものは深く長く働き、その分、強力で、速いものはより浅く、短期的です。つまり惑星の周期ごとに落差があるのです。合のアスペクトは、この惑星の公転周期の違いの電位差が、そのまま合のアスペクトの圧力の高さ、いわば電圧の高さとでもいえるようなものになります。

よそのサインを仲介しない回路で、この場所でスパークを起こしているというイメージで考えてみましょう。新しいことを始めるための自発的で、強力な爆発力があるのです。牡羊座はしばしば他との関連なしでスタートする傾向があるので、根拠のない行動に見える場合もあります。

二つの惑星が、それぞれどのサインの支配星かを考えてください。このそれぞれのサインが、どこのハウスにあるのかを点検し、そのハウス、サインからの力を集めてきて、この合のアスペクトで合流させたのです。

電位差が強いと、つまり落差があると、この合のアスペクトの動機はより深いものになります。水星と冥王星の場合、水星の働きは冥王星の目的を果たすまでは終わりません。水星と土星ならば、社会的な価値観の中で決められた範囲まで行けば満足しますが、冥王星の場合には、個人では扱いきれない深いテーマですから、達成するのはとても時間も労力も、集中力も必要とされ、いつまでも満足しきらない水星活動になるということです。

牡羊座は、同時に春分点という12サインの切れ目を通じて、外宇宙とつながるので、外部からやってきたものがこの12サインの中に侵入してきます。出入口は春分点にしかないのです。そこで、魚座の終わりから牡羊座という円回転の流れとともに、外部からのものが混ざりこんで活動がスタートするので、それを環境の中にある人が理解できないこともあります。

冥王星は太陽系の外との接点なので、外宇宙の恒星の影響などは、冥王星を通じて、太陽系の中に入り込んできます。12サインの切れ目としての春分点に冥王星があったのは1577年です。その次は1822年で、2066年です。

富士山の信仰である富士講は、藤原角行が始めた宗教ですが、角行が生まれたのは1541年で、夢視体験の中で役行者から角行という名前を与えられたのは1560年です。

70

第1章　西洋占星術のホロスコープを読むのに必要な基本的な要素

古い時代は、宇宙との接点は山の頂上だったので、富士山の頂上というのは、日本にとっては最大の外宇宙との交流場所です。角行が作った富士講は冥王星が春分点を移動する前後には多くの人が春分点から外の力を受信する集団的な装置として機能したのではないでしょうか。いったんチャージすると、その力は次のチャージである1822年までは続き、枯渇しません。

つまりその時に当初の課題が達成され、そして自動的にそれが次のテーマへと変わります。角行は7歳の時に北斗星からのお告げを受けて、自分の使命を自覚し、18歳から廻国修行に出たといいます。

後に紹介するアリス・ベイリーは、大熊座とプレアデスとシリウスがより高次な領域との接点として重要だと述べていますが、ドゥーベなどは古い時代の宗教にとっては典型的な役割を担う恒星で、こうした太陽系の外の力は、春分点、冥王星などが関わると、よりストレートに受け取られることが多いでしょう。

現代はある意味では自閉症的な文化の中で生きていますから、このように北斗星に指示されて行動することにした、というタイプの人は少なめでしょうが、しかし牡羊座は、根拠のない唐突な行動、創始などをしますから、春分点の外から来た外宇宙との交流というのは、そんなに違和感はありません。

つけ加えておくと、角行の場合には、牡羊座には月と海王星があり、合ではありませんが、神智学的な人々（ブラヴァツキー、シュタイナーなど）と同じく水瓶座と獅子座の間に四つの180度アスペクトがあるので、壮大な突き抜けた世界観の中で生きていて、北斗星に指示されたり、夢の中で役行者から指導を受けたりという体験は自然なものでしょう。

〈牡羊座〉と〈双子座〉60度

60度のアスペクトは仲が良いが種類の違う元素の間での協力、援助関係です。これは六角形の図形の一辺ですから、互いに呼び合う正三角形の共鳴なのです。自分が呼ぶと、それに答えるものが環境の中から出てくる。呼びかけが強いほど答えてくるものも強くレスポンスする。

牡羊座は自我感覚ですから、それは外界に自分を強く押し出します。すると、それに相応する情報、言葉などが、呼び出され、牡羊座の意図を助けることになります。

自分を主張したいという牡羊座とそれを言葉にしていく双子座です。牡羊座も双子座も初期の青春のサインといわれていて、それは他者や社会の反応というものをまだ十分に取り込んではいません。双子座は風・柔軟サインなので、それはマルチに分岐し、一つだけ単調に押し出すということではありません。

71

牡羊座の自我の主張は、双子座の手によって、いろいろな局面に複数化して表現されることになります。一つのものが10や20に枝分かれして発射されるのです。一つの意図をああでもないこうでもないと、いろいろな言い方にしていくのです。しかし、もし双子座の天体の方が牡羊座よりも公転周期の遅い惑星である時には、双子座の複数化された意図を、まとめて一本化して牡羊座で新規の行動に変えていくということにもなります。

60度のアスペクトは、昔は幸運といわれ、しかしある時代から違うのではないかという話も出てきました。理由はトランシットなどで容易にヨッドができてしまうからです。ここでは、蠍座に何か天体が来て、この牡羊座と双子座の天体に対して誤差が1度とか2度あたりまでにヨッドが出来上がります。

しかしヨッドは拘束を意味しますが、必ずしも良くないアスペクトではありません。縛りがあるということは、その分、特定の目的に集中、特化した力を発揮するゆえに、特殊能力のアスペクトだといわれているのです。

蠍座はどこかで深く結合して、そこから離れられないというサインです。そのため、この牡羊座、双子座、蠍座という60度のセットは、特定の組織、人との関係、自由でのびのびとした分野などに縛られたところでしか能力を発揮してはならないという状況になります。その方がよいというケースだっていくらでもあります。

双子座は風の柔軟サインで、それは風の分岐です。意識はあるターゲットに向かっていく時だけ存在するというサルトルの考え方を参考にすると、この意識の形は矢として象徴化されます。

双子座の9度に矢筒というサビアンシンボルがありますが、これは複数化した意識のベクトルが、高速処理で演算するようなもので、実際に脳の中ではこのようなループが常に実行されています。牡羊座は強く押し出す自我感覚であり、この飛び出したものが散弾銃のように分岐していくありさまを想像してみましょう。

〈牡羊座〉と〈蟹座〉90度

種まきを表す牡羊座と育成を意味する蟹座は、もちろん協力関係にありますが、同時に働くと、これは90度らしく互いを押し潰す性質があります。牡羊座は象徴的に目覚めであり、蟹座は眠りなのです。つまり育成し増やそうとする蟹座のステージでは、新しいものを持ち出すと、量産体制に入ろうとした時に、当初の企画に変更が入ったとでもいうような、困った事態になるのです。

蟹座が強くなっている時には、牡羊座の新しいことをしようという意志は抑制され、牡羊座が強すぎる時には、蟹座の

第1章　西洋占星術のホロスコープを読むのに必要な基本的な要素

ぬくぬくと保護して育てる器が荒らされてしまいます。ですが、90度は本来表と裏で働くと、それは協力関係です。蟹座を地盤と考えた時、この地盤の範囲が大きいと、それに見合った範囲の牡羊座の主張が出てきます。また多くの人にアピールすることを想定の上で、個人の主張や、新規のものの種まきができるのです。

スティーヴ・ジョブズの例でいえば、牡羊座の火星の主張は、蟹座の木星や天王星とスクエアだったからこそ、多くの人に受け入れられるべきものを想定して打ち出されたのです。たくさんの人がiTunesでiPhoneを使ったり、Macを買ったり、またiTunesで音楽を購入したりというふうにです。

河合隼雄がいうように、日本の古い時代の神話では、蟹座は牡羊座の創意を押し潰すので、単純な心で考えると、蟹座のもとにことごとく狩られ、途中で討ち死にしてしまいます。

元素が対立するグループなので、火は水の結合力をかく乱して不穏にしていき、水は火を消すのです。日本では蟹座が牡羊座を押し潰すのです。孤立的で、新しい、違和感のあるものはなかなか受け入れられません。ちょっとでも多くの人と違うことをいうと袋叩きに遭うというのは、今も昔も変わりません。ネット社会は自由な社会であると考えていたら、いつのまにかネット社会とは多くの人が監視しあう社会を作る結果になってしまいました。

スクエアのアスペクトの二重的な意識というものを理解しないのは、「一つの元素に固執することから始まります。火に対する固執、あるいは水に対する固執は、この90度のアスペクトの真の可能性を発揮できなくさせてしまいます。多くの人に働きかける新しいアイデアということを考えてみましょう。

例えば、牡羊座の水星と蟹座の月のスクエアは、言動によって自らの感情を傷つける傾向があります。人懐っこいくせに言動は乱暴ということもあります。言葉と気持ちが裏腹なのです。この裏腹というのが、表と裏の顔を持つ90度ということなのです。牡羊座の太陽と蟹座の月の90度などになると、公的な大胆さと、私的な部分での人懐っこさのギャップに驚く人もいます。

蟹座の基盤という要素は複数のレイヤーがあると説明していますが、この蟹座のフィールドを想定して、牡羊座のサイズも決まります。京都という範囲の蟹座の中での新企画と、アジアという範囲の蟹座の中での新企画を想像してみれば、後者の方では、より強力な牡羊座力が必要なことはいうまでもありません。

トランジットのアスペクトなどで、この蟹座に非常に遅い速度の惑星などが180度で関わると、基盤の拡大を要求されます。結果的に牡羊座の方でも、同時に拡大しないことには、大きくなった蟹座の基盤の中に飲み込まれて、鳴かず飛

獅子座は、火の元素というレベルで、この牡羊座の精神を安定、維持することができるようにします。牡羊座のぐらつきは獅子座によって安定します。にもかかわらず、共に火のサインの後に来る機械化、形骸化という土のサインには抵触せずに、火のレベルのまま安定性をキープするので、それは実際性の裏書がないままで続く情熱、意志、興奮、盛り上がりなどを示しています。

抽象的な維持力とでもいうべきなのか、中でずっと同じことを続けることができるのは熱感覚を表しており、継続する熱さで、環境との温度差を作り出します。その熱が冷えることがないのり、天空の恒星や太陽などから来ているからです。つまり地上においての時代性の変化に振り回されないで続くということです。あるいは地上においての時代性にひどく鈍い状態で続きます。これに支えられて牡羊座の新しい試みがスタートするとしたら、それは状況の変化や社会の価値観の変化に構わず、ある程度恒久的に続く価値観に照らし合わせて、新規なものを打ち出すことになります。

獅子座は時代や周囲の反応、環境の変化に鈍い、ということに支えられているので、コンテンポラリな社会の価値観からは少しばかりずれたところで始まる、新しいアイデアといったようなものにもなりやすいでしょう。火の元素は十分に抽象的ですが、サインの前の方にあるとより抽象性は高まり、ほとん

〈牡羊座〉と〈獅子座〉120度

シンプルな火の元素同士の補強関係です。言い出しっぺの活動サインである牡羊座は、永遠に自分探しを続けるので、することはつぎつぎと変わります。つまりはまだ土のサインである牡牛座の肉体の中に定着していないので、それは空中を浮遊する霊のようなものでもあります。決して満足することなく、あちこちを探し続けています。これが落ち着くのは牡牛座に入る時で、それまではどの度数であれ模索は多かれ少なかれ続き、確実性がありません。
しかしずっと同じことを続けることのできる固定サインの

ばずになってしまうでしょう。国内大会ではいつでもリラックスして演技できるのに、世界大会になるといつも失敗してしまう人がいるとしたら、その人の戦闘力、活動力は、大きな蟹座の中では力不足だったのです。
『哲学者とオオカミ』の著者マーク・ローランズは、オオカミを飼いはじめましたが、このオオカミがつぎつぎと家具に噛みついて壊しはじめるので、それを防ぐにはオオカミをへとへとに疲れさせるしかなく、そのために一緒に走るようになったと書いています。家具を破壊するオオカミと一緒に走る牡羊座です。オオカミに合う大きな自然界のサイズの蟹座が必要だったということです。

74

ど実社会とか、現代の多くの人の生活とは無縁に見える概念を打ち出してきます。しかし時代遅れというわけでもなく、いわば永遠性ということを重視していることになるのです。永遠の火ということを想定した上での新規な種まきです。

ある占い者を例に挙げると、獅子座が強く、発想が江戸時代で止まっているのですが、こういう傾向は獅子座的です。江戸時代的な考え方を受け皿にして、この中で、新規な行為などが打ち出されるのです。

アスペクトは単独の場合、その特徴が強く出てきますが、単独のケースは少なく、たいていはこのアスペクトにも他のアスペクトが関わることが多いはずです。となると、この空中楼閣的な傾向はまた違った要素を加えることで変わってくるはずです。

〈牡羊座〉と〈乙女座〉150度

150度のアスペクトは、オーブはどのくらいでしょうか。片方が太陽の場合には、人によっては、5度程度は使えるといいます。太陽ではない時には、3度くらいが限界かもしれません。ヨッドであればもっとタイトに考え、2度以内くらいまでにしておく方がよいのかもしれません。

牡羊座は、この環境の中に生まれたばかりで、まだ何の教育も訓練も受けていない自然児のようなイメージで考えてみます。この時、訓練、調教を表す150度は、乙女座から受けることになります。乙女座は修行、訓練、練習することで、忍耐しながら作り変えること、要求に応える律儀な資質など、実用的な働き能力でもあります。それに個人として閉じており十分に閉鎖的です。

自然児としての牡羊座は、この乙女座に訓練を受けて、火・活動サインの暴れるような活動力は、土・柔軟サインという、要求に応える待ちの姿勢の実用性を身に着けます。

そこでこの150度の呼吸作用とは、受けに回り要求に応えるふりをして、この中で、自分のしたいことをすかさず押し出すというスタイルを身につけることも多いでしょう。

牡羊座をアフリカに住むターザンのようなイメージ、そして乙女座をスーツを着た都市のビジネスマンというイメージで組み合わせてみましょう。150度に慣れるには常にミスマッチな組み合わせイメージ練習が必要です。ビジネススーツを着たターザンです。あるいは寄宿舎の中にいるゴリラみたいなものです。

他者による訓練はどちらかといえば、牡羊座と蠍座の150度であり、乙女座は自発的な訓練ですから、傍若無人なようでいて、夜中にひそかに素振りをしている人という150度になるでしょう。火と土は合わせるのが大変ですが、さ

らに、活動サインを柔軟サインと結びつけるという意味では、やはり150度はかなりミスマッチですが、それを身につけるととても現代的な新しい能力になるのはいうまでもありません。

150度をノイローゼと解釈した例を見たことがありますが、これはそれを説明している人が150度を上手く使えず、自分ならノイローゼになるということを告白しているようなもので、時代が後になるほど、現代に近いほど、この150度は頻繁に活用されているものではないでしょうか。乙女座の完全管理というのは15度で破綻します。これを例に考えてみると、165度になると、150度で作られていた二つのミスマッチなサインの力の均衡は、165度で片方が白旗を上げるという印象にもなると思います。

〈牡羊座〉と〈天秤座〉 180度

シュタイナーによると牡羊座は自我感覚で天秤座は触覚です。触覚というのは、自分が肉体に閉じ込められ、外界から拒否されているという感覚です。何かに当たるとぶつかり、それを突き抜けることができないのです。自我感覚は外に拡大していき、自分を環境の中で強く主張しますが、この主張は、触覚の働く領域でぶつかり、止まるのです。しかしこれは否定的なことではありません。例えば、幼児は自分の身体がどこにあり、足がどこにあるのかもわかりません。手足を全くコントロールできず、ただ振り回しても手応えがない。その時に、ゴムで結ばれた靴下を、このゴムの抵抗感で、足がどこにあるのか知るのです。

意識は射出することで成り立ちますが、しかしこの射出は、抵抗、反射してくる鏡がないことには、自分を自覚しないのです。意識は何かに向けて射出することでのみ働き、静止している時には、意識は存在しません。また射出した対象によってのみ意識の存在が証明され、意識そのものによっての証明されないのです。その結果として、対象を意識と勘違いするケースが多発します。つまりテレビの電波の送り出す内容はテレビによってしか証明されず、電波そのものはあたかも存在しないかのように思われてしまうのです。

天秤座の鏡は、牡羊座に手応えを与え、石を投げたら、それがどこかに届き止まった時に、音を立てるようにはっきりとリアクションが期待できるのですが、現象としては天秤座の方ばかりが目立つということにもなるのです。

ホロスコープにおいての180度は、静止する円を二つに割り、この円の中に存在していた意識は、円のレベルから脱落して、この円の内部活動である二分されたものの中に落ちていきます。180度が働くことで円の上で成り立っていた全体的な意識は失われてしまい、180度が作り出す能動、

第1章　西洋占星術のホロスコープを読むのに必要な基本的な要素

受動という合わせ鏡の対象の側に捕まってしまったというようなる具合です。

180度のアスペクトは確かに前向きに活動する、前向きに活動するという意味ですが、この二極化的な発想の中に取り込まれてしまい、もう脱出できなくなることも確かです。何か外界に向けて働きかける。しかもターゲットがはっきりしているそこで手応えを得る。この行為が牡羊座と天秤座というサインにおいて生じるのは、最も典型的で積極的なものです。あまりにも活動的なアスペクトであり、決してじっとしていることはできません。かなり疲弊している時でさえ活動します。

円を二分化して二極化した意識の中で働く作用は、意識の射出の対象の反応によってでしか自分の存在を実感できないという意味では、世の中でいう「依存症」のようです。ドラッグ依存症やアルコール依存症、恋愛依存症、食べ物依存症、買い物依存症など何にでも依存症という言葉を当てはめていきますが、依存症の人は、決して楽しんではおらず、時にはこの行為に本当の意味で嫌悪感を感じていることも多いのです。

食べることに依存症になった人は、何を食べても楽しくはないのです。このことに捕まってしまったことから脱出したくてあがくのですが、抜け出せないのです。これはまるで180度の作用のようでもあります。

自分が生きていることを証明するには、二極化の対象となったものによってしか確認できないのです。活動サインよりも固定サインの方がはるかにこの依存症に近いかもしれませんが、活動サインにおいての180度の作用は、まるで活動依存症のようで、それが結果として損になる場合でも働きかけるでしょう。

例えば、限界を突破する数え度数の24度などに惑星があると、この天秤座の触覚のほころびの部分から、外に自我感覚が飛び出します。この世界には超えてはいけない一線があり、この境界線を超えてしまうと、リアクションはこの世界の中にあるものでなく、向こう側のものが反応してきます。つまりサイキックな現象などを体験するか、あるいは地球外体験などにもなるでしょう。

人間は互いに共鳴して生きているので、この人がそのようなことをしているということ自体が、周囲にいる人を動揺させます。そして周囲の人は自分を守りたいので、何らかの手段でこの人の行為、あるいはこの人を退けようとするでしょう。たいていの場合は非難されます。

24度は行きすぎだとしても、いずれにしても、積極的に何かしたい人は180度アスペクトが不可欠です。前に進むという意味こそ、180度だからです。180度のアスペクトが出生図にない人は、このアスペクトが後天的に、必要な時に出てきます。トランジットや進行天体、または関わる人の

77

天体などです。しかし必要な時以外は、比較的おとなしいのです。

生まれつきの図で、このように活動サインの１８０度があると、駆り立てられるような活動欲求が発生しますから、暇になるとあらぬことをしてしまう人もいますし、それがとても迷惑な場合もあります。引くことのない自我感覚の休みない発揮はうるさいものです。

しかし、もし年齢域で、随分と後に発揮される天体のアスペクトであれば、例えば土星などであれば、若いうちはまだこの働きには気がついていない場合があります。老いるほどに騒がしいのです。火星でもまだ２０代では全くわかっていないというケースもあります。後でそれを知り、本人が呆れるということもあるのです。

〈牡羊座〉と〈蠍座〉１５０度

１５０度はわりに現代的なアスペクトで、それはなかなか結びつかないミスマッチなものを結合することで、新しい能力を作り出します。

牡羊座は春分点から始まり、この世界の中に新しく持ち込まれた種のようなものです。そのため順応も定着もしておらず、それはこの世界の中で発芽する可能性を求めて模索し続けているのです。このまだ生まれたばかりの幼児のよう

な資質は１５０度関係にある蠍座によって訓化され、教育されて、作り変えられます。蠍座とは結束の固い組織のようなものとか、あるいは人との密接で離れられない関係、パラサイトなどを意味します。自由でのびのびした人が、会社とか組織の中に入って、あるいは特定の人との深い結びつきによって、人格改造されるような印象です。

乙女座との１５０度は、乙女座自身が閉鎖的なので、自分で練習するという傾向ですが、蠍座の場合には人の手によることが多いので、人から改造されるのです。蠍座の意味する改造については、蠍座の９段の歯医者の仕事というシンボルを持つ度数などを参考にすると、自然的な放置しているとダメになってしまうようなケースでは、自然的なバランスを壊してまで改革、改造に進むというものです。それは踏み越えてはならない一線を超えて改造するということを暗示するので、失敗した場合には、元に戻らない形態になることも示します。

世の中の映画とか小説、さまざま創作の中で扱われる改造ネタ、ほとんど破壊に向かってしまうような種類のものも、この蠍座が持つモチーフです。蠍座は水・固定サインですから、統合的バランスを見失って破壊に向かってしまった場合でも、最後には部品を結びつけて組み立てますから、十分に異様さを持つでしょう。

牡羊座と蠍座の改造の１５０度に苦しさとか大変さがある

78

とすると、そもそもどこにも合わせられない自由な存在が、決して逃げることのできない場所に閉じ込められたような体験をするからです。ですがそのことで、牡羊座は自分とは無縁に見える蠍座を理解します。閉じ込めて圧力をかけて、限界を打ち破ること。強い力を発揮するには、まずは閉じ込めて逃げられないようにしないといけないということです。太い針金を曲げるには、万力で固定して、動かなくしてからだとずっと楽にできます。捕まえて、固定していないと変えられません。

古い時代には、火星は牡羊座の支配星であると同時に蠍座の支配星でした。牡羊座では外に飛び出す力であり、蠍座では内に閉じ込める力です。このアスペクトはこの外と内にという両方を持つことになるのです。

二つの天体のアスペクトは大きな自己の内部分解として、複数の小さな自己が出来上がり、この小さな自己のうちの一つに同一化するか、もう一つの天体に同一化することです。あるいは一つの小さな自己が、別のもう一つの小さな自己に接触を試みることです。

牡羊座の金星と蠍座の土星という時、金星に同一化している自分がいるとしたら、この自分は一緒に何かしなくてはならない義務を作り出した蠍座の土星を息苦しく感じます。しかし、蠍座の土星というもう一つの自己の側を自分とみなす

と、暴れてコントロールの利かない金星を捕まえようとすることになるのです。そして時間の推移の中では、金星の年齢の時に捕まえられました。土星の年齢の時には捕まえたいのです。

牡羊座の天体の行動範囲が小さく、蠍座の範囲が大きい場合には、大きな柵の中で自由に動き回れる牡羊座となり、マンションの一室から外に出さない場合でも、身体の小さなチワワなら、部屋を運動場のように感じて、不具合は感じないということもあり得ます。

縛りや拘束といっても、相手が大きい場合には相手に捕まり、相手が小さいとその相手をくっつけたまま歩くということもあります。スパイダーマンのクモの糸が小さなものに張りつくと、その小さなものをカメレオンのように引き寄せますし、ビルに張りついたのなら、スパイダーマンがビルに飛ぶのです。ですから、150度アスペクトの二つの天体がのくらいサイズが違うのか、公転周期などから推理してみるとよいでしょう。象にはりついた蛭のようなものだと、象は自分の側で張りつかれていることさえ気づかない場合もあるからです。

今日、冥王星が牡羊座の人はいませんが、ある時代にそういう人がいたとして、そこに蠍座の月が150度でアスペクトしているとしても、冥王星には何の影響もないでしょう。そして月の側に対しては、牡羊座の冥王星という圧倒的に強

力な力が入り込んできて、蠍座の密着、集中ということに異なる意義が与えられることになります。

牡羊座と蠍座の両方に火星という支配星があり、また反対に春分点の支配星を冥王星にするべきだという考えからすると、蠍座の水・固定サインによる執着心の発揮は、ここで異質なものを内奥から引き込むということになります。

蟹座の真ん中には、内面に徹底して集中した結果、外宇宙に飛び出すという14度の北東の老人の度数があります。引きこもりも極めると、外宇宙に接触します。これは水のサインのやり方です。外につながるために内にこもり、外との扉は実は地下にあるのです。蠍座の場合も、外部に開くのでなく、内側に入り込むことで、外の力を引き込む。これが牡羊座の春分点とは違う姿勢だということでしょう。というよりも、牡羊座そのものは春分点からやってきた外部的な存在なので、それが蠍座の内面的に集中するという行為の中で、蠍座の腹の中に宿るということです。

蠍座には、自分を自分で受胎するという16度から20度までの領域があります。この妊娠とは、自分をあたかも他人であるかのように扱うことで、自分の異なる資質を自分が妊娠するという意味なのですが、この異なる資質が、春分点からやってきた牡羊座だとみなしてもよいのかもしれません。

牡羊座を閉じ込めて改造している蠍座なのか、それとも大きい牡羊座を取り込んだことで、妊娠する蠍座なのか、改造

〈牡羊座〉と〈射手座〉120度

共に火のサインで互いに煽り合う関係です。火と風の元素は、等身大の領域から外に拡大する性質の元素でビジョンはどんどん大きくなります。特に牡羊座の火は、これから世界の中に入りたいので土を求めています。射手座は土から離れて上空に飛んで行こうとする傾向が強いので、精神的な領域では、飛躍が強くなり、初期度数であればかなり抽象的、形而上学的になります。とりわけ射手座というのは基本的に精神的、哲学的、思想的な性質が強いので、牡羊座、獅子座のセットよりもよけい抽象的な精神性が高まります。

牡羊座は自我感覚を表しており自分を主張します。射手座はもともと個人として強く押し出す自我感覚ではないのですが、牡羊座は自分を主張するので、思想、哲学などの考えをベースにしたところで、自分を主張するということになるのです。また、海外とか外国語というふうに射手座を解釈すれば、演劇的主張は牡羊座、獅子座とセット、それに比較すると外国語で主張するというのは牡羊座、射手座セットということになります。自国ではのびのびできないと判断した牡羊座が活躍の場を海外に求めるということもあるでしょう。

第1章 西洋占星術のホロスコープを読むのに必要な基本的な要素

牡羊座が射手座を通じて自己主張しようとしているのか、それとも射手座の思想、哲学などの姿勢が牡羊座を公式化しようとしているのか、矢がどちら方向なのかは惑星の公転周期なども参考に比較してみましょう。

射手座は単純に個人的な趣味でも、それを思想化して、あたかも普遍的であるかのようにしてしまう能力があります。さまざまな分野に応用的に取り組み、どの分野でも自分を取り戻す力がある射手座は、反対にいえば、個人的なものでしかないものをさまざまな分野に応用的に植え込み、自分は納豆が嫌いだということを哲学表現にまでしてしまう可能性があるのです。

速度の遅い天体はより根本的な意図を表し、相対的に速度の速い側が形にする運び屋として働きます。しばしば哲学者や思想家などの牡羊座、獅子座、射手座のグランドトラインの配置が見られますが、ここから獅子座を抜くと演出的要素が劇的に強調しようとする要素が減少し、また射手座は柔軟サインですから、教養や知識がマルチに拡大する傾向があり、獅子座の単調さよりも、射手座の多様性の表現の方が、比率が高くなるということになります。物質的な証拠とか論拠なしに理論を進めていくというのは、こうした火とか風が、土などに関与しない場合には多く見られることではないでしょうか。

火の元素は強まりすぎると、結果的に水と土の元素に対して迎合姿勢が少なくなります。その結果として、時には、水や土の元素を敵に回すタイプの人が出てきます。人間の重心は第五元素であり、これは地上では四元素に分かれるというと考えからすると、四元素のどれも仲間にした方がよいのですが、ここで火の元素ばかりに同一化すると影が作られます。四元素はそのどれも地上において勝ち続けることはありません。火のグランドトラインがある日突然引退した事件では、反感を持ち続けた水・土の元素の人が、失脚を狙って画策していたのです。120度は安全であるという保証はありません。火の元素が活性化し、スムーズに働くとはいえますが、それは土や水の元素に対して配慮しているとはいえないのです。

射手座からすると牡羊座は5番目です。つまり射手座は牡羊座を遊び場とみなします。そして牡羊座からすると射手座は9番目で、それは発展と未知の領域への旅です。

〈牡羊座〉と〈山羊座〉90度

牡羊座は春分点から始まり、それは春の種まきです。山羊座は、冬至点から始まり、秋に刈り取った作物を乾燥保存し、安定した成果を作り出します。起承転結でいえば、ここでは起と結が関わることになります。

基本的には90度ですから、正面から向かい合うとそれは衝

81

突し、互いの良い面を押さえつけ合うことになります。しかしホロスコープの円の各部分を平面的に同時に存在するのだと考えず、時間の流れの中で回転し、さらに螺旋状に進むのだと考えると、スムーズに扱うことができます。

この牡羊座の天体の行為の結果は、山羊座に定着します。また一つのステップが終わると、その記憶を持ちつつ次のステージに受け渡され、これは互いに協力関係になる配置です。一つの12サインの枠の中では、牡羊座は始まり、山羊座は結論ですが、次にサインでは、山羊座の成果を踏まえた上で、新しいアイデアが牡羊座で打ち出されます。

牡羊座は山羊座を意識すると、具体的な場所、具体的な成果、目標などを意識し、そこから何かを始めていくことになります。山羊座を直立する均衡感覚と定義すると、実際のどこかで具体的に役立ち、意味を持つものを牡羊座で作り出そうということになります。夕張で新しい企画を出すには、夕張で貢献するものでなくてはなりません。

時間は過去から未来に流れますが、しかし意図はむしろ未来から過去へ反対方向に動くのだというシュタイナー思想を意識すると、果が因に影響を及ぼすということは十分にあるのです。ただし、山羊座という結果性を意識しながら始める牡羊座の新しい試みは、常に成果を意識しているので、牡羊座と獅子座のセットのアスペクトのように、結果は何も考えずに、経過の中での楽しさのみを追求する姿勢に比べると、

緊張してしまう要素はあるでしょう。

この原稿を書いている2015年は、まだまだ山羊座の冥王星と牡羊座の天王星という、破壊と再生の90度が働いている時期です。1930年代の再来といわれるこのアスペクトは、組織、国家、制度などの硬い殻を表す山羊座を壊し、この流動状態の中で、新しい組織化、結合、種まきをする天王星が働きます。しかも天王星は、山羊座というローカルな場でのものではなく、山羊座を否定し解体する水瓶座の支配星なので、狭い範囲で成り立っているものを壊して、広い範囲からのものを集めてきます。

例を挙げると、国内の教師ばかりで成り立っていた学校制度を改変して、外国の教師を呼んでくるというようなものです。たんに牡羊座の作用だけだと大きな成果は上げられません。ここで山羊座という因果の果の領域で改変が起こると、それによって、種まきの範囲も拡大されるのです。山羊座の状況が変わったら、呼び込む牡羊座の範囲、人員も変わってしまいます。

このアスペクトの種類次第では、徹底して牡羊座を抑圧する山羊座というのはありうるはずです。岩のように硬い殻があり、そこではどのような芽も育たないのです。牡羊座の支配星は火星、山羊座の支配星は土星。土星による火星の90度のアスペクトを一つの例に考えてみると、火星が冷え切って活動できなくなり、免疫力が危険なまでに停滞した場合があ

82

〈牡羊座〉と〈水瓶座〉 60度

60度は異なる元素、風と火、あるいは水と土の間で作られる協力関係のアスペクトです。異なる元素ですが、親近感の高い元素の関わりという点では、一緒に何かすることはできないが、しかし別の視点で協力することができるということです。そういう意味では、私は個人的には120度よりもこの60度のアスペクトをより好みます。120度は同一の元素の中においての作用なので、それはより多様性があるからです。60度は外部協力だから、そこにはより多様性があるからです。120度は同じ元素同士ということで、わりに退屈と考える人は多いと思います。

牡羊座は春分点からスタートして、何かこの世に新しい種を持ち込もうとしています。またどのようなことにも満足せず、常に自分探しをしています。種を持ち、畑を探しているわけです。この畑は牡牛座と考えてもよいでしょう。まだ大地に植えられていないという点では、定着しないものを追及しており、それが今後どう転ぶかはまだわからないのです。水瓶座はそもそも11番目のものなので、それはお友達とか

グループというふうに見て取ることもできます。すると、何かしようとしている人がいる。それに対して友達がいるかしようとしている人がいる。仲間がいて、彼らはみんなでその新しいことをしようとしている人を助けるのです。また風の元素はインフォメーションですから、友達はネットで役に立つ情報を検索し、それを提供します。

11番目は未来のビジョンです。まだ手にはしていませんが、ビジョンはその人を誘導します。つまり物質的には手に入れていないのですが、しかしやはり財産なのです。夢を持っているというのは有効な財産です。なぜなら誰でも未来のビジョンがあり、そこに向かって歩いていくことで人生が成り立つからです。新しい種まきはこの未来のビジョンに向けて行われているのです。

これこれこういう未来を作りたい。そのために、これこれこういうことをスタートさせるということです。新しい政党を作るということも、政治的なものだとすると、こういうことを連想させやすいでしょう。11ハウスがこのセットを連想させやすいでしょう。水瓶座は連合や友達などで、単独性を表さないことも多いために、牡羊座の新規のスタートするということもイメージしやすいからです。

現状の社会が山羊座とした場合、この現状の中には持ち込まれていない新規なものを意味することもあります。未来的なネット社会の中では始まっているけれど、保守的な普通の

暮らしをしている人には全く知るチャンスもなかったような事柄という場合も考えられます。

本来、12サインの新しいスタートである牡羊座の行為は、前の12サインの結果によって作られるのです。前のサイクルの反省点から、次の目的が決まりやすいのです。この反省点は、「今はできないが、将来したいとしたら何をするか」ということに関係する水瓶座によって意識され、未来の希望が打ち出されるので、水瓶座のビジョンを、牡羊座は実践すると考えてもよいのです。しかし前の12サインが終わった段階で、その記憶は失われているので、牡羊座の願望は無意識的に埋め込まれた水瓶座ビジョンに動かされていると考えてもよいでしょう。この関係性を、もっと明確に浮き彫りにしたものがこのアスペクトと考えてもよいのです。

水瓶座には山羊座に対する反発心、反抗心というものがあります。それは極端になると現状の社会を否定するという方向に走ります。それに煽られた牡羊座は反社会的な行動をするという場合もあるでしょう。わざと現状を度外視した行動をするのです。

〈牡羊座〉と〈牡牛座〉0度

土の固定サインは、人間の肉体を象徴することも、またそのマクロな形の地球を象徴することもあります。牡羊座の魂はこの牡牛座に入り込むことで、肉体が潜在的に持つ資質は急激に活性化します。

牡牛座は基本的に過去の資産を表しています。繰り返されることで感情になり、感情は繰り返されることで感覚になり私たちの物質的な領域は、過去に繰り返されたものの形骸化したものであると考えることもできます。先祖の情熱が蓄積されたものが牡牛座であり、生まれてきた人は、これを先天的なものとして受け取り、しかしそれをどう生かすかは、その人の活動力とか本質次第です。

思考が感情に、感情が感覚にというかたちで硬化、形骸化した資産は、今度はそれを受け取った個人の活動の中で解凍されるように、物質から感覚へ感覚から感情へ、そして思考へと上がってもきます。この牡牛座の資産は深く入れれば入るほど、広範な領域のものがあります。

この過去の資産の蓄積を意味する牡牛座での合は他のサインとの関係でなく、自閉的に、牡牛座それ自身の中で、動いているものを表します。もちろん、たいていの場合には、この合に対してさらに別のサインからのアスペクトが関与していることが多いとはいえるのですが。

惑星の公転周期の速度差は、遅い惑星から速い惑星に、水が高いところから低いところに流れるように、動きを作り出します。しかし牡牛座自身の自閉的なものの合の作用が起こるというのは、人が関わっていないところで雪崩が生じ

84

第1章　西洋占星術のホロスコープを読むのに必要な基本的な要素

るようなものです。牡牛座は過去の資産を意味するとしたら、公転周期の遅い天体であるほど、この地層は古いものであると考えるとよいでしょう。家系の奥には民族があります。牡牛座は浅い部分のエネルギーを使い尽くすと、さらに奥のエネルギー源を掘り起こそうとします。この資産の掘り出しがほぼ限界に達するのが24度です。ここでは人間的で文化的なものではなく、もっと本能的な、いわば虫の領域のようなもので、脳幹に蓄積された記憶のようなものです。牡牛座はそこまで手を出すのです。

基本的に牡牛座の資産は、5度の区切りでその単位を使い切り、さらに地層の下にあるバッテリーにスイッチを入れると考えてみましょう。最後の5度は掘り下げるのではなく、次の双子座との調整に使われます。そこで、牡牛座の資産の掘り起こしは5段階あると考えてみるとよいかもしれません。

土・固定サインとしての牡牛座は、ほとんど外界の要求には答えません。それ自身の中で新陳代謝が起きているのです。これを理解するのに例を考えてみると、自分の家系の中で、あるいは流派の中で、古い世代の資産を新しく生まれてきた子孫が利用するというようなものです。公転周期の遅い天体ほど古く、速い天体ほど表層的な皮質の活動です。

〈牡牛座〉と〈蟹座〉60度

蟹座はしばしば家族とか、家とか、家系とかを連想する人も多いと思います。蟹座はファミリーのサインだからです。しかし、蟹座は水・活動サインです。水というのは心理的、情感的なものを表しており、遺伝的なもの、すなわち肉体を通じて伝わるような土の元素を意味しません。

実際、結婚して家族はできますが、結婚する相手は血縁でつながっているわけではなく、気持ちでつながります。子供は血のつながりがあります。その点で、心理的なもので結びついた後に、それらが血に加えられることになります。純粋に蟹座の家やファミリーという概念は、肉体を通じて伝わるのでなく、心を通じて伝わるものです。そのためファミリーは、家族だけでなく、結束の固い同好会でも作ることができます。

それに比較して、純粋に肉体を通じて伝わる遺伝的なもの、血縁的なものとは牡牛座です。土と水は共に女性サイン、すなわち偶数のサインであり、それは内向きになるので似ています。土の中に水が含まれ、また土は水を保管する器になります。私はタロットカードの小アルカナのスートであるカップは、水の元素でなく、そこに器としてカップもあるのだから、土を含んでいると説明します。

小さな器はカップですが、大きな器としては湖もあり、そ

85

れは地域の多くの人に共有される器です。水はたいていの場合、土に保護されないと分散し、形がなくなっていきます。土は水の共感の範囲を決定する「枠」なのです。牡牛座と蟹座のセットは、血縁的家族を連想させます。風や火の元素は外に拡大しますから、風や火の元素拡張欲求によって押し広げられた土と水は閉鎖的な方向に固まることに甘んじられません。

水と土の元素の関わりの家系で守る才能の例として、ロシアではバレリーナを育成するには3代かかるといわれています。良い画家を作るには5代かかるとか、ダライ・ラマを作るには7代関与しなくてはならないとか、つまりは、個人の範囲を超えた大きな範囲での能力は、家系で引き継ぎながら育成しなくてはならないということになります。多くの人に認められる才能は、個人を超えたスパンのファミリーで育成しないと作られないというのは当然の話でしょう。

しばしば蟹座は、集団意識を表しており、個人の意識の眠り、あるいは死の先にあるものを意味しており、一人の人間の範囲をはるかに超えたものです。ここで支えられた牡牛的な資質は、より深いものになります。もっと身近な話としては、ピアノを習うのに家族全員が協力する。良い先生につくために都会に引っ越す。そのために父親は転職までしてしまう。これは牡牛座に協力的な蟹座ということかもしれません。

食べ物屋さんは、味覚や食品という意味では牡牛座が重要です。また衣食住のすべてを表すのは蟹座のセットで、建物の中で食事をするのは牡牛座と蟹座のセットです。屋台での食事ならば、牡牛座と双子座のセットです。牡牛座と蟹座のセットには違和感のある異質なものが入っていないでしょう。なかなか閉鎖的ですが、たいていのアスペクトは2点の惑星のみで孤立していることは少ないもので、ここに獅子座とか水瓶座とか、風や火のサインが入り込むことで、閉鎖性は打ち破られます。また資質や能力をより発展・拡大するには、どうしても範囲を大きくする刺激としての風・火の関わりが不可欠です。

しかし風・火の元素の力が強すぎてしまえば、この牡牛座、蟹座のセットの力は分散して、まとまりがなくなります。広島の人々がハワイに移民しても、まだ日本の記憶や習慣を続けているとしたら、風に負けない土・水ということになります。

《牡牛座》と《獅子座》90度

牡牛座は過去の資産の蓄積を表しています。それは掘り出せば無尽蔵です。何でも掘り出すことのできる山が牡牛座の象徴の一つです。1度からは一つの山だったのですが、この資産を使い尽くすことで隣の山に手を出し、ここで山は連山になります。一つの家系の持つ資質はだいたい5度までに使

い尽くすのです。その後はもっと広い範囲の資産を活用することに移ります。

お金を貯めていたり、ものを持っていたり、たくさんの財宝が眠っているというイメージが牡牛座だと考えた場合、獅子座は火・固定サインであり、基本的に持っているものを放出します。獅子座の手前にある蟹座は心理的な集団意識で、ここでは心理的なリソースをチャージした後に獅子座で放出しますが、獅子座と90度になる牡牛座との関係では、獅子座は物質的な資産を放出します。

獅子座は支配星が太陽で、つまりは身体では心臓に例えられるところから、外に血液が流れていくように、中心から外に放出する流れであり、この獅子座の放出が極端な場合には爆発ということになります。爆発の力は持っている資産が大きいほど拡大されます。

とあるビル爆破犯は、牡牛座の太陽と獅子座の木星の90度のアスペクトです。牡牛座の資産の象徴である人工的な山としてのビルの持つものを、急激なスピードで放射状に、外に放出したのです。獅子座は見栄を張るとか、自慢するとか、浪費するということでは、牡牛座のお金や資産を見栄のために放出するという点で、600万円もする腕時計を買うとか、夜のお店でドンペリを何本も頼むとか、実用性から離れて、気分の高揚をもたらすために浪費するのです。実用性というのはたいてい土のサインであり、火のサインに実用性は

ないことも多く、それは精神の活性化の目的で動くものなので、気分のために物質を浪費するということになるのでしょう。

しかしこれは牡牛座の力を鍛えるという効果もあります。浪費癖の激しい妻を持つ夫は、稼ぐ能力を鍛えられます。モーツァルトは浪費癖が激しいといわれていましたが、実際にはいわれているほどでもなく、金遣いが非常識な妻のためだったということがわかってきました。借金の多くは女性もあっできる「洞窟結社」というフリーメーソンの新しい組織を作るための資金作りらしく、その目的を断念した年から、借金をしなくなっています。

牡牛座が芸術的な才能を表す時、それは獅子座の見せる要素が加わって、独特の輝かしい光沢ありの表現になるということができます。そのためここに獅子座が加わることで、見せる要素が加わります。牡牛座そのものは、どちらかというと女性サインで内向きのものなので、外に派手に表現する性質はありません。例えば、牡牛座の天体に獅子座が加わることに、獅子座のアスペクトがあると、盛りつけにも凝るというようなイメージです。

牡牛座と獅子座の力関係を考えてください。控えめな光沢。贅沢に走る。最後は牡牛座そのものを爆破する。いろいろな加減があるということです。浪費する場合にも、浪費するだけの持ち物を牡牛座が持っていることになります。

また、浪費してそれまで持っていたものを失うことで、牡牛座はより深い鉱脈を探すことになります。牡牛座の資産が枯渇することは、牡牛座の発掘力を高めるので、この90度は獅子座が協力しているのだという話にもなります。

40歳になっても仕送りをしてもらっている芸人は、親を悉(もう)碌させないために助けてあげているのだといいましたが、悪い血を抜く血抜きの治療も血の生産力を高め、また神経を傷つけることも神経の回復力を高めるので、鍛えられるアスペクトということでもあるでしょう。

〈牡牛座〉と〈乙女座〉 120度

共に土のサインのトラインのアスペクトは、比較的地味であるが実用的で、無駄のない動きを作り出すでしょう。牡牛座は固定サインで、それは変化に抵抗するものであり、ほとんど外界には目を向けていないと考えてもよいくらいです。自分の感覚に集中するし、また繰り返しをしていく中で何でも確実なものにしていきます。ですが、このままだと応用性はほとんどありません。

それに対して、乙女座は土・柔軟サインで、柔軟サインというのは、求めに応じて姿勢を変えていくことを表していますが、要求されれば応えるというレスポンスは六角形を表しています。乙女座は6番目のサインなので、この六角形的な資質

を持っています。天秤座は社会とか他者との関わりですが、この社会とか他者との関わりに必要な自分の資質を鍛えようとしているのが、手前にある乙女座です。

この乙女座と牡牛座は仲間的な120度の関係にあるために、乙女座の律儀さに対して牡牛座は協力的であり、頑固な自分の資質を柔軟にしていこうという努力も受け入れるようになります。例えば、絵を描いている人が純粋に牡牛座的な資質だけで描く時、流行とか人の要求に応えることは少ないし、販売もしないでしょう。所有欲の強い牡牛座は、後半で双子座に接近するような段階でないと、自分のものを手放したがりません。

しかし、乙女座はクライアントの要求に応えようとしているので、クライアントの好み、要求に従って絵の描き方を変えていくことができます。牡牛座は自分が受け入れられるぎりぎりまでは妥協することも考えるでしょう。また乙女座は防衛心とか、食べることを拒否するのは乙女座です。しかし牡牛座は減らすということを意識しないで、常に取り込む、獲得するということに走るサインです。

乙女座は牡牛座に、無駄なものを取り込むことにブレーキをかけることになります。もし牡牛座を食欲とみなした時には、乙女座は節制を要求します。ものを捨てる時のことを想像すると、何も買えないというのが乙女座です。

牡牛座に几帳面な輪郭、限界点を設けることになります。つまり自分の内的な実感しか信じない牡牛座に、外から見た視点で考える要素が強いのです。乙女座は輪郭という外から見た視点を与えることになります。

乙女座からのフィードバックとしては、乙女座が働くということであれば、牡牛座は働いた結果、もっと儲かるという、ごく当たり前のセットです。自分の持っている能力を発揮する牡牛座が、自分の能力を行使することで働くのです。

メジャーアスペクトというのは、誰もが知っているありたりの顛末のパターンです。自分の資産とか資質を持つ人は人に合わせなくても生きていける。持ち物がない場合には要求に合わせて努力する。この両方を兼ね備えるのが牡牛座と乙女座ということでしょう。

同じ土のサインである山羊座がないと、自分から働きかける活動サインの性質は欠けてくるので、要求されないかぎりは動けないということになります。頼まれたらできるが、自分からはしないということもあるのです。

《牡牛座》と《天秤座》150度

150度は互いに少しばかり無理なことを妥協して歩み寄ることで、新しい要素、能力を手に入れます。ミスマッチなものを結合したものはとても新鮮です。カモノハシは、哺乳

動物とか鳥類とか爬虫類などのハイブリッドです。150度はかわりにハイブリッドなものなのです。

牡牛座と天秤座の支配星は、共に金星であり、金星を美意識とみなした時には、天然ものを牡牛座、加工して洗練させたものを天秤座と考えます。日本の食文化は、自然なものをそのまま食べさせることを重視しています。フランス料理はそもそも腐りかけた食材をいかにして食べられるか工夫したものともいえます。日本料理は牡牛座的で、フランス料理は天秤座的と考えると、イメージはつかみやすくなります。フランス料理的日本料理。あるいは日本料理的フランス料理。自然素材と今度は他者が見たらどう映るかを意識した、社会的なところで成り立つ天秤座が結合すると、互いに犠牲が伴います。しかしまた互いの良い面を持ち寄ることになります。牡牛座には他者から見たらどう映るかを意識する力がありませんが、そこに天秤座が洗練度を加えていくことになります。

風のサインは広がる情報、地域性から離れるということがあり、例えば、工業製品の食物は水瓶座の象徴です。それはどこの地域でも同じものを売るのです。この水瓶座と親近性の高い天秤座は人工的に手を加えるということに抵抗がありません。一方、牡牛座はローカルな土地にそのまま立つという均衡感覚の山羊座と親近性が高く、土地で取れたものといことにこだわる要素でもあります。マクロビオティックで

は、土地のものを食べようということが重要でしたが、ここでは牡牛座という土の要素を取り込んだ風のサインである天秤座が成立することになります。

基本的に共にミクロコスモスへの誘いという金星に関わるものとして、これは大きな話ではなく、もっぱら身近な美意識、食べ物、趣味性、生活に関わることなどに関係しやすいアスペクトです。牡牛座は比較する性質を持ちません。それは自分の中にある資質を内的に感じるものです。天秤座は比較します。比較してセンスを磨いていく田舎的なもの、生来のものということになります。

〈牡牛座〉と〈蠍座〉180度

牡牛座は個人の肉体の中に埋め込まれた遺伝的な資質を活用することや、身体性の持つ可能性の開発を表しています。土・固定サインとは物質的に持っているものを維持すること であり、財産とか物質、金銭などを所有することにも関係します。しかし、果たして個人とはどの範囲のことを示しているのかについては、はっきりしていないと思います。ここでは肉体という境界線に包まれたものだけを示しているわけではないからです。

牡牛座は、表層的な個人資質を使い切ると、集団的な資産の方に拡大していきます。人は1日で使えるエネルギーを使い切ると、1週間分使えるバッテリーに切り替わり、さらにもっと大きな地層の中にある活力源をアクセスすることになるのです。この潜在的な資質を発掘するには枯渇するまで進まなくてはならないのです。境界線を突破し、その向こうまで進まなくてはならないのです。ある局面または視点の転換が必要で、もっと違うものが見つかるわけです。地球の鉱物資源にしても、レアメタルの需要が高くなると、また掘り出すものが違ってきます。蠍座は殻を打ち破り、その奥にあるものをよそから持ってきたり、借りたり、貰ったり、奪ったりします。蠍座は自分の分を超えた欲張りさということも表しています。その結果として牡牛座の資産をもっと掘り下げることに役立つのです。

180度はターゲットに向かって働きかける、前進する行為そのものを意味していますから、牡牛座の資産を段階的に深く掘り下げていくには、蠍座の侵入力があるとずいぶんと助かるのではないでしょうか。そのことで、深く深く、強く力を引き出します。

水と土の元素は外に拡大することはありません。その代わりに内部に凝縮されて、内側に可能性を探すのです。サビアンシンボルでは牡牛座にも蠍座にも不思議な領域があり、自

90

《牡牛座》と《射手座》150度

牡牛座は土・固定サインで射手座は火・柔軟サインです。極端に違うものが、ここで出会い、互いの資質の良いとこ取りをしようとしますが、そのためには妥協も必要です。

150度のアスペクトを理解するには、組み合わせのイメージ遊びをしていくのがよいのですが、射手座に対して、牡牛座あるいは蟹座の150度は、身体に結びついたものかドメスティックな身近なものが、外国的なものと結合するイメージです。

昔の知人に、テキサス生まれのアメリカ人で、数十年前から日本で尺八の先生をしている人がいました。東欧生まれで柔道の先生として外国から日本に来た人がいる、日本の田舎料理が外国で流行しているとか、いろいろ想像してみるとよいと思います。

牡牛座は土のサインなので、あまり精神的でもありません。しかし、むしろ感覚的で、抽象的なことを嫌うと考えます。これに対して射手座は火のサインで、哲学、思想、精神性を重視し、物質的なことから離れてそれぞれに関心を抱き、その対立するように見えるものが、それぞれに関心を抱き、その可能性を開発しようと考えても不思議ではないのです。

思想というのは抽象的で、そこに個人の感覚的な好みは入っていないかのように思う人が多いと思いますが、実際に

自分の資質をあたかも他人のように見ることで、違うところに光を当てるというのがあります。それは大体16度を過ぎたあたりからです。人のものをまるで自分のものとみなす場合があるように、自分のものをまるで他人のように見ていくことで、今まで気がつかなかった資源、資質を発見するのです。そもそも人間の肉体にしても、人間そのものにしても、複数の組織が結合し、統合化されて働いている複雑なシステムで、一つの塊ではないのです。個人というのはどこを指しているのか。実は、全員が同じものを見ているわけではありません。蠍座は掘り下げたり、水の元素の活用可能な領域をもっと豊かにしたりすることで、牡牛座の本性として、異なるものを結合していきます。

蠍座が牡牛座をターゲットにする時に奪うという意味も出てくることがあります。例えば銀行というのは、お金を持った人を集めることで巨大な金額が蓄積されます。お金を持った人とは牡牛座です。たくさんの牡牛座が集まって、巨大な蠍座が発生するのです。ここでは牡牛座の力が集まって蠍座を作ります。蠍座の支配性が冥王星だとすると、もし牡牛座に冥王星があれば、人のお金が持ち込まれることで資産を増やすということを表していることもあります。こうやって玉突きのように、力が増えていく状態というのが、このアスペクトの意味するところであると考えるとよいでしょう。

は、個人の感覚的な好みを、あたかも普遍的なことであるかのように拡大しているにすぎないというのも事実です。機嫌が悪い時には、シュタイナーでさえ一度でも失言すると喉のチャクラが破壊されるといったり、アルコールを飲むと人間の霊性は育たないなどといったりしました。これは思想への感覚的な要素の混入ですが、おそらくこのアスペクトでは、そのような気の迷いから出てきたものではなく、もっと積極的にこのマッチングを取ろうとします。

牡牛座と射手座は、感覚的な資質を通じて抽象的なことを考えたり、あるいは感覚的な例を通じて抽象的な意味づけをするということができるのではないでしょうか。日本の伝統料理には、中国から来た陰陽五行思想があって、これは皿の形まで影響を及ぼしました。これも牡牛座と射手座の結合です。

伝統的な料理の素材を輸入食材で賄うなどこれに関係するかもしれません。日本の朱印船時代には、世界中に日本人が散らばったので、ペルーには日本のうどんがあったりしますが、牡牛座があちこちに飛び火したのです。土の元素は、特定の場所に固有のものとして存在するもので、風や火のように応用的によそに移動することはないのですが、ここでは牡牛座を、射手座がよそに運ぶのです。射手座はいろいろな分野の中に入って、そこで自分が蘇るということを繰り返し、その結果として、応用

〈牡牛座〉と〈山羊座〉120度

牡牛座は土・固定サインで、そもそも土は特定の場所にある限られたもので、それは応用的によそに持ち歩けません。マクロビオティックでは、その土地にあるものを食べるのが最も健康であると考えました。

アメリカがハワイを占領してから、ハワイの人々は安い豚肉を食べるようになり、病気になって続々と死亡しました。その時、伝統的なハワイ料理であるタロイモと魚の食事に戻すと、肥満体の人々の多くが元に戻り健康になったといいます。

山羊座は均衡感覚を表し、それはまっすぐに直立するというイメージです。ヤギは狭い岩場でも平気な顔をして立って、それどころか、樹木の枝の上に立つヤギもいます。

的な知性が発達するのですが、牡牛座をそのように移動、再生させるのです。本来は決して持ち歩けない土・固定のものを移動させるというのは、興味深いのです。

お盆は、シルクロードの商人といわれるソグド人が持ち込んだ、ゾロアスター教の風習です。お盆は日本らしい伝統と考えている人もいますが、これは外来です。牡牛座と射手座のいろいろな組み合わせシーンを想像して作文してみると理解しやすくなります。

92

第1章 西洋占星術のホロスコープを読むのに必要な基本的な要素

横に拡大するのでなく、自分の置かれたローカルな場所での可能性を開発し、考え方は縦軸的にもなります。山羊座をその土地にあるもの、牡牛座を食べ物とみなした時には、その土地にあるものを食べる考え方に馴染みます。

人間は自我⇩アストラル体⇩エーテル体⇩肉体という四つの階層でできているというのがシュタイナーの考え方ですが、自我に近いほど普遍的で、場所には無縁です。肉体に近いほどに、それは特定の時空間のところにある、しかも著しく短命のものなので、その土地の、その季節の、という、休みなく入れ換わるものに同調するのが、肉体の正しい役割を果たすことになります。

自我は、狭い世界の情報を取り込むインターフェイスです。自我になると、どこの宇宙、どこの時代ということさえ問題にしないのです。

山羊座は土・活動サインなので、活動サインである以上は、じっと黙っているわけにはいかず、盛んに可能性を開拓するのです。牡牛座は、固定サインの土ですから、じっと持ったまま、何もしないということもあるでしょうが、それを山羊座が活性しようとするのです。

応用的に広げていくには、さらに柔軟サインの乙女座が加わってくれるともっと助かると思いますが、とりあえず山羊座は、冬至から始まるサインであり、成果を確実に残すのです。ですので、例えばどこかに山があり、そこからは

作物がたくさん取れるとします。何か地場産業を考え、山から取れたものを出荷するというようなところで想像してみるとよいのではないでしょうか。山羊座はこのことに着目して、もしこれを海外に輸出するのならば、ここに射手座とか水瓶座が関与してもらう必要があります。山羊座は牡牛座を活化しますが、ここでは土の元素だけの関わりなので、応用性とか、違うものに転換するという性質はあまり備わっていません。そのため、余った田畑でサトウキビを栽培して、これを燃料に転換するなどというような発想はなかなか出てこないかもしれませんが、牡牛座の資産を壊すことなく生かすということのメリットも大きいのではないでしょうか。

お金は風や火のサインではなかなか得にくくなります。保守的で、新しい実験的なものは、お金は集まりやすいのです。山羊座が考えているあまり突飛でもないもの、実験的なものではないものは、お金を集めるには適している面もあります。結論としては、このアスペクトは基本的に収入には貢献するのではないでしょうか。

〈牡牛座〉と〈水瓶座〉90度

牡牛座は過去の資産を表しています。それは既に手に入ったものに支えられて生活とか生存の地盤を作ります。この資

産に寄りかかる比率が高いほど、その人の未来の可能性は薄くなります。牡牛座は所有することで所有される回路を作り出すので、持ちものが多い人を見て、羨ましがる必要などありません。たくさん持っている人はそのことに縛られて、心身共に、身動きが取れなくなっているのです。

一方で、水瓶座は未来のビジョンを作るものです、それは物質的には手に入っていないのですが、しかしそこに所有している人は所有していないがゆえに、欲求というものを失うのです。その反対に、持たない人は所有し、それがその人を生き生きとさせるのです。持てるものは持っているがゆえに、生命を手放し、持たないものは物がない代わりに生命を所有しています。錬金術では、プリマ・マテリアは貧しいものが所有しているといいました。

いずれにしても、人間は過去から未来へ、つまり牡牛座と水瓶座の間に張られた糸の上を歩いています。どちら側の糸が切れても転落します。90度は逆位相なので、時間をずらして関係づけられていて、時間の経過の中で、異なる元素へと転換していくありさまが見て取れるので、それ

は「変化」を表します。

平面的に同じ場所に並べた時には、90度は露骨に衝突します。牡牛座は物質的で、水瓶座はそれを否定的に見ます。水瓶座の思想としては物質的に所有してはならず、欲張ってもならず、何をするにしても高い料金を貫きしすぎてはならないのです。つまり土の元素が自らの中に侵入してしまうと、水瓶座的なコンセプトに貫かれたものですが、これらはみな水瓶座的なものでネットの分野では、無料のものがおびただしく存在していすが、これらはみな水瓶座的なコンセプトに貫かれたものです。牡牛座と水瓶座が利害でぶつかり、混乱すると、例えば、電子ブックに紙の書籍と同じような価格をつけたりします。豪華な箱入りの書籍は牡牛座的なものであり、ものに価格がついています。情報としての本として考えた時には、同じ価格はつけられないと思いますが、しかし電子本を安くしてしまうと、牡牛座的なブツとしての本を買わなくなると思ってしまう会社がたくさんあるのです。

牡牛座と水瓶座は同一平面に並べてしまうと衝突しますが、時間の経過の中でまず牡牛座があり、次に水瓶座がやってきて、さらに牡牛座になるという推移は、私はよくヤフーオークションで例えます。手に入れたものが気に入った場合、水瓶座で手放します。そしてもっと高いものを、次にやってきた牡牛座の段階で所有します。手放さない場合には新しいものを買えません。しかし手放すならば、また入手しやす

94

いのです。

しばしばこの牡牛座と水瓶座の90度アスペクトを持つ人で、これが混乱して働く人がいます。手に入れてしまうと欲しくない。しかし手放してしまうと欲しい。結果的に同じものを何回も買ってしまう人です（これは私のことでもあります）。あるいは牡牛座は自然食で、水瓶座は工業製品としての食物と見ることもできます。サプリメントだけで暮らせるとか、サイバー食を好んでいながら、高い自然食に走ったりする人々です。牡牛座を思い切り水瓶座的に扱うと、食材をすべて粉末にして、笑気ガスを使って料理を再構築するという奇抜な料理などもできるかもしれません。

90度はたくさん使い方のパターンがあり、失敗すると、見事に衝突し、互いを潰し合うので、工夫次第です。ものは人を縛るので、ものが減れば減るほどに未来のビジョンは膨らんできます。

牡牛座が減ると、水瓶座が割り込んでくる率が高いのです。ものとエゴは密接に関係しているので、友達を増やしたい人は、部屋の中のものを減らすということもおおいに役立ちます。しかし90度はどちらかにいくと、必ず反動で反対に向かいます。初めから自分を形の上で一つに統一しようとしないで、時間の経過の中で、切り替えていくという方法を学ぶとよいのでしょうが、固定サインというのは、それを一番嫌い、一つの方針を決めると、ずっとそれが永遠であるかのように続けようとする癖があります。

非所有的な生活を標榜する人が、実は豪邸を持っていたなどという矛盾するアスペクトですが、自分流の何かよい方法で両立を試みてください。過去と未来は同じではなく、過去と未来は違うのです。しかし、この対立するビジョンの二つを同じ時に並べてしまうところから、じたばたするような苦しみが生じるのです。

〈牡牛座〉と〈魚座〉60度

魚座は12サインの最後のサインで、これまでのサインの性質を統合化、集合させようとするサインです。12のサインが地上においての経験群だとすると、それらをまとめてしまうことは、地上においてのさまざまな細かい経験の一つひとつの意義は無化されたようなものになります。それに全部を集めるということは、一つのサインに対する思い入れが薄くなり、どれにも強くは加担しないということにもなります。

サインの10番目にあるものは山羊座で、ここが具体的な時間、空間の中での頂点的な部分です。その後水瓶座、魚座は、この具体的な場というものから離脱していき、まずは水瓶座においては空間的な要素から離脱し、魚座においては時間的な制限から解放される傾向になります。つまりはどこの場所や時間にも特別な縁を持っているわけではないとい

うのが、本来の魚座の性質です。

人間関係においても特別な縁は薄まっていきます。人間と人間の関係が社会を作りますが、社会的なものは天秤座から始まり、山羊座でまとまっていき、水瓶座では特定の空間や立場を超えたグローバルな関係性が形成され、そして魚座では、特に人間ということが重要でもないし、特別視もされないことになります。社会を相手にしているのではなく、宇宙を相手にしている、という傾向が魚座に出てくることもあります。社会性のサイクルである天秤座以後は、興味の対象としては人と人が作り出す社会がクローズアップされてきやすいので、もの、人、人以外の動物とかでは特に人の作り出す世界が重要かもしれませんが、魚座の段階では、この過剰強調というのが薄まってくるのです。

一方で牡牛座は、春分点の前、肉体・感覚を意味する牡牛座の中に入ったという発達の初期的な段階なので、社会性ということをまだ学んでいません。他者がいることを認識しそれと関係するということを真の意味では理解していないので、人とつき合う時も、相手を自分のものとみなしたりすることさえあります。

しかし、手元にある感覚についてはリアルに感じ取っていますので、牡牛座から見ると、魚座はずっと未来にあるか、それとも春分点の前の、前回の輪の最後にあるものになります

意識の表面に上がっていない識域下の古い記憶やら、社会の向こうにある宇宙的なものが、この牡牛座の感覚性にダイレクトに働きかけてくるということを、このアスペクトから推理してみると参考になるのではないでしょうか。色や匂い、味、音など感覚的に受け取るものは純粋に肉体的、物質的な要素ですが、まだそれが社会の中で定められた意義と結びつく前に、魚座の脱社会的な傾向に働きかけられてしまうのです。

色に精神性を与えてみるとか、感覚の中にある霊性というようなものがクローズアップされると、空海のいうような、本質的なものへ到るのは決して感覚的ではないが、しかし本質的なものへ向かうには感覚を使うしか手段がない、という言葉を思い出させます。牡牛座と魚座の関係には、その途中にある社会とか、人間関係という部分がすっぽりと抜けているか、それらの頭越しに連絡し合います。アロマテラピーのようなものや、音を使った魂の開放というような分野のものは、このアスペクトらしいものでしょう。

牡牛座の持つ感覚性は、どうみても、特定の時空間の中でしか成立しないローカル色が極端なものですが、魚座は特定の時間と空間に縛られず、異なるものに共通点を見出すという性質なので、この牡牛座の感覚性に、普遍的な意味を与えていき、これが感覚を霊性につなぐということになるのです。

ここでいう霊性とは、どこにでもある普遍性という意味です。

魚座は、時間の制約からの開放を意味するので、新しいものの、古いものなどが混在することを気にしません。新製品も、骨董品も同じです。これらの古いものなどが、レイヤーのようにしてものに重なります。例えば、石はこの中にさまざまな時代の記憶を蓄積している、というようなことを直接理解するのはこのアスペクトの最も古い層を鉱物は記憶しているといいます。鉱物はまるでSDメモリーカードのようなものなのです。

〈双子座〉と〈双子座〉０度

双子座は風・柔軟のサインです。風は情報に関係し、柔軟サインですから、目的もなく、さまざまな方向にマルチに拡大する知性、好奇心、情報活動などを表しています。私は双子座を犬の散歩とか、ゴミ集めなどといいますが、それは特定の目的に集中しておらず、意図とは外れた情報を拾ってしまうという要素もあるからです。本題とは無関係な余計なことをついついってしまうというのも双子座です。

このサインの中で二つの天体が合の場合、当然、惑星には公転周期の違いがありますから、遅い天体から速い天体に向かって、電位差のようなな落差が発生して、水が上から下に落ちるように、ここの運動が成立します。惑星が一つだけ双子座

にあるのならば、そこにはその惑星の持つ性質がただ変化もなく繰り返されているだけですが、二つあればここで意識の交流、すなわち投射する側とターゲットとなる側が成立し、そこに変化や新陳代謝が起こるのです。

双子座自身の中で自閉的に新陳代謝が起こるのは、電池を何かの用途に使っておらず、保管しているだけなのです。そこで自然放電が起きているようなものなのかもしれません。じっとしておらず、それ自身の中に何か変化が生じるのです。何のためにということがなくても、そこで風・柔軟サインの多様に広がる活動があるのです。一つの場所に速度の違う天体が共に重なっているのは、名古屋で新幹線のぞみと近鉄の急行電車が共に止まっているようなものですが、しかし両方ともどこにも向かっておらず、乗客は今乗り換えているのとい中とい、つまり情報を異なる形にコンバートしているのです。

同じサインでも、異なる速度の惑星がアクセスする内容は違うということを書きましたが、双子座の土星が見ているものと、双子座の月が見ているものは型が似ていても、内容は随分と違います。ホロスコープの円は１８０度で二分割された時に初めてどこかに向かって進みます。円のままであれば、無目覚なのです。ですから、合のアスペクトはあまり自覚的に働きません。いずれにしても、双子座に異なる速度の惑星が重なることは、そこに変化が発生し、情報は常に分岐し、細

分化され続けます。

射手座の場合、異なる分野のものから情報が再生する、つまり本質的には同じ意味のものを違う分野に応用的に置き換えていくことができるのですが、双子座の場合、シンプルなものをできるかぎり多彩なものに分解していくことが重要なので、元が同じものでも、分岐した後はそれらに共通点がないように見えるというバラエティを作り出すことに興味を抱きます。射手座を類化性というのならば双子座は別化なのです。

もし射手座の助けがないのならば、ばらばらになったものが元は同じものだったことを発見できなくなります。

双子座がアンバランスに強調されすぎてしまうと統合失調症のようになり、精神の危機が訪れます。別化がいきすぎると、自分自身も別化していくからです。合のアスペクトは、それが異なるサインと形成されたアスペクトと関連づくと全く性質は変わってくるでしょう。

〈双子座〉と〈獅子座〉60度

ディーン・ルディアは、双子座の興奮は神経的興奮であり、獅子座の興奮は情感的興奮といいました。例えばゲームをしていてスピードを楽しむとか、スリルを楽しむ、あるいは競争するなどは双子座的な昂揚感です。そこには心理的な要素が介入していません。

富士急ハイランドにある大型ローラーコースターの「高飛車」に乗ることは双子座的な楽しみなのかもしれません。獅子座は共感を表す蟹座の経験の後で形成されるサインなので、ここでは感動とか、気持ちの盛り上がりが大切です。時には、蟹座の後で、芝居くさいものも多数含まれるために、それは芝居くさいものも多数含まれます。

双子座は牡牛座というものを使った表現といえばよいのかもしれません。獅子座は蟹座という感情を使った表現といえばよいのかもしれません。それぞれ手前にあるサインを、後のサインは活用することができるのです。

双子座をシュタイナー式に言語感覚と考えて言葉を操ると、知性を活用すると考えた時に、獅子座はそこに劇的な情感の盛り上がりを加えようとします。双子座の神経興奮的な面白さというのは、双子座5度にある扇動的な機関紙というサビアンシンボルが表しているように、内容に嘘はないが、しかし言葉を組み替えて大げさにしていき、危機意識を煽ったりする言葉の遊びなどに発揮されますが、獅子座はそれに感情の膨らみを加えていくのです。

獅子座は太陽から外の惑星に光が拡がるように、外側に力を放出します。演出が入り、大げさになっていく傾向もあります。言葉も飾り立て、自慢するような傾向も入ってくるかもしれません。しかし他者に受け取られるための演出という ことになると、人からどう見られるかを正確に把握できる天

秤座の力が必要で、獅子座は主観的な、自分個人の興奮作用ですから、人を楽しませるのではなく自分が興奮し、楽しむのです。

このアスペクトを、創造意欲を加味された言葉、情報というふうに解釈すればよいのではないでしょうか。獅子座を光沢あり、というふうに解釈すれば双子座の作り出した情報を、素材のままにではなく、光沢ありのものに加工するのです。

逆に獅子座の表現意欲からすると、双子座のバラエティある言語表現が助けになります。コンサートで歌だけ歌えばいいのに、合間にたくさんの話やギャグを入れている歌手というイメージも一例かもしれません。火と風は煽り合い、助け合う性質があります。獅子座の火・固定サインは決まりきった儀式的な表現があり、多彩さはないので、ここに双子座の応用性があれば、言葉数を増やし、駒数を増やし、多彩なものにすることができます。

しかし双子座も獅子座も奇数サインで、そこには同情する、同化するという性質がないので、人の話を聞くというようなアスペクトではありません。時にはボリュームの壊れたラジオのように、大きな声でしゃべり続ける人もいるかもしれません。

〈双子座〉と〈乙女座〉 90度

双子座と乙女座の共通点は、共に柔軟サインであること、また支配星が水星であることです。水星は双子座側に解釈すると、知的な好奇心、さまざまに多方面に知性が発展することです。また乙女座の側に解釈すると、技能、仕事能力、実用的な知性です。つまり双子座は役に立たなくてもよくて、乙女座の側では仕事に役立たないといけないという違いです。

柔軟サインは、そもそも多岐にわたる方向への発展をしますから、弱点としては、決断力がない、方針が一つの方向に決められないということです。たくさん割れていくものに1本になれないというのは無理です。90度で互いに刺激し合いながら揺れ動くので、何一つ決まりませんし、もしたくさんのことをこなさなくてはならないような、変化の多さに対応しなくてはならないような仕事ならば、もちろんこれは柔軟な能力を発揮することになり役立ちます。

双子座は風のサイン、乙女座は土のサインです。占星術のサインの流れとしては、常に土のサインの後に風のサインがやってきます。

どこかに土の塊ができているような印象に固まった時間、空間を表し、それを多方向に分散化させ、風化させるのです。風のサインですが、ここでは双子座の後に風のサインの後に乙女座がやってきます。惑星が移動する時に、後で乙女座にスイッチが入るのです。ゆっ

くり移動する惑星ならば、ゆっくりとこの90度の切り替えが起きますが、地球の自転の速度であれば、その日のアセンダントやMCなどは6時間程度で90度移動します。双子座の風・柔軟サインで、分散化した知性で拾ってきた情報、役に立つかどうかわからない、時にはゴミのようなものが、乙女座の段階に入ると、そこで役立つもののみ拾って残りは捨てるという、乙女座の排他機能の洗礼を受けて、編集されていくのです。

例えば、乙女座の強い人が本を読んだ時、間違い字を見つけて、この間違い字を見つけたというだけで、本そのものを信頼しなくなる場合もあります。この間違い／間違いでないという真偽の判断はとても乙女座的なものです。風のサインであれば、間違い字も一つの表現であり、それは何か違うものを言い表しているのですが、乙女座では、これは真偽のふるいにかけられて、間違いのものは排除されます。土のサインは、実際にある／ないという考え方が出てくるので、カラーの違うものが2種類あるという判断法ではなく、一つは間違っているという考え方になるのです。

双子座の情報の一つをゴミとみなすことがあるとしたら、まず次の蟹座の判定において、個人でなく集団的に役立つかどうかということで判定され、次に乙女座では、役立つかどうか、真偽の判断から決定されるのです。双子座はあちこちに興味を向け、何でも拾ってきて、乙女座が編集し、選別すると

考えると、乙女座で単独に働く惑星よりも、いろいろな可能性をサーチする機能が加わっているという点で、より多様性があるということになります。また双子座を不要なゴミまで拾ってくる好奇心と考えると、一度ゴミを拾って、そして捨てるという二段階機能なので、お掃除ロボットなども、これに入ります。わざわざゴミを拾いに行くのですから。もし乙女座だけなら、そもそもゴミを拾うことはありません。捨てるものの面倒さを想像すると、ものを買う気がしないというのが乙女座的な性質なのです。

もしここで双子座の方が、圧倒的に力が強く、乙女座の編集能力が処理しきれない場合には、余分な情報が増えて、それはまとまらないことになります。集めてきたものが片づけきれないのです。それに乙女座の排他機能、編集機能も、16度から20度くらいまでの領域では破綻しています。目の前にあるものは綺麗でも、目に入らないところは全く無秩序に散乱している場合もあります。

基本的に柔軟サイン同士の90度は、いつも揺れていると考えましょう。方針が決まっていたり、安定していたりすることはほとんどありません。

〈双子座〉と〈天秤座〉 120度

共に風のサインであり、双子座は柔軟サインで、天秤座は

活動サインです。風のサインは興味が多方面にわたり、情報に通じてきます。情報過多というのは、神経を痛める可能性があります。

昔、ある雑誌の編集長が話していたのですが、自分が責任編集をした雑誌を見るたびに、そのあまりの雑多な情報量にめげてしまい、対抗するために毎日ステーキを食べていたというのです。私もその雑誌を読んでいた時は、いつも吐き気がすることが多かった記憶があります。

人間の自己意識を作るには、ある程度自分の主体の軸を中心にして、周辺的な働きをまとめていく必要があるのですが、風のサインが強すぎると、これがばらばらになり統合失調症のようになります。この意味で最も危険なのは双子座で、それは柔軟サインですから、矛盾する内容の情報も受け取ってしまうのです。見なくてもよいような嫌な情報もネットから拾ってきて、知らず知らずのうちに神経が痛んできます。

牡牛座は自分の感覚を中心にして何でも判断します。そのため矛盾は感じませんが、双子座は、この牡牛座的な感覚的な実感からできるかぎり遠方に離れていき、今度は心理的な統合性という蟹座に至るまでは、自分という結晶を解体している段階なのです。家に戻る道を忘れて、街路を放浪している人となるのです。

天秤座は風のサインであれ、それは活動のクオリティです。双子座の柔軟サインのように、受けに回って何でも入ってくることに比較すると、活動サインは自分から働きかけ、受け身になることを嫌います。この積極性が原因で、有害な自分の統一性を痛めつけるような情報が自動的に遮断されています。攻めは最大の守りだというわけです。双子座の支配星は水星で、それは好奇心、神経的な作用です。天秤座の支配星は金星で、それは楽しみ、快楽です。つまり天秤座が盛んに興味を向けて、他者とか外界に向かう時に、それは楽しみを求めているということです。

この天秤座の活動サイン的な積極性は、双子座の危険な分散化を救済する作用があります。つまり双子座の情報収集とか好奇心は、天秤座の積極的に関心を抱くという意向に沿ったかたちで働くのです。双子座が持ってきた否定的な話も、天秤座の前向きさが解釈し直しをしてしまうのです。

そもそも120度のアスペクトは、私は「焼いて食べる」という言い方をします。生ものでちょっと危ないものでも、0度のアスペクトはそのまま取り入れますが、120度ではその元素の統一性によって浄化する性質があるので、この双子座・天秤座のトラインのアスペクトは、少しばかり有害性のありそうな疑いがあるものでも、良いものに浄化する性質を発揮するというわけです。

天秤座は対人関係に関わりやすいという点では、人づき合いの上での会話の多さやネタの多様さを、双子座が作り出します。むっと黙ってつき合うのではなく、いろいろな話を振っ

てくるということです。双子座単独であれば、柔軟サインらしく、中心性よりも周縁性が強まり、判断の軸がなくなっていくので、その場でいってはならないような内容を口に出してしまいますが、それを天秤座の積極性が押し切って打ち消すので、余分な話は適度に引っ込められていくことになるでしょう。その場を楽しいものにしたいために、嫌な内容は引っ込めるということです。

惑星の力関係で双子座の方が天秤座よりも強い場合には、もちろん、120度の温和さを壊さないが、多少脱線していくかなということになります。ここに水瓶座が加わると、状況に振り回されることなく、ずっと続く理念や思想などが言動、興味をコントロールすることになります。

〈双子座〉と〈蠍座〉 150度

150度は異質な要素同士を結びつけるので、ナチュラルな結びつきには見えないこともあり、単純な人柄からすると苦労が多く、そのために、150度のアスペクトをノイローゼと解釈する占星術家がいます。それはその占星術家ならばそうなるということで、他の人がそうだとはかぎらないのです。

いずれにもしても、150度の作り出すミスマッチな組み合わせは興味深いものが多く、私からすると、最も好ましい

ものに見えてきます。

ここでは双子座は風・柔軟サインで、それはあちこちに無秩序に分散する風であり、興味に統一性はありません。また価値の優劣関係、優先順位も故意に転倒することもあります。それは双子座特有の応用的な知性、ねじれた表現、面白さを追求する性質が原因で、24度くらいまでいくと、まさに詭弁的なものも多数登場してきます。それは双子座の遊びに属するものです。本来は否定的に解釈されるものを逆転の発想で利用するのです。統合性をばらすという点では離反や裏切り、逆転、転倒、あらゆることを知性面で試みていくことになります。

一方で、蠍座は水・固定サインで、それは双子座とはあまりにも性質が違います。私はしばしば蠍座を接着剤サインといいます。蠍座に木星が来ていた年は、近所の東急ハンズでたくさんの接着剤を購入し、1年間くらいは接着剤マニアでした。現代では自動車のバンパーは金属のネジでとめるのでなく、両面テープで接着しています。どのようなものよりも強い接着剤もあるのです。

双子座がばらばらにしたものを蠍座は一つに固めて接着します。既に説明したように双子座のプロセスでは、双子座の過剰な応用性によって、いびつに組み合わされた情報もあります。aはbと似ている。bはcと似ている。ゆえにaはcである、という論理展開で、おかしな結論を作って遊んだり

第1章　西洋占星術のホロスコープを読むのに必要な基本的な要素

しているのです。この双子座で作り出されたものを、蠍座は是正することもなく、あらためて結合し、強固なものにしていく場合があるでしょう。矛盾したものは矛盾したまま固められて結晶化します。

ずっと以前、ある大手の専門学校で教えていましたが、その頃、その学校では、DJ科というものを作ったのです。すると、地方から家出してきたような子供たちが続々と入ってきました。彼らは地べたに座る習慣があります。双子座は蟹座の手前にありますから、路上でたむろしている、家に戻れない連中というふうに想像してみると、彼らは蠍座の組織化によって、蠍座の段階で、まとめられていくのです。本来双子座の「兄弟の不毛な戦い」は、その直後の蟹座において母によって呼び戻され、死んだ父の名のもとに調停されます。しかし蟹座に戻れない子供たちは、蠍座という他人を集めて集団化した蟹座に、ユニットの中に吸収されていきます。異質でばらばらになったものを、蠍座で固めるというのは、いろいろな合わない素材を合わないまま並べて、メープルシロップで強引に固めたマクロビオティックのスイーツみたいで、固めた以上は簡単には解体しません。そして固めたままにしておくと、不自然な組み合わせも、ずっと昔からそうだったかのように見えてきます。

双子座は恭順することやまとめられるのが嫌いなので、また外に逃げようとしても、蠍座の拘束力は半端ではないので

逃げられません。家族や親には手に負えなかった不良は、お寺の住職が作り出したグループホームでは、なぜかおとなしく寝起きするのです。ですが、蠍座の腹の中では双子座は喧嘩することもあるでしょう。

ここでも双子座と蠍座の力関係を惑星の公転周期で判定してもよいかもしれません。双子座の分解力に対して蠍座の結合力が役不足だと、接着しきれなかった部品が中途半端にまとめられており、何かのショックで解体する可能性もあります。蠍座は象徴的な言葉で、異なるものを結合する力です。男女がつき合う時に、「私はあなたにとってどういう意味がありますか」と聞く場合、この「意味」というものが二人を結合する象徴的な言葉です。この結合する共通の意味作用というものを、双子座は最も嫌います。双子座がチープだといわれるのは、深い意味を拒否するからです。双子座の「関係ない」というのが双子座の基本的な感情でもあるでしょう。双子座の衝動の方が優位にあれば、関係性は中途半端なままです。

また、蠍座は改造ということがテーマに含まれています。廃品回収業者が壊れた自動車とかバイクをたくさん集めて、使える部品だけを組み合わせて妙な改造車を作るというのも、双子座のばらばらさと、蠍座の改造的な結合ということのセットでしょう。

〈双子座〉と〈射手座〉 180度

風の元素は火の元素を煽り、火を強めますが、風が強すぎると火は消えてしまいます。また火は気流の変化を作り出し、活発な風を生み出します。火と風は六角形で結びつき、互いに呼び合い、刺激し合うのです。しかも180度のアスペクトは前に進む、ターゲットに向かって表現していくという意味ですから、仕事で何かしたい人、自分を打ち出したい人には不可欠のアスペクトです。

この双子座と射手座の組み合わせは、知性や精神の活発な活動を表しています。そもそも双子座や射手座は研究者、学者、教師、勉強する人、本を読んだり書いたりということに縁が深いので、言葉とか精神を扱う人からすると、王道のアスペクトです。

双子座は牡牛座の後にあるので、牡牛座というものを応用的に扱うという意味では、とても具体的な知識を応用する一方で、射手座は蠍座という象徴的な結びつきを応用的に活用するサインなので、それは集団に働きかける抽象的な意味、意義、象徴性に長けています。本を書く時に抽象的な概念だけを書くと、なかなかわかりにくいはずです。しかしそこに抽象的な意味を具体的に説明するための事例を入れると、急にわかりやすくなりますから、射手座は双子座に助けられ、また双子座はばらばらになり、それぞれ意味を喪失した情報を、射手座によって統一されることで助かります。双子座は折口信夫式にいえば別化であり、射手座は類化なのです。射手座はさまざまな異なる分野に自分に投じて、この中で再生します。一つに通じた人は、異なる分野に取り組んでも、この中で通じてきます。これが異なる素材を類化していくという意味なのです。

問題は柔軟サイン同士のセットですから、情報とか、知識が増えすぎて、中にはしゃべりすぎてしまう人もいます。私が昔占星術を教えていた心理分析の専門家であり大学教授でもあった人は、このアスペクトが強く働いていて、クライアントが話し終わる前に解釈を始めます。黙っていられないのです。この自己表現することを我慢できず、いつでも外に出てしまうというのが180度の特徴です。どんなに疲れていても外に飛び出すことが多く、準備不足でもスタートしてしまいます。本を書いたり、教えたりする人は、どうしても情報量がたくさん必要です。こういう場合には、このアスペクトは最強のものでしょう。何せ射手座が集めてきたゴミのような情報も全部消費されます。昔は捨てられていたホッケが、今では美味なものとして多く求められ品薄になるように、ゴミに見えたものもそうでなくなるのです。

シュタイナーによると双子座は言語感覚で射手座は運動感覚です。言葉と運動は密接に関係しています。言葉がばらば

〈双子座〉と〈山羊座〉150度

双子座は風・柔軟サインで山羊座は土・活動サインです。

土のサインは特定の場においてのメリットを重視します。自分の場、立場、地位、利益ということを考えて活動します。そもそも山羊座は均衡感覚で、それは限られた場所にまっすぐに立つことをわきまえるのです。

しかし風のサインは、そもそも土のサインのこの個別性、限定性を開放して、土の塊が風によって粉々に分解していくように、興味を分散させます。双子座の分解対象は直前の牡牛座です。しかしここでは山羊座の方が後にあるサインです。つまり分散した興味を、山羊座が後で拾い集め、特定の場においての活動に役立てることになります。

双子座により近い土のサインである乙女座ならば、要求さ

れたことに適合する情報を集め、不要なものはカットするでしょうが、活動サインらしく、このいわれて何かするという受け身性がなく、活動サインらしく、自分の追求する目的のために利用します。山羊座の土のサインでは特に自分にメリットのないものをカットしようとします。

土のサインは常にこの利害が存在します。そもそも土のサインは、風を通さないのです。したがって、この150度が成り立つことで、双子座の興味の分散による情報の多様化は、どこかが犠牲にされるか制限される可能性があります。山羊座は自分のメリットになるものだけを集め、それ以外を選ばないのです。それは情報収集しても、自分の事業とか会社に役立つものだけをセレクトするということです。自分の立場を離れて、すべての人に役立つような情報は、山羊座には関心がなく、これは次の水瓶座になると役立てることができるでしょう。

一方で、山羊座からすると双子座の関わりは、土を風化させる風のサインの影響が働きかけるのですから、社外秘の情報が外に漏れてしまうかのような状況とか、また単に興味に任せて好奇心を抱いた結果、山羊座にとって有害なものも含めた情報が入り込み、これが集中性を奪うこともあります。山羊座が終わり、次の双子座に移動するのは、12サインの循環がひとまず終了して、次のサイクルの12サインということですから、ここでは山羊座のテーマが終わり、無用になり、

意味も失った段階での双子座の作用ですから、あまり困ったことにはなりにくいのではないかと思います。

１５０度というのは、常に痛み分けのように両方が多少の犠牲や妥協を伴うのです。その分、両方を組み合わせものが実現して、それはとても新しい能力や達成へとつながります。

風通しの良い土の元素のものというと、スポンジのようにたくさん穴の開いた軽い土のようなイメージでもあるでしょう。

山羊座は次の水瓶座で分解します。水瓶座は双子座と仲が良く、したがって未来的には解体を意識した土の元素でもあるということです。双子座は移動性が高く、もし山羊座を直立する建物のようなイメージで考えてみると、コストのかからないいつでも解体できる建物、移動できる仮設住宅のようなものを思い浮かべてもよいかもしれません。双子座と山羊座の力関係によって、この濃度は変わるでしょう。山羊座は直立してそこから動きませんが、双子座はうろつく。うろつくのをメインにして、即時に移動できる建物を考えるか、それとも山羊座が強く、いずれは解体することはわかっていても、ある程度決まった場所に安定する期間が長いかということです。

山羊座の支配星は土星ですが、これらは有機物や組織の硬い殻、皮膚、外壁を意味しています。双子座は、この壁の閉鎖性を打ち破り、隙間風を盛んに入れますが、例えば、双子座がＩＣにある人などで、家はある程度風が入らないことには息苦しくて生活できないという人はたくさんいます。そ

のためここでは山羊座の壁は、通気性の確保された壁というふうに考えましょう。軽い山羊座が出来上がるという、この１５０度の可能性はさまざまな使い道があるのではないでしょうか。

〈双子座〉と〈水瓶座〉１２０度

共に風のサインで構成されたアスペクトで、柔軟サインと固定サインのセットです。固定サインは同じものをずっと維持する、所有するというもので、風は情報であり物質ではありませんから、考え方を維持するとか、状況にかかわらず同じ理念を持ち続けるということが水瓶座の特徴になります。

その結果として、現実が理念と違う時には、現実が間違っていると考える頑迷さも、水瓶座の陥りやすい傾向の一つです。１０年も２０年も姿勢は全く変わらないという人はいくらもいます。また間違っていると自分でわかっていても、決して変えないという姿勢も出てくることがあります。そもそも山羊座の地域的正当性に対しての反発心がある場合もあります。ともさとということに対して斜めに見ているまともなという場合もあります。

この水瓶座は、物質的な固定サインである牡牛座や情念の固定サインである蠍座などに比較すると、知的な部分での固執ですから、一見、何にもこだわらないように見えますが、理念的なものは物質よりもはるかに長生きするので、水瓶座

第1章 西洋占星術のホロスコープを読むのに必要な基本的な要素

水瓶座は11番目のサインで、それはまだ手にしていない未来のビジョンを所有しています。来るべき未来のビジョンというものに基づいて、こうあるべき未来の情報集めをします。双子座の情報集めをします。この未来ビジョンはその人の非物質的嗅覚を作り出し、ものごとの直観的な指針となります。そのバイアスがかかった状態で、つまり未来ビジョンに沿ったものは善、沿っていないものは悪という色合いを帯びたかたちで、双子座が拾ってきた情報を判断しますから、必ずしも公平とはいえないのですが、そもそも人間世界では、どこをどう探しても公平というとはるかに利己的な特性を持っています。土のサインに比較するとはるかに利己的な特性を持っています。いずれにしても、これは統一理念を持って、多様化する情報を、統一的な理念によってまとめていくことを示しています。

水瓶座は特定の場所性、すなわち山羊座を否定して、特定の場所にこだわらない情報の拡大を表しています。このネットで集めた多様な情報ということを双子座が示すと考えてもよいでしょう。あるいは双子座の情報をネットに載せてしまうということもあります。秘密主義とか守秘義務というのは、情報という風を通さない壁を作るという点では土の元素のアスペクトの介入が一切関わらな

いのは柔軟サインの特質です。

しかし柔軟サインは、固定サインの頑固さを調整する役割もあります。基本理念は同じでも、それを状況に合わせて応用的に変えていくことができるというわけです。柔軟サインはマルチに分解するので、一つの塊をさまざまなものに多様化します。例えば、大豆が醤油や味噌、豆腐など、さまざまなものに多様化するように、固定サインの持つ資産を複数の顔に変えていきます。

もし何か不足があるとしたら、風の活動サインである天秤座の要素が欠けていることで、自分からしかける能動性が不足していることです。つまり、維持する固定サインと、受けに回る柔軟サインがあるのですが、それだけでは自分からは何もしないということになるでしょう。持っている、そして何かあるに対応するというセットなのです。

120度は真ん中に、牡羊座・天秤座という陰陽の中和性性質を持つサイングループを挟んだもので、もし牡羊座と天秤座を貫く180度がここに関与すると、全体としてカイトのアスペクトになり、何か積極的に行為する時の豊富な情報力や応用性と、明確な未来ビジョンということになるでしょう。

が極端になると、原理主義的な異常性が現れます。同じ風のサインの双子座は柔軟サインなので、ほとんど方針の一貫性はありません。その場合その場で態度が変化し、統一感が全くないのは柔軟サインの特質です。

いのであれば、この組み合わせの作り出す情報は、どこにも漏洩することになります。

双子座は有益なものも、有害なものもゴミのようなものも、そうでないものも全部集めます。なぜなら、土のサインが示す個体のメリットということを、双子座は分解したいからです。特定の人にとって不利益なものもいくらでも含むのです。それらが水瓶座によって果てしなく広がっていくということも考えられます。

そもそも120度は有害性を表すことはなく、比較的温和なアスペクトです。しかしそれは風の元素という目的においてということであり、土・水の元素にとっては不都合でも、それは構うことではありません。風の120度セットが、土や水の元素を傷つけないという保証はないのです。個人の利害とは、土や水の元素のことを意味しますから、この組み合わせは個人の利害をほとんど考慮に入れないこともありかもしれません。

双子座が新聞などを意味するとしたら、水瓶座がネットということで、電子版の新聞などもこのセットのイメージに合うということでしょう。

〈双子座〉と〈魚座〉90度

このアスペクトは、ここまで不安定なものは見たことない

というくらい、揺れ動く性質を持った組み合わせです。柔軟サインは双子座、乙女座、射手座、魚座の四つです。世の中のさまざまなものを全部集めてくるのが魚座です。この集めてきたもののバラエティを楽しみ、目移りするのが双子座。この中の一つだけに集中して他を忘れてしまうとか、バトルをするのが射手座です。つまり柔軟サインのバラエティ形成は、全体を仕切っているのが、最後のサインである魚座で、他の三つのサインの作用はこの魚座のフィールドを超えることはありません。

水のサインは結合力であり、つまり集めて結合するのです。柔軟サインは、この場合、方針は決まっていないので、何でも目に入ったものは集めるということです。双子座は、この集めてきたもののそれぞれの違いなどを楽しみますが、そもそも風のサインなので、1度のシンボルに描かれたガラス底を持つボートの上からの観察のように、自分が同化して濡れるのは好みません。

また双子座はよく気移りするといいますが、興味の対象はたくさんあったとしても無限ではありません。ある程度の数があれば満足し、そして身体は一つしかないので、複数のに取り組むには、対象を変えていかなくてはならないのですが、やがてはまた戻ってきます。つまり10個の対象があれば、11回目にはまた初めに戻るのです。したがって興味が転々

と移動しても構わないということもあります。この興味の対象のものを無作為に収集した倉庫の大きさは魚座が決定しています。

共に柔軟サインなので、変化も多様性もあり、単調ではありません。しかし、決断力を発揮しなくてはならないとか、路線を一本化しなくてはならないという時にはこれほど困ったアスペクトはありません。ある企業家は、太陽が双子座、月が魚座で90度でしたが、朝に決めたことは午後にもう変更しました。固定サインの塊の人からすると、これは耐えきれないことで、社員になることをやめた方が安全です。

私の知り合いは太陽が魚座で、月が双子座でしたが、決意した30秒後にそのことを忘れて、反対のことをしていました。ですが、これが雑誌を作ろうという話になると、きっとこれはネタの多さや情報満載の楽しさを作り出すという点では、かなり優れた力を発揮するはずです。

魚座は水のサインで、双子座は風です。水は結合力ですが、風は分散する力です。ということは、集めてくることにおいては水の結合力が働き、この内部で、さまざまな魚（情報）に関しては風の元素が働き、同化しないことになります。全体においては結合力が働き、内部においては反発、分散が働くことになるのです。この魚座が集めてきた場の中に、たくさんのものがあると一つひとつの対象を知ることに時間をか

けたりしません。

たくさんあればあるほど時間がかかってしまうからです。美術館の中にたくさんの名画を思い浮かべてもよいかもしれません。ちなみに私の場合、1枚の絵を見ている時間は短いというような光景があるとすると、1枚の絵を見ている時間は短いというような光景があるとすると、1枚の絵を見ている時間は短いというような。シュタイナー研究家の高橋巌さんには、最低30分は見なくてはいけないといわれました。しかし双子座は、たいていの場合、実はターゲットは理解していません。理解するには内側から見るという同化の姿勢が必要だからです。

なお、双子座と魚座の力関係で、この双子座の外面的には接するが、決して中には入らないという姿勢が強くなりすぎると魚座を傷つけます。魚座の柔軟さや微妙な理解力を、双子座は砂を噛むようなそっけない、皮相的な姿勢でばっさりと否定することがあります。ですから、太陽や月などというような重要な天体でこのアスペクトが構成されている時に、その人の中に自らを傷つける葛藤が内在していることが多いのです。

双子座は深く入らないという意味では、心ない性質でもあり、若気の至り、裏切り行為などが発揮されやすいこともあります。前者は12度で後者は8度などですが、多かれ少なかれ双子座全体にそういう特質はあります。魚座の度量が大きいならば、この双子座の離反性、揺れを、魚座の内部に全部抱え込んでカバーしてしまいます。しかし魚座よりも双子座の方が強いと、魚座の統合性が内部から食い荒らされます。

太陽が双子座、月が魚座の90度の場合には、双子座を意識的に追求することになり、魚座の意義はサブ的なものとなるでしょう。時には、これは深遠なものを、軽薄な双子座的意図で弄ぶということもあります。霊性とか精神性をビジネス的な意図で使うということもにすぎません。魚座の中の双子座か、双子座の中の魚座か、ということを考えてみましょう。

〈蟹座〉と〈蟹座〉０度

蟹座は水・活動サインです。水は共感、同化、結合などを表しています。蟹座は胃を象徴していますが、まず個人のプライド、個人のアイデンティティはたいていの場合、蟹座においてはそれが正しいのです。それぞれの食物を噛み砕いて柔らかくして、一つの場の中でかき回すのです。それぞれの食物を保護する殻を打ち砕くというプロセスが初めにあり、その後体内に取り込まれるということは蟹座の前後にある自分を低くすることや、弱音を吐くことなどは、みな蟹座にとっては必要な場合があります。それは蟹座の前後にある双子座や獅子座にとっては耐えられないことですが、蟹座においては、個人自我の死というものが、集団的に混ざるため

に必要な洗礼です。自分が弱気であることや、いかにダメな人間か、まるで自慢するかのように繰り返す蟹座の人はたくさんいます。これは蟹座の初期段階では、目立つ特徴ともいえます。

蟹座の中で二つの天体が合の場合、この二つには公転周期としての速度差があり、この速度差はエネルギーの落差を作り出し、つまりは電位差を生み出します。高圧の電力線の上にとまる鳥は電線に同化しているので、地面との間にある強烈な電位差を意識しません。電線の隣に違う鳥がとまっている時に、この鳥と鳥の間には微弱な電位差があります。この電位差は、地上との間の電位差に比較するとないに等しいのですが、しかしそれでも、電位差のあるところに陰陽の活動が成立し、そこで何かしら運動が成立します。つまり私たちの生活の中で対人間での活動は極端にエネルギーが弱いのですが、それでも人間が生きていき、活動するには足る電位差が発生しているということです。

社会内においての人間同士の活動は、とてもパワーが弱くても、小さな違いは拡大してくるのだから、他人から見たらどうでもよいようなことが大切になり、そこに意欲を燃やすことができる人はたくさんいます。

合のアスペクトは、距離的には電線の上の隣に並ぶ鳥同士の関係に見えますが、公転周期の落差が大きいと、そこには

大きな活力が発生します。つまり空間的な落差から発生するエネルギーは微小です。時間的なエネルギーの落差とは、月と水星とか、金星と水星などを表しています。それは大きな世界に働きかけることはなく、ご個人的でミクロなところでのみ働きます。

蟹座の中においての二つの天体の関わりは、人物化してみるとわかりやすいでしょう。例えば、社交ダンスは男性と女性が一緒にダンスします。するとこれは金星と火星の合というイメージとなりますし、女性のそばに非物質的な天使的な存在とか死者などが張りついている時には、これは金星と海王星の合というイメージで見てもよいでしょう。子供に老人がつき添いしている場合には、月ないし水星に土星が合とかです。そして、この蟹座においての合は、既に説明したように、それぞれの人格の殻を歯で噛み砕いて、柔らかくなった状態での結合です。

個人としてのプライドの殻を打ち砕くことは、時には甘えること、公私混同、テリトリーの喪失です。蟹座は夏至から始まるサインで、それは夏なので、柔らかく水分を含み、成長力があり、放置しておくとすぐに腐ってしまうものです。

この二つの天体は一体化して共に成長して、内側から拡大します。サインの対応で、どこのハウスから来たものなのかを考えてください。北海道の人と九州の人が同じ合宿所に集まって共同生活をしているという印象で、サイン・ハウスの合流を考えます。

その場合、公転周期の遅い天体が支配的になり、速い天体はその運び屋になり、足を動かすのは速い天体の方です。月と土星では、土星が仕切り方針を決め、月はそれに従います。

蟹座は家族を表すので、この蟹座の中にどの天体が入り、その天体がどんなアスペクトを持っているかなどによって変わります。蟹座にハードアスペクトの土星があると、家族とは厳しい義務などを要求する場であるという印象が消えない人が多くなります。天王星があると、みんながばらばらに距離を持って暮らす。距離があるところで仲良く関わるということです。ですから、蟹座に二人の同居に少なくとも二つの惑星が重なる合は、このあたりかも二人の同居に対して、他のサインにある惑星がどういうアスペクトを作っているかで、この蟹座集団がよそからどういう圧力を受けているか、どういう外との関わりがあるかなどを考える参考になります。

〈蟹座〉と〈乙女座〉 60度

蟹座は山羊座と共に集団性を表すサインです。日本社会とか、国家、地域など、たくさんの人々が集まる集団性において最もありきたりで、多くの人と共有される性質です。一

111

般的というのは山羊座と蟹座が表す事柄です。蟹座は特に水のサインなので共感、情感、同調など心の領域を意味します。また育てることなどに関係します。蟹座は夏至点から始まるサインで、太陽が通過する時には夏なので温かく、水分を含み、成長力があり、内から外に広がる性質です。つまり内側から感じるもので、外面的なところから見ると要素が不足しており、それが弱点になっています。共感はできるが、外からはどう見えるかあまり自覚していないのですというよりも、内側から広がる情感ということで判断しますから、そこに落とすとか批判するという性質はなく、自分のファミリーがいかに異常で偏っていてもそれを自覚はしないでしょうし、褒める場合もあり得ます。

ルディアは、それをアメリカ革命の娘というシンボルの説明をしている時に茶化したのです。テロと工作などダーティなことばかりしている国でも、住んでいる人からすると最高なことなのです。蟹座の判断力は全く正当性がないということです。しかし正当性を持ち込もうとすると、そこで蟹座の内側から共感して育て、拡大していくという性質に犠牲が発生します。

60度というのは異なる元素から助けるということで、この蟹座の水の元素に対して、乙女座の土の元素が支援します。蟹座は活動サイン、乙女座は柔軟サインで、積極的な同化作用を持つ蟹座に対して、乙女座は外面的な形の部分から、柔

軟サインらしい細かさでサポートするのです。蟹座が家のことをしているとしたら、乙女座は外面的な輪郭を整理するという点で、そこで常にお掃除して清潔にしているという関係です。

蟹座の水のサインは、冬至点からスタートする硬い殻の山羊座に保護されていないと上手く維持できません。水は土の器の中で安定するのです。山羊座に120度の関係を持つ同族の乙女座が、山羊座の意図を汲んで、細かい処理をしてくれるという印象になります。

乙女座は自分の考え方や主観的な気持ちを引っ込めて、一般的な考え方に合わせようとします。これはその前にある主観的な孤立的な獅子座の性質を引っ込めて、誰から見ても恥ずかしくないような、つまり周囲から浮かない自分を作ろうとします。これが蟹座の集団的な平凡さへの同調と嚙み合うのです。

蟹座と乙女座のセットは同じ心、そして同じ洋服を着るという組み合わせです。内側から同調する蟹座と、外からの要求に答えて輪郭を整えようとする乙女座は協力的ですが、この二つが組み合わさると、やはり地味になる傾向は強くなります。

この蟹座と乙女座に包囲されると、真ん中にある獅子座は分が悪くなり、自己表現を抑圧される傾向が強くなりま

第1章 西洋占星術のホロスコープを読むのに必要な基本的な要素

す。家族を大切にし、真面目なお勤めをする。こういう人には、獅子座の夢は非難されるのは当たり前です。集団的なものこそが善という蟹座からすると、その地方で一番有名な大手企業に勤めている人がまともな人で、自分の創意工夫で生きているフリーな獅子座はとても怪しい人で、監視対象になります。

例えば、獅子座を遠方から強く呼び込む水瓶座が関与すると、蟹座・乙女座の60度は、そのまま水瓶座になります。すると、水瓶座の目的のためだけに蟹座と乙女座のセットがあるいは蟹座と乙女座のセットの水瓶座のためだけに機能できるという特異セットになり、水瓶座化した蟹座、つまり日本とか特定の土地に根付いたローカル集団性でなく、お台場のような、埋め立て地に作られた住宅街のように、汎用性の上でのローカル集団性が形成され、ここで乙女座が細かい作業をするという組み合わせになります。このヨッドであれば、もちろん獅子座は、変則ヨッドの関係ともなり、もっと堂々と生きる場が見つかります。単独の獅子座だけでは、蟹座と乙女座に包囲されるとそのまま抑え込まれるということなのです。

これらは力関係としてどの天体が根本的な意図を握っているかによってかなり違う解釈になるのではないでしょうか。単純に、最も遅い速度の惑星を基盤にして、速い惑星のテーブルが回転しているとみなします。水瓶座が支

配権を握れば、人口の、作られた、非ローカルな土台があり、この上に、模造的に蟹座と乙女座のセットがあると考えます。お台場は埋立地で、埋立地というのは明らかに天王星の表すものです。そもそもそこになかったところに土地を作ったり、接木をしたりするのは、水瓶座がかっていわれていたようにサブ的な増設です。

しかし、蟹座に冥王星などがある古い世代で、このヨッドとかあるいは60度ができれば、この蟹座というローカルな土台を基盤にして、そこから水瓶座という広い場に発信されるということになります。蟹座は水のサインなので、情感的な共感を土台にした集団性ですが、水瓶座がネットワークを作る時には、風のサインなので、理念や考え方によって形成され、水の情感性はほとんど入ってきません。水が乾かないように包み込んで、そのパックを水瓶座でさまざまな地域に拡散することになります。

またこのヨッドなどで乙女座に最も重くて遅い天体があるのならば、医療、仕事、実務などをメインの目的にして形成されるグリッドということになります。ヨッドの3天体のうちどれが基盤になっているのかは、惑星の公転周期で考えてみてもよいということです。60度の側が重くて遅すぎる場合、60度の側が拘束するというのが原則だという意見があっても、60度の側が強すぎる場合、60度の側の天体は拘束に気がついていない場合もあります。大きな倉庫があり、出荷先が制限されている場

〈蟹座〉と〈天秤座〉90度

蟹座が同族で共感した家族的なチームを作るとしたら、天秤座は同族ではない他人の交流です。水の同族性は違うというものを定的に見ます。同じことを感じない仲間に対して、好奇心が刺激され、相手に話しかけたくなるのです。そう思うと、それは楽しいのです。しかも天秤座は活発な交流でありながら、集団性を表していません。シュタイナーの考えでは、牡羊座は自我感覚で、それが外界に触手を伸ばした時に、抵抗として跳ね返すのは触覚であり、この触覚を天秤座と定義しています。天秤座は私たちが宇宙から孤立し、肉体の中に閉じ込められたことを象徴しているのです。そのため、人との外面的な違いや個性の違い、考え方の違いなど、いわば跳ね返し方の違いに興味を抱きます。

蟹座は同化を主眼にするので、跳ね返されると、明らかに拒否されたことだと感じます。蟹座と天秤座の90度は、正面から衝突すると、互いに相手の性質を台無しにします。しかし私は、90度はたくさんの接触ということで考えます。時間差というのはたくさんの種類があります。

冥王星の移動の時間差ならば、90度には40年前後かかったりしますが、月ならば1週間、アセンダントなどは6時間です。これらのたくさんの体験を上手く利用して、この90度に慣れている人なら、二項目を同時にこなしているように見えるでしょう。

呼吸法とかリラックスを使って変成意識に入る時に5分かからない場合もあります。意識aと意識bが切り替わり、感じるリアリティが一気に変わるので、自分でもとまどいます。あるいは場所を変えることで切り替わることもあります。一つの気分に捕まりたくない場合には、歩いて場所を少し変えるとよいのです。

ホロスコープを空間的な絵と見た時に、90度は対立します。つまり90度とは空間的に対立しており、時間としてはそれは「変化」ということを意味するアスペクトだということ

出生図のアスペクトは定期契約とか終身契約のようなもので、トランジット、進行天体などのアスペクトは、時期によって発症を受けるものがあるということです。

合でも、その少ない出荷先をあてにしているわけではない場合、出荷先が少ないということを気にしません。それはさまざまなアスペクトでトランジット天体がやってくる時に、その都度、出荷されるのです。

114

第 1 章　西洋占星術のホロスコープを読むのに必要な基本的な要素

す。古い日本の占星術の教科書で、90度を凶角という言い方がありますが、これはもっぱら空間的な意味を取り上げています。しかし時間の推移の中では、要するに、春から夏、夏から秋、秋から冬への変化のようなものなのです。

ホロスコープの中では惑星は常に移動しており、この惑星の速度に応じて、蟹座にある天体はやがて天秤座に至り、この時に蟹座で蓄積していた記憶は、天秤座で加工されます。蟹座で育てていたものは、内に取り込んで育てているかぎりは、それがどのようなものか外面的にははっきりとわかりません。成果は天秤座で実り、それを刈り取るのです。これは蟹座の成長力の打ち止めです。放置しておくといつまでも内部から外に向かって増殖し成長していくものを、ちょうどよい頃合いで刈り取り、その成長をストップさせます。

天秤座は触覚であり、それは外界との境界線を持ち、明確なスタイルを持ちます。アメーバ状に拡大する塊が、ある段階に綺麗に整った時に、そこで切り取り、形を定着させることがないのならば、水の元素の本性として、すべてを飲み込み、あらゆる形あるものは崩壊し、最後にはすべての形がなくなり、死の静謐が訪れます。蟹座の拡大力を天秤座はある段階で抑止して、整った形で打ち止めするのです。

蟹座は内側から感じるサインなので、自身を外から見る視点はありません。そこから蟹座の判断力の正当性のなさが出てくるのですが、例えば、ミニ野菜を作る時には、種をまく

距離を故意に小さくします。いつもなら隣の種まで1mにしていたものを、わざと40㎝などにすると、育っていく段階で互いが輪郭部分で衝突し、一つひとつの野菜が小さく育つのです。

天秤座は蟹座の成長力を打ち止めしますが、これは異なる蟹座を並べて、互いを戦わせていることなのかもしれません。蟹座は内側からしか感じないとしたら、それが違う蟹座とぶつかった時、成長力の疲労を感じるのです。

アメリカ建国図では太陽は蟹座です。土星が天秤座で90度です。特に蟹座は食べすぎ飲みすぎのシンボルを持つ15度です。ですから、蟹座の内部からの増殖力は限界を超えており、ハワイが欲しいと思うとそれを属国にして、何か正当に見える理由を後から捏造します。当時は、ハワイは不正な王政が支配しており、それを正すために内政干渉したという理由を作りました。ですが現実にはただハワイが欲しかっただけです。これが蟹座の増殖力は、15度では厚かましくなりすぎるという例です。領海侵犯をして、食ってはいけないものも食って肥満していきます。

天秤座の土星のスクエアは、この蟹座のいきすぎた増殖性にブレーキをかけます。土星は義務意識ですから、それぞれの国の違いを認識する必要に迫られる。もし蟹座が暴走すれば、地球はアメリカ以外になくなります。アメリカの蟹座の太陽は世界中を飲み食べしたくて、うずうずしているので

す。これは時には予想のしないアクシデントとして、土星のブレーキが働くこともあるでしょう。90度のアスペクトは片方にいきすぎると、シーソーのように反対しないということになると、結果的にどんどんいびつになります。アメーバ状に拡大し、その輪郭がないので、正当性も何もありはしない。天秤座は、そこに外界との境界線の壁、触覚を作り出して、形を整えます。こう考えますと、蟹座と天秤座の90度は大変に良いアスペクトに見えますし、実際それは春と秋の関係なのですから、育ったものを整形するという点で、重要なアスペクトです。

天秤座をメインにした解釈ばかりを強調しましたが、蟹座は、天秤座に対しては、今度は反対に内部的な共感で接する姿勢を要求します。複数のものが並んでいるとすると、蟹座はそれらを外面的に比較するのでなく、それぞれ内的に理解するという視点を要求します。

シュタイナーは、人体内部を脳・脊髄神経系的に見るとそれは解剖学的に、いろいろな臓器の形に見えるといいましたが、一方で、脳・脊髄神経系との接触をオフにして交感神経的に見ると、外的な形でなく、その内部機能を見るので、例えば脾臓はぼんやりと輝く土星のような形に見えてくるといいます。これも蟹座的な見方と天秤座的な見方かもしれません。内部共感としての視点と外的な輪郭からの視点です。

〈蟹座〉と〈蠍座〉120度

共に水のサインで、活動サインと固定サインのセットです。活動サインはどんどん掘り出し、これを固定サインは蓄積します。水は結合力なので、蟹座の活動性は、新たに結合するターゲットを要求し、つぎつぎと飲み込み、拡大する性質です。抵抗するものがあるとその殻を壊し、くっついていくというのは、集団原理の本性で、蟹座においては弱肉強食が強い特徴になる組織のようで、小さな企業を飲み込み、大きくなります。表向きそう見えないのは、感情の共感という意味で拡大するからです。こうやって蟹座が勢力拡大したら、蠍座は固定サインで、それを堅固な継続的なものにしていくというふうに考えてみましょう。会社は活動サイン。しかし管理職は固定サイン。そして一般社員は柔軟サインというイメージで考えてみるとよいかもしれません。

活動サインはキープすることが苦手です。開発はよいけれど、同じことに飽きてしまうのです。蟹座という活動サインがその働きに飽きないようにするには、同じことを続けるのではなく、さらに新しいターゲットに働きかけて、同化し、拡大することです。家族はどんどん子供が増えていくのが好ましいのです。しかし蠍座の固定サインは、果てしなく10年でも20年でも同じことを継続できます。蟹座と蠍座は増やし維持し、増やし維持しというセットになるでしょう。

第1章　西洋占星術のホロスコープを読むのに必要な基本的な要素

水のサインは結合性を表し、火や風の元素が持つ分離、分散化をしません。リストラ機能がなく、範囲を縮小させるとか、一部を切り離すとかいうことができないアスペクトになります。蟹座は放置しておくと拡大し、形がどんどんいびつになると説明しましたが、蠍座も結合力の水のサインなので、小さなところに圧縮して詰め込むことはしても、整えることはしません。

もし会社ならば、このアスペクトのセットは、社員をどんどん増やしたが、リストラはしないということです。柔軟サインである魚座は、変化に対しては、そんなに抵抗を感じないことと、柔軟サインは、最後の25度くらいになると、まとめる作用が働きます。双子座も射手座も乙女座もそうですが、25度になると、増えすぎて腐り始めたものを浄化しようとします。魚座では水の結合力によって引き寄せた余分なものを取り除こうとします。この蟹座と蠍座のセットは魚座の調整機能が欠けているということになるのです。

蟹座も蠍座も水のサインなので、これは物質的なものでなく、心理的、情感的なもので、見えないものを表します。柳田國男は、死んだ人は山の上で先祖になり、また春になると里に生まれてくるという共同体の循環システムについて述べましたが、蠍座は死者に関係し、しかも固定サインということは、死んだ人も減っているわけではなく、依然として山の上には存在していて、やがてはまた蟹座の家族に加わり、ファ

ミリーはいつまでも減らないことになります。死後探索で知られているブルース・モーエンは、魂のクラスターに戻れない存在がいて、この孤立した存在は、最終的に消滅するということを述べています。グルジェフ式にいえば、一つのコスモスには上に無、下に無限という壁があり、この孤立した存在はいわば無限の外に追いやられ、二度と元に戻らないということです。魚座の25度などに現れる浄化機能は、こうしたファミリーの中にあるものとして何時までも待つか、それとも追放するかという決定権を握っています。

死者としての蠍座の支配星を冥王星に想定すると、冥王星は太陽系の外への扉ですから、この共同体システムは巨大になり、地域の裏山にいる先祖ではなくなり、オールトの海に漂う太陽系の先祖になってしまいます。心理的に共感・同調する水のサインは、見えるところに限定されないので、これを見えるところでの集団性と限定するためには、ものの形としての土の元素。そしてフォーマットとしての風の元素の枠づけが加わる必要があります。そうすれば、土の元素らしく、形の上ではっきりした物質的に見える人々の共同性ということになるでしょう。

背後を蠍座に支えられている蟹座は、いつまでも変わらない固定サインの援護、先祖が守る家族というふうに見ることもできます。このセットはこの関係性を分離・整理する作用

117

はなく、蠍座の根強さを打壊すには、蠍座にある天体よりも強い力を持つ水瓶座の天体の関与が必要です。

蟹座に、牡羊座・天秤座がアスペクトしたり、蠍座に水瓶座が関わったりすると、この結果にはあちこちにヒビが入ることになります。傷だらけの共同体は、共同体が持つ閉鎖性を緩和するには必要ですが、いきすぎるともちろん共同体そのものが崩壊してしまいます。

〈蟹座〉と〈射手座〉 150度

蟹座を国内とか田舎、射手座を海外とイメージすると、これは想像しやすいはずです。蟹座に対して150度になるのは射手座と水瓶座ですが、共に狭いところにじっとしておらず、広いネットワークを作ったり、国から飛び出したりします。蟹座から射手座へ移動するものもあれば、射手座から蟹座に入って来るものもあります。日本の地方都市に外人が住んでいるという印象で考えてもよいかもしれません。

蟹座は水・活動のサインで、積極的な同化をする力と考えてもよいでしょう。これは水なので情感とか心理、感情などによって同化する性質です。この水の同化性質を傷つけてしまうのは、火か風の元素で、射手座は火・柔軟のサインですから、蟹座の閉鎖的な共感性に対して、異物を持ち込むことになります。しかしそもそも蟹座は、異質なものを嚙み砕くことで、自分の中に取り込むという性質ですから、蟹座の許容範囲の中にあるならば、射手座の異物性を難なく飲み込みます。

例えば、蟹座の基盤を日本とみなさず、もう一つサイズの大きなアジアとみなせば、海外としてのミャンマーは、蟹座の腹の中に入ってしまいます。射手座のサイズの方が大きい場合には、蟹座の一体性は打ち破られ、水の元素は火の元素によって荒らされてしまいます。

日本の歴史の中では、大化の改新の時期に、日本は中国の軍に占拠され、その時に日本語を奪われ、中国の漢字を使うことを強制されました。またユダヤ人は、バビロン捕囚の時に、ユダヤの言葉を捨てさせられ、バビロニアの言語との合成で作られたアラム語を使うことを強制されました。これが今日のヘブライ語です。古い時代に蟹座に対して射手座の干渉があったというイメージで考えてもよいかもしれません。そして日本では、いつのまにか正しい漢字を使うことは日本人の心を守っていると勘違いされるようになりました。漢字を使うことは日本人の民族霊に全く接触しておらず、日本人にとってはより正しいルーツから切り離されることを示しています。ですが、150度の発想からすると、これは全く気になる話ではありません。むしろそうやって純正のルーツから遊離した方がよいのだという考え方にもなります。

最近、日本に来る外国人は日本人よりも日本の秘境に詳し

く、例えば、猿の入る温泉などに来て、至近距離で温泉の猿を撮影したりしています。これは日本を海外で紹介するサイトなどの記事を見て、東京に来ないでいきなり田舎に直行する外国人が増えているという現象ですが、これは蟹座の深部に入る射手座です。京都では旅行客は歓迎しますが、外部の人が住むのは許さないといわれていました。150度はそのような裏腹な姿勢ではなく、直接ミスマッチなものを結びつけます。それぞれのサインが頑固であれば、その分、このアスペクトはハードになり、そうでない場合には、新しい能力にもなります。

蟹座を丸ごと運ぶ射手座となると、例えば、野田内閣で枝野長官がインドのチェンナイに5万人の日本人都市を作る計画を打ち出し、インドでもそれが承認されていたという話を思い出してみるとよいでしょう。あるいは国内にインド人街を作るということでもよいのです。

対等な形で衝突せず、どちらかが相手を飲み込めば、この二つのサインは中に小さなものを複製するということで同居可能なのです。組み合わせはたくさんのパターンを考えてもらうと、物語を作るような気分で応用パターンがあると思いますから、だんだんと馴染んでくると思います。

〈蟹座〉と〈山羊座〉180度

12サインの円を横から見ると、サインウェーブのような形になって移動しています。つまり螺旋を横から平面的に見た図です。

牡羊座と天秤座は昼と夜が同じ長さで、陰陽の中和された、すなわちゼロポイントです。これは12サインの出入口にもなります。一つの世界は陰陽の揺れによって維持されているために、陰陽が帳消しになると、開け放たれたドアが目の前に現出するのです。夏至は昼が最も長く、冬至は夜が最も長く、この夏至と冬至、すなわち蟹座と山羊座は陰陽が極端になる場所です。

折口信夫は、日本は縄文時代からこの陰陽が極端な振幅を作り出すことを好んでいたといいます。仏教は西からやってきて、この陰陽に対して、ゼロという中和的な、すなわち中庸を良しとする哲学を持ち込み、その後日本は、陰陽の波がない中庸的なものを重視するようになったといいます。冬至である蟹座は内側から拡大し、どんどん膨らみます。山羊座は、外側から締めつけ、いわば収縮方向に向かいます。つまり膨らんだり萎んだりという組み合わせなのです。

しばしば蟹座は家族などを表しますが、この家族の結束とか交流は、家によって保護されています。家は家族を守る外壁で、これが山羊座のもたらすものなのです。蟹座の共感

力のサイズは、この土の器によって決まります。小さなカップ、風呂、湖などです。たくさんの人を含む大きな器もあれば、小さな器もあります。

私は、蟹座は内臓で山羊座は皮膚であると説明していますが、外側の器のサイズによって、中身が支配されるという点では、硬い、一番凝固した、物質的なものが内容物を支配するだけでなく、あたかもそれしかないように見えてくる面があります。

宇宙の創造の法則としては、無から有へ創造が展開されていきます。私の意識の中に創造的な精神が息づいている時には、意識のベクトルは無よりも、物質的な、最も硬いものに興味が向かうという慣性が働きます。つまり見えないものは存在しない、見えるものがすべてという考え方が出てきます。ズスマンがいう例えように、「ほら、いまお父さんが車から出てきた。お父さんはやっぱり車だったんだね」という勘違いをするのは、お父さんという柔らかいものよりも、車という硬いものに視点が集中するからです。意識や感情は、脳が作り出したと考えるのも、この発想法です。なぜなら意識や感情は見えないので物質的証拠がなく、脳は結果を受信しているだけかもしれないにしても、見えるもので説明しなくてはならない発想からすると、意識は脳が作り出していると考えざるを得ないでしょう。このボトムは、そのすべてを表していると思い込んでしまう観点から、蟹座と山羊座を見ると、水の元素は見えない集団性であり、山羊座は見える集団性で、これは民族と国家というふうにも例えられます。民族はアメーバのように地域に広がります。しかし国家は山羊座的にはっきりと国境を作ります。第二次世界大戦の時期、冥王星が蟹座にあった時には、民族をばらして複数の国家の輪郭に包んだので、例えば朝鮮は同じ中身が二つになったりしました。

山羊座は硬い輪郭を見ます。蟹座は内的な実感を通じて認識します。180度が互いをターゲットにするという点では、お互いの情報がフィードバックされるので、ローカルな立場とその愛着ということが強化されていきます。そしてこの交互運動が強まると、出て行く場を失い、息抜きがなくなるでしょう。他を理解する応用性は次第に薄まってきます。

この180度は互いをターゲットにして働きかける積極的なセットですが、どちらが強いかを考えてみましょう。膨らむ蟹座に対して山羊座が強いと、締めつけが優勢で、蟹座の方が優勢であれば、殻の締めつけが、タロットカードの「塔」のように破れてしまいます。

タロットカードを生命の樹に結びつけた場合、右の柱と左の柱という陰陽のみが関わるカードは、「女帝」、「力」、「塔」の3枚のカードです。絵柄では、女帝は妊娠している腹に例えられ、内部からの膨張が外皮を外に押しやります。「塔」では、外からの衝撃が塔を外から壊します。「力」のカード

120

第1章　西洋占星術のホロスコープを読むのに必要な基本的な要素

は相対的な関係で皮が流動します。肥満する身体を、身体よりも細い衣服で締めつけるというのが蟹座と山羊座の関係ですが、蟹座が強すぎれば、殻は持ちこたえられないのです。山羊座の殻が定期的に破れるのは脱皮といい、これは必要なことだと考えられています。

蟹座と山羊座は、集団的な常識とか定説、当たり前のことを作り出します。ですが蟹座や山羊座は集団的なものを意味するにすぎず、そこに正当性があるわけでなく、たんに集団原理として決まったものを正しいというにすぎません。

例えば、多数決で決まった異常な考え方というのも、世の中には存在します。それを「集団的主観性」といいます。こうした考え方が理不尽で不当であると思う人は、そのことを次の獅子座、水瓶座の段階で批判していくことになります。宇宙的な法則から、現状の社会の考え方とか常識が間違っているとする姿勢は、特に水瓶座などに強く現れます。

蟹座と山羊座は多数決的な考え方になるので、集団原理を重視し、多くの人に認められることはよいことだと考えます。この中でも11度から15度ではなかなかマイナーでマニアックです。それでもそれなりに、少数派であれ、やはり集団原理です。

〈蟹座〉と〈水瓶座〉150度

150度のちょっとばかりミスマッチなものの組み合わせ練習として、何かイメージを作ってもらうという場面で、何は肉じゃがを作るサイボーグというような事例もありました。蟹座と射手座の場合には、田舎と外国人のセットですが、ここでは水の要素を持たない、特定のローカルな場所に埋もれることを嫌う水瓶座を考えて、イメージを作り出します。

牡牛座は過去を表し、水瓶座は未来を意味します。蟹座を未来的に生かす、あるいは未来的なものに移植します。根のない場所に蟹座の基盤を作る。戦後、家庭に電化の波がやってきたのは、蟹座に天王星が入ってきた時代だと思われます。ここでは電気製品とかコンピューターが蟹座に侵入し、反対に、蟹座が水瓶座ないし天王星的に、距離を離す関係を作り出し、距離のある家族、核家族などのイメージを作り出します。スカイプを使うと、離れた国に単身赴任したお父さんと顔を見ながら会話をすることもできます。

水瓶座は近いものには不愛想で、遠い場合には親しみを持ちます。それは水瓶座が平均化したい衝動を持っているので、偏った何かに没入したくないという性質からきています。身近になりすぎると、自動調整機能が働き、距離感を作り出し何かを持ち出したくなるのです。

蟹座の水のサインの鬱陶しい親密感に、水瓶座は風を入れて、間口をひたすら大きくしようとします。反対に、知らない人同士で家族的な関係を作るということも可能でしょう。ロボットを家族のように愛するということもこのアスペクトの文例です。古風なものと未来的なものが結合するとか、電子的な、あるいはデジタルなもので古風なイメージや情緒を復元したり描写したりすることにも関係します。

風の元素は、その次に必ず水の元素に転換するので、理論的に構築されたものも、それが繰り返されるとやがては自動的に感性に変わるということもあり、人工的なもので自然に見える古風なものを作り出すには、人工的なものをもったくさん繰り返すか、緻密なものにしていくとよいのです。

音源はCDよりもハイレゾ音源のような高密度なデータであれば、むしろ滑らかで柔らかく情緒的な表現に近づくので、手を加えていないものに似てくるという、つまり風は細かくなると、やがては水に似てくるということです。

私たちが感じる自然的なものというのは、手を加えていないものではなく、手を加えているが、それが十分に古いものなので、手を加えていないものにすぎないのです。感性が慣れていれば、どんなに人工的なものも自然に見えます。未来的なものは、今はまだないものであり、過去のものは既にあり、それに慣れているものなのです。私の個人的な趣味として、不自然で人工的なものも繰り返

されると、それは自然に見えるという意味では、わざと不自然な行為を繰り返すことで、それが自動的に自然に行えるようになるということを何度も試みてきました。繰り返されると自然に見えるという点では、水瓶座が作り出したものでも、それに懐かしさと情緒を感じ、蟹座的に感じるというのは不思議でもないです。

蟹座と射手座の150度と、蟹座と水瓶座の150度は少し似ていますが、この違いをはっきりさせながら想像してみる練習をしましょう。

《蟹座》と《魚座》120度

水のサイン同士で、正三角形の一辺です。水は同化する性質で、対象の中に入り、同じことを感じるという特徴があります。蟹座は活動サインなので、この同化、共感というのは、自分から積極的に働きかけ、決して受けに回らないし、受けに回ることそのものを嫌います。そのため愛着という時も、誰かから働きかけられることは少ない傾向です。

魚座は柔軟サインで、これはかなり受け身な性質で、自分から働きかけるというよりは、働きかけられることが圧倒的に多くなります。また柔軟サインということは、計画性がなく、たまたま近くにあったものは馴染んでくるうちに愛着がわくことになります。要するに、好みはないと考え

第1章 西洋占星術のホロスコープを読むのに必要な基本的な要素

てもよいのです。それは魚座が最後のサインであり、この世のすべての要素をまずは一度全部集めてしまうという本性があるので、好きだとか嫌いだとかいう感情が働きにくいのです。そのことを自覚している魚座の天体を持つ人は、反対に好き嫌いを強調しようとする傾向の人もいますが、何でも馴染んでしまうことがわかっているため、そうはならないように偽装している場合が多いのかもしれません。

その反対に蟹座は積極的に働きかける性質で、この活動性は、それ自身が防衛になります。つまり好みのものに盛んに接近し、そうでないものを強く排するという傾向が出てきます。蟹座のサイン番号は4番目で、4の数字は縦糸と横糸など、対立するものを併合します。ですから違和感のあるものでも取り込もうとしますが、それが無理だとわかると、反対に排出することになります。魚座のような柔軟サインにはそれがありません。何かをはっきりと拒否するということができないのです。

サインの順番としては、魚座が最後にあるので、範囲としては魚座の方が大きくなり、イメージとしては魚座が集めてきたもののどれかに蟹座は強く同化し、他のものではあまり興味を抱けないものもあるのです。蟹座では自分に縁のあるもの、馴染みのあるものを選り分けます。魚座だけなら、この選り分けが起こらず、全部がごった煮になったままということです。

水・柔軟サインとして、予定を立てないまま、意識に入ったものすべてを結合するという性質の魚座の性質は、特定の空間を選ばず、また特定の時間も選ばないと想定してみれば、そのことを自覚している魚座の天体を持つ人は、場所はどこでもよくて、また時代もどこでもよいことになります。

私は、水瓶座は共時性、すなわち空間的には広がるが、時間としての統一性があり、魚座ではこの時間軸を共通にするということもなくなるというふうに説明していますが、魚座は12サインの最後にあり、すると12サインという枠組みが次第に崩れてくるところということもあるのではないかと思います。同じ型のものが違う時代にもあれば、それは同じとみなすという発想法も出てきます。

魚座は蟹座の共同体、集団性、結束の輪の輪郭を曖昧にしてしまいます。そもそも魚座の支配星の海王星も、輪郭を失うということが特質です。輪郭というのはここから内、ここから外というふうにはっきりと分かれています。魚座と海王星は、この境界線に滲みを作り出します。魚座はシュタイナーによると味覚を表しています。食べ物を口に入れた時、この食物は、舌の上で輪郭を溶かされ、食べている人と食べられたものは一体化していきます。蟹座としては仲間とそうでないものは、はっきり違いがあるはずですが、魚座ではそれを曖昧にします。

「仲間でないものはみな敵」。これはそう多くはありません

が、狭量になりすぎた蟹座の考え方です。これは実際にかつての米大統領であったジョージ・W・ブッシュが、同時多発テロが発生した後の時期にいった言葉で、心の奥に恐怖を抱え込んだ蟹座の太陽のブッシュらしい発言だったのだと思います。この明確な輪郭を魚座が曖昧にしていくことで、蟹座は緩い性質を持つことができるでしょう。

例えば、蟹座の仲間で集まっていると、一人、人数が多い。それは死者だったり、妖怪だったりするものが加わったのだという日本の昔の話のようなものは、蟹座に魚座が加わるという印象を説明するのに使えるかもしれません。蟹座は成長する夏の力であり、それは新鮮ななまみずしい食品です。魚座は最後のサインとしてあれば、魚座は発酵した食品です。素材の中からエッセンスを集めますから、時間をかけて熟成したワインなども象徴の一つです。そして一歩間違えると腐ってしまいます。

〈獅子座〉と〈獅子座〉0度

獅子座は火・固定サインで、これは継続する火、続く情熱ということを意味します。シュタイナーによると獅子座は熱感覚ですが、いつまでも同じ熱さを続けているということです。それは他との温度差を作り出しますが、獅子座の場合、環境との温度差がなければ、その存在性そのものが無意味に

なります。この温度差、時には孤立感こそが、獅子座の活動の圧力、周囲との電位差を作り出し、創造的行為をするための励みになるからです。前にある蟹座、後ろの乙女座は、共に温度差を作り出すことを恐れ、周囲と自分が同じであろうとします。火は水を叩いた波紋を象徴していますから、蟹座の平均化された、いわば良き平凡さを持つ水面に波風を立てて、自分の興奮、熱意、熱感覚を生み出します。やがてそれはまた乙女座の段階で押し潰されていくので、乙女座に天体がある人は、獅子座の天体の活動という点では、乙女座の監視にいつも脅かされています。

獅子座の中にある二つの天体の合は、天体の公転速度の違いにより、遅いものから速いものに向かってエネルギーが流れていきます。獅子座の中においてそのプロセスが進むので、それは自閉的に自分の中で、新陳代謝が起きていることになり、他のサインの手を借りていないのです。

ベートーヴェンは獅子座に土星が一つあるだけで、合のアスペクトというわけではないのですが、大曲を作って疲れたら、休憩のためにリラックスしていたそうです。他のことをしないで、創作の中で集中とリラックスの転換が行われていたことになります。

ランニングではインターバル走というのがあります。これはまずは息ができないくらいのスピードで走ります。そうすると身体には乳酸ができます。次にゆっくりと走って、この

124

第1章　西洋占星術のホロスコープを読むのに必要な基本的な要素

乳酸をエネルギー源にするという交互運動なのですが、同じサインの中での自閉的な新陳代謝はこの例えで説明できるのではないでしょうか。

遅い天体から速い天体への力の伝達は、日食が新月に小分けされるようなものです。大きな創造意志はより身近な小さな創造意志へと転換され、その分、日常的なものに近づきます。例えば、獅子座の冥王星の世代の人は、この冥王星の創造的な意志をどう形にしてよいかわかりません。それはまだ日常的な生活においての行為には落とし込まれていないからです。太陽系の外から持ち込まれ、まだ太陽系の中で消化できるかどうかはわからないのです。

ここで水星が合になるとすると、言葉にしたり、情報発信したりすることになります。ですが、水星はあまりにも細分化されすぎた領域にあり、冥王星のトータルな力を受け止めきれません。すると、いろいろなことに分散するよりは、たくさん書いていくということをすれば、そのすべてを合わせて、少しばかり冥王星に近づくことができることになりますが。水星はすぐに息切れし、また短期的なことしかできませんが、獅子座の冥王星は一生かかっても消化しきれない無尽蔵のものです。100のエネルギーを1の器に入れるならば、100回繰り返せばよいというわけです。獅子座の表現意欲は、他のサインにある惑星とアスペクトを作ることで他の部分に表現さ

れていきます。これが正常なコースです。例えば、人に評価される獅子座の表現力は、天秤座とアスペクトを作ることで達成されます。水瓶座との関わりがあると、180度ですから、外に対する働きかけが強くなります。

しかし獅子座の中での自閉的な合のアスペクトは、いわば観客や受け取り手を必要としないで、自身の中でぐるぐる回っているということです。カラオケルームに一人で出かけて、一人でウケているというものかもしれません。東京では最近、こういうお一人様専用のカラオケボックスがあります。もちろんこの合のアスペクトが、他のサインの天体とアスペクトを作れば、まず自分の中でぐるぐると巡回していた力が、その後、外に漏れていくということになるのです。

《獅子座》と《天秤座》60度

獅子座は主観芸術で天秤座は客観芸術といわれます。ただし、この客観という言葉には誤解があり、多くの人は客観というと、主観を取り除いたものだとみなします。実は、主観を取り除くことは、目をくり抜くようなもので、観察者自身も存在しなくなります。自分の主観だけでなく、たくさんの人の主観にも訴えかける普遍的な表現を客観芸術というのです。それは個人的な思いも入っていますが、個人的な思いを中心にして作られているわけではなく、もっと広い範囲の視

125

天秤座はたくさんの人の視点を取り入れることができるので、そこに照らし合わせて獅子座の主観的な表現を人に理解できるものに調整しようとします。そういう意味でのグルジェフやインドのオショーがいう厳密な意味での客観芸術であり、グルジェフやインドのオショーがいう厳密な意味での客観芸術ではありません。

天秤座的な意味での客観芸術を考えた時に、その範囲、サイズはもちろんたくさんあります。長い歴史の中で残る芸術は、長い時代にわたって風化しないくらいの広い客観性を持っているということです。時代性を超えた普遍的な人間性に訴えかけるものはいつまでも廃れません。獅子座は主観的で、自分の中から出てくる創造的な意志、光を外に放出したいという欲求を持ちます。しかしこれを人が受け取るかどうかについては全く考えていません。

獅子座とか5ハウスを恋愛と解釈する人はいますが、そういう感情を抱いても、それを相手が受け取るかどうかはまだ不明なのです。ですから、相手はそのことを全く知らなかったということもあり得ます。獅子座や5ハウスは恋愛動機を持ったとしても、一方的なだけで、それが実際に成功するとはかぎらないのです。

天秤座は相手との交流であり、それは外界の鏡、反射、リアクション、触覚的な境界線が跳ね返すことを表しますから、時には、獅子座が投げたボールに対して、手応えのある反応

をすることもあれば、時には全く拒否することもあるでしょう。

天秤座は、裁判を表すサインでもあり、それは社会の入り口であり、オーディションで落とすように、獅子座が提出したものにはっきりと「ノー」と言うこともあるのです。しかし60度のアスペクトは援護的なアスペクトですから、たいていの場合、獅子座の放出意志は、天秤座で良い反応を得ることを表します。作ったものを見てくれる観客がいるのです。獅子座と天秤座の関わりのアスペクトで、天秤座が強い時には、人からの要求とか、また人はきっとこう見るだろうということを先に考えて企画ものなのようで、あまりよいものではないかもしれません。獅子座の熱意は人工的に作られたものとなる可能性もあるからです。

最近、ずっとヨーロッパでクラシックの演奏者として生活していた人と話をしたのですが、ヨーロッパでは聴きたい人が来てそこで演奏する。しかし日本では、演奏会はそう頻繁でないし、友達で誘い合ってやってくる。あまりやる気がないわけではない人がつき合いでやってくるので、演奏を聴きたいという話でした。天秤座によって誘発された獅子座の意欲は、獅子座の自発的な熱意を作りにくいのです。ハーモニックでもHN5とHN7はセットです。この60度は人にどう受け取られるかを意識まきと発芽です。この60度は人にどう受け取られるかを意識

した上での内的な衝動の発露を意味するアスペクトです。

〈獅子座〉と〈蠍座〉 90度

固定サインの90度はとても重苦しいものです。なぜなら、固定サインとは所有、固執を表し、そのしつこさは半端ではありません。違う元素で固定サインが対立すると、互いに力は互角で、両方がその元素の主張を譲らないことになるからです。ただし、人間は第五元素を中心として生きている生命であり、この第五元素を分解したものが地上の四元素であるという発想からすると、対立する元素同士の関わりは、この統合化を目指すきっかけを作りますから、ないよりはましという考え方も成り立ちます。

四元素のうちのどれかを重視して、そこに自分の生きるテーマを置く人は、第五元素的な統合的生命を目指す人からすると、より分割された、より小さな存在で、私はこれを人間と呼ぶよりは「準人間」と定義した方がよいと思います。四元素のどれかにアイデンティティを置き、それを他の三つの元素よりも優れているとみなすのは、カースト制に戻るようなもので、こうした四つの元素のうちどれかを重視するような思想を占星術の中に残せば、占星術そのものの価値を貶めます。誰もが四つの元素を持っているわけです。これが前提で考えなくてはならず、ここでは獅子座と蠍座の緊張感も、

より積極的な扱い方をした方がよいことになります。

獅子座は好きなことをしたい、自分の内的な欲求から自由な表現をしたいと考えます。蠍座は水・固定サインで、何かあるいは誰かと一体化してその関わりの中で生きたいと考えます。ですから、誰かのことを気にして、自分の表現を抑え込んでいる人というふうにも見れます。仲間を大切にして、自分のしたいことを諦めている。しかし、この蠍座を仲間に投影しても、実際には自分の中にこの蠍座の要素があるのです。もし蠍座の要素が弱いならば、何も気にしないで、そのまま獅子座の行動を取ります。言いたいことを言い、やりたいことをし、簡単に家出します。

もしここで、相性のホロスコープとして関わる相手に蠍座があり、それが自分の獅子座の天体と90度ならば、他者から働きかけられているといえるのですが、自身の中にある時には、自分の一部が獅子座の天体であり、別の天体は蠍座にあります。そして全部の惑星を統合化しないことには、大きな自己へと回帰しません。ということは、獅子座と蠍座のどちらかだけを選んではならないことになります。

ですが、時間の流れの中ではこの90度は矛盾しません。初めに獅子座がアクセスされ、次に蠍座がアクセスされ、また獅子座にという循環をします。何年かごとに、何か月かごとに、何日か、何時間かごとに切り替えていけばよいわけで、そのことに困る必要はありません。空間的には対立したアスペク

トでも、時間の推移の中では、これは対立ではなく、変化を意味するのです。

人間は全部の惑星を足した存在であり、どれか一つの惑星の特質に染まった部分的な存在ではないので、キャラクターはいつも同じにしておく必要などありません。というよりはキャラクターは常に統一的です。つまり惑星全部合わせた自分こそ安定した自分です。人間でなく、準人間としては、漫画や小説のキャラクターのように特定の色合いを帯びている必要があるかもしれませんが、それは作品の中の登場人物の話であり、人間そのものをそこまで落とす必要などありません。

獅子座を満たしたい。蠍座も満たしたい。この二つに性格の違いがあるのならば、時間の推移の中で巡回すればよいわけで、上手な人はやがて短い範囲の中でこれを繰り返し、最後には、1日の中で、同時に二つを発揮します。会社で蠍座をして、17時以後は獅子座をする人もいます。あるところでは一人で何かしているのです。

こだわりの強い濃い創造精神を持つ人に、このアスペクトはよく現れます。例えば、運命共同体的な演劇集団があるとします。それは蠍座の集団です。そして彼らは演劇なので、獅子座と蠍座行為をしています。この場合、獅子座の中の蠍座で、獅子座と蠍座が衝突しているのでなく、獅子座の腹の中に蠍座があるということです。蠍座の腹の中で獅子座が活動する

と、企業の中で演劇的なことをするということもあるかもしれません。これでは年末の忘年会の宴会芸のようなものかもしれませんが、惑星は公転周期に落差があるので、遅い方が大きく、速い方が小さい範囲で活動します。ですから、どちらが宿主で、どちらがその腹の中にいるか考えてみましょう。国の図では、獅子座と蠍座に似た5ハウスと8ハウスは、出生率と死亡率の対比となりますが、たくさん生まれてたくさん死ぬというのは、より活発な新陳代謝があることを表します。

〈獅子座〉と〈射手座〉120度

共に火のサインですから、興奮して調子に乗りすぎるような関係です。火のサインは牡羊座、獅子座、射手座ですが、牡羊座が自我感覚として、まず存在を主張します。この表現意欲として、獅子座は、いつも変わらない熱感覚を持ち、外界に熱を放出するので、射手座は運動感覚として、さまざまなのしかできないので、応用的な動きを作り出します。

柔軟サインの射手座は、いろいろな分野の中に自分の火を吹き込み、再生することができます。全く知らない分野でもしばらく取り組むとこの中で自分が蘇生します。獅子座は固定サインなのでそのようなことはとうてい不可能で、いつも

第1章　西洋占星術のホロスコープを読むのに必要な基本的な要素

決まりきった儀式的なことしかできません。自分以外のものに入るのはプライドが許さず、その代わり、『ライオンキング』を数千回演じても飽きることはないのです。

獅子座に射手座が加わると、いつも決まりきった情熱、熱意、好み、感動を他の器の中に応用的に入れることができるのです。これは違う分野に移し替えてみるというのもよいのです。あるいは射手座を海外とするならば、能を岩手でのみ演じていた人が、ニューヨークで演じるということも想像できます。獅子座は射手座の助けを借りて、内容は全く同じものを続けていながら、それを他分野、他地域など多岐に展開できます。

ただし、これは獅子座の力が強く、それに対して射手座の用意する器が適切な場合です。もし射手座が強力すぎて、獅子座の外への表現意欲がそれほど強いものでないなら、獅子座と同じものを見出すとしたら、獅子座の火を増やすことも可能かもしれません。たいていの場合、固定サインは資産です。この資産を分散的に消費するのが柔軟サインですが、しかし逆の効果も期待できます。相撲という国技は、儀式的な要素が強く獅子座的なスポーツですが、力士には外国人がたくさんいます。それによって獅子座の場は拡大、活性化し

ているとも考えられます。

射手座によって持ち運ばれる獅子座というケース。獅子座が射手座でさまざまな分野に応用されるケース。どちらがメインであるかによって、解釈を少し変えていくとよいでしょう。

ディスポジターのハウス移動について書いた本を読んだ時、5ハウスの支配星が、9ハウスに移動するケースなどで、自分の趣味を思想化してしまうという内容がありました。これは獅子座と射手座の関係を考える時に参考になります。自分の好きな趣味を、あたかも普遍的なものであるかのように思想化する。射手座が思想とか哲学などというふうに、ある程度普遍的な知恵を表すのは、いろいろな分野に応用的に、同じ型を見出すからです。それはどこに持っていても、実体は変わりません。それが普遍的ということです。その作用に、獅子座の主観的な創造意志を持ち込めば、個人的な趣味の思想化になります。

また獅子座に射手座の応用性を加えることで、一つのパターンのゲームにバリエーションを加えたり、またいくつかのバージョンを加えたりすることも可能です。いつも変わらない獅子座の作品、趣向に、少しずつ何か加えられていくのです。

〈獅子座〉と〈山羊座〉 150度

獅子座は火・固定サインで、これは主観的な楽しみ、自分の内面から湧き出した創造性、遊び精神、高揚感を表します。ですから、周囲からのリアクションは全く気にしておらず、というよりは、それを読み取る能力に欠けており、その結果、いつも本当のところは自信がないということになります。誰かから何かいわれると急におとなしくなるくせに、いつもは大きな口を聞いているというような性質の人もいます。

環境との関係がぴったり噛み合っているのですが、しかし火のサインはすべて多かれ少なかれ噛み合っていないところが、火の元素の意義でもあるので、この噛み合っていないというのは特技であり、そのことに満足を感じるべきです。獅子座は基本的に誰の役にも立たないし、役立ちたくないと思っているかもしれません。

ところがここで、均衡感覚、すなわち特定の狭い場に直立し、この地域性に貢献する山羊座とアスペクトができます。すると、地域社会とかローカルな場に役立つ獅子座というものが生まれてきます。例えば、山羊座を日本のどこかに田舎と考えてみます。山羊座は特定の場、ローカル性を除去して考えることはできません。ただ集団の場は複数のサイズがあり、広い範囲においてのローカル性と考えることはできる

ので、日本とかアジアとか、あるいは地球を一つの山羊座空間と考えることもできるので、山羊座は狭い田舎といっても、それは偏見的な表現ではありません。オリオンの辺境というような山羊座もあるわけです。

地域性に根づいた創造的なものといえば、それはその地域にあるお祭り、伝統芸などたくさんあります。もちろん地域性に根づく伝統芸は、蟹座と獅子座のセットでも考えられますし、感覚的な資質を要求される芸能となると牡牛座も関与するのですが、地域色とその地域においての活動サインらしい活動ということでいえば、それは山羊座になるでしょう。

東北に行った時、青森のカフェで津軽三味線の演奏を目の前で聴きました。これも獅子座と山羊座のセットかもしれません。獅子座の創造的な意志は、山羊座の企業活動とか地域的な外郭に閉じ込められるので、特定の場所とか地域のメリット、土のサインらしく、どこにも影響が漏れないとこで演じられていくという傾向は強まるかもしれません。あるホテルで契約して、いつもそこで手品をしているとかもあるでしょう。ホテルは蟹座ですが、しかし企業の運営という意味では山羊座です。企業の作り出したアミューズメント館もこの意味があるかもしれません。山羊座は特定の場に立つということなので、特定の場に立つ遊び性ということで、いろいろと想像してみてください。遊びが仕事になり、仕事になるような遊び方をするということになるのです。

山羊座は特定の場のメリットに終始しますから、この獅子座的な遊びが外部に漏れていくことを好まないことになります。水瓶座との関わりであれば、それをネットで拡大したり、他の人が使ったり、拡大することはなんの躊躇もありませんが、土のサインは常に特定の場所性で、風を通さないので、この水瓶座的な要素を特定のメリット意識の中で占有しようとするでしょう。そこに行かなければ見られないのです。

水瓶座のアスペクトなども加われば、特定の場においてのもの、メディアを使って拡大するもの、この二本立てもできるでしょう。150度は互いに妥協し少し我慢するので、その分、少しストレスを溜め込むことになります。

〈獅子座〉と〈水瓶座〉180度

蟹座と山羊座が、世の中の最も一般的でノーマルな、多数派的な生き方とか考え方を表しています。これは縦構造の社会でもあり、集団性でもあり、地球的な圧力であり、平凡さでもあります。

日本は民主主義ですが、実質は社会主義のような性質をしているとよくいわれていますが、ピリ・レイスの古地図で、アレキサンドリア近辺を本初子午線にしたジオデティックの見方をすると、日本は蟹座そのものの位置になります。この

圧力的な蟹座、山羊座ということを批判して、その輪から飛び出したのが、それぞれ獅子座と水瓶座です。古い社会や、常識的なことを批判し、もっと未来的な、自由なものを求めて、飛び出すのです。そしてこの蟹座に対して批判的な獅子座と、山羊座に対して批判的な水瓶座のセットは、水瓶座が未来的なビジョンを意味するという点では、未来に向かうべき世界と、そこで遊ぶとしたらどんなものができるのかを考えたものが、この180度のアスペクトとして働きます。

私はよく壮大な宇宙像とか、現実離れするくらいの大きなビジョンというのは、この獅子座と水瓶座の180度に現れると説明します。神智学運動を始めたブラヴァツキーや、その思想を独自に成長させた人智学のシュタイナーなどは、この180度のアスペクトを持つことで共鳴しています。両者の宇宙像は極めて壮大で、世界最古の教典といわれるジアンの書の巨大な注釈書であるといわれる『シークレット・ドクトリン』(ブラヴァッキー著)で描かれた世界の法則などは、これ以上ないくらいマクロなものです。

日本では、冨士講の開祖である藤原角行はこの強い180度を持っており、夢の中で役小角から語りかけられたり、北斗七星に指示されて修行を始めたりしています。

この獅子座と水瓶座の組み合わせは、改革的な運動をすることが多く、しかし時にはそれは過激なものになるケースもあります。というのも水瓶座は風・固定サインで、あまり

温情がなく、また個人的な感情を否定する傾向のあるサインですから、大きな目的のためには、個人の犠牲は仕方ないと考える傾向もあり、ときどき冷酷です。日本でも、70年代の学生運動の闘士などには、このアスペクトを持つ人が多かったように思います。それに対して、蟹座と山羊座のセットは、いつでも保守的です。180度のアスペクトは外界への働きかけ、あるいは前進するということそのもののアスペクトなので、黙っていることはありません。

かつて学生運動していた人々は、後に、精神世界に流れた人たちが多数います。精神世界の幾分かは、保守的現在の社会からの逃避の性質を持ちますが、水瓶座の場合には、逃げ出したままになることはなく、むしろ保守的な世界へ改革を要求して切り込んでいくので、現実的で行動的な精神世界になっていく傾向が強まります。

団塊の世代は冥王星が獅子座の世代なので、もう一つ水瓶座に速度の速い個人天体が入ると、すぐにこのアスペクトができます。団塊の世代にはこのタイプが多いということになります。シュタイナー教育を展開した日本の学者も、蟹座・山羊座という保守的な世界で、自分の立場を守ろうとする傾向の強かった人は、シュタイナーの書物の激しすぎる要素を、まるで戦時中の文書検閲のようにカットしました。しかし、もちろん獅子座・水瓶座の180度を持つ人は、シュタイナー思想を全く隠さず紹介しています。アトランティス初期には、水と空気と陸地がまだ分離しておらず、人は男女がなく、泳いでいたし、今の人のような形をしていなかったというようなプラトン的な内容を子供たちに普通に教えたりするのは、この獅子座と水瓶座のセットが強い人々です。

〈獅子座〉と〈魚座〉150度

獅子座は太陽を支配星としており、太陽は太陽系の中心にあって、光を周囲の惑星に与えています。身体では心臓がこれに当たり、血液を身体全体に循環させています。つまり真ん中にあって、そこから外に向かって創造的な光を放出しているというイメージです。そのため、外からの情報を取り入れることは苦手です。

この外から取り入れる静脈的な性質は、水瓶座になるのです。占星術で使われる太陽は、真の太陽というよりは地球の公転周期を押しつけた太陽ですから、それは惑星の一つにすぎない立場にありつつ、あたかも太陽であるかのように惑星に対して上から目線ということから、獅子座は態度が悪いという意味が出てくるかもしれません。

一方で魚座は、12サインの最後にあり、これまでの12サイ

第1章　西洋占星術のホロスコープを読むのに必要な基本的な要素

ンのすべての要素を一度全部集めようとします。まず集める段階では批判性を発揮しません。東大の教授で、何かを学ぶ時は批判精神を発揮して資料を正しく読むべきであるという人がいましたが、読む段階で批判精神を発揮すると、それは資料を集めようとしているのです。そして集めて、選別し、体験のエッセンスを集約させて、それを次の12サインの循環の中へ投げ出す準備をします。一つのサイクルが終わると、たいてい反省会とまとめをします。そのまとめを魚座が受け持つということになります。

他のサインでは自身のサインの資質の開発に専念していた結果、見えていなかった要素が、魚座の段階で見えてきます。影に隠れていたものも、ここでは明確に露呈します。このかなり広範な場を魚座が用意した中で、獅子座は創造的な精神を発揮しようとします。魚座が用意した遊び場の中で獅子座が遊ぶと、獅子座としてはかなり広い場を得たようになるでしょう。

魚座は物質的なもの、明確なもの以外の、忘れられかけた薄明の中にあるもの、あるいは時間が経過して過去に葬られたものも、すべて引っ張り出す傾向があります。それは視線

が集中していないからです。私たちは視界を使う時、中心のみを意識して、視野狭窄症のようになっていて、周辺視野のものは目に入っていません。

魚座の場合、そのぼんやり集中しない姿勢によって、この周辺視野にあるものも拾ってくるのです。結局それが、霊的なものも含むという意味になります。物質、非物質、現象界、霊的な世界。これらを含めて、大量の素材が集められ、これらを獅子座はすべて使ってもよいという話になります。創作にオカルト要素が入ってくる場合もあるかもしれません。夢幻的なものとは、視界がぼやけて、今ここにあるもの以外のものも入ってくるという意味です。夢やまぼろしとは今、ここにない幻想的な創作能力とか遊びと考えてもよいのではないでしょうか。

もし獅子座の勢力が魚座を凌駕するとしたら、魚座の視界をぼやけさせることで全部集めてくるという作用に、獅子座のエゴが働き、好みを出してくるので、偏りが発生します。獅子座に全部集めてくるにはまず主張をしないことというのが大切なのかもしれません。全部集めてくる前に、獅子座が主張を始めてしまうと、映画を最後まで見ないうちに感想を述べるようなもので、その後、全く違った展開になっていく可能性だってあるのです。ビュッフェのメニューを考える時に、自分は炭水化物が好きだからと炭水化物の比率を増やすような姿勢が出てくると、やはり偏りが出てくるでしょう。

133

150度はたいてい後天的に鍛える要素で、先天的に持っている資質ではないことが多いのではないでしょうか。それは無理して開発しなくてはならない要素で、ナチュラルに発揮するには何かと不自然なのです。魚座の中心性を持たない要素と、獅子座の常に中心的であるものを両立させる努力を後天的にしていくことになります。それは脳波のα波とβ波を意図的に切り替えるようなものかもしれませんが、やってみればできないことはないのです。

水瓶座は未来的です。この未来性は、水瓶座の空間軸にはこだわらないが、その分、時間軸にこだわるところからきています。これは未来性へ縛られていると考えてもよいでしょう。空間的には自由でも、過去から未来へという時間の流れから逃れることができません。魚座は、未来的とはいえ、古い時代のものも平気で取り出します。つまり時間の進行の一方性に縛られていないのです。そこで獅子座を演劇とみなした時に、未来的な演劇、例えばSF的なものは獅子座と水瓶座のセットと考えてみれば、時間の可逆性を持つものは獅子座と魚座のセットと考えてもよいかもしれません。

時代劇は、過去の時代を題材にしていますが、現代でも共通したようなテーマを持ち込みます。江戸時代の中に、現代サラリーマン社会を見たりはしません。そもそも日本は江戸時代からまだ先に進んでいないようにも見えてきます。魚座は、時間の差にこ

だわらないという点では、古い時代の中に、今の時代と同じ型を見ているというのは、魚座の姿勢と考えてもよいかもしれません。

魚座は味覚を表しているとズスマンはいいますが、食物の輪郭を舌の上で溶かす時、この輪郭とは空間的な輪郭もあれば、また時間の輪郭もあります。奈良に行くと、今でも奈良時代のものが残っているように感じるのは、時代の輪郭が曖昧になったあげくの話です。池波正太郎の物語のようなものは、魚座と獅子座のセットということになります。もちろん日本特有のローカルネタという点では山羊座が入ります。空間的に制限し、時間的に制限を取り外すと時代劇になるわけです。

獅子座は古くさくなっても自分ではそれに気がついていません。周囲のことを観察する視点が欠けているためにどこか古びてきます。しかし魚座は古い新しいを気にしないということで、頭の中身は今でも江戸時代の人が、江戸時代を題材にした時代劇を作るのは、とてもナチュラルなことのはずです。

〈乙女座〉と〈乙女座〉0度

サインはその性質が静止したままずっと変わりません。一つのサインはそのサインの性質のままずっと変わりません。しかし移

134

第1章 西洋占星術のホロスコープを読むのに必要な基本的な要素

動する惑星は、時間の流れの中で、新陳代謝とか変化を作り出します。とはいえ、惑星一つは惑星の性質を発揮するだけでは定性的で、金星はいつまでも金星の性質を発揮するだけです。ここで何か大きな変化があるとしたら、それは異なる惑星同士の交流で、アスペクトが作り出されることで、惑星の管轄する分野の中に、異なる惑星が管轄している内容に雪崩れ込んで、予想しないような変化が生じるのです。

そこで、この乙女座でのアスペクトは、乙女座という性質は変わらないのに、この乙女座的な活動の中で、何やかやの変化が起きているということになります。公転周期の遅い惑星はより深くより強い力を持ち、これが公転周期の速い天体に向かって滝から水が落ちるように流れていきます。

例えば、乙女座を細かい事務処理とか、一人で部屋でこまごまとした作業をしている姿だと想像すると、そこで何か忙しく取り組んでおり、そこに新陳代謝があり、何かエネルギーが燃やされていると考えます。乙女座は排他的なサインであり、魚座が集めてきたたくさんの素材のどれかに興味が集中し、他のものはあたかもなかったかのように影の領域に追いやります。木を見て森を見ずということを積極的に推進するのは乙女座です。

ですが、現代においては医療分野でさえ、特定の専門分野の人は他の専門分野のことを全く知らなかったりします。総合性ということを考慮に入れず細部にはまってしまうのは、

現代のすべての人の特徴です。この場合、細部にはまるのならば、その代わりに全体を統括してくれるものが必要で、乙女座はその人に依存します。依存しないと自分の細かい作業の楽しみを追求できなくなってしまうからです。

しかし現代は、この全体を統括する人は存在しないともいえます。この全体を統括する人は、かつては神に託されていたのかもしれないですが、現代では否定されています。ですから、全体としてどこに進むべきかわかっていない状態で走るので、文明はしばしば間違いを起こします。人間の思考力は外界に関心がないので、現実を無視して、暴走する傾向があります。結果的に、大量殺りく兵器などをうっかり作ってしまい、しかもそれを使用したりするのです。思考力の貧弱な動物は外界から孤立していないので、こういう暴走はできないでしょう。

乙女座は全体から分離して、個人の細かい領域に閉鎖していたようなものなので、この西欧の歴史そのものが乙女座的であると思えることがあります。乙女座は部分化するために対して排他的になったり、防衛的になったりします。その一方で、この細分化された個人を保護する力を発揮して、それが免疫的な力として機能します。

ヨーロッパの文化はかつて暗黒時代があり、いわば鎖国していたようなものなので、この西欧の歴史そのものが乙女座的であると思えることがあります。乙女座は部分化するために、排除したものは必ず影になり、そしていつか必ずこの影的に襲撃されるのです。それを避けるには、限定そのものを解

除するしかありません。しかしそれでは乙女座そのものが成立しないので、限定していることを自覚して、影がやってくることをあらかじめから想定すればよいでしょう。そのことだけでもかなり違います。

この合は、いったん細部に入ると、さらに細部に入る性質があります。2点間の落差によるエネルギーの運動があるので、乙女座の細部へという方向性に慣性が働いて、さらに細部に入ることになります。この乙女座の狭いところで忙しく活動する枠を脱線させてしまうのは、例えば射手座の90度などの関与です。綺麗に整頓した部屋も、暴れ者の子供がプロレスをして踏み荒らしてしまいます。これが乙女座の数度11度などであれば、いかなる例外も許さないようなコントロールマニアを作り出しますが、それに十分に対抗するやしの双子座の強い力が必要です。それでも最後には綺麗になってしまうとしたら、乙女座が勝利したのです。ですが壊れてしまった乙女座、すなわち16度から20度くらいの範囲のあらぬに関心を抱いて、用もないものを買い込むゴミ増やしの双子座か、荒らしまわる射手座か、捨てたゴミを逆流させる魚座か、天体ならば、決局整理することはできないままで、家の前に瓦礫の山が放置されているということもあるでしょう。そしてこの混乱の場の中で、何か細かいことを掘り下げている行為が続きます。ゴミ屋敷の中で、机の周りだけがやけに綺麗に整頓されているという場合もあるでしょう。

〈乙女座〉と〈蠍座〉60度

水と土は互いに協力し合って、こじんまりとした偶数のサイン、つまり女性サインであり、外に飛び出したり脱出したがる火と風とは反対の性質です。蟹座と乙女座は、主婦と勤め人のような組み合わせで、決して浮かない生き方を作り出しました。

蠍座は水・固定サインで、水のサインは常に結合を繰り返して、組織化、集団化に向かいます。たくさんの人を集めてこの人垣の頂点に立つのは蠍座の15度の人です。例えば、松下幸之助のように巨大企業の頂点に立つというのはこの度数です。水と土の元素が巨大化するとしたら、それは結合力によって、たくさんのものを集め固めてしまうことです。風と火は拡大原理ですが、それはこのたくさん集めて結合する性質がないので、集団社会を作りにくいのです。アフリカの原住民は極めてバラエティがありましたが、それぞればらばらであったために、集団化した西欧人がやってくると対抗することができず、たくさん奴隷として運ばれて行きました。一人ひとりは屈強で強いのに、集団化がなかったのです。

火と風のサインは、個人の自由と精神の拡大を求めて、この火や土のサインが作り出す人と人の結束から逃れようとするので、権力を手に入れることはそう多くはありません。権

136

力というのは、人が集まらないことにはできないのです。

蠍座は水・固定サインということもあり、多くの人を集めると強大な力になり、その支配力も極めて強くなります。この蠍座を企業とすると、社員のひとりは乙女座です。たくさん社員のいる巨大企業とは、乙女座をたくさんかき集めた蠍座です。

蠍座の権力の頂点は15度といいましたが、鷲が地に堕ちた姿だといわれています。蠍座の意味する生命感覚が、多くの人を集めることで凝縮されていくとやがては15度で、天のもとの場所にあるイーグルに回帰します。そのために人でできたうず高い山を構築するのです。

もし、このイーグル的な力が、全体を統率するパイロット波を作り出すことができれば、集団はよりよい方向に進む可能性もあるでしょう。しかしこのような集団化と頂点の権力によって支配されている世界は、自由主義的な世界観からすると邪悪な性質とも受け取れます。これを邪悪だとする見解は、蠍座に対して90度の水瓶座と獅子座から見たものです。権力構造がなく、それぞれの人が自由に発言する世界では、全体を統一的に運んでいく高次のパイロット波が働かない場合、国家や集団はどこに転んでいくか全く不明になり、その場その場でいきあたりばったりで進み、破壊的な結果を作るという可能性も高くなります。自由を主張しすぎるのも一つの狂信的な態度ですが、四つの元素のもとになる第五元素を

軸にすれば、この四つの元素の言い分の対立は調停できるでしょう。

たくさんの乙女座社員を集めて結束した蠍座企業が、営利目的を最後の決断の鍵とみなしていれば、集団はその方向に走るしかありません。バブル時代にある出版社の忘年会に行きましたが、管理職の挨拶で「売ることがすべてであり、どんな時でも内容のことを考えてはいけない、一瞬でも内容うんぬんを考えるのは間違ったことだ」と断定していました。すると多くの社員、つまり乙女座を表す人々はそのために毎日努力しなくてはなりません。というのも、乙女座は細部の仕事に集中するが、全体として自分がどこに向かっているのかを考えることがそう多くはないからです。

蠍座はしばしば死者との接触とか、外界との接点といわれています。なぜなら支配星の冥王星は太陽系の外との扉だからです。この接点を持ち、外界の、イーグル的な力と結びつきつつ、乙女座の労働がなされるのならば、それは意義ある働きにもなるでしょう。いずれにしても、蠍座の持つ野望が、乙女座の日々の仕事のあり方に反映されていくのです。

この異次元に突破する穴、折口信夫がいうようなマレビトの入り込む扉が蠍座の中に存在するとしたら、それは異常なまでに集中することによって、日常意識に割れ目を作り出し、そこに突破口を開くということです。この突破口まで行かな

137

くてはならない、現状の限界点を超えなくてはならないという意志が蠍座で働くと、結果的に乙女座は過剰労働を押しつけられるでしょう。蠍座と乙女座を死と医療というふうに考えることもできます。しかし、そもそも乙女座と蠍座の60度はおとなしいアスペクトなので、蠍座の天体の度数次第です。

乙女座を日々働くこととして、蠍座はその野望というふうにみなせば、ある野望のために日々働くことができる人になります。蠍座はときどき常識外れの領域に入ります。例えば、自然的に放置していれば悪い結果にしかならない状況の中では、自然性を捻じ曲げたり、突破したりする大胆な改革をしてしまう蠍座9度は、保守的な考え方の人からすると、してはならないことをしているように見えます。こうした突破力、改造力を持つ蠍座とリンクした乙女座は、実務的な面で、そういう力を持っている人ということになります。

〈乙女座〉と〈射手座〉 90度

私はいつもこのセットを、笑いを誘うものとしてとらえていました。なぜならば、乙女座は細かい管理をしていき、綺麗に整えようとするのですが、片方で射手座は土から離れていく火の元素であり、それは土から離れて上昇していく以上は、細かいことをどんどん構わなくなっていく性質を持つからです。とても精神的で形而上学的、哲学的な話をしている

時に、コーヒーのカップが皿の上に斜めに置かれていることが気になって仕方ないとか、細かい計画を立てて管理するつもりなのに、結果としてはアバウトなものになってしまったとか、几帳面な人の抜けた要素を強調するような組み合わせだからです。

私は、2013年に辛酸なめ子さんとの対談本『人間関係占星術講座』を出しましたが、その時に辛酸なめ子さんの乙女座太陽と射手座海王星の90度が、辛酸なめ子さんの芸風だといいました。それはスピリチュアルなことをしつつ、自分で細かい突っ込みを入れて落とすという運動がとても面白かったからです。

例えば、金星と月はよそ行きと普段着です。いつもは月ですが、しかし期待して夢を持つのは金星です。月が射手座にあり金星が乙女座にあると、細かい処理とか几帳面さに楽しさを感じます。しかし、地はずさんな面があり、乙女座要素はときどきしか発揮されていないというふうになることもあります。段取りを決めて、いざ実行の段になると、計画性がないに等しい状態になるのはいつものことです。

この柔軟サインのセットは、常に揺れ続け、決定的に決まった方針は作れないことが多いので、どのようなものも変化しますし、言ったこととやることが違うということも多いでしょうが、本人だけが自覚していないという場合もあります。射手座を思想、哲学、勉強だとして、乙女座を実務とします。

勉学を遮る実務性としては、アルバイトをしすぎて留年した人とか、火の元素と土の元素のそれぞれの都合を相手にぶつけ合います。ただ実用性を考慮した哲学というふうに考えてみると興味深いものがあります。

確かに、辛酸なめ子さんの本にしても、読者の側がスピリチュアルな内容に随分と入りやすい感じがするのは、乙女座の関与があるからです。乙女座は全体を見ないで細部に熱中します。全体を見るというのは、大きな労力が要求されます。ここからすると細部だけを見る姿勢は、小さなところで遊ぶという意味では強い集中力を必要とせず、一個人としてこなせる範囲にとどまる気楽さがあります。目に見えない世界を、あるいは抽象性の高い世界を、ささやかな個人の視点、あるいは小市民的視点で見ているということは、読者はそこに共感して、そこからお入りください、と書かれているようなものです。高尚な話をしている時に、突然ぎょっとする下世話な話に転じたりもします。

射手座は進級する学校のようで、どんどんと上昇し、グレードアップします。しかし乙女座は細かいところに視点を引き戻します。したがって、このセットは、上がったり落としたりを繰り返します。柔軟サインの90度は、その行為をいつ果てるともなく繰り返し、最後の最後まで何も決められないということもよくあります。この自問自答を果てしなく繰り返

す人もいて、そうすると、ずっと何時間でもしゃべっているという人もいます。

いずれにしても惑星の組み合わせによって、いろいろなイメージに変わり、また他のアスペクトなどとの兼ね合いでこのアスペクトの占める比率が変わったりもしますから、ここに書いている例のようなものばかりではないと思います。

《乙女座》と《山羊座》 120度

土のサイン同士で、ここでは柔軟サインと活動サインの組み合わせです。たいてい仕事というのは、ハウスでは2ハウスと6ハウスと10ハウスの三角形で読みます。これはサインではもともと牡牛座、乙女座、山羊座であったので、仕事とは土の元素の三角形であると考えることができます。仕事は形にしていき、そこから収入なども関係し、自分の立つ場所があり、そこで積極的に自発的に役割を果たします。

山羊座は活動サインで、これは均衡感覚にも入るということです。

例えば、何かの仕事の分野に取り組むということも、この特定の場所に立つという意味です。活動サインは受けに回ることではなく、誰かから言われて何かするというのは得意ではありません。活動サインは、たいてい受容性はないのです。

しかし乙女座は柔軟サインで、これは要求されたことに応える性質があるので、山羊座が社長で乙女座が社員のような

もので、この二つが自分の中に同居し、協力し合っているというようなアスペクトです。自分で考えたことが実作業として取り組むことができますし、それが楽しめる面もあるのです。乙女座は細かい作業などができますし、それが楽しめる面もあるのです。乙女座は細かい作業から要求されてこなすのではなく、自分の中にある山羊座から考え出し、それを受け取って自分がこなしていくという点では満足感は高いでしょう。

120度のアスペクトは刺激が少なく、変化もあまり大きくありません。というのも同じ元素で支え合うので、ここに例外的な要素とか異物的な面は入ってこないからです。しかし、不安で自信のない場合には、これは援助や励みになり、やったらやった分だけ順調に成果が手に入り、安定性があります。ここでは土の120度ですから、どのようなことも全部、見える成果にしていかなくてはならないと考えます。ただし、ここには牡牛座が欠けているので、仕事でもっと稼ごうという意識は少なくなります。山羊座は義務をこなしたりすることも多く、乙女座も能力で奉仕するという傾向があるということは、稼ぎたいから仕事にもっと熱中するという傾向は少ないことになります。

土のサインは基本的に保守的で、斬新な未来的なビジョンを打ち出すとか、特殊な能力を発揮するとかの傾向は強くありません。特に山羊座は、社会の現状から浮かないので、独自性をわざと減らす癖があります。独自性または突出した能

力は次の水瓶座にならないと発揮しません。

山羊座は10番目のサインで、この10という数字は外界に対してプレゼンするという傾向があり、それこそ、山羊座やその支配星の土星が持つ外郭、殻、城壁、皮膚などを外に露出した部分を持ちます。プレゼンするということは、外からの攻撃とか批判に強いということもあります。半面、これは型にはまったものにもなりがちということで、中身よりは形から整えるという面が強いことになります。突飛なはみ出し傾向は、やはり火と風の元素が加わることで出てくるので、この実務的な成果を上げるアスペクトとは別に、ところどころに火や風の元素のアスペクトがあるとよいでしょう。またイージーアスペクトとハードアスペクトが混在するとバラエティが出ます。

乙女座は細部の作業に熱中するという意味では、全体を見ることをしません。その結果、全体を統括できるようなものに依存する傾向になり、乙女座自身には独立性というものがあまりありません。しかし山羊座があれば、これは自発的で、直立しているものなので、それを補いますから、乙女座の依存性は自分に向けられており、このセットは自律的に細かいこともこなせるというアスペクトになるのです。

〈乙女座〉と〈水瓶座〉150度

土・柔軟サインと風・固定サインの組み合わせは、どちらが主となり、どちらが従になるかを考えてみるとよいでしょう。とはいえ、これはどのアスペクトでもそうですが、公転周期を考えて、遅い天体の方が意図を持ち、速い方はその表現手段になるか、もしくは運び屋になるということです。

これは占星術で考える太陽は、実際の太陽系の中心にある太陽で、サインという特質にも染まらず、動くこともなく太陽系の駒の軸であり、それは太陽系の中においては無絶対であるということになります。惑星が、どれほど公転周期が遅くても、この太陽の無時間性に比較すると、流転しているということになります。

惑星の話に戻りますと、公転周期の遅い天体は支配権を握り、またハウスやサインは、時間の循環の中で現れてくる順番を表しますから、サインの順番は、時間の流れの中での優位性を考える参考になります。乙女座の経験の方が先に現れてくるのです。

乙女座が実務的な作業を表し、全体を統括する視点ではなく、細分化された細かい作業の方に意識が向き、そこに夢中になる性質だとして、それが山羊座の下で行われるのならば、山羊座はローカルな特定の場の中にあって、乙女座に仕事を振っていることになります。どこかの具体的な場所に建てられた会社に行って、そこで仕事するというイメージです。風の固定サインは、特定の場に縛られることを嫌います。しかし水瓶座は、理念とか思想が土という限定された場にかぎらず、あらゆる場所に偏在することが土に染まりそうになるとそこから逃げ出そうとします。そこで、この水瓶座のどこにでも範囲を広げるという要素の管理の下で、乙女座の実務が機能することになります。

パソコンが一般化するにつれて、特に会社に来なくてもよいという風潮が強まった時代がありました。その頃に「ソーホー」とか「ノマド」という言葉が流行りました。不動産は高いので、会社の占有する面積を減らして、働く人はどこかのカフェをうろつくか、または自宅で取り組んでもらうなどして、それならば少しばかり給料を高くしても維持できるということです。会議はテレビ電話を使ってもよいのです。これは水瓶座的な色合いを帯びた乙女座作業だと思われます。水瓶座が乙女座を運ぶということです。

そうなるとその反対に、乙女座は水瓶座の要求や働きに応えなくてはならないということでもあり、自分の実務や働きが、どこでも通用するものでなくてはならないという条件をつけられます。

山羊座と乙女座であれば、ご当地的な特色に染まり、その場での特殊な癖も、また暗黙の了解的なやり口などがありま

すが、水瓶座の手にかかると、それら特有の場においての特色は土のサインらしい閉鎖性だとみなされ、否定される傾向が強まります。

私は今この原稿を朝の4時からハワイで書いています。しかし、黙っていれば誰にもわかりません。射手座は海外だとして、水瓶座は海外ということにかぎらず、特定の空間から自由になり、すべてを流通する風になることです。伝染病などが水瓶座の手にかかると、国とか地域の壁を超えて世界的に広がります。また水瓶座は現状の社会ではなく、未来的なものを表しますから、それらを踏まえた仕事、この場合では医療などを考えることになります。

水瓶座の未来性は、それが、その人の引き寄せたいビジョンからやってくるという点で、多くの人が想像して「こうなるであろう」というような未来の意味ではありません。

私は20代の頃、持ち運びのできるパソコンでどこでも仕事できるとしたらどんなに素晴らしいだろうと思っていましたが、今ではそれは誰もが実行しているありきたりのことです。カフェにいてノートパソコンで仕事をするということも当たり前になりましたが、私が実践していた頃は、多くの人が驚いて、見物に来て背後からじっと見ているということもあったのです。

ノマドワーキングは自然的にそうなったのではなく、そのようなやり方を好み、それを夢見た人が引き寄せたのです。

何の意図もなく、気がついたらこんな世の中になったということはありません。夢を引き寄せて、このイメージの中に乗り込んでいるのです。

水瓶座は、自分に行きたい未来のビジョンを引き寄せます。山羊座はこの未来に進むという視点はなく、現状の中で役割を果たすということが多くなります。山羊座は今を肯定しますが、水瓶座は今を否定するのです。このビジョンのもとに乙女座が働くということになるのでしょう。

水瓶座が特定の場所に居座ることを嫌い、あちこちに分散したり、流通したりするということを考えると、乙女座の実務があちこちに分散しやすいと思います。ネットを使ったりのもこのセットに入りやすいと思います。派遣業務のようなものもこのセットに入りやすいと思います。ネットを使ったりモート医療などもあるかもしれません。

〈乙女座〉と〈魚座〉180度

最後のサインである魚座は水・柔軟サインで、水は引き寄せ結合しますから、柔軟サインという特定の方針を持たず、どんどん多様化する性質からして、目に入るもの、思いつくものすべてを集めて結合しようとします。

魚座の1度の市場というシンボルは、どのようなものでも必ずあるお店のようなもので、家電量販店ならヨドバシカメラ、もっと広い範囲ならばドン・キホーテのような印象です。

142

この魚座が集めてきた、倉庫の中に大量に蓄積されたものの中のどれかに乙女座は興味を抱き、その1点に集中し、それ以外のものはなかったかのように影に追いやります。大きな自己というものがあり、それが七つに分割されて、小さな自己になったという発想であれば、この七つのうちの一つに乙女座は集中し、他の六つなど存在しないと考えるようになるのです。

特定の小さな自己を成り立たせるには、他の六つを否定しなくてはならないので、他の六つのどれかがやってくることは、今の小さな自己の崩壊につながります。追いやることで成り立っていたからです。つまり大きな自己に戻りたい人には影の人格の接近はよいことですが、今の小さな自己を維持したい人には、影の人格の接近は脅威になるのです。これは最も嫌っているものがやってくるということで、乙女座の体験プロセスでは、まずは自分が拡大しようとして、自我の識域で自分の逆像を見て恐怖に打たれる10度で予感的に始まり、次に16度で本格的にクラッシュが起こります。

特にこの16度とは魚座からの接近なのです。つまり魚座は何でも集めてきます。そしてその中のどれかに乙女座は熱中し、それ以外を外に廃棄します。廃棄されたものを魚座はまた持ち帰ってくるのです。乙女座が掃除して捨ててきたものを魚座は廃品回収場から拾ってきます。

乙女座は排他機能ですが、魚座はその反対です。あるいは

もっと話を極端にしてみれば、乙女座は土のサインで、目に見えるものを真、見えないものを偽とみなすとしたら、魚座はそれをひっくり返し、目に見えるものは思考の反映でしかなく、見えないものをひっくるめてリアリティとみなすことになります。ですから、乙女座が嫌うかもしれない、見えないものまたは見えない世界を強調するかもしれません。

このアスペクトの運動機能は、乙女座が限定された小さな自己に集中するとしたら、魚座はそれを別の小さな自己などに入れ替えることができるということです。つまり大きな自己を七つに分解したものがそれぞれ小さな自己だとすると、ABCDEFGまでの人格のうち、今使っているものがAだとして、それをBに差し替えたりすることもあります。人格Aに強く同化している人からすると、それは自分を押しやられることになり、乙女座から見た魚座は、無意識からものを持ち込んでくるのです。しかし魚座からすると、倉庫の中で一つの品物ばかり見ている乙女座を違うところに向かわせたいのです。

魚座も乙女座も柔軟サインなので、それは常に変化し、腰が据わるところはありません。そして乙女座がいる以上は、乙女座にとって安心立命はなく、常に影の中から、違うものを呼び出してくるのです。おそらくこの二つのみで孤立的に成立したアスペクトは少なく、違う天体がさらに違うアスペクトを加えているケースが多いと思われます。

この場合、このくるくる動く柔軟サインの不安定さは少しばかり緩和されることも多いはずです。ときどき、この２点のみのセットの人がいますが、乙女座を覆す魚座ということで、影の人格が経緯をしていた事例をいくつか見ました。その事例では、魚座土星で乙女座月だったのですが、私から見るとそれは結構危険な感じがしました。

しかし魚座と乙女座の度数が21度以後になってくると、裏腹な影の要素を十分に使いこなすので、こうした危険なケースは少なくなります。何といっても排他領域の11度から16度のあたりでは、他のものを見ないようにするので、この魚座と乙女座のシーソー運動は特徴が強くなるでしょうし、16度から20度までがわりに不穏な感じになりやすいでしょう。

〈天秤座〉と〈天秤座〉０度

天秤座は風・活動サインで、盛んに他人と交流する人も増えてきます。シュタイナー式だと天秤座は触覚を表し、宇宙から孤立した自覚を作り出します。自分は身体に閉じ込められ、宇宙の全体性からは追放されたのです。どこかに拡大しようにも壁にぶつかり、跳ね返されるのです。その結果として、天秤座の人は外界との交流を求め、扉を叩く行為をするのだといいます。自分が宇宙から孤立していないと思う人は、ことさら外界とか他者に交流を求めたりするこ

とはありません。

この天秤座の中で速度の落差のある二つの天体が合になると、それ自身の活発な活動が生じます。一つのサインの中で速度の違う天体が重なると、それは一つの駅の中で、速い電車と遅い電車が停止し、乗客が乗り換えをすることに似ています。

ある惑星が、特定の範囲の触覚的な作用を受け持つとしたら、これが違う種類のものに応用されます。例えば、天秤座に海王星のある世代は、この原稿を書いている時点ではだいたい60歳代が多いと思いますが、ここでは非物質的な触覚であり、見えないところにある種の手応えを感じるということになります。見えない死者を触るというようなイメージかもしれません。あるいは人間ではない天使的なものを実感するとか。そこに触覚、手応えがあるのです。

という意味ではなく、海王星的な触覚、実感が感じられないのです。霊的なセンスという狭い範囲ですから、もっと芸術的なセンスの上で発揮している人などもたくさんいると説明した方がよいかもしれません。

ここで金星が合になっていれば、この海王星の触覚をそのまま、名古屋で新幹線のぞみから近鉄電車に乗り換えるみたいに、金星に持ち込みます。金星は絵を描くことだとすると、金星の絵の中に持ち込まれ、見えない触覚は空気感として描かれることにもなるでしょう。この触覚的

144

な実感がそのまま、違う速度の惑星の表現形式にコンバートされるというのが、興味深いところではないでしょうか。

太陽と海王星の合の人をいくつか見たことがありますが、太陽は人生づくりですから、そこに海王星の持ち込んだ非物質的なイメージがそのまま重なり、この海王星の持ち込がその人の人生を動かします。合のアスペクトは影響が降り注ぐが、それを対象化していないケースもあるために、合のアスペクトの性質そのものからもたらされるものは、人に説明できないことも多いようです。この合に対して他のサインからのアスペクトがあれば、それはある程度対象化できます。夢を形にする人生の人というのは、太陽と海王星のアスペクトが多いと思いますが、合の場合には、海王星イメージがそのまま自分に重なるので、自分をカウボーイだと思い、いつも白いカウボーイハットを被っている男という例が紹介されていたことがありました。

天秤座は、触覚を意味しており、身体性に閉じ込められているという点では、自分を他人のように見ており、他人からどう見えるかをはっきりと認識できるので、天秤座にある天体は、その表現が明確でしっかりしたバランスを持つようになります。特徴がはっきり打ち出され、実った果実が秋に収穫され、その特質がはっきりとしており、流動的に違うものに変わったりすることはもうないということと同じで、この合も、見せられるものとしてくっきりとした特徴を持ってい

ます。自分が思っているだけで外面的にはわからない、ということが少ないということです。カウボーイだと思っている人は、そういう扮装をして、そういう帽子を被っているのでしょう。

〈天秤座〉と〈射手座〉60度

射手座は火・柔軟サインで、これは摩擦を起こしつつ、さまざまな衝突やもみ合いを繰り返しながら上昇していく性質です。射手座は学校のようなものも象徴しており、つまりは進級するようなものだと考え、定期的にグレードアップするのならば、この上昇していく、変化する火の性質が、天秤座に持ち込まれます。

天秤座はシュタイナー式には触覚を表し、それは外から見えるもの、見せるもの、明確な輪郭を持ったものなので、この表現がだんだんと磨かれていくことを示します。

そもそも天秤座は活動サインで、それはとても積極的な交流をしていくことを示します。そこに多様性を加えていくことになります。単純なイメージとして、射手座を外国人と考え、天秤座を社交と仮定すると、さまざまな外国人と関わるという印象で考えてみてもよいでしょう。あるいは天秤座をファッションとみなせば、輸入物のファッションでもあり

射手座の火はさまざまな異なるターゲットに入り込みます。いろいろな分野のことに興味を持ち、この中に入った時に、初めは慣れないのでおとなしくしています。しかし馴染んでくれば、この中で自分のいつものものが再生します。一芸に秀でた人は他のどの分野でも一定期間取り組めば、そこで習熟し、すべての中に自分が宿ることになるのです。

これが射手座の多様化の方法です。風の元素であれば双子座のように、外から見ているだけという姿勢になりますが、火の場合には、内側から外に広がります。この射手座式にさまざまなものへ応用的に入り込む都度、天秤座は外に見せられるようなはっきりとした特性を持つことを要求しますから、いろいろなものに取り組むたびに、その結果をはっきりと人に見せるところまでいかなくてはいけないという話になります。

また射手座を精神性とみなすこともできます。タロットカードの9番のカードは「隠者」ですが、射手座も9番目で、さまよう精神の火を表し、またシュタイナー式には運動感覚でもあるので、それは真実を求めて徘徊するという性質でもあるのです。今の自分の意識でははっきりと自覚していない

意図に向けて、身体がさまよいつつ歩み寄り、やがては少しずつ自覚に上がってきます。

この精神性が、それぞれ天秤座的な、はっきりとした象徴的な形として表現されることになります。天秤座の1度は蝶の標本というシンボルを持ち、抽象的な概念も、明確な標本的なイメージとして描かれることになります。天秤座にはグレードアップを、射手座にははっきりとした表現を与えるということです。例えば、ファッションにもそこに哲学がなくてはならないとすることです。まだ言葉にはされてはいないのですが、本当の意図がこめられて、この意図を表現するものでなくてはならないという考えです。射手座をスポーツとみなせば、見せることのできるスポーツにもなりやすいでしょう。最近は運動着も街中で見せられるものが増えてきました。

風と火の元素のセットは、たいてい火によって風の流れが活性化し、風は火を強めます。天秤座の11度から15度までは知的産業、学者、研究者などが多いのですが、天秤座の風の元素のアプローチと同じように哲学的、学術的な要素がある といわれている射手座の火の元素のアプローチはかなり違います。その二つをブレンドするので、このアスペクトはより公平さが高まります。

しかし、射手座が無闇にグレードアップしたがるのならば、つき合う相手をグレードアップしたいということにもなる

146

〈天秤座〉と〈山羊座〉 90度

天秤座は風・活動サインで、山羊座は土・活動サインです。このセットはとてもアクティブな性質を持ちます。天秤座は積極的に交流をして知的な関心を持ち、探究したり研究したりする要素が強いのです。

山羊座は自分の立っている場の中で、仕事などに積極的に取り組みます。土のサインである山羊座は、そもそも風を通さず、自分の利益ということに集中する要素があります。土のサインのイメージは山を思い浮かべるとよいでしょう。牡牛座は自然な山ですが、山羊座をピラミッドのような人工的な山と想像してみてもよいと思います。27度に山の巡礼というサビアンシンボルがありますが、これは努力して山を上昇することを表し、頂点に近づくにつれ風当たりも強くなりますが、社会的な地位を昇ることを示しています。頂上まで行くと、そこは見晴らしもよく、鳥が行き来しており、それはその地位に行かないかぎりは手に入らないよその山の情報なども手に入ります。社長になれば、それまでの社員の立場では見えてこない視界や情報が手に入るのです。山羊座は特定の場においての縦構造を表し、ここで風のサインのような横構造のものが入ってくると、この立場の上昇は妨げられる傾向があります。

つまり、このアスペクトは山羊座の土という閉鎖的な、自分のメリットを追求する性質に対して、よそ見するような傾向を天秤座が持ち込んでくるのです。90度は平面的にこの二つの力がぶつかるので、互いに邪魔しかしないという面があります。しかしここでも効果の時間差による推移、あるいは裏表の協力関係ということで考えるとよいでしょう。90度は元素が変わるので、それは変化、変革、転換などを表し、人生を変えたいという時には、この90度以外に期待できるものは存在しません。

天秤座はさまざまな人と交流をして、盛んに興味を抱き、調べたり情報を得たりして、見識が広くなります。天秤座の触覚は、人あるいはさまざまなものがみな形を表しています、それぞれの個性的な形という存在の境界線があることを意味しています。ですから、天秤座はこの差異性に関心を抱き、人との交流においても、みな考え方とか感じ方が違うのだということに興味津々です。天秤座が人のマネージメントをする時には、それぞれの人の個性を生かすということを重視します。

こうして見識を拡大しておいた上で、惑星が移動して、山羊座にやってくるのです。山羊座は蟹座と共に集団意識を示すサインであり、それは例えばたくさんの個性ある人が集まった会社のようなものを想像してもよいでしょう。た

さん人がいながら、会社としては一つです。そしてこれはピラミッドのような構造をしています。この場合、天秤座で興味を抱いていた、さまざまな人の個性の違いを重視しません。集団全体が重要なので、それを構成する一人ひとりについてはあまり関心を抱かないのです。

天秤座でスタートしたものは三つのリズムの発展、すなわち天秤座、蠍座、射手座と続く発展をした後に、山羊座でその流れが止まり、山羊座では新しい三つのリズムが始まります。その意味では、牡羊座で始まったものが蟹座で否定されるように、天秤座で始まったものは山羊座で4番目、すなわち死に体になるのです。

ですがこのサインの中にある、それぞれ三つのサインで構成された四つのリズムは、前の成果を定着させた後に新しい芽が出ることを表すので、天秤座で始まったものが定着し、もうそれ以上は発展させないという前提の上に立って山羊座の価値が生まれるので、個性ある人々が結束してピラミッドを作ったという条件で、初めて山羊座の活動がスタートできるのです。

山羊座の度量が大きいと、集団を構成するさまざまな人の可能性を生かした上で、それらをまとめた成果を追求します。度量の小さな山羊座であれば、このさまざまな人の個性を生かすことができなくなり、単純にそれぞれの人の個性や可能性を否定します。時には能力も押し潰します。

ある編集者がある執筆者に対して、「内容の個性は必要がない。誰が書いても同じになるような、純粋に事実だけを書いてほしい」という要求をしていたのを見たことがあります。ズスマンは、この説明の中で、山羊座の均衡感覚について説明しているのです。本当の意味で個性的なものは普遍性を持つということを述べています。反対にいうと、個性を通じてしか普遍性を持てないのです。

誰がやっても同じになるような内容では、実は形の上でのみ揃ってはいるが内容の伴わないものになってしまうのです。皮相的で無味乾燥なもので終始する内容は記事としても面白くありません。その編集者はこのことがわかっていないのです。これは未成長の山羊座と考えてもよいでしょう。たくさんの天秤座が取りこぼされます。

いろいろな特技や能力のある人をまとめることのできる山羊座があれば、これは非常に面白いものになるのです。全員を画一的にしていき、それぞれの特技や個性を否定し、同じような服を着て、同じ行動をするような会社はチャップリンの映画「モダン・タイムス」などでしか描かれません。

12サイン全体のバランスという意味では、集団的画一性がいきすぎると、今度は牡羊座、蟹座、天秤座の個人性が同じくらいに勢力を強めようとするので、結果的に、蟹座、山羊座の集団性は結束力も弱まります。12サインのバランスとは、つまりは全体としてはひずまない正確な円になろ

148

うとすることです。正確な円はスムーズに回りますが、でこぼこした車輪を持つ乗り物は上手く走らない馬車になります。

ここでは会社と社員という例えで説明しましたが、天秤座と山羊座は対立する性質があるのですが、同時に90度の位相差の関係で協力関係であり、互いに生かし合うということを意識してほしいと思います。天秤座で始まったものは4番目の墓場である山羊座で新しい可能性を発芽させます。そのためには天秤座は死ななくてはならないということです。90度を生かしつき合いには工夫が必要です。つまり、少なくとも複眼的な要素が必要なのです。

単純な組み合わせだと、例えば、業務に危機を招きかねないような、社外秘が漏れてしまうような対人関係を広げるというような意味も出てきます。会社の役に立たない人を連れてくるわけです。山羊座が天秤座を邪魔すると、立場上、公平なつき合いができないということです。

〈天秤座〉と〈水瓶座〉120度

風のサインの120度は互いを補強し合うので、スムーズな拡大力を発揮します。風は、興味が拡大することを表し、また全方位的に拡散します。風の流れに偏りとか方向性などを作り出していくのは土の元素です。これはビル風などを想像してみるとよいでしょう。両側をビルに囲まれた通りなど

では、風の勢いは異常になり、雨の日などでも、傘があっという間に折れたりします。

しかし風の元素同士の120度では、この流れの偏りは発生しにくいのです。天秤座は積極的に関心を抱き、さまざまな人の考え方の違いや個性に関心を抱きます。例えば、9度にアートギャラリーにある3人の画家の肖像というシンボルがありますが、それぞれの人の違いとか人生の違いが面白いのです。そういう違いの比較によって天秤座は知識を得るのです。比較によって知識を得るためには、たくさん題材がなくてはなりません。

水瓶座は、地域性を超えて広い範囲に拡大していく風であり、つまり天秤座の個性の違いが、実は、特定の地域にだけあるものでなく、同時多発的に、すなわち共時性を持って点在することを認識します。水瓶座の視点が関わった天秤座的な個性は、土という限定された場に立つのではなく、むしろ、根が天空にあり、それが時空に適用された時には同じものがあちこちに複製を生み出すことを認めます。天秤座はそれぞれ違いがあり、それがあちこちにあるというのです。

ということは、天秤座の個性的な要素は固有のものでなく、それは構造的なものなのです。日本には、昔、月にウサギが住むという話がありましたが、実は、アフリカにも全く同じ話があります。誰かが旅して、その話を伝えたというのが土

の元素の発想法です。土の元素ではグレートジャーニーをしなくてはならないのです。

空間の差異を乗り越えて、同じ夢を見るというのが水瓶座の言い分です。古代にも未来にも似たようなものが出てくるというのは、水瓶座からすると何の不思議もありません。土のサインであれば、これはここだけのもので他の場所にはなく、あるとしたら、誰かがそれを地を這っていったのだと考えます。ですから、今日の歴史観は、土の元素で作られているということです。しかしリモートヴューイングを実際に試したことがある人は、克明な映像を、そこに行かなくてもくっきりと見ることができるのを体験として実感するでしょう。異なる空間にあるものを見るのは水瓶座で、また異なる時代にあるものを見るのは魚座です。

天秤座の認識するさまざまな個性の違いや特徴の違い、バラエティある理解は、90度の山羊座の場所では一つのピラミッド構造の中に取り込まれます。しかし、次の120度関係の水瓶座では、この取り込まれたものを外に逃がして、世界中に散らばせていくのです。いろいろな個性ある人々、すなわち天秤座がネットワークを作り出すというイメージで考えてもよいでしょう。そしてこのネットワークではないのですが、しかしもの上には立っていないということです。さまざまな個性を認識する天秤座の場所に海王星があったりすると、これは物質的な面での個性の違いではないので、それらを統合化する水瓶座は見えないネットワークになります。

天秤座に金星がある場合、それはさまざまな個性のある陶器を想像してみましょう。これらが水瓶座によって地域を超えて広がっていくのです。現代であれば、インターネットで誰もがそれを見られる状況になっていると想像してもよいかもしれません。

この120度は閉じ込められていない特徴が強く出てきますが、それを商売にしたり、先ほどの例のさまざまな陶器を販売したりするためには、商売や利益は土のサインです。土のサインだけで成り立つと、それはお金の関与しない、交流で終始するものになります。風のサインだけで成り立つには、土のサインの関与が必要です。

このアスペクトを持ち、実際に、インターネットを使って出会いの場を提供するという会社を経営している人がいますが、風のサインだけでは集金できにくいのです。インターネットで行われるさまざまな試みは、たいていの場合、金銭授受に対して反発しているのだと考えるとよいのです。土が関与すると閉鎖的になり、ネットの拡大力は弱まります。そして金額を高くすることができます。

風の元素の情報の拡大力は、反対に土の元素の犠牲を要求するのです。無尽蔵の容量を無料に使えるなどというクラウドサービスなどは、風の元素の特質です。この風の元素の性

質にこだわりすぎると、旧来の利潤追求の企業の姿勢に対して反発心を強めるでしょう。

〈天秤座〉と〈魚座〉150度

150度は努力によって、なかなか結びつきにくいものを結合し、両立させることを示します。天秤座は風・活動サインで、積極的にさまざまなものに関心を抱き、このさまざまなものが差異性を持つことに興味津々になります。天秤座は触覚に関係し、これはさまざまな事物がその形、個性に閉じ込められていることを暗示するのです。触覚は外との境界線を作り出しているということです。

この天秤座と120度になる水瓶座のアスペクトでは、空間の差異を越えて普遍的に広がる方向に解き放つことを意味しました。同時に、さまざまな場所に、この個性が点在するということでもありました。日本にあるもので、インドに行っても、ハワイに行っても共通する構造のものがあります。水瓶座は空間性を乗り越えますが、しかし共時性の根を持ち、それを土壌にして育成されることを表します。

モーツァルトの太陽は水瓶座です。モーツァルトは場所を超えた友情としての組織フリーメーソンに入り、そこで生き延びることができました。フリーメーソンがなかったら、モーツァルトは生存できなかったでしょう。当時は教区によって

管理されていたので、教区から勝手に出ていったモーツァルトは、その土地の植物のように生きることを拒否した生き方です。これは地域性の持つ空間の超越、共時性の土壌に育つということです。

この水瓶座に比較すると、次の段階の魚座では、共時性の縛りからも解放されます。つまり空間的にも、時間的にも魚座は自由になります。

水瓶座ではあちこちの空間に同じものを見出しました。魚座では、あちこちの時代に同じものを見出すのです。魚座では、時間の違うところに発見されます。これは、生まれ変わりという概念を作り出します。水瓶座では違う場所に出現するのだとしたら、魚座では違う時代に出現するのです。

シュタイナーとかエドガー・ケイシーのような太陽の人が、転生を認めるのは、魚座は鋳型が異なる時代に出現することを認識するサインだからということもあります。生はいえ、誰の中にも魚座はどこかのハウスにあります。生まれた時に、魚座に惑星がないからといって、それが欠落しているわけではありません。12サインはすべての人が共有しているわけではありません。12サインはすべての人が活用しています。この魚座の、空間的にも時間的にも縛りをなくした状態というのは言い方を変えると、どこにも接点のない浮遊する、あてにならないものということ

でもあります。

占星術のサインや惑星の作用を十全に発揮している人はそう多くはありません。なぜなら、多くの人はこのサインとか惑星の作用よりも、まずは生理学的ロボットの要素に支配されて生きており、この機械の状態から、内面的、個性的な要素を引き出すには、肉体を凌駕する生命作用とでもいえるような努力が必要です。ですから、この魚座の非空間的、非時間的な要素をストレートに発揮している人もそう多くはないということです。

　占星術が当たる/当たらないという発想からすると、受け身に生きている場合には、生理学的ロボットの比率が高いので当たらない要素が強まるということです。なぜこのようなことを書いているのかというと、おそらく水瓶座と魚座という最後の二つのサインは超社会性なので、それを発揮するには、合意的現実に弱気であっては上手く発揮できないと思われるからです。人生経験が少ない人は、まだ合意的現実に従属する傾向が強いでしょう。すると山羊座の先には行きにくくなるのです。

　天秤座は個性の差異性を認めるサインであり、秋分点から始まりますから、これは育った作物を刈り取り、その特質を固めることを意味します。もう刈り取られたので、その後形を変えたり、さらに成長したりはしません。この既に完成した形のモデルは、魚座のアスペクトの関与によって、異なる

　時間の中のあちこちに現れるとみなします。

　つまり、時代を超えて続く個性や差異性などを見出すわけです。山羊座では特定の場所に閉じ込められましたが、水瓶座ではさまざまな空間に散らばり、魚座ではさまざまな時間や時代に点在するという違いで考えましょう。12サインとは、12の感覚を表します。そして感覚というのは、時空間の差異を作り出します。空間がめぐり、時間がめぐる中で、感覚は成立します。しかし12サインが終わってしまうと、この時間と空間の運動は静止します。そのため12サインの終了ポイントであり、あらたに12サインが始まる春分点では、時間も空間もない領域への接点が存在します。そして12サインは終わりに近づくと、この時間と空間の差異性というものがだんだんと曖昧になってきます。

　実は、12サインの時空の流れが止まると、もっとゆっくりとした大きな12の区画があり、これまでの12サインはそこにぶら下がったものなのですが、しかしこの12サインの世界から、この上位にある12サインに、あたかも時空間がないかのように見えます。大きすぎると、それはないかのように見えるというものです。

　12サインが終わりに近づきつつある魚座の段階で、できた作物、すなわちローカル色を脱色して、普遍化、元型化して、永遠性の中に投げ込まれる準備をしなくてはならないと考えてみましょう。それは環境が違う次の12サ

第 1 章 西洋占星術のホロスコープを読むのに必要な基本的な要素

インの中に投げ込まれるのです。異なる環境では何があるかわからないので、できるかぎり破損しない、堅牢な個性を形成する必要があります。そこで、魚座の30度もあるプロセスの中で、天秤座の果実は、水瓶座の段階で特定の地域から解き放たれた後に、物質的要素を少しずつ脱色し、象徴化されていきます。

その昔、水銀は永遠の生に関係するという伝説がありました。錬金術の物質の暗喩に水銀という言葉もあったくらいです。空海は毎日食べるご飯を一粒ずつ水銀に置き換えたといいます。水銀は永遠の生を得る薬ではなく、生体をだんだんと衰弱させ、狂わせ、殺していきます。この体内の水銀は人を狂気に追いやるので、散らすという言葉が生まれました。水銀が永遠の生を得るために、散歩という言葉へとシフトしていく努力の中で、生きた生体の部分を少しずつ抜き去っていく努力に使われたと考えてもよいのではないでしょうか。水銀は殺していきます。その間に、意識的に自分を象徴化、元型化していく努力が必要なのです。

あくまで例え話として、これは魚座のプロセスでもあると考えてもよいかもしれません。天秤座はどこかの畑の作物として、はっきりと形ができた。魚座では、このものの形の固有性を脱色して、エッセンスを固めて、非物質化された鋳型にしていくのです。それはどのような空間、時間でも通用するものでなくてはならないのです。天秤座の個性は、水瓶座

との関わりでは、異なる空間に同じものを見出しますが、魚座では異なる時間の中に同じものを見出すのではないですから、同時代性とか、一時的にはやる流行ものではないといえます。魚座の30度の段階で、それは岩のように密度の高い塊になって、そして異なる時空間の中に投げ込まれる世界は決まります。この固さ、永遠性の程度によって、投げ込まれる世界は決まります。東北地方でのみとか、太陽系内でしか生存できない、月の軌道の中でのみとか、太陽系内でしか生存できないもの、あるいはもっと大きな範囲でも分解しないで生存できるものなど、いろいろな範囲があります。

天秤座と魚座の150度は、150度が努力して手に入れるものという点で、天秤座の持つ個性的な果実を、特定の場所から解き放ち、汎用性の高いものにしていくというところで、反対に、さまざまな時代の中で、共通の個性を発見するということもあります。織田信長とそっくりなキャラクターが、象徴的に同じようなことを現代でやっているとしたら、これも天秤座・魚座の組み合わせパターンの一つとして考える材料になるのではないでしょうか。

魚座の腹の中で天秤座が運ばれていくということと、今度は、天秤座の中にある小さな魚座ということを考えてみましょう。個性がいろいろなものに反映されているということと、特定の個性が時代を超えて生き延びるという違いです。

魚座を起点にすると、天秤座は死の向こう側を表す8ハウ

153

の位置にあります。

天秤座は見ることのできるものとしてモデルというのがありますから、このモデルの基準が、時代性の中でなく、魂の元型的なものを形にしたような表現になることを目標にしているということで、興味深いものがあると思います。魚座の支配星の海王星が天秤座に入り込んだ世代の人は、このことをよく理解します。ときどき、命の短い普通の人の個性の中に、元型的な永遠性を見ます。とりあえず、それは象徴を特定の身体に張りつけたものなので、この身体が衰え死んでいくと象徴のみが中空に浮かぶことになります。それに投影するとは、なんでもないものを過大評価するということでもあるのです。この目的の人は、このように人を妄想的に見ているということです。

〈蠍座〉と〈蠍座〉0度

蠍座は水・固定サインで、水は結合性質、固定サインは継続という意味では、一度結合したターゲットとの関係が、その結合のそもそもの目的が達成されるまでは決して解除されないという性質を持っています。この目的が達成されるまでは決して解除されないというのは、蠍座側の一方的な方針ですが、ターゲットの側からすると中断の可能性はあります。水のサインである蠍座にとって天敵のようなサインは水瓶座です。水のサイ

ンの結合力に対して、分離というのは火か風のサインではあるのですが、獅子座の側はそんなに強い力を持っていないように思えます。それは順番としては蠍座が獅子座の後にあり、獅子座に対して、蠍座の力は後からやってきて結合する作用が働くということもあるのではないかと思います。その後に水瓶座がやってくるのです。したがって蠍座の異様に強い結合力があったとしても、水瓶座はそれを取り外す力を発揮することも多いのです。

自己の葛藤として、水瓶座とのスクェアを内蔵している人がいますが、その場合には、自分自身の中でこの結合と分離の衝動がぶつかります。そういうアスペクトがないということを大前提にして、この蠍座の合は、結合した後に、公転周期の違いがもたらす二つの天体の力の落差によって、水が高いところから低いところに落ちるように、蠍座自身の中で自律的な運動が働くということです。

例えば、海王星と火星の合の人がいるとします。海王星と火星の合はサイキックにも関係しやすいので、占い学校の生徒にはこのタイプの人がたくさんいます。海王星は非物質的な領域の印象を持ち込みます。とはいえ、海王星は太陽系の外の力を持ち込むことはありません。太陽系の外との扉は冥王星なのですが、海王星はむしろ太陽系の中の、自由時間性、つまり未来とか過去とかの記憶を持ち込むのです。特定の時間に縛られておらず自由時間性ということと、非物質性は密

第1章 西洋占星術のホロスコープを読むのに必要な基本的な要素

接な関係があります。物質的なものは、特定の時間空間の中にしか存在し得ないからです。

この太陽系の中の記憶域を比較的自由にアクセスできる海王星は、拾ってきたものを火星に落とします。するとマクロコスモスへの挑戦、すなわちいつもの日常で行っていることよりも、少し無理な範囲へ拡大するチャレンジをしていきます。いつもの日常ではない、少し無意識的な、非物質的な、時空間の境域を超えたエネルギーを持ち込む鍵になるのです。意識の落差のあるところでエネルギーが流れると働き、この落差がないと、意識そのものが眠ったままであるということからすると、この蠍座の中にある二つの天体の落差だけでも、単独で意識が働くということです。そして蠍座は死の彼方という意味もありますから、そこから海王星が持ち込んだ印象を、火星が蠍座らしく働くという条件の中でのみ持ち込みます。

いつもの日常の状態を続けているかぎりでは火星が蠍座らしく働くことはありません。火星は加速装置のようなものでそれはいつもスイッチが入っているわけではありません。いつもは太陽で、ときどき限界を少し超える範囲で、火星が働くのです。そしてこのいつもの太陽、少し無理をする火星という基準値は変わります。つまり火星が無理をしてチャレンジしていたことも繰り返すと、それは当たり前になり、そこで火星の作用ではなくなってくるのです。するとさらに火星

はそこから先に挑戦をしなくてはなりません。普通の状態では、火星と海王星の合は働きにくいということです。太陽と海王星ならば、常時働くといえるでしょう。なぜならば太陽はいつも前向きな努力だからです。太陽は前向きな努力をし続ける中でなら働きます。無意識に自動的に働くのは月・海王星で、この場合には、むしろぼうっとしているとか、自分を忘却している時に働きます。火星は少し無理なチャレンジをする時のみ働きます。

蠍座は、何か外部的なものに結びつき、その結合は当初の目的が果たされるまでは決して解約されません。というのとは、蠍座の印象活動は、この結合したターゲットから吸い出される何かです。蠍座は死の境界の彼方から持ち込むことを意味していますが、それは外部的な何かターゲットに張りつき、そこから取り入れることをそのものが、単独の個体から出される死の向こうのものを意味しているからです。ですから、ここでいう「死」とは象徴的なもので、例えば人格にとっての「死」などを表します。ただ、実際の肉体の「死」を表すこともあるので注意は必要です。

もしこれが人と人の関係だとすると、自分のパーソナリティを超えたものを相手に張りつき、吸い出します。蠍座がこのターゲットよりも大きい場合には、相手を引き寄せ、ターゲットの方が自分よりも大きい場合には、自分が相手に飲み込まれていくという違いが出てきます。

155

水のサインはすべて結合を意味するので、この対象と自分の大きさの違いを認識する必要はあるのではないかと思います。相手の方が大きすぎると、関わりすぎることは、自分が死ぬことを意味します。つまり飲み込まれたということです。私たちは毎日食事をしていますが、ここでは食べ物が自分よりも小さいので、それは体内で消化・吸収できます。ターゲットが大きすぎると私たちが食べ物になってしまいます。蠍座の中にある合は、何かターゲットに張りついて、そこから取り込んで、自律的な消化活動、印象活動が働くと考えましょう。そして自分とは違う外部のものと結びつくので、自分の人格的な形は、クラッシュするのが常なので、時には依存的すぎて、自分を保てない、いびつな人になることもあります。それは消化しきると、新しいバランスの獲得へと結びつきます。

吸い込んだものは、より速度の速い天体を運び屋にして、現象に現れてきます。あるいはより遅い天体が依存ターゲットのイメージを作り出し、速い天体が、そこにコバンザメのように張りついている側を物語ります。

蠍座での海王星と火星の合を思い出すと、この人は、乙女座に太陽があり、この火星・海王星は乙女座の太陽と60度でした。そのためサイキックな能力を使って、企業アドバイスをしていました。現実に多くの企業家が相談しにきていたのですが、日本では珍しいとしても、アメリカではこのよ

うな例は、かなり頻繁に見られます。海王星が非物質的な存在に張りつき、火星との落差で、そこに印象が作り出された印象が実務を意味する乙女座の太陽に伝達されます。

もしここで、蠍座には海王星のみがあり、それが乙女座の太陽と60度を作り出しているだけならば、蠍座で持ち込まれた印象は乙女座の太陽に伝わり夢の実現になるだけで、企業アドバイスとしてはやりにくいでしょう。前進し、行動し、開拓する。この野心的な火星の力が、乙女座に伝達されることがアドバイスになるのです。

〈蠍座〉と〈山羊座〉60度

時間の流れとしては、12サインは牡羊座から魚座へと回るので、蠍座から山羊座へと影響が回っていきます。一方で、時間の流れとは別の関係性、例えば空間的な配置としては、このアスペクトは、蠍座から山羊座へと流れていくとはかぎりません。二つの天体のうち、より公転周期の遅い側へと意図が流れていきます。もし、山羊座の方により遅い天体があれば、この山羊座の意図を実現するために、蠍座側の天体が働くということです。

いずれにしても共通しているのは、60度のアスペクトは、ここでは水と土の元素の協力関係として、お互いの持ってい

いてはいません。

　山羊座は冬至から始まるサインで、太陽が通過する時には12月21日前後の冬の時期で、乾いて固いもの、有機体や組織の硬い皮を表しています。しかし蠍座は、それぞれの組織の硬い殻がある場合には、この殻をいったんクラッシュして再構築します。これは蠍座の2度で、3度で共同の再構築があるのですが、2度も3度も蠍座の普遍的な性質を持っているので、どのような蠍座の天体の度数であるにしても、このプロセスを内包しています。そしてその後、山羊座は叩いても壊れない外壁を持つようになるのです。殻を壊して結合するという蠍座の性質からして、複数のものを結合した結果生まれた山羊座の複合組織ということも考えられます。いくつかの組織の殻を壊して接着剤でくっつけて、あらためて山羊座の殻を持たせる。

　蠍座の方が強く、山羊座がそれに従属している関係ならば、付属企業とか、ある組織が特定の場所に営業所を作っているような感じかもしれませんし、反対に山羊座の方が強い場合には、それに依存する蠍座の関連があることになります。山羊座の中の蠍座か、蠍座の中の山羊座かを公転周期の違いから考えてもよいのではないでしょうか。

　ただし時間の流れとしての順番としては、蠍座から山羊座へと流れていき、また、12サインの循環を一つまたいだかたちで、一つ目の12サインの中での山羊座から、2番目の12サ

るもので相手を助けるということです。私は個人的には120度の同質の元素のアスペクトよりは、60度の方に新鮮さとか力強さを感じます。それは異なる元素の交流だからです。

　山羊座は土・活動サインで、それは均衡感覚に関係し、自分の立っている場で活発に働いたり、地域に貢献したりします。明確に制限された時空間の場で、つまり「いま、ここ」で、役割を果たすということになります。仕事は2ハウス、6ハウス、10ハウスのセットですが、そのもとになる牡牛座、乙女座、山羊座という三つの土のサインに関係していますから、山羊座は目に見える結果を出すという業績に関係のあるものです。

　それは水・固定サインの蠍座と関わるので、何かとの密接な関係が維持されているところで働きます。この蠍座においての継続する関係性は契約の場合もありますし、協力して働いているという場合もあります。企業に所属するという場合もあるでしょう。いずれにしても山羊座の業績は単独ではなく、何か一緒というところで果たされるのです。

　たくさんの小金持ち（牡牛座）をかき集めて巨大資金を持つという意味では、銀行も蠍座の象徴の一つです。するとこれは銀行に支援されている企業のような印象のアスペクトです。蠍座は依存するということを表すサインなので、山羊座活動のために、何か依存するものがあることを表しています。運命共同体的な関係があり、山羊座は決して単独では動

インの蠍座へと関わった場合には、この12サインが拡大の方向に向かう螺旋だったか、それとも縮小の方向に向かう螺旋だったか、その違いもあるでしょう。

蟹座は弱肉強食のように小さな集団性を大きな集団性が飲み込みます。活動サインですから、その動きが止まることはありません。同じ集団性としての山羊座は、蟹座のように内的結合でなく、硬い殻を持って大きくなることを表していきます。組織として体面、看板、形は変わらないまま、蠍座が取り込んでいく力を発揮するのです。

乙女座と蠍座のセットは、集団的な権力とか結合力のもとに、たくさんの働き手としての乙女座が集合している姿を表していました。この蠍座を、山羊座が社会的な形の上でまとめてはっきりした形にしていくので、乙女座、蠍座、山羊座を全部組み合わせてしまうと、形、結束力、内部での働き能力が全部結合します。

〈蠍座〉と〈水瓶座〉90度

私が考えるところでは、この90度は、あらゆるアスペクトの中で最もハードなものです。そもそも固定サインはその安定性、執着心において、極めて強力です。その固定サイン同士で異なる利害で衝突します。一つは水で、これは結合すること、一緒にいること、一体化することです。もう一つは風で、

分離すること、拡大して、特定の場に限定されないことです。ですから、接着剤とその溶剤というふうに説明することもありますが、どちらの固定サインも、譲らないということがあります。そもそも90度は、片方を選ぶと、その反動でもう一つの勢力が力を強めてきます。片方を選ぶということをしてしまうと、必ず不安定になり、揺り戻しが起きます。ゆっくりとしたトランジット天体の動きに誘導されると、二つの生き方のうち一つを続けていると、数年してからトランジットでまたもっと速い天体に刺激されていれば、例えばトランジット月の推移で、1週間で形勢が逆転します。毎日の動きでは、アセンダントの推移で、6時間で形勢が逆転します。

このアスペクトは、どこかに出かけようとすると、門の前でそれを止めてくるというようなイメージで考えてもよいかもしれませんし、集中しようとすると、この感情の集中によって初めて実行できる密度の高いものを水瓶座がちりぢりにばらばらに分解してしまうということもあります。ある作家の場合、月が蠍座にあり、木星が水瓶座にあったのですが、蠍座の集中をいつも隣人が邪魔していました。というよりも、本人の中にこの両方が内蔵されており、その一方を他者に投影するので、隣人がうるさく騒いで夜中に眠れない家にいつも引っ越してしまうということになりました。家族の拘束が激しく、結婚できないとか、違う場所に住むのが許されないとか、反対に、水瓶座が強すぎて、密接な結びつきを無残に

158

壊してしまうなどいろいろです。

蠍座と水瓶座の力関係は、惑星の公転周期の違いなどによっても推理できます。また惑星の数の多さということもあります。蠍座に三つあって水瓶座に一つしかないのなら、当然蠍座の勢力の方が強いでしょう。

作家の例の場合、月は惑星よりも一つ次元が下で、惑星に従属するものなので、惑星に対して強い立場を主張することは不可能です。ですから水瓶座の木星に邪魔されっぱなしになると思います。とはいえ常時ではなく、いったん蠍座が落ち着いた場を確保した後に、水瓶座がやってくるのです。もし月と木星がこのアスペクトを持たないならば、それぞれ違う場を確保して、互いが干渉しないようにできますが、アスペクトは関係性ですから、蠍座の密室を確保したら、そこに水瓶座が入り込んでくるということになります。蠍座が確保しなければ、水瓶座はやってこないとも受け取れます。

ただ、90度のアスペクトは同じ平面で扱うと衝突し、時間差による推移であるか、あるいは同時的に見る時には、表と裏の90度位相差の関係で扱うと、互いに助け合うということになります。表向きは否定され、表裏の関係では協力関係という両方を使い分ける人もいます。多くの人前では否定しているふりをして、違う場所ではこの否定したはずのものに取り組むということもあります。

私は90度アスペクトをフルトランスのチャネリングとして

説明していたこともあります。aにスイッチを入れた時にはbは完全にオフになり、bに入れた時にはaはオフになります。アスペクトはあるので、情報は行き来しているのに、人格としては片方が見えてこないのです。

120度でも180度でもこの切り替えは起きません。まぁ0度では無意識に重なります。もし出生図に90度のアスペクトがあれば、それは扱いが難しく、しかし反対に、工夫しがいのあるものだと考えましょう。最後には、そこがもっと大切なのだと考えるようになります。

90度はとても面白いのです。人間は第五元素が本来の居場所であり、地上ではこれが四つの元素に分岐したのだと考えると、どれか一つの元素に占有されるよりは、それが違う元素に切り替わる瞬間を、一つの元素に固着した考え方から自由になるチャンスだとみなせるからです。切り替えの瞬間に意識の目覚めがあるということです。

どれか一つの元素が生きる理由になって、そこにしがみついている場合には、この90度は悲惨なことになります。例えば、ある相手と一体化していくのが心の支えになっているという場合には、それは蠍座へ大きく託していることになります。すると水瓶座はそれを引き離しにかかってくるでしょう。水瓶座は特定の関係、特定の場にじっとしてはならないからです。考え方として仲間になることはできます。しかし水のサインとしての情感的一体

化を水瓶座は認めないことになります。

出生図の中にこのアスペクトが内蔵されている場合、初めから一つの元素にしがみついてはならないという前提に生まれてきていることになります。片方でつかんだ時も、もう一つの手でそれを叩き落とすということを準備しています。四つの元素を統合化した第五元素的なところを重心にする以外に救いはないでしょうし、それを予定として組み込んで生まれてきたということになります。

蠍座の情感的集中を水瓶座は全く理解しませんから、蠍座が最もしてほしくないことを水瓶座はしてしまいます。トランシットの海王星が水瓶座を移動している時代、蠍座に天体が集中している人は、全く落ち着かない人生を歩んでいました。

〈蠍座〉と〈魚座〉１２０度

水のサイン同士の１２０度は親密度を高め、感情を深くし、相手に深く入り込みます。ここでは活動サインの蟹座がないので、自分から働きかける、つまり関係を作り出すということは少なくなります。

また水のサインの最後の魚座は柔軟サインで、これは固定的な関係を拡散させます。シュタイナーによると蠍座は生命感覚で、つまり蠍座はこの生命感覚が凝縮するほどに蠍座としての実感を感じ、何か他のものと深く結びつく場合も、相手から吸い込んだ力によってますます生命感覚が強まることを求めた効果なのだといえます。魚座は味覚を表し、これは舌の上に乗せた食べ物の輪郭を溶かしてそれと一体化することを表します。魚座がつぎつぎと新しい食べ物を食べていけば、そこで取り込んだ生命力は蠍座で結合して、生命感覚をますます強めます。

蠍座は特定の関係をずっと維持することですが、魚座は柔軟サインですから、維持ではありません。それに最後のサインですから、何でもかんでも集めてきます。イメージとしては、ブュッフェで知らない食べ物が置いてあっても、とりあえずそこにあるものは少量ずつ全部食べてみるということになります。固定サインの蠍座であれば選ぶ食べ物は決まっているかもしれませんが、魚座の場合には、好みに関係なしに、目に入ったものはみな皿に乗せることになるでしょう。

蠍座の支配星は冥王星ですが、蠍座と冥王星の関係を一度切り離した方がよいと思うこともあります。冥王星は太陽系の外との扉であり、太陽系の外のオールトの海からの新規なエネルギーを太陽系の中に持ち込みます。また反対に外に出ていくものもあります。

蠍座は深く一体化し、そのことでこれまでの人格の限界を突破していくものもあります。

蠍座は深く集中し、よそに目を向けることはありません。深く集中し、その先にあるものを引き寄せますから、この点では冥王

第1章　西洋占星術のホロスコープを読むのに必要な基本的な要素

星の外界との接点、蠍座の集中によって限界点を超えるということに共通点はあります。ですが冥王星の外界との接点というのは、特に集中という蠍座的な行為によってのみ作られるわけではありません。

蠍座の1度は満員のバスというシンボルです。また2度は割れた香水瓶ですが、満員で詰め込みすぎて、許容度を超えて、瓶（バス）が割れてしまうのです。生命感覚が圧縮され、それまでの古い人格の殻が対応しきれなくなるというコースの中で、真の接触が生じます。

もし、蠍座の支配星を冥王星と特定しなかった場合、魚座の支配星を海王星とするということもいったん考え直した方がよいかもしれません。蠍座は集中によって、魚座は拡散によって、その働きが成り立つのですが、冥王星や海王星とサインとの間には作用において微妙なギャップ感があるという面もあります。特に冥王星は蠍座の作用の埒外のものも多く含むという面もあります。

アスペクトの説明に戻りますと、蠍座は特定の関係を継続しますが、魚座はそれ以外のものも拾ってくるので、蠍座の切迫するような関係性の濃さを、薄めてしまったり、また範囲を広げて間口を大きくしたりするということもあります。

魚座の水は空気を含んだ薄い水で、それは雲とか霧とか、密度が少ないものです。蠍座の水はどんどん濃くなります。魚座はこの蠍座の濃さを薄めてしまうといえます。

水のサインが一体化、集めるというイメージであれば、蟹座の1度が船、蠍座の1度がバス、そして魚座の1度が市場です。船もバスも人が乗りますが、市場には、人だけでないものも集められます。魚座は、水瓶座のヒューマンなものだけを重視するという要素を過ぎた後に、特に人だけではなく、動物でもものでも何でもよいという傾向を持つので、集まるのは人だけでなく、動物やものを含む市場となるのです。固定サインの頑固さを柔軟に調整するという点では、この120度は蠍座の閉鎖性を緩和し、脱力させるともいえるでしょう。

ですが、ここに蟹座が関与していないのならば、特定の仲間だけで集まるファミリーは形成しにくいので、同質性の集合という蟹座的なカラーではなく、異質なものを結合してくるというバラエティが出てきます。蟹座は生きた家族で、魚座は死者、魚座は人間以外の妖怪という、かなり奇異な考えてみると、蠍座と魚座のセットは死者や妖怪とかざまなものが集まっていると考えるのです。これはたんなる例ですが、魚座はそういう異質性をどんどん取り込みます。魚座が何でも集めてくるという意味では、ここでは妖怪大百科というのは魚座のイメージでもあるのかもしれません。

161

固定サインと柔軟サインのセットでは、常に柔軟サインがオペラなどの激しさは水の元素の激しさで情感的なものです。ベートーヴェンの音楽には、この水の元素の情感的な要素というものが非常に少なく、純粋に射手座的です。他にベルリオーズなども参考になるでしょう。

射手座の合のアスペクトは、他のサインの力を借りないでこの射手座の本性そのものが発揮されることを意味します。たんに一つの惑星が射手座にあるというだけでは、サインの性質と惑星の性質がそのまま機械的に動いているだけですが、合になると、惑星の公転周期の違いによる落差で、遅い天体の意図が速い天体の運動の中に反映されていき、自律的な活動が生じるということになります。

また合というのは、ホロスコープの円を割らないので、意識が分割されておらず、明確な目標意識を持たないまま、それ自身が無意識に働いています。何か目標を抱き、ターゲットを持つ、前に進むという行為は円を二つに割って、方向性を作る180度のアスペクトの作用なので、この二分割が起こる前の合のアスペクトは、何のために、何に向かってというのがまだないのです。

ただし、合のアスペクトのみで孤立しているケースはかなり少ないので、他のアスペクトとの組み合わせで考えてください。合のみで孤立している場合には、目標を持たない単独でぐるぐると動いていると考えるのです。そしてトラ

〈射手座〉と〈射手座〉〇度

射手座は火・柔軟サインです。摩擦の火といわれ、火と火をぶつけて揺れていき、この中でだんだんと上昇していくという性質です。そこからスポーツとか、議論とか、戦いとかも射手座の性質になります。

一人でスポーツするなどというのは、このぶつかり合う火ではなく、自発的な火として牡羊座になり、またいつも同じ演技で見せるスポーツは、儀式的、継続的なので獅子座です。この摩擦しながら上昇するというのは、次第に向上するということもあり、また大地から離れて抽象化されていく、あるいは形而上学的・哲学的になっていくという傾向で、学校は進級しますが、あたかも進級するかのようにレベルを上げていくのです。

この射手座の揺れ動き、小さくなったり大きくなったりする火を理解するのに、例えば射手座に太陽以外にいくつかの天体を持つベートーヴェンの音楽を聴いてみるとよいと思います。どきどきするような扇動的な要素があり、この激しい変化はクラシックの音楽の中では希少です。クラシック音

シットや進行天体、あるいは他の人や組織との相性でもよいのですが、ここにアスペクトができると、そこに向かってエネルギーが流れていきます。

射手座のサインの初期度数の方は戦闘的で、若々しい青年的なものです。半ばは抽象的な哲学などが登場し、後半になると次第に次の山羊座を意識するようになり、精神活動には実際的な要素を含んだものになってきます。

柔軟サインは、分割されたマルチな方向に進むという傾向が強いのですが、射手座の火はいろいろな分野に分割されていったん入り込み、そこに合わせるために一度おとなしくなり、内部で馴染んでくると、そこで再生します。知らない分野でも取り組んでいるうちに馴染んできて、もともとの自分のやり口がそこで蘇ることになり、こうやって火が増えるということになります。

増えた火は共通の要素のものは類化され、この作業によって統合化が進み、上昇するということになります。いろいろな分野の中に分割されたが、それぞれの中で同じ鋳型同じものとみなされるのです。物質的な領域では、似たものがあっても、それは同じとみなされません。例えば、電気製品であれば、型番は同じですが製品はたくさんあります。このたくさんの製品の個別性ははっきりしています。ですが、精神的・哲学的なところではたくさん製品があっても、型番が同じな

らそれは一つのものとみなされます。射手座はたくさんのことに興味を持てば持つほど、これらを統合化していく性質が強まってきます。

一人で盛り上がり、一人でいろいろ考えていくことをイメージしてみましょう。射手座の精神活動は合のアスペクトのところで、ぐるぐると一人で回れるのです。例えば、12ハウスに射手座の何個かの惑星があり、これらが他の場所とアスペクトを持っていない人を知っていますが、一度も発表したことのない論文を書き続けています。この射手座グループに対して、トランジット天体が180度になった時、世間知らずなのでいきなり高すぎる目標のところに論文を送付することを思いつきました。とりあえず、それでも外に出たことになるので、トランジットの影響が消えないうちに、どんどん送ってみるとよいのです。

〈射手座〉と〈水瓶座〉 60度

火・柔軟サインの射手座と風・固定サインの水瓶座は、山羊座を包囲しています。山羊座が狭い岩場の上でも安定して立つことのできるヤギのように、特定の場所の中に立つ均衡感覚だとすると、この固まった場所の周囲を取り巻く火とか風のようなものだと考えてもよいでしょう。火は山羊座の土を活性化しようとしています。土はそれ自身では、盛り土のよ

163

うに置かれているだけで、それ自身が活性化しません。火がそこに入ることで、命が宿った物体として目覚めるのです。

一方で山羊座の後に来る水瓶座の風は、この特定の場所に置かれた盛り土のような物質性を持つ土の元素を風でかき回し、風化させ、広い範囲に散らばるようにしていきます。土の元素である山羊座に息を吹き込み、動くようにして、さらに特定の場所への固着から引き離すという点で、硬化した塊を柔らかくして、取り除くというような過程を連想させますが、それは射手座と水瓶座のセットから見た視点であり、反対に山羊座から見れば、山羊座という直立した座標を中心にして、そこに火と風という運動が生じていることになります。山羊座が十分に強ければ、この射手座と水瓶座は広がりを与えてくれる刺激材ですが、山羊座が弱い場合には、射手座と水瓶座によって山羊座は失われていきます。

具体的な活動性、社会性という点では、山羊座の場所性という軸がないのならば、この火と風の元素のサインが出てくる具体的な活動の場を失います。火は土を見つけず、風は土を見つけると、それをかき回します。

火の元素は、土の元素に近づこうとする本性を持ちます。射手座の16度に船の周りに集まるカモメのイメージを描写したサビアンシンボルがありますが、火・柔軟サインとは上空にあり、さらに分割されているという点で、ばらばらに飛ぶカモメです。それが船という一点に集合しようとするのは、

土という具体的な場があると、そこでまとめられるし、エサをもらえるからです。もちろんこの16度は、私のサビアンシンボル解釈で何度も述べているように、反対のサインの侵入であり、水に浮ぶ風の元素として双子座を意味していますが、同時に16度とはサインの折り返し点で、次のサインを志向する初めのきっかけでもあるので、そこに山羊座という土の元素も意識している面が含まれます。

四元素は、どの元素もそれ自身で単独に成立せず、またその立場を維持することもできません。山羊座の土の元素は、この射手座と水瓶座に取り囲まれて、別のものに変えられてしまうのです。土の元素の中に入る火の元素は、土の元素に意義を与えます。土の塊に命を吹き込むというのは、そこに精神性とか、意義、意味をもたらすということです。食べては寝ての繰り返す生き物がいるとすると、それ自身は土の元素の生き物のようなものです。そこに生きる意味などが出てくると、それは火の元素が入り込んだと考えてもよいのではないかと思います。

山羊座は蟹座と共に集団意識でもあるので、この集団が存在する特定の地域に、射手座は意味を与えていきます。そして次に水瓶座は、この火の入った山羊座を細かくすり潰し、粉状にしてあちこちに散らばらせます。これを書いている時、私はホノルルマラソンに参加するためにハワイに滞在していますが、ハワイには日系人のためのお店がたくさんあります。

164

第1章　西洋占星術のホロスコープを読むのに必要な基本的な要素

広島県人はハワイにたくさん移民しました。広島というローカル性の山羊座は、ハワイとかブラジルとかに分散することで、水瓶座化しました。

射手座という哲学性を持っていたキリストの教えは、山羊座で、特定の場でのキリストの活動になり、そしてその教えは使徒が受け継いで世界中に広がり、キリストの双子の兄弟といわれる聖トマスも、インドに布教に来て、そこで死にます。

射手座の水瓶座の60度は暗に、変則ヨッドとして、山羊座の同じ度数の場所を意識しています。この60度のアスペクトが17度でできていれば、山羊座の17度が変則ヨッドを作り出す場所で、ここに生まれつき天体がなくても、トランシットや進行、相性などで惑星が来れば、そこに射手座と水瓶座の60度の力が集合して命を吹き込み、風を引き起こしてかき回し、やがてばらばらにしていきます。しかし水瓶座は、そこから去ろうとしているのです。

例えば、射手座を学校とか勉強の場と考え、水瓶座は人が趣味で集まる場所と考えると、このセットは、勉強会として人が集まったところを想像させます。水瓶座は現状の社会に批判的でそれを否定する傾向が強いので、一般のアカデミックな学校とは10ハウスあるいは山羊座的な要素を批判しておらず、むしろ10ハウスに向かおうとしているので、実際の公的な大学とか研究の場所などを

表します。学生は卒業すると就職し、10ハウスに向かうのです。しかし11ハウスが関与し、11ハウスは10ハウスという保守的な社会に対して批判し、その欠陥を突くフリーの勉強会などをします。公的に認められているわけではないアンチな活動ですから、公的な学校組織などとは違う活動的に認められていることになるのです。シュタイナー教育などをしようとした時、それが日本の国家に認められていない場合にはこれは11ハウス活動であり、そこに学校を作ればそれは9ハウスと11ハウスの60度の意味となります。

射手座と水瓶座の60度は、ハウスのような形でなく、その実体です。中身はサインであり、形はハウスではあるからです。10ハウスや山羊座に息を吹き込みますが、それは社会の現場に満足することはなく、もっと未来の発展を想定しています。

水瓶座という未来ビジョンに支えられて、それを意識した射手座の活動があるので、射手座も次の山羊座に飲み込まれにくくなります。あるいはいったん飲み込まれても、すぐにそこから出てくるということです。例えば、英会話学校を作るとします。それは今日的な情勢から見て、企業や日本国民は英語を第二外国語にしようという動きがあるからです。これは山羊座のためであり、射手座は山羊座に向かっています。しかし水瓶座との60度を持った射手座は、企業とか日本のためというよりも、ハワイに移住した広島県人のように、日本

という山羊座から去る未来を意識しています。そのために英語を勉強しているともいえます。

私はあちこちの場所で占星術の講習会をしていますが、自分で主催するよりも主催者が企画して、そこに出かけていくことが多いのです。占星術という未来的なもの、11ハウス的であり、水瓶座的なものを学ぶ講習会としての9ハウス射手座は、現状の社会をそのまま受け入れ、そこに貢献するというよりは、未来を意識することが多いはずです。山羊座に迎合する射手座はただの学校ですが、水瓶座と関わる射手座は、社会の現状をそのまま受け入れるわけではない視点から勉強します。

〈射手座〉と〈魚座〉90度

柔軟サインの90度は、常に揺れ動くという特徴が強化されています。揺れ動くことが仕事などで生かされる場合には、その仕事の活動の中に、揺れ動きが吸収されます。毎日事件が起きて、休まることのない記者などであれば、この揺れ動きは楽しいでしょう。

魚座は12サインの最後の段階で、ここでは、これまでのあらゆる要素がすべて集められようとしています。人間としての個人は、どこかの場所・時間に限定されたかたちで存在し、当然この限定性は信念体系とか、考え方の偏りを作り出し

す。具体的にどこかの場所・時間にあるということそのものが、すでに存在の限定性であり、地域色に染まって、それ以外のものが見えてこなくなります。

魚座はこの表にあり、意識しているものも、また限定存在性によって、影になり、見えなくなっているものも含めて、全部拾ってこようとします。そこで総合力がない場合には一部しか実践できないので首尾一貫性がなく、長い目で見ると何一つまとまりのない人生を歩める可能性もあります。

射手座はこれから山羊座に向かうという点で、地域性とか限定的な場、時間性、つまり一時的にしか成立しないような ものに関心を抱いています。この一時的なものとは、例を挙げるとビジネス分野です。金銭的に収益を上げるということが第一の目的ではないにしても、金銭という概念そのものが、永遠性を持つものではなく一時的なものです。世の中で経済システムが長く続くか、長く続かないものなのかはともかく、それは人間の個体性としての限定性を意識した上でのみ成り立つものです。つまりあるところにお金は多くあり、そして違うところには少ないという差異もあります。

この物質的な場、つまり空間と時間があるところで、分布に偏りが生じるシステムそのもの、人間個体としてのエゴの利害と密接に関係し、それと切り離すことはできません。経済システムはそういうところで人工的に作り出された価値であり、自然的なものではありません。ビジネスをする人は

牡牛座の15度という頂点を目指すように、自分の土の元素的なメリットを追求しており、他の人ではなく、私のメリットということを意識します。そしてそこに支配され、そこに埋もれていきます。これが土の元素の本性です。

この土の元素の特定の場と特定の人に凝固していくような価値観に、射手座はこれから接近しようとします。ですから射手座は、この個体性の偏りを容認しています。この偏りに批判的で、この特有性の高い、この場所でしか通用しない価値を壊そうとしているのは風の水瓶座です。

魚座はあらゆる要素を全部かき集めようとしていて、山羊座の土の元素などに凝固的ではありません。山羊座を否定する水瓶座でなく、山羊座も含んで、そうでないものも集めるのです。つまり山羊座を批判している水瓶座も、取り込みます。そして魚座は山羊座に対して60度なので、ローカルな社会性に対して批判的でないばかりか、貢献する気もあります。ただ山羊座という社会性の視点からは見えてこない影の要素も、持ち込もうとします。それは山羊座と仲間の乙女座という土の元素を、その排他性を覆すようなかたちで傷つけます。

つまり山羊座に接近しようとする射手座が、今捨てようとしているものを魚座は拾ってくるということです。射手座のサビアンシンボルには後半で、太った少年という言葉が二度出てきますが、これは射手座の支配星が木星という太っ

体であるということの他に、山羊座に入るためには、余分な教養を持ちすぎているので、それをダイエットしているのです。

魚座は、ダイエットする必要はないといいます。山羊座に貢献するために余分なものを捨てて、山羊座に引っ越ししようとします。例えば、会社に就職すると、これまで学んでいたラテン語は全く必要がない。ラテン語の辞書などをまとめて捨てようとしていますが、魚座からすると、過去と未来の時間の差異は存在しないも同然なので、今の日本社会には必要がなくても、人間の携わった分野としてラテン語か資料を廃棄したゴミ箱も、それは魚座のフィールド(1度の市場)の中に置かれていたものだったのです。

堅太りの射手座は、魚座のぶよぶよ太りと、太っているということでは似ていますが、射手座の筋肉を鍛えている闘性は、適度に射手座のスポーツ精神や火の戦火が消えてしまう水のサインなので、特定の場所を鍛えるということもなく、そのまま膨張していきます。

タロットカードの小アルカナのカップのように、水の元素は土の器の中に入れられないと拡散します。しかし魚座の段階では、山羊座の土のカップは既に有効性がありません。魚座は山羊座と敵対しているわけではなく、山羊座の影の部分も、また山羊座そのものも取

り込みます。山羊座が影と見たところも取り込むので、結果として山羊座の器というものが成り立たないのです。

射手座は、未来の山羊座活動のためにはあまり役に立たないものを捨てますが、魚座はそれを捨てないという意味ではアカデミックな分野から取りこぼしたものも魚座は内包します。大学では教えないこととというのは、山羊座という限定された空間性・時間性の判断で行われたことなので、長い時代の中では、どんどん変更が加わります。10年前には扱わなかったものが、今では科目になっているということもあるのです。

魚座は過去から未来へという時間性から自由になり、自由時間性を持とうとするので、かつて扱われていたもの未来に扱うであろうもの、今扱われているものを均等に取り入れます。この斑になっていない取り込み方、緊張感の欠落した視線が、射手座の堅太りから、ぶよぶよ太りになっていく原因です。火を消して、水になっていくのです。

これは射手座の視点からすると、困ったものかもしれません。射手座が捨てようとしているものを魚座は捨てさせないからです。しかし惑星の公転周期として、射手座の方が強く魚座が弱いと射手座の主張が勝り、反対であれば、魚座の主張が勝ります。

古書店に行き、そこに悪魔学の本があるとします。射手座はやがて自分が赴く山羊座、今日的な日本社会の常識的な信

念体系からすると、見てはいけないものと判断するかもしれませんが、魚座は気にしません。この場合、射手座の方が強く、魚座がそれに対して少し弱い場合には、興味がありつつ、古書店の棚に置かれた悪魔学の本は手に取らないようにします。善悪というのは時代的な価値観であり、それは時代によって変化します。悪魔学を読んではいけない本と考えるのはずっと昔の話かもしれません。今では、漫画のネタ本として高額で売り買いされます。

魚座は射手座のカテゴリーを台無しにしてしまうかもしれず、このために射手座は防衛のため、筋肉を鍛えて戦っています。魚座を上手く受け入れた射手座は自分が扱う分野が広がります。

〈山羊座〉と〈山羊座〉0度

山羊座は土・活動サインで、ここで公転周期の速度差のある惑星が合になると、特定の場においての積極的な仕事、実業、地域活動など山羊座的な力の発揮を、それ自身で自律的に展開することになります。土の元素は、それ自身のメリットの中に閉じこもる性質があるという点から、限定された場所で、そこから出ないまま活動していることが強調されることにもなります。

山羊座は縦社会的な要素であり、それは横には伝わらず、

第1章　西洋占星術のホロスコープを読むのに必要な基本的な要素

縦に置かれた仕切りの中で、いわばブースの中で活動しているという感じです。といっても、周囲との関係を拒絶しているわけではなく、周囲との位置関係をはっきりさせているという意味での交流です。立場の違いを踏まえて関わろうということです。

マレーシアやハワイでは、他民族が共存していますが、あまり干渉しているように見えません。互いを重視しつつ、干渉しないようにして、隣り合わせに生きています。これが横で交流することになると、それは風の元素の協力が必要です。土は、もともとは風を通さないのです。土の元素は他には無関心です。

ターゲットとか目的を持って活動するのは、ホロスコープの円を投げる／投げられる場所に二分割する１８０度のアスペクトなので、合はまだ分割されておらず、目的地のないままに運動していることになりますが、実際のホロスコープでただ合のみのアスペクトは比較的特殊です。合だけならば、披露するつもりのない舞踏を一人でしているかのようです。

山羊座を地域においての伝統芸能のように考えてみると、山羊座の中で単独で働いていれば、それはなかなか風化しないはずです。ただ保守的なまま、新陳代謝はしないでしょう。山羊座という集団意識や共同体の中で、新陳代謝を自律的に行うのは、２５度の力です。どのサインでも２５度は、それ自身が腐敗しないように、適切に新しい影響を取り入れます。

マクロビオティックでは、土地のものを食べるのが一番健康に良いと主張していますが、この土地のものは牡牛座や山羊座の連合から想像できます。この合に他のサインの羊座という土の仕切りの中で、何かを加工すれば日本産と書いてもよいという話ですが、日本で加工すれば日本産と書いてもよいという話ですが、それが違うところに流れ出すというわけです。食品加工では、中国から来た原材料でも、日本で加工すれば日本産と書いてもよいという話ですが、山羊座の場所で十分に活性化した上で、それが違うところに流れ出すというわけです。エキスポートされるか、あるいはインポートされます。山羊座の力がその他のサインの惑星の力よりも弱く、山羊座が損なわれている場合には、虚偽の山羊座ということになるでしょう。

いずれにしても活動サインは本性としてじっとしていることはなく、常に何か活動しますから、山羊座の中で、この合は、山羊座という土の仕切りの中で、何か忙しく活動しているのです。惑星の公転周期の違いを時間レベルで考え、また山羊座というサイン中での合は空間的には同じとみなせず、空間的には同じ位置で、時間的にはいろいろと変化していることになります。

じっとしていてどこにも出かけていないのに、やたらに忙しく何かしているということを想像してみましょう。山羊座は直立しており、均衡感覚を表すので、よそに興味を持たないサインと思えます。よそに興味を持たない人がじっとして、それでいて忙しく何かしているのです。

169

〈山羊座〉と〈魚座〉 60度

ホロスコープは円形時間で作られた体系です。1日、1年、一生、さらにそれを超えた宇宙サイクルなどがみな円形になっていて、小さな円は大きな円の中に従属しています。そして大なる円と小なる円は構造がどこか似ていて、この円の中に春夏秋冬とか東西南北などの四つの力が内包され、さらにこの四つは、陰陽という二つの要素から成っています。

円形時間の特質は初めも終わりもなく、果てしなく回転するということです。人類はある時期からこの宇宙的なサイクル、法則から独立して、人類独自の法則の中で生きようと考えました。そのために、宇宙的なサイクルと微妙にずれた、ひずんだ体系の中で生活リズムを組み立てます。この生活リズムは、その前に何もなく、また後にも暗闇があるだけです。この人類の独立性を個人も模倣しますから、個人は生まれる前に存在せず、死後も存在しない直線時間の上に生きているということになります。

円形時間のシステムであるホロスコープの中で、直線時間に一番関係しやすいのは蟹座と山羊座を貫くラインです。十進法では、10の数字が最終的な完成地点を表します。そのため、10番目のサインである山羊座は、努力や達成の頂点を意味しており、直線時間的な価値観の中で生きる人間が最後に赴く場所です。これは社会的に高所にいることを意味してお

り、大人的・指導的な存在として立つことも意味します。

古代の出雲大社では、非常に高い階段が作られて、その頂上で神と接触しようとしたのかもしれません。一番高いところに行くと、そこで至高のものと接触するというイメージは直線的な空間意識あるいは直線的な時間意識では想像しやすいところです。下に大地があり上に天があるからです。生命の樹にしても図像的には頂点にケテルがあり、そこにより上位の次元が接触しています。

一方で、円形時間ではすべてが回転しており、一つの円の終わりが、その円の完成地点を表します。そしてこの最後の場所は、同じサイズとレベルの次の円へと接続されるか、あるいはこの次の円に接続する瞬間にもう一つ大きな円につながる、あるいは小さな円につながるという切り替えがあります。このチャンスを生かして、より大きな円に接触するというのは自然周期の中で、意識的な選択が可能な数少ない場所をインターバルといいますが、春分点は最大のインターバル地点です。これが春分点の意義であり、円の完成地点は魚座ということになります。

閉鎖された直線時間においての頂点は山羊座であり、円環時間の頂点は魚座にあります。そして、直線時間において山羊座は山の頂上という高所にいますが、円環時間の最終地点である魚座は、ここから降りた場所にあります。直線時間

第1章 西洋占星術のホロスコープを読むのに必要な基本的な要素

においては頂点の先に未来はないので、未来を考える時には、直線時間の価値観を捨てなくてはなりません。山羊座に至った人が、円環時間の中で脱出ポイントに向かうには、一度その立場から降りて、魚座に入る必要があります。これは禅の十牛図の第七図で、社会的に完成し、自己喪失する第八図に向かうことで、家を捨てて主客が溶け合い、家を持った第七図の人が、その家を捨てて主客が溶け合い、宇宙に開かれた唯一の扉である第九図に近づくことができるということとどこか似ています。魚座の意義は山羊座の社会的な価値観から見ると、高所よりも降りたところにあるのです。

山羊座は土のサインという意味では牡牛座と乙女座に連動しており、乙女座の受け持つ役割である、全体から一部を切り離し、この部分的な要素を排他的に育てることで個人というものが発達するということと密接に関係しています。土の元素とは限定なのです。この限定は光と影を作り出します。土の元素は影の方に押しやられた領域です。

一方で、水の元素は土の元素に水を混ぜていくことで、土の塊を溶かしていきます。魚座は、山羊座が山羊座の立場や地位を確立する上で捨ててきた影の要素を、あらためて取り上げます。そこで、山羊座という社会的な偏見、その地においてのみ通用するような一時的な価値観や時代性による偏りを、魚座は浄化するという役割を担っています。ただこの二つは60度の関係であるために協力的なのであり、魚座が乙女座に

対してするような、排除した影をそのまま逆流させてぶつけるような衝撃的なことをするわけではありません。山羊座が取りこぼした、というよりは、山羊座が成立するために取りこぼさざるを得なかったものを魚座が修正・浄化するという役割です。山羊座は特定の時間・空間において頂点に至ることですから、この限定性を持つかぎり、どんなに努力しても、必ず影と偏りが生まれます。山羊座は、限定されたものがあるがゆえに、それは有効期限があり、脱皮しなくてはならない周期があります。それは定期的に入れ替えなくてもよいかもしれません。この脱皮する時に、魚座が関与すると考えてもよいかもしれません。

シュタイナーの12感覚論では、魚座は味覚を表しており、個体としての食べ物を舌の上に乗せると、それは次第に溶かしていくのが魚座だと考えてもよいでしょう。硬い殻を表すのが山羊座で、それを舌で溶かしていくのが魚座だと考えてみるのもよいでしょう。蠍座が圧力をかけて噛み砕き、魚座が舌の上で溶かして混ぜると考えてもよいかもしれません。山羊座に対して、魚座は影から協力するというふうにイメージしてみることもできないわけではありませんが、魚座は影から影も光も含んだものを持ち、山羊座は社会に見える頂点の光の部分のみを取り上げていると見た方がより正確です。

例えば、日本ではなかなか想像しにくいのですが、海外

171

とかアメリカなどで、企業の経営者がサイキックに相談するというケースがあります。日本では、これはサイキックというよりは四柱推命のような占いを使うという例の方が多いでしょう。ある大手病院の院長が、毎朝朝礼のように、ある占いハウスの東洋占いの老人に電話して、患者に関するミーティングをしています。西洋占星術では心理占星術という分野がありますが、占星術の長年蓄積してきた技術からすると、心理学は歴史がなく、まだ子供段階の発達過程にあるので、ことさら心理占星術という方法論にしない方がより詳しく分析することができるでしょう。月は惑星と物質の間にあり、心理という領域から見ると深い眠りであり、心理という領域からこぼれてしまう要素をたくさん持っています。占星術では月を扱いますが、心理学では月のごく一部の性質しか扱えません。

この点で、占星術は心理学的なカゴの中には入りきらないのです。心理占星術という名前そのものが、山羊座に迎合した魚座という印象があります。それによって犠牲になるものもあるでしょう。

山羊座の側としては、社会的な合意的現実の考え方や、権威としての限定性の中に生きていなくてはならないので、表立ってはいわないけれど、魚座の協力があると、自分が見落としているものが見えてきます。冬至点から始まる山羊座は鈍く固いものなので、微妙なものが見えないのです。

日本の大学教授が、シュタイナー教育を日本で普及させようとした時に、シュタイナーの神秘学的な要素を戦前の教科書のようにたくさん黒塗りしていたのは、大学教授という射手座の要素と魚座の90度の対立でもあり、また権威主義という点では、山羊座を意識していることになります。シュタイナーはどこからどう見ても、徹底した魚座の本性を発揮した思想家です。そこに水瓶座、獅子座の壮大な宇宙論を加えたようなものです。

山羊座と魚座は60度なので、90度のような葛藤関係はありません。山羊座がその限定性によって必然的に活動の期限に限られていることから、ある日疲労して崩れた時に、それを魚座が引き取るということでもあるでしょう。山羊座は魚座から骨を拾ってもらい飴のように溶かされます。

〈水瓶座〉と〈水瓶座〉0度

水瓶座は風・固定サインです。固定サインは、いつまでも変わらないという性質があり、それはまさに想像を絶するほど頑固に見えることもあります。とはいえ、クオリティは活動・固定・柔軟の三つしかないので、3分の1もあるものを、想像も絶するほど頑固で稀有な性質であるということはできませんが、しかし何か特別な理由がないかぎり、固定サインは固定・維持することに対して絶対の自信を持っていると思

えるケースがたくさんあり、いつも驚くことが多いのです。

水瓶座の場合、風のサインで、それは思想や方針、理念などの維持力です。自分の考え方が現実と合わない時には、現実が間違っていると考える人もたくさんいますが、思想の分野ではそう珍しいことではありません。プラトンも、またカバラの思想も、現実はひずんだ不完全なものであり、現実の世界には現れていない理想のイデアや法則があるのだと主張しています。現状をそのまま受け入れるのが山羊座だと考えると、それは土の元素であり、この山羊座の考え方に対して水瓶座ははっきりと対立し、それを不完全なものであるというのです。そこに社会改革や政治改革、未来への変革という活動の根拠があります。

水瓶座はまだ手にしていない未来をビジョンとして所有しています。これは実際に手にしていないというよりも、ものではないが思想やビジョンとしてははっきりと所有しているのです。その支配力は非常に強いものです。誰の生活の中でも、未来のイメージは暗黙のものとして強い力を握っており、そこに向かって人は生きています。それが失われると誰も生きていくことはできません。

水瓶座においての合というのは、水瓶座自身の中で、高いところから低いところへ水が流れるように自立的に運動が成り立っており、なおかつ180度という分割がされていないので無意識的に行われており、それは土から遊離して、土に

対して批判的で、変わらず維持されています。そして固定サインらしく、時間が経過しても変わらず維持されています。水瓶座の人が自分に課す訓練とは非情さの訓練で、これは目の前で何が起きても、感情を揺さぶられないようにするという自己訓練です。目の前で何があっても変わらない自分を作るのです。合のアスペクトは、このアスペクトの活動において、現実から遊離しています。何か体験して思想が生まれるのでなく、まず思想の方が先にあるのです。

水瓶座の思想は現実を見て、それを批判しつつ生まれてくるのか、それとも、未来からやってきたビジョンによって育成されているのかというと、多くの人は現実に対する批判から生まれたと考えるかもしれませんが、現実に対する批判をしようという意志はあらかじめ存在する、こうあるべきという未来ビジョンがあって初めて成り立つのです。

四元素は、元は一つのものが分割して作られてきたもので、どれも独立的な働きではないという点では、土を粉にしてそしてやがて水に溶かされます。水瓶座の前には土の山羊座があり、水瓶座の次に水の魚座があります。水瓶座の持つビジョンに砕く時に、この砕き方に、水瓶座でそれは心の性質とか感情が発揮されます。定着すれば、魚座でそれは心の性質とか感情に沈着し、考えなくても働く心として機能します。

水瓶座が土あるいは現実から独立して働くという意味で、目の前の実情を見ないまま、ずっと同じ考え方をしている

ケースがあり、それが時に異常に見える例もあります。無関心に独立的に働くのならまだましですが、無関心に独立的に働くのならまだましですが、山羊座の土を粉々にしようとします。現実から遊離した未来のビジョンというものを前提に、山羊座を叩いて粉にしようとするので、それは今あるものから考えるのではなく、今ないものを基準にして、今あるものを壊すということです。これは正直恐ろしいものになることもあります。なぜなら人は理念によって多くの人を殺戮することもあり、歴史の中ではそれを繰り返してきたのです。

水瓶座は共時的な通信をします。これはサビアンシンボルでは5度の先祖委員会というところに描写されています。自分を取り巻く先祖というのは、言い換えると、共時的に共鳴するネットワークが成り立つということです。ここにプラトンの惑星グリッドの概念を入れてもよいでしょうし、あるいは渡辺豊和の縄文夢通信というイメージを入れてもよいでしょう。地球に網目が張られていて、ライン間では共鳴し、異なる地域で同じような意識が生起します。水瓶座の合のアスペクトは、他に関わるアスペクトが少ないほど、この天空からの受信をするようになります。

シュタイナーは、運動がaからbに動くが、それと反対の意図はbからaへ流れ込むといいました。つまり運動はこの意図に引っ張られて行われるのです。この意図を張り巡らせた網目があり、水瓶座は、物質的現実には存在しないビジョンをそこから引き出し、そして、その価値観をもとにして山羊座を砕こうとします。ですから、孤立した水瓶座は、その山羊座のように電波系で働きます。手にする本にも書いていないものを持ち込みます。

11度の自分のひらめきとは、グリッドから引き込んだものであるといえるのです。もし、この合のアスペクトが他のサインとのアスペクトも持つようになるほどに、それは迎合的で中和されたものになるでしょう。しかし獅子座とのアスペクトは、その劇的な欲求において、むしろこの水瓶座の衝動をもっと極端にします。

ワーグナーの音楽は、獅子座が夢見る永遠性ということを含んだトーンを持ち、ヒットラーはこのワーグナーの世界を現実の形にしようとして活動したといわれていますが、水瓶座に獅子座が関与すると、壮大で劇的な要素が多くなります。

《魚座》と《魚座》0度

魚座は水の柔軟サインで、水は引き寄せて結合させる性質で、柔軟サインは決まった方針がなく多方面に働きますから、結果としては目に入るものをすべて引き寄せようとします。12サインの最後ですから、最後のまとめということで、これまでのものを総合的に集めてこようとするのです。

174

例えば、人が死ぬ前に人生の全部を総合的に思い出すということと似ています。魚座の終わりには牡羊座とのつなぎめに春分点があり、それは12サインの切れ目です。そこに12サインという円から脱出する扉があり、そこからより大きな宇宙へ、あるいはより小さな宇宙へと移動可能です。この春分点が出入り口になり得るのは、ここで陰陽が中和されるからです。世界は陰陽で成り立ち、この陰陽分割が消え去った瞬間は、どこか特定のところにいないという状況になり、また活動も静止します。ということは意識も働かなくなり、空白状態になります。そのため、その直前に今後どうするかを意志的に決めておく必要があり、このことに無意識の場合にはこのまま次の12サインにシフトするのはその人の自然な発達段階に従って、そのポイント切り替えはその人の自然な発達段階に従って、必ずしも上昇するとはかぎらず、下降することもあります。

この春分点に向かって魚座は最後のまとめとして、12サインの経験のすべてをまとめてエッセンスを抽出しようとしますが、そこで未処理の解決していないテーマが残れば、それが次の12サインにシフトする時に、下の方の螺旋に入ろうとする原因を作ります。すべてをまとめてエッセンスを抽出しようとする時に、未解決の問題が残るというのは、イメージとして魚座の水・柔軟サインらしく、スープを作ろうとしますが、中にが残り、それが溶けてくれないということでしょう。塊は物質密度が高く、振動密度が低いので、これが重くのしかか

り、錨のような作用でこの12サインの循環の螺旋の傾斜角度を下に向けてしまうのです。

魚座の水は、空気を含んだ薄い水のようなもので、霧とか雲などに印象が似ています。水を感情と見た場合、感情はそれほど濃くないということになります。濃い場合には当然、特定のものに集中する感情となりますが、魚座のすべてを集めるという方針とは違った路線です。これが魚座に対して180度の関係にある乙女座の集中を意味します。視覚は視野狭窄症のように中心のみを意識化しているような行為と結びついています。アセンダントが魚座であれば見た目が魚座になりますが、この目線がくっきり何かを見ていないというのは、象徴的な姿勢ではなく、実際にそのように目線がぼんやりしている人が増えます。

鋭くくっきりした目線というのは、何かを集中して見ているが、それ以外は注意に入らないということなのです。乙女座は土のサインで、これは輪郭をくっきりさせてものの形をはっきりと認識します。土のサインに六角形の形で呼応する水のサインは、ものの明確な輪郭を滲ませる傾向が強いとい

えます。結合するためには、それぞれの個体の輪郭がはっきりとしている状態を溶かす必要があるからです。魚座は乙女座の視線集中を弛緩させようとしているのです。

私はオーラを見る練習会や講座をよくしているのですが、オーラを見るには、ものの形をはっきり見ないで、視野を特定のものに向けず、漠然とものともの周辺を見る練習をしてもらいます。オーラが見えるように練習するのでなく、オーラが見えないように日々努力している緊張、すなわち視線の集中を解くのが最初の課題です。これは乙女座から魚座へと姿勢を変えていくことなのです。

シュタイナーは事物から表象を引き離すという言い方をしますが、このシュタイナーの説明は魚座そのものの姿勢です。事物に視線を合わせるのでなく、表象に視線を合わせます。そのためには事物に対して集中しないこと、絵を見る時にも周辺の空気感も、絵の一部であると認識することです。そして事物とは土の元素を表し、表象とは水の元素に関係します。この土と水は六角形で、密接に癒着していると考えてもよいでしょう。

こうした魚座のうっすら希薄で、輪郭がはっきりしないような中で、二つの天体が合になると、その惑星は、特定の事物に集中したり、限定活動をしようとしているわけではなく、このうっすら希薄な表象的な作用の中での、自律的な運動をしていることになります。夢見の中で夢について考えているに似ています。

という状態です。

多くの人は、老年になると新しい体験を求めず、これまでの体験を思い出し、反芻して、この印象の持ち方を変えていきます。同じ素材から何度も栄養が取れるのです。

私たちは何か体験をしても、体験そのものを意識していません。体験に対する印象とか感じ方とか解釈を記憶しており、体験そのものについてはほとんど意識していません。ですから、過去の体験を思い出すたびにそれは加工され、解釈が変わり、違うものが見えてきたりもします。魚座は最後のサインなので、まるで死ぬ前の老人の段階のように、既に蓄積した記憶をそのように新しい体験を求めるよりは、魚座の合のアスペクトはそのように新しい体験を求めるよりは、既に蓄積した記憶をそのように新しい体験を求めるようなプロセスになります。

錬金術では、物質のエッセンスを取り出す必要があったので、千回の蒸留を繰り返します。この中で、良質な要素と粗雑な要素を分離しますが、それは生々しい体験記憶を繰り返し思い出して、再解釈することで、この中の良質な要素を引き出す行為です。この軽い心身を作り出します。この軽い心身ならば、春分点の穴を通過して上昇する時に、春分点の穴を通過する螺旋に乗ります。

もし、成分の中に荒くて重いものが一滴でも残っていれば、春分点の穴を通過する時に下の床に落ちます。工場で製品を選別する時に、軽いものは上に、重いものは下にという処理に似ています。

第1章　西洋占星術のホロスコープを読むのに必要な基本的な要素

魚座の合のアスペクトは、老人の回想のような新しい体験を求めてはいません。既に体験した記憶を、蒸留するための砂時計のような形の機械があって、二つの天体の間で、水滴が落ちているような光景であると考えます。

魚座のプロセスがすべて過去の回想のようなものに似ているとしたら、魚座の30度をさらに内部的に12に分類して、それぞれ2・5度ずつのセクトに分類できるかもしれません。

そもそも私はサビアンシンボルを考える時に、ルディアがサインを六分割して、虫⇨羊⇨人⇨虫⇨羊⇨人という三分節を二度トレースするという仕組みを取り上げていたことを重視していたので、12分割とは、それをさらに倍にしたもので、それほど違和感を感じません。

どのサインでも、サインの完成・結晶化は25度です（24・00度～24・99度まで）。その後、最後の5度は次のサインとの調整に活用されます。それは一つのサインをあたかも12サインであるかのように考えてみると、最後の5度は水瓶座と魚座に似ていて、この最後の二つのサインは、山羊座という社会的な自我の完成地点を通過した後で、水瓶座で空間的に解放し、魚座で時間的に自由にしていき、山羊座という特定の時空間の中で固く結晶化した要素を、次の12サインの循環（輪廻）に受け渡すために、次のサインとの接合部分の口金の調整のようなことをしているのです。つまり、特定の場でしか通用しないものは、死んだ後はお金を持っていけない

ように、移動させられません。ですから、それを抽象化して、どこにでも持っていけるような鋳型にして、そのまま春分点に送り込むわけです。

魚座の合のアスペクトはその度数によって、魚座の中の12区分の中のどのグループに属するかによって、どのサイン体験の記憶の回想・蒸留によるエッセンス化をしているのかを考えましょう。

0度～2.49度	魚座の中の牡羊座
2.5度～4.99度	魚座の中の牡牛座
5度～7.49度	魚座の中の双子座
7.5度～9.99度	魚座の中の蟹座
10度～12.49度	魚座の中の獅子座
12.5度～14.99度	魚座の中の乙女座
15度～17.49度	魚座の中の天秤座
17.5度～19.99度	魚座の中の蠍座
20度～22.49度	魚座の中の射手座
22.5度～24.99度	魚座の中の山羊座
25度～27.49度	魚座の中の水瓶座
27.5度～29.99度	魚座の中の魚座

これはすべて基本的には回想の蒸留過程で、新しく体験を求めてはいないと考えましょう。新しい実体験は荒すぎて、

8 惑星の役割の補遺

(1) 準惑星となった冥王星

冥王星は1930年に、クライド・トンボーによって発見されましたが、2006年8月の国際天文学連合（IAU）総会で準惑星指定になりました。その後、冥王星は小惑星の一覧の中に入ることになり、これまで惑星として扱われていた立場が変わりました。小惑星の中で最大サイズであったセレスなどと同じ扱いになったという面があります。

このことで占星術において冥王星の扱いが変わるのかといいうと、それは占星術を扱っている人の考え方次第です。私は、そもそも冥王星は他の惑星とは性質が違うので、準惑星になったことでむしろ冥王星らしさをもっと上手く解釈できるのではないかと思います。冥王星の影響力の強烈さは特筆すべきものがあるので、これを惑星でなくなったからといって除外するのは賢明なことではありません。

エドガー・ケイシーは、冥王星は太陽系の外として働いていると説明しています。冥王星の名前が決まるまでは、それを「セプティマス」と呼びましたが、冥王星という名前が決まってからは、冥王星という名前の言い方はしなくなっています。

太陽系の外との扉というのは、惑星としてはかなり矛盾した役割を持つことになります。というのも、太陽は大きな自己を象徴し、この内部分割によって、七つないしは10個までの小さな自己というものが作られるのです。プリズムの光が七色に分光するようなものです。この小さな自己としての惑星には、さらに一つ下の次元に同じように七つの月が発生します。この月は犬と例えてもよいので、姫の子供の犬の子たちのような印象で、まるで「南総里見八犬伝」のようです。地球においては、月は一つしかないので、

第1章　西洋占星術のホロスコープを読むのに必要な基本的な要素

地球の段階でこの一つのものは七つにという宇宙法則が打ち破られ、地球環境は人間には劣悪な環境にもなりました。宇宙的な道理が通らないからです。

太陽の自己分割の惑星は、それぞれ太陽の周りを回っているメリーゴーランドのようなものです。ここでは惑星は太陽に完全に依存しています。それは太陽の意志というおおもとの意図に従って生きるという意味です。しかしこれは閉鎖的な集まりのようなもので、取り巻きしかいないために外界との接点がなくなってしまいます。つまり太陽系の外との扉を担う惑星がなくなってしまっています。みんな太陽に寄り添い、太陽の意志に忠実に従うように活動しており、つまりは太陽の機嫌を取っている状態です。

太陽系の外からの影響を取り込むというのは、太陽の意向には忠実に従わないことを示します。太陽系の外とは反太陽の要素を持ちます。それは取り込みすぎると太陽の死を小出しに取り込むと逆に太陽の力を増すきっかけとか、また新しい栄養にもなります。この役割で、冥王星は離心率が過剰に強まり、ゆがんだ軌道を持つ天体として働く必要があるのではないでしょうか。離心率という言葉が表すように、太陽に対して心が離れて、ちょっと裏切り者になるのです。

エジプト時代には太陽神信仰と星信仰という二つの流派が対立していました。ギリシャ以後は、純粋に私たちは太陽神信仰となりました。これは宗教の話ですが、私たちはある意

味、宗教の信念体系の中で生きています。夜には、空にたくさんの恒星が輝いていますが、朝に太陽が昇ると、あまりにも太陽の光が強すぎて、この背後にある恒星は何一つ見えなくなります。

太陽神信仰とは、このたくさんの星の中で、むしろ、この輝く太陽系の中心の太陽が世界を支配しているという考え方です。これは一つの考え方で世界は統一されるべきであり、恒星のような種々の個性的な生き方は、太陽の光に隠されて見えなくなったということなのです。科学も同じ見解にならなくてはならない、常に回答は一つでなくてはならないという姿勢において、太陽神信仰で、知恵というよりは信仰です。一つの現象に対してたくさんの解釈があり、そのどれでもよいという姿勢が星信仰だといえます。今日それはあまり許されないことですし、日本は民主主義ですが、しかし実質社会主義のような傾向もあり、日本ではさらに異なる考え方を許容するような人は少ないのです。

冥王星は、この太陽神信仰のような姿勢に対して、異物を持ち込む役割があります。太陽に従っているのは、その一つ内側の海王星までです。海王星は、太陽系内のすべての過去から未来にわたる記憶を蓄積しています。海王星は太陽の軸に従うので、それは内部的なものです。太陽系の思い出アルバム帳みたいなものでしょうか。

冥王星はときどき太陽系の外から異物を持ち込みますが、

179

この異物は、太陽系の内部にある記憶と照合して、つまり海王星が持っているものと突き合わせ、類似したものであれば、外部から持ち込まれたものは消化されます。しかし類似がない場合には、それは消化されないですし、もしそれでも取り込んだ場合には有機体の危機をもたらします。

未開民族が、ある日、ステルス戦闘機を見たらそれを鳥に分類するかもしれません。そこでこのステルスのイメージが認識されて、消化されます。しかしどれにも該当しない場合には、心理体系の中に納まらないので、そこに傷が残ったままになり、やがて傷は拡大して、有機体の生存が継続できなくなります。

海王星は集団意識においての既知の記憶です。そして冥王星は未知のものを持ち込みます。海王星も冥王星も、公転周期は、人間の寿命の数倍ありますから、これらの象徴的な表現としては、人の形をしていないもので、それは筒とか龍のような形をしているとみてもよいでしょう。

昔から龍神伝説はありますが、これらは人の寿命を超えたものを表す時の表現です。1999年、冥王星が射手座の9度にある時に私に大きな黒い怪物が飛んできて、「自分があなたの母親だ」といったのを今でも鮮明に記憶しており、それをさまざまな本に書きましたが、集団記憶として多くの人が類似体験をしていることを確認しました。射手座の9度のサビアンシンボルは、母親に導かれて幼児

が急な階段を上がるというものです。つまり、母親というイメージは、幼児としての私を上から導く母親のイメージとして出現したのです。ここで急な階段とは、その時に、数の原理によってタロットカードを説明する本を書いていたことに関係します。カバラでは、神への階段をヤコブが夢で見た階段になぞらえて「ヤコブの梯子」と呼んでいます。私はヤコブの梯子の上から私を引っ張ろうとしている存在と接触したということになります。

この場合、黒い龍のような怪物というのは、正確な表現ではないでしょう。それはもっと別な形をしているものかもしれません。私の記憶の中にある辞書では、それを表現するのに最も近いものが黒い龍のような怪物だということなのです。この場合、海王星のイメージ倉庫の中にあるものとしては、古来より多くの人は龍神のイメージを見てきました。ですから、海王星の集団的な既知の記憶の倉庫から引き出すと、それは龍神のような形になります。しかし実体は、この太陽系の中に住んでいる存在ではなかったので、それは冥王星に乗ってやってきたのです。その存在は冥王星を表すのではなく、冥王星に乗ってきたのです。冥王星が太陽系の外との懸け橋だからです。

ズスマンの「ほら、いまお父さんが車から出てきたんだね」という文章は、お父さんを意識として車を脳とした時、脳科学では、リンデマンのよう

に、意識は脳が作り出しているという説がありますから、ズスマンはそういう考え方を批判しているのです。

私のところに来た、冥王星に乗って外から来ました。しかし冥王星ではないのです。「お母さんは冥王星から出てきた、やっぱりお母さんは冥王星なんだね」とはいえないのです。

射手座の9度は、私のホロスコープでは9ハウスにあります。ですからそれは思想の形態でやってきたともいえますし、また9ハウスは学校の進級の場所、サビアンシンボルでは9度で幼児が階段を上がり、次に10度では金髪の女神の演劇的な表現ということで、宝塚の演劇のように鳴り物入りで降りてきます。なので、急な階段の場所でもあり、母親の助けを借りて、今までは違う場所に上がったともいえます。

この9ハウスのもとになる射手座は火・柔軟サインなので、上昇する性質があり、サビアンシンボルでは9度で幼児が階段を上がり、次に10度では金髪の女神の演劇的な表現ということで、宝塚の演劇のように鳴り物入りで降りてきます。

黒い怪物の姿は海王星の記憶庫から借りてきました。しかしそれで完全に既知の集団記憶に納まらない面もあり、それは海王星と冥王星は等価ではないからです。この黒い母親が来た時、冥王星は海王星の軌道の外に戻りました。それまで20年間は海王星の方が、冥王星よりも外にあったのです。この交換は定期的に生じます。冥王星の軌道が海王星の外側に戻る時、それは太陽系内部にあるものを外に放出し、またコースが逆に見えますが、太陽系の外にあるものが、冥

王星と海王星の軌道が接触している軌道枠に入り込んできます。つまり冥王星の軌道が内側に入るのであれ、外に戻るのであれ、海王星の軌道と重なる時に出入り口がより大きく開きやすいのです。海王星のサポートによって、冥王星は太陽系の中にかなり稀有なものを持ち込む機会を得るのです。

大きな自己としての太陽を分割した全惑星は、水星から冥王星まで数えると九つですが、冥王星を惑星の仲間から外してみれば惑星は八つとなり、この惑星グループに対して、異なる階層のコスモスとのつなぎは、水星の内側には月で海王星の外側には冥王星となります。

カバラの生命の樹で、頂点にあるケテルは冥王星を当てはめるのが正しいでしょう。ケテルは異なる上位の階層のコスモスとのつなぎ（インターバル）だからです。下の扉はイェソド、月です。月は物質とのつなぎとして働きます。それは惑星という意識からするとどんよりと眠っていて、より物質密度の濃いもので、実は心理占星術というカテゴリーでは扱えません。心理占星術は月の作用のかなりの部分を取りこぼしてしまうと思います。月は心理とか感情とかまた物質として扱うにはは振動の水準が低すぎるのです。昏睡の果てにこれない要素を含んでいます。それは濃い気、物質直前ものということができますが、心理面では完全な昏睡で、心理のとして扱うには振動の水準が低すぎるのです。昏睡の果てに外部に吐き出したものを物質というのです。

黒い母親がやって来た時、もしこの母親との接点を持つと

181

月が確実に破損すると思いました。地球には月が一つしかなく、本来七つなくてはならない月が全部受け持とうするので、許容度が極端に小さく、冥王星からの未知の影響を持ち込むと、より下位の月の記憶の中では矛盾が発生し、月がその役割をカバー仕切れないのです。

一つしかない月を持って生きるという地球生活においては、反対に冥王星が太陽系の外から新しい栄養を持ち込むことを封印しなくてはならないという条件が生まれます。許容度が極端に小さいというのは、例えば本来は七つの色であるべきなのが、一つの色だけを与えられて、それを自分と同一視するような人間観を持つことです。

月が私的な要素だとすると、一人の人間は、もともとは7種類の私的な要素を統合化したようなものが本来だったのです。おそらくそうすると、同じ構造が上にも下にも適用されるので、私たちは全惑星を統合化した、太陽としての自分をもっとスムーズに意識できたでしょう。しかし月が一つだったので、同じ構造で私たちは惑星の一つを自分と同一視つまり月は私たちを地球につなぎとめる結束バンドとしての役割を認識するためには、同時に月の問題を解決しなくてはならないといえます。月が強すぎる、すなわちエゴ

冥王星の影響をもっと積極的に生かし、太陽系の外との扉

が強すぎると、それは冥王星の作用が働くことで、強く傷つくのです。人格は重すぎてもいけないですが、月は人格を重くします。数が足りないと重くなるのです。誰でもどこかのサイン、どこかのハウスに冥王星があり、冥王星とアスペクトを持つ惑星は、その影響をより具体的な生活の中に持ち込むための懸け橋となります。そこには太陽系の外から持ち込んだ「定義されていない」未知のエネルギーとの接点が作り出されます。冥王星がエネルギーなのではなく、冥王星が乗り物として働くのです。お父さんは車に乗っており、冥王星が車ではありません。

これを消化して活力に変換するには、海王星の仲介が必要で、それは太陽系の中の、過去から未来にわたってのすべての可能性を点検した上で、最短距離にある類似イメージを見つけ出すことです。これは昔食べたことがある。こういうのならば食することができます。しかし、昔食べたことがあるのでなく、食べたことがあるものにどこか似ているというわけです。

海王星の作用は集団意識において既知のものであり、それは個人においては未知、無意識ということもあります。月は個人としての既知の記憶を表します。それを無意識に自動的に引き出しています。月の無意識の行動というのは、例えば毎日歯を磨いているとします。すると毎日繰り返している結果、ある日ぼうっと考え事をしている時も、気がつくと、自

182

分が歯を磨いていることを発見します。つまり繰り返されたものは刻印され、それをオートマティックにトレースします。これが月の作用であり、つまり既知の記憶をもとにして、オートマティックに再現するのですから、もしここで冥王星が外から持ち込んだ影響があると、それは集団意識においての未知でもあるので、個人的にはさらに未知のものを含み、月の滑らかな動きを止めてしまい、月は仮死状態になります。

出生図の例でいえば、月・海王星のアスペクトは、夢遊病のように行為しても、それは集団意識においての既知でもあり、記憶喪失の酔っ払いもちゃんと帰宅します。しかし月・冥王星は、月の持つリズムを断絶させてしまうので、そこで自己喪失を起こしがちです。連綿としたイメージの流れではなく、このイメージの流れを中断し、そこに異物を持ち込みます。時には整理されたファイルがぶちまけられたように、時系列が狂い、当てはめる言葉がないものに対して、さまざまな思いつきを当てはめ、それでも決して当てはまるものがないので、感情が乱れます。

心理学などでできなさまざまな症状に名前をつけますが、この冥王星が持ち込むものは、このカテゴリーに入らないものかもしれません。その場合、一番類似したものの名前をつけるでしょうが、正確には同じではないのです。それはまるで冥王星と海王星の軌道のようなものです。JBLのスピーカーのネジ

が壊れた時に、東急ハンズで類似のサイズのネジを何種類か買ってきたけれど、ピッチがどれも合わなかったというようなものです。

となると、出生図の中で冥王星があるサイン・ハウスは、個人が冷静に対処できない場所であり、しばしば許容度の限界を超えたものを持ち込まれます。太陽系の外のものが、このサイン・ハウスを通してやってくるのです。ある人の冥王星は5ハウスにありました。一つの例として、扱えない謎のような子供かもしれません。海王星の辞書に照合できないものならば、怪物のようなイメージを借りて入ってきました。すると、これは私にはまだ未知の思想であり、それを言語化しなくてはならないということです。こういう行為はどのような時でも、常に一番楽しいものではないでしょうか。冥王星の持ち込むものはさまざまなサイン・ハウスで、姿・形を変えて入りこんでくると考えるとよいでしょう。

ただ、月を守るために、冥王星作用をオフにするという人も多いと考えましょう。既知のもので埋め尽くす生活の中には、マレビトはやってきてはならないので、冥王星の役割は、裏側にしまいこまれます。ときどき冥王星を使っていな

いように見える人がいるのは、月の安心と安定によりウェイトを置き、冥王星作用を封印していると考えるとよいでしょう。その人が冥王星の作用は認識したことがないとか、冥王星の作用はほとんどないというのは、ある意味正しいかもしれません。

自分は体験したことはないが、冥王星の作用はあるのではないかといってしまうのは、その姿勢によって、冥王星の力が導入されます。意識化というのは、抵抗感とか、ぶつかるショックが必要なものなので、冥王星の影響がせき止められることなく通過する場合には、冥王星の作用はなかったとみなすことになります。他人から見るとはっきりしているのに本人の意識できる場所にはそれはないのです。

基本的に冥王星は太陽系の外との扉であると考えるならば、太陽系の外のあらゆる影響は、冥王星作用を意識化でき、そこに抵抗を持つということがないことには、入ってこないのだと考えてもよいでしょう。

ケイシーは、アルクトゥルスと冥王星をつなぐラインで地球に生まれてきたと述べていますが、太陽は太陽系の中での唯一の恒星であり、この太陽を守るためには、太陽系外の恒星の影響は本来持ち込まれません。しかし冥王星だけは、太陽に対しての離反者または裏切り者として、外のものを持ち込むと考えるのです。

（2）冥王星のサイクル

冥王星はいつどこのサインにあったのかをメモとして書いてみます。

冥王星が発見されるまでは冥王星の作用はなかったという考えは、占星術の通説です。これは既に説明したように、何かの作用を意識化し、それが生活の中に持ち込まれるには排泄・抵抗作用が必要です。抵抗し、排泄している時、つまり成分のどこかを取り入れ、どれかを跳ね返すようなことができる時、それは意識化されたものであるとみなせるので、冥王星が発見されたということ自体が、人類からすると、それを意識化できるようになった段階にきたということなのです。

しかしこれは人類の全員ではなく、あるグループに通用する話です。もっと古い時代にこの冥王星意識を取り入れてはっきりと認識していた文明があったとしても、西欧的自我の中ではそのような意識の働きがまだ開発されていなかったのです。

私は冥王星発見以前も冥王星は働いていると考え、少し前の時代から説明していきます。冥王星や海王星、天王星、土星などの天体によって見えるものが違いますから、冥王星の窓から見たところのものという意味です。冥王星のサイクルで説明され

ず素通しになっているものという人は、冥王星のサイクルで説明されたことがさっぱり理解できないと考えてもよいでしょう。

第1章 西洋占星術のホロスコープを読むのに必要な基本的な要素

◆ 牡羊座の冥王星（1823年～1851年）

この時期は江戸末期に入ります。江戸開府して220年くらい経過した時期です。ペリーの黒船来訪はずっと後の冥王星が牡牛座にある1853年ですが、その前の1825年には異国船打払令が出ています。外国船が来訪して暴力事件なども起きていたので、幕府はいったん追い出します。しかし外国の強大さを認識した幕府は、この打払令を1842年に廃止しています。

牡羊座の始まりの春分点は、12サインが外界との接点を持つ場所で、既に江戸も末期であり、外の影響を取り入れることについて試行錯誤しているともいえます。結果的に、1867年の大政奉還で江戸幕府は終わりました。

外との接点を持つかどうか、持つとしたらどのような関係になるのか、という試行錯誤で終始した動乱の時代です。江戸市民は、黒船を視覚的に認識できなかった人もいるといいます。未知のものは視野の中に入ってこないのです。

◆ 牡牛座の冥王星（1851年～1882年）

牡羊座で持ち込まれた影響が、牡牛座に入ることで、過去の資質や地盤が変化します。それまで眠っていたものが目覚めることになります。

牡牛座は、身体的な感覚の中にある資質や遺伝的な要素を新しく活用することなどに関係します。冥王星は太陽系の外にある要素を持ち込むので、それに相応して、身体的な資質の奥にあるものをあらたに開発します。身体的な資質の構造に例えると、表面的なものが人間的なもの、その底に非人間的な地層があります。これらを刺激し活用することは、無尽蔵の資質を引き出すことを表しています。

黒船来訪は1853年で、大政奉還は1867年なので、黒船が来て江戸幕府が終わるまでの期間が前半部分に含まれていることになります。明治政府の始まりは1868年です。

江戸時代から明治への転換は、牡牛座の異なる地層を引き出すような変化ともいえます。

◆ 双子座の冥王星（1882年～1912年）

双子座は風・柔軟サインですから、牡牛座の持つ感覚的・身体的な資質を分散化させ、多方面に分けていくことを表しています。鹿鳴館が1883年に完成し、1889年には大日本帝国憲法が発布されました。1894年には日清戦争、1904年は日露戦争です。

大日本帝国のホロスコープです。冥王星は双子座の数え5度にあり、それは挑発的で刺激的な行為で双子座の冒険を表します。日本はこの時期に、多方面に開発を進めていったと考えられるでしょう。この時期、明治政府に雇われ外人教師としてやってきたベルツは、中世の騎士道の世界に住んでい

185

たような日本人が十年もしないうちに、500年の歴史を飛び越えて、西欧の19世紀の水準に達していることに驚き、同時にこれが伝統的なものを破壊していくことを警告しています。

この時期の日本人は日本の過去のすべてを軽視して、新しい文化に飛びつきました。これが日本人の双子座的な跳躍をしていった時期だということになります。ベルツは1905年にドイツに帰国しましたが、古い日本食でも普及させようとしました。反対に日本政府はこの時期に、日本人の体質には決定的に合わない西欧式の食事習慣を奨励し、今日の日本人の成人病などが多発する要因を作りました。

◆蟹座の冥王星（1912年～1937年）

人類最初の世界大戦である第一次世界大戦は、1914年から1918年くらいで、その後、1939年頃から第二次世界大戦が始まったので、蟹座の冥王星時代は戦争の時代と考えてもよいかもしれません。世界戦争が勃発するのは、それぞれの国がより大きな基盤を作ろうと試み、この中で、同盟での対立や分裂が発生することです。この同盟は複雑な絡み合いがあります。双子座でばらばらになって対立したかき回しともいえる時代ですが、この統合化のためのかき回しともいえる時代ですが、蟹座の性質は、対立するものを結びつけようとするし、ま

た結びつけつつ領地拡大という意味を持ちます。ただ第一次世界大戦はヨーロッパが戦場であり、日本は日英同盟を結んでいたので、イギリス政府からの要請を受けて参戦しました。日本がやったことは協商軍として輸送した程度です。冥王星を死と再生の星と考えると、蟹座に対しての死と再生です。

◆獅子座の冥王星（1937年～1956年）

日本が原爆体験の後に第二次世界大戦で敗戦したのは1945年です。第二次世界大戦は第一次に比較すると、世界中を巻き込んだ大規模なものです。この第二次世界大戦が1939年から始まっているということでは、蟹座の時代は第一次大戦です。第二次世界大戦は獅子座的な特質を持つことになります。獅子座は蟹座で蓄積されたものが放出されるサインです。

第一次世界大戦の戦勝国は、敗戦国であるドイツに多額の負債を要求し、貧困化したドイツの中でナチスが台頭してきます。これは1933年くらいからの動きで、これが第二次世界大戦のきっかけです。ヒットラーは、ワーグナーの楽劇の世界を現実化しようとしていたといいます。ワーグナーの音楽は、ワーグナー本人だけでなく、多くのワーグナリアンなどの天体配置から見ても、獅子座の初期の衝動の象徴のようなもので、ヒットラーの活動は、いかにも獅

子座の冥王星の時代らしいものかもしれません。欧州の利害とバルカン半島の民族問題が原因で始まった蟹座的な第一次世界大戦に比較すると、ナチス・ドイツや原爆などを考えても、外へ爆発していく獅子座的らしい時代です。

◆乙女座の冥王星（1956年〜1971年）

12サインは牡羊座の春分点から始まりますが、冥王星が春分点に接近した時期から、日本は外の世界から入り込んできた勢力によってこじ開けられ、新しい12サインのサイクルが始まったかのように見えます。

冥王星はだいたい二百数十年前後の公転周期の天体です。1603年に徳川家康が征夷大将軍に任命されてからが江戸時代の始まりですが、1577年から冥王星は牡羊座に入り、1606年に牡牛座に移動しました。12サインのサイクルは、牡羊座で試行錯誤・模索しながら牡牛座に入って着地して、確実にスタートするということで考えてみると、冥王星が一つ前の12サインを移動していた時期こそ、江戸時代のサイクルであるといえるでしょう。

冥王星の一回りは一つの時代を表しているとも考えてもよいかもしれません。前の江戸時代サイクルの中で、この乙女座に対応するのは1710年から1724年までです。たび重なる大火に、1720年に江戸町火消しいろは組が結成され、また1722年には小石川養病所が設置されました。

乙女座は防衛、医療、健康、仕事ぶりなどで改革が行われる時期です。二番目の12サインのサイクルでは、1951年にサンフランシスコ講和条約が結ばれ、同時に、この時期に日米安全保障条約が締結され、その後、日本の安全は米国に大きく依存することにもなりました。火消組がアメリカに託されることにもなりました。1968年には日本のGNPが世界第2位になったのです。この時期、日本人はひたすら働いています。1964年が東京オリンピック、1970年が大阪万博で、かなり好景気に盛り上がる時期ということになります。

この乙女座の冥王星を持つ人は、仕事、医療、健康、防衛などに大きな変革力を持つ人ということになり、この世代の最後の一人が世の中から消えるまでは、医療革命も続くということになります。

◆天秤座の冥王星（1971年〜1983年）

天秤座は対人関係、積極的な知的活動などを意味しますが、結婚の形態などに関してこれまでの通念を打破して、積極的・実験的に作り変えるという世代です。

冥王星が乙女座になると、他者との関わりがすべて外に出て、この天秤座では、個人は閉鎖的で防衛的ですが、天秤座はあらゆる変化がすべて外に出て、人から見えやすいものになります。

冥王星が太陽系の外から新規なものを持ち込むということを意味するのならば、それは小さな範囲では有機体が、その本人が予想もしないような外的なものと接触することになりますから、対人関係で人生観が変わってしまうような相手と接触したり、結びついたりすることを示します。関わる相手は、自分と似た人というよりは異質な人であり、そのことで人生の可能性を新たに開拓することになります。

◆蠍座の冥王星（1983年～1995年）

蠍座は深く結びつくこと、人格の境界線を壊して侵入すること、死に関係したことなどを表します。冥王星は太陽系の外から新規なものを相手からもらうことです。蠍座の場合には、自分が持たないものを相手から持ち込むことを意味するので、ここでは異質なものと結びつき、そのことで人格が大きく作り変えられていきます。

天秤座の場合には人との関係であり、また天秤座は触覚として人間の境界線を表していたので、個性の違うものと交流することを示していましたが、蠍座の場合には、これは内部の生命感覚に関係し、交流する時の相手との差異に関心がある天秤座と違って、同一性へと向かいます。一体化する都度、生命感覚は強まってくるのです。それが満たされる感を作るのですが、この一体化は古い人格のクラッシュを意味しているので、危機を体験することも多くなります。

このサインの冥王星を持って生まれてくると、生死に関わる深刻な体験をしやすいといえます。また死の定義が変わってくるともいえます。生命感覚を満たすのに、多くの人を集めて、その力を強めるということでは権力などに関わり、人の生死の支配権を握るくらいの権力を持つことという事例も、この天体配置のできた時期に、社会の中でいくつか見られました。

◆射手座の冥王星（1995年～2008年）

阪神大震災の日から始まった射手座の冥王星ですが、射手座は火・柔軟の元素であり、これは上昇していく精神性ということを意味しています。そこに太陽系の外との扉となる冥王星が、外部の力を取り込んでいくと、それが精神の質を上げていくとか、極限的な精神への旅ということを刺激してきます。

蠍座の場合には集団的な権力とか力ということと結びつき、それはまたある程度経済に関係しているので、成功法則などに興味を抱く人はいましたが、射手座は火のサインなので、成功法則などという経済原理の本よりも哲学的な方向に関心が向きます。これまで哲学者や思想家は物理学とか数学の原理を借りて説明するということも流行であったが、この時期にはその姿勢も批判され、哲学は哲学で考えようという修正も多少行われました。

思想的な主張がかなりヘビーになるという傾向はあるでしょう。そもそも戦争とかは、経済の理由でするだけでなく、思想的な対立ということも原因になりやすいのです。

◆山羊座の冥王星（2008年〜2023年）

山羊座は土・活動のサインです。これは大地の上に立つ、すなわち特定の時空間の中にある制限された場所で、その場所に調和的なルールの中で発展させることを示します。また同時に射手座で開発されたものが、実地に利用されていくことも意味します。

冥王星が山羊座に入ってほどなく2011年の東日本大震災の次の日に、天王星が牡羊座に入り、冥王星と天王星が活動サインで90度配置になり、世の中は動乱の時期に入ってきました。

山羊座は有機物や組織の外皮を表し、それは国の輪郭や組織の形などでもありますが、ここを冥王星がスクラップ・アンド・ビルドしていき、その隙に、天王星が新しい組織化や種まきをしていくのです。蟹座に冥王星があった時には民族を分けて新しい組織化でしたが、山羊座の場合には、民族という中身でなく、国家や組織という硬い殻を分割したり、結合したりすることになります。山羊座は射手座のように精神の中身でなく、見える形で確認できるものが多いので、政治や組織、国家の再編などが繰り返されます。

◆水瓶座の冥王星（2023年〜2043年）

水瓶座は風・固定サインです。これは山羊座というところで共通する現場性、つまりは国などから離れて、多くのところで共通する普遍的なネットワークや活動などに関係します。山羊座の次にあるこのサインでは、土から遊離した風の領域に、太陽系の外の力が冥王星を通じて持ち込まれます。山羊座的な現場の世界に住んでいる人にとっては、この水瓶座の世界は異質な別社会かもしれず、そうなると、そこで生じることについては何も知らないことになるかもしれません。

外部から冥王星を通じて入り込んでくるものを水瓶座が受け皿になると、水瓶座は現在の社会には持ち込まれます。未来志向のサブカルチャー的な要素でもあり、人々の集まりや趣味などに、これまでにない新しい意義が生まれてきます。水瓶座で受け止めたものは少し遅れて実社会に持ち込まれるので、さまざまな未来的な要素をストックしていると考えてもよいかもしれません。

水瓶座は未来像なので、人類の未来ビジョンに大きな変化とか作り直しが生じます。多くの人が漠然と人類はこのような未来に進むと思い描いていることを、根底から違うものに変えることで、日々の行為も価値観も変わってしまいます。

189

◆魚座の冥王星（２０４３年〜２０６６年）

水・柔軟サインの魚座は12サインのすべての要素を集めて、これを蒸留し、生々しい体験的な要素を取り除き、エッセンス化します。そして人間を具体的な場から引き離して、次の12サインに入るための準備や調整をします。それは人間を魂としてまとめていくことです。そのために初期段階では、環境の中にばらばらに分散している部品をかき集めてくる行為をします。

私たちがこの世界に住んでいると実感するのは、空間と時間の特定のポイントに感覚組織を集中させていることで行われます。水瓶座は空間から引き離し、魚座は時間から引き離すので、魚座はこの現象界に対してリアルな同期をしなくなり、いわば夢うつつの中で生きているような面があります。そういう時に、生々しい現場に入れと要求するのは無理があります。

太陽系の外との扉機能である冥王星がこの魚座の中に外部の力を持ち込むというのは、リアルに、今、この場所に入ってくる影響というよりも、例えば遠い過去に生じた接触、あるいは未来に起こるかもしれない接触などがこの魚座意識の中になだれこんできて、特にこの時期に接触するということの意義は重要視されません。そういう時間感覚の拡散があります。

（３）不安定で不吉な惑星とされた火星

かつて占星術には、「マレフィック」とか「ベネフィック」という定義がありました。「不吉な天体」と「幸運な天体」です。

ですが、これは惑星に本来不吉なものがあったり幸運なものがあったりするわけではないでしょう。このような定義が出てきた背景として、まずは不吉／幸運という定義をしたのはどういう観点からなのかを考えなくてはなりません。それを考えないで不吉／幸運を決めることはできません。良い／悪いという評価は相対的なものであり、主観的なものであり、場所や時代によっても違い、また個人によっても大きく違います。孤独で寂しい状態を不幸だと感じる人もいれば、反対に、そのほうがすっきりして気持ちよいと感じる人もいるのです。

私がずっと主張し続けている内容として、惑星をすべて統合化することで、大きな自己としての太陽に回帰するという考え方からすると、惑星の一つひとつに良い／悪いの考え方からすると、ある惑星を拒否することになり、統合化への道のりを遠くします。

実際に、このように定義していた時代は、占星術は卑小な目的にしか使われておらず、また生きている人も部分的な生き方で、自立しない、また自分で考えない生き方でよかった時代です。惑星としての小さな自己で満足するべきであり、大きな自己を目標にする必要はなかったともいえる時代だっ

190

第1章　西洋占星術のホロスコープを読むのに必要な基本的な要素

たのです。

惑星のすべては私を分割したものであり、そのすべては私との無縁の外部的なものではないと考えると、まずはこの不吉な天体／幸運な天体という定義を取り下げるか、変更しなくてはなりません。

火星は好戦的で、不和な天体だと考えられていたこともあります。天体は見かけの上で逆行したり思いすごしをしたりします。これが逆行であり、この自分の肉体、感覚的な視点から離れていけば、火星の逆行現象は悪夢から覚めたかのように消えてしまいます。エゴが強いと取り越し苦労とか思い込みが激しくなるということなのです。

太陽を中心にしたヘリオセントリックではこの逆行はありませんが、地球を中心にしたジオセントリックの占星術ではこの逆行があります。つまり身体感覚を中心にした感覚的な世界観の中では、人はしばしば迷ったり、選択に勘違いをしたり思いすごしをしたり、内にこもったりします。これが逆行であり、この自分の肉体、感覚的な視点から離れていけば、火星の逆行現象は悪夢から覚めたかのように消えてしまいます。エゴが強いと取り越し苦労とか思い込みが激しくなるということなのです。

火星は攻撃的で野心的な作用を表す天体ですが、これは個人の免疫力に大きく関係します。シュタイナーは、火星はマクロコスモスへの誘いだという説明をしています。人は夜眠ると、身体から離れて大きな宇宙であるマクロコスモスへと向かいます。そして木星で夢見、土星で行動するといいます。

一方で、朝目覚めると、身体感覚で確認する小さな世界の中に入ります。この時のミクロコスモスへの誘いは金星であり、水星で夢見、月で行動するということです。

地球（占星術ではこれは太陽の意味）を境界線にして、内側に金星があり、外側には火星があります。つまり内輪の世界は金星がドアとなり、外の世界は火星がドアになります。地球をいつもの自分とみなした時に、より小さな世界に向かうのは金星です。これはささやかなところで楽しみを見出し、あまり冒険をしません。小さな世界からはみ出さず、小さなものの中にある可能性をもっと楽しもうとします。それは安全な生き方という意味でもあります。

火星は人間の意識を地球の外に連れ出そうとします。それは今までの自分の範囲よりも大きなものです。今までの自分よりも範囲の大きなものというと、必ず無理がかかります。火星に関わることは常に今の自分という基準からすると、無理なことをすることを表します。

例えば、火星はスポーツなどに関係します。ランニングの時に有酸素運動の限界値としてのAT値というものがあり、この限界値を超えると息が上がって苦しくなり、休まなくてはならなくなります。それに身体には乳酸が蓄積されます。しかしインターバル走練習をするとこの限界値が少しずつ底上げされ、これまでよりも速い速度で走っても、有酸素運動の範囲に収まります。ずっと続けても苦しくなりません。こ

191

れは日々練習することで限界値が少しずつ上がるのです。いつもの自分よりもちょっとだけ無理なレベルのことをする。そのことで拡大していく。これが火星の力におおいに関係する。同じことを続けている場合、人間は少しずつ萎縮します。現状維持はありません。萎縮するか、拡大するかのどちらかしか存在していないのです。

実は、少しずつ拡大をしているということるというのは、少しずつ萎縮しているということを意味します。放置していれば、私たちは衰退することはあり得ないので、何もしない場合には、現状維持ということはあり得ない話で、停滞している方向にしかありません。

火星が今までの自分よりも少しばかり無理なことをして、少しだけマクロなコスモスへ挑戦するという作用を表すとして、ここには必ず多少のリスクが伴います。何か不測の事態が起きて、困った状況に遭遇する可能性はあります。そうしたものを含んでいます。

ケプラーは、それぞれの惑星の間にはプラトン立体の比率が働いていると主張しました。金星に内接し、地球に外接するのは正二十面体で、その一面は三角形です。地球に内接し、火星に外接するのは正十二面体で、その一面は五角形です。この地球の外に張り巡らされた正十二面体の一面は内側に有害なものが入り込むことを防いでいます。

例えば、私たちの身体で外界の菌が入りやすい場所は穴の開いた場所ですが、鼻には外のものを防ぐ繊毛があり、耳には耳垢がたまりますが、この耳垢は雑菌を除去する性質があり、耳をあまり綺麗に掃除しすぎる性質があり、耳の中に雑菌が入り込むといわれています。

このように地球に外部的なものが強く入り込みすぎないように網目を作り出しているのが、火星と地球の間に張られた正十二面体のネットです。

五角形の図形には、その中に黄金比が含まれています。この黄金比を、私は自然界の中にある増長原理と呼びます。より大きく進展できる。唯一、押し潰されずに自分をもとの形のまま、より大きく進展できる。エスカレートしても叩かれない比率ということです。火星は、地球的な私たちには、さらに大きなところへ挑戦する力を与え、またその都度生じるリスクを何とか回避しつつ、可能性を拡大していきます。

正十二面体に地球が内接するというのは、この一面である五角形の中心に地球が接触し、そして五角形のそれぞれの尖った点の場所に火星が接触するということです。生命力の中心的な場所から、それぞれの五つの表現の場所に拡大していく方向に火星があるということです。

この火星の可能性拡大は既に説明したように、生体には現状維持というものはなく、下降か上昇しかない。ですから、現状維持しているように見える場合には、それは拡大し続けているものを示しており、決して同じことを続けているわけでは

第1章 西洋占星術のホロスコープを読むのに必要な基本的な要素

ないという事情からもわかるように、どうしても必要なものなのです。

火星のマクロへの挑戦に対して反対する勢力とは、例えば金星や土星でしょうか。金星は火星と反対のミクロコスモスへ誘うドアですから、ささやかで平和な世界にずっと住んでいればよいのではないかといいます。かつてブラジルへ移民しようという時代、苦労することがわかりきっているので、それはやめて、国内にとどまろうという意見があれば、それは金星的な意見です。

また土星は安定性を求めますから、火星の挑戦に反対するのではなく、火星の暴走に反対するだけです。土星は7惑星の管理者です。そのため、どれかが強すぎるとそれを抑え込みますが、七つの天体がそれぞれの分を守り、7分の1の範囲で動くかぎりは決して反対しません。

火星がこの土星の管理を超えてより強力に働こうとするのは、土星以遠の天体とアスペクトを持つケースです。火星・冥王星がその中の代表ですが、火星・海王星も、火星・天王星も、土星のルールの枠をはみ出します。しかし火星そのものをいっているわけではありません。土星以遠の天体は、土星よりも深い意図があるので、問題にするのはこの外惑星のことであり、火星のことではありません。

現代においても火星が悪い天体という人は、個人的に火星を使い慣れていないという場合が大半です。その背後に

は、金星のマクロコスモスに安住したいという願望がありま す。例えば、かつて産業がコンピューター開発の予算を削りたいと考え、蓮舫議員がコンピューター開発の予算を削りたいと考え、「どうして世界の第2位ではいけないのか」ということを主張したようなものでしょう。こういう精神を持っていると第2位でなく、3位、4位と落ち続けます。

さらに加えて鬱病を抑圧すると、それは外部環境に託されることになりますから、迷惑は外からやってきます。鬱病を治療するのに投薬はやめますが、火星を使っていない人は、必ず外から始まっていますが、火星を使っていない人は、必ず外から始まっていますが、ディプレッションになります。自身の中で火星が活発化すると免疫力が上がり、体温が上がり、耐久力は高まります。そしてあまり細かいことが気にならなくなります。

どの惑星であれ、そのどれかを弱体化させたり、否定的になったりすると、その結果がその人が受け取ることになります。社会の中でその惑星を象徴する出来事にいつも痛めつけられます。火星はいつでもちょっとやりすぎになります。火星はそもそも無理をする天体です。いつもの自分をキープすることではなく、このいつもの自分の基準値をゼロとして、そこよりも少し前に進むことなので、基準値が上がるというのにそれがゼロとなり、さらにその先に進まなくてはなりません。優れたアスリートも1か月、2か月放置しておく

と筋肉はただの人になるといわれていますが、心身のすべてにおいて、放置しておいた場合には現状維持はないのです。火星をトレーニングする場合、出生図で火星があるサイン・ハウスに目をつけましょう。この場所で心拍数が上がり、発熱し、興奮し、ちょっと無理な挑戦をするということを少しずつ続けるとよいでしょう。基本的には、四元素に着目し、火星の働くパターンを考えます。サインで考える場合は、まずはその骨組として火・土・水・土の四つと、活動・固定・柔軟という三区分で識別し、その後サインということを考えた方がわかりやすいと思います。

【牡羊座】自発的な運動。自発的に思いついたことを実践する。知らないところで冒険的なチャレンジをする。

【牡牛座】お金や物質で興奮しやすい。自分のファイトで儲けること。また五感のどれかで強く刺激を受ける要素がある。

【双子座】言語感覚としての双子座としては、書物を集めたり、また話をしたり、書いたりすること。あちこちと動き回ること。途中でやめてもよいから、何か新しいことに熱中してみること。

【蟹座】内輪のこと、家のこと、身近なところから、何か新しいチャレンジするものを見つけ出す。蟹座は水のサインなの

で、熱湯というのも蟹座の象徴。おまけに蟹座が共存する器としたら、熱い風呂という意味にもなる。外には意志表現はしにくい。

【獅子座】外に表現することで興奮する。また失うことの喜びというものがある。これは放電することなので、爆発、花火とか、最後には何もなくなるような解放というのは、悪くない。なくすことで開放感を感じるためには、枯渇しないように熱源を永遠性に求めるとよい。

【乙女座】細かく具体的な作業に熱中する。役に立つことに燃える。仕事に集中するということも好まれる。

【天秤座】対人関係とか、人のトラブルに飲み込まれていく。他の人からすると、いつでも乗ってくれる受容性が高く、迷惑な人でもそれほど嫌わない。

【蠍座】集中し、対象に深入りすることで、強い生命感覚がチャージされる。この実感を手がかりにして進むとよい。元の場所を失うくらいまで、ターゲットに飛び込んでみるとよい。

【射手座】運動感覚を通じて、自分がはっきりとつかんでいなかった意志を自覚することができる。それはさまようなものかもしれない。ちゃんとした正しい志があると、あてずっぽうにさまよっても正確な位置にたどり着く。

【山羊座】実務的な業績とか成果を上げることや、「いま、自分が生きている場所を活性化するために活動するなど、

第 1 章　西洋占星術のホロスコープを読むのに必要な基本的な要素

【水瓶座】古いルールを打破して、自由な生き方を実践すること。制約を突破することに、興奮を感じやすい。未来を創るために行動していくこと。

【魚座】「いま、ここ」ではないところ、つまりここにはないもの、今ではないものなどにも意識が広がり、それはつまりは見えないものという意味にもなるが、そこに意識を向けることも、活力を増加させるきっかけになる。生々しい現実でなく、もっと象徴的なことに熱中する。

地球を取り巻く両側に金星と火星があるということは、地球という場の中では、この金星と火星はしばしば男女の関係に重ねられ、個人の活動の中に共鳴的に導入される傾向があるということです。

役割分担としては、金星は女性に、男性は火星に託されやすいでしょう。もちろんその反対もあり得ます。金星の側を受け持つ人は、身近で内輪な生活の中に楽しみ事を見出し、感覚的なことにウエイトを置き、火星の側を受け持つ人は冒険的なことに取り組み、常に拡大しようとし、そのことが原因で時にリスクを負うということです。

この金星の身近なこと、感覚的なことへ関心が向かうというのは、火星からするとミクロコスモスですが、ミクロコス

ここ」という現場で貢献することなどに熱中すると活力が上がる。

モス内では、金星よりもさらに内輪なものを月が扱います。月は惑星よりもさらに内輪なものを月が扱います。つまり惑星よりも行動範囲も、理解の範囲も小さく、惑星の庭をぐるぐる回っているということです。月からすると金星は外に手を広げて回っています。しかしそれでも、金星の受け持つ範囲は、火星からすると、小さな世界にとどまるといえるのです。

シュタイナーのいう、火星はマクロコスモスへの誘いという時に、夜に眠って、宇宙に拡大するということを語っているのですが、目に見える世界での反映として、火星は社会へのチャレンジとか冒険、野心的な行動などに託されます。新しい企業を立ち上げてみるとか、広い世界に向かう、今の自分に自然にできることではなく、まだ手を出したことないものに賭けてみるなどです。

ですが実際には、シュタイナーがいうような、身体から離れて宇宙的な意識に拡大する方が、はるかにマクロな挑戦です。朝に目覚めた後、すなわち金星を通じて入り込んだミクロコスモスの感覚的な領域の中に、社会があります。目に見える世界はみな、感覚的な領域内にあるものです。そこで、社会的な領域での挑戦という火星の行動は、縮小された、金星の中の火星というふうに考えてもよいかもしれません。いずれにしてもそれほど大きな火星の行動は、縮小された、地球上で挑戦するどのようなことも大きな世界にはなり得ない

195

のです。

既に結果が決まりきっているようなものに挑戦しても楽しくないと考えている人は、たいていこの火星の天体とアスペクトを持っており、非日常の領域にチャレンジしないことには興奮できないというわけです。そしてもちろん火星の危険度は増加します。

長距離ランナーとして世界一になったこともあるスコット・ジュレクは、太陽と火星が180度でした。太陽の活動の確認として、鏡として、触覚として火星を使うということです。太陽は自分の活動の確認手段として、ランニングにその場を置いたのです。するとだんだんと記録を上げて、これまでの自分の能力を超えた挑戦をランニングの中ですることになります。

しかしこれだけではスコット・ジュレクの優れた能力を説明することにはなりません。HN7は、どうしても実現したいその人の後天的な人格を表していますが、ここでは火星と冥王星は合になります。太陽系の外の力を取り込んだ火星・冥王星は火星を通じて、それを表現しようとします。火星・冥王星の合は、命を危険に晒しても火星の挑戦に走るというアスペクトで、冥王星を通じて圧倒的なエネルギーを引き出します。

（4）ケンタウルス小惑星群
〜土星と天王星の間にある越えられない壁〜

惑星の公転周期を一つの生命サイクルとして考えてみます。公転周期においての1回転は、この中に春夏秋冬という四つの区分があり、それは横から見ると、サインウェーブの一波長です。ゼロが春分点で、プラスの極が夏至点、またゼロに戻るのが秋分点、反対にマイナスの極にいくと冬至点です。占星術では複数の惑星を使いますから、これは複数の生命サイクルがあり、人間はこの複数の意識の働きを同時に統合的に体験しています。

たいていの人は複数のサイクルを体験しつつ、重心として、この中でどれかを指針にします。その重心を中心にして他のサイクルを扱っています。

人間の一生はだいたい80年くらいです。プラトン周期では歳差活動の1回転を1年とみなしますから、これは2万6000年です。1か月はその12分の1で2200年くらいです。1日は72年で、これが個体としての人間の一生だと考えられています。プラトン周期では、人は、1日の命なのです。これらに近い公転周期の天体は天王星で、公転周期は84年です。天王星は私たちの生命の1単位に近い周期ですが、この私たちの生命サイクルの全体と似ているということは、それを意識的に対象化できないということです。

自分全体を対象化して考えることのできる人なんていません。意識は何かを対象化し、そこに射出される時だけ働くのですから、対象化できない自分を意識することができないのです。

もしできるとしたら、それはこの天王星サイクルよりももっと長いサイクルの視点から天王星周期とか、あるいは人の一生を対象化して見た場合のみです。

そこで、私たちが対象化して見ることのできるものとは、天王星よりも範囲の小さなサイクルである土星です。この土星の公転周期は29年で、だいたい天王星の0・34倍くらいです。

土星は山羊座の支配星で、具体的などこかの場所での経歴などを表します。この具体的な場所という時に、その場所の習慣や恒例、信念体系などがありますから、例えば日本社会と考えた時は日本社会特有の考え方があり、この考え方や見方に同一化した中で生きる価値観を表します。

天王星は人の生命全体を見る視点です。土星はその3分の1程度の範囲の、つまり天王星よりも命の短い、一時的な価値観を表していますが、私たちはそれしか対象化できないので、対象化できる範囲においての最大サイズの意識活動を表しています。

しかし、現実の問題として天王星的な見方よりはるかにトータルなものにもかかわらず、あたかも土星の方が優位にあるかのように思われています。

最近見た刑事ドラマの中で例を挙げてみたいと思います。陳腐なセリフですが「私のお父さんは不倫をして、お母さんを見捨てて出ていった。だから、私はお父さんを自分の父と思わない。お父さんが今死にそうな状況だといわれても、お見舞いにいく義理はない」ということを娘が言ったとします。

結婚して配偶者と平安に暮らし子供を育てる。これは土星の範囲においての取決めであり、土星的なところでの正義です。この土星の取決めした型を、ドラマの中のお父さんは踏み外し、土星的な正義を傷つけています。お父さんそのものはどのような行動を取るのであれ、人間として地球に生まれ、それが土星的に正しいのであれ、正しくないのであれ、生きて、人サイズの世界でさまざまな体験をする。これが天王星的な基準です。

もし娘が天王星的な視点に立つと、お父さんは土星が取決めしたルールを踏み外しているが、好き勝手に生きている変な人で、こういう人が死にかけているのなら、会いたいと思うかもしれません。しかし娘は土星の信念体系に固執します。

日本のドラマでは、夜の9時からスタートするものは、仕事で疲れている人がのんびりとビールでも飲みながら見るものなので、あまり真面目に取り組まないで済むもの、10分くらい違う用事で席を外していても簡単に内容が追いかけられるようなものが必要なので、ここで娘のその後の行動も意表

現実の世界です。

マヤ暦を使った新しい運動を展開していたホゼ・アグエイアスは、土星の権力者は土星の外側を遮断して、閉鎖的な地球社会を作り出した悪のグループであるといいました。シュタイナーの場合にはもっと肯定的で、人類は人類の独立性を作り出すために宇宙的なリズムから孤立した。それは陰謀ではなく、故意に計画されたことであるといいました。そのために、宇宙的なリズムには従わない空中楼閣的なグレゴリオ暦を作ったのだと。土星は宇宙的な鎖国を作り出す天体というわけです。

木星から海王星までの軌道の範囲にケンタウルス族という小惑星群があります。この中で、土星と天王星の間にある有名な小惑星がキロンです。これは小惑星ないしは彗星と考えられていますが、基本的には、ケンタウルス族は軌道が不安定で、いずれは太陽系から飛び出してしまう可能性も議論されています。

天王星として人をトータルに見る視点、あるいはこの天王星の公転周期そのものを対象化して見ることのできる、より大きな視点である海王星や冥王星、土星内信念体系に縛りつけたことのひずみ、傷をキロンが一身に背負っているという考え方もあります。

人類が過去に宇宙から孤立したこと、転落したことの顚末がキロンに記憶されており、それは誰にとっても深い傷でも

を突くものであってはなりません。父親が実は隠れて娘を見守っていたとか、娘の写真を肌身離さず持っていたとか、母親は家を出ていく時にやむを得ぬ事情があったとか、母親は彼女自身の感情のしこりで、娘に真相を伝えていなかったとか、そういうさまざまな事情がわかってくるにつれて、最後は父親のお見舞いに行きます。

ホームレスが寝ている公園に行き、その寝床に火のついた花火を投げ込むいたずらをする中学生という例でも、ホームレスは仕事のない人、社会的には無価値な人、だから人間としても価値がないと考えるのも、土星的な信念体系に支配されている行為です。

天王星の観点からすると、その内部にある土星の視点は、自分の身体内に形成されたこだわりで、それは骨のような塊を作り出しています。またそれは3分の1程度ということは、土星は天王星を語り尽くせません。ですから、天王星をトレースするには3回の脱皮が必要であるということであり、土星のーつのこだわりはどこかで壊れて、また再構築されなくてはならないということになります。

しかし土星が優位に立ち、天王星意識を外に追い出すと、この土星的な信念体系は不自然なほど長く続きます。私たちの環境の中では天王星を乗っ取ったような印象です。土星というよりは、天王星以遠のものの見方を葬り去って、土星が主導権を握る。これが合意的これが当たり前です。

198

第1章 西洋占星術のホロスコープを読むのに必要な基本的な要素

あるので、そこを触りたくないという問題が出てきます。例えば科学者は、霊能力とかサイキックなどの話題になると感情的になり、興奮気味になります。冷静に取り扱う人が案外少ないのです。そこで感情が動いてしまう。個人では取り扱えないような断層があるのです。つまり正面からそこを扱うことは心が乱れてしまう、手に負えない事柄なのです。

私たちはある時期に宇宙から追放され、孤立した世界に住んでいて、そこから脱出する道がまだ見つかりません。その傷に抵触するところがあるからです。

惑星は土星までは見える天体であり、見えるものだけを扱うのならば、土星までの軌道で扱うのが一番よいのです。占星術を具体的な生活、見える世界での占いに活用するには、土星よりも外側の天体を使う必要はないと考える人はたくさんいます。ですが、見える天体は土星までというのは、永遠に続く現実ではなく、私たちの方が感覚をそこまで後退させてきたからだということでもあります。感覚の使い方は時代によってどんどん変わります。

ある時期に、私たちはものの見方を故意に制限してきたのです。実際に、日本でも明治以後から、西欧的な視点に合わせるために、その考え方を不自然なまでに模倣してきました。それまでは、漂流する非物質の存在と一緒に会話して暮らしてきたのが日本の自然な感性でもあり、来日した西欧人は、この日本人の特質に大変に驚いたのです。

合意的現実というのは合意的という意味で、それが真実なものというわけではなく、多くの人がそこで約束事として決めてきた境界線です。これが土星の信念体系です。

キロンは公転周期がだいたい50年前後で、それは集団的な傷であり、個人の傷ではありません。しかしハウス位置になると、それは個人史に密接に関連してきます。キロンを正面から扱うというのは、天王星と土星の間の断絶を埋めていき「天王星のように人間をトータルに見ること」ということです。特定のローカルな信念体系から独立した視点を持つことである」ということなのです。それは気楽なもので、一人だけ異を唱えることではありません。天王星的視点とは、周囲の環境と同調することなく、より広い視点を持ち、それを実際の生き方に持ち込むことです。

土星から見ると天王星は変人的ですが、天王星から見ると土星はご当地的な妙な習慣に染まっている狭量な天体です。かつて占星術の教科書で、天王星は変人、順応性がないとか、孤立すると書かれていましたが、これは土星から見た視点です。公転周期からすると、天王星は土星三つ分を合わせた視点であり、天王星から見ると、土星は偏見の塊で、閉鎖的な変な趣味のキャラクターでもあります。

キロンそのものを扱うよりも、自分のホロスコープの中で、

199

天王星のあるサイン・ハウスを考え、次に土星のあるサイン・ハウスを考え、比較してみましょう。その上で、キロンのあるサイン・ハウスを考えます。

天王星があるサイン・ハウスはその人が自由性と独立性を発揮できる場所です。何に対しての独立性かというと、もっぱら土星からの独立です。これは土星を支配星とする山羊座の次に水瓶座があり、その支配星が天王星ということからしても、自然なことなのかもしれません。しかし土星から切離した天王星の発揮はできるが、そのためには土星を無視しなくてはなりません。土星とつなぐという点で、キロンが重要になってくるのです。

また土星は合意的現実という枠の中で安定して生きることを示しており、それは月の保護者です。冬至点から始まる山羊座の支配星は、有機体の硬い殻を受け持ち、夏至点から始まる蟹座の支配星は、有機体の柔らかい内臓部分です。硬い殻は、この柔らかいものを保護しています。人体もある程度硬い皮膚に覆われています。

不動産で扱う家とかマンションは月と土星のセットというふうに考えることもできます。硬い壁の中で、柔らかい家族は守られるのです。月は惑星の周りを回っていますから、惑星の視点を持つことができず、惑星が保護している範囲の中で、決まりきった狭い範囲の場所をぐるぐると回っています。いわば、日常のこまごまとした作業、生活を成り立たせるための食事や睡眠、掃除などに関係します。

土星が土星以遠の天体の干渉によって、その決まりきった秩序が不安定にされると、月の活躍できる場は容易に奪われてしまいます。月は繰り返すことで意識的な要素が眠り込んでいくような要素を表しています。シュタイナーのオカルト生理学では、思考は塩として沈殿し、感情はゲル状になる液体として沈着し、身体の中に物質的な存在となって降りていきます。それらは月の自動運動になり、そしてまた次第に物質化に向かうのです。硬化し、物質化するには、静かな邪魔のない場所で、思考や感情を果てしなく繰り返さなくてはならないのです。そこを守っているのが、土牢のような土星の作用です。

引っ越しした直後は、いつものコースを歩くという安心感はなく、模索しなくてはなりません。しかしいったん模索が終わり、だいたい決まると、そのコースを日々歩き、すると月はそれを記憶します。

冥王星が介入すると月は壊れるということを書きましたが、土星は月を守り、そしてこの土星に対して衝撃力のある天体とは、土星よりも遅い天体、すなわち天王星、海王星、冥王星です。

天王星は、人間としてのトータルな視点の目覚めへと促す場所を指し示すが、そのような生き方をしている人は眠らない人です。土星は決まり切った枠を作り出し、月はその保

200

護のもと、半眠でオートマティックに繰り返すことを。そしてキロンは、この合意的現実から自由になり、もっとトータルな生き方を見出すには、どうすればよいのか、その傷の現場を指し示しています。土星から天王星への架け橋なのです。それに対しての扱い方は当人次第でしょう。常にそれは先延ばしにしたいものでもあります。

（5）人の一生を表す天王星

天王星の公転周期は一つの円であり、寿命であり、この内部に春夏秋冬を持つと書きました。例えばタロットカードの「運命の輪」は、この複数のサイクルを表し、どのサイクルであるかを指定していません。この円としてのサイクルのテーマについて考えましょうということです。ですから、タロット占いで「運命の輪」が出てくるとそれは「ホロスコープを参照せよ」といっているに等しいと私は解釈します。自分にふさわしい輪っかにたどり着くのです。運命の輪の最大サイズは歳差であり、つまりは2万6000年の輪です。一番小さな輪は、地球の自転運動にすれば24時間です。月であれば28日前後です。

たくさんの輪があり、この中のどれかに同調し、それを重心にして生きていきます。どれを選ぶかによって、この意識の範囲やエネルギー、活動の目的などが変わるのはいうまでもありません。隠者は自分にフィットするものを夢遊病のように徘徊しながら、その「処女性の男根」によって正しく突き当て同調しますが、それはとても正確なのです。もし霊的な目的ということならば、人の一生の範囲を超えた海王星とか冥王星になるでしょうし、就職先の探索であれば、土星や木星というサイクルの中の一つがデビューして、仕事で成功するという領域です。

海王星のサイクルにおいての4分の1の部分は、そのような目的に合っていません。また金星でも合っていません。一つのプロジェクトということであれば火星が適しています。お正月の時期だけの年賀状配りのアルバイトならば、月とか水星のサイクルでも使えるでしょう。

人の一生に相応するサイクルは天王星の公転周期84年です。一方で人間の一生はだいたいこのくらいの期間だからので、いわば土星は学校を卒業して定年するまでの30年弱なので、社会生活の輪です。

一生を春夏秋冬の四つの区間に分けたものとしてよく知られているのは、マヌの法典の四住期です。これは「アーシュラマ」ともいい、バラモン教徒の生活の基本的なルールでもあったのです。バラモン教の法典では、シュードラを除く上位3ヴァルナの階級で、人生の四つのサイクルを経験するべきで

あると指定されました。

学生期（ブラフマチャルヤ）	ヴェーダを学び、成長する段階
家住期（ガールハスティア）	子をもうけ家を維持する段階
林棲期（ヴァーナプラスタ）	引退して森林に隠棲する段階
遊行期（サンニャーサ）	世の中を捨てて、遊行する段階

これは生活というものと、もう一つは瞑想とか修行によって悟りを得るという対立しがちなテーマを両立させようとして、編み出された方法だと考えられています。今日では、この瞑想・修行・悟りなどを追及する人は非常に少ないので、とりわけ遊行期というものを理解することができないでしょう。その代わりに、引退した後に趣味を楽しむ時期というふうに置き換えられます。

物見遊山としての旅行の遊という漢字は、遊行だということです。ホロスコープは円環構造の時間で考えますから、最後の部分は、次のサイクルにつなぐものと考えられます。

この四住期は、一生を四つに分けたので、天王星の公転周期で考えるのが一番適合していることになります。また出生ホロスコープそのものが、この四つのサイクルというものを内包しています。

アセンダントは生まれを表し、時計周りでMCまでを学生期・育成期。MCからディセンダントまでを働く時期。ディセンダントで引退し、ここからICまでを引退後の活動。ICを死期とみなし、死後の領域をIC後の部分に当てはめます。

MCとICは集団性を表していますが、MCは見える集団性としての社会で、ICは見えない集団としての魂のクラスターとか恒星、集団無意識などを表します。恒星パランを展開しているバーナディット・ブレイディは、アセンダント・MC・ディセンダント・ICという敏感な転換点のどこか2点で恒星と惑星がリンクした時、これらの恒星や惑星がそれぞれのサイクルを強く支配するということを本に書いています。

またホロスコープでは、大きな円は小さな円に反映されるということから、この一生を示す配置図を1年のサイクルの中での四つの傾向としても解説しています。一生の鋳型を毎年、縮小的に体験しているということです。

天王星は公転周期が84年で、これを四つの季節に分けるとすると、一つの季節は21年となります。ホロスコープは、出生時の天王星とトランジットの天王星がそれぞれ90度・

180度・270度になる時が、この四つの周期の節目です。生まれてから21歳までが学生期で、21歳から42歳までが家住期です。家とは社会という意味でもあります。42歳から63歳までは一度引退して、第二の人生を歩む時期です。63歳から84歳あるいは死期まででは、死後の世界を考え、それを意識しながら今の生活を調整するわけです。

このようにしてマヌの法典式に分類することができますが、これは現状からすると少し不自然に思う人も多いはずです。2000年以前に、大手企業が45歳を定年と決めた時期がありましたが、今日、定年退職はだんだんと廃止しようという風潮もあり、死ぬ直前まで働くという方針に少しずつ変更が起こりつつあります。これは直線時間、すなわち人の人生が中空に浮かび、その前も後ろもないという、どこにもつながらない孤立した世界観の中で初めて成り立つ考え方です。死ぬまで働きたい人はたくさんいますが、しかし一つの円は次の円につながり、またそれらはより大きな円の一部を構成しているという円環型時間の考え方からすると、次の円に接続するためのつなぎとしての晩年が重要であることになるのです。直線時間の概念の中で人生は一度きり、今しかないと思う人は、ぎりぎりまで働く方がよいと思うでしょう。

今日の定年退職をなくし、一生働くというのは、社会内の合意的現実を基準にして、それをぎりぎりまで延長したものなので、晩年も活動期の従属物とみなされ特有の価値がありません。となると体力的に衰えた老人はたんに効率の悪い働き手でしかありません。

禅の十牛図では、第九図で山の上に隠棲し、そこで外宇宙と接触します。古い時代には、異次元との接触はたいてい山の上で起こると考えられていたのです。そしてここで習得したことを、第十図「入鄽垂手」の段階で、山から降りて町の若者に教えます。10の数字は、サビアンシンボルでそれぞれのサインの10度が外界へのプレゼンであると説明していますが、そのように違う環境にいる人々に伝えるという意味があります。ハーモニック10では子孫・弟子に伝えるということもあります。

十牛図では、社会的に成功した第七図で、山の向こうには異なる世界があることを忘れてはいけないということから、山に向かって拝む人の姿が描かれます。社会内活動をしている時でも、それがあることを忘れてはいけないというのは今日ではあり得ない話です。

こうした次の次元、より大きな世界、未来的なものというビジョンを提供することができなくなったのは、宇宙的な法則から人類が孤立したという、土星の閉鎖によって生じたものです。

9 シュタイナーの『オカルト生理学』における惑星の解釈

ルドルフ・シュタイナーは、人体と惑星の対応関係について言及した連続講義をしています。これは翻訳本としては『オカルト生理学』(高橋巌・訳、筑摩書房) として出版されています。人間は宇宙の縮図であるといわれていますが、太陽系の惑星が身体の中で何に対応しているかも説明しています。

シュタイナーとある程度同時代の思想家でもあったG・I・グルジェフは、七つのサイズの異なる宇宙的な階層について説明し、それぞれのコスモスは他のコスモスとの間に無と無限の境界線があり、通常はこの境界線を乗り越えることができないことを説明しています。無とは文字通りその先は無も無いも見えます。その先を想像することができません。無限とはより小さなコスモスとの境界線ですが、これは法則が無数に分岐した結果、そのコスモスの個別な性質については認識できなくなってしまうことを示します。数が増えるように、分岐することで、より下のコスモスが形成されますが、この数が増えすぎると、それは完全に無機的なものになってしまい、その中に入り込むことなどができない状況になります。私たち人間のコスモスを基準にした時、私たちの体内にある組織・器官などはミクロコスモスと表現することができますが、これらを解剖学的に、外面的には認識することができ

ますが、しかしその働きについて内的に理解することはできません。ここにも私たちのコスモスとこの身体内のミクロコスモスの間を無限の壁が阻んでいるとみなすことができます。

グルジェフの説明によると、このミクロコスモスのことを理解すると、人間の知覚力は同時に、人間よりももう一つ上のマクロなコスモスにも進展していき、原子に対して感じることと同じことを、惑星などに感じるということになります。

シュタイナーは人体の臓器などの内的な作用から見ていくので、宇宙に対しても、また人体の内部に対しても、その働きを内的に理解するということはできなくなっています。今日の科学や医学は、人間の視点という単一のコスモスでは大と小のコスモス、どちらにも行けなくなっています。その点では大と小のコスモス、どちらにも行けなくなっています。

(1) 血液は統一的な自我の乗り物

人体の中でシュタイナーが最も重視するのは血液です。シュタイナーの思想では、人間を自我とアストラル体とエーテル体、肉体という四つの階層で考えます。科学で認識できるものは物質なので、ここで認識される人間とは物質肉体的な領域のみです。それぞれの性質を理解するのによく使われ

204

第1章　西洋占星術のホロスコープを読むのに必要な基本的な要素

ている考え方としては、肉体は鉱物組織の力を借り、エーテル体は植物の力を借り、アストラル体は動物の力を借りているという考え方があります。

シュタイナーによると、血液は自我が乗り物として利用しており、血液は身体のさまざまな場所にくまなく流れていますが、血液そのものは全体に統一的な性質を持っているということです。成分に微妙な変化は生じますが、これらは液体として全部がつながっているので、それは単一の性質であるといえます。これは自我に似ています。私たちは子供の時代から大人になっても一つのものであると認識しています。

この血液は身体のさまざまな部位を移動していますが、身体のさまざまな部位はみな異なる性質や役割があり、同一のものはありません。この関係を例えてみると、動物園とか遊園地をくまなく移動するレールのようなものがあり、モノレールのような乗り物がその上に乗って、動物園や遊園地を巡回しているという光景を思い浮かべるとよいでしょう。ここを移動しているのは、私たちそのものです。乗り物が私たちではなく、私たちは乗り物に乗っているのです。

血液は液体ですが、さまざまな異なる場所を移動しつつ、血液そのものは統一的で変わらない、つまりずっとつながっているということが液体の性質を物語っています。血液は統一的であるがゆえに、それは形を持たないということです。

形を持つと、それは特定の場所の何らかの役割を担い、そこに閉じ込められるか固定されますが、どこにも拘束されず、統一的であることは、すなわち形を持たないということなのです。

その昔、私は体外離脱をしてある星に向かって移動しました。その時には、私は筒の中を回転しながら移動するためには何らかの役割・性質を持つ形を失う必要があったと思います。

形や役割、個性、特定の欲求のあるものはアストラル体です。アストラル体は動物の力を借りているといいましたが、それはたくさんの動物がみな違うように、それぞれに違う性質を持っています。さまざまな臓器の区間を自我が血液に乗って移動しているという光景を、動物園の中を電車が移動していることに例えましたが、宮沢賢治の「銀河鉄道の夜」の中の、鉄道の光景も同じようなイメージです。種々の臓器はアストラル的な性質です。

血液という自我の乗り物は、身体の中にある神経に接触します。血液と神経は常に結びついて働いているので、そこに私たちは「自分」という意識を確立します。しかし血液の働きを神経から切り離し、神経が伝えてくる情報を、血液＝自我が受け取らないと、これを自分といえなくなり、自分という実感を失い、「これはおまえだ」という受け取り方になるとシュタイナーは述べています。まるで高次な存在が自分の

中に聳(そび)え立っているかのように見えるというのです。

血液は心臓から送り出されてまた心臓に戻りますが、心臓から送り出される血液の流れは二方向に分岐していて、一つは生体の外部からの印象を取り込むために上に向かいます。その一方で下に向かう流れもあり、これは身体の内部からの印象を取り込みます。心臓はこの内部と外部の両方の情報を取り込んでいるといえます。脳は内臓器官に対応しており、脳と同じように、内臓も胸腹腔に収まっていて、脳は外界の印象を受信し、また内臓は身体内部の印象を受信していることになります。

この上に向かう流れと下に向かう流れは、神経系では脳・脊髄神経系と、交感神経系（ならびに副交感神経系）に対応します。生命を一つの円と見た時に、図式としては脳・脊髄神経系は円周から外へ向かっていて、外界の印象を血に書き込みます。交感神経・副交感神経系は円の中心から円周へ向かっていて、生命の内的生活を運営しています。この交感神経系は、生体に養分を行きわたらせたり、体温を保ったりします。身体内部の印象は、交感神経系による回り道を経て、血液という自我の道具に書き込まれているのです。

上方に向かう脳・脊髄神経系との関係を切り離し、反対に、血液＝自我を交感神経との関係に集中させると、肉体の中の内界の情報がやってくるということになります。脳・脊髄神経系的にものを見るとは、外面的にものを見るということ

とでもあり、身体の中の臓器を見ても、解剖学的・生理学的に外から見る姿勢になってしまうのですが、血液＝自我を交感神経に集中させると、内臓の外観は、それらの内的な本質とはおおいに違うことに気がつきます。シュタイナーによると、内臓を交感神経的に見ると、それは光輝く宇宙体のように見えるといいます。

この心臓よりも下の流れでは、栄養過程を継続するために働く組織の中で、まず脾臓が血液の流れに自らを差し出しています。脾臓の中には血液の充満した組織が埋め込まれていて、血液がその中を流れていく篩(ふるい)のように見えます。次に肝臓があり、また肝臓は胆汁を分泌し、それは胆嚢の中にある内液に送り込まれます。脾臓・肝臓・胆汁は人間の内なる土星・木星・火星に対応しています。

この内的な体験は、通常は交感神経が覆い隠していることで自動化され、知覚に上がってこないようになっており、私たちはそれを印象としてあまり取り込むことはありません。占星術で活用される土星・木星・火星も、実は細かくは意識しておらず、特に土星作用になると、日常生活の上では意識していません。

アストラル体は動物界に似ているといいましたが、神経組織の目に見えない霊的原像です。原像と模造との関係として、植物はエーテル体（しばしば「生命体」と訳されます）と対応し

ていますが、植物には内的体験がありません。この内的体験が、動物を植物から区別しています。人間はさらに動物と違い、自我を持ち、これが血液と関係しています。動物にも血液はありますが、自我の道具として使われていないという話です。

臓器は役割が違いますが、血液は同一で、それが動物園のいろいろな動物のブースの前を移動することでたくさんの動物のバラエティある作用を、一つに統合化しています。しかし、ちょうど単一の自我が表象や知覚、意志衝動、感情などに分かれた魂の営みに関わっているように、血液は、体内を流れる間に変化させられます。生まれてからずっと同じ自我ですが、満たされる内容はその都度変わるのです。自我は外界の情報を見たり聞いたりしますが、さらに記憶から出てくるのも受け止めています。

（2）脾臓の役割、土星の閉鎖

脾臓は土星に関係していると説明しましたが、脾臓のリズムは他の内臓のリズムと違ってとても不規則です。血液の移動のリズムは規則的です。それはさまざまな駅や場所を規則的に移動する電車のようなもので、日本では特に電車は駅に正確に到着します。

ところが食べること、飲むことのリズムはそれに比較するとかなり気ままなものです。会社員などをしていると、飲食に関して規則的な規律が保てません。宴会があったり、急にミーティングがあったりします。この不規則なものは生体に悪影響を与えますが、それを正常なリズムに移し替えて、血液が必要な規則的なリズムを維持するようにするために、脾臓が調整の役割を担っています。

脾臓は制御装置として、消化過程の不規則性を調整して、養分が血液循環の中に規則的に取り込まれるようにする役割を担っており、膨らんだり縮んだりします。脳・脊髄神経系と血液の連絡を切り離し、交感神経系への血液の集中という意識的な作業によって、この宇宙的な作用を見て取ることができるといいます。

脾臓に対応する土星は、他の宇宙的な影響から太陽系を切り離して、独立させる作用として理解されます。それは太陽系という活動の規則的なリズムを作り出すためです。土星の軌道の内側に太陽系の作用が閉鎖的にまとまっており、太陽系自身の法則はこの内部でしか働いていないというのがシュタイナーの説明です。この点で天王星・海王星・冥王星は、この独立した太陽系のリズムを、再び外界の宇宙に結びつけようとしていると考えるとよいでしょう。しかしこれは土星の篩がなければ、太陽系にとっては有害なものを持ち込みます。

生体は、外界からある程度独立した働きを維持しています

が、これが土星としての脾臓の役割です。また脾臓・肝臓・胆汁、並びにそれらと胃との共同作業は、養分に含まれた外界の法則を人体内のリズムや内的構造に適応させようとする働きです。

これらによって、人体は完全に孤立した存在になりますが、しかし自我は一方で直接外界に接触するようなこともしています。これは小出しに、外界に接触していると考えるとよいでしょう。まず孤立した生体が作られ、次に微量に外界との接触も生じるのです。

外界との接触の最大のものは、栄養素を外から取り込むことです。次に、血液は肺に流れ、外なる空気に触れることで、外の印象を取り込みます。肺臓は、脾臓・肝臓・胆汁とは対立した組織であるともいえます。内的に調整された血液と外界との接触をした血液は、心臓の中で統合化されますが、脾臓・肝臓・胆汁と肺臓の対立した働きの関係性は、腎臓によって調整されています。

天体との関係では水星は肺臓に。腎臓は金星に。次に地球の公転周期に同一視された太陽があり、これが心臓に対応します。心臓は水星、金星という内惑星グループと関わり、さらに身体内部で、取り込まれた栄養を規則化する脾臓・肝臓・胆汁、すなわち土星・木星・火星と結びついています。

外界・肝臓との接触は、グルジェフの食物エニアグラムでは、食べ物として身体に入ってくるもので、次に呼吸による外界と

の接触です。最後に、印象としての外界との接触があり、この食物⇒呼吸⇒印象という三つをインターバルと関連づけ、人間の自由意志が関与できる場所と説明しています。この三つの要素すべてに自我の乗り物として血液が深く関与しています。

一番重たい領域としての食物にも接近しています。変化した血液を自我の表現にするために、栄養過程の発端に働きかける作用として、幽門血管系が肝臓の中に血液を放射し、そして変化した血液から胆汁を作り、その胆汁を直接養分の流れに流れ込ませます。自我は、血液過程の末端で、養分の流れに直接向かい合うことになります。

（3）知覚作用としての排泄

シュタイナーが生理学について考える時に、今日の科学・医学とは異なる発想をしたのは当然のことといえます。自我⇒アストラル体⇒エーテル体⇒肉体という四つの階層で考えた時に、肉体以外は物質としては認識されないので、どのような計測器でも検出できず、それは科学的には存在しないといわざるを得ないからです。

人体は偶然の賜物として形成されたのではなく、それは特定の意図に沿って形成されます。まずは非物質的な磁力のようなものがあり、そこに物質の素材が引き寄せられることで

肉体が生成されます。まずは働きがあり、その後に、組織があるということです。この形成原理・鋳型原理のようなものがエーテル体です。すべての神経系はアストラル体の表現であり、腺組織はエーテル体の表現、栄養素の転移の課程は肉体の表現と考えられます。

身体の中にある組織では、エーテル体の力が弱い場所もあり、そこではよりアストラル体の力が強く働きます。また自我の力がより強く働く場所もあります。物質的な影響が強い組織は排泄器官と腺器官、つまり分泌器官で、排泄は物質的な領域でのみ意味を持つものです。これらは取り除かれると生体は生きていくことができませんが、脾臓などは取り除いても生体は維持できます。しかし肝臓と腎臓は、肉体と共にエーテル体とアストラル体にも依存しており、内的な器官として最も霊的な要素の強いのは、脾臓であるということになります。

脾臓は休みなく変化する飲食のリズムの中で、人体の規則的なリズムを形成するために調整をする器官だと説明しましたが、つまり川の流れのように流動する中で、一定の鋳型を維持するような作用です。つまり生体には意図のもとに、その生体の鋳型とか規則的なスタイルが作られますが、生体を流動的な自然界の中に浸しても、この継続的な型が維持できるようにするということです。霊的なものとは、このような継続性ということに関係します。

見えない磁力のような生体の鋳型があり、これをエーテル体と呼んでもよいと思うのですが、そこに物質素材が磁石に引き寄せられる砂鉄のように集まってきます。この場合、物質素材はこの見えない身体よりも振動密度が低く、すなわち粗雑なので、見えない身体の鋳型にそのまま沿っているわけではありません。設計図の意図に比較するととても使えそうにない荒っぽいものや純度の低いものが含まれています。このような時に、鋳型は自分に適するものを取り込み、適さない余分なものを排泄します。

その点で、排泄器官は純粋に物質的な領域でのみ意味を持つということになるのです。また内臓の領域では、この排泄以外に、食物素材の変質を要求します。食物には食物の秩序があります。私たちが魚を食べた時に、魚にはそれ自身の意図や鋳型、生存目的があります。それを人間の体内にそのまま取り込むと、人間の生体を破壊します。そこで、この取り込まれた食物を解体し、人間に必要なものに変形させます。もし必要なものに変形できないのならば、それはそのまま排泄されると考えるとよいのです。

私たちは何かにぶつかる時、「痛い」と感じます。この痛いと感じることが知覚であると考えてみましょう。知覚とは抵抗を感じる時に働き、この抵抗は、排泄と関係しています。受け入れないと決めた時に、取り込んだものに抵抗して、外に排泄するのです。あるものを取り込み、あるものを吐き出

す。これは言葉でも同じことです。ある言葉を選び、他の言葉が思い浮かんでも、それを取り上げることに抵抗する。拾っては、これではないなと思ったり、そうやって会話が成り立っているのです。

血液が自我の運び屋ならば、血液が排泄作用をする時にのみ、自我を意識することができるともいえます。肺に向かい空気を含み、そこで余分な成分を排泄します。この時に自我を意識します。

脳・脊髄神経系は外部からの印象を血液に伝えますが、交感神経系は内部の活動の状況が血液に届かないように自動化しています。身体の内部的には食物の変化が盛んに行われていますが、この組成物の変化は、細かくは伝わりません。それはシュタイナーの説明では暗い意識で感じるものと定義されています。それは全く感じないわけではなく、意識の表面では気がつかないだけです。自動的に運動しており、いつも自動的に運転されているものを意識しないというのは、私たちが回転する地球の上で生活していながら、地球の回転を感じないのと同じです。ですが、この意識できない領域は生体の維持の基盤作用として生体を支えていて、身体のさまざまな部位では、意識できるものと意識できないベーシックな支えの領域の対峙があります。

例えば、松果腺は外的な印象を入り込ませないための最後の前哨点とは、人間の内的生活を

して働きます。正常でない状態に陥った時には、一方から一方への干渉が発生します。消化器官が上手く機能しないと原因が特定できないまま、何となく不快になります。また感情が激しく動揺すると、それは内部の生体器官に悪影響を及ぼします。

肉体⇩エーテル体⇩アストラル体⇩自我という四つの階層は、双方向で情報を伝え合うので、思考が肉体へ影響を刻印するという作用もあります。思考過程は血液と神経系の境界で生じますが、思考過程と塩の沈殿は対応し、思索を続ける人の中にこのような結晶化が生じるといいます。また、感情は液体を半熟卵のように固形化します。意志は体内では熱に対応し、体温の上昇は血液の脈拍と対応します。

骨と皮膚は似たものがある組織ですが、骨は生体を支えています。一定の形に支えるということと、安定した自我の働きには密接な関係があり、この骨の中に燐酸石灰とか、炭酸石灰として、塩の沈殿がみられるということになります。血液は思考の道具であるかぎり、ほとんど自分自身に依存しています。血液が他の人体諸器官から区別されるべき点の一つは、自己活動のための支えを他の諸器官からはごくわずかしか受けないですむことにあります。血液は自我の乗り物ですが、血液と皮膚の関係は、脳と脊髄の関係に似ています。

ヨガでは主人⇩御者⇩馬⇩馬車などという区分で例えますが、自我⇩アストラル体⇩エーテル体⇩肉体は、人体

の中で、工場の建物として、機能的に構築されています。

食物が人体の中に入ると、エーテル体が持つ形成原理に沿って加工されます。そこで、栄養は人体との関係で意味のあるものに変換されます。取り込まれた栄養はさらに作り変えられて、人体の中のアストラル体や自我の活用する諸器官に仕えるようになります。古典的な占星術では天体は七つと考えられていましたが、消化器官を加えると肝臓や腎臓、胆汁、脾臓、心臓、肺臓などがそれに該当します。この内部においての、養分が作り替えられるプロセスは、交感神経によって覆い隠されています。

知覚意識は、排泄や抵抗を伴う成分の変質作用で働くのですが、一番初期のプロセスであるエーテル体、すなわち植物的な領域を感知するのはとても難しい。また植物以上の存在になるには、内的経過の体験が必要です。知覚の基礎は排泄機能だとすると、それは身体のあらゆる領域から、リンパ管に及んでいます。排泄物はリンパ管の中に流れ込むからです。ここまでは無意識に働き、それを意識的にとらえる人はいません。このリンパ管は、進化すると血管になると考えられています。原始的な生物は、このリンパの段階までしか形成されていません。リンパ管は身体の内部に閉じ込められており、血液のように外界の印象を取り込むまでに発達はしていません。

特定の器官が強く働きすぎると病気になるということに関して、シュタイナーは外的にそれを抑制するために、反対のものを摂取することについて言及しています。特定の器官が強く働きすぎるというのは、おそらくその器官のアストラル的な作用が強くなり、その分、物質的な要素の比率が減ることを意味すると思われます。

抑制するとはその器官を地面に引きずり戻すことです。ここで、木星は錫が抑制します。胆汁の過剰は鉄によって抑制されます。鉛は脾臓で心臓に含まれる唯一の成分であり、自我の道具です。鉄は血液の中に取り込むことに、これらは伝統的には、熱して金属蒸気として取り込むことになります。塩分は血液に作用します。

（4）自我と太陽の関係性

内臓はアストラル的に働きますが、心臓によって初めて自我意識を獲得します。それは外に開くことで可能となるので、ここでの心臓に対応する太陽とは、太陽系の中心にある無の中心としての太陽ではありません。水星・金星という内惑星グループと、火星・木星・土星という外惑星グループをつなぐ仲介的な地球のことであり、私たちは地球に住んでいますから、この地球的な自我としての太陽が私たちの自我になるのです。それは惑星に投影された太陽でもあるといえます。

自我の運び屋としての血液はさまざまな器官を流れており、

211

対立する流れを心臓において結合するので、この抵抗と交流という関係性の中で、惑星が象徴するアストラル意識の上位にある自我が心臓において目覚めますが、これはまだ器官と結びついたところで働く自我であることには違いありません。

太陽・心臓との関係を切り離すと成立できなくなる自我なのです。血液は電車のようにさまざまな動物ブースを通り過ぎますが、心臓も含めて、場所に長期一体化しないようにするには、血液作用自身の中に排泄機能を持つ必要があります。この強い排泄作用は、最終的には、地球を意味する太陽に対しても同一化しないというところに至ることになるでしょう。

シュタイナーがここでいう太陽、また占星術で扱われる太陽とは、地球のことであり、それは他の惑星と同じくアストラル体に対応しています。特定のアストラル体に同一化しないことで自我の独立性が生まれますが、もしそれでもあえて同一化するならば、全惑星としての太陽にも同一化すべきであり、地球としての太陽にも同一化しないことが重要になってきます。アストラル体としての惑星には、それぞれの役割に密接に関係した欲求や欲望があり、これらのどれかに同一化した自我はその本来の役割に飲み込まれてしまい、自我としては偏っており、その本来の役割を果たせなくなります。気に入った動物ブースの前で長く電車を止めてはならないのです。動物園の中では決してどこにも立ち止まらないということとです。

人体の中の話から離れて、一般的な生活に置き換えてみると、人は特定の場所に住み着くことにも、どの環境のどの地域の文化も、自我からすると染まるものではないのです。どこかに定住することが正しいと考えるようになったのは、日本では織豊時代からです。これは支配者が住民の地位を管理し、またスパイになりうる移動者を無縁の存在として地位を落とすキャンペーンをしたからです。しかし自我の立場としては、特定の場所や役割、欲求に長く住んで、いつのまにかそれに染まって同一化することを避ける方が本来の姿なので、一定期間を経るとリズミカルに移動する血液のような生き方がよいことになると思います。

自我は惑星、全惑星、そして太陽系を統合化する中心点としての太陽へ。その後、さまざまな恒星を巡回する電車へと乗り物をシフトさせるのがよいのです。自我がより高度となったものを「霊我」というらしいのですが、それぞれのレベルでこの自我を育てる土壌がより大きくなっていき、下位の階層の影響力から独立するための排泄機構が生まれてくるのです。

人間を媒介にして、その上にある大なる宇宙としての惑星作用があります。また小なる宇宙としての身体組織は共鳴します。小が大に影響を与えることはありませんが、大は小に

影響を与えます。したがって、占星術は人体のさまざまな作用に働きかけていると考えるとよいでしょう。また生体や有機体は土星によって孤立します。そのため地球上の人類社会も、自然界や宇宙の律動からは土星作用で孤立しています。

この場合、切れ目としてのケンタウルス惑星帯があり、その外に天王星・海王星・冥王星がありますが、これは人体としての生体の働きには貢献しません。むしろ人体を宇宙的なリズムに結合するので、それは単独で成立する人体または人間社会などの孤立性を緩和することになります。

占星術の中の天王星・海王星・冥王星は、社会活動の中での活動に役に立たないとみなしましょう。それはもっと別の働きのために確保されていると考えます。そして自我は、そもそも血液に関係しない領域です。これらは人の形を持たないという領域です。そして自我は、そもそも血液に関係し、これは特定の部位と場所に関わらず、あらゆる場所を移動します。それは管の中を液体を持つ統一的な質を持つ液体に例えられ、この管化するということに天王星・海王星・冥王星は関わっています。人間の一生よりも数倍長い公転周期を持つ海王星や冥王星は、そのようなものだと考えるとよいでしょう。しばしば管は、蛇や龍のような生き物にも例えられます。土星以内の惑星は、この管が通過する動物ブースです。

なお、水星・金星は外界に接触し、火星・木星・土星は身体の内臓に関わり、それは交感神経によって遮断されていますが、マクロな宇宙に対しては、この構造はちょうどひっくり返したような形になります。腸をひっくり返すと形態論的に、地球に似てくるのと同じように、反対に考える内側にある火星・木星・土星は、より大きな宇宙に関わり、そして水星・金星は身近な感覚で認識できる小さな宇宙に関係します。水星・金星が意味する身近な、感覚で認識できる外界です。そこは人間が住んでいて、都市があり、生活する目を見開き、昼の光の中で見える身近な、感覚で認識する感覚組織を使って、大宇宙を認識することは不可能です。

グルジェフのコスモスの説明で説明したように、ここには無と無限の壁があり、今、私たちの目覚めた意識ではそれをいかなる形でも見ることはできないのです。私たちはこの大なるコスモスに向かっては、夜眠った時に、火星を通じて飛び出します。また朝目覚めた時に、金星を通じて感覚領域としての小さな感覚的な世界へ導かれます。

10 速読するための手順

(1) 月、太陽、土星の三つの天体を組み合わせて読む

出生図を読む時に、できるかぎり早く全体像をつかんでリーディングする目的では、私はよく月・太陽・土星という

三つの天体の組み合わせで読みます。

月は人生の出発点であり、それは年齢域では生まれてから7歳までを示しています。その時に、その人の基礎的な体質や人格パターンが作られ、それは自動化されて、当人は意識しなくなります。意識しないからこそ、それは自動的に繰り返され、本人からするとゼロの状態ですが、他人からはよく見えるキャラクターともなります。

月は惑星の周囲を回っている衛星です。ですから、惑星の働きに従属しており、その惑星の拡張力に対しての抑止力の原理を担い、中心にある惑星の外周を締めつけている影の原理を担い、中心にある惑星の外周を締めつけている媒介として働いているのです。となると、月から見る世界とは身近なことしかわからない、狭い範囲のものだといえます。月には惑星の視野はないのです。

月は惑星よりも次元が一つ下にあり、それはより物質に近いともいえます。その人を物質的な生活につなぎとめる媒介として働いているのです。となると、月から見る世界とは身近なことしかわからない、狭い範囲のものだといえます。月には惑星の視野はないのです。

子供は親にぶら下がって生きています。親が転勤になってもその事情はよく呑み込めません。家族ごとどこかに引っ越した時に、家族との関係は変わらないので、環境が変わったことをあまり強くは意識しません。もちろん学校に通っていることをあまり強くは意識しません。もちろん学校に通っている子供ならば環境はかなり違うことを自覚します。つまり惑星に該当するものがどこかに移動しても、そこに張りついている月からすると、その移動はあまりよくわかっていないのです。

このように惑星にぶら下がっているのが月の位置づけなので、惑星に対して、何か発言したり、能動的に働きかけりする力はありません。しかし足を引っ張ることはできます。ホロスコープの中で、月は惑星に対しては従属的で、何か自分の方から積極的に打ち出すことはできないのです。そしてそれは惑星の下部構造として惑星のフォルダを開くと、この中にたくさんのファイルが展開されるというような印象です。

月にもっぱら同一化して生きている人は、必ず惑星を体現している人に従属する生き方になります。惑星に依存しない生き方をしたい時には、惑星のレベルにまで視野を拡大しなくてはなりません。

もし夫婦生活において、妻というものが月で夫が太陽という分業が起きている時には、月としての妻は生活の細かいことを担当することができても、生活全体の決定権は持つことができません。小さい範囲のことだけをしておいてほしいということになります。昔、流行っていたドラマ「赤かぶ検事シリーズ」で、主役のセリフの一つは、奥さんに対して「お前は家の中のこととご飯だけ作っとりゃあええ」というものがありました。こうした夫婦の役割分担は、太陽と月の分担ですが、一人で生活する場合には、この太陽と月の両方を一人が行うことになります。

結婚制度は富国強兵を作るためのシステムとして始まりましたが、つまりここでは子供を作り育てるということが前提です。

にあります。小さな子供は月であり、母親は惑星的な役割と月の間にいて、子供を成長させる誘導の役割として、惑星と月の中間にいるような位置づけでもあるでしょう。

その反対に男女は共に平等であるという観点からすると、太陽と月の役割をそれぞれ夫と妻に単一的に託すことに問題が発生します。例えば、社会への女性進出を推進するという ことが政府の方針として打ち出された時、惑星レベルで機能する女性が前提になるでしょう。惑星としての役割を発揮するには、月に引っ張られすぎてはなりません。生活の中で月が占める比率を減らさなくてはならないのです。もし管理職になるのならば、惑星レベルに明らかに不足があります。

惑星レベルでの意識というのは、苦手な惑星もあるから で、そうなると、管理する人の中に必ず苦手な人が出てきます。管理する上でちゃんと相手を理解できないことになるのですから、公平さの欠けた上司になってしまいます。

夫と妻に、太陽と月という極端な分業をせずに両方が太陽と月をする、ということが理想的です。ヘリオセントリック占星術の視点では、月の比率を減らすどころか、月そのものが視野に入らなくなります。そして地球と月をセッ

トに考え、月のことは地球に託して、太陽は一切タッチしないということになります。

月のみでは人生の発展力を発揮することができません。同じことを繰り返して、発展がないのが月だからです。未来はこうしたいというビジョンを持つことができないのです。その人の人格の基礎ができたのちは、今度は未来に発展させる力ということで、太陽がクローズアップされます。

太陽サイン占いの弊害としては、太陽はその人が既に持っている性格ではないということを忘れてしまいがちなことです。太陽は発展の可能性であり、この方向に自分を伸ばしたいのですが、それが実現できているかどうかはまだわからないのです。

最近、10人くらいの人を前に、一人ずつ公開カウンセリングをするという場で、だいたい7人から「これから何をして生きていけばいいのか。自分はなんの目的で生きているのか。教えてほしい」といわれたことがあります。中には太陽が柔軟サインの25度にあり、可能性の不要なものをつぎつぎとカットするという度数の人もいます。ですがこれはこれで可能性を見出すのならば、それを発揮できる具体的な活動方向はいくらでも思いつきます。自分の目的がわからないというのは、太陽が開発されていない、活用されていないということと同じです。最近はこういう人がますます増えています。

とはいえ、これは太陽そのものではなく、太陽の力を地

星術で扱われている太陽は地球的なエゴを持ち、個人としての発展力を表わしています。

そのことで、その人の活動は惑星としての地球と等価の範囲に拡大され、惑星の周囲を回る依存的な生き方から、自立した存在へと変化します。惑星は太陽に対しては依存していますが、太陽系内においては、この太陽に依存しているという自覚を自覚するには、太陽と等価の恒星意識に至る段階で初めて自覚されるものだといえます。全太陽⇒太陽⇒全惑星⇒惑星⇒全月⇒月という次元連鎖の中で、通常の占星術は、太陽というものを地球範囲にダウンサイジングしていますから、恒星よりも上にあるコスモスを除去した範囲のものです。

そこで、惑星は依存的であるというヘレニズム時代の思想は、占星術の中ではあまり扱われません。私たちは社会に対して依存的ですが、しかしこの社会が作り出したシステムの中で働くということを自立したといいます。自立の基準としては、社会から独立することを意味しておらず、むしろ、社会に正常に従属することを自立するというふうにみなすのです。一人で生きていくといっても、買い物一つするにも社会システムの中で多くの人が協力して出来上がっているものに依存しなくてはならないのは当然です。一人暮らしで毎日パンばかり食べているといっても、パンは誰かが作ってくれたものです。

地球の範囲に縮小したものです。地球が公転しているのですが、あたかも太陽が地球の周りを回っているかのように見えます。その意味で地球の範囲から見た太陽というのは、太陽系の中で唯一動かず、いわば無の領域のようなものです。ここにはサインなどという色づけは存在しません。

もし色彩が、色とその補色が対になっていると仮定すると、緑色のものは、透明なものをと見るとそこに反対の赤色を見るということになります。二極化されたものは、二極化されていないものとのを見ると、そこに自分が記憶喪失した反対位相のものを幻視します。ですから太陽サインは、太陽というう無色なものに地球色が投影されているという点で、地球サインとは反対のサインになるともいえます。

偏った特質を得たものは元に戻るためには、その反対のものを手に入れなくてはならないという意味です。精神世界では、「非二元」という言葉が頻繁に使われているようですが、太陽系の中ではこの非二元とは太陽のことです。占星術で見ている太陽からこの太陽に行くには、反対のものをぶつけてはならないことになります。

太陽には反対極のものが投影されるとはいえ、占星術で活用される太陽というのは、地球の中で創造的な太陽の代理人として働くことをしており、地球の地表にくまなく太陽光線をばらまくような例えで考えてもらうとよいと思いますが、地上活動において創造的な行為をすることを意味します。占

一方で、ヘリオセントリックの占星術では、太陽系の中心の太陽を基準にして考えますから、惑星の役割を全うすることを自立するとはいいません。それは人間以前のことで、地球のこの場所に立ち、太陽は地球のことを示しているので、地球のこの場所に立ち、ここで可能性を発掘する人生を自立の基準は全惑星レベルになることです。むしろ惑星がまだ未発達の場合にはそれは不完全な、まだ人として自立できる段階に満たないと考えるのです。

グルジェフが提示する「括弧のつかない人間」というのは、法則24で機能する人間であり、これは占星術的にいえば、全惑星レベルで生きている人に近いでしょう。この全惑星レベルでは、いかなる惑星も影に押しやらない、そして全部を統合化するということです。これは一般的な見解からすると明らかに過酷な要求で、ここから見ると、今日の社会は志を失っただらしない社会ということになってしまいます。多分、今日の社会では、一人の人間という基準は一つの惑星か、あるいは惑星と月の中間にあるような状態を標準にしています。

グルジェフが要求しているのは、最低20人の人間を養えるようにならなくてはいけないということですが、今日的な人間は、自分一人を維持することさえ難しいケースもあります。経済面だけでなく、心理的に自分を支えられないのです。ですから、例えば震災などがあると、政府や電力会社に責任を押しつけたりもしますし、精神も壊れてしまいます。世の中では自分で受け止められないものばかりがあり、生き続けるのが大変です。

月の時代が終わり、太陽を読む時、それは惑星としての自分を発見することであり、太陽は地球のことを示しているので、地球のこの場所に立ち、ここで可能性を開拓する人生を見出すことを表します。太陽はその可能性を開拓することであり、他の人の面倒を見られるほど余裕があるものではないのは既に説明した通りです。昔の占星術の教科書などで、太陽を支配的な人や上司、指導的な人物などに当てはめたものがありますが、明らかにそれは言い過ぎで、地球サイズとしての太陽にはその力はなく、自分の可能性を発掘することで精一杯です。

地球において太陽の代理人として働くという太陽の役割は、いずれは終了します。創造的なチャレンジが終了し、まとめに入る段階で土星がクローズアップされます。土星は見える天体グループの一番外郭にあります。これは惑星全体をまとめる立場です。太陽という大きな自己は、複数の惑星に分岐し、小さな自己が作られました。これは太陽から散らばったものですが、この散らばったものを枠に収めるものが必要です。

土星よりも外に散らばってはいけないということを土星が意識します。土星は忍耐であり、また時には抑圧者に見えるのは、それぞれの惑星を均等に生かすには、どれかの惑星が過剰にはみ出してはならないということから来ています。惑星が七つならば一つの惑星が自分の主張をできるのは7分の

1までです。

甘いものが好きでケーキバイキングに毎日お出かけしたとします。これは金星の過剰主張だといえるでしょう。金星に同一化した意識からすると、ずっと毎日、永遠に金星の喜びを追いかけていきたいと願います。しかしこれは他の惑星の働きを押しのけているような行為です。そこで土星が、ケーキバイキングに行くのは週に1日のみ。しかもケーキは三つまでと規制します。そして週に2日はジムに行き、過剰になった内臓脂肪を減らすよう指示します。それは金星に溺れたい人からすると、土星は意味もなく抑えつけてくる作用だとみなされます。

太陽は内側から拡大するような作用で、土星は外から締めつけるような作用です。ですから、私はしばしば太陽をライオン、土星をライオンの檻とイメージします。また月は、太陽（＝地球）に対してより物質的な狭い方向へ負荷をかけることを意味します。このように考えると、太陽は下に引っ張られ、また外に枠をつけられるというまるで中間管理職のような締めつけがあることになりますが、これこそが月・太陽・土星という関連性の意義ともなるのです。

土星はその人の人生をまとめ、明確な成果を生み出します。地盤を作る月、ミサイルのように飛んでいく太陽、そして落としどころとしての土星といえます。特に日本ではどのような物語も落ちがあります。この落ちが土星だと考えるのです。

土星はすべての惑星をまとめる管理者ですが、ならば、この土星と全惑星意識は関係があるのかというと、ごくわずかに関係があるといえます。土星は一惑星としての土星であるかぎり全惑星意識を理解しないので、それはよけいな抑圧者になります。臆病でどんなチャレンジもしなくなるでしょう。

土星は見える天体の一番外側で、柵のような作用をしているので、それぞれの惑星を見張るようにといわれています。全惑星意識として発達した存在においての土星は、それぞれの惑星の言い分を理解し、その上で権利の均等割りをします。しかし一惑星としての土星は、土星以外の惑星のいずれをも理解していないのです。

理解していない者に管理されると困ることがたくさん出てきます。すべてのことを体験した後に田舎にUターンする人のような土星ならば、それは良い土星です。すべてを知った上で狭い場所、役割の中に落ち着くのです。ですが、受験勉強しかしてこなかった高学歴の人が検事になると、世間知らずすぎて狭い判断は間違いだらけになります。バイクに乗って検事をしてしまう人間と見てしまう検事等、無意識に不良な人間と見てしまう検事もいるという現実に存在します。これは一惑星としての現実に存在します。

月・太陽・土星という三つのリズムでホロスコープを読むことは人生の方向性や時間の中での変化を表すもので、全惑星意識の獲得とは直接結びついていません。理想的な進化という意味では月・太陽・全惑星です。犬あるいはゴラム・準

第１章　西洋占星術のホロスコープを読むのに必要な基本的な要素

（２）ケーススタディ ―コリン・ウィルソン―

人間・条件のつかない人間へという進化ですが、占星術を知らない人に比較すると、全惑星意識への発達の目安をいつも見ることになる占星術学習者は、惑星ひとつひとつをいつも見ることになる参考書を持っていることになりますから、かなり有利な条件を持っていることにもなります。

【コリン・ウィルソンのホロスコープ】

これはコリン・ウィルソンのホロスコープです。生まれた時間が朝の４時半となっていて、ここから計算すると、双子座の終わり29度23分です。双子座の終わりアセンダントは双子座の終わり29度23分で、多くの人々にアピールする個人を意味しているという点で、たくさん本を書いたり、マスコミに出たり、有名になったりということは、自然な成り行きです。

月・太陽・土星のリズムということで読んでみると、まず月は蠍座の14度28分にあり、これは数え数が15度で固定サインのピーク点にあり、生命感覚を強めてその頂点に至ることを意味します。たいていの場合、権力とか説得力とか押しの強さにおいて最も強い場所です。これが仕事のハウスである６ハウスにあり、月はその人のホームベースでもあるので、苦もなく休みなく仕事をするといえるでしょう。

火星の項目で説明しましたが、海王星・火星は特定の時空間の中で限定的に働くのではなく、もっと未知の、つまり「いま、ここ」ではないところに意識を拡大するということに火星が燃えます。その点で火星・海王星はサイキックのアスペクトであり、コリン・ウィルソンの書き物の題材にオカルト的なものが多いことが関係しています。

この火星・海王星と仕事の月は60度の関係です。サイキックの作用が働くのは４ハウスなのでそれは家ともいえますし、また個を超えた集団的な意識に浸ることで刺激されます。４

219

ハウスは個人の目覚めという1ハウスのスイッチを切った時に現れるもの、夜に眠った後でつながるものなどを表すので、資料を探すという行為も大切ですが、コリン・ウィルソンの場合、この無意識の奥に入り込むことで得られるアイデアというものが非常に重要だったのです。

この火星・海王星は太陽と60度だったのです。物書きの仕事はほとんどが家の中か事務所にて行われます。

集団無意識のリソースから引き出してきた活力が、蠍座の月の生命感覚を充てんし、パワーがその中に充満することで、多くの人を圧倒するような力を仕事において発揮するということです。これがコリン・ウィルソンのパーソナリティの基礎です。

次に人生の発展力としての太陽は蟹座の3度34分にあり、日の出直前の位置にあります。このアセンダントに近い太陽は、何でも一人で進めていくことを表します。サビアンシンボルはネズミと議論する猫で、蟹座の初期にあるために、双子座という個人的なプライドを捨てて、より大きな蟹座的な集団意識に道を譲ることを表しています。そのために弱気になるというような意味です。水星は双子座にあり、個人的な

見解とか個人の能力をひけらかす位置にあり、しかし生き方としては自分を低くして大きなものに道を譲る、むしろこの意志を双子座の水星はひけらかしの中で説明しているようにもなります。

4ハウスの入り口には獅子座があり、その支配星の太陽はアセンダント近くにあります。次の4ハウスのサインである乙女座の支配星である水星も、アセンダント近くの太陽のそばにあります。そのため、4ハウスでチャージすることで、そのメッセージはアセンダントとしての個人表現に強く現れます。4ハウスの非個人的なものに浸れば浸るほどに、強くアセンダント表現が出てくるというのは、例えば、リラックスして横になったり、また眠ったりすると、そこでチャージしたものがアセンダントで噴き出してくるのです。夜眠ると、朝になって大量にダウンロードしているものがあり、それを書いていくというふうにも考えてみるとよいでしょう。諦めてぼうっとすると、ふと回答が湧いてくるのです。

コリン・ウィルソンのちょっとした傾向として、金星が双子座の14度にあり、いろいろなことに興味を持ち、気移りしやすいことと、水星が双子座にあることもあり、言葉数が多すぎてうるさい人です。しかしこの金星は、沈潜しパワーを最大に溜め込む蠍座15度の月と150度の関係にあります。つまり集中的でパワフルなものと、明らかに資質が違いすぎるものと、あれこれと無駄なこ
ともいう双子座の金星と、

150度は結びつけ、興味の分散も力の蓄積になります。仕事に集中することとアイデアが出すぎることが連動しているので、作家などのようにたくさんの言葉を出さなくてはならない職業には向いているともいえます。

太陽の話に戻ると、アセンダント近くあるいは1ハウスの太陽は自己主張が強く、何でもかんでも全部自分でしてしまうということで、自立性が高くなります。ただし、ここでいう自立性とは惑星レベルという意味で、もう一つ高い段階においての自立性(全惑星意識)ではありません。社会の中で生活すること、金銭を得て暮らすこと、計画し、自分の野心を満たし、ということです。私はこのような配置の太陽を持つ人に対しては、いつでも「どんなアドバイスもいらない。ほっとけばいい。自分で全部解決するだろうから」といいます。

例えば、アセンダントを牡羊座の0度と想定してハウスのサビアンシンボルを考えてみると、蟹座の4度の太陽は数え度数5度の牡羊座の太陽とみなされます。これはかなり無謀に多くのものを背負い込みながら生きていくことです。話も壮大になります。個人的な肉体に沿った等身大の自我というのは、ずっと後にならないと形成されません。

怒れる若者世代の代表

月、太陽と読んだので、次に土星を考えます。土星は山羊座の21度12分にあり、8ハウスです。数え度数の22度は、社会的にもっと質のよいものを提供しようと思い、競争から降りることを表します。競争に参加するのはもちろん21度の方です。8ハウスは継承することを意味しており、特に山羊座であれば、それは古風で、また伝統的なものでもあると思うのですが、11ハウスにある牡羊座の天王星と鋭い緊張感を作り出しています。

そもそも8ハウスは受け取る、依存する、従属するというもので、決して独立性を発揮しませんし、山羊座というローカルな社会的に順応するというものにもかかわらず、社会的な立場においての孤立性(アウトサイダー的)の姿勢である11ハウス・牡羊座・天王星を強く主張していて、ここにコリン・ウィルソンの独自の人生があると思われます。

もし11ハウスの牡羊座・天王星だけであれば、たんに反抗的・反伝統的ですが、全くそれに相反する蟹座の冥王星・木星と、山羊座の土星の180度と関わっているために、公共的な場に孤立的であることを公言するという裏腹さを発揮します。

アウトサイダーを標榜していながら、全くそれとは反対の性質を同時に持っているというのがとても目立つのです。社会にうるさく言い立てるアウトサイダーというのも不思議です。

月・太陽・土星は、ホロスコープの中の天体では、脊髄的

な中心の役割を担うもので、これ以外の天体は中心的な立ち位置ではなく、陰陽的な作用のどちらかに割り振られます。ですから、その人の人生を考える時、最も重要な柱として月・太陽・土星というものをおおざっぱに読み、その後、特定のテーマごとに惑星を選んでリーディングし、また年齢域順に追いかけてみるというのもよいでしょう。

コリン・ウィルソンの例

月＝蠍座6ハウス	仕事に集中すると生命力が増加する基礎的な姿勢。
太陽＝蟹座1ハウス	多くの人に働きかけるが、何でも一人でできる自主的な人生。
土星＝山羊座8ハウス	伝統的で古い知恵を継承する。

太陽は東側にあり、若い時期には自主的ですが、晩年の土星期になると、西側にあり、人との関係に多く影響を受けるようになり、自主性が減少していきます。そもそも8ハウスというのは依存するとかもらうというハウスですから、一人で孤立的に何かする感じではありません。ただしこの依存するとかもらうという関係性の相手が、目に見える人でない場合とか、抽象的なものの、伝統的集合性、死者というようなものであれば、人との関係にはさほど引きずられないでいることも可能です。

（3）ハウスの入り口にあるサインと中にあるサインの組み合わせ

ほとんどの場合、サインとハウスがぴったりと一致していることはなく、特定のハウスでは入り口のサインがあり、ハウスの中で次のサインが始まるというケースが大半です。ハウスは始まりの部分が最も強く、次第に弱くなっていくということで、ハウスの入り口にあるサインを重視しますが、しかしその入り口のサインに惑星がなく、ハウスの途中から始まるサインの側に惑星がある場合には、能動的な役割はこの次のサインになるはずです。

そこで、ここではこの少しばかり複雑な構造をイメージとして明確にとらえておく必要があります。例えば、蟹座の入り口で途中から獅子座が始まるとしてそこに火星があるとします。これは、蟹座は国家的な巨大な組織でもあり、警察に入って、その中で念願の拳銃射撃をしている人のような例えになるのです。また山羊座が入り口にあり途中から水瓶座が始まり、ここに金星があるとします。これは、会社員で単身赴任をし、赴任先で自由を満喫している人といえます。ホロスコープを読む練習では、いつでも物語を作るとか、

222

第1章 西洋占星術のホロスコープを読むのに必要な基本的な要素

設定を面白く想像してみるというのが役立つはずです。

コリン・ウィルソンの例で、この入り口ではなく途中から惑星が在泊したサインがあるのは4ハウスです。そもそも4ハウスは、個人意識が死に、より大きな集団意識へと吸収される場所で、つまりリラックスして眠り込む場所です。そして無防備になれる場所ということを意味します。テレビのニュースで、夜、夫が寝ている時に妻が夫を包丁で刺し殺したという事件が報道されていましたが、このように警戒しなくてはならない相手と無防備に寝るわけにはいきません。4ハウスは家でなくても事務所でもよいのです。条件はリラックスして個を手放すことができる場所ということです。

ホロスコープを一生の図と見た時には4ハウスは晩年の死の場所であり、1日のサイクルの中では、1日の死として夜眠る場所です。暗い中で、数人の人が死体のように横たわっています。

コリン・ウィルソンの4ハウスは獅子座の皮をかぶった乙女座です。私はこの獅子座の皮をかぶった乙女座という組み合わせで、乙女座に天体があり、例えばMCなどがこの配置の時に、お掃除のできる屋台の人というような言い方をしたりします。お店を閉めた明け方にそばの公園の水道の水で洗い物をして、その後、借りた場所を綺麗に掃除したり、また小道具を自分で作ったりするような人です。

獅子座は舞台や遊び場、活力が外に広がりエネルギーが失われていく場所ということでもあります。獅子座は熱感覚を表していますが、この熱感覚は身近なところから取るわけではなく、本来は火・固定サインという特質からして、永遠の火としての恒星太陽か、それ以外の恒星を基準にしたいというものです。たいていの獅子座、特にジオセントリックの獅子座は、このような恒久的なイメージを追及しているわけはなく、もっと身近なものをエネルギー源にして、熱感覚を維持しますが、もちろん恒星を目指した方がより恒久的な熱源を得たことになります。恒星ならば永久動力です。外に放出するのは本性、それでも熱源が失われないというのが、獅子座の理想的な状況でしょう。

4ハウス獅子座というのを、思いつきでたくさんイメージしてみてください。4ハウスは個が生まれる前の基盤ですから、家族や両親、家系ということもあります。複数のレイヤーとみなし、一番表面には家があり、その奥に家系、その奥に民族性というふうに複数ベースに同調可能です。そして深いものほど、より強力なバッテリーになります。

獅子座が楽しく遊ぶものとすると、家としての4ハウスは楽しくなくてはなりません。「オペラ座の怪人」という物語がありましたが、オペラ座やサーカス、演劇の場などは獅子座でもあります。この奥に倉庫とか作業場としての乙女座があり、そこに怪人（火星・海王星）が住んでいるのです。こ

の怪人は獅子座にあるわけではないので、人に見せるために住んでいるわけでもないし、オペラに出演するわけでもありません。その奥の乙女座で、実務的な作業をしています。

それは言葉を表す水星と60度ですから、書き物をしています。著作や伝記を読むかぎり、コリン・ウィルソンは必要な細かい作業は、自分で何でもやってしまう水星です。乙女座の火星は細かい作業を嫌いません。特にそれがサイキック問題（海王星・火星）になると細かく調査します。ネクロノミコンに関する記事でも、驚くほど詮索好きのところを発揮します。この乙女座の海王星、すなわち細かい海王星を持つ世代については興味深いと思います。そもそも海王星は輪郭が曖昧で、漠然と拡大する性質なのに、くっきりとした輪郭を強調する乙女座にあるからです。霊的な内容に関して細部にこだわる性質だからです。

コリン・ウィルソンは若い時期には公園で暮らしていたこともあったそうですが、そういう時も、使った後は公園を掃除していたのではないでしょうか。

（4）サインにも5度前ルールはある

ハウスを読む時に「5度前ルール」というのがあります。これはあるハウスの直前に惑星がある時に、その惑星がハウスの手前5度以内にあれば、次のハウスにあるものとして読

んでしまうというものです。ハウスはたくさんの手法があり、厳密にこだわる意味がないように見えます。よくわからない時には、私はイコールハウスも参考にします。

次のサインの場合、最後の5度は次のサインの準備をします。次のサインとの性質があまりにも違うので、このギャップを埋めるために架け橋となるのです。しかし次のサインに組み込むことはできません。調整として、次のサインの性質を少しずつ取り入れていると考えましょう。

細かくいえば、26度は25度で完成し結晶化したサインの恩恵を味わいます。そして27度でもっと優れたエッセンスを抽出します。数え度数の28度は、次のサインへの突破口を見つけ出します。29度では前のサインと次のサインの比較をします。引っ越しする次の家の間取りが小さい場合には、たくさんのものを捨てなくてはなりません。そして30度でサインの性質を吐き出します。この5度のグループの中では次のサインを意識するのは、特に28度からです。

古典占星術で、12サインの間の壁は鉄壁といいますが、これは隣のサインはあまりにも性質が違えるということもあるする要素などほとんどないように見えるということもあるからかもしれません。例えば、牡羊座と牡牛座は火・活動サインと土・固定サインです。あまりにも違うので、切り替えはショッキングでほとんど気絶するような断層です。しかしサインの最後の5度は、このギャップをできるかぎり埋め

224

て、旅客機がスムーズに着陸するように滑らかにしていきます。牡羊座の最後の5度は、牡牛座という土に着地するために、着陸地点をずっと探し続けています。それは地上において自分が果たすことのできる適正・使命などを模索することです。それが見つかると、精神は肉体生活の上で生かされるのです。

コリン・ウィルソンのケース

コリン・ウィルソンの例では水星は双子座の29度3分にあります。これはサインの終わりの5度で、次の蟹座との調整に使われます。

蟹座は多くの人々を表し、双子座は個人的な能力を発展させることを否定する傾向があります。双子座は3番目のサインで、蟹座は4番目のサインです。

数字として4は3を抑止します。3がたくさんバリエーションを作り出すことを4は止めてしまい、同じ型のものを普及させます。例えば、裏原宿のお店で洋服を販売しているとします。これはすべて1点ものでつぎつぎと新しいものを作り出しています。これは3の数字に近いのです。しかし普及はしません。なぜなら、一つ売れてしまえば、もうないからです。それに比較して、大手企業は同じ一つの製品を大量に作り、それを世界中で売ります。これが4だというわけです。創造的な試みをいったん止めて、一つのものをたくさんコピーして普及させるのです。そこには創造性はありません。

したがって蟹座を意識した双子座は、そろそろ双子座的なマルチ展開、すなわち風・柔軟サインという性質を辞めなくてはなりません。そしてむしろ、多くの人にアピールする姿勢を作り出す必要があります。多くの人にアピールするにはつぎつぎと作り出したり、変化させたりしてはならないのです。

2014年には、塾の講師が「今でしょ！」という流行語を生み出しました。こういう流行語は、いつでも同じものが果てしなく繰り返されることで、多くの人に馴染みます。本人は辟易しており、どこに行ってもこれをいわなくてはならないと思うとそれだけで気が重いでしょう。みんなが黙って待つので、しょうがなしにまた「今でしょ！」と言うのです。これが蟹座的なものでもあります。

もし双子的な姿勢であれば、手を変え品を変え、考え方も展開もくるくると変わります。受け止める側では混乱し、それは全く普及しないのです。

蟹座においてはわかりやすく繰り返され、単純でなくてはなりません。双子座の最後の5度では、この姿勢を受け入れざるを得ないのです。コリン・ウィルソンは高尚な内容の本もあれば、また通俗的な迎合的としか思えないような作品も

濫造します。『宇宙ヴァンパイア』（中村保男・訳、新潮社）などは、その好例です。大衆アピールのために迎合する、これが双子座の蟹座に接近した効果だとすると、双子座の能力がピークになるのは9度や10度です。ここでは異様な鋭さを発揮します。

変則的にハウスをサビアンシンボル的に読んでみるとすると、アセンダントは双子座の29度23分で、これを牡羊座の0度と変換すると、乙女座の8度29分にある火星は双子座の9度6分となり、数え度数10度になります。飛行機の急降下というシンボルは、圧倒的な技を見せつけるということで、抽象的な理論を具体的なものに着地（急降下）させる技能です。このハウスのサビアンシンボル的な解釈は、サインが性質、ハウスが具体的な働きという点で、より感覚的、具体的な作業で発揮するということです。

またコリン・ウィルソンの場合には、双子座の数え14度に金星があり、これは構造的に察する能力として傑出しています。サビアンシンボルの構造的な会話というものですが、まずはノン・バーバルなアプローチによって共感的に相手の意図をあたかも自分のことのように感じ取り、構造を推理し理解するというようなものと考えるとよいでしょう。通じないものを通じるようにするのです。

反対側に射手座では、ピラミッドとスフィンクスというのですが、全く言葉も知性のあり方も違う古代文明が、現代

文明に伝達できるものがあるとすると、それは具体的な言葉を使わないで法則として伝えるというもので、これを昔から客観芸術と呼びます。つまり法則には時代性・地域性関係にどこでも通じるものがあるのです。これを通じて伝達していきます。双子座の14度のテレパシーの会話はその個人版です。ファンになる度数でもあり、ここが水星なら著作家に向きません。一方的すぎて、切れ味が悪いのです。信奉と離反を交互に繰り返す、次の15度の方が適しているといえます。

木星は蟹座の25度21分にあり、これは蟹座の生産品の中で、良いものを特権的に満喫するというもので、特に2ハウスですから、持ち物、良い伝統などを味わうことになります。良い生産品、良い文化、良い伝統などを味わうことになります。ここにも少し獅子座の影響が混じっているとすると、それは蟹座という大衆性ではなく、そこに特権的なものを個人で占有するという要素が入り込んでくることでしょう。

コリン・ウィルソンは良い教養人で、また高級なワインなどを溜め込む人です。そもそも彼が著作するのは、好きな書物とレコードに埋もれて暮らしたいからと書いていたのを読んだことがあります。家の中にそれらを溜め込み、贅沢な隠居のように暮らしたい。26度はいきすぎると鼻持ちならない人になるのですが、控え目なら嫌味ではないのです。

（5）ディスポジターの考え方を導入する

サインには支配星があると考えられています。ただし、細かく見ていくと、このサインと支配星の関係にはおおいに矛盾があり、疑問点がたくさん出てきますので、これらには関連があるという程度で考えてみてください。

牡羊座	火星
牡牛座	金星
双子座	水星
蟹　座	月
獅子座	太陽
乙女座	水星
天秤座	金星
蠍　座	冥王星
射手座	木星
山羊座	土星
水瓶座	天王星
魚　座	海王星

サインは固定的な記憶領域です。その支配星は、時間の中を運動しています。サインが持つ記憶は、時間の中ではさほど変化しないと考え、支配星はサインの持つものを特定の時間の中にそれを落とし込むピックアップとみなします。備蓄したエネルギーを、惑星がその惑星がある場所で消費すると考えるとよいでしょう。

このサインと支配星の関係を最も頻繁に読むことになるのは、アセンダントとMCです。個人の能力としてのアセンダントが、実際にどこの分野で発揮されるかは、アセンダントの支配星がどこのハウスにあるか、また社会的な立場としてMCがどこで発揮されるかはMCのサインの支配星で考えます。さらに関わる相手の影響がどこに来るかはディセンダントの支配星です。リラックスした基盤的なリソースがどこに向かうかはICの支配星で考えます。

コリン・ウィルソンの例で見ていきたいと思います。

アセンダントは双子座
この支配星はほとんどアセンダントに重なる

アセンダントは、個人の個性とか能力を意味します。その支配星はそのままアセンダントに重なり、主張すること、しゃべること、書くことなどで発揮されます。

このアセンダントは双子座の終わりの度数なので、皮一枚双子座という印象で、すぐに蟹座になります。蟹座の支配星は6ハウスの月で蠍座です。集中的な仕事への取り組みに、個人の能力が消費されます。

227

社会的な立場のMCは水瓶座
この支配星は11ハウスで牡羊座天王星

天王星のある牡羊座の数え度数20度は、孤立して浮かばれない状態でも、継続してがんばられます。そして10ハウスという集団社会に対して批判的で、孤立的・反抗的です。これはコリン・ウィルソンのアウトサイダー的、怒れる若者の代表としての顔です。どこにも所属しないという姿勢です。

関わる相手はディセンダントの射手座の最後
支配星は2ハウス木星

ディセンダントは、個人の主張を反射する鏡の役割です。

その コリン・ウィルソンがデビューしたのは、大英図書館で、一人で著作をしていた時に、たまたまそれを目撃した批評家アンガス・ウィルソンが「もし原稿ができたら見せてほしい」といい、その紹介で本が出版できたことがきっかけです。2ハウスはMCと連動しており、仕事や経済活動などを意味していますから、この収入の成り立つ仕事は、7ハウスのアンガス・ウィルソンなどからもたらされます。出版社や著作家などとの交流が多いということでもあります。

また射手座の終わりなので、すぐに山羊座が始まります。山羊座の支配星は土星であり、山羊座8ハウスです。これは関わる相手が深く結びつくということでもあるでしょう。

家や基盤を意味するICは蟹座
支配星は蟹座の太陽で1ハウス

自分を取り巻くファミリー的なもの、個の背後にある集団的なリソースの力は個人主張に向かいます。何も考えないでリラックスすると、逆に、1ハウスに押し出されます。おまけに2番目のサインである乙女座の支配星もアセンダントにあります。わからないことがあると、諦めて、リラックスすると、ふと回答が湧いてきます。眠って夢を見るとそこで回答が出てくるということでもあります。これは先祖がこのコリン・ウィルソンの個人活動を支援しているという意味にも取れます。

アセンダントの支配星が4ハウスに向かうと、個人は個人をバックアップする集団意識に吸いこまれますが、ここでは反対に、4ハウスという基盤が個人を強めていくのです。

このようにして、つぎつぎとハウスのエネルギーがどこに向かうかを考えることができます。

11 二つの天体の比較

惑星を二つ比較して考えると惑星も理解しやすくなりますが、アスペクトはもともと二つの惑星の作用を対比させなが

228

第1章　西洋占星術のホロスコープを読むのに必要な基本的な要素

ら考えることです。二つの惑星を比較するというのは、このアスペクトができなくても、ホロスコープの中でそれぞれどういう役割が違うのかを考えることです。

（1）金星と月、太陽と火星

金星と月は似ているといわれています。惑星よりも次元が一つ下にあります。ですから、金星と月は同列に扱えませんが、どちらも狭い世界に向かうという意味にはなるでしょう。しばしば、私は、月は普段着で金星はよそ行きという言い方をします。あるいはご飯は月でおかずは金星です。ご飯はいつも同じでもよいのでしょうが、しかしおかずは毎日バラエティがほしいというわけです。

月は他の惑星との交流の場には出てきませんが、金星は惑星なので惑星レベルで活動します。金星は社会に出かけても、月は惑星よりも下位にあり、個人範囲の家にいるということです。他の惑星には見せられないもの、紹介できないものです。金星と月を女性の天体とすると、金星は惑星レベルの場に出かけます。そして月は地球の周囲にいて、そこから決して外には出ません。そのことから、結婚していない自由な女性

と結婚した女性というふうに対比させます。結婚すると家に閉じ込め、これを「家内」という言い方に変えてしまいます。月はしばしば不安定といわれますが、月が不安定なわけではありません。月は惑星の周囲を回り、惑星に従属しているために、惑星に対して対等な立場を発揮できないのです。常に惑星の周囲を受動的に受けており、惑星の動きに休みなく振り回されるということなのです。結果として、それは鏡のようにいろいろな印象が映り込み、不安定に見えることになります。

トランジットの月は、2・5日で一つのサインを移動し終わります。この一つのサインの中で他の惑星のアスペクトを受け止めます。例えば、山羊座の冥王星の時、月は天秤座でそれを90度で受け止め、感情が不安定になります。しかし月が蠍座に移動すると、今後は同じ冥王星の影響を60度で受け止めるのです。冥王星の影響が全く違ってしまうかたちで受信されるのです。昨日と今日で全く違ったとしても、それは月が惑星の影響を受動的にしか受け止められないことが原因です。

こういう月の受動性からして、ホロスコープの中で、月を仕事に関係したものとして読めるかということですが、決まったことを繰り返すだけなら可能です。10ハウスや6ハウスに月があるとして、それを仕事の開拓力として使えるのかというと、使えません。月は意識としては眠りに近く、ぼうっとしていて、考える前に本能的に振る舞いますから、月を仕

229

事に向けると不注意すぎるのです。他の人の足を引っ張りダメな人間となる場合も出てくるでしょう。しばしば無意識・自動的になり、注意力不足というのは、時には他の人を危険に晒すこともあります。それらに安心していられるという意味には読めます。

月がある場所は意識的にならなくてもよい場所である必要があります。そのため、私的にリラックスする空間であると考えましょう。公的に出すべきではなく、出すと恥ずかしいものでもあるのです。インターネットの「教えて！ｇｏｏ」などには、ときどき笑える質問が掲載されています。あるケースでは、夫が家で女装しているらしく、それを理由に離婚するべきかどうか悩んでいる主婦の相談というのがありました。回答者は、家の中でだけなら許すべきだという意見の人がいないでほしいといったそうです。これも月の管轄だと考えました。家の中でする趣味。

また別のケースでは、ある男性とつき合い始めて半年の若い女性が、彼の家に初めてお泊まりしました。すると、彼は寝袋を持ってベランダに出ました。彼はいつもベランダで寝袋で寝ているのです。彼は３年も続いているので驚かないでほしいといったそうです。この眠ると休む、いつも繰り返している趣味というのも、月の管轄です。

月の私的で恥ずかしい内容は、例えば、トランジットの水星などがそこに重なると思わず告白してしまうようなものかもしれませんが、地球（太陽）を取り巻く個人の身近な周辺事情です。

月を私的なものとしておとなしくこなすのでなく、もっと広い範囲に広げてしまう人とは、月に拡大天体としての木星とか海王星などがハードアスペクトで関わる人です。木星は大きく広げますから、月の「分」を一般的な許容範囲以上に拡大し、それは恥ずかしさをぶちまけるということであったり、私的な感情を天下の一大事のようにみなしたりしますが、反対に、私的なものを、大きな範囲の中に放棄してしまうという要素もあります。

先ほどの寝袋でベランダで寝るというのは、部屋を確保した私生活というのをやめ、解放された空間の中に自分を放り出すことです。月のサイン・ハウス・アスペクトが、私的な確保を好まないスタイルになっているのです。最近は人の形をした寝袋が販売されており、それを着たままコンビニに行くこともできるという話があります。このような趣味を持つ人は楽しいでしょう。

目に見える空間とか社会に月を解放するのでなく、宇宙的な領域に開け放つという場合であれば、社会的な拡大の木星ではなく、霊的な拡大の海王星との関わりになります。

金星はミクロコスモスへの誘い、感覚的な領域へ個人を結びつけますが、惑星レベルなので、月のように私的なものとして隠しておくものではありません。むしろ、人に見せるような場所に行くことになります。

金星は結婚していない女性で月は結婚した女性という対比

の男性版では、火星と太陽です。太陽すなわち地球の周囲には月があり、この月が地球の行動を締めつけています。太陽はマクロコスモスへの挑戦を締めつけています。火星はそれを受け止めきれず傷つきます。

火星は挑戦しますが太陽は月をぶら下げており、月は繰り返しを好み、大きな冒険を不安がります。ここから火星はいつもする挑戦ではなく、必要な時に跳躍することそしていつもは、太陽はある程度繰り返しを続ける作用であると考えます。

常時続けているのは太陽でときどき火星は拡大をします。もし火星の関与がなければ、地球＝月が締めつけているために、少しずつ萎縮し、停滞する圧力を受けていることになります。現状維持はなく、ほとんどは上昇するか、それとも下降するかしかないという法則からすると、月は少しずつ同じことを続けていると、ずっと同じと程度のものにしようとして、気がつかない間に太陽作用を弱めていきます。

そこでときどき火星によって喝入れをしないことには、人生は小さなものになっていくのです。仕事で、今の自分の実力からすると、少し無理かもしれないということにいつもチャレンジすると、能力は上がります。ですが、限界値を上げるにはとても苦しい訓練が待っています。しかしこのようなチャレンジがないならば、あとは低下していくしか

いうことなのです。それは月が少しずつ締めつけ、低い場所に引っ張り降ろそうとしているからです。

月と金星が女性的なものであり、親近性が高いとすると、月の範囲をある程度拡大するためには金星的な要素が関与した方がよいのです。ただし月はそれを恥ずかしいというしょう。いつも家にしかいない人を社交場に引っ張り出すようなものです。

太陽と火星が男性的なものであり、親近性が高いとすると、太陽の範囲を拡大するにはそれを火星的な要素が関与した方がよいでしょう。ただし太陽はそれを苦しいというし、現状維持は存在しないのです。

（２）真の太陽と占星術の太陽

占星術で使う太陽は地球の公転周期のもので、地球サイズにダウンサイジングした太陽です。そこで、太陽系の中心にある真の太陽とは全く異なるものですが、私たちはよく混同します。占星術のホロスコープには、この本当の太陽という、身み込まれていないのです。ヒンドゥーのチャクラが太陽に該当すると体の七つの中枢では胸のアナハタチャクラが太陽に該当するといわれていますが、このアナハタチャクラが二重性があり、小さなアナハタチャクラが大きなアナハタチャクラの中にあります。そして真のアナハタチャクラはこの小さな方なので

すが、大きなアナハタチャクラは地球としての太陽、小さなアナハタチャクラは真の太陽の作用と重なっていると思われます。

太陽系の中心の太陽はこの太陽系の軸であり、動かないもので、いわば全体または無を表し、いかなるサインの特質もありません。太陽系内に住んでいる場合、この太陽という意識は対象化できないので、その働きをどこにも探し出すことができません。全部の空間が赤色に染まっている中で赤の色を探しているようなものです。

この真の太陽と占星術の太陽には対比があるということを意識して、真の太陽の性質を、この占星術太陽の性質から切り離すことで、より占星術太陽の性質が正確に理解できます。それは占星術の太陽が、個人のエゴを象徴しているということとも表しています。禅の十牛図では、牛を見つけるのが第三図の「見牛」ですが、地球においての自分の生命を見つけるという点では、この牛が太陽ということにもなります。その人の地球においての可能性の開発は、この太陽にかかっており、誰もが開発しているわけではありません。それをあまり活用しないまま、終わってしまう人もいます。

占星術のすべての惑星を統合化しても太陽には届かないので、真の太陽に関しては、占星術では推理は不可能というしかありません。

（3）水星と金星

地球の内側にある内惑星として、水星と金星は比較的セットになりやすい天体です。ヘリオセントリック的な考え方としては、太陽の力は地球に至る前に、仲介として水星と金星を通過します。そのため、形になる前の始源的な活動としての水星と金星があります。

ヘリオセントリックでは、水星は太陽が自己分割した時の最初の小さな自己への転落ですから、そこに親元から切り離された孤立感や怒り、ストレス、とまどいなどが見て取れます。以前、ヘミシンクなどで惑星探査するというプログラムを組んでいたことがあるのですが、水星を見た時にそこに緊張感の高い要素、そして怒りがあることがわかりませんでした。このヘミシンクで惑星探査をするというのは、シュタイナーの『オカルト生理学』で述べられているように、血液作用を脳・脊髄神経系から切り離し、交感神経系に集中させるということと同じです。脳・脊髄神経系的に見ると、水星は天文学で見る惑星です。しかし、交感神経系で見ると、それは内的に理解できる水星です。そして占星術ではいつでも、この視点から惑星を見ています。

禅の十牛図での第一図からのステップは、ヘリオセントリックの惑星の順番に似ています。第一図で牛を見失った牧童が虚しく牛を探す姿は、ヘリオセントリックの水星にとても似

232

第1章 西洋占星術のホロスコープを読むのに必要な基本的な要素

ています。そしてこれがヘリオセントリックにおいては、その人の活動の模索ということに結びつき、職業などにも大きく関係しますから、私は水星を最も重視していたのです。そして牛の足跡を探すのが第二図の「見跡」で、これは金星に対応しています。

ジオセントリック占星術では、公転周期が地球の速度であるる太陽の近所をいつも水星と金星が移動しています。その結果、水星と金星は太陽の従属物、あたかも太陽にとっての月のような印象になってきます。それにまた地球の公転周期よりも水星も金星も速いので、それは地球意識、すなわち私たちからすると対象化しやすい与(くみ)しやすい要素だと考えることができます。

シュタイナーの思想でも、地球を私たち自身とみなし、内側は感覚的なミクロコスモスで火星よりも外はマクロコスモスとみなします。朝、目覚めて感覚的に受け取ることのできる世界はミクロコスモスで、厳密にいえば、天文学的に見ている宇宙などもこのミクロコスモスの視点から見る宇宙に属しています。私たちの感覚で認識できる宇宙だけで、シュタイナーのいうマクロコスモスを見るには私たちの感覚は使えません。

ミクロコスモスへの誘いは金星で、この中での夢見は水星です。そしてミクロコスモスでの行動は月が示しているといえます。地球の公転周期よりも、水星も金星も月も速く、こ

れは地球意識がそれほど頑張らなくても、取り組める個人的な範囲のものです。

水星は神経的・知的なもので、金星は感性を表します。水星は8歳から15歳くらいです。金星は16歳から25歳までに発達しやすく、これは社会に対して働きかける前に、個人としての資質を育成する段階ですから、それはミクロコスモス的です。人に迷惑をかけないで、個人の小さな範囲で楽しむことがオタクの定義であるといわれています。彼は自分の個人的な趣味について書いた本を読んでみると、個人的な思惑の中にあるものに命をかけて真剣に取り組んでいると書いています。家庭内でできて可能なミクロコスモスに熱中することです。これは室内で加わったものともいえます。

生命の樹に惑星を対応させた時、金星・水星・月は、みな胸の中枢である太陽の下にあるもので、チャクラでいえば金星と水星はマニプラチャクラ、月はスワディスタナチャクラに関係しています。それは個人的な思惑の中にあるもので、本当の意味では他者を理解することはありません。水星と金星は、知性や技能と感性という両翼の資質で、それらは目的を持たないので、太陽（地球）の目的意識によって活用されないかぎりはさほど意義も持ちません。しかし、それは地球から見ての話であり、ささやかな個人的な楽しみがすべてであるという人も多数います。

233

人に迷惑をかけないで人生を楽しむには、もっぱら水星・金星・月の人生をすればよいのですが、この範囲の狭さそのものが、有害な影響を与えていると考える人もいるでしょう。閉じこもった人は人を閉じ込めるからです。太陽＝地球はこの負荷を支えきれず、引っ張り込まれますから、だんだんと停滞します。ですから、火星が関与しなくてはならないことになります。

（４）火星と木星

カバラの生命の樹では、火星と木星はゲブラーとケセドという中枢で、これはヒンドゥーのチャクラの喉を表すヴィシュダチャクラを陰陽に振り分けたようなものです。火星は右でこれは個人の意志を外に拡大します。また木星は左でこれは集団的な意識、いわば社会全体を表しています。

シュタイナーの『オカルト生理学』では木星は肝臓で、火星はそこから出てくる胆汁という対応でした。火星が自分の意志で飛び出す場合には、木星は自分で働きかけるのではなく、集団意識を受け入れて、受容的に振う舞うことを表しています。この火星と木星は、同じ喉の右と左ですから、同じ一つのものを陰陽に分けたようなもので、とても関係が深いことになります。

シュタイナーの惑星の説明では、火星はマクロコスモスへ飛び出し、木星はこの中で夢見をするということになります
が、木星が広大な空間を作り出し、火星はこの中に飛び出すことになり、いわば木星の腹の中で火星が動いているということになります。木星の範囲が広い場合には、火星もそれに合わせて、この中を模索するということになります。

火星は公転周期が平均２年で、木星は１２年です。この間に、セレスなどが属する小惑星帯があり、これらは公転周期が５年です。この小惑星帯は、火星と木星の間の溝を埋める、あるいは逆に火星と木星の間に溝を作るという意味になります。そして木星は個人の意志がより広い世界に拡張していくことというような違いがあります。視点が反対なのです。

ホロスコープの中で木星があるサイン・ハウスは、それほど努力しなくても満たされやすい場所を表しています。誰でもどこかに木星はあります。木星は、昔は幸運の天体といわれていましたが、必ずしもそうではないのは、増えすぎることがあるからです。貧しい時代であれば多い・増えるというのが良いことだったのかもしれませんし、また太った人の方が良いという考えもありました。増殖や拡大、大きくなる。これが木星であり、幸運かどうかはわからないと考えることもある。木星は自分からチャレンジするような性質はありません。

一方で、火星があるサイン・ハウスは、意欲的にチャレン

234

第1章　西洋占星術のホロスコープを読むのに必要な基本的な要素

ジし、今までの自分よりも拡大していく行為がどこでなされるかを表しています。それは受動的に待っていてもあまり働きません。受動的に振る舞うと、むしろ被害を受ける場所となります。

火星と木星の相対的な関係を考える時にケプラーの考えを取り上げてみると、ケプラーは正四面体が火星に内接し、木星に外接すると主張しました。そして正四面体は火の元素で、四元素の中では最も不安定なものとされました。シュタイナーは、もともとは正四面体であり、この四つの頂点のうち一つとは日本にあるとしています。地球の内側から火が噴き出す面体が作り出すラインは火山地帯で、地球の内側から火が噴き出しています。

火・柔軟サインの射手座の支配星は木星です。火・活動サインの牡羊座の支配星は火星です。射手座は牡羊座から9番目のサインで、それは精神の多様な拡大と上昇を表しており、つまり火星で飛び出し、木星でさまようという意味に考えてもよいのかもしれません。シュタイナーのいうマクロコスモスへ火星によって飛び出し、そして木星で夢見るという考えは、木星と火星の間の弾力的な関係というふうに考えてもよいかもしれません。射手座にはたくさんの火があり、それらがぶつかり合って、小さくなったり大きくなったりします。このぶつかる火の一つは火星であるとみなしてもよいのではないでしょうか。タロットカードの9番のカードの「隠者」

は夢遊病のようにさまよい、正確に到達しますが、自分の本性に一番近いところに向上心がないと、射手座の火は似ています。火星の向上心がないと、射手座の火は、悪しき集団性と寛容さになるとD・フォーチュンは説明しています。当然、火星が向上心を発揮し、それらの集合としての木星は全体に水準が底上げされます。優れた人たちが集まると、優れた集団ができるというわけです。怠慢な火星が集合した木星集団性は怠慢な集団です。このあたりが、正四面体の内接と外接の関係だとしてもよいのかもしれません。火星と木星の両方が支えあって、正四面体が形成されていると考えるのです。

正四面体の一面は正三角形です。内接はこの正三角形の中心に当たり、またそこから三方向に拡大するのですから、内的な動機を火星が作り、それが目いっぱい広がったところで木星に接触するのです。火星は自分から、木星は受容的に、という意味では正反対の陰陽の関係ですが、セットで成り立っていると考えてみましょう。

（5）木星と土星

木星に内接し、土星に外接する図形は正六面体であるとケプラーは述べています。プラトンによるとこのキューブは土の元素に対応します。木星や火星が火の元素の関係というこ

235

とであれば、この活発な動きは、土のキューブの箱の中で動いているということになるのです。土星は惑星全部の管理者ですが、この管理する枠は土星の軌道がすっぽりと包む正六面体の箱ということです。

土星はルールを作り出し、このルールの中で木星は発展していきます。木星は土星の範囲の中でのみ動けるので、土星が締めつければ、木星は発展できません。例えば、土星と木星が90度の場合には、木星の増殖力は弱められますが、木星を止めることはなく遅れたり、ブレーキがかかったりすることになります。2014年に土星は蠍座にありましたが、夏以後から木星は獅子座に入りました。ここで蠍座と獅子座の90度ができると、獅子座の木星は楽しいことをしたり、お祭り的に盛り上げたりしたいのですが、蠍座の土星という人間関係で気を遣ったり、また義務的なものによって、この獅子座的な興奮を抑えます。2015年の始まりになって土星が射手座に入った時、木星はまだ獅子座にありましたが、獅子座の木星はストレートに拡大することができるということになります。

木星は常に土星の管理下、キューブの枠の中にあり、それは窮屈かというと、むしろ土星のガイドラインに従って発展するということですから、そこに不満を感じていないということもあります。つまり木星は土星の範囲の下にあり、そもそも本性がそこにあるので、土星の管理を不自然に感じてい

ないということになります。

射手座の支配星は木星で、山羊座の支配星は土星です。射手座の体験は、その後、必ず山羊座に移動しますから、山羊座に入ることを想定して、射手座が働くとみなしてもよいではないでしょうか。学校を卒業した後は就職するというようなイメージです。そして仕事のために役立つような専門分野に学校で取り組むということです。

射手座の後半は特に共同体のために役立つことを望むようになります。射手座のまとめは射手座の25度でのサビアンシンボルで、玩具の馬に乗っている小太りの少年というサビアンシンボルです。これは小屋の中で玩具の馬に乗っているのですが、土星のキューブの中で遊んでいるということになります。

火星と木星は煽り合い、木星は土星の枠の中で動くというふうに記憶しておきましょう。

（6）トランスサタニアンと土星

土星はルールや規則的な枠を意味します。このルールの下に、さまざまな生活が存在します。法律の下で多くの人が共存しているようなものです。シュタイナーがいうように、土星は外界から切り離し、有機体を独立したリズムで生存できるようにします。有機体・生物・組織・国家などはすべて土星の外皮に保護されて、外との関連から独立して活動でき

236

のです。しかしこの閉鎖する者という土星のキューブの外側にまだ惑星があります。

土星に対して天王星・海王星・冥王星などトランスサタニアンがアスペクトで関わると、土星のルールそのものを書き換えようとします。それは大それた目的を持った人という意味になります。土星の書き換えをするケースもあれば、土星を壊したままという場合もあります。

土星と土星外惑星のアスペクトがなく、土星の持つアスペクトは、土星内惑星のみという人は、生き方が結構シンプルで、あまり複雑な考え方をしていません。つまりキューブの中に生きることに矛盾を感じていないのです。管理者の下で、小市民として慎ましく生きるというような印象です。

土星を信念体系とすると、人生の中で自分の信念体系が傷つき、理解できないことがたくさん出てくるというのは、土星に対して、土星よりも遅い天体が関わった時です。出生図で土星が土星外惑星とアスペクトを持たず単純な人生観なのに、トランシットや対人関係でこの土星が傷つく時、自分では処理不可能な問題だと感じるでしょう。自分の道徳観や信念体系を覆す人や事態を非難するとしたら、それは防衛反応ですが、どのような時でも自分が何か排除した時、実は自分が排除されたという現象が生じるので、その人の人生はその都度、狭くなっていきます。最後にはどこも歩けなくなってしまうので、度量を大きくする努力をした方がよいのではないかと思います。

1950年以降のこのアスペクトの流れの大雑把について説明してみます。なお、時期に関しては比較的大雑把です。天体には見かけの逆行があるからです。さらにアスペクトの範囲もそんなに狭くしていません。ですから、自分がそれに該当するかどうか正確なことを知りたい人は、占星術のアプリケーションソフトや、〈astro.com〉などで確認をしてください。

◆1951年10月から1952年11月くらいまで
天王星と土星が90度

天王星は水瓶座の支配星で、それは地域性にとらわれることのないグローバルな基準というものを持ち込もうとします。それに対して、土星というのはローカルな場所においてのルールです。例えば、日本ではこんな制度があり、それに対して世界基準としてはこんなものがある。その二つが衝突するのです。この時代に持ち込まれた天王星の影響は、天王星が蟹座にあるために、家族に関しての古風なルールが、世界的な影響の持ち込みによって、変わっていったことです。

例えば、天王星を電気製品、あるいはまた自分の所有物ではない借り物というような意味で考えれば、公団住宅や電化による家庭生活の変化などが想像されます。この時期から、それが始まったというよりは、この世代が育つにつれて、その影響力はより深く発揮されてきたということになるのです。

日本では古神道で、イワクラという発想があります。神様は岩に宿るのです。ここでは海王星は神様で、土星が岩とみなし、私はこのアスペクトをしばしばイワクラのようなものだと説明することがあります。この時期に生まれた人は、この二つの天体の矛盾に満ちたアスペクトを扱うことに大変苦労しています。成功する人もいれば失敗してしまう人もいます。社会的に見ると失敗しているケースの方が多いといえますが、社会に見てとは土星的な視点でということであり、ここではその見方や輪郭そのものを海王星が壊そうとしています。

家の中に持ち込まれてきた電気製品の衝撃としては、お茶の間のテレビというのが代表ではないでしょうか。そして家族的な結びつきが天王星の影響によって、よそよそしいものになる。距離感のあるものになるということでしょう。家庭の中に天王星が割り込むことで、反対に蟹座の親密さが天王星によって外に運ばれていきます。外人などに対して家族的な親密感を抱くことができる人々です。たんにそれが流行にとどまらず、土星というルール意識に影響を及ぼすのです。

◆1952年の始まりから1953年の秋ぐらいまで
海王星と土星が0度

海王星は枠を壊していく天体で、土星の明確なルールというものを壊していこうとします。ただ壊していくだけでなく、その後、新しい理想的なルールを作り出そうとします。しかし、このアスペクトはあらゆるアスペクトの中で最も矛盾に満ちて扱いの難しいものです。

大きな志のある人からすると高邁な理想を実現しようと試みますが、そのような志がない人にとってはルールを変えるよりは、ルールから脱線することの方がはるかに気楽です。そのような人は犯罪的なことや矛盾に満ちた行動というものが出てくる傾向があります。決まりきった枠というものが出てくると、半ば本能的に、それをかき乱したくなるのです。

◆1955年11月から1956年10月くらいまで
冥王星と土星が90度

占星術で扱われる天体の中で、冥王星は最も公転周期の遅い惑星です。冥王星は太陽系の外からの影響を持ち込んでくる扉の作用があって、冥王星を通じて受け取るのです。太陽系は新しい活力を、冥王星を通じて受け取るのです。太陽系を人体と考えると、外から食料を食べているという光景です。しかし、冥王星は異質なものを取り込むわけで、それは消化できなければ有害なものとなり、消化できれば新しい活力になるのです。この非常に強い影響力は、これまでの土星のルールに、強い圧迫をかけて変更を迫るのです。

海王星の場合であれば法の隙間を見つけ出すというような

238

違法的な行為をすることもありますが、冥王星の場合には、ダイレクトに圧力をかけることになります。その結果として、重いプレッシャーとなることが多く、この時期に生まれた人は、この惑星が該当するハウスの部分で挑戦を受けることになります。新しい活力の導入とともに、それに対しての内部的なリミッターが限界値になるのです。安全装置が脅かされているというようなイメージで考えてみるとよいでしょう。危機状態を体験するのは土星が存在するハウスです。当然のことながら忍耐力のある、打たれ強い人間になっていくでしょう。

◆1962年2月から1963年4月くらいまで
海王星と土星が90度

海王星は夢を表し、土星は合意的現実のルールを表します。例えばスピリチュアリズムと科学の衝突というふうに考えてもよいかもしれません。

私はよく、以前はこのアスペクトを例えて教授の戦いと例えていました。スピリチュアルのものは、今の科学では水準が低すぎてまだ説明ができないということにすぎないのかもしれませんが、この生まれの人は海王星衝動と土星衝動の間を行ったり来たりします。自分の中で大きな矛盾を感じていて、それがライフテーマになる人も多いでしょう。

形に閉じ込める土星と形から逃れて解放されていく海王星の影響は、同時に発揮しようとすると、大混乱を引き起こします。海王星と土星は最も難しい組み合わせのアスペクトで、これを上手に扱える人は非常に能力のある人です。

90度というのは切り替えを表すので、まるで躁鬱のサイクルのように、ある時期は土星的で、ある時期は海王星的になるという人生コースを歩む人もいます。霊的な事柄を科学的に、あるいは論理的に明確に説明することができるようになれば、この矛盾というのは相当のところ解決するでしょう。しかし、そのためには両方の情報が必要です。基本的に土星は閉鎖的な性質を持つので、異なるものを受け入れるということには抵抗をするでしょう。

◆1964年3月から1967年2月くらいまで
土星と天王星が180度／土星と冥王星が180度

この時期に天王星と冥王星は重なっています。て、土星は反対の側から180度のアスペクトを作るのです。それに対し天王星と冥王星が重なっているということもあり、この世代の特徴は極めて強いものがあります。冥王星と天王星は破壊と創造です。その力は土星が存在する場所に働きかけていきます。

180度のアスペクトというのは、ホロスコープの円を二つに割ったようなもので、つまりは卵を割ったという意味で

す。それは特定の方向に向けて前進するということであり、どこかに歩いていくということ自体が180度のアスペクトを象徴していることになります。冥王星は太陽系の外からの力を持ち込んできます。それが天王星の改革的な行動を刺激してきます。土星は相変わらず古い世界のルールというのを維持しようとしていますが、ただしこの時期に土星は魚座にあるために、テンポラリーなルールではなく、かなり古い時代から続くような価値観の維持ということに関係しています。

冥王星と天王星がそれをターゲットにした時には、現代的土星の枠を壊して、もっと古い時代から続くような超土星的ルールというものを浮かび上がらせるというふうなことにもなるでしょう。忘れてしまったような時代の教えとか考え方などを、新しいコンセプトとして再評価するなども出てくるでしょう。

冥王星と天王星が存在するのは乙女座であって、例えばそれは医療などにも関係します。魚座の土星は古い時代の考え方だとすると、それらを評価した時に、一つの例としては自然医療とかホメオパシーのようなものがあるでしょう。いずれにしても、この世代の影響力は極めて強く、時代を変えていくターニングポイントのような作用を持っているでしょう。

◆1970年7月から1972年6月くらいまで
海王星と土星が180度

海王星が存在するサインは限界を超えて広がっていこうとします。それは創造的なイマジネーションが現実原則を超えていくのです。この時期の海王星は射手座にありました。あるいは射手座に入ったり出たりしていました。

射手座は哲学とか思想などに関係します。射手座は果てしなく高度な境地というものを追求していきますから、海王星が射手座にある世代は高度な精神性というものを追求するのではないでしょうか。

反対側の双子座に土星が存在します。双子座は風の柔軟サインで、射手座のように上昇するわけではありません。むしろ地を這うサインとして、かなり即物的で多角的にはなりますが、高みや深みを追求するわけではないのです。

双子座の土星を技術的な問題と考えた時に、この世代の人々は抽象的な射手座の海王星の影響を具体的な技術的問題にすり合わせて、何とかこの両方を組み合わせていこうとします。例えば、哲学的な物を機械装置で表現しようとするようなものになってきます。双子座の土星は極度に具体的なので、射手座の海王星の極度に抽象的なのと、まるで反対のように見えますが、それをすり合わせるのは興味深いことに他なりません。しかし海王星と土星の組み合わせはアスペクトとしては大きな犠牲を要求する性質があって、ここには中

240

途半端な取り組みは詐欺的なものを作り出すということにもなりかねません。

◆１９７３年８月から１９７４年７月くらいまで
冥王星と土星が９０度

天秤座の冥王星は対人関係においてとことん深入りして、結婚や人との関係において、これまでの通念を作り変えていくような改革性を持っています。冥王星は完全な作り替えということを表すわけですから、天秤座が示すようなすべて刷新していくのです。

この強い力が蟹座の土星にのしかかってきます。公転周期としては土星の方が遅いので、天秤座にとどまる冥王星の意図を、蟹座の場所で土星の方が受け止めるということになります。蟹座の土星とは一つは家族のルールです。結婚などに対して、これまでの古い考え方からすると到底受け入れられないような改革性を持つとしたら、それによって家族のルールや家庭のイメージというものも変えなくてはなりません。

土星は安定感があり、いったん決めたことは継続します。ですから変化に対して抵抗するのです。冥王星と土星が摩擦を起こした時には土星の方が妥協する以外にありません。いろいろな抵抗を経て、家族の在り方や家族に対するイメージというものが変化を遂げていきます。

冥王星が天秤座の人々は、例えば外国人と結婚するとか、

年の差婚とかほとんど気にしません。そうしたスタイルが古い家族の中に浸透していくのです。冥王星の実験的な試みは、この世代にとってはわざわざ家族というところに向けられていくのです。

◆１９７５年７月から１９７７年６月くらいまで
天王星と土星が９０度

この時、天王星は蠍座にあります。蠍座は継承する、依存するとか受け取るという意味のサインです。天王星は遠い場所から持ち込んだものを意味しますから、これが蠍座にあると身近なところや血縁ではないような、遠い場所から継承したものということを意味します。例えば、ヨガの瞑想法を師匠から受け継いだという時に、これは日本の身近なものではありませんから、蠍座の天王星の一例として考えることもできます。

獅子座の土星は創造的な精神を安定的に発揮することを表しています。それは表現することの決まりきったスタイルというものを作り出していくのです。それにこの位置にある土星の人々は芸術家のような行為、作り出すということにも意義があるのです。獅子座の表現意欲は蠍座によって規制されています。獅子座は一人で勝手に何かしたいとしても、蠍座という集団性は、依存しているものによって、獅子座はそうそう好きなことができるわけではありません。

ここでは天王星の基準の下に、刷新された創造意欲ということを考えてみるとよいのではないでしょうか。そして天王星の基準はかなり遠い場所から持ち込まれてきたものか、あるいはもっとグローバルな基準を意味しています。特定の場所に残る伝統などを天王星は嫌います。世界中に広がる普遍的なものというところが重要なのです。それを受け取って獅子座の土星は表現のスタイルというものを変えていこうとします。

◆１９７８年１１月から１９８０年８月くらいまで
海王星と土星が９０度

海王星と土星は矛盾に満ちたアスペクトです。なぜならば、海王星は形がなくなって広がっていく作用があり、土星は冷えて固まっていくのです。公転周期の関係から、両方が衝突すると、海王星の影響力の方が優位になります。しかしハウスの場所によって、この差は人によりかなりの差異があるでしょう。いずれにしても、この人々には無限に広がっていこうとする部分と、固まっていこうとする部分の両極が葛藤を起こしているという体験をすることになるでしょう。海王星は射手座にあります。それは精神の果てしない広がりと、上昇志向です。一方で土星は乙女座にあります。それは部分化された作業の中で、つまり細密なものの中で、定義を固めていこうとする行為などを表しています。下手な使い方をすると乙女座の厳密性を射手座は台無しにします。一方で海王星が飛んで行こうとするのを、乙女座の土星は地に落します。この二つの力をまるで別人のように使い分けることができれば、何の矛盾も感じません。例えば仕事で細かく注意を払わなくてはならないような緊張する作業をした後で、意識が宇宙に飛ぶようなリラックスタイムを過ごす。しかし、９０度のアスペクトというのは、無関係に分離して体験するわけにもいかず、この両方を組み合わせようとするのです。なかなかリスクの大きな組み合わせとなるでしょう。解決にはとても時間がかかりますが、それはとりもなおさず大きなテーマを抱え込んでいるということなのです。中途半端な気分でいると、仕事でミスをするというような体験が頻繁に発生するでしょう。

◆１９８１年１２月から１９８３年１０月くらいまで
冥王星と土星が０度

この時期、冥王星は天秤座、あるいは蠍座の初めあたりにあります。人との関係において、これまでの通念を書き換えて、自由な関係性を作り出す世代です。決まった枠にこだわらずに、そこに土星があることで、土星は古い枠を表しますが、また新しく構築したスタイルにおいては、それを長期的に安定したものにしようという意味ですから、この改革的な関係を固めていこうとする行為などを表しています。下手な使

242

第1章　西洋占星術のホロスコープを読むのに必要な基本的な要素

性そのものを、決まり事にしようと考えます。

また、冥王星と土星は強いプレッシャーでもあり、人との関係で、他の世代よりも重い体験をしやすいのです。圧力をかけたり、かけられたり、人との関係において窮地に陥ったりです。土星の天秤座は人のマネージメント能力などにも関係します。知らない間に人を仕切るというような気質を持つことになります。自覚的にした場合には有能です。しかしある年齢にいかないことには、それは発揮されないでしょう。

冥王星と土星間の合は、限界があるとそれを突破しようと考えてしまう傾向があります。天秤座の終わり頃は知識にも関係しますから、知識的な限界を突破するための研究という面で能力を発揮する人も多いことになります。無理だといわれるとそれを突破したくなるのです。スポーツにおいては、冥王星と土星の合は世界記録を破りたいという野心になることも多いのです。

◆1987年3月から1989年1月くらいまで
天王星と土星が0度

中世までは、水瓶座の支配星と山羊座の支配星は共に土星でした。その後、天王星が発見されてから、天王星は水瓶座の支配星になりました。その点では土星と天王星には共通点とも思えるものがあります。一つは水瓶座の支配星として

のどこでも通用する普遍的な法則性です。そしてもう一つが、土星そのものが示す計算という要素です。法則と計算という点では、この天王星と土星のセットは正確さを求めます。

また土星は硬い外殻を表すものでもあり、建築に関わる計算なども関係します。つまるところ、硬質なもの、気分では変化しないもの、厳格な性質を発揮するということです。このセットが射手座の終わり頃にある時には、山羊座に入って合を作り出し知識などで発揮されますが、それを社会的な力に転換します。指導力や推進力、政治力などです。

厳格で感情の揺れに振り回されないので、信頼感は高いのですが、柔軟性は欠如します。しかしこの組み合わせのアスペクトができる後半の時期には次第に土星が海王星にも近づきますから、厳格さや正確さを求めても、そこに矛盾とか計算に合わない要素が入り込んで混乱気味になります。簡単な計算では把握しきれない合法則的不合理性などが問題になってきます。これまでは処理不能だったものを数理的に扱うという興味も出てくることになります。土星のみであれば地上的な意義を意味しますが、そこに普遍性を示す天王星が関与することで、どこでも通用する原理追求となり、さらに海王星が入ることで、夢の領域にあるものを、硬い構築物にしようと考えることになります。

また山羊座にこのグループが入ってくると、これまでの社

243

会的な仕事や社会そのもののイメージが大きく変化し、神話的・夢想的なビジョンを社会の形式に組み込もうとします。

◆1988年12月から1990年1月くらいまで
海王星と土星が0度

最も扱いの難しい海王星と土星の合は、前回は1952年とか1953年にできていました。その時は天秤座でした。今回は山羊座で形成されます。

天秤座では人間関係において、理想化と落とすことが両方行われることになり、特に人との関係でしばしば混乱した、異常なことが起きやすかったのです。人によってこの扱い方が変わり、海王星で夢の世界へ、土星は合意的現実へと向かうのですが、海王星の足を引っ張るか、それとも土星の固める作用を壊してしまうかという、どちらかが強まることで意味が変わってきます。

山羊座は社会性やローカルな地域性を表し、また個人の立ち位置を示しますから、そこに理想化と落とすことという両方の複雑な影響が加わります。政治家においてはこのアスペクトはしばしばリンカーンやJFKなど犠牲者を表します。

土星が固いものを示した時に、それが海王星によって煙に消えるという意味で、私はお線香などをこの象徴などにしていましたが、権威があの世に犠牲になるという意味でもあるのです。神話的なイメージを社会の中に現実化しようという

意志だとすると、地上では実現するのは困難な理想を形にするという方向性です。だからこそ、その実行者は犠牲者となりやすかったのです。通常、政治的なものは妥協の産物といえると思うのですが、そうした政治的なところでの帳尻合わせを度外視した、理想主義的法則性を地上に持ち込もうとします。それは実現できたら驚くようなな話です。

この時期、天王星も山羊座にあります。この世代の人々がしようとしていることは興味深いことで、社会に強い力を持つ年齢になってから、その行動がはっきりしてくると思います。

◆1999年6月から2000年6月くらいまで
天王星と土星が90度

冥王星は蠍座にあり、これも固定サインです。固定サイン同士での冥王星と土星のスクエアは非常に重いもので、どちらも譲らないまま緊張関係が続きます。蠍座は執着心を表しますし、水瓶座は執着を捨てて、広い範囲に広げようとするものです。

冥王星と土星では冥王星の方が、はるかに力が強いので、土星が水瓶座で普遍的なルールにしようとしているのに対して、それぞれの立場のものが執着心で抵抗しているという事柄でもあります。あるいは、冥王星の力を深層から読むと、太陽系の外や有機体の外、国家の外から持ち込んだ新規な違和

感のあるものを普遍的なルールにしようとするということで、この調整には長く時間がかかり、根気が必要で、そして解決不能な無理難題を持ち込まれるという場合もあります。

この時期、山羊座では海王星と天王星が合になり、この時期の少し前、米国クリントン大統領の仲介で、イスラエルとパレスチナが一時的に合意をしました。共有スペースに公平に住まわせようとするプレッシャーも働いているわけですから、無理なことを合意させたということもあるでしょう。結局、合意など時期が早かったのは、今でも戦争が続いていることでわかります。

冥王星が滞在するのは蠍座のかなり終わりに近く、こうなると、過去の因縁や長く続く深刻な問題を表します。これが世界ルールを脅かします。この世代の人は、こうした大きな問題を解決するという課題を与えられていることになります。このアスペクトが否定的な意味を与えるということより、これに取り組むことをテーマにした世代であるということなのです。

◆１９９８年５月から１９９９年５月くらいまで
海王星と土星が90度

水瓶座と牡牛座の間とその途中、惑星の逆行で、一時的に山羊座と牡羊座の間で、このアスペクトが形成されます。水瓶座の海王星は水瓶座に夢を与え、意地悪な言い方であれば、妄想的な価値を与えます。例えば、この時期、インターネットということに多くの人が夢を託しました。希望に満ちたもので、それは夢のような未来をもたらすと考えたのです。水瓶座が広く共有されるものであれば、多くの人が共通の夢を抱くのです。

それに対して牡牛座は土の固定サインで、それぞれの人の執着心や物欲、固有性への固執です。例えば、電子書籍に対して反対する人は、本がものとして価値を持つことにこだわります。もしここで海王星の方がはるかに強い力を持つとしたら、資産や物資が広範囲に拡大する汚染物質によって台無しになるというようなケースも一部想像できます。固有のものが夢想的な公平さのイメージ、現実離れした理念のために犠牲になり、このアスペクトから想像される事態はたくさんありますが、必ずしも否定的ではないということを意識しておく必要があるでしょう。

90度は変革を意味します。それは四大元素の質の転換です。アリストテレスは、四元素は転化可能であると述べていますが、そのような90度は互いに譲りません。しかも土星と海王星という最も困難な組み合わせのアスペクトですから、これほど読むのが難しいものは少ないでしょう。

◆1999年6月から2000年6月くらいまで

天王星と土星が90度

水瓶座の支配星は天王星であり、ここでは天王星の力が最も純粋なかたちで発揮されます。この水瓶座に対立した意味を持つ牡牛座に土星があります。牡牛座の土星は、感覚的なものを重視して、固有の価値に重きを置くのです。水瓶座の天王星は、どこの場所にもこだわらないで普遍的な理念というものを拡大していきますが、これが固有のものを重視する牡牛座の土星と、自然体でマッチするということは考えにくいのです。感覚的な事柄に対して、普遍的な理念や定義が与えられて、工業的なものが自然なものと結びつくと推理することもできます。

ある有名な料理人は、笑気ガスを使って泡で作った料理を考え出しました。すべての素材は分解され、あらためて泡で形成されたのです。この奇妙な作り方は、このアスペクトを想像させます。

天王星と土星の組み合わせはかなり緊張度の高いもので、あまりリラックスするものではありません。自然なものと、工業的・人工的なものとの結びつきです。理念化された感覚性というものは再現性の高いもので、それは感覚ということに対しての新しい意義を与えることになるでしょう。

◆2001年6月から2002年7月くらいまで

冥王星と土星が180度

射手座は思想や哲学性というものを表しています。ここに冥王星があると、とことん深入りして、究極の思想というものを求めることになります。根源的な哲学です。これまでの通念を突破するような、根底的な考え方に集中していきたいという意思が働きます。それはさほど哲学的でもなく、むしろ実践的な意味での技術的な問題です。高度な哲学を説明するための具体的な技術、この両方が組み合わされるとなかなか説得力のある高度な知識が発達することになるでしょう。

もともと冥王星と土星のアスペクトは限界を突破するということに関係していて、壁があればそれを乗り越えようとします。したがって、これまでの技術的な限界とか、知識の壁というものをより超越的な方向に突破していくということに執念を燃やすことになります。難しければ難しいほど関心を抱くような人々が出てきます。研究などに真剣に取り込む人々です。妥協が少ないので、かなり堅い人になる可能性もあります。要領がよいとはいえないのですが、ごまかしが少ないので誠実だといえます。教育に関してその改革に真剣に取り組むことになるでしょう。

246

第1章　西洋占星術のホロスコープを読むのに必要な基本的な要素

◆2006年7月から2007年8月くらいまで
海王星と土星が180度

海王星と土星は解釈の難しいアスペクトです。それは全く正反対の性格を持った惑星だからです。海王星は夢を表しています。土星は合意的現実の惑星作用に犠牲が生じるのです。実際的なところが犠牲になったり、夢が犠牲になったりします。スピリチュアルなものと合理的なものが互いをターゲットにするので、上手く結びつくことができるならば、神秘主義的なものが実際的な世界に降りてくることになります。古い日本の時代にはそれはそれほど矛盾したことではありませんでした。明治以後、ヨーロッパから合理的な精神というものが持ち込まれた時に、神秘主義的な考え方は否定されることになりました。あらためてここではそれが互いをターゲットにして交流します。

土星は海王星を鏡にします。この二つの惑星が存在する水瓶座と獅子座は、壮大なビジョンを表しており、平凡さを突破するということに強い関心を抱いていますから、量子論的な考え方がより実際的なところに応用されていくというようなケースも考えられるでしょう。

永遠性を感じさせる壮大な理念が大切なので、小さなことにこだわらないマクロな宇宙的法則を、まるで日常的な事柄であるかのように身近に考えることになります。

◆2008年9月から2009年10月くらいまで
天王星と土星が180度

柔軟サインである魚座と乙女座の間にこのアスペクトができきました。この時期はリーマンショックで世界中が不景気になりました。天王星と土星はしばしば経済不況というものを表しています。強い緊張感が漂い、豊かさのイメージが撲滅されていくのです。節約とかリストラというものが真剣に検討されていくのです。

良い面としては無駄なものを省き、あらゆるものが輪郭を明確にして、タイトなかたちになっていきます。魚座は集団性の浄化ということを表しています。つまり集団的な価値の中に偏ったものがあった時にその不正を取り除くということを示しています。天王星はこれをあらゆる場所に適用しようとします。そしてそれがターゲットにするのは乙女座の土星です。それは実務とか、医療とかに関しての長く続いた習慣的な考え方です。これらに関しての余分なものを取り除くという改革がなされていくことになります。

いずれにしても天王星と土星のセットは、増やすことではなく減らすことに関係しています。合理化などに関わることになります。現代社会は備蓄ということを過剰に重視しています。必要以上の牛を殺してそれらも備蓄しています。こ

12 進行とトランジットを組み合わせた三重円

(1) 欠けのない状態を目指す

出生図の速読みとして、中心の柱となる月・太陽・土星という三つの天体を重視しました。また本来の発達過程としては、これは月⇨太陽⇨全惑星へと成長していくのならば、最も正常なことであるとも説明しました。次元的に考えるならば月⇨惑星⇨全惑星という順番ですが、これを実際のホロスコープ読みでは月⇨太陽（＝地球）⇨全惑星統括者としての土星ということにも関連づけることも可能です。しかし、自分の手の内にある（軌道内にある）全部の惑星を知って1惑星でしかなく、他の惑星を理解しないで閉鎖する者となると大きな違いがあります。理解する土星と理解しない土星の落差は大きいのです。

全惑星意識は、惑星一つの意識よりも、よりトータルで大きな自己へと接近した状態を表していますが、太陽系の中心の太陽と等価ではありません。太陽よりも少し負荷が重い、つまり全部の惑星を合わせて、それは太陽にのしかかる負荷だということです。

フランスの哲学者のシモーヌ・ヴェイユのように、重力と恩寵という言葉を使うと、太陽の恩寵に対して全惑星の重力が少し勝っていると、世界の卵を表す太陽系全体が退化の方向に向かいます。息切れしながら苦しそうに歩く姿を想像します。

太陽と等価のものに、非常に多くの恒星があります。この恒星は、宇宙空間の中に自立して存在しています。太陽も恒星ですから、自立して存在しています。しかし、太陽をいくつかに分割した次元にある惑星は、この宇宙空間に放り出されたら、自立して存在できません。それは他の惑星と共に、太陽の周りを回り、太陽の力に依存して初めて生きていくことができるというふうに考えてみましょう。

太陽は分割されないものですが、全惑星は分割されたものすべてを合わせたものですから、すべてが分担して、やっと太陽に近づくものですから、一つでも不足があると、この太陽という大きな自己に近づくきっかけを失います。クラスターはコンプリートしないと、次の階層につながることはないのです。

欠けている惑星の働きは、環境的なものへと投影され、自分とは無縁な外界のものとみなされていきます。そしてそ

第1章　西洋占星術のホロスコープを読むのに必要な基本的な要素

の人はその欠けている惑星を通じて、環境につなげとめられ、常にそれに振り回され、苦しい人生を歩みます。人によってこの発達状態が違うので、それによって進行天体とかトランシット天体の影響も違ったものになり、三重円でもそれを意識して読まなくてはなりません。

占いをしている人が自分の中で火星を悪い天体だと思っていると、そこに不和や喧嘩、暴力などを見てしまいますから、その火星があるサイン・ハウスは不快なものに見えるかもしれません。火星を元気に使っている人は、火星は心拍数を上げて、興奮させ、体温が上昇し、免疫力を上げる、耐性限界も上昇させるホットな場所だとみなします。

私は2014年の12月に、ホノルルマラソンに参加しましたが、スタート前の集会で、エリック・ワイナイナが笑いながら「楽しんで。そして苦しんで」と言いました。火星はそのように興奮しますが、しかしい場所での限界値を少し超えなくてはならないので、同時に苦しい場所でもあるのです。そしてワイナイナは前の日に見た時は正常でしたが、マラソン当日の朝は足を故障していました。つまり練習をして、そこで足を故障したと思われます。火星を使うというのは、限界を超えるために無理をする。そしてときどき故障するリスクもあるということです。

私が若い頃、占星術を勉強している人に自分のホロスコープを見てもらいました。私の図には火星と土星の鋭い180

度のアスペクトがあります。これをその人は根本的なスタミナ不足と読みました。それで、私は数年間、自分にその傾向があると信じ込んでいました。そう思うと、実際にスタミナ不足になっているように思えてきました。

現在の私は土星の年齢期です。すると土星管理者は、火星をコントロールすることに楽しみを見出します。土星は火星を殺したり生かしたりします。2014年あたりは、放置していると体温が34度台にまで落ち込みました。まるで冬眠しているかのようです。このままだと癌になるので、インストラクターを頼んで筋トレを始めて、体温は36度台に回復しました。

このように意図的に自分の目的に応じて、火星をコントロールする楽しみが土星期に出てきました。火星を抑圧する傾向のあるのは90度で、180度はコントロールするためのターゲットにします。土星はコントロールし管理したい天体なので、ターゲットとは管理する対象であるとみなされます。火星と土星は180度ですが、同時に、冥王星が火星と120度なので、スタミナとか活力は限界に近づくされます。

占いする人が土星を自分の生活の中でどう扱っているか、あるいは限界を超えた瞬間にチャージされます。その姿勢が、そのまま読み方として現れます。そして占いを依頼した人を洗脳します。何年もその言葉に縛られてしまいます。それに占いする側も、自分が話した内容にますます

249

まり込んでいますから、知識による拘束、タロットカードでいえば、「剣（風の元素）の8」のように、女性が目隠しされ、8本の剣に取り囲まれたような状態になります。視覚は思考の反映です。誰もが信じたものだけを見るので、いったん考えを決めてしまうと、あらゆるものはそれに従っているように感じる傾向がありますから注意が必要です。

ジオセントリック占星術では、月に関する情報が実に細かく表示されます。その人の生活の中で月の比重が高いと、この月が周囲を回転している地球がどの惑星よりも優先されていかざるを得ません。他の惑星はこの月が回っている惑星よりも軽視される結果になります。

過去の占星術の教科書で、太陽（＝地球）サインの特徴は、他の惑星に比較して比重が大きく、だいたい30％くらいを占めるという考え方もありましたが、それは生活の中で、月の比重が大きい人特有の考え方です。月を太陽（＝地球）周りを回る犬のようなものだと考えると、他の人（惑星）に近づくと大きく嚙みつきます。全惑星意識に近づくには、月の比重を大きくしないことも大切です。

人間のチャクラで考えると、ジオセントリック占星術は、肉体感覚的な視野から宇宙を見るので、それは一番下の物質チャクラであるムラダーラチャクラからの視点を表します。この肉体的な軸を中心にマニプラチャクラの三つまで進展可能ディスタナチャクラとマニプラチャクラの三つまで進展可能

で、その後ストップします。ドランヴァロ・メルキゼデクは、人類の大半はこの下のチャクラしか開発できないといましたが、それは当然のことです。特に現代ではそのような傾向がますます強くなっています。

そこで、ヘリオセントリックという上から降りてきた、いわばサハスララチャクラから下降してきたものが、このマニプラチャクラまで上がってきたものに、負加ショックを加えると、七つのチャクラは均等に働くようになります。ヘリオセントリックは、上から五つ目まで降りてくるのです。ヘリオセントリックは、ジオセントリックの持つ中世の牢獄のような限界性を打破します。

そしてヘリオセントリックの視野では、そもそも月がある という ことがわかっていません。太陽は惑星を自分の周りを取り巻く月とみなしていますから、この惑星にさらに下の方に衛星としての月がぶら下がっていることなど目に入らないのです。

個人としての能力や生活、生き方をまっとうし、同時に、トータルな視野を持つというのはとても難しいことですが、完全なかたちを求めるのならば、ジオセントリック占星術を考え、惑星を均等に扱い、全惑星を目標にして、月の比重を少し減らします。その後、ヘリオセントリックを通じて、ジオセントリックでは乗り越えることが不可能な溝をヘリオセントリックが降りてきた光で埋めていく作業をヘリオセントリックが降りてきた光で埋めていく作業をすることです。

第1章　西洋占星術のホロスコープを読むのに必要な基本的な要素

このヘリオセントリックの太陽の背後にある恒星で、自分に縁があるものを探すのは、さらにその先に行くことです。それは故郷を思い出すことです。自我はアストラル体に降り、次に肉体に降りてきます。死ぬ時には、この順番を反対にして、また脱ぎ捨ててます。元に戻った時には、その自我は、ヘレニズム時代の言い方だと第八恒星天の上にある場所、神のそばに回帰します。

ですが、このようにジオセントリック、さらに恒星につなぐのは、地上の社会生活の中で、この社会の中だけで孤立的に成立している閉鎖的な価値観の中での生活を楽しめなくなり、根底からそれに退屈し、絶望した段階になってから扱うことにしないと、たいていの場合、この知識を誤用します。

通常の人間としての生活においての不足を、こうした恒星の力を持ち込むことで助けにしようとすると、誤った人格結晶ができ、それを再度作り直すには大変な苦痛を伴います。

全惑星的な意識を獲得する時にどれかの惑星が欠けており、それを外に放り出して外部的なものにしてしまうという「欠落」は、反対に、どれかの惑星を重視しすぎるという「過剰」を生み出します。人間の生活においてのなかなか解決しない困った事態とか苦悩は、この欠落または過剰ということから引き起こされることが多いといえます。どれか一つの惑星の作用を重視しすぎると、それは結果的に他のどれかの不足

を誘発し、いびつな生活と全惑星的な水準からの脱落を誘発します。

この惑星の欠落と過剰の傾向は、そのまま進行図とトランシット図での影響でも繰り返されます。惑星に対する解釈は、進行でもトランシットでも同じようになるからです。

私個人の例を書いてみます。私の三重円では、最近、土星が9ハウスに移動しています。ですから、外からの呼び出しとして講座が激増しました。しかしこの9ハウス中で、土星が射手座に移行したとたんに、アセンダント付近を動いていた海王星と90度になりました。環境から切り離して独立的な動きをする土星は、カレンダーの上に記録された講座の予定日に、きちんと出席することを重要視します。

しかしアセンダントの海王星は、この宇宙リズムから乖離した上で地上的に孤立したリズムを持つ土星に対して反対的な姿勢を打ち出します。結果として予定の日に、どうしても行きたくないという気分を作り出します。決まったものには行きたくないのです。地上的に海王星はいい加減に見えますが、宇宙法則的には土星よりもはるかに正確です。そして海王星から見ると、土星は察する能力のない機械的な動作しかしない惑星です。

9ハウスとしての活動は安定して続けたいのですが、しかし行動としては決まった行動をしたくないわけです。私の水星は牡羊座の初めの方にあるので、水星に対してトランシッ

251

今、陥っている、宇宙リズムのGPS受信機みたいな海王星と、それに頑として抵抗し、カレンダーに記載された日時に講座に行こうとする土星は、かたちの上では90度で対立しています。ですが、もともと私は土星をとても好んでいます。

外界の状況に関係なしに規則的に何かできるのは土星です。日々の状況が変動しても、血液には同じような比率で栄養を供給できます。

土星を積極的に生かすと、嵐の日でもハワイにいても、仕事は機械時計のように規則的にできるのです。それに土星の背後には、アルクトゥルスがあることを20代の初め頃から意識しています。アルクトゥルスの老人が、土星の内部空洞のホールに住んでいる。妙な話ですが、こういうイメージで、土星を見ています。私的には、一般に考えられている土星に対しての解釈が違うのです。

それぞれの惑星には複数の次元があり、これは一つの建物が複合ビルのようになっているというイメージです。新宿の裏通りにある雑居ビルが外から見ると小さなものに見えても、実はそこにたくさんの会社が入っていたということです。

占星術で活用される惑星の象意や意味には、このような複合的な次元の作用も組み込んだ方がよいのかもしれません。エドガー・ケイシーは、火星は次元の層が少ない、いわば含蓄のない単調な惑星だと述べています。

私たちは外界に自分の投影を見るので、自分の解像度が

トの土星は120度になり、著作ならば、果てしなく長いものでも毎日規則的に決まった時間から始めていくということができます。つまり、講座から逃げ出して本を書くことはありません。行動としては、9ハウスの土星の継続性を裏切ることはありません。毎日、気まぐれにカフェに行き、2か所目、3か所目と徘徊しながら、継続的に書くのです。

これは海王星作用を無視することもなく、あまり苦痛ではありません。ホノルルマラソンに参加するためにハワイに行った時でも、毎日朝の3時半からずっとパソコンで原稿を書いていたのです。ハワイは仕事のできない場所というイメージがありましたから、何の影響もないことに自分で驚きました。

土星はそのサイン・ハウスの使い方を決定し、継続的に固めます。トランジットの土星がアセンダントにある時、私は広尾の図書館に通い、ノートパソコンで本を書いていました。ここでこの行動のスタイルが決められると、次回に土星がアセンダントにやってくる29年後までは、姿勢は継続されます。土星がスクエアになる7年ごとにメンテナンスはありますが、基本姿勢は29年間固定されます。土星のキューブ型の家は、29年は耐久するように作られています。ですから、図書館とかカフェで原稿を書くという姿勢は、自分にとって定番的な姿勢であり、それは次回土星がアセンダントに行って書き換えられるまでは多かれ少なかれ続くということです。

悪いと外界のすべてをその範囲でしか見ません。解像度が高くなると、同じ範囲の中にたくさんの情報が入っていることに気がつきます。誰にでも共通した合意的現実とは、いわばすべての人の認識の解像度を同一にみなすというところで決めたもので、その時代ごとの比較的安いコストで生産できるパソコンのディスプレイの解像度の基準のようなものです。2015年の段階ではもはやHD品質は古い解像度であると思われています。

占星術の場合、この合意的現実に従っている体系ではないので、多少はバラエティのある諸説が出てもよいと思うのですが、それでも占星術をしていながら、その中で合意的現実にこだわり、既に使い物にならなくなったようなルールにこだわって考えている人もいます。

私は土星を大変に好んでいますが、海王星に関しても馴染みはあります。海王星も土星も、どちらが重要というわけでもなく、ただ性質が全く違うので、この両立をするにはどうすればよいか工夫しようと考えることになります。どちらかをオフにして、どちらかをオンにするとは考えません。そうすると、必ず反動が生じるからです。

自分を大きな自己とみなし、この自己がいくつかの小さな自己に割れ、この小さな自己の組み合わせが日々変わります。どれかが重要なのではなく、むしろこの交流とか新しい組み合わせの運動が止まらないように心がけるのです。重要なのは、このさまざまな組み合わせが特定の信念体系に貢献することではなく、生きて運動していることです。つまり、これが良くてこれが悪いというのはありません。

惑星の一つに同一化すると、他の惑星とは敵対的な関係になります。大きな自己としての太陽に自分を同一視すると、惑星はみな自分の中の部品で、それはいくつかの内臓のようなものになります。心臓は好きだが、肺は嫌いだとはいえません。

視点を一つ変えるだけで全く違うものに見えてくるということを考えましょう。出生図や進行図、経過図で、もともとの資質、自分の中で生起しているリズム、外界からのリズムの組み合わせが出来上がります。

社会生活の時計合わせをトランシットの土星や進行の月にして、この土星に従属するものとして火星と木星を考えます。またより個人的でミクロコスモス的なものを、太陽を基準にして、この下に属する金星・水星・月で考えるのです。超社会的なサイクルは天王星・海王星・冥王星で考えるという区分けをして、これらが混じり合う渦を観察してみるのもよいのではないでしょうか。

（2） 進行天体

進行天体のありきたりな計算法としては1日1年法があり、

これは地球の自転を、公転になぞらえたものです。大きな円は小さな円と似ているという円環型時間の思想で、小さな円を大きな円に拡大した解釈です。

占星術は天体計算に基づき、暦に基づいているものではありません。地球は、３６５日かけて３６０度を回転します。したがって正確には１日に１度進んでいるわけではありません。暗算で40歳の時に40度進んでいると考えると、実際には正確ではなくなります。

この計算法で月・水星・金星・太陽（地球）・火星・木星・土星・天王星・海王星・冥王星の動きを考えます。従来の進行法では、動きが遅いために火星よりも遅い天体に関してはあまり考慮に入れませんでした。月・水星・金星・太陽・火星までの五つで考えていたと思います。しかし、サビアンシンボルなどのように１度ずつ考えていくものだと、遅い惑星も１度違ったりすることもあります。例えば、4.98度などという度数の天体があれば、進行法でも、5.00度を過ぎることもあり得ます。ですから、すぐにすべての天体を考慮に入れるとよいと思います。

その上で、最も重要なものとして速読みの太陽と進行の月です。進行の太陽と進行の月です。月は具体的な生活の変化を考えるのに便利です。太陽の進行は目的の変化であり、また太陽の力は能動的に価値を開発する力です。つまり、これま

での通念をそのまま受け入れる月とは違い、書き換えることに等しいものです。そのため、太陽の進行はその人の運気を表しているのではありません。運気の変化は月の進行で考え、太陽の進行は価値の開発です。

これについてもう少し慎重に考えてみると、「運気はどうか」とか「運の盛衰」ということについては、誰もなかなか即答できないのではないかと思います。「この人は運が良い」とか「運が悪い」などといいますが、この「運」に関しては、個人の考え方によって解釈がかなり違います。誰にも共通した意味というものがあります。

社会的な成功する運という言葉を考えた時に、ここでは社会集団が大切な人であるということを前提に考えなくてはなりません。人が暮らしやすいどこかの島、どこかの地域に人が集まって、そこに村落や市町村、都市などができます。この集団の中に認められるとは、その価値観を受け入れることでもあり、特定の貢献できる役割を担って、社会に参加するということを意味します。この社会とは必ず特定の場所・時代というものがあります。また特定の場所・時代でもないと通用しないのかもしれません。時代が過ぎてしまえば、もう消え去っているかもしれません。

今日、特定の場所でなくともいうものもいます。しかしこれはネットの中で成功する人というもので、ネットによって場所性が除去されたわけではなく、たんに地域性が少し広くなったという

ことにすぎません。日本のネットは、海外のネットとかなり性質が違い、言葉の壁もあり、また閉鎖性という点では、どこにも類をみないほど強いものです。

月は基本的に新しい考え方を提示するということはできず、古い記録されたものをリピートするのに適しています。そこで進行の月は、旧来の運気の動きを読むのに適しています。太陽の進行はそれに従ってはいません。ある人にとっての幸運は他の人にそう受け取られず、ある人の不幸は次の大きな幸運につながる場合もあります。太陽は常に書き換えるのです。それが新しい光を与えるという太陽の機能です。

（3）サイクル

ホロスコープでは、集団社会性のピークはMCで考えます。縦社会というのはICとMCを貫く子午線軸だと考えるとよいでしょう。そこで、社会的な成功に向かうとは、このMCという頂点を目指して、社会への参入のコースを辿ることを表します。具体的には、ディセンダントからMCまでの4分の1区間が、デビューから社会参入においての何らかの達成までのサイクルです。

このサイクルは、おおよそ惑星の公転周期の4分の1ということで、さまざまなスピードの乗り物があるということに

なります。

冥王星や海王星は三十数年から四十数年で、天王星は21年、土星は7年、木星は3年、火星は平均半年、太陽（地球）は3か月です。

それぞれの人がターゲットにする社会というものがどのようなものかを考えなくてはなりません。私は多くの人を見る時に、進行の月とトランジットの土星をこのナビゲーターとして活用します。進行の月は1回転27・5年くらいで、土星は29年くらいなので、このディセンダントからMCまでは、だいたい7年くらいを目安に考えます。

これは想定する社会集団というものが、職業的な分業で成り立つものということをイメージしています。多くの人は学校を卒業して、就職し、定年退職を迎えるまでが30年くらいなので、これは土星とか進行の月の1回転に相応しそうです。この職業的社会生活の中で種まきから、刈り取り、成果の定着までのすべてを体験するということです。これが多くの大人からすると最も見えやすい「輪郭（触覚的輪郭）」です。ディセンダントとは1ハウスの鏡です。1ハウスあるいはアセンダントがその人の自我だとすると、それを外界に押し出した時に、反射する手応えや抵抗体というものが7ハウスです。自我は自分の活動の反射、認識できる場、手応え的なものを7ハウスで発見します。この7ハウスが拡大するのは三つのリズムで、7ハウス、8ハウス、9ハウスと続き、10

ハウスで4番目の「死に体、つまり定着」の段階を迎えます。

7ハウスで見つけ出した活動のイメージが、発展を終えてもう死に体になってしまったのが、10ハウスあるいはMCと考えるとよいでしょう。その先に発展はありません。むしろ、この10ハウスの死骸の上に芽を出すものから始まるサイクルがスタートします。

自分を反射する鏡としての他者。その他者の手応えからスタートしたものは、完成はこの範囲でしか通用しないのです。また7ハウスから始まったものは10ハウスで定着し、それまでの試みの死体を見ると同時に、そこから発芽する次のサイクルの芽を見るという点では、分裂しています。死体と種という2種類に割れるのです。

もしここで、アセンダントとしての自我の反射器が、非物質の海王星であったり、外宇宙の恒星世界の架け橋としての冥王星であったりすると、この人は活動するために、この社会の中に住んでいる人々のリアクションとか容認、反応を当てにすることなく、この海王星的なものや冥王星の鏡を通じて、自らが認識しますから、それらが作り出す社会の中で頂点に至るまで、40年前後かかるということになります。そしてまたこの冥王星や海王星は、超個人的な天体なので、それを手応えにしたというディセンダントでの体験を、その個人は感覚的思考のレベルでは、あまり記憶していないこともあり

得ます。

また木星を鏡に設定した時には、それが4番目の定着という段階に至るのは3年くらいです。誰かが反応し、それに手応えを感じ、そしてこの手応えの発展系、いける限界が4番目の段階で10ハウスです。それは定着です。また冒険として拡張するのは5番目の11ハウスであり、これは地域社会を超えて、もっと範囲の広いところに持ち込もうとします。特定の場で成功することをもくろんだりすることもあるでしょう。あるいは異なる地域として支社を作るなどです。11ハウスまでは拡張でよいのですが、6番目の12ハウスになると、そこでは次のサイクルのために調整が必要です。次のサイクルというのは、既に新しい1ハウスですから、それはまるで来世のようで、これまでのものがそのまま通用するわけがありません。むしろ具体的な成果としての、形あるもので確認している手段をすべて捨てなくてはなりません。

春分点に似た12ハウスと1ハウスの境界線を通過できるのは、お金でも具体的な成果でもありません。次のサイクルまで持っていけないという、次の具体的な成果を生むための、何らかの心理的エッセンスであり、それ以外は全部その場に置いておかなくてはならないのです。三途の川の前には、衣類をすべて奪う脱衣婆がいるといわれています。12ハウスの終わりで、このこれまでの衣類を捨てなくてはな

らないのです。

人のリアクションを確認してそれを当てにして始まるの7ハウスが定着し完成するのは4番目の10ハウス。そしてさらに場所から離れて発展させるのは、11ハウスまでです。この点でいえば、社会的なデビューとさらに余力を持って拡大するのは11ハウスまでと考え、その時に、自分のイメージする社会とは何かを考えましょう。自分にとっての成功イメージがお店の中の展示ブースだとすると、デビューから成功までは火星とか太陽、金星などでよいでしょう。通常の日本社会という点では、進行の月とトランシットの土星が適切です。

（4）内側からの月と外側からの土星

月は蟹座の支配星で、蟹座は夏至から始まるサインです。

それは温かく、成長力があり、水分を含み、膨張していきます。放置していればすぐに腐ります。蟹座月は内臓的なもので、それは外に向かって大きくなります。進行の月はその人の個人的な欲求や内的な期待の膨らみとして認識されます。

一方で、土星は山羊座の支配星で、山羊座は冬至から始まるサインです。それは冷たく、乾いていて、固く、長持ちします。簡単には腐りません。月は内臓で、土星は有機物の硬い殻とか皮膚を受け持ちます。ですから、土星のトランシットが示す社会的な活動とは、地位が与えられ、長持ちする役

割、外面的に召喚されたものなどです。
自分がしたいことは進行の月で、自分の好みからは離れて、外部から呼び出されたものは土星のトランシットで考えます。移動中のサイン・ハウスを一つという点からすると、この二つがどのハウス・サインを動いているかを考え、比較してみるとよいでしょう。移動中のサイン・ハウスを一つから膨らませて、そこを居心地のよいものにします。もう一つは外から形を整え、余分な水分を抜いて、固めていくのです。また月は惑星の周囲を回転しており、惑星レベルよりも一つ次元が下にあり、具体的な物質に近いということも考えます。つまり、より具体的に目に見えるハウスを移動する時に、進行の月がそれぞれのハウスを移動する時に認識できるものです。

月は新しく開発したりする能力はないので、過去のことを思い出すということのみで進んでいきますが、より現象的で物質的です。月の進行が2ハウスにある時、新しい収入を開拓することはありません。今まで自分がしてきたことを思い出すのです。もし2ハウスを移動しているのが進行の太陽なら新しい開発です。

月は埋もれたものを引っ張り出すことはありますが、そこに新しい定義を与えるということはまず不可能だし、土星もまた型どおりのことを固めていくことも多いので、進行の月もトランシットの土星も、内容はともかくかたちとしてわかりやすい進み方をしていると考えるとよいでしょう。

進行の月とトランシットの土星が同じような位置にある人は、自分の欲求と外からの召喚というのが合致していますから、あまりちぐはぐさを感じません。しかし反対にあったりするとときどきちぐはぐさを感じます。

ある人が進行の月が2ハウスにあるのに、トランシットの土星が9ハウスに近づいているケースがありました。この人物は新しいメソッドを自分で考え出したのですが、それはまだそれほど固まっておらず、社会的に外に出すには時期が早いと考えていました。しかしそれについて講座をしてくれと依頼され、準備不足のまま、発表せざるを得なくなっています。これが内的な欲求と外的な状況のちぐはぐさの例です。内臓的と外郭的という2種類のリズムを組み合わせて考えましょう。

（5）さまざまな周期の乗り物を使い分ける

意識は何かに投射され、それが何かの抵抗に当たる時にそれを手応えとして認識し、この手応えを手がかりに発展していき、それは四つのプロセスをたどります。

そしてこの手応えは月・水星・金星・太陽・火星・木星・土星・天王星・海王星・冥王星と複数存在し、その人は、何かの惑星を重心にして判断するが、しかし同時に他の惑星の鏡も、並行して、自己のいろいろな側面を確認するための鏡

として考えるということです。進行の月や土星はわかりやすい目安ですが、それだけで生きている人はいません。それぞれの惑星がディセンダントを通過した時の日時をメモしてください。ディセンダントはアセンダントという個人の存在しようという衝動に、形を与える鏡です。どの惑星をもっぱら鏡にしているのかも考えてみます。

私の例で取り上げた冥王星に乗ってきた黒い怪物の姿の母親という話ですが、この関係で続くものは冥王星の移動とともに進展します。9ハウスで接触したので、それは書いているものや思想、哲学として受け止められました。その冥王星がMCから10ハウスを移動している間は、この接触によって得られたエネルギーはそのまま経歴や仕事に反映されます。10ハウスは社会集団を表しますが、社会集団は人がたくさん集まって作られています。

しかし、それと別個に、トランシット土星と進行の月は違う場所を移動します。すると、個人の中で複合的に、異なる意識が働いていることになります。ときどきこの冥王星に乗った力と土星の接触なども生じます。

トランシット土星が8ハウスを移動している間、ヘミシンクの会とかバイノーラルビートを使ったパスワークの講座などを盛んにしていました。8ハウスは死の向こうという意味もあり、非物質的な接触をする人もいます。エドガー・ケイシーは8ハウスにいくつかの天体がありますが、これがエド

ガー・ケイシーがトランス状態で接触していた伝達者たちを表しています。

8ハウスが終わりに近づく時に、私は変成意識の中で、ある証明書のようなものを受け取りました。これは地上においてのある仕事をする契約書のようなものでした。送信者たちが私を仲介して何かしたいということです。この時に、このトランジット土星は、トランジット冥王星と60度の関係になり、つまり冥王星に乗ってきた黒い存在の支配下でそれに関わる人々が、私に証明書を送ってきたということになります。そして8ハウスの終わりでそれを受け取ったなら、それは8ハウスの行為の総まとめのようなもので、その契約の関係の線上で、その後の活動が9ハウス、10ハウスと続くことになります。

そして土星は十分に現世的で、この現世的というところに持ち込むのが重要ということになります。冥王星は人のサイクルをはるかに超えたものなので、それは個人活動に落とし込むのは大変です。それは土星に落とし込まれたので、多くの人が取り組んでいる仕事とか活動のレベルに、その黒い生き物の意識の働きが断片化されて持ち込まれます。土星は冥王星の力を全部取り込めません。土星の公転周期は冥王星の9分の1と考えると、土星は冥王星意識の9分の1の断片です。

土星に持ち込まれた以上は、頭の固い普通の人が読むかも

しれないところに、この話をおおっぴらに書いてしまうことにもなります。この契約をもとに活動しようと思って私は『三次元占星術』（説話社）を書き、また続編を作ろうとしています。土星が一度固定すると、それは継続されますから、8ハウスの終わりで受け取った契約書は、今後29年間続くという意味になります。次の29年目に書き換えられるまでは、それは継続されますから、8ハウスの終わりで受け取った契約書は、今後29年間続くという意味になります。

もともとは冥王星が受け取ったものを、土星に乗せるというのはするべきではないと考えていました。土星は合意的現実であり、それは世間的にありきたりの思考法で考えることです。ですから冥王星や海王星の「触覚」で受け取ったものと、土星が受け取ったものは全く別のものとして二重的に進行するべきと考えていましたが、トランジットの冥王星が10ハウスを移動している段階で、どうでもよくなってしまい、冥王星的・海王星的なスピリチュアルな内容を、そのまま社会的に出してしまうことに躊躇はなくなってしまいました。冥王星は最も遅い天体なので、惑星から攻撃を受けても全く意に介しません。それが10ハウスを移動している時には、その人の経歴において、何も気にしなくなるのです。

一つの惑星の作用はMCに至る段階で定着し、10ハウスが終わった段階で、定着の終了です。畑の作物はディセンダントで引き抜かれます。それ以上は成長せず、そのかたちが固定的な表現のかたちとなります。それは、10ハウスで乾燥保

存され、長期的に保たれるものとなります。社会集団の中にそれが持ち込まれ、そこで定着します。

冥王星がディセンダントに来た時に、例えば10歳で何かを感じたとします。しかし脳はそれを上手く取り込めず、意識には上がってきません。この漠然とした手応えは、その明確な成果を50代の時、10ハウスに来た時に迎えるというようなこともあります。私たちが対象化できる意識は土星までと説明したように、それよりも遅い天王星・海王星・冥王星は、夢のような意識の中でしか取り込めないことも多いのです。

このディセンダントからMCまでの流れは集団社会への参入というテーマに特化されており、それがこの社会の中で成功するという意味なので、違う目的ではまた異なる区分を考えるべきです。リズムとしては、始める⇩発展させる⇩定着するという四つのリズムで、これを任意のハウスから始めてもよいでしょう。7ハウスから10ハウスまでの四つは社会的な集団の中に持ち込むというテーマです。

例えば、創作するということで5ハウスをスタートとすると、その結果は8ハウスです。応用的な展開は、次の5番目、すなわち冒険で9ハウスです。この時に、小説を書くということにして、さらにいずれはこれを仕事にしたいと思うならば、土星くらいの乗り物で展開するということになります。仕事にするつもりはなく、受け入れてもらえるだけでよいというくらいなら木星になります。たんにライトノベルを書く

という行為だけなら、金星サイクルや水星サイクルで運営してもよいかもしれませんが、ある程度の範囲で社会認知されるには、土星くらいの方がよいのです。

身近な人が認めるのは7ハウスで社会が認めるのは10ハウスです。7ハウスでは誰か一人の人が受けつけます。その数が増えて、10ハウスでは日本というような範囲になるのです。10ハウスが意味する集団社会に全く関心がない人はたくさんいます。集団が作り出すものはたんに集団的主観性であり、それは当てにもならないし、恒久的でもないし、ただの寄り合いのサイズの大きなものにすぎないと思う人は、10ハウス、社会集団に過大な期待はしません。年寄りになるとたいていそう考えるようになる可能性はあります。

ホロスコープでは複数の惑星が移動しており、この複数の意識が常に動いている中で、人によってあるものをことさら重要視し、違うものをより軽く見ます。特定の惑星を鏡にして自己確認し、この部分でこだわり、そこでの反応を気にして、そこから自分を形成します。

月を気にしない人は、月がどう動いてもそれに注意力が向かなくなります。読み手が月をあまり見ないでしょう。海王星がどう動いてもその人の自我がそれを鏡にしていない場合には、その人はその作用力をとりこぼします。十分に影響を受けていないのです。他人から見ると、がら、その部分に目を向けていないのです。他人から見ると、

ありありと影響を受けているのに、本人はその影響がないと主張することもあります。

自我は必ず反射するものを必要とし、それがなければ意識は眠り込み、活動することはありませんから、その人が重要視している鏡は何か、それを特定しましょう。私の例の冥王星に乗ってきた存在の話も、冥王星という鏡に無意識な人はある天体が、手応えの鏡として使われることも参考になります。

冥王星の影響されるまま、何の抵抗もしていないで自動人形のように動いている可能性もあります。冥王星の影響がなかったのでなく、その部分においては眠り込んでいるのです。

特定の惑星の年齢に入った時、年齢域によって、この惑星が１８０度のアスペクトを持っているとこの１８０度反対に

（６）知覚する印象は曲げられている

グルジェフのエニアグラム、あるいはシュタイナーのオカルト生理学によると、人間が自由になる部分とは食物摂取・呼吸作用・印象作用の三つです。印象作用はその人によってあるものが強調され、拡大されるか、あるものが縮小されるか、ほとんどないものとみなされます。ここでは大幅なデフォルメが起きます。認識するというのは、そこに排泄作用と抵抗

作用が伴い、この排泄も抵抗もないものは素通しになり、影響があっても、その人がそれを印象の中に取り込まないといえます。

グルジェフの自己想起の訓練は、私はあるものを見ているそれを見ている私、というふうにして、さらにそれを見ている私。それを見ている私を見ている。さらにそれを見ている私を見ている。自己意識を印象に対する同一化から分離する行為を続けます。子供は機関車になったり、花になったり、グルジェフの自己想起は、世界から自分を分離するというような行為です。

これはアサジョーリの、「私は思考ではない。私は感情ではない。私は身体ではない」という考え方と同じです。シュタイナー式にいえば、私は思考ではないと理解するには、思考と自分を分離しなくてはならないので、そこで自我は思考に対する抵抗体、排泄機能を持たなくてはなりません。ほとんどのケースでは、私たちは自分の自我と思考を同一化しています。

『哲学者とオオカミ』を書いたマーク・ローランズは、走っている時には考え事が止まる。そして考え事がやってくるといいますが、これは思考と「私」を同一化しない姿勢です。考え事をしている時には、思考と「私」は同一化しています。

それぞれの惑星作用を均等に取り込み、さらに、これらの惑星との同一化から離れるためには、自我のベースを特定の

惑星ではなく、それよりも一つ上に置く必要があります。惑星をすべて総合した全惑星意識は一つひとつの惑星に同一化しません。さらに、自我を真の太陽に置くと、全惑星意識に同一化しません。全太陽に自我を置くと太陽には同一化しません。グルジェフは、人間の自我はどこまでも行ける水素3にまで持っていくことができるといいますが、これは絶対の法則1の下にあるものです。

目の前を海王星や冥王星が通過しても、それを見ていません。また子供は土星に乗って運ばれているのを見ていないのです。ある人は金星が運ぶものが非常にリアルに、人生の一大事に見えます。自我が同一化するレベルによって、またどの惑星作用を鏡にしているかによって、世界をとらえる印象は変わってきます。

脳科学の本を読むと、特殊な事例として、自分の四肢を邪魔に感じる人がいるといいます。そういう人は、四肢を切断すると幸福感を感じ、自分を統一的な落ち着いた存在だと感じするそうです。本来、私は人間の形を世界の卵として、楕円の卵型だと認識しています。この卵の内部に陰陽の分割が起こり、四元素的な分割が生じます。中心があり、これが四つに分岐するのです。この卵から四つに分かれるというのが、低次の物質的な段階では卵の中に四つということではなく、卵から外に四つ何かが伸びるという外的なものへひっくり返されます。内部にあるものは、外の世界に展開されているように見えます。

この分割によって私たちは世界の中に自分が引き裂かれたと感じます。四肢を邪魔に感じる人は、私の推理でしかないのですが、この世界に自分が引き裂かれることを自己分裂とみなして嫌っているのではないでしょうか。双子座の25度ではパームが出てきますが、余分な枝葉とみなした卵型にまとめます。同じように魚座の25度では、見えない枝葉としての霊的なカルマを刈り取ります。パームをつるんとした卵型にまとめるというのは、グノーシスの「世界否定」の思想です。しかしそういう人がいても不思議ではありません。

惑星の鏡を認識し、さらにそこから自分を分離することで、冥王星や海王星でさえはっきりと影響を認識することができます。それは同時に、自分が惑星に引き裂かれていないことを達成します。海王星がこのような作用で通り過ぎ、自分の生活の中にこのような影響を落としたと考える時、海王星と「私」は分離して、自己想起は一歩前進します。太陽や全部の惑星の影響を認識し、中心の太陽を自己とすれば、自分を世界の卵のような統合化されたユニットとみなすことができます。太陽には時間がありません。それは静止しているのです。この太陽は眠り込み、自分を分割する、すると分割されたも

のは元に戻ろうとして、この力が時間の動きを作り出すわけです。惑星の回転は時間を生み出します。

いずれにしても、人によってさまざまなプロセスにあり、それによって世界の見え方がかなり違うのです。その人に対するアドバイスは非常に難しいことがわかります。その人が見ている世界が、その人の印象作用によって、どのくらい曲げられているかわからないからです。基本的に、私は人と人は理解し合うことはないということを前提に話を進めます。「わかるはずだ」ではなく、「わからないはずだ」ということが前提なので、もし理解することがあるとしたら、それは奇蹟のようなものだと考えます。

ですから、この三重円にしても、自分の図を考えると興味深いでしょうが、他者に対してはアドバイスできづらいと考えた方がよいと思います。特に読み方をパターン化して教則本を作る行為は、かなり無理なことに挑戦していると考えます。

(7) 進行天体とトランジット天体の使い分け

私の抱くイメージとしては、地球上には人間は一人しかいないという印象を抱いています。人間の中には宇宙的な構造の縮図があり、これは振動密度が高く、物質密度の低いもの、つまり単一の原理から、振動密度が低く、物質密度の高い、

つまり分離したものだらけの領域まで複数にまたがって、この複合的な知覚で成り立っている複雑な機械です。この場合、宇宙の創造は単一の無の原理から分離を経て、物質的な固いものに至る創造行為を繰り返します。これはかつてそのように創造されたというのではなく、今この瞬間も継続しており、この創造という行為の中で、あらゆるものが一定に保たれていると考えます。

この創造の行為は非物質から物質的な方向に向いており、この創造の方向のベクトルは強い力で慣性のように働いているので、私たちの意識は、常に物質的な方向へ、ボトムへと向かいます。そこに釘づけになっているとみなしてもよいのです。これはある方向に意識が働くという意味では、その反対のものも必然的に成立します。つまり静止したものの中で動きが始まると、その反対側に存在するものも裏側に存在する。つまりは二極化です。グノーシス派は、世界を否定的に見たという点では、創造の方向に対して、反対の方向を強調しようとしたということになります。物質化ではなく、単一な、世界が創造される前の神の原理に回帰しようとしたのです。

私が地球上には人間は一人しかいないという印象を抱く時、大きな円盤を想定し、この外周はたくさんの突起を持つ歯車だと想像します。歯車の突起の一つが個人です。本体は同じものですが、ボトムとして外周は違うのです。しかし多くの

人の目は、このボトムに向かうので、そこしかないように思い込みます。たくさんの個人がいるようにに思うのです。それはこの外周にだけ目を向けた時にはそのように感じられます。外周にしか関心がない人は、最終的に、死んだ後に無になります。というのも、元は一つの円だということを既に遠い昔に忘れ去っており、そして慣性によって、この部分化された外的なものへ意識が向かっているので、元に戻ることはなく、最終的に消えていく方向を目指します。

グルジェフは、一つのコスモスの端は無と無限の境界線があり、その先の次元はこの無と無限が阻んでいるので、決して見えてこないといいました。歯車の先は無限に向かっており、この無限とは果てしなく分離し、一つひとつは果てしなく弱体化し、果てしなく小さくなり、生命から遠ざかり、そして最後には全く無意味な塵、あるいは塵でさえないものに分解していきます。人間は創造の法則のベクトルに従うかぎりそこに向かっています。そこから引き返すには、慣性の力に抗するような強烈な意志が必要ですが、シュタイナーのいうアーリマンはその意志が働かないようにしています。

ある人が私にメールしてきたのですが、そこではその人の願望とは、最終的に無になり、消え去ることだと書いていました。その後永遠に、いかなる理由があろうとも自分は再生しないし、存在しないということ。それが目標だといいます。

私は何かこの人は勘違いしていると思いました。あるいは想像力が欠落しているのかもしれません。意識のある存在が、空無になったことを想像することはとても困難です。想像することでそれは貫通してきます。

ホロスコープを生まれた時間まで正確に計算して作成することは、この円ではなく、歯車の先の側に興味を向けていることがないのなら、人は人と共感できません。この元は同じというして私たちは共通の資質を持ち、そのことで理解したり、共感したり、反発したりします。反発するのも同じ要素があるからです。分離の方向に向かった人は、自らの中で反発力を強調します。私が人と人は理解しないということをしきりに無理しているのは、個体化へ、歯車の先に向かっていっているベクトルがあるということですが、同時に、知性という面ではないところでは、共有していることを誰もが実感します。むしろ共有していることを実感している人は、互いに無理解であることにそれほど困りません。盛んに接点を持ち、理解したいと願う人は、実は共有されていないことに恐れを感じているからです。

占星術のもとになった法則的な体系では、この無から分離

264

の極に至るまで、たくさんの段階があります。全太陽⇩太陽⇩全惑星⇩惑星⇩全月⇩月。

差異性でなく、同一性ということを追いかけると、生まれ時間は不要です。同じ日に生まれた人は、かなりの比率が似ています。この時同じ日に、違う国で生まれた人は、その空間の違いの分、差異性がありますが、それも度外視すれば同一性はたくさん発見できます。

ヘリオセントリックの場合には月は考慮にいれず、月の違いは問題になりません。複数の惑星は、複数の知覚の鏡としての同心円ですが、遅い天体になるにつれて、非常に多くの人が共通になってきます。

トランシット天体を観測する時には、この大きな共有されるものからさまざまな小さい領域まで、これらを全部平面的に混ぜないでいると考え、異なるサイクルがバイパスされていると考えましょう。バイパスとは、遅い天体と速い天体がアスペクトで関わることです。

アスペクトは幾何図形です。例えば、月と冥王星がスクエアという時にも、月の位置と冥王星の位置はあまりにも違うので、そこに関わりがあるように思えません。しかし人間の頭の中では、この距離の違いが消失して、90度の関係で関わっているのです。冥王星は1回転が250年前後くらいあるようなが意識活動です。月は1回転が28日くらいのものです。果てしなく続くようなものが、一瞬働く作用の中に持ち込まれるのです。

月は眠りながら動く乗り物です。自動的に単調に繰り返されるものの中に冥王星が切れ目を入れて、月の中に異物を持ち込みます。しかも90度ですから、それは表では認識できない意表を突くものであり、割り込み処理です。月は太陽系全体を認識できない意識を表します。それは惑星にまとわりついていて、自分が回っている惑星のことしか見えていません。他の惑星はよその家です。

となると、太陽系の外の力を持ち込む冥王星の作用は月からすると全く想像もつかないことであり、つまり、月の視野からすると全く把握できないような何かが割り込んできたのです。

生まれた時から、その後も、ずっとそれぞれの天体はそれぞれのサイクルで回転し続け、そして、それぞれの範囲で印象を拾い続けています。惑星はその軌道の中で、特定の時間・空間に堕ちるポイントだといいました。より普遍的なものが、限られた時空間の中に持ち込まれる。これが惑星の位置で、同心円の軌道の中に、スープの中のダマのように凝固できています。スープを味わいたい人は、このこだわりであるダマは味が濃いため、それが不快な場合もあります。

惑星はずっと回転し続け、とどまることがないのに、個人は生まれた瞬間の記憶をその個人の存在そのものが引きとどめています。それ以外に引きとどめるものなど何一つありま

せん。引きとどめることなく、この果てしなく回転する天体の流れに任せてしまえば、個人はそのまま消え去ります。

川の流れが続く中で、流出物だということ、個人は、どこか特定の場所にひっかかった流出物だということ、流れている間は自分も一緒に流れるので、流れていることを意識せず、それと一体化しています。しかしどこかにひっかかり、止まっていると、流れが思いのほか大きいことに気がつきます。

この流れを認識することは、自分がどこかのポイントにとどまっていることと関係しています。とどまらないのならば動きは認識できないので、その点では、例えば回遊魚のマグロは自分が泳いでいるということを知らないかもしれません。私たちも地球が回転していることを頭ではわかっていても、あまり実感していません。1日の流れとしては認識しますが、瞬間瞬間意識しているわけではありません。

何か動きを認識するには静止するものが必要で、この静止するポイントから見ると、動きがわかります。つまり海王星の流れに対して、同一化しないで抵抗すると、海王星の流れは明確に認識され、海王星の作用を認識しない人は、海の流れの中で泳いでいるマグロのようです。

出生図は、このトランジットの動きを自分の中に取り入れるための、静止したポイントと考えてみるとよいでしょう。そして海王星の作用を意識するには、海王星を止めて、それ

を自覚したものが必要で、海王星をとどめないのならば、海王星はいつまでも通り過ぎていくだけで、それに気がつくことはありません。

出生図の各惑星を意識化し、例えば出生図の海王星を意識すると、トランジットの海王星が近づいてきて、影響をどのように持ち込もうとしているのか、それを明確に意識します。静止した出生図の海王星の定点カメラのような作用によって、トランジットの海王星が動いていることがわかるのです。

2015年の初めに私の父親が死去したのですが、いつ死去したのか私は詳しくは知らされませんでした。母親が「父親のことはもう自分が片づけたので考える必要はない」と留守電の中に入れていたのです。父親は2014年から癌であちこちに転移し、自力で排泄さえできなくなっていたので、ずっと入院していたけど、実際に会ってはいなかったので、子と認識していませんでした。私が病院に訪ねた時もメールでは連絡していたけど、実際に会った時も私を知らない人と思い、1年前くらいに電話した時も私の電話をオレオレ詐欺と認識していたようでした。自分はオレオレ詐欺には乗らないぞ、そこいらの騙される年寄りとは違うぞ、という姿勢がはっきり見えていました。

病院に訪ねた時も「どなたさんでしょうか？」と聞かれたのです。この時期、父親の太陽にトランジットの海王星が重なっていました。地球的自我は海王星の帯の中に溶け始めて

第1章　西洋占星術のホロスコープを読むのに必要な基本的な要素

いたのです。したがって、父親が私を息子と認識できないことに関しても、実は、私はそれをそのまま放置しておくべきだと考えました。

太陽という個人のエゴが海王星の中に飲み込まれていく時、自分の個別性は溶けていきます。それは私の個別性も認めないという結果を作ります。親と子という固有の関係は、エゴが成り立つ時にのみ成立します。別に私が息子であり、他の人であれ、そんなに構うことではありません。こういう私の考え方を、母親は実によく理解しています。父親が死んで数週間後に、金庫の中を整理したら、そこに父親の遺書が置かれており、「自分が死んだら親戚にも子供にも知らせないこと」と書いてあったそうです。

父親の太陽に海王星が重なり、海王星は太陽を飲み込もうとしています。この時に、私が「自分は父親の息子である」ということを主張すると、自分は息子であるという個体性を思い出すのです。私と同じような年齢の似たような人間はたくさんいて、そのうちの一人が病院に訪ねてきて、容体を確認しようとしたとします。それが息子であれ、他の人であれさほどの違いはありません。太陽は個我としての緊張感から抜け出そうとしていて、誰のことも認識できなくなっているからです。

ロバート・モンローは、末期ガン患者用に「ゴーイング・ホーム」というヘミシンクのプログラムを作っていまし

た。私はこのCDが好きなのですが、死ぬ直前の患者に、死後、天国（フォーカス27）に行けるように誘導するためのものです。このためには死後も存在するということを認めさせなくてはなりません。つまり閉鎖された、今日版の土星の信念体系ではなく、その先の天王星・海王星・冥王星の媒介が存在することを認めさせる必要があります。

父親が死にかけている時に、父親の表向きの人格は、このような世界観を認めないことはわかっていました。ですから直接説明するよりも、ボケをそのまま放置して、そのまま太陽が海王星に飲み込まれていく個我という部分を脱ぎ捨てて、海王星速度のものを乗り物にしていくのを誘導するのが好ましいと考えました。個我の部分で、それを意識的に考えるのでなく、もう一つの潜在的な意識の側に載せ替えて、そのまま個我を蝉の殻のように放置しておくのです。いまさら個我の部分でそれを認めさせるのは無理なのです。

もし、ある患者が海王星のような意識に入ろうとした時には、病院関係者は、このボケ症状を妄想的とみなして、合意的現実の領域に引き戻そうとします。つまり海王星とのつなぎを断絶させ、死後には空無があるだけで、決して未来など存在しないのだという信念体系を押しつけます。つまり地獄につき落とすのです。現実はどうなのかということは一切考えず、信念が空中楼閣的な思想であれ、その信念

267

に基づいて行動します。

こういう人々とは、衝突しないように、こっそりと海王星の乗り物に同化して溶けていけばよいのです。私の弟は、おそらくかなり実際的な判断をするので、父親がボケ始めると、死後は暗闇に引き戻して、天国ではなく、暗闇に追いやる行為をする可能性はあります。驚くことに、母親は父親が死んだことを私の弟に知らせていませんでした。死んだことを知っているのは私だけということになっています。

人間の一生が80年前後なら、これは天王星の周期に近いといえます。社会意識はそれより短命な29年の土星です。海王星が160年前後だとすると、人間の肉体的な生存の2倍程度です。ということは身体に同一化して働く個人の自我意識は、肉体の死とともに分解していきますが、海王星に飲み込まれた別の意識は、海王星が1回転する期間は死なずに継続します。そのエネルギーは途切れないのです。もし自分を肉体の随伴機能として働く意識であると定義するならば、死んだ後には何も残らないと考えてもよいのですが、この個我のこだわりを捨てて海王星と摺り合わせれば、その海王星の鏡に映された自我は、まだ肉体の死後も継続します。

父親の死後、私には何の印象もありませんでしたが、それは去っていったという実感もなかったからです。別離感覚がないのは、関係性が何も変わっていないからです。私が個人

としてのパーソナリティの部分で受け止めていないからです。父親は個我を脱ぎ捨てて、海王星という列車の中に乗り込んでおり、人の形のない螺旋回転する筒のような形になって、海王星の軌道の筒の壁の一部になってしまったことです。

「あなたは気がつかないかもしれないが、トランジット天体は、今、ここにあり、このような影響を与えている」とアドバイスしても、相手が受け取るかどうかわかりません。その人が特定のトランシット天体の影響を取り込むには、その人の流れに抵抗する静止点が必要であり、この静止点は、その人の存在させている根拠そのものです。たくさん流れている中で、川の中に、杭のように止まっているものがあり、それは生きる価値観と密接に関係します。

もし私の父親が、出生図の海王星を意識できたとしたら、これは占星術のことを知っていたということではなく、占星術は知らなくてもこの海王星作用のような意識状態を自覚していたら、それは観測の静止点になって、自分が乗り込もうとしている海王星をはっきりと認識したでしょう。

アスペクトは、幾何図形的の点と点を埋めるかたちで、おのおのの速度の違う天体が、互いに相手の影響を注意力に引き込むことはなかなか複雑な話です。それぞれの惑星を自覚に引き込むことはなかなか複雑な話です。さらにそこに異なる速度の惑星が幾何図形的に結びつくということで、例えば海王星の影響を

268

土星が受け止めるというのは、海王星を認識できる土星の意識が、その静止点で、海王星に対して抵抗体を持ち、排泄器官を持つということになります。

海王星のバス、あるいは列車にも死がありますが、その後、この海王星が死ぬ前にもっと長生きする遅い速度の天体に乗り替えます。あるいは海王星であれば、次のサイクルとして12サインの中で今のかたちを脱ぎ捨てて、再生してしまうということもあります。

ゆっくり動く惑星の作用を自覚できない場合には、そこに乗り込む時に、それまでの知覚意識を取り除かれてしまいます。

神はエノクを取り除いたという時、エノクが消えたのでなく、それまで働いていたエノクの知覚意識の領域を、エノクがつかんでいた川の中の杭を引っこ抜いたのです。

海王星が死ぬ前に公転周期が500年前後のエリスに乗り換え、その命が尽きる前に、さらに今地球に接近しつつあるという、アヌンナキの乗っていた5000年周期の惑星に乗り換えるということも考えてみると興味深いですが、このような話はわけのわからない荒唐無稽のものに見えてきます。誰もが認めることのできるローコンテクストの文化の中でのサイクル（合意的現実）は、土星までなのです。

（8）人は出生図の可能性を生かしきれるのか

ここであらためて、出生図の可能性を全部開発できる人はいないのではないかという点について考えてみたいと思います。エドガー・ケイシーは、人間は転世すると考えていました。そして一つの人生と人生の間に霊的な世界での体験をしていると説明しています。霊的な世界というのは私たちがここで生きているように一定の時間・一定の空間を体験するものではなく、ここから見れば非時間的・非空間的でもあるので、それは0秒に見えるかもしれません。

ケイシーの考えに従うと、出生ホロスコープとは個人が生まれてくる瞬間の図でもありますが、同時に、それは霊界での体験が終わってこの世界に人が転落してくる瞬間の図でもあります。私たちの肉体を伴う人生は、特定の狭い時間・空間においてのピンポイント的に小さな範囲の体験領域です。それに比較すると、霊界的な体験とは永遠性に貫かれたような領域での、そこから人間が肉体を持って生まれてくるというのは、どこか道を歩いていてそこに暗い穴があり、ふいにその穴に落ちたような転落体験と考えてもよいでしょう。狭いにその穴に落ちてしばらくは出られないとしたら、諦めて、そこで楽しめるものを探します。実際に事故でそのように穴に落ちた人ならば、救助が来ることを期

待して、それまで時間を潰す方法を考えます。

広大な海があり、この海の中にときどきぽつんと小さな島があるとします。海と島というのは、カルロス・カスタネダの著作『ドンファン・シリーズ』でよく使われる象徴ですが、海はナワールであり宇宙的な意識です。島は短命ですぐに海に飲み込まれていきます。私たちの生は、拡大鏡で見ないとわからないような小さな島に例えるとよいと思います。

出生図は、超越的な存在状態から、閉塞的な存在状態へ閉じ込められる瞬間のものであり、それは広大で自由な世界に住んでいた時の思い出であり、その後の、転落の穴の中での私たちの人生は、この霊界体験の終端としての出生図のレベルにはなかなか到達できないと考えてもよいかもしれません。

私たちは時間が経過するとともに、次第に発達し、進化し、賢くなると信じ込んでいますが、それはある一面では発達するものであり、他の面では退化してもいるのです。つまりある部分がクローズアップされ、また違う面が視野に入らなくなっているということです。感覚はどんどん細かく発達しています。そして感覚が発達するほど、生命はどんどん萎縮していると見てもよいでしょう。この具体的な人生の中でいかに頑張っても、転落する前の出生図の段階にまでは戻れないのではないかと思うこともあります。

そもそも占星術の図に表示された惑星は、アストラル体の

構造を表していると考えた時、私たちはまずは、生理学的な奴隷として、ものとして生まれてきて、このアストラル的な意識で構築された結晶体にまで発達することに大変な努力を要求されます。

人生の目的もなく、ただ食べて寝るだけの生き方を続けて、老衰して死んでいくということで終始することもあるでしょう。何らかの楽しみはあるけど、それは社会とか外界から植えつけられたもので、暇なので、それをしてみたというだけかもしれません。

コリン・ウィルソンは人類の5％は能動的な人々であり、それ以外の人は少しばかり成功すると、そこで満足して急激に堕落すると説明しています。この少しばかりの成功という のが、社会が植えつけてきた成功イメージに乗っただけというものです。

アストラル体を表す出生図は、とても個性的でその人独特の目的やら、個性などの可能性を提示します。私たちがそこに到るには、随分と風当たりの強いところを忍耐強く進まなくてはならないのです。人と違うものを持っている時、この違う部分を後押ししてくれる人はあまりいません。むしろ押し潰し、それがなくなって均等な面になるように圧力がかかります。

例えば、水星があるサイン・あるハウスにあり、そこに何らかの特徴的なアスペクトがあると、この特定のサイン・ハ

ウス・アスペクトがあるということが、それ以外のものを持っていないということも明白にします。山羊座の水星であれば、射手座や水瓶座や乙女座の水瓶座の水星のようでも、また射手座のようでもないのです。

デプレッションを起こした人からすると、それは山羊座の水星の特性を持っているのではなく、射手座や水瓶座や乙女座のような能力を持っていない自分、ということになるのです。

そこで、自分のこの特徴的な山羊座の水星を発揮するには、他のすべてのサイン・ハウス・アスペクトを体験して、あらためて、出発点としての山羊座の水星に戻る必要があります。

他のすべてのサイン・ハウスを知っていて、それでまた山羊座の水星に戻った人は、この山羊座の水星であることに満足し、その特質を発揮することに喜びを見出します。そして他のサインからのプレッシャーに負けることがなくなります。

山羊座の下部構造として、この一つのサインの中に12のサインがあるとします。すると、この小さな12のサインを、山羊座から順番に次の山羊座まで体験することで、もともとの山羊座という大台に戻れるわけです。この山羊座の下部構造として山羊座から並んだ12のサインとは、トランジットとか進行で体験していく12サインです。

つまり進行とかトランジットは、出生図よりも下部にある内部的なものであり、それはおおもとの出生図を乗り越える

ものではないのです。むしろ、この出生図をより補完するための、完全体になるための補正作用です。

自己肯定感が弱い時には、山羊座以外のすべてのサインの性質が欠落しているのだと受け取ることをいいましたが、このマイナスに感じることから、山羊座というものがある、というふうにプラスに転じるのは、結局のところ、その人の存在の生命力の強さや積極性、充実感です。楽しい時には山羊座の水星を発揮できるという可能性を感じますし、落ち込んだ時には、どうして山羊座以外の資質が欠けているのだろうと感じるのです。

この存在状態のエネルギーというものは、地球に住む、あるいは近隣に住む人々の集団的な水準との相対的な関係に振り回されます。電位差は2点間の落差から生まれます。aとbという2点があれば、そこの差が陰陽活動または意識の働く落差を作り出します。もし誰かが、集団的な平均水準よりも電位の低いところにあれば、その人はマイナスを感じ、また電位の高いところにあれば、その人が集団的な平均水準よりもその人は自分をプラスなものと感じ、与える側に回ります。

この優位な位置にいると山羊座の水星は特技になり、低位な位置にいると山羊座の水星はマイナスの、無能の証拠になります。

グルジェフは、振動密度を表す水素番号で振動を表現しま

271

した。地球の平均的な知性水準は水素48で、それより余裕のあるものが24、より低いものが月96でした。つまり平均的な知性水準とは惑星48です。24は全惑星意識です。

タロットカードの人物カードで、私はよくこれを説明していました。徒歩で進む頼りない、指導性のない人は、ペイジで48です。騎士は馬の上で見晴らしがよく、また運営する力がある24です。この上に女王の12と王の6がいます。またペイジの下には、タロットカードでは描かれていないのですがゴラムの96がいます。

どれかごくわずかでもよいので24の物質を持つと、この集団的な平均性を抜きん出て、自分は凹んでいる場所にいるという鬱病的な感覚から抜け出します。ですからアメリカでは鬱病の治療に投薬するという話が出てくるのです。これは身体の24が生成されます。運動をしようという目に遭っているという精神状態です。

ホロスコープはアストラル体を表し、それはその人の個性的で、独特の魂のかたちを表現しています。これは自然に放置しておいて開発されることはありません。無気力な状態では、凹んだところに水がどんどん流れ込むように、あらゆる圧力が集まってきて、特徴的なものは否定的なものとみなされて削られていきます。この落ち込みから脱出するために、

ホロスコープを見ることは参考になるでしょうか。積極的に活動している人が発展のためにホロスコープを見ること、マイナスになっている人がそこから抜け出すためにホロスコープを見ること。両方とも役立ちますが、ただ、無気力なまま自然的に放置して、ホロスコープの水準に到ることは不可能だとはいえるのです。

ホロスコープが要求することはかなり大きなもので、それを一個人が全うできるに至るには大変な労力を要求されるように見えます。

ホロスコープが表しているような資質を発揮することは、ある意味贅沢なことです。それを考える前に、まずは人間として必要とされる一般的な水準の諸能力を発達させる必要があります。これは時代によって要求されるものは変化します。現代では人間の水準が落ちすぎているといわれています。金銭的、身体的、心理的に、まず自分を維持する力さえないという状況に陥っている人が多数います。ですが、昔から自分一人を維持することさえ大変でした。つまり社会保証制度などが完成度を高めると、日本人はあたかもちゃんと生きていけているという錯覚が起きてしまい、それが脅かされた場合には、異常な、あるべき状態ではない事態になったと思ってしまう傾向があります。例えば、震災の時に、政府がちゃんとフォローしてくれないと非難する人がいましたが、そもそも政府がフォローする

第1章 西洋占星術のホロスコープを読むのに必要な基本的な要素

べきという理屈はないのです。フォローしてくれるとそれはとても助かる。ありがとうというもので、実際には、災難が起きた場合、それを他の人のせいにできないし、自分はそういう不当な扱いを受けるはずではない存在だと思う根拠はありません。

占いハウスに出かけてくる相談者の質問の多くは、まずは暮らすには、どのような方法があるか」というような類の質問もあります。自分はよく落ち込むけど、これはどこに現れているのかという質問もあります。このような人は誰でも落ち込むものだと教えなくてはいけません。

働くのは楽しいというようなキャンペーンを展開するテレビのコマーシャルを、作家の森博嗣は批判しています。働くことはたいていの場合苦しいので、働くのが楽しいと思って就職する若者は、現場に行ってとまどうというのです。困ったら占い相談する人もいるでしょう。質問は次のようになることもあります。「働いて辛い。辛いということは、自分にこの仕事は向いていないのではないか。自分に向いている仕事は何か。このような質問に対しては、ホロスコープで回答してはならないのです。アストラル体は人間機械の上に乗って発

達します。ですから、まずは人間機械に属する部分は、アストラル体のかたちを示すホロスコープで回答するべきではありません。

誰もが共通して持つ肉体のベースとしての人間機械の部分では、仕事は毎日続くし、ある程度辛いが、我慢して続けなくてはならない。それによって住居や食費などをまかなうことができます。それで月末わずかな給料をもらうことができる。これを継続的にクリアすることなどを含んでいます。

あるケースでは、月が木星などと深く関わり、非常にリラックスしている図がありました。が、太陽はとてもハードなものがあり、その人は長い間、引きこもりをしていました。ある日決断して就職しましたが、1か月もしないうちに職場を痛めつけられ、辞めてしまいました。こういう場合、私はホロスコープを見て、月が安易に流れすぎることを指摘します。他の人が我慢できることが、この人には忍耐できません。月は自動的なもので、努力をしていません。太陽は努力を表しますので、非常にストレスの強いもので、よりによって、人生の中でそうたびたびあるわけではないストレスの強い時期に就職し、すぐさま玉砕しました。見ようによっては元に戻りたいために、玉砕したとも考えられます。

こういうケースでは月が安心なアスペクトを持ち、居心地がよく、気楽な暮らしを続けようとします。月は惑星の周囲

クトを持つ惑星の性質は、開発された段階ではその人の特徴的な個性や能力を表し、それをアストラル体の形といいます。

人間機械としての考え方からすると、このアストラル体の発達は否定されるべきものです。企業は同じものを売りたいはずです。一つひとつが違うと面倒ですし、機械として扱えないからです。類型化して簡単にしたいのです。そこで、その人の個性的な惑星の特質は、それが開発されなかった場合には病気や神経症で、他の人と同じになれないマイナス要素とみなされます。十全に発揮されるまでは叩かれ、発揮するとそれまではずっとマイナスにあるという日プラスに転じますが、マイナスなものはある日プラスに転じるのです。

特定のサイン・ハウスにあるということは、それ以外のサイン・ハウスに対して妬んだりコンプレックスを抱いたりすることを乗り越えなくてはならないのですが、そのためには下部構造という小さな範囲で、他のすべての要素を体験して、そして出生図の位置に戻る必要があるのです。特定のサイン・ハウスを満足して行うには、製造業、販売業、輸送業という一つの仕事を満足して行うには、製造業、販売業、教師、無職などたくさん体験してみるのがよいのです。

出生図のそれぞれの惑星のサイン・ハウスの特異性が、凹んだ場所でなく、むしろ能動的な個性的な力として活用されるようになった段階で、その人は霊界から、この世界の暗い穴に脱落する直前の段階まで戻ります。

を回る、惑星よりも一つ下のものなので、つまり外に出ないで狭い範囲にとどまります。その比率が高いのです。この人物は、太陽よりも月に寄りかかる傾向が強いので、多くの人の平均水準に到るのに、少しばかり時間がかかるということを読み取ります。それに達成感を作り出す他の天体などを見ることもできます。

ここでは読み方の問題として、人間機械としての今日の日本の現代の平均的な集団性、つまり集団的な主観性の水準によって加減しなくてはなりません。日本人の平均と同等になるか、それとも少し凌駕するかまで到達しなくては、日本という集団社会では生きていけないということを意識して、人間機械としての最低限のものをクリアすることをトレーニングすることを勧めなくてはなりません。そこを手抜きして、ホロスコープの中で特化した部分を強調して、それによって不足を補うということをすると、いびつな結晶ができて、にもっと生きるのが辛くなります。

ホロスコープでは12サインがあり、12ハウスがあり、10惑星があります。この惑星は特定のサイン・ハウスにあり、しかもこの配置に似ている人はほとんどおらず、厳密には数万人に一人でさえ同じ図は存在しません。この誰にも似ていないものを開発するだけの力が個人にあるのです。つまり仲間はおらず、一緒に取り組んでくれる人はいないのです。

特定のサイン・特定のハウスにあり、しかも特定のアスペ

ここで、人間は未来に向かって進化するのです。過去は踏み越えるべきであり、未来は明るいものだ、というプロパガンダには乗らない方がよいかもしれません。この過去は悪く、未来は良いという時間の経過の印象を真に受けると、脱落した暗い穴から抜け出せなくなります。環境の中で私たちは二極化された存在になります。自分を二つに割り、一つは過去から未来へという時間を生きて、もう一つは未来から過去へという時間を私たちは忘れてしまいます。

時間は、あたかも空間を歩くかのように自ら歩かないと進みません。この中で、少しずつ違うシーンが現れてきます。しかし惑星の重力場においては、時間は自動的に進むために内的な怠慢さから目線をそらして、過去から未来へと時間が進み、この中で人は発展するという考えにつかまっています。ヨーロッパの哲学者が、アメリカ的な思考、すなわち未来は明るいという信念を手放さないことについて皮肉っていますが、アメリカ的な信念体系としてはそれだけでなく、自由への信仰というのもあります。

出生図は霊界とこの世界の鍵穴であると考えると、私たちは生まれて、その後いろいろ体験すると、この鍵穴から位置がずれていきます。入り口の奥には洞窟が続き、この中を探索すると、入り口の場所がわからなくなることもあります。この世界の中のどこかに迷子になり、そこから戻ってこれな

い場合もあるかもしれません。時空間のどこかの岩の隙間に挟まり、抜け出せなくなることも。

出生図が出発点であり、またより高次な世界との待ち合わせの場所だとすると、決まった時間にその場所に戻ってこないと、より高次の領域との接点は失われます。迷いこむといけないのは、例えば、山羊座の土星の人が水瓶座の土星の人に「君のようにしなくてはならない」と言います。すると水瓶座の土星の意義がまだ十分に自覚されていない人は、自分とは違う山羊座風の土星になろうとします。この段階で、土星はその人の軸からずれたと考えてもよいかもしれません。水瓶座以外の蟹座やら獅子座やら、さまざまなサインの土星を体験すると、最終的に、その人は自分が生まれてきた水瓶座の土星であることを正当なものであり、信頼性が高いと判断します。そして他のどのサインの言い分も無視することなく聞いた上で、やはり水瓶座に土星としての役割を果たすのです。この場合、水瓶座に土星に戻ることは、その信念体系に縛られることではなく、むしろニュアンスとしては諦めるということに近いのです。ですから出生図の位置に戻ることは、そこに執着するのではなく、むしろ、そこにいることに諦めて、そこにいるのです。もし救助隊がいるとすれば、救助隊はこの暗い穴の入り口周辺に来ますから、そこにいなくてはなりません。

時間の経過とともに進行の天体やトランシットの惑星が移

人の子供に分割されていたのです。

出生のホロスコープは大きなその人全体を表しています。この中に、時間の経過とともに変化する人生全体の地図が含まれているというふうに考えてもよいでしょう。一生の大まかな地図と惑星の年齢域をつないでいくことで、いうものが手に入るのもそういうことです。それは出発点であり、同時に、最終的に到る地図です。

年齢域ごとに個人は惑星の性質を一つずつ獲得していきます。それらをすべて総合することで、だんだんと全惑星意識に近づいていきます。惑星の一つから見た自分と、たくさんの惑星を総合した視点から見た自分というものは、かなり違って見えてくるものです。惑星のすべてを体験することで、やっと出生図というものを体感的に理解することができるでしょう。

（9）全惑星意識を獲得するには

全惑星意識とは惑星の総和であり、簡単にいえば、すべての惑星を否定せず、それらのすべてが自分であると認識することです。一つの惑星に同一化すると、他の惑星を否定的に見ます。それが生活に現れて、世の中を生きることに苦痛な面が出てきます。全部を取り込む、すなわち地上、ないし太陽系のぶちまけられた自分の部品を回収することで初めてわ

動していくというのは、出生図のポイントからさらに発達していくのでなく、むしろ、より暗くて狭い一つ下の段階にある回廊を歩き回ることです。そのことで、もともとの場所を安定させることに通じます。しかしこの一段下の回廊の薄暗がりの中では、自己を時空間の動きの中に分割することを表していますから、反対成分も発生します。そこでの体験を完全に消化しないとそこに止められてしまいます。つまり、帰国できなくなった人を思い浮かべるとよいでしょう。旅先でつかの間、反対側に動いてみるのもよいでしょう。

この地球世界の入り口で私たちはツインとお別れをして、このツインは、私たちが見えない世界を反対に動いていると考えます。反対に動くことで私たちの人生のナビゲーターになります。前に10m進むと、ツインの、影の進行方向も反対に10m進みます。ある日、この影と一体化すると、この時間と空間の進行は、一瞬にしてリセットされ、霊界と待ち合わせ場所に戻されます。

私たちのパーソナリティは、常に二極化された片方のものしか持っていません。二極化されないことには、動く時間・空間の中を動くことができないのです。動く、行為するということそのものが、二極化です。二極化されたもう一つの影が私なのではなく、その反対側にあるもう一つの影、ツインの「太陽」のカードの二人の子供のように一体化します。そのことで、上に輝く太陽に戻るというものです。太陽は二

276

かるもの、理解できるもの、満足があります。

このために、自分のホロスコープを生かすというのが一番の近道です。あらためて自分の図を見て、この全部の惑星を開発するには、惑星のあるサイン・ハウスをまず活用することを考えます。それは偏っている場所にあるというよりは、そこに出発して移動すると考えるのです。

理想的には、すべての惑星において12サイン・12ハウスを味わい尽くすことです。すべて味わい尽くすことで、やっと自分の出生図の位置に「安定して戻る」ことができます。立ち位置とは、全部味わった上で、偏ったところに戻ることで、そこにまっすぐに立つことができるのです。

◆月の位置

個人的な生活のスタイル・拠点をここから考えます。月は惑星に対して強い主張ができないので、他の人の意向に染まることもあります。ですが、自分の月の性質と異なる生活をすると休めないしストレスが溜まります。月のサイン・ハウス・アスペクトを考慮に入れて、自分流儀のライフスタイルを発揮しましょう。月はあたかも小屋のようなものです。ですが家がない方がリラックスできるという人もいれば、閉鎖的な場所がない方が好きな人もいれば、道路で寝ているかのような方がリラックスできる人もいます。そのあたりの個別性を、

月を分析することでとことん考えましょう。他の人と同じにする必要はありませんが、結婚すると、相手の好みによって曲げられることがほとんどです。月は惑星に対抗はできないのです。全惑星意識という時には、月は入りません。月は太陽（＝地球）に所属するものなので、地球の内輪で展開され、外には出せないものです。月の力が強すぎたら私たちは月に食われてしまいます。それは個人の中に埋没して、やがては哺乳動物の方向に向かいます。他の人を一切理解しなくなります。他の惑星を考慮に入れて、あらためて月は太陽（＝地球）に所属し、その付属物であると考えましょう。

◆水星の位置

知性とか好奇心、聞いたり喋ったりする姿勢として、自分はどういうスタイルが一番適しているかをあらためて考えてみてください。水瓶座2ハウスに水星があったりすると、特定の場所にいなくても済むネットなどの活動で収入を得る方法を探索し、いろいろ試してみるということも一例です。固める必要もなく、あれこれと模索するということだけでもよいでしょう。

◆金星の位置

楽しめる場所です。金星のサイン・ハウス・アスペクトがあるところで、楽しみを堪能します。楽しいというのは、無理なことをしないという意味でもあり、それは小さなところで大きなリスクもなく、飽きたらやめることができるというような状態で、適度に楽しむことを表します。6ハウスに金星があると仕事を楽しみますが、無理な要求が来たりするともう金星の管轄ではないので、仕事は辞めてしまいます。金星があるところで本気を出してはいけません。昔、「お嬢様芸」という言葉がありましたが、金星があるところは、男性でもお嬢様芸のように取り組みましょう。

◆太陽（＝地球）の位置

自分の地球においての真の能動的な可能性を探索します。

地上においてのあたりかも太陽のようなという意味で、真の太陽ではありません。これは個人のエゴを表しています。人に気を遣わず、自分の能動的な可能性を開発するというような意味です。

共存というのは太陽の役割ではありません。太陽は二ついらないというような意味で考えてもよいでしょう。月は手抜きをして自動的になりますが、しかし太陽は意欲的に取り組むのです。そこでこの太陽の月のある場所は思い切りぼうっとしていてはいけません。月のある場所は思い切りぼうっとしていてもよいでしょう。しかし太陽、すなわち地球は、常に月に取り巻かれています。そして月は惑星よりも一つ次元下にあり、許容度が少ないのですが、太陽を自分に引き寄せようとしていますから、太陽は気がつくと、いつのまにか狭量になってしまいます。利害があり、月はなかなか公平にもなりきれません。

そもそも公平さの発揮は、太陽でする必要はありません。それはもっと違う惑星の役目でしょう。地球に生まれてきた目的を明確に自覚するには、太陽サイン、あるいは太陽から見ての地球サインということを考えましょう。太陽サインは、本来地球にやってきた目的を示す地球サインの逆像です。いわば地球から太陽に向かって逃げ出そうとする逃走ルートなのですが、人間は地上において二極化されていますから、地球の裏腹さの中で生きており、逃走しようとすればするほど地球に拘束されます。

四次元的な発想では、表と裏という逆のものは同じものなので、互いに依存し合っており、互いを明確にしています。加害者は被害者も加害者がいないとその意味そのものが成り立たないのです。12サインは、前半は個人的な発達であり、後半の六つは集団性の中において前半の六つの繰り返しにすぎないと思えば、12サインを六つにしてもよいのです。この発想ならば太陽サインと地球サインは同じ意味になります。

278

◆火星の位置

同じことを続けているとどのようなものも停滞します。例えば、ずっと同じ体形とか同じ体重をキープしている人は、何もしないで現状維持しているわけではなく、歳を経るごとに落ちる基礎代謝に抵抗して、努力してキープしています。何事も現状維持というのはなく、拡大か停滞かしかありません。

火星は、チャレンジをすることで、自分をより大きな世界に生かそうとしています。それはいつもの自分からすると、やはり少し無理なことに挑戦しています。今度は無理かもしれないとはらしつつ、挑戦する場所はどこか。それを火星のサイン・ハウス・アスペクトで考えてください。

のんびり癒しをするということが流行していた時代がありましたが、ゆとり教育にしても、この癒し的なものの行き着く先は、もっと鬱病が増えたり、弱くなったりするという面はありました。

実は、癒されるためには、挑戦とか達成が必要です。そこでやっと余裕ができて、リラックスできるのです。これは今の自分には無理なことに挑戦すると、その後、耐性限界が上がって、それまでのことが楽になるようなものです。火星の部分ではいつも挑戦しましょう。しかしいつも火星を働かせる必要はありません。1週間に数時間でよいのです。

◆木星の位置

果てしなく増殖し、増えていく場所です。あなたの増える場所はどこか、木星のあるサイン・ハウス・アスペクトを考えてください。

土星がスクエアになる人は木星の増えるスピードは遅いかもしれませんが、しかし増えることがストップすることはまずありません。このサイン・ハウスは太るのだと考えましょう。そこにフォーカスし、興味を向けると、殖え方が激しくなります。

◆土星の位置

人生の柱となる場所です。土星があるサイン・ハウスは家の外壁と柱の二つのようなものので、人生に秩序を与えます。また変動を吸収して、落ち着かせます。そこが変化しないようにするので、この土星のあるサイン・ハウスは鈍くなっているようにも見えます。

乾燥した皮が硬いということを思い浮かべてください。いつまでも変わらないことを望むのですが、その分、定期的に脱皮しないことには硬直がやがて有害になります。29年ごとの脱皮、7年ごとの定期メンテナンスがあると考えましょう。最後の落とし所という点では、晩年の生活でもあり、また短い時間の中でも、最後にけりをつけるところです。

279

◆天王星の位置

特定の信念体系に縛られずに、もっと広い視点を持ち込んで自由な発展をさせます。それがどこで行われるのか天王星のあるサイン・ハウス・アスペクトで見ます。特定の信念体系に対抗する癖があるのですが、この土星的な閉鎖に反抗的になりすぎると、それに振り回されてせっかくの天王星の「人間をトータルに見る」という視点が損なわれます。

土星に反抗する天王星は未発達の天王星です。土星を気にしないで、もっと広い視点で考えるのがもともとの天王星と考えます。しかし土星に反抗する天王星というところに縛られすぎている時には、土星と天王星の間にあるキロンの持つ課題に取り組んでみることをお勧めします。それが上手く進むと、天王星は本来の作用を発揮します。通念、偏見に縛られないで、自由に工夫できます。

◆海王星の位置

人間の寿命よりもはるかに長い息を持つ海王星と冥王星の意識は、個人を超個的な領域へ向かわせます。出生図で海王星の影響が強い人は、この海王星が示すような意識を、月から土星までのどこかの天体で受け止め、その天体の示す分野で海王星の意識の片鱗を体験します。

海王星そのものは公転周期が遅いので、直接、人がそれを受け止めた場合には、その人そのものが社会生活とか日常生活からスピンアウトすることになります。ですから、何らかのプロテクターを通しての体験が必要で、たいていの場合これは夢の最中か、あるいは水星から土星までの惑星で代替的に受け止めて、その惑星が示す分野での活動によって、スピリチュアルな体験というのは、海王星か冥王星を通じてのものでしょう。

霊界は、時間と空間がないというふうに考えるとよいと思うのですが、海王星や冥王星は公転周期が非常に遅にして、時間と空間の中を動いています。つまり相対的に、人間の生活時間からすると、永遠性に近づく橋渡し的なものだといえるでしょう。海王星や冥王星は霊界を示すわけではなく、その橋渡し的な作用です。

土星が閉鎖する者であり、地上的な秩序を表すとしたら、そのサイクルをはるかにはみ出しているために、海王星は土星的な考え方を受け取れません。結果的に、土星が地上の秩序、海王星が天上的な秩序という対比になります。それでも太陽系の内部にあり、太陽系の中の過去から未来までの記憶領域を表すことになり、土星がはねのけなければ、この今の時間・空間の情報を、「いま、ここ」という意識の集中によって、注意力から除外するので、ちょうど視線が中心部分のみに使われ、周辺領域の視野は意識に入ってこないことと似ています。

タロットカードの「塔」のカードに描かれた塔は、この土星の閉鎖を表していて、この塔が壊れると、次の「星」のカードで星が見えるのですが、そこに描かれた星は北斗七星ないしはプレアデスで、これらは太陽系の外の恒星群ですから、塔が壊れただけではそれを知覚することはできません。受け止めるには海王星と冥王星の仲介が必要で、さらに、この海王星と冥王星が、水星から土星までの惑星にバイパスされるという接ぎ木のような連絡が必要になってきます。そうやって初めて断片が知覚できます。

グルジェフは高次な意識は、「感情の調整」によって速度を上げることで受け止めることが可能で、この調整がなされていない場合には、意識は昏睡して体験を記憶していないといいますが、この昏睡を「クリックアウト」といいます。感情の調整というのは、感情が信念体系から解放され、微細なものを感受することができるということです。そのようなケースの時には、直接海王星的な作用も受け止めることが可能なのではないでしょうか。

海王星のあるサイン・ハウスを参考にして、ここから海王星作用を直接的に受け止めようとした場合、この感情が調整されている人か、調整されていない人かということが、大きな落差を生み出します。恒星の影響が、冥王星を通じて太陽系の中に導入され、太陽系内の既知の集団記憶と照合して、類似的なものがあれば、それは海王星の部分で受け止められ

るということで、海王星そのものに単独の価値があるわけではありません。

海王星は通常の生活に必要でないように見えますが、人間が個体に幽閉されていることに不満を持たない人はいません。世の中にアルコールやドラッグ、少しも得にならないような無謀なものへのチャレンジがあるのは、人々がいつでも土星の枠から一時的にも自由にならないことには生きていけないということを表しているのです。「いま、ここ」という意識の集中を解くものこそが海王星的作用の片鱗を表現するものは溢れているのに、直接海王星そのものを受け取るというのは困難です。

◆冥王星の位置

冥王星は太陽系の外からの影響を持ち込みます。しかしこれが太陽系内で消化されるには、太陽系内の既知の集団記憶かプレアデスと照合して、似たものがあれば取り込まれた領域としての海王星と照合して、似たものがあればそれが栄養とみなされ、該当するものがない場合には、それは毒とみなされます。

タロットカードの「星」のカードで空に輝く星は、北斗七星かプレアデスのいずれかですが、こうした太陽系外の影響は限られた時間の中で生きており、この時間の中で形成された意識で生きている私たちには認識できる抵抗体がないので、全惑星意識の中に所属しているようないない、中途半

端な段階にある冥王星や海王星を通じてしか取り込まれず、さらには、この海王星や冥王星も直接認識できないので、水星から土星までの惑星とのアスペクトによって、断片的に知覚できるということになります。この伝言ゲームの間に大幅なロスがあって、ごくわずかなもののみが入ってくることになります。

土星は知覚を閉鎖するキューブの作用で、恒星どころか、冥王星や海王星の影響を認識することも妨害します。占星術で古くから扱われている恒星は、土星から見て有害と烙印を押された影響でしかなく、それは恒星の正しい意味を伝えていないのですが、冥王星と海王星の協力でもう少し肯定的に取り込まれます。それは海王星と冥王星が「いま、ここ」という縛りから、少しばかり解放されているからこそ、橋渡しになり得るからです。

(10) 秘教占星術では恒星を重視する

全惑星意識から太陽、次に恒星へと結びつくところは、一般の占星術ではあまり扱われません。一般の西洋占星術で使えるのは月と惑星です。そしてこれらを統合化できるならば全惑星意識の可能性をそこに見出すことができるというものです。ホロスコープをトータルに読むことは、全惑星意識に向かうための参考になります。また、一般の占星術で扱う恒星はかなり歪んだ読み方になるということもありますから、その点では、秘教占星術ではどう扱われているのかを考えてみるということもある程度は参考になります。しかしことさら「秘教」という名前がつくものは、実際にはそれほど質が良いものには見えません。

私は『三次元占星術』(説話社)を２０１５年１月に出版しましたが、ここでは太陽系の外にある恒星について扱っています。これまでも説明してきましたが、意識の次元というものを天体に関連づけると、下から月⇨全月⇨惑星⇨全惑星⇨太陽⇨全太陽⇨中心となるものという連鎖になります。

太陽系はこの中で惑星が回転しているので、それは時間の中での活動になりますが、太陽系の外の恒星は、こうした惑星の感覚からすると、時間が存在しない領域ということになります。とはいえ、それは惑星から比較するとという意味で、時間が全くないという意味ではありません。

ビジョンや夢の中で元型的な存在を見ることがあるのですが、それはまるで美術館の絵のように静止しており、話しかけても反応しません。こうした元型的な意識を恒星と結びつけてもよいと思います。私たちはこのような元型的な意識に比較しても短い時間の中で動いており、しかもある段階が来ると消えてしまいますから、光が射し込んで、そして消えていくというような一瞬の生存状態です。ここから見れば、元型的な意識の時間は、静止画のように見えるのでしょう。

第1章　西洋占星術のホロスコープを読むのに必要な基本的な要素

反対に私たちは自動的に動いてくれる惑星の運動の上で生活しているので、自動的に時間が進むものと考え、「水はタダ」という発想と同じくそのことに甘えて、自分では何もしないということが増えてきます。

怠け者は、時間が進んでいても内面的・精神的には何一つしていないという状態になります。80歳なのに中身は5歳という人がいるとしたら、内的な時間を自力で進めず、肉体の時間に依存していたからです。これは人生の無駄遣いです。

シュタイナーは、生きている間に霊界と接点を持たなかったら、死後も霊界と関わることはできないといいましたが、これを翻訳すると、惑星の上で時間が経過する生活の中で、つまり永遠性のない生存の中で、永遠性を持つ恒星とつながらなかったら、惑星生活が終わった後に、永遠性の恒星の世界の架け橋がないということです。

時間を自分で歩くということができない場合、昔からよくいわれている、死んだ人は死んだことに気がつかず、ずっと同じ場所に何百年も何千年もいるという事態になってくるのです。つまり死後、時間を自分で回すことを覚えていないのです。

それまで惑星が親切に時間を動かしてくれていました。だから、それに甘えて、自分で前に進むということをしなかったのです。惑星の上での体験と恒星の世界のギャップで目立つものはこのことです。

本来は、精神世界やスピリチュアルな分野のものを、日常的な通常の活動や生活に利用することはできません。これは生活の為に作られているわけではないからです。そして生活の上でのどのようなテーマは、通常の努力で達成するべきで、社会生活上のどのような分野のものにも神秘主義的・オカルト的な要素は不要です。

昔ならば、マヌの法典の考えのように家住期が完了して、つまり社会的な活動が終わってから、「道に入る」、つまり精神的・霊的な探求をするべきであると考えられていました。今日、この立場が逆転しており、仕事や学業、適正、恋愛や結婚などのごく日常的な目的を達成することに精神性や霊性、魔術的なものを活用しようという転倒があります。その結果として、霊的な探求が著しく水準が落ちるという現象が生じます。

神秘主義的なものや精神世界、オカルト的なものとは、見える通常の生活のためには貢献しませんが、意識が解放されることで、通常の息苦しい生活をある程度は我慢して継続できるという意味では、間接的に役立っています。

ハイデッガーは、今日、あらゆる分野の活動は何のためにという道具主義的要素に支配されているといいます。この道具主義から抜け出して、人間の価値を本来のものに引き戻すには、何のための道具という理由づけのない遊戯が重要だと考える哲学者もいます。ゲームは効率性を求めません。より面倒なルールを作り出してしまいます。

占星術を道具主義に持ち込みません。そして超越的な方向で活用します。神秘主義的占星術または秘教占星術というのはそういうものです。明確に「秘教占星術」という名前で展開していたのは、ネオ神智学に属するといわれているアリス・ベイリーなどがいます。最近、"Esoteric Astrology"が翻訳されました（『秘教占星学（上・下）』AABライブラリー翻訳・発行）。

アリス・ベイリーは、この太陽系の外には七つの太陽系があると説明しています。またコンステレーションと恒星として秘教的に重要なのは、大熊座・プレアデス・シリウスだといいます。これらは人がイニシエーション後にモナドの波動を意識するようになるまでは感知できないといいます。

恒星は無数にあり、私も『三次元占星術』では、ブレイディの選んだ60数個の恒星を取り上げました。アリス・ベイリーのような秘教的に考える星座、恒星と、天文学的に認識された後に取り上げられた恒星に対しての考え方にはかなり違いがあります。

アリス・ベイリーのいう大熊座の七つ星・プレアデスの七つ星・シリウスなどは伝統的にずっと馴染まれている種類のもので、中国や日本などでは西欧よりもはるかにこのグループには親近感があり、宗教に密接に関係しています。

これらの恒星・コンステレーションは、そもそも太陽と同等のレベルのものであり、占星術で使う太陽は地球の代替的な働きでしかなく、本来の太陽の意識は惑星のすべてを統合化し

た段階でないと理解できません。ですから、どの惑星が強いかとか、どれが重要かというような段階では、恒星などは無用な、感知もできない信号だということなのでしょう。

アリス・ベイリーによると、「未発達な人々」は、惑星・太陽宮・アセンダント、狭義の12宮、すなわち12ハウスなどに反応するものであるといいます。つまりは、通常使う占星術の要素のすべてであると考えるとよいでしょう。そこにこれらの恒星を混ぜることは適切ではありません。それらは決して実用的でもないし、生活の役にも立ちません。ですがひとたび神話的な意識（元型的）ということを考え始めると、急にリアルになってきます。感知できるかできないかはシュタイナーのオカルト生理学で述べたように、そこに排泄作用が備わっているかどうかにかかっています。それがない場合には、誰にも等しく貫通しているが、それをその人は注意力の中につかまえないのです。

エドガー・ケイシーとかオショー・ラジニーシなどは、今日の占星術は本来のもののカケラにすぎず、もともとの本体の姿を見失っているといいます。私の見解としては、本来の占星術に回帰するにはロングカウントのビジョンを組み込むことが必要です。しかし人間の寿命はせいぜい80年前後にすぎず、自分が死んだ後のことはわかりません。

こういう人間の肉体的な生存部分のみに着目したのが、ギリシャ以後の今日的な占星術なのです。占星術が問題なの

ではなく、それを扱う人の意識の問題であり、人の意識の時代性に合わせて占星術は変化してきたといえます。個の意識を中心にしている場合には、今の占星術が一番適切なもので、それ以上の範囲のものがどうして必要なのか、全く推理さえできないでしょう。

アリス・ベイリーは大熊座・プレアデス・シリウスを重視していますが、これはすべての人に共通した普遍的なものではありません。それはアリス・ベイリーが関わった神智学のグループにおいて大切なものです。大熊座の七つ星・プレアデスの七つ星が私たちの太陽系の七つの惑星と共鳴するというのは、アリス・ベイリーの属する魂のクラスターの系列に特に通用するものであり、他の人々の魂のクラスタープが重要とはかぎりません。

エドガー・ケイシーは、全太陽の中心にあるものはアルクトゥルスといいましたが、アリス・ベイリーの系列からすると、中心点はアルシオネなどの可能性もあるでしょう。

30代のある時期、朝、目が覚めたら私のすぐ側に、埴輪のような形をした茶色の人物が立っていました。彼は1万1500年前に、彼が遭遇した悲劇的な事件を私が目撃したために、私の腰が壊れたといい、それは自分の責任だから君の腰を治そうといいました。私は反射的に彼の手を払いのけ、この問題は自分で何とかするといいました。この埴輪男は、今住んでいる場所はオリオン方向ですがオリオンではなく、その向こうにあるといい、それは地球からすると決して見つからないだろうともいいました。私にとって彼はとても重要です。オリオン方向ではあるが彼本人の弁からすると地球からは見つからない恒星ないしはコンステレーションが、私にとって重要だというわけです。いずれにしても、このようにたくさんの系列があると考えるとよいのではないでしょうか。

月を統合化し、惑星を統合化し、太陽を統合化する。このようにして、より振動密度の高い意識に登っていく時に、この階段は、誰にも適用できるような教科書的なコースはないと考えます。アリス・ベイリーは大熊座の七つ星・プレアデスの七つ星と、太陽系の七つ星を共鳴させることを考えていたようですが、私は七つの恒星を結びつけた恒星マカバが大切なのだと考えています。七つの恒星によって構築される意識結晶は、それぞれ探索してみてほしいと思います。自動的に時間が動くという惑星の中の場とは似ても似つかない世界があります。何もしなければ、何も動きません。というよりも、意識は何かの対象に向かって射出される間だけ存在すると考えてよいのですから、何かしなければ存在しなくなると考えてよいのです。惑星の生活においては、何もしなくてもオートマティックに最低限のエンジンのかかった「意識のアイドリング状態」は機能します。

冨士講の開祖である藤原角行は、子供の頃に北斗星（北斗七星）に指示されて修行を始めたといいます。アリス・ベイリーは神智学でよく登場する大師の存在状態と恒星を結びつけています。ですから北斗星に指示されたというふうに考えるもこともできます。北斗七星の中でドゥーベを私は「熊女」と呼んでいますが、変成意識によって、ドゥーベを集団探索すると、たいていそれに近い印象が出てきます。

ブレイディなどが紹介している恒星は机上のデータとしてのものであり、その内容については全く言及していません。また性質についても伝承や神話などから導き出した、外から見た推論です。これだと恒星のことを理解したことにならないので、シュタイナーがいうような脳・脊髄神経系で見るのではなく、交感・副交感神経系によって内的に見る視点で探索しなくてはなりません。この場合、興味を向けなければその情報は得られています。それがわからないとしたら、他の印象がうるさすぎるのだと考えてください。同じ星を何十回も探索すれば、正確な情報を得ることは間違いありません。

（11）非時間的・非空間的な影響は時間・空間の中では無限の複製を作り出す

太陽系の外の恒星は、非時間的・非空間的な意識の光を表しています。それが、私たちの三次元的なところで働く知覚意識においては、天文学的な配置の中の恒星として投影されています。この非時間的・非空間的な意識というものが、三次元的なものへ投影されている結果として、恒星は特定の黄緯・黄経の場所にあるかのように見えるというわけです。

この恒星意識を、そのまま霊界のようなものと考えてもよいかもしれません。霊界は時間と空間がありません。そして時間的な推移を体験するには、あたかも空間を歩くかのように動かなくてはならないのです。この霊界的な非時間性・非空間性はあたかも美術館の絵のようです。元型は静止していますが、これは死物というわけではなく、私たちの時間・空間の流れ方に合わせる気がないというだけの話です。この非時間的・非空間的な静止は、逆にいえば、私たちの時間・空間の世界では無限に複製を作り出すことができます。

ブッダは入滅後、エーテル界までは降りることができるが、肉体を持つことは不可能になったといわれていますが、これは人が千人いると千人のブッダになって現れることができるということです。エーテル体は個体化されておらず、エーテル体は植物的であるといわれていますが、それは植物が地下の根っこでは同族がつながっているかのようです。この同族のつながりの中にスープのだまのように個体として肉体が存在します。

時間リズムの中で、また空間では幾何図形的な配置の中で

第1章　西洋占星術のホロスコープを読むのに必要な基本的な要素

(天体配置であり、また地上では惑星グリッドなどで)、親近性のあるポイントが周期的に出現しますが、そこにブッダが現れてくると考えるとよいのです。同じ鋳型を見つけるとそこに復元されるのです。

占星術の構造は時間サイクルと空間の配置があり、この中での動きを読むので、ある意味では永遠性が周期的な時間・空間の中で現れる様子を計算しているかのような体系ですが、時間・空間の計算が成り立つ場では、太陽系の外の、恒星に例えられているような神話・元型的な意識を取り込めません。惑星は一方的な方向に回転しており、これは二極化されたものの中で、片方のみを取り上げていると考えてもよいのです。

そこである特徴、個性は、一方的に増大する、すなわちカルマ(行為)の中にずぶずぶとはまっていくようです。

恒星にはこの二極化されたものが統合化されており、惑星生活においては、恒星はたいてい片割れにしか解釈されないのです。例えば、オリオンが分裂と解釈されている時に、実際にはオリオンはその反対の融合という意味も兼ね備えていることになりますが、二極化された価値観の中で活動する地球意識においては、分裂という面しか見えないのです。

(12) 全惑星意識でのアスペクトの意味

私は若い頃に、ある人物から、私の土星と火星の180度

はスタミナ不足といわれました。このスタミナ不足という解釈は、土星を自分ではなく、何か外部的なものと考えた時の読み方です。自分ではままならない外にある何かが、火星を圧迫しているのです。個人は自分で努力しても、これがなかなか乗り越えられないというものです。

ですが、土星もまた私であるという全惑星意識で考えてみると、火星も私であり、それをコントロールして仕切ろうとしている土星もまた私です。ということは、土星は火星に対しての支配力を加減できますし、支配をする時も、これこれこういう理由で仕切っているのだというはっきりとした目的が出てきます。何から何まで意識化され、そこに運命的な制限など感じません。

全惑星意識においては有害なアスペクトまたは否定的なアスペクトは存在しなくなるということです。どのようなことがあっても、それは全部、自分で計画したものなのです。占星術を学習している人は、例えば天王星と火星が90度だから自動車事故に遭うかもしれないと想像するかもしれませんが、全惑星意識においては、自分に与り知らないところから謎の影響がやってきて、そして事故に遭うという事態そのものがあり得ないことなのです。すべてのアスペクトは自分の意図として理解されるからです。

私は土星の年齢期になってから、火星をコントロールする楽しみを発見しましたが、ここでは体温を上げたり下げたり

287

ということもしています。全惑星意識は、どの惑星も自分とは関係のない外部的なものであるとは決してみなさないことです。世の中に土星を象徴する分野や人物、業種はたくさんありますが、土星を全惑星意識的に自分のものとみなした時、このさまざまな分野のものも共感的に理解するようになり、それらは自分に害のあるものとみなされなくなってしまいます。

この全惑星意識に向かう時に少しだけ問題になるのは月の扱いです。月を重視すると、月が周辺を回っている地球、すなわち占星術で扱う太陽が過剰に強調されてしまい、個人のエゴが強められて全惑星的なバランスが取りにくくなるのです。妥協的な工夫が必要となります。月を重視しすぎた生活は、全惑星意識への道が絶たれ、考え方がどんどん暗く否定的になりますが、そのことを本人は自覚できないことが多いのです。

シュタイナーは、幼少期のトラウマのようなものは30代の後半になると強く表面化するといいます。フロイトは42歳前後にその人の生来の神経症が現れてくるといいます。火星の年齢期は36歳から45歳くらいですが、この時期に海王星・冥王星・天王星などの中年の危機アスペクトが出てきます。同時に、火星はマクロコスモスへの挑戦ですから、より大きな領域へ飛び出そうとします。こういう時には、私的な狭い範囲に閉じこもろうとする月の作用の、無意識的に働いている

要素があぶり出され、月の抵抗というものがストレスとして現れてくる面もあります。

太陽の年齢期は、地球の周辺を取り巻く月の力によって、個人のエゴということが温存されていますが、次の火星の年齢になると行動範囲や耐性限界を拡大するために、どうしてもこの月の縛りというものから脱出しなくてはならないので、太陽年齢期から火星年齢期への移行に伴い、予想だにしなかった月の問題がつぎつぎと表面化するのだと思われます。月に閉じこもろうとする人は裏切られ、火星に向かおうとする人は、足を引っ張られるのです。平和的な調停は、どのような時でも全惑星意識の獲得に間違いはないのですが、ここでは例外的に月だけ惑星の仲間には参加できないという条件がついているのです。

13 ソーラーリターンを読む

ソーラーリターン図は、現在の居住地で生まれた時の太陽の位置と同じ位置になる毎年の図を作り、1年間の状況を考えるという方式です。惑星はその公転周期が働きの寿命であり、死と生まれを繰り返します。太陽（地球）は1年でまた新たに生まれると考え、その時のトランジットの天体の配置から1年後を考えますが、ソーラーリターン図そのものは純粋にトランジット天体の図であり、トランジット図の1年ごとの

288

節目で考えるということなのです。1年間を考える時にはこれはとても便利なもので、あまり複雑に考えなくてもよいという利点があります。またこの下部構造としてルナリターン図があり、これは生まれた時の月の位置と同じ位置に月が来た時からの図であり、1年間に13枚のホロスコープが作成されます。

私はその他にも火星や木星、土星回帰図なども作ります。それぞれの出生図の天体位置で、特定の天体から覗き見た世界ということになります。

ソーラーリターン図のアセンダントはその年に始めることを表します。この場合、前年に引き続くものは固定サインになり、活動サインになって初めて種まきをします。また柔軟サインの場合には、応用的な展開です。

ソーラーリターン図のMCはそのアセンダントの試みの結果です。このアセンダントとMCは、そもそもは出生図のどこのハウスにあったのか。出生図の中の特定の部位をその年の開発テーマにしていき、そして結果はMCですが、出生図のどこのハウスで回収するかを示します。出生図の中で、ソーラーリターン図のアセンダントがあるハウスを「今年の開発テーマはこれです」と考えましょう。

ソーラーリターン図の太陽は積極的に取り組む要素です。太陽は既にあったものを続けるということでなく、常にそれは創造・開発だからです。一方で月は自動化し、あまり努力

2ハウス	その目的の素材を見つけ出す。大雑把には誕生日から2か月目の傾向。
3ハウス	応用的に可能性を考える。大雑把には誕生日から3か月目の傾向。
4ハウス	方針は多様性を含めた上で一本化できる。安定した基盤を作り、型ができる。大雑把には誕生日から4か月目の傾向。
5ハウス	新しい遊び、可能性などを試したくなる。大雑把には誕生日から5か月目の傾向。
6ハウス	それは環境の中で役立つものにしたい。大雑把には誕生日から6か月目の傾向。
7ハウス	この課題で進んできたものを受け止めてくれる場や人。大雑把には誕生日から7か月目の傾向。
8ハウス	共有された場でもっと深めてみる。大雑把には誕生日から8か月目の傾向。
9ハウス	もう少し質を上げてみよう。大雑把には誕生日から9か月目の傾向。
10ハウス	結論が出る。それは定着したものとなる。そして人に伝えることができる。つまり外界にプレゼンしてもよい。大雑把には誕生日から10か月目の傾向。
11ハウス	できなかったことは何か。未来に達成したい夢。大雑把には誕生日から11か月目の傾向。
12ハウス	エッセンスを回収する。次のサイクルに持ち込めるもの。大雑把には誕生日から12か月目の傾向。

をしなくても継続できるということ自体が既に意識としては眠り込む場所で、努力をしなくても継続できるところです。

ソーラーリターン図で示された特質は、出生図の中の一部を拡大して、その年はこのソーラーリターン図のように感じるということです。例えば、獅子座に木星がありそれはソーラーリターン図では5ハウスだとします。すると、この人はこの年だけ、仕事をまるで遊びのように扱って取り組むのです。その年に遊び気分でやっていたことは、出生図という大きな枠組みの中では仕事の内容だったのです。

ソーラーリターンのアセンダントは今年の課題であり、結果はMCで考えるという流れは、そのままストーリーが次のように続くと考えられます。

惑星の意味はもちろん出生図で使う時と同じ意味ですから、その年だけの傾向として、それぞれの惑星があるサイン・ハウスを考えましょう。

【月】眠る。夢遊病のようにそこで動く。あれこれと情報を探査する。それはソーラーリターン図としてのハウスのテーマであるが、鉱脈そのものは出生図の中で、ソーラーリターン図の水星が当てはまるサインのあるハウスに潜在している。

【水星】

【太陽】出生図と同じ度数だがソーラーリターン図ではハウスが違う。そこは新しく意義を作り出す。出生図の太陽のあるハウスがソーラーリターン図でどのように扱われているのかを考える。もともとのハウスを、その年だけ、ソーラーリターンのハウスであるかのように見ている。

【火星】楽しむ。

【木星】挑戦する。

【土星】拡大する。

【天王星・海王星・冥王星】整える。安定させ、硬い柱のようにしていく。実際の行動や見える現象としてのものではなく、見ない場合もある。

仕事計画では前後3年くらいを比較します。そして強く打ち出す時期を微調整します。引っ越しなども4ハウスを前後数年探索します。この中で

290

第1章　西洋占星術のホロスコープを読むのに必要な基本的な要素

4ハウスが異変する時期に注目します。丸ごと変えるのは冥王星です。有利なのは木星です。サブを作るのは天王星などです。

あまりにも速い惑星はあまり大きく影響がないと考えます。月・水星・金星などは引っ越しよりも、家の中の活用法をもつと考えることです。

もちろん、金運などを考える時には2ハウスで考えましょう。あるいは貰うということなら8ハウスです。2ハウスは儲けるのか、それとも消費するのかということを議論する場合がありますが、1ハウスの生命力が可能性の宝庫としての2ハウスの資材の中に入り込み、そこを活性化すると考えるのです。従って消費することもありますし、増やすこともありますし、そこを活発化させるということではなく、活性化することを表現しています。無駄は多いかもしれませんが、入ってくるということを意味しています。

出て行くばかりというのは5ハウスとの関係が必要です。5ハウスの天体は放出ですから、それと90度アスペクトになると、入る都度、出て行くわけです。

ルナリターン図はあまりにもサイクルが短いので、それはあまり深い可能性を開発することには向いていません。しかし、ソーラーリターンであれば1年間の期間がありますから、さまざまな可能性を開拓するというふうに考えてもよい

ということを意味しています。

ソーラーリターン図のそれぞれのハウスは、誕生日から1か月ずつカウントすることに使われることを説明しましたが、時期を考える時に、もう一つの方法は、ソーラーリターンの分割としてルナリターンを参照します。28日ごとのサイクルです。しかしもちろん、ルナリターンがソーラーリターンを超えることはありません。

年始の場合、例えば、6月生まれの人は、ソーラーリターン図は、前の年の6月からの図とその時の6月からの図の2枚をリーディングします。そしてその推移を考えていきます。連続したストーリーとして解釈した方が読みやすいといえます。私の場合、毎年お正月後に1年間の計画を立てるという講座をすることが多く、そこではこのソーラーリターンを頻繁に使うことが多くなります。

（1）太陽の場所と月の場所の比較

ソーラーリターン図で、月が6ハウスにある場合、これは仕事で何か新しいことをするという意味には取れません。月は記憶したものを自動化して繰り返します。ですから6ハウスが仕事だとすると、仕事は慣れており、今まで通り続けて、この繰り返しは比較的気を抜いたものだと考えます。それに比較すると、太陽が存在するハウスはそこに意識的な光を当てるということを意味しています。努力しなくては

太陽の場所は開発されません。太陽星占いの弊害は、太陽のあるサインは、その人の生来の性格のように受け取られることです。それはのんびり無気力にしている場合には全く機能しないのです。のんびり放置しておいて発揮されるのは月であり、太陽はいつも気張って前進しないことには灯りがつきません。漕いだら明るくなる自転車のライトのようなものです。

自動的に働く月は眠りの場所ですから、変化に抵抗し、また新しいことに対しては不安になります。変化に対応するには目覚めなくてはならず、しっかりと意識的になっていなくてはなりません。月はそれができないのです。自分ができないことを要求されると失敗が増えます。

太陽は常に努力して開発していく場所ですが、火星はさらにプラスして限界値を上げていくような場所に関係します。短い期間に集中力を発揮して向上させますが、休みなく、そこを強めていくということではないのです。

アスリートとは1週間に12時間以上を運動している人のことを指すようです。それでもやはり12時間程度でしかありません。火星は1週間に最大でも12時間しか活用されないと考えてもよいのです。アスリートの話は例えですので、全員が運動をしなくてはならないという意味ではありません。2ハウスであればその場で儲けることや消費、売り買い、買い物の興奮などを通じて火星を活用することになります。

火星の場所をストレスの多いトラブルの多い場所と解釈する人がいるとしたら、その人はこの限界値を上げるための行動をしたくないという意志を表明したことになり、火星のあるサイン・ハウスを時たま活用することが大切なのです。

14 年齢ハーモニックを読む

ハーモニック図とは、出生図をもとにして、特定の自然数の倍率の高調波の図を作ることです。ここでは満年齢とハーモニックの数が合致するので、その年齢の時のハーモニック図を作り、これを単独で見たり、または出生図と重ねて二重円にして見たりします。この場合、高調波とはその人の発達・分化を表しますから、川の流れのようなトランシットとは性質が異なります。

何か出来事の推移というのは、常に時間的に連続して変化するものと、空間的に変化するものがあります。トランシットの連続的な天体の流れから導くソーラーリターン図は時間的なものであり、ハーモニック図はいわば幾何図形を任意の数字で分割していくようなものなので、空間的な推移であると考えてもよいでしょう。

可能ならば、出生図を中心にしてトランシット図とハーモニック図を重ねて比較してみるのもよいでしょう。出生図とハーモ

第1章 西洋占星術のホロスコープを読むのに必要な基本的な要素

親図と見て、この中で細分化された動きを見るということです。とりわけ、その人の意図を考えた時には、トランシットの図よりはハーモニックの図がより精密に反映されています。なぜならトランシット天体は外部からやってきたもので、その人から出てくる意図というよりは外的な環境の変化だからです。

例えば、引っ越しは4ハウスに天体が入って、そこに新しい変化を与えることですが、三重円でもまたソーラーリターンでも引っ越しの兆候がない場合があります。しかし、実際に引っ越しをしたということならば、実は、ハーモニック図と出生図の二重円で4ハウスに合のアスペクトがあったということもあるのです。

ハーモニックは数字の原理に従うので、自分の中でどの数字がキーワードになっているかを考えてみるというのはとても重要なことです。特定のハーモニクス数字で強いアスペクトが出てきた時に、それはその数字の倍数の段階で復元されてきます。その年だけにそれが発揮されるのではなく、フラッシュメモリのように一度そこで特徴が打ち出されると、次に書き換えられるまでは継続していきます。例えばハーモニック7の図でタイトなアスペクトができた時には、それは7歳、14歳、25歳、28歳、35歳、42歳、49歳と続くことになります。ですがこのアスペクトが何度かの誤差を持っていて、正確でなかった時には、例えば35歳でアスペクトの範囲から

外れてしまうかもしれません。範囲から外れてしまうというのは許容度数が8度よりも大きくなってしまったようなケースです。そうするとハーモニック7の欲求は、それまでに満たされて完成されてしまったと考えては、だんだんと忘れられていくような願望でもあったということです。

ハーモニックのアスペクトはあまりたくさんない方が混乱しなくてすみます。人間は達成するような目標というのは、そんなにたくさんあるわけではありませんし、体一つしかないので、そこで探究する時には、せいぜい一つか二つという程度で終わってしまいます。年齢のハーモニックで毎年いろいろな合、すなわち達成のアスペクトができてしまうと、毎年その人はとても忙しくなり、一つひとつのテーマが薄くなります。

かなり長い期間の年齢ハーモニックのホロスコープを作成して、それを印刷し、一覧表のようにして考えてみましょう。何年か前に特徴的なアスペクトができて、その後何年もないという時には、この何年か前のアスペクトのテーマはずっと継続していると考えればよいのです。この方が割とシンプルで追求しやすいと考えてもよいのではないでしょうか。

ハーモニックで、その年に特徴的なアスペクトが出なかったことで落胆する人がいますが、むしろ特徴的なアスペクトが出なかったということの方がよいこともあります。その前

293

から続くものに取り組めばよいからです。頻繁に出てくるほど、それは軽いものだと考えるとよいのです。

ハーモニックを扱う場合に、ハーモニック数字が10手前の一桁の場合には、それはその人の基礎的な人格形成に関係しており、その人の長期的に継続する志向性というものを表しているといえるでしょう。例えば、ハーモニック7の特徴が35歳の段階で消えてしまったという例について考えてみると、それはその段階で完成してしまったということを示しており、そのアスペクトが重要ではなかったということではないのです。むしろ完成してしまったものは、さらにそれ以上を開発しようという意欲が生まれてこないのです。そしてその特性や能力は消え去るわけではなく、その人にとっては意識されないところで発揮され続け、他人から見ると顕著な特徴であるといえるものとなります。むしろいつまでも続くアスペクトというのは、まだそこに不満足であり、あらためて喝入れしているということを示しています。

年齢のハーモニックに関しては、ハーモニック11以後の段階について考えるのが好ましいでしょう。タロットカードでは9才までが人物カードです。それ以後のカードは状況というものを表しています。状況というのは環境との関係で育成されていくものです。ハーモニックに関しても、9の段階では基本的な人格形成に関係し、そこでその人の数字リズムが生まれてきます。

またハーモニックの素数に関しては特別な扱いをしているとよいでしょう。それは唐突にやってきた衝動です。材料は、それまでには用意されていませんでした。しかし、誰にとっても素数の年齢というのは共通しているからが、あるのかないのかということをやってくる衝動というものが、あるのかないのかということを考えてみるとよいでしょう。例えば37歳で強いアスペクトができてしまった時には、その人にとって37という数字が大切なのです。それはやがて74歳で復元されてくることになります。

最も強い特別なハーモニックとしては7の数字の図を作るとよいと思います。スコット・ジュレクに関して言及しましたが、彼のハーモニック7の図です。冥王星と火星のタイトな合が発生しています。スポーツにおいて限界を突破すること、超常的な意識にまで到ること、これらはどうしても達成したい欲求だったのです。ハーモニック7はアスペクトですが、それは運命的に避けて通れないも手に入れたい欲求というものを表しています。ハーモニック7のアスペクトですが、それは52・814275……度のセプタイルのアスペクトですが、それは運命的に避けて通れない、どうしても手に入れたい欲求というものを表しています。

ソーラーリターンとしてのトランジットは川の流れなので、この時事的な影響が、内的な発達であるハーモニックにどう協力するかを考えてください。水星と火星が合という配置が誕生日の年齢ハーモニックで出てきたとします。ソーラーリターン図で、そのサインに木星があったとすれば、水

294

星と火星は時流の中で発揮しやすい、または言いやすいということになります。

15 リロケーション
―ハウスは相対的なものだと認識する―

最近は海外に行く人が増えてきました。また海外からも人がやってきます。そこで海外での活動や展開をする場合、その場所でどういうところが伸びるのかは、リロケーションしたホロスコープを見るとかなり参考になります。

出生ホロスコープは生まれた場所で作成しますが、天体のハウス配置などは、場所を変えていくとその場所の緯度・経度で配置が変わります。例えば、日本で夕方生まれの人は太陽が7ハウスにあることも多いと思いますが、地球の反対側では日の出の配置になります。

日本で活動するかぎり、日本で生まれた人はその出生図の条件に強く従うことになりますが、海外に行けばハウス配置が変わるということを考えると、自分のハウス条件というものをそれほど気にする必要がないことになります。気に入らない人は、海外に行けばよいのです。

先の例では、日本では常に太陽が7ハウスの人は自己主張をするよりも、関わる相手の要求を聞き、それに合わせて生きていきます。一度くらいは、自分勝手に好きな人生を展開

したいと思ったら、日本では無理ですから、位置にくるような国に行くとよいのです。空港から降りた瞬間から気持ちが変わり、それをスムーズに発揮できることに驚くでしょう。

行きつけの場所があれば、そこに頻繁に行くことで、ホロスコープの可能性の別の側面を発揮することができていき次第にハウスとの固有の関係性というものから解放されていくことになります。これは狭い感覚から解放されていく傾向が強くなるので、その分、その人の人生はダイナミックで柔軟なものになっていくでしょう。

シュタイナーは、12サインは12の感覚であり、かつては七つだった。七つだった頃には感覚は生命に密接に連動していたが、12になってからは、生命とは乖離した形骸化したものになったと説明していますが、つまり12サインとは生命力を締めつける鉄仮面の鎧のようなものであるということになります。さらに12ハウスはサインよりももっと近い、沈着した感覚です。ハウスの縛りは非常に強いともいえますから、12ハウスに運命づけられた条件というものから一生逃れられないのかと思うと、とても憂鬱になる人も出てきます。海外のあちこちに行くことは、このハウスの硬い縛りがだんだんと緩んでいくきっかけを作ります。例えば、内気で引きこもり的で、外に出ることが大変だという人も、外交的な配置になる国に行くと、まるで別人のよう

295

（1）立ち位置としての土星

シュタイナー／ズスマンは、山羊座を均衡感覚に当てはめています。これは立ち位置を表し、その人がその場所に直立することを表します。ここでは山羊座ということより土星に注目してみましょう。私は、出生図の速読みでは月・太陽・土星に注目することを提案しましたが、土星はその人の人生の柱のようなもので、そこが安定していると他は多少揺れる生活をしていてもその人は、自分はしっかりと生きているという実感を持ちます。

ある人の土星が3ハウスにあるとします。すると、その人は3ハウスに安定点を探します。3ハウスは能力とか知性です。その部分に自分の人生の安定点があり、住居とか立場などはさほど頼りにならず、むしろいつも自分が何か能力を発揮しているということが、その人の人生の拠点になり、また「帰る場所」になるのです。

その人は教師をしていましたが、教師そのものに疑問を感じていました。というのも、月は自由な生活を求め、太陽や水星は2ハウスで自分の能力で生活できる方がよいので、すると3ハウスを教師というよりは、もっと知的な仕事で使うことにして、生活は自分で自由にできるようにした方が自然です。土星は3ハウスということは、日本で生まれたにしても、この人は日本を旅先と感じることになります。日本にじっ

になってしまいます。

東洋占いでは、どこかの方位に移動すると、それは長期的に影響を与えるといいます。西洋占星術でのリロケーションは、その場所に行った時だけ有効といいますが、人間は記憶の生き物ですから、行った時だけ有効ということにはなりません。その場所に行った時だけ有効という話になれば、反対に、出生図の影響も、生まれた場所にいる時だけ有効ということになってしまいます。旅先の影響は時間が経つうちに次第に薄れてきますが、薄れてきそうになったら、また行けばよいわけです。つまり食事のようなものだと考えましょう。1回食べたから、もう長い間食べなくても大丈夫と考える人はいません。

私のところには、結構、海外展開の相談が来ます。それは経営者の占星術研究会をしているということもあります し、年長者の相談が多いからということもあるかもしれません。年長者は金銭的に余裕があり、あちこちに行っている人が非常に多いのです。

例えば、海外留学に行こうとする時に、向かうべき国でのホロスコープを作って、9ハウスにも3ハウスにも惑星がないとすると、その場所の空港に降りた瞬間に勉強のことを忘れてしまいます。そして違うことをして帰ってくるはめになります。自分の目的にあった国を選ぶ必要があるのです。

296

としていることの満足感がありません。土星のある位置を「骨を埋める場所」というふうに考えてみましょう。

この人はタイに行った時に非常にリラックスしたそうです。そして旅行というよりは、もっと長期的に滞在したいと思ったそうです。タイでは、土星がICに入ります。ですから、タイはまるで自分の家であり、骨を埋める場所に見えてくるのです。結婚する予定の人がいて、その相手のホロスコープの土星が、この教師をしている人の日本でのICに重なります。つまり結婚する予定の相手は、日本で家にいてほしいと要求します。他者から要求された立ち位置が日本での家ということなのです。タイに長期間行くことは、この結婚する相手と別れることを意味するだろうと、本人は感じていました。

出生図をリロケーションして、土星がICに来る場所を考えてみましょう。ICというよりは土星が子午線を基準にして、そこに土星が重なる場所をサーチしてみてもよいかもしれません。日本で子午線に土星がある場合には、日本で仕事したり、また活動したりすることが適しています。

肉体が生まれてきた場所は、肉体としての故郷です。人間は自我⇩アストラル体⇩エーテル体⇩肉体という四つの階層の建物であると考えた場合、肉体が日本を故郷にしていても、魂はそう感じていない場合もあるのです。人間は肉体であり、それ以外には何もないと考えている人は、例えば、肉体は男性でも、心は女性という人がいるとしたら、それは精神病の

一つだと考えるかもしれません。ですがこの人物は、性転換手術をして女性になったら幸せになったというかもしれません。魂（アストラル体）は肉体とつながり、この肉体生活においての成果を受け取りたいので、同期したいと思っています。肉体がずれている場合、魂は自分に近いものに肉体を改造する方が満足なのです。

私個人の体験を書いてみます。私は気持ちの上では、タクラマカン砂漠とか天山山脈に親近感を感じます。そこはかなり行きにくい場所ですから困りました。と代替的な場所はないのかと思っていたのですが、ある日、夢の中で地図が出てきて、スマートフォンのマップアプリのように、ある場所にピンが刺さっていました。それはタクラマカン砂漠と東経が同じ、つまり子午線が貫通しているインドの東南側の場所でした。夢の中では、ここが土星4ハウスの場所なのだという説明がありました。

朝、目覚めて、その場所を地図で探してみると、ぴったり南インドのチェンナイ（旧マドラス）でした。実際には土星はそこでMCにありICではありませんでした。居心地の良い場所でした。実際に行ってみましたが、非常に懐かしい、居心地の良い場所でした。古い記憶がそのまま現在見ている町の光景に重なるようで、これに幻惑されました。朝起きた時も町の音が迫ってくるのです。それが心の奥深くを刺激しているようでした。そもそもそこに神智学協会もあり、またキリストの双子

兄弟といわれている聖トマスの墓があります。ただし、産業的に高度成長期に入っているインドなので、PM2.5（微小粒子状物質）が中国よりもひどい時があり、帰国後3週間は寝込んでしまいました。つまり魂的には適しているけれど、肉体はPM2.5に撃退されてしまったのです。水があまりにも危険で、世界の病原菌がすべて集まっているのがインドなので、リスクは大変に大きいものといえます。ホテルでもシャワーを浴びている時に決して口を開けてはいけないといわれています。

子午線は縦に貫くラインなので、そこに関係した土地はたくさんあります。また子午線は集団性を表す場所なので、見えない社会（霊統）としての4ハウス、見える社会としての10ハウスが重なり、「個を捨てる場所」、すなわち「骨を埋める場所」として認識されます。

土星は形がある人生においての終の住処を意味します。木星はリラックスです。火星は高揚感です。太陽は可能性の開発です。金星は芸能や楽しみ。水星は知識を探索します。月は居心地の良さですが、そこに拘束されやすい傾向はあります。

（2）満たされ感を探す

山羊座が立ち位置だとすると蠍座は生命感覚です。この生命感覚とは、充満感・満たされ感とも考えられます。蠍座の

1度に満員のバスというサビアンシンボルがありますが、バスという器いっぱいに人が詰め込まれ、これは生命力がいっぱいに詰め込まれていく有様を表します。それは過剰に圧縮することも可能です。蠍座の番号8は圧縮とか濃縮などを意味するのです。

この満たされ感がない場合、人は空虚感や喪失感、寂しさに支配され、生きた実感を失います。蠍座は何か外部から取り入れることであり、それと一体化することなのですが、足りないエネルギー源にパラサイトすることです。大きなエネルギー源にパラサイトすることです。

例えば、依存症というのは、その依存対象を通じて満たされることを望んでいるのですが、たいてい依存症になった人はその依存対象を楽しんでおりません。アルコール依存症の人はアルコールによって満たされているかというと、むしろ満たされておらず、楽しくもなく、それでもやめられず依存して、そして体を壊します。食べることに依存している人は、食べることを楽しんでおらず、むしろ悲壮感が漂います。これは脳内快楽物質がもう出なくなっているらしく、アルコール依存の人は、それによってドーパミンなどがなかなか手に入らないのです。依存症はそこから生命感覚がチャージできなくなっているのに、あがいてそれを繰り返し、なかなか手に入らない状態を体験しているのだといえます。ですが、そうしないと急激に空虚感が襲ってきます。

蠍座のパラサイトは、種々の外部的なものに結合することで、生命感覚を満たそうとしますが、本来それが依存症を表しているわけではありません。しかし蠍座は依存であることに間違いはありません。対象はどのようなものでもよいともいえます。

個人のホロスコープで、蠍座がどこにあるのか確認してください。そこから生命感覚を満たそうとしているといえます。そこでは蠍座のルール通りに、外部から何かを取り込んでいます。そしてそこを満たしています。これもリロケーションすると、違うところからその力をチャージすると考えられます。

蠍座が9ハウスにある人は教養とか学習、研究、哲学的な探求などで生命感覚が満たされます。4ハウスにあれば家の中にいてチャージします。生命感覚が漏れてはいけないので、風通しが良すぎる場所は好まないのではないでしょうか。圧力釜のようにそこが密閉されていなくてはなりません。通常よりも密度の高い圧縮。これが生命感覚を高め、ピークの15（14・00度～14・99度）度で超常的な段階に至り、そこで地に落ちた蠍座は鷲に戻るのです。

気のエネルギー・エーテル体など生命感覚に関係するのは水のサインです。蟹座・蠍座・魚座は水の元素であり、ここで気を吸い込みますが、外部にパラサイトして、そこから力を吸い込むのは蠍座のみです。魚座の場合には、柔軟サイン

ですから、ターゲットは明確に決められていません。むしろ外界の全部です。蟹座は自分と同一のものが強化されていくかたちで、家族的なものが、外部接触という意味ではないのです。

生命感覚にこだわらず特定のサイン・ハウスに惑星がある時に、その惑星が持つ意味を活性化するには、その惑星があるサイン・ハウスに近づけば最も効率的に刺激できるということなのです。

リロケーションはこのマッピングを移動させることですから、目的に応じてそれに適した場所を探すとよいのではないでしょうか。活動サインはどのような場所でも休まず、常に自分から働きかけ、刺激を作り出そうとしています。この騒がしい場所をどこかのハウスに仕切り直すということがリロケーションで可能です。

（3）アストロカートグラフィあるいはパランの図

出生図の敏感なポイントはアセンダント・MC・ディセンダント・ICです。このうちのどれか2点に惑星が入る場所を、世界地図の中で探すのが、惑星パランです。この2点の惑星の力が合成される場所がそこにできるので、その人にとって非常に影響の強い場所となります。時にはあまりにも強すぎるので、そこを避けたいと思うこともあります。

日本の中でこれができている人は、日本の中で活動すればよいのですが、日本に全く存在しておらず、海外のどこかにその焦点がある場合、そこをチャージする場所と考えることもできるでしょう。これは開運ポイントとしても活用できます。

ただし特定のパランの焦点を持つ場所で、あらためて出生図を作り直すと、アセンダントとディセンダントに惑星がない場合もあります。なぜなら、黄道は傾斜していますから、冥王星などのように黄緯から18度も脱線していたりすると、パランの場所でも海中にあったりすることになります。

当地の活動としては出生図を作り直すことで考えましょう。エネルギーの焦点としては、パランのポイントを正確に追跡するのがよいでしょう。またこのポイントと同一の北緯の線状では、記憶が共有されます。刺激が同じというよりは、記憶の共有というものです。

この惑星パランは、その土地の固有のエネルギーを示しているわけではありません。例えば、地球にはエネルギーの強いボルテックスの場所、パワースポットなどがあります。惑星パランは個人的な天体配置において強い場所なので、その場所がパワースポットであるわけではないのです。ときどき、地上のボルテックスとこの惑星パランが重なる人もいます。強すぎる場所といえますが、強すぎるのがよいとはいえません。人間の知性などの発展は、むしろ生命感覚を犠牲に

して成り立ちます。土地の力が強すぎる場所では、知性の発達は少しばかり阻害される可能性があります。都市は常にパワースポットを避けて作られてきたのです。本当の意味でパワーのある場所は、たいてい荒れ果てた土地であることが多いのです。

そこでボルテックス、あるいはパランポイントにしてもちょっとだけずらした場所を選ぶということも考えてよいでしょう。

【仕事】

私は会社の経営者から、海外で成功する場所を聞かれます。国内需要が飽和状態になると、多くの企業は海外に活路を求めます。そういう時に社長のリロケーション図を作ります。仕事は儲けが2ハウスで働くのが6ハウス、社会的な業績がMCから続く10ハウスです。そこが強化される場所を探します。本人が国内にいて、その国と貿易をするということでもよいでしょう。影響はすぐに始まるので、行ってみると空港についたとたんから、それがスタートする人もいます。

300

【留学】

勉強は3ハウスと9ハウスが強化される場所がよいでしょう。そうでないと、空港から降りた瞬間から忘れてしまいます。フィリピンの島で英語を勉強する目的で行った人は、その場所のホロスコープで9ハウスに天体があった方がよいといえます。土星であれば習得が遅いし本腰入れてしまうので、3週間の短期留学などには向いていないかもしれません。

【対人関係】

対人関係は、3ハウス・7ハウス・11ハウスです。また広いお友達関係は11ハウスです。一対一の関係は7ハウスです。海外に長期滞在する時に、その場所がよく知られている地域ならば、日本人会のようなものがあります。ニューヨークには日本人が5万人いるそうです。こういうところで交流が始まると、それは11ハウスです。中にはニューヨークに10年いるのに、一度も英語を使ったことがないという人もいます。海外で外国人ばかりで、どうやったら交流が始まるのかと疑問に思う人もいるでしょうが、行ってみると空港についたとたんから、それがスタートする人もいます。

例えば、進行の月がディセンダントに入ったり、トランジットの土星が同じような位置にあったりする時は、日本国内で、今後7年くらいは活動期になることを表しますから、そのよう時に移住しない方がよいと思われます。短期の旅行ならば構いません。

活動期が終了するのは11ハウスの入り口に来た時です。移住するのはその時の方がよいでしょう。計算上、進行の月やトランシットの土星が10ハウスにあり続けるには、大雑把に3年ごとに東に移動し、28年前後で地球を回り終えるとよいのです。それはとても疲れる話です。

常に人に何か期待したり、要求したりして、人生を自主的に運営しない人生は、太陽が西側にある人です。そして自分で何でも決めて自主的に生きる人は太陽が東にあります。この自分のスタイルの反対を体験したい人は、極端なケースとして、自主的な生き方は太陽が1ハウス。依存的な生き方は太陽が7ハウスにいくところを探します。

俳優の千葉真一は、日本では太陽が6ハウスになるようです。アメリカに移住すれば、太陽は1ハウス近くになります。サラリーマンのような人がアメリカに行くと、自分で何でも決められるような人生に変わるということです。

301

16 知っておくと便利な手法

(1) ハーフサム（ミッドポイント）

「ハーフサム」というのは、惑星と惑星の中点（ミッドポイント）を決め、そこに何らかの惑星が入ることで、グループアスペクトができることを意味しています。ハーフサムの創始者エバーティンは、ホロスコープを45度ずつ八分割して、この45度の範囲内で、惑星aと惑星bの真ん中のミッドポイントが繰り返されると主張しました。

つまり、一つミッドポイントが決まると、それは45度の比率で八つポイントができることを表しています。45度ずつは細かすぎるので、もっと大枠の90度範囲とか、あるいはそのままミッドポイントのみを採用する考え方もあります。

二つずつ、すべての惑星・感受点のセットがあるので、たくさんのパターンがあります。例えば、停止する作用として火星と土星のハーフサムを考えてみると、この火星と土星の真ん中の場所に、およそ0.5度以内で何かの惑星が入ると、その惑星は枠を作り、火星は動作するものがそこでいったん停止・終了します。土星は動作するものがそこでいったん停止・終了します。土星は動作するものに制限を加わるとか、鋭く集中的になるという意味は、もともと火星と土星のアスペクトとしてありますが、ハーフサムでは、この火星と土星の中点に入る惑星に対して、制限作用が働くということになります。

進行天体としての太陽は、地球的な生存に積極的に取り組むという意味ですから、これまで続けている創始的な行為が土星と火星のミッドポイントに来た時に止まるということになります。もし病弱な状態であれば、それは生命の危機にもなりますが、元気な場合には、地上においての仕事などが止まるということにもなります。

ときどき、複数のハーフサムが同じ軸を共有する場合があります。これを「ハーフサムツリー」と呼び、ある度数に惑星が来ると、連鎖的に複数のハーフサムにスイッチが入るので強い影響があります。例えば相性として考えると、相手bの天体が該当人物aのハーフサムツリーの軸に入った時、aの人生が急激に活発化します。ある人との出会いによって急に人生が展開したというケースでは、ハーフサムツリーの効果がどういうものか、興味深いでしょう。

アスペクトを考えた時、空間的に固定されたアスペクトとして、サインの幾何図形的な意味について言及しました。サインの中に正三角形と正方形、六角形などがあり、それらがサインの意味を規定しているということです。そして本来はアスペクトとは、惑星と惑星の相対的な角度を意味していますから、サインとしての固定的なアスペクトと、惑星の相対的な位置のアスペクトという2種類が想定できることになり

そこで、ハーフサムの考え方を、サインの中で応用してみましょう。

惑星aと惑星bのブレンドされた意味が、中点にやってきた惑星のトリガーによってスイッチが入り、なおかつ中点の惑星の意味の中で働くということです。

金星を感覚への没入、ミクロなささやかな世界への愛着などと考えてみると、この金星の好みが止まってしまうという意味に星が入ると、この金星の好みが止まってしまうという意味になります。ここでも、速度の遅い天体はより深い、長期的な意識を表し、速い天体はより浅い、表面的な現象に引き出す運び屋になるということからすると、火星・土星のミッドポイントに土星が来ても、土星としてはほとんど影響を受けないというふうに考えることもできます。むしろ影響は逆流して、月と水星のミッドポイントに影響を投げ返していきます。

月と水星に向かっていきます。

ミッドポイントは惑星aという出発点と、惑星bという終点の影響を混ぜてしまいます。それは惑星aに染まったものが今度は惑星bに影響を受け始める折り返し点です。惑星aの影響に対して少し距離を置くようになり、同時に惑星bにも関心が向いていきます。

私は学研のサビアンシンボルの分厚い本を書いている時に、サインはちょうど真ん中で折れていき、そこに反対側のサインの影響が混じりこむという理屈を考案しました。サインの真ん中である15・00度から15・99度までは、サインにとって

は挫折の場所です。

これを考案したきっかけは、例えば太陽と月が新月の時、そこでは太陽の意図が月に刷り込まれます。その後、月は素早いスピードで移動しますが、反対側に来た時に、反対側のサインに染まります。そしてその時太陽は15度進んでいます。つまり、真ん中の度数に来た時に、月は反対側のサインの影響に染まってしまったのです。敵陣に潜伏したつもりが、この敵陣に染まってしまい、その視点で、太陽の方に見ることもフィードバックしてきます。

もちろん、ここでいう太陽は惑星を反射板として活用しますが、月のことを理解することもあります。それは太陽が認識できない低い次元にあるからです。太陽は意識の発信者で、地球的な太陽です。実際の太陽系の中心の太陽は惑星を反射板として活用しますが、月のことを理解することもあります。それは太陽が認識できない低い次元にあるからです。

行動的な牡羊座は、天秤座という人の意見を聞くサインの影響を受けて見事に牡羊座の反対的な積極性を見失います。サインの真ん中はサインの性質の反対のものが持ち込まれるのです。

それではこれをミッドポイントの考え方で点検してみたいと思います。出発点aと終点bの真ん中で、このaとbがブレンドされます。例えば、牡羊座の15・00度と牡牛座（土・固定）が混ざるのが牡羊座の15・00度ということになります。

出発点aと終点bの真ん中で、このaとbがブレンドされます。例えば、牡羊座の15・00度と牡牛座（土・固定）が混ざるのが牡羊座の15・00度ということになります。上空を飛んでいる牡羊座は、そこで大地を意識し、下降することを考え始めます。

サインの真ん中の挫折点は、サビアンシンボルでは如実に描かれており、これは反対のサインの影響の持ち込みということをはっきりと意識しているように見えます。牡羊座の15・00度は、妖精ブラウニーとか夕刻の妖精というような意味で、太陽が沈むこと、現世的な世界ではなく、異界へ生命力が奪われていくことなどを表します。どちらかというと、牡牛座への誘いというふうには見えません。ですが、中点解釈においては、この次のサインの侵入ということを考慮に入れてもよいかと思います。

さらにピュタゴラスのモノコードを使った音律探索も参考にしたいと思います。モノコードでは、弦の半分の位置は1オクターヴ上がるのです。また、同時に3分の1や4分の1の位置などもジャンプと着地という意味を考えます。これは上昇5度、上昇4度の位置だからです。

さらには、黄金率の場所も重視します。これらはみなサビアンシンボルなどではかなりリアルに合致する意味が発生します。これで、数え度数で8度、11度、12度、16度、19度、21度、23度の意味が出てきます。

私は、この黄金率の中においての分割をそのままハーフサムにも持ち込むとよいのではないかと考えるのですが、その仮説に関しては、アメリカの占星術学会の研究誌で、その比比を打ち出している人の論文を見たことがあります。ただ、惑星が一方向にのみ移動しているので、機械的な中点をブレンドする場所にするというのは単純にすぎるのではないかとも思いますが。

黄金比は自然界の中で自然発生的に登場する比率で、樹木の枝でも黄金角の比率で枝を作った時に、すべての葉が太陽の光を均等に受け取ることができるという作用があります。黄金比は私の言い方だと、「唯一、叩かれずに増長できる比率」というもので、いわば抜け穴です。

五角形の中にこの比率は現れますが、つまり五角形は自由な表現力とか、自己主張、遊び性などに関係します。ハーフサムでは出発点と終点の中点で、拘束された意味を遊ぶためにブレンドするという意味になります。転んでも、そこで何か新しいことを発見するというわけです。マイナス面があってもそれを芸風にするということです。

身体の中には黄金比がたくさんあることを指摘した、古代の建築家ウィトウィウスの説を取り上げたダ・ヴィンチのウィトウィウス的図像では、人体を取り上げた時に、へその位置が0・618になるように人物を描いています。つまりハーフサムの中で、中点ではなく黄金比を取り上げた場合、そのハーフサムのへそを探り当てることになるのです。

チャクラでいえば、真ん中のアナハタチャクラを取り上げたら、そのチャクラは上の精神性と下の物質性を混ぜます。へその位置を示すマニプラチャクラは、前進方向に持っていきます。つまり真ん中は理解を

304

し、黄金比の位置は環境にはみ出し、押し出し、増長していくのです。

ということは、火星と土星のハーフサムは、停止や死などを意味していましたが、火星と土星の黄金比ポイントは、この停止や死などを逆手に取って、積極的に違う方向に飛び出す姿勢を持つことになります。終わらせることをチャンスとらえる何かです。

サインの中では黄金比の場所は12度と19度です。これは前からカウントした場合と、後ろからカウントした場合があるからです。そして12度は隠れた秘密を暴くという要素が強く、19度は外に「叩かれずに」増長することです。

牡羊座であれば、12度は野がもで、教えられなくても美しい三角形飛行をする野がもは自然界の中に開示される法則、つまりは黄金比などを表しています。また19度の魔法の絨毯は実現してもいないビジョンを打ち出すことで、実際にそれを達成してしまうことを表しています。

この二つの黄金比は、オーケストラの管楽器と弦楽器として説明することができます。管楽器は黄金渦巻きのように外に拡大するものもので、弦楽器は内側で共鳴し鳴り響く女性的なもので、両方が盛り上がる情感を作り出します。この内側に渦巻きが入り込むスタイルと、外側に渦巻きが広がるものの両方をハーフサムで考えて見るとよいのではないでしょうか。

ホロスコープのアプリケーションソフトで、これを自動的に計算してくれるものはまだないと思いますから、電卓などで手計算してみる必要があります。

（2）相性

最も簡単な相性の見方は人物aと人物bを二重円にして比較することです。個人のホロスコープでいろいろと独自の特性があっても、それは関係のある人や組織、動物、事物などによって出方が変わってきますから、相性を点検することは重要かもしれません。それを活用しない手はないでしょう。

私はこの相性に関しては、人だけでなく動物や事物、会社、組織、さらに例えば死去した昔の作家や作曲家なども活用するべきであると考えます。音楽であれば、一度聴いたくらいでは影響はそんなにありませんが、毎日のように聴いている時にはかなり強い力があります。私は1冊の本を書いている時には、それが終わるまでは同じ音楽を何百回も聴くという習慣があります。これは意図的に計画したことではなく、いつの間にかそうなったのですが、この音楽が本を書いている時のトーンに統一性を作り出します。飼っている犬や猫の影響も大きいでしょう。

個人のホロスコープでどこかが弱点になっている時には、私は、この相性でそこを補正するということを考えています。

二重円は、aとbの図を重ね合わせますが、この場合、自分から見た場合での関係性としては、ハウス位置をこの自分としての人物aを中心に見ることになります。人物bの天体は、二次的な出生図になります。人物bの10天体は、人物aにとっては、夫婦などの場合には最も強い影響は強いもので、関係が深いほど影響は強いものになります。会社の同僚などではそんなに深く影響はないでしょうし、また友人なども軽いものでしょう。

もともと本人が持っているアスペクトによって、相手の影響も加減が変わってきます。アスペクトのない天体は方向性がないので、太陽がアスペクトを持たない人に相手がアスペクトを作り出すと、目的性が作られます。本人がたくさん太陽にアスペクトを持っている時には、それほど影響は受けないのかもしれません。

ユングは太陽と月などが合になると良い相性といいましたが、これはかなり間違いで、もし一人の太陽がその背後にハードなアスペクトを持っていたら、それに対して月が合になった人は、その背後のストレスも一緒に持ち込まれます。ハッチを開けて外のものをつないだというのが、合のアスペクトです。有害性の少ないのは120度で、これは多少問題があっても焼いて食べるというもので、安全性が高いのです。

すべての天体を比較する

これはかなり時間のかかる作業です。人物aの月に対して人物bの10天体が作るすべてのアスペクトを点検します。それが終わると、次は人物aの水星に対して人物bのすべての天体のアスペクトを考えます。これは忘れないように、すべてをノートに記録するとよいでしょう。

例えば、人物aの2ハウス水星に配偶者の土星が90度であれば、この人物aが自分で工夫して稼ごうとする行為に対して、配偶者は邪魔をします。同時に、人物aの土星も2ハウスにあり、それに対して配偶者の木星が120度だったりすると、自営業的に稼ぐことを禁止して、勤めをすることを勧める、という具合です。

◆月

月は私生活に関わり、それは外の公的な生活では隠すことができます。ですから、会社での同僚などとの関係では、月に対するアスペクトはあまり問題になりません。しかし無防備になったところで露呈する月は、夫婦関係では著しく重要です。リラックスしてぼうっとしている時には、月がメインに出てきます。月に対するストレスは非常に大きくなります。無防備になった時、リラックスした時に危険な状態になるのは、明らかに月のアスペクトで判明します。

一番弱気になり助けてほしい瞬間に、一番攻撃してくるというのは、月に対する相手のハードアスペクトで、どうしてこんなに巧妙に突いてくるのかと不思議だと感じるでしょう。月は安心の生活のためには、温和なアスペクトが作られている方がよいのです。

◆ 水星

水星は知能や会話、神経反応などに関係します。ですから、水星に関わる相手のアスペクトは、どのくらい会話できるか、神経ストレスはどうかということに関わります。互いの水星に対しての相手の全天体のアスペクトを点検しましょう。木星や海王星などはおしゃべりになり、土星などは重い石がのしかかったようで押さえ込みになります。

職業の分野として、出版社などでは水星は重要になります。部下の水星に対して押さえ込む上司は土星とか、また増長させる上司は木星などが関係します。考え方で衝突するなどは水星のアスペクトで考えましょう。

◆ 金星

私は金星に関しては、相性はどんなものでもよいと考えます。その理由は、金星は脊髄的な中心の役割の惑星ではなく飾り的な要素で、良いと楽しいけど、生彩がなくても根本的に困ることはないと思うからです。それに暗い状態は暗い状態としての華があります。

金星は感覚的な世界へその人を導くので、この感覚的な楽しみを拡大するか、抑えるか、いろいろな影響がやってきます。

◆ 太陽

太陽は将来性に関係します。または仕事や公的な生活などに関わります。実は、私的にはあまり問題とはならず、太陽が最悪でも一緒にいて楽しいというのはいくらでもあります。しかし長期的に見ると、これは甚大な影響があります。

人物aの太陽に対して、人物bが太陽よりも速度の遅い天体で90度になったりすると、人物aの仕事や将来の希望を変えたりします。冥王星などは強制的です。ですが、太陽は感じる天体ではありませんから、その場でストレスは感じないこともあります。

月や水星は直接感じるのですが、太陽は時間が経過するとともに、はっきりと影響として認識できるということが多いでしょう。太陽に対して相手からの進路変更要求は、職業が変わるなどで現れてきます。

◆ 火星

火星はチャレンジです。現状維持というのは法則的に存在しないので、現状維持している姿勢では、結果はだんだんと停滞していきます。火星はこれをもっと拡大、向上させよう

と、意欲的にチャレンジ方向に向かう気を刺激する相手と落ちこませる相手がいます。
火星にとって天敵は土星で、これはかなり圧力を感じます。
合や90度などは強烈でしょう。180度は、ある方向に向かうのなら許容するというコースづくりです。競馬はしてはいけないけど、働くことには徹底してもよいというような話が出てきたら、この手のものは180度ではないでしょうか。
木星や海王星などの90度は脱線です。ノリが良くなったあげくに、筋違いに走るのです。ですが、土星の120度だったりすると継続性で、時計の動きのように規則的になります。
もともと火星が暴れやすく、余分なことに脱線するタイプの人は、相手の土星が乗ってくれるとおとなしくなりますが、しかし不満は出てきます。
またある部分では強化し、ある部分ではブレーキをかけるという要素が、複数の天体のアスペクトの結果出てきたりすると、このタイミングのずれによって怪我をしやすくなったりすることもあります。

◆遠い天体

　遠い天体は、それ自身感じることのない天体です。ですから、そこに対するアスペクトはリアルに感じないでしょう。しかし速い天体に対する遅い天体のアスペクトは強い働きがあります。
　土星は公転周期が29年です。ということは、四つ

のターニングポイントの移行は7年くらいかかります。何か力がかかっていることを関知するのに、最長で7年かかるという場合もあります。
　また遅すぎる天体は世代的なものではなく、同じ年齢の人はみな同じ影響とみなすことができます。

◆冥王星

　冥王星が速い天体にかかると、その年代の人に共通したものが個人天体にのしかかります。人物bの金星に人物aの冥王星が重なると、そのaの年代の人たちの好みが、b の趣味に押しつけられます。
　獅子座の金星に対して獅子座の冥王星が重なると、かなり古い時代においての派手な趣味のスタイルが押しつけられるというふうに想像してみましょう。サイケデリックでないといけないと思っている人がいるかもしれません。

どちらに有利か

　二重円で人物aと人物bを比較した時、人物aを中心にして図を作った時と人物bを中心にして図を作ったときでは、どちらに得な相性かということを考えることができます。また相性をあまり単純に見ることができないのは、目的に

よって相性のアスペクトの意義が変化するからです。

例えば、2ハウスに金星や太陽などがある人で、配偶者がそれらに対して180度になる金星を持っていたとします。これは8ハウス位置に入ります。そして配偶者が、もともとその金星に木星を90度で持っていたとします。これは配偶者の浪費癖が人物aの収入能力を鍛えるということもあります。贅沢趣味の配偶者がいると、収入能力を鍛えることもできるのです。

第2章

サビアンシンボル

序 サビアンシンボルを考えるに当たって

サビアンシンボルは1925年前後に、占星術研究家のマーク・エドモンド・ジョーンズが提唱したものです。黄道の12サインは360度ありますが、この1度ずつに意味があると考え、これらを短い象徴的な文章で記述したものです。

12サインは12種類しかないために、サインをより詳しく考えるには、12サインの内部をさまざまな比率で細分化して考えるのが恒例ですが、1度ずつの意味を考えるというのは、最も細かい分割であると考えるとよいでしょう（さらに小数を使って細分化するのも悪くないと思いますが、書くのに時間がかかるので今のところ断念します）。

私は、このサビアンシンボルのイメージ的な記述は象徴を扱う人の好みも強く反映されるのでわかりにくい面があり、むしろサインのそれぞれの度数の意味、数そのものの意味として解釈した方が正確な面があると考えます。ですから、ここでサビアンシンボルについて解説する時に、その根底に数の意味を踏まえています。数が骨であり、シンボルはその周囲に付着した肉とみなします。骨がしっかりしていなければ肉の形は崩れますし、シンボルは補足的な位置づけにあるものと考えます。

2000年になる前に、サビアンシンボルに関してはいくつかの本を書きましたが、時期が経過するにつれて私の考え方も少しずつ変化しますので、今、ここで書いているサビアンシンボルは2015年の段階でのものであるといえます。

サインの意味を考える時に、この細分化された度数ごとの意味、あるいはサビアンシンボルを考えないわけにはいかないと思います。でなければ、サインに対して誤解する面がたくさん出てきます。サインの一つはたくさんの意味を含有しているために、決まりきったイメージを抱いてしまうとサインのことを正しく理解したことにならないのです。とりわけ具体的な観察などからサインの意味を推理すると、ますます正確さは失われていくでしょう。象徴的な言葉は、さまざまな具体例に細分化していきますが、この具体例をいくら積み上げても元の象徴的な意味を完全な形でカバーできないからです。

少なくとも1度ずつの意味を考えるサビアンシンボルを考えると、サインの中にかなり複合的な要素があることがわかり、おおまかに決めつけたサインの解釈の硬直化を避けることができるのではないでしょうか。なお、度数の意味について簡単な熟語を挿入しています。数の意味はどのサインも共通です。この数の意味に対して、それぞれのサインらしい特性が加味されると考えるとよいでしょう。このようにしておくことで、どうしてこのサインのこの度数で、こういう意味を説明しているのかの理由がわかりやすくなります。またサイン一つにしても、それがどれだけ大変な経験を必要としているかということもわかります。

度数	キーワード	説明
1	スタート	サインの衝動が始まる。
2	反射	1度で強く押し出した結果、環境がそれに反応・反射する。手応え。
3	運動性	1度と2度の交流の結果、そのサインの最も普遍的な運動性が決まる。
4	集団的リソースへ浸す	運動性を、より普遍的なものにする。そのために共有された集団的なリソースに浸す。ずっと取り替えていないタレに浸しているようなもの。
5	冒険	無謀な冒険心やチャレンジ。成功するかどうかは考えていない。
6	環境へ	具体的な環境の中に入り、そこで5度の空回り的な冒険心は、場を見つけ出す。
7	落差	具体的な環境の中に入ると気がつく落差。あるいは電位差。落差は励みでありストレス。
8	落差の克服	落差に振り回されることを克服し、自立的な管理力を身につける。
9	哲学	サインの持つ基本的な姿勢、哲学を打ち出す。この意図を持ち、旅をする。
10	外へ伝える	外の世界と思えるものに自分の姿勢を提唱する。プレゼンテーション。
11	実験	接触した外の環境へ自分の姿勢を打ち出す。社会実験をする。
12	未知の探索	外の環境へアプローチした時に未知なものを発見する。謎の解明。
13	カリスマ	尖った独自の力を発揮する。環境からは孤立している傾向も強い。
14	浸透	尖った独自の力をより身近なところに浸透させ、精神と生活を合致させようとする。
15	進攻	自らの意図を環境に押し込む。しかし押し込むには早いと考え、様子見の場合も（特に柔軟サイン）。
16	解体	15度まで形成してきた姿勢が崩れる。反対サインの侵入と方向転換。

番号	タイトル	内容
17	新たな希望	16度で崩壊した瓦礫の山から新しい希望が生まれる。見方が反対になり、失敗でなく、新しい希望だったことがわかる。16度の崩壊がなかったら見つからなかった可能性。
18	種を探す	具体的な場から新しい進化のための素材を模索している。
19	想像的可能性	まだ手にしていない想像的な可能性を確信し、形にする。
20	恒常的に	偶発性や状況に振り回されず、安定して継続できる能力を育成する。
21	飛躍	サインの力が絶頂的に高まる。たいていの場合、無理なことをしがち。
22	クールダウン	21度の飛躍的な力を足元に引き降ろす。そのことでしっかりした地盤を作る。
23	いいとこ取り	21度の跳躍と22度の引くことを、両方、思いのままに扱い遊んでいることも。
24	果てしなさ	サインの能力が果てしなくエスカレートして、行きすぎになる。
25	完成と自律	サインの特質がここで完成し、それを結晶化させる。24度の行きすぎを止める。
26	堪能	完成したサインの成果を味わう。上から下に降りてくる恩恵。享受する。
27	向上心	サインのエッセンスをもっと高めるために向上心を発揮する。統合化による高み。
28	突破口	次のサインへの突破口を発見する。それはこれまでのサインのエッセンスを抽出した結果として、次の経験グループにつなぐことができる。
29	比較	これまでのサインとこれから向かうサインの価値観の比較。それによって、引っ越しのための荷物整理。
30	吐き出す	これまでのサインから離脱しなくてはならない。そのために、嫌な面を見たり、関心を失ったり、あるいは売り尽くしセールに走る。まとめることそのものが、反発力を生み出す傾向もある。

牡羊座1度 [0.00～0.99]　1・スタート

A woman rises out of water, a seal rises and embraces her.
「女性が水から上がり、アザラシも上がってきて彼女を抱く」

12サインの輪よりも一つ大きなコスモスとの通路ができます。つまり一つのコスモスは陰陽の二極化で成り立つゆえに、この二極化が中和されると、外につながる隙間ができてしまうのです。この通路を通じて、新しい生命がこの12サインの輪の中に入ってきます。

さらに12サインの循環のイメージがそこに重ねられているので、牡羊座の前の魚座が表す水・柔軟サインという空気を含んだ薄い水、いわば曖昧な雲や霧のようなものの中から新規な意志や生命作用が出現するのです。雲間から現れるその光景を日本語で「出雲」というのかも知れません。

幼児が生まれてくるような新規な体験であるために、具体的に決断したり、行動したりできる段階ではなく、まずはこの世界に存在するということが大前提です。しかし足がかりが十分でないので、アザラシがまた水の中に引き込むという退行現象を起こすこともあります。たいていは揺れ動いていることでしょう。

火の元素は水を叩いて波紋を起こします。この波紋の波の形そのものともいえます。水は一体化を示す元素なので、水の元素が支配力を握ると、すべてを結合したあげくに最後は死と静謐しか残りません。そのぎりぎりの段階で、火の元素の始まりがあるのです。すべての統合化を表す魚座の後で始まる火の力であるがゆえに、それはまっさらな始まりです。環境の中に自分を押し込む力が必要です。

牡羊座2度 [1.00～1.99]　2・反射

A comedian entertaining a group.
「グループを楽しませているコメディアン」

1度で水から上がってきた女性は、12サインの輪の環境の中に、自分を無理やり押し込みしかし具体的に何をしてよいのかさっぱりわかりません。この環境は初めてのもので、12サインはいつまでも円回転をしているわけではなく、螺旋運動をしていると考えてください。横から見ると、それはサインウェーブのような形にも見えます。それは蛇行しながら前進する蛇のようなものでもあるのです。

新しい環境の中では、周囲を見回して、いろいろなことをそのままマネようとします。おかしな歩き方をしている人を見れば、それを素直に模倣します。そのことで環境の中にいる人は、自分のおかしさを逆に自覚して、これが笑いを作り出します。

火の元素は水を叩くことで生まれ、それは波紋や振動、波風を立てることです。火の元素のサインの2度はすべて激しく揺れ動くのです。ここでは笑いが揺れ動きを表しています。日本では伝統的に笑いは魔除けで、笑うことは生命の活動力を奪う性質を払いのけます。

日本では春先に山から霊が降りてくる時、それを里に迎えるものが桜です（サ）は「クラ」は「座」ということです）。この2度のお笑いは、花見でのバカ騒ぎのようです。原初の火の元素に対する環境の反射・リアクションですから、大人的でもありません。笑いは頭が拒否しているが感情が受け入れているために、生じる現象です。

牡羊座3度 [2.00〜2.99] 　3・運動性

The cameo profile of a man in the outline of his country.
「彼の祖国の形の中にある男の横顔の浮き彫り」

牡羊座のこの段階はまだ個人としての明確な範囲ができておらず、集団意識に同化する傾向があります。実際には牡羊座は最後の段階に至るまで、自己確認のためには周囲の多くの人の反応を必要としています。身体性というものは、次の牡牛座の段階で明確に獲得できるものなので、それまではまだ自分自身の中にちゃんと入っておらず、十分に個体化されていないのです。

2度の段階で、周囲のさまざまな人々の行動を模倣することを続けてきましたが、結果的に、自分が住んでいる地域全体の特性を帯びてくるようになってきます。ディーン・ルディアはこの度数をブラフマンの性質といいましたが、確かに個人の個性が形成されておらず、集団意識としての人格を持っていることになり、地域の特徴を知りたい時には、この人のことを見ていると参考になります。

3度はそのサインの普遍的な運動性を示しているので、牡羊座の終わりになるまで、この集団意識に同化した存在として生きる傾向は否定できません。そのことから抜け出そうとするのは28度の段階になってからで、意識的に地域の特性に染まっているわけではなく、無自覚に行動します。集団の性質を吸収するということは、反対に集団に対して働きかける影響もあるということにもなります。根拠のない直感的な知恵を持っていますが、知性が個として閉じていないことが原因です。

牡羊座4度 [3.00〜3.99] 　4・集団的リソースへ浸す

Two lovers strolling through a secluded walk.
「隔離された歩道を歩く二人の恋人」

12サインの切れ目から、この世界の中に入ってきた牡羊座の人は、社会の中に参加するために個人としての人格を育成する必要に迫られています。特定の時間と空間の中での活動に深く入り込むためには二極化する必要があります。それに経験は過去から未来へという一方的な時間の流れの中で進みます。これも反対の流れが意識の裏に隠された状態としての二極化です。

世界の入り口にはツインが見えなくなる。そして見えないところで互いに磁力を発揮して、互いが誘導者になるという話がありますが、この度数の体験は少しばかりそれに似ています。環境に深く入るためには案内してくれる人が必要で、この相手の話だけを聞くことで、他の人の邪魔がはいってはならないので、あたかも隔離されたところにいるように見えてくるのです。

とても親密な二人の関係は信頼感に満ちていて、相手の言うことをそのまま受け入れますが、やがて離れることになるのですが、3度が集団意識をコピーしているかのようなものなのかもしれません。こうやって牡羊座は段階的に世界の中に入り込んでいくのです。サビアンシンボルでは恋人という表現になっていますが、同性の親友というケースも多々あります。

牡羊座5度 [4.00〜4.99]　5・冒険

A triangle with wings.
「羽の生えた三角」

土のサインという牡牛座の肉体性にまだ入っていない牡羊座の人は、火の元素としての理想的な理念性を打ち出します。政治的な判断というのは常に妥協的なもので、そこに理念というものは希薄かもしれませんが、この度数においてはまだ理念というものしか存在していません。ご飯を食べて、疲れたら寝てというような生活の機械的な要素を意識しているわけではないのです。

三角形というのは創造的な原理を象徴する記号であって、そこには翼が生えているのです。5度はどのサインでも、実現不可能な無理難題に跳躍しようとする傾向があります。結果はどうなるかということを考えることがないのです。5の数字というと五角形を思い浮かべます。この中には黄金比が含まれています。これは増長することなく膨らんでいくものという傾向を表しています。一方的にどんどん増殖していく夢や希望、方針などが打ち出されますが、牡羊座の初期の段階では、しばしば世間はずれの傾向にはなりやすいでしょう。

5という数字には抵抗とか壁、跳ね返すものという反応性が意識されていないのです。だから5度はしばしば子供の遊びのようなものにも見えてきます。4はチャージで5は放出という数字の意味からして、4度で関わっていた相手は、この理念をちゃんと否定しないで聞いてくれたのです。活動サインは常に能動的で、休みません。

牡羊座6度 [5.00〜5.99]　6・環境へ

A square brightly lighted on one side.
「一辺が明るく照らされた四角」

アリストテレスは月の下には四つの元素があるといいますが、サビアンシンボルの中で描かれている四角は火・風・水・土という四つの元素の組み合わせにも見えてきます。実際の環境の中での活動に深く入り込む時に、同化のきっかけとなるのは、当然のことながら火の領域です。しかし、地上において四つの元素は、それぞれが独立で働くことはできず、相対的な関係の中で機能していきます。したがって火の活動力に同一化して生きていくと、土や水は抵抗成分にもなっていくでしょう。

四つの元素を統合化した第五元素こそが生命の実体ですが、この段階の牡羊座の人にとっては自分を割って環境の中に入り込まざるを得ないということになるのです。自分が世界の部品のようになってしまうので、自分の責任の範囲ではないのにも責任を持とうとします。例えば、台風が来た時に「台風が来て申し訳ありません」という人もいるかもしれません。自分を独立させるよりも、自分を世界と関係づける方がよほど大切なのです。自分が世界の部品になる人生がまだまだ始まったばかりだからです。

具体的な仕事や役割を果たすということにおいて積極的で、いわばヘラクレスコンプレックスを持っているような人にも見えるかもしれません。6は自分と環境の三角形が呼応し合うので、環境との関わりに振り回されがちになります。決意して世界の部品になるというのは、ある意味、牡大ですがなかなか苦しい面もあります。

317

牡羊座7度 [6.00〜6.99]　7・落差

A man succesfully expressing himself in two realms at once.
「二つの領域で上手く自己表現している男」

牡羊座

環境の中に入ってみると、自分と環境の落差というものを意識せざるを得ません。これは電位差が発生するようなもので、それが活動エネルギーにもなれば、同時にストレスということにもなってきます。二つの電極の間に7の法則が働くことになります。たいていの場合、この二つの電極の一つは否定するべきイメージを表現しています。そしてこれを直視せず、あらかじめから決まっているかのように、それと反対の方向に進もうとするのです。悪いものを決めておけば、自動的に良いものも決まります。

牡羊座の段階ではまだまだ始原的なので善と悪や光と闇というふうに原理的で、あの人が悪い、あれが悪いというふうに具体的になっていません。物語では、悪者と善者が決まった方がドラマは進みます。こうした電位差を作ることで、意欲的に生きることになり、目標に向かって克己心や強い意志力を発揮できます。

6度で入り込んだ四角、すなわち四元素的なものは、火・風と水・土という対立するグループに分かれます。四つを全体的に統合する段階でない場合には、四つのうちのどれかが自分と同一視され、その結果として否定的な、克服するべきものも決まってきます。7度はストレスが多いものですが、同時に強い行動意欲を刺激されていますから、悪いものとも思えません。

牡羊座8度 [7.00〜7.99]　8・落差の克服

A large hat with streamers flying, facing east.
「風になびくリボンつきの大きな帽子、東に向いている」

牡羊座

7度で作られた二つの電極の間の落差が続くと、非常にそこに翻弄されていることにいらだちます。いくら否定しようとしても消えない衝動のようで、この堂々巡りから何とか脱出したいのです。二つの電極の一つを否定し、もう一つを肯定するというう姿勢こそが常に自分に決まりきった衝動を生むということを理解した人は、この二つを公平に扱ってみたいと考えるようになるでしょう。この段階で風に押されて自分を行動にシフトさせることができます。この場所に自分を置くのではなく、敏感な計測器としてのリボンが着いています。そもそも牡羊座の場所なので、東は積極的な場所、行動のために役立つのう段階ですから、人生の機微について立たされることが多いのですが、占い体系以外でも何らかの方法論が確立されることが多いのですが、まだ牡羊座の初期の段階ですから、人間的な事象を読むよりも、もっとマクロなところに関心がいきやすいでしょう。

そもそもまだ人間のことはよくわからず、反応するリボンと描かれている通り、自然界の様相を読もうとするということにもなります。8とい

リボンは極端に敏感で、空気の動きについては全くわからないくせに、目ざといのです。この帽子は占いということも多いようです。陰陽の作り出す模様を読む学習をしていています。占い体系以外でも何らかの方法論が確立されることが多いのですが、まだ牡羊座の初期の段階ですから、人間的な事象を読むよりも、もっとマクロなところに関心がいきやすいでしょう。

そもそもまだ人間のことはよくわからず、反応するリボンと描かれている通り、自然界の様相を読もうとするということにもなります。8という数字は溜め込みでもあるので、体系の知識の蓄積もされやすいのです。

牡羊座9度 [8.00〜8.99]　9・哲学

A Crystal gazer.
「水晶透視する人」

どのサインでも9度は、サインの考え方や哲学を表します。8度で世界を読む方法を学習した人は、その体験の中で世界の全体像を知るという結果を手に入れます。ロシアの科学者は、「地球は巨大な水晶か」という書物を書きました。これはプラトン立体が地球にボルテックスを作り出しているというもので、「惑星グリッド」とも呼ばれています。

水晶を見る人は水晶の中に入るのではなく、それを上空から見ています。プラトンは地球を上空から見ると色違いの布を張り合わせた鞠のように見えると記述しています。体験の中に入っていき、この中で何かを理解するというのは水の元素か土の元素の方法であって、火や風はターゲットの中には入らず、外から見るのです。

リボンの揺れで世界を観測していた人は、今度は世界全体を見るということに移っていくのですが、水晶球がいろいろな光景を映し出すといわれているように、自分が手に入れた体系をもとにして、さまざまなものを応用的に理解することになります。遠くにあるものもそうやって考えていくのです。

大英博物館でジョン・ディーの水晶や黒曜石を見てきましたが、ジョン・ディーのような人々は目に見える資料から理解することに飽き足らず、もっと神秘的な手段で秘密を解明しようとします。実際目に見える書物とか資料では、この人々が求める全体像は手に入りにくいのです。

牡羊座10度 [9.00〜9.99]　10・外へ伝える

A man teaching new forms for old symbols.
「古い象徴の新しい形を教える男」

9度で手に入れた知識や理解の体系は、十分に固まってくると、知らない人々に伝えたくなります。そもそも牡羊座は外宇宙からやってきて春分点を通じてこの世界に入ってきたのですから、この世界にはなかった新しい知恵というものを持っています。それは伝統的であったり、古い体系であったりするものに対して新しい光を与え、オリジナリティーにあふれた教えをもたらすことができるのです。

実際、この度数の人々は新しい知識について教える教師的な立場であることが多いようです。必ずそこにはその人の独自性が入り込んでいます。火の元素が強いので、ここで教えていくものやそも精神性が強いので、ここで教えていくものや知識というものは抽象性が高く、哲学的・精神的なものであることが多いでしょう。

習ったことをそのまま教えるという人はほとんどいません。ただ、新しいということは、それを受け取った人々にとっては馴染むのに時間がかかるということです。そのため最初のうちはそんなに広がる事はないかもしれません。

8度で実地調査し、9度で体系化し、10度で教えるというプロセスは、牡羊座という新規なサインの性質からして、どこかの学校で習得したというケースは少ないでしょう。あるいは学校に所属している人の場合でも、途中からコースアウトして自分で始めるということも多くなります。新しい人との出会いを基本的になかなか受けに回れないのです。新しい活動サインは基本的になかなか受けに回れないのです。

牡羊座 11 度 ［10.00 〜 10.99］ 11・実験

牡羊座

The president of the country.
「国の支配者」

サインの中で3分の1領域の11度、21度はテンションが高いのですが、10度で自分独自の知恵を持った人は、それによって社会に働きかけようとします。牡羊座が真に新しいものであれば、この新しさを社会に持ち込み改革的な試みをしようとするのです。ですが、妥協という政治的な資質はまだ育成されていないために、理念が世界を支配するということを信じていたりもします。混ぜものを嫌うし、またオリジナリティーが大切なので、権力に興味があるわけではなく、新しい世界というものを夢見ているのです。この子供的ともいえる純度の高さが原因でか、この人を保護したいという気持ちも働く人々もいて、王子様のように扱われることもあります。

11度は苦しい16度を体験する前の、複雑なことを知らない「青い」段階なので、主張は一方的で頭ごなしということもあります。サビアンシンボルの表現は主体か、客体の側かに入れ替わることがあります。国の支配者になるか、国の支配者に支配されるかのどちらかです。1枚の絵の中に住んでいれば、このどこかに自分がいなくてはならないのです。

10度では古い象徴と新しい解釈が組み合わされていましたが、そもそも11という数字は10を覆すとする傾向もあるので、10度の古い象徴という要素を除去して、自分の新しい考え方を前面に押し出そうとする人も出てきます。10と11は、サインでいえば山羊座と水瓶座の対比に似ています。

牡羊座 12 度 ［11.00 〜 11.99］ 12・未知の探索

牡羊座

A flock of wild geese.
「野鴨」

黄金比は、自然界の中にある秩序で、まるで計算したかのように登場する比率です。12度と19度は、サインの幅の中で黄金比に該当しますが、さらにここでは、野鴨の三角形飛行も人工的ではない秩序を意味しています。

12度は自然界の未知の要素を探求するという傾向が強いのですが、ここでは本人が探求される未知の側でもあります。人工的な訓練とか社会的秩序の押しつけには一切従わず、自然体で生きている時に良い資質・良い能力を発揮します。ですから、この度数の人を見つけたら決して訓練しつけない方がよいのです。いくら言っても時間通りにやってこない社員という場合もあるでしょう。この人のことがよくわかった人ならば、もう何も言わず放任しておくでしょう。私は生徒でこの度数を持つ人に、「野鴨」というあだ名をつけました。

11度が人工的なシステムなら、12度は自然放置のシステムという対比で考えてよい場合もあります。放置していれば無秩序になるのでなく、黄金比的な効率の良さを発揮するのです。黄金比というのは、好きなことを気ままにしていながら、衝突しないという性質です。樹の枝の比率は黄金角ですが、満遍なく太陽光線が当たるのです。そして遊び的な楽しさというものが含まれています。

社会的にはいつまでも大人にならないという傾向もあります。

牡羊座13度［12.00〜12.99］ 13・カリスマ

An unsuccessful bomb explosion.
「不発弾」

13度は常に環境に迎合しないで、新しいものを打ち出し、それによってこれまでの古い流れを止めてしまうという、タロットカードの「死に神」と同じような作用が見られるのですが、牡羊座の段階では、まだ世間に馴染んでもおらず、世界の中に沈んでもいないので、ここで打ち出される思想は、環境の中で受け取られるには時間がかかります。そうであるにもかかわらず、この度数を持つ人は急いでいて、なかなか周囲が反応してくれないことで、自分が失敗したと思ってしまう傾向があります。

「不発弾」というのは、本人から見てそう感じるというものです。しかし時間が過ぎると、ちゃんと成果を上げていることが多いのです。この度数の行動は、11度の積極性と12度の成果に支えられており、社会的な生活に必要な妥協の姿勢には欠けています。現実離れしている理念を打ち出している場合でも、本人はそれにあまり自覚がありません。

上手くいくか、それとも失敗かという両極端な考え方があると、どのようなことでも中途半端で上手くいっていないように見えてきます。この人はどのようなことを認識しておくとよいでしょう。もう少し待っていれば上手くいったものが過去にもたくさんあったはずで、せっかちなために多くのものを失った、というより手に入れ損なったことが多いはずです。すぐに煮詰まらないように。

牡羊座14度［13.00〜13.99］ 14・浸透

A serpent coiling near a man and a woman.
「男と女のそばでとぐろを巻く蛇」

13度で極端なところに行った人は、それを大地に定着させるために比較的時間がかかり、待つことも学びます。このためには忍耐力も要求されます。13度の不発弾の原因は、自分と環境が対立していることがあり、また自分と環境がそれぞれ対象を両方とも自分にすぎないのに、自分もまた対象も両方とも自分にすぎないと考えると、相手を至らないものと考えて縁を切ることができない現実をここで自覚します。片方をまた対象も両方とも自分にすぎないと考えると、相手を至らないものと考えて分裂を起こし、すると何をしても成功することはあり得ません。

そもそもこのように自分と環境が対立するように見えるのは、牡羊座の人が6度の段階で環境に関わる時に、自分を四つ元素のうちの一つと同一化したということも関係します。この敵対している要素は自分の影のようなものなので、二つに分かれたものを男女だと考え、それを結合したものを象徴的に蛇とここで自覚し結びつけようとします。

何をしても足を引っ張るものがある時、それは幸運なことだったと考える方がよいです。足を引っ張られなければ、取り返しのつかないところまで行くからです。このことを諦めた時、忍耐強い人格が生まれてきます。足を引っ張る重い負担に積極的に関わる決意をする人も多く、これは自分の影の領域を救済するというような姿勢にも見えるでしょう。何事も素早く処理するということができない人が多いでしょう。

牡羊座15度［14.00～14.99］　15・侵攻

An Indian weaving a blanket.
「毛布を編むインディアン」

牡羊座

外界に押していく15度は、このシンボルのイメージからすると、それほど急がないでじっくりと取り組んでいるような姿勢に見えます。男と女という対比は、ここでは毛布の縦糸と横糸に変わり、これを編み込むことで、確実に広げていくのです。毛布はこの人物が広げていく人脈のネットのようなものでもあり、ゆっくりと、それでもいくつのまにか勢力を広げていきます。

もちろん、その趣旨は牡羊座の15度であるから、新しい考えを外界に広めるということが前提にあり、13度で一気に走ったことが上手くいかない理由は、時間がかかることを考慮に入れなかったということも自覚しているのです。背後の天秤座の15度も、昼と夜のサイクル、意識と無意識の作用を上手く利用して、じっくりと達成をしていくことが似ています。

15度は必ず自分の意図を外に型押しするということが多く、それはタロットの15の数字のついた「悪魔」のカードと同じです。何か会をしているという人ならば、この人脈の毛布を大切にする人も多くなります。また一度作られた絆は縦糸と横糸が絡み合うようになかなか切れず、長い間続くというケースも多いでしょう。

15度は11度の結論です。つまり国家の支配者として仕切るという意図は、ここでは高飛車でなくじっくりと取り組むということになります。

牡羊座16度［15.00～15.99］　16・解体

Brownies dancing in the setting sun.
「日没の光の中で踊るブラウニー」

牡羊座

対抗サインに侵入され、折り返し点になる16度では、それまで走ってきた牡羊座の性質が挫折します。日没や秋、西などは牡羊座的な要素で、これが牡羊座に入り込むことで牡羊座の日の出や春、東ということに関係した力が覆されます。

ブラウニーは茶色の髪の妖精で、幼児を奪い去り、幼児は死にますが魂は妖精の国に住むといわれています。牡羊座は種まきであり、幼児を象徴してもいますが、ここでは牡羊座の積極的なパワーは損なわれることはありませんが、それが妖精の国に移動してしまうということです。

現世的な活動への興味が引っ込んでいくので、この度数を持つ人は、その惑星の年齢域で活動をやめてしまったりすることも多いようです。しかし、ただやめるということではなく、ピュタゴラスのモノコードが真ん中で1オクターヴ上がるように、質を上昇させようとします。このため、かたちとしては挫折したように見えるのです。中身を変えるには、一度、形を壊さなくてはならないのです。

牡羊座は自我感覚で外に飛び出します。反対の天秤座は触覚で、これは閉じ込められたという感覚です。牡羊座は漠然と自分探しをしていますが、自分の推進力が一度否定されたように感じます。実際、それは手応えとして牡羊座に貢献するのですが、最初の接触ではスタートがかかったように感じる。想定しなかった覆しに遭いやすいといえるでしょう。

322

牡羊座 17 度 [16.00 〜 16.99]　17・新たな希望

Two prim spinsters.
「とりすました二人の未婚女性」

牡羊座

16度で妖精の国に連れ去られた子供の母親という印象で考えてもよいでしょう。子供が連れ去られたので、未婚に戻ったと考えてみるのもよいです。興味は現世でなく戻ったと考えてみるのもよいです。興味は現世でなく子供が連れ去られた国であり、現世的な面では二人の未婚女性ということからもわかるように生産的ではなく、受容性と受容性のセットでいつも果てるともなく考え続けたりしています。

目に見えることのない世界について考える時には、何も確たる証明のようなものがないので、いろいろ思い巡らせても結論が出ないのです。しかし16度の喪失感が積極性に転じるのが17度で、タロットカードなら「星」のカードのように遠い手の届きにくいものへ希望を投げかけています。親族とか身近な人が死ぬと、その後、死後の世界に対して興味を抱く人が多くなります。自分の一部がそこに行ったかのように思い、いつでもそこを思い出すのです。

意識はターゲットへの投射があることで働くという原理からすると、このターゲットが現世的ではない世界であるために、すぐに反応が戻ってきません。そしてたくさん投げかけなくてはならない。身近な対象としての塔の多くが投げかけられたので、投射する意識は遠いものに投げかけられた結果、範囲の大きなものを考えるということにもなります。見えないものと会話する、見えないものの反応をもとにして行動するという傾向も人もたくさんいます。非物質への理解があります。

牡羊座 18 度 [17.00 〜 17.99]　18・種を探す

An empty hammock.
「空のハンモック」

牡羊座

16度で天秤座が侵入してきたことで、一度、牡羊座の現世活動への積極性が損なわれ、この積極性は17度では現世的なものでない方向へと盛んに働きました。18度では、この中空的な活動力を得た後で、あらためて地上的な活動へと軌道修正します。その時には牡羊座と天秤座、活動と休息という2種類の柱の間をリズミカルに行ったり来たりする練習がよいということになります。

人がいないハンモックはここに意図的なものが入らず、時計のように揺れるというふうに考えてもよく、活動と休息を機械的に切り替えるとよいでしょう。というのも、この二つの間のバランスを取ることがまだ上手くできていないので、一つに没入するとやりすぎになり、ある日反動でた反対になるからです。夜につい読書に熱中してあげく、次の日はぐったりしているというようなものです。疲れてくると17度に戻り、ごろごろと寝たり、あらぬことを毎日考えているという状態になったりもします。

牡羊座の積極性と天秤座の休息が上手く両立できるようになれば、均整の取れた牡羊座の活動ができます。予想もしない時にぎくしゃくと反対の気分になってしまう多さは16度ショックを上手く取り入れるためのリハビリのようなもので、回復が重要なテーマです。18は足すと9で、9が精神的な旅ならば、18は地上に向けられた探索の旅です。

牡羊座 19 度 [18.00 〜 18.99]　19・想像的可能性

The Magic Carpet.
「魔法の絨毯」

牡羊座

16度で地上から引き抜かれ、17度で、天空で考えるという姿勢を身につけた牡羊座の人は、あらためて現世的な活動に復帰しようとした時、この天空で考える想像的なビジョンを地上活動に持ち込みます。19は10と9の結合で、タロットカードの「太陽」で10は現世的、9は想像的な身体の二人の子供であるように、想像力を上手く生かした展開をしようとします。結果から何か考えるのではなく、ビジョンを抱き、それを実現することを考えます。

魔法の絨毯は地上から少し浮いていて、それは想像の産物です。ですが、この高床式の建物は地上からの直接的な衝撃を緩和します。18度の牡羊座と天秤座の柱に張られたハンモックが、より積極的に使われると地面から浮いた絨毯になるのです。

活動サインの19度をすべて「大風呂敷の19度」と説明していますが、ありもしないイメージを作り、それを現実化していくことが行動の励みになり、実際に成し遂げます。まずは大きく出て、勢いをつけようということです。ときどき悪さをすると、この想像の子供（9の側）が降りてこない場合がありますが、悪さという妄想を抱くよりは10の側の子供が上手く受け止められたということでしょう。受け止められれば現実化しますし、受け止められなかった場合には妄想ということです。いつも二人の子供の協力が大切です。

牡羊座 20 度 [19.00 〜 19.99]　20・恒常的に

A young girl feeding birds in winter.
「冬に鳥を飼う若い少女」

牡羊座

20の数字は、対立する流れの10と10がぶつけられ、一方的な時間の流れに翻弄されず、望んだことを状況に振り回されずに発掘、発揮することを必要とします。ラッパを吹けばいつでも過去に去っていったはずの死者でさえ蘇るという、タロットカードの「審判」の絵のようにです。

このランダムアクセスの能力が育成されれば、不遇の時でも冬でも、環境に負けない積極性を維持できる牡羊座の力が目覚めます。その練習をするために、わざわざ寂しい状況に自分を置いているのではないかとさえ思えるような人がたくさんいます。ですが騒がしくはなく、どんな状況でもしっかりと自分の志を抱き続けることができるので、環境への依存性が少ないところがよいと考えます。寂しい時でもめげないということは、今度は盛り上がっている時でも乗せられすぎないということです。

一つ目の10は過去から未来へ流れ、もう一つの10は未来から過去に流れる時間です。これは、一つは行動でもう一つは意図と考えてもよい面があります。意図は未来からやってきます。その落とし所を探しています。状況に流されない20は意図を忘れないという意味でもあり、良い時も悪い時も、趣旨を忘れることはありません。偶然性に支配されなくなったら、力強い牡羊座が生まれてきます。安定した能力を持つことになるので、信頼感は高まるでしょう。

324

牡羊座21度 [20.00〜20.99]　21・飛躍

A pugilist enters the ring.
「リングに上がる拳闘士」

30度を三つに分割した11度、21度は極めてテンションが高い場所ですが、16度以後の体験を完了した後の21度は怖いものがないという状態で、最強の場所となり、常に無理なことにチャレンジします。火・活動サインの牡羊座の挑戦意欲がピークに至る場所で、戦って勝ち取るという姿勢を必要とします。ただし、拳闘士は常に観客の賞賛を必要数とします。

牡羊座は、まだ牡牛座という感覚的な肉体に降りていないので、自分の感覚で自己確認できません。そのために、周囲にいる多くの人の反応を当てにします。20度ではそういう観客はいなかったのですが、いなくてもめげない自分を訓練していただけで、まだ個体化していない牡羊座の全領域で自分を確認するには、個人というよりは集団のリアクションを必要としています。それは人々の期待に振り回されてしまうという傾向も作り出し、自分がはたして望んでいるかどうかわからないけれど、要求されていると思わず乗ってしまうという性質も持っています。

これらは牡牛座の段階でアースされた腕のようなもので、外界に突き出した腕にも、額にもヘソにも似たようなものがあります。カフナでは、このエーテル体（気）の筒をターゲットに突き刺すのです。環境に自分の意志を強く打ち込み、強く打ち込んだ分、返ってくるものがあることを知っているので、怠け者ではありません。押した分だけ返ってくるものがあります。

牡羊座22度 [21.00〜21.99]　22・クールダウン

The gate to the garden of desire.
「欲望の庭へ続く門」

21度が外界に対して強く腕を突き出すことに比較して、22度は反対のやり方を使います。必要なものが落ちてくるように穴を掘るのです。21度が取りにくいということなら、22度は相手がやってくるように計画します。このために、虚弱さや助けが必要で、時には病気がちというイメージを偽装することもありますが、欲張りさにおいては21度と大差ありません。

いかにもかわいそうな感じを作り出すと、寄ってくる人がたくさんいるという点では、四柱推命などでは、最強のパワーと最弱のものは似ているということも共通しています。活動サインの四つの22度を参考にしてもらえばよいと思いますが、寂しさを伴う優美さを醸し出しているケースもあります。ですが、「騙されてはいけないよ」とこの人をよく知る人はいうかもしれません。

21度が狩猟民族的で、22度が農耕民族的という対比もあります。日本神話でスサノオがアマテラスの農園を踏み荒らしたのは、狩猟民族的なスサノオが農耕民族的なやり方が持つ備蓄の文化を批判しているからだという解釈をしている人がいます。つまり、この度数は溜め込む性質もあり、必要なものがある都度狩りにいく方針ではないので、腹まわりの余剰備蓄も含めて、いらないものが堆積して片づけられない人も出てきたりします。やはり牡羊座のピークの領域でもあり、満たされてもまだ足りないと言い張る人も多いでしょう。

牡羊座 23 度 [22.00 ～ 22.99]　23・いいとこ取り　牡羊座

A woman in pastel colors carrying a heavy and valuable but veiled load.
「重く価値があるがベールに隠された荷を運ぶパステルカラーの衣服の女」

21度の積極性と22度の受容性の両方を兼ね備えた23度は、押したり引いたりできる牡羊座です。まるで自己生殖のようなのです。足すと5の数字は遊び性を表し、自分で作り出したものを自分で育てることになり、創造的な精神をいろいろなかたちでものにすることができます。

サインの4分の3の部分、すなわち音階では上昇4度の着地、安堵を意味する場所は22・5度で、この数え23度は必ず形にするという力があります。月の下には四元素があるといわれるのも、着地とは対立したものを結びつけ、互いが逃げられないようにして、その結果、大地に縛りつけることができるということもあり、荷物を運んでいるのが、それとも荷物とは自分が妊娠して腹の中にあるのか、いずれにしても飛び立てない理由がそこにあり、むしろそれこそが大切なのだという面も考えられます。

荷物は隠されているのに女性の方は開放的な衣服です。つまり態度はあけすけで親しみがあるのに、実際に持っているものは重みのあるものといったコントラストもあります。21度と22度が同時的に複合されている人もいれば、交互に現れる人もいます。この交互のリズムが数年単位で切り替わる人の場合、一例としては躁鬱の人もいます。躁期は21度的になり、鬱期は22度的に、穴の中に落ちたようになります。23度は遊び性が強いという点では、このジャンプしたりダウンしたりはお手のものです。

牡羊座 24 度 [23.00 ～ 23.99]　24・果てしなさ　牡羊座

An open window and a net curtain blowing into a cornucopia.
「開かれた窓に風が吹き込み、カーテンが豊饒の角コーヌコピアの形になる」

24は足すと6になりますが、六角の図形の互いが反射し合う三角の組み合わせ、24度ではまるで合わせ鏡のように共鳴してどんどんエスカレートします。そのサインの応用的な性質が、歯止めが利かないまま限度を超えてしまいます。牡羊座の活動的な火の力が余剰な力を持ち、この物質的な世界の境界線の向こうへ活力を押し出します。人格を保護しているものは象徴的には円とか球の形をしていますが、そこを突き破ると、今度は向こうからその力に合わせた元型的なものが返ってきます。

何か一人芝居のようでもあるのですが、外に押すと、こちらに向かって食い込んでくるものがあるのです。物質界と非物質界を隔てるカーテンに、向こうから来たものが型押ししてきます。風が吹き込んだからで、自分の側から牡羊座の火の力が押したからで、火で押すと風で返ってくるのは、火と風は六角形の関係だからです。ただ人格の円を突き破るので、一時的に人格クラッシュのようなものが生じて、回復の速度は人によって違いますが、いずれにしても一時的に均衡が崩れます。

何か現象が生じた時、それはたまたまではなく、必ず自分の側から意図を押し出したからで、牡羊座は受動ではないので、何があってもそれらは受け身の体験ではないのだと自覚するとよいでしょう。神秘的・魔術的能力として直接発揮する人も、チベット密教のタルパなども関係するでしょう。

326

牡羊座25度［24.00〜24.99］ 25・完成と自律

A double promise.
「二重的約束」

24度があまりにもエスカレートするので、それを打ち止めするのが25度であり、サインの完成された結晶がここで出来上がります。24度で非物質的な領域にアクセスして、あたかも分身的なと言えるようなものができました。現世的なものと非物質的なものの両方に、二重的にまたがるかたちで生活が運営されます。

牡羊座は次の牡牛座という物質的な領域に閉じ込められていないので、まだ実際にはちゃんと肉体的に生まれていないこともあり、動きが空中で錯綜しています。16度以後は、この世的なものとあの世的なものが並行する傾向があります。それまでは平行しているだけだったのが、24度では互いが通信をするようになったわけです。

二重の約束は、現世的なものとあの世的なものの両方の承認ということかもしれません。活動サインの自立的な運動はどの活動サインでも25度で頂点に至り、ここでは一人で何でもやってしまう人を作り出します。つまり一人で分業的なものをすべてこなします。本人からするとコーヌコピアと話しながらの共同作業かもしれませんが、この世で見るかぎりでは、一人で何でもやっている人に見えるのです。

25度は、不足を自分で補正する作用があるのが大きな特徴で、怪我をするような大胆なチャレンジもし、また自分で怪我を治し、工夫し、考え、あれこれ模索して解決策を自力で見つけ出します。結晶化した活動サインは一人で忙しいのです。

牡羊座26度［25.00〜25.99］ 26・堪能

A man possessed of more gifts than he can hold.
「持ちきれないほどの贈り物を所有する男」

サビアンシンボルでは、26度はたいてい上から落ちてくる恩恵を受け取るようなイメージで描かれますが、サインは25度で完成し、すると製品を最初に味わう工場のスタッフのようにここではサインの良き成果を味わいます。

牡羊座の25度の過剰な活動力によって、上から贈り物がたくさん落ちてきて、手からこぼれてしまいます。ときどき手からこぼれても気にする余裕がないくらいいろいろな仕事をしたり、同時進行で企画したりとわけのわからない人がいます。作業も一つだけしている間が持たず、同時にテレビを見たり、音楽を聴いたり、掃除したり、ネットを見たり、メールに会話したりなどしています。

12サインの絶頂地点なのでこのあたりが絶頂地点なので、さらに忙しいところではこのアスペクトができていたりすると活動サインでアスペクトができていたりすると見るものです。「持ちきれないほど」という言葉は、むしろ持ちきれないと断定した方がよいのかもしれません。持ちきれないのは明らかなのに、それでも手を伸ばそうとするのです。

26は足すと8で、これは圧縮とか密封する意味です。8は単純な圧縮、17では奇数らしく、満タンになると放電します。26はこの外界に放電したものをまた集めてくるのです。いわば外に撒いた種がある程度育った段階で、それを回収しようとします。投資もしますが、その結果も回収するわけです。良い質のものを受け取るのです。

牡羊座 27 度［26.00 〜 26.99］ 27・向上心

Lost opportunity regained in the imagination.
「想像の中で失われた機会が復活する」

26 度が上から落ちてきたものを受け取るのなら、27 度では自分から努力して上昇しようとします。しかも足すと 9 ですから、それは模索の旅を示すのです。26 度で落としたものがあり、後で考えてみると、その落としたということが今の自分の能力ではこなせなかったということに気がつき、落としたものの方が価値があるように見えるのです。たんに手に入れられなかったものには強く興味が働くということにすぎないかもしれません。

ただ 27 度というのは上昇やグレードアップですから、これまでこなしてきたものよりも、もっと高度な目標に向かっていくのです。あれこれ思いを巡らせて無理だと思っていたものは、実はもしかしたら、できるかもしれないと希望を抱ききゃレンジします。その点では、失った方がその後良い展開になるでしょう。

23 度以後、非物質的領域と現世的な世界の間に太いパイプができており、26 度のたくさんの贈り物は受け取られたものは現世的に形になったのでした。取りこぼしたものは創造的エネルギーが充満していますが、形骸化しなかったもので、つまり物質的な墓場に落ちなかったものです。それが意欲を刺激するのはいうまでもありません。そして成果を上げたものはたいてい、初めの意図を正確に再現できておらず、必ず粗雑なものまできたものに関心はなく、常にできていないものを形にしようと意欲を持つことになります。

牡羊座 28 度［27.00 〜 27.99］ 28・突破口

A large disappointed audience.
「落胆させられた大聴衆」

28 度は次のサインへの突破口を見つけ出す度数です。牡羊座が次の牡牛座に移行するというのは、着地する、肉体の中に入る、感覚による認識力を獲得する、固定サイン化という点で、牡羊座には難しいものばかりです。しかしこれで確実性が手に入り、自信も出てくるという意味では、牡羊座を移行している人からすると、喉から手が出るようなものを牡牛座は持っているのです。

肉体に入りきっていない牡羊座は、自己確認の手段として、多くの人のリアクションを期待していました。その結果、この多くの人々の反応に振り回され、期待を満たすために、本来自分の目的ではないものにも手を出してきたのです。極端な場合には、全く意味のないようなことでも大きな労力をかけて取り組む人さえいます。

牡牛座のように自分の感覚を自己確認に使える人は、この牡牛座の徒労感は理解できないでしょう。ここで牡牛座への道の手がかりをつかむのに、人の期待には応えない、自分が望むものが人からは期待されていないものでも、そこに向かうという方針を打ち立てることが大切です。しかしこのプロセスは本人の自覚が追いついていない場合があり、内なる意図がまだ本人の頭脳に到達していない時には、たんにドジを踏む人ということで、本人が恥ずかしく思っている場合があります。この人からの期待を心ならずも裏切ってしまうということができると、牡羊座の病が少しずつ軽くなるのです。

328

牡羊座29度［28.00〜28.99］　29・比較

A celestial choir singing.
「天球の合唱隊が歌っている」

牡羊座

29度は足すと2で、牡羊座と引っ越し先の牡牛座の比較をします。惑星は音楽を奏でているとか、チベットの僧侶は地球が回転する音が聞こえているとかいわれたりしますが、ここでシンボルが表現しているような音楽は、実際の音楽ではありません。ただしサビアンシンボルはときどきシンボルでなく生のまま出てくることもあるので、音楽に関係する人もいます。

シュタイナーは、聴覚は人を身体の外に連れ出してくれるといい、また聴覚には小天使の助けがあるといいます。身体から外に連れ出してくれるということは、身体に接触しているということです。つまり身体に接触しつつ、身体の周囲に取り巻いているものです。

牡羊座が牡牛座に接近するとは、飛行中の飛行機が着地点に近づいていることを示しており、土のサインである牡牛座に近づきつつあるプネウマは、物質そのものの中に入ってはいないのですが、その周辺を取り巻き、嗅ぎ回っているのです。ものを見ないでものが醸し出す波動や雰囲気から、真実を見分けようとするのです。「原宿はどんな感じの町ですか？」と聞かれた時、「明治神宮があって、これこれこういう建物があり」というような答え方ではなく、取り巻く気配によって説明するという人がいる度数です。

私は思春期にクラシック音楽をたくさん聴いた結果、国の雰囲気を音楽で受け取るという習慣がついてしまいました。波動で考えるのです。

牡羊座30度［29.00〜29.99］　30・吐き出す

A duck pond and its brood.
「アヒルの池とそれが育む子供たち」

牡羊座

30度ではサインの生産物をすべて使い切り、なおかつ、サインを嘔吐するに足る否定面を見ていくことになります。私はこれを「売り尽くしセール」と表現していました。牡牛座との接点は地球ならば北極点です。肉体ならば頭のてっぺんで、共に山の頂上に例えられます。そこに河童のように皿があり、皿の中に池があり、牡羊座の魂はそこに向かい、そこから下界に落ちていきます。つまり物質的な生存に至る前に、モンロー研究所がいうように、魂が集う公園があって、この公園の中に大きな池、山の上の祖先の墓があるのです。

アヒルと子供たちは魂のクラスターです。親近性の高いものと集まると、何か飽きた時にはできるなものを感じます。たぶん地上で生まれる時には、できるかぎり近くに生まれないようにします。父親の靴下は臭いといわれるように、同じ遺伝子とか以上のものは反発します。

牡羊座はこれまでさまざまなチャレンジをしてきましたが、牡牛座に入るとは、身近な、昔からよく馴染んでいるものに戻ることを意味するので、地上においての使命というのは地元に戻るような感じですが、そもそも火の元素の壮大さが土の元素のサインに吸収される時、それは落とされるようなもので、大きな期待を満たすものではありません。「今後、自分がすべきこととは、何だこんなことだったのか、それなら前から知っている」という感慨を抱きます。それでも、この人は、地上で果たすべき目的を明確に手に入れたのです。

329

牡牛座1度 [0.00〜0.99]　1・スタート

A clear mountain stream.
「清らかな山の小川」

牡牛座

牡羊座の30度で上空を飛んでいた牡羊座の魂は、牡牛座という物質的な世界の山のてっぺんに到達しました。日本の古い考え方では、先祖は山の上にいて、春に里に降りてきます。この山の上から地上に降りる傾斜角度はあまりにも急で、少しばかり恐怖感を刺激します。富士急ハイランドの「高飛車」とか、バンジージャンプのような感じかもしれません。

それに牡牛座に入るとは、肉体に幽閉されることでもあるので、閉所恐怖症の人はとても怖いものです。自分の家系的な資質や遺伝的な要素、肉体が持つ潜在的な可能性が一気に開花して、ハイスピードでその人の運命的な力が働き、それに心も身体・本能のスピードがついていかない場合もあります。そもそも思考がついていかないのです。

「清らか」と書かれているのは、混じりがないからです。純粋に資質が発揮され、その山が持つ生産物が豊かに実るのです。下界ではさまざまな勢力がせめぎあい、混信のノイズがたくさん発生しますが、山の上では純粋性が保たれ、地球の山のてっぺんといえる北極ならばウィルスさえ育ちません。多くの人が共通して抱く集団的な通念におかまいなしに資質が発揮され、それに抵抗せずについていく方が正しいでしょう。集団的な通念に配慮することで、山から落ちる速度には逡巡の結果の遅延が出てきますが、何も考えない方が清らかな結果を生みます。

牡牛座2度 [1.00〜1.99]　2・反射

An electrical storm.
「電気的な嵐」

牡牛座

山から落ちてくる小川の水は、それが急激な分だけ、地上においては反動を生みます。あらゆるものには均衡を維持する働きが備わっているから、しかしこの反動の強さから、逆に自分の推進力を確信することもあり、必ずしも反動を嫌うていない人が多いのです。土・固定サインの豊かな資質の中に、牡羊座から引き継いだ強い生命力を持ち込むことで、大地が活性化するのです。

固定サインの2度は、たいてい嵐のようなもの、雷とか割れるとか振動が激しく拡大するなどの表現になりますが、それまで静かに保管されていた眠った資材に点火したようなものとなるでしょう。数字の意味では、1と2は天と地のような対比がありますが、牡牛座のサビアンシンボルも、山のてっぺんから里（平地）に降りてくるという落差は似ています。

日本では、この山の頂上の霊的な力が降りてくるのは、毎年2月の初めの午の日（初午）で、伏見稲荷では日本的な創造神ともいえる宇迦之御魂神が降りてくることを示していました。12サインの外から、外宇宙的なものが入り込んでくるのは春分点で牡羊座の始まりです。これは生命力としてまずは身体の少し外にいて、次に牡牛座の始まりで肉体の中に入ってきます。そして2度でさまざまな資質が耕される状態になってきたと考えるとよいでしょう。土に鍬が入り、かき回されている状態になってきたと考えるとよいでしょう。反撃も手応えなので、歓迎されることが多いでしょう。

牡牛座3度 [2.00〜2.99]　3・運動性

Step up to a lawn blooming with clover.
「クローバーが咲いている芝地に足を踏み入れる」

牡牛座

1度と2度が天と地のような対比がありましたが、3度はこの1度と2度の落差のエネルギーが創造的な運動を展開します。2点間に働く法則は、だんだん複雑化して七つの区分になりますが、初期的には創造的な3の法則が働きます。大地は2度で耕され、豊かな生産物を作り出すのですが、もともとが自分の資質の上での開花ですから、とても自然な展開でもあり、これらはタロットカードの3のカードである「女帝」のイメージに似ています。

芝地ということは、硬い地面が柔らかい植物素材で覆われています。シュタイナーは植物界を鉱物界と共鳴するもの、エーテル体を植物と類似するものと説明しています。植物は硬い岩の隙間を突いて伸び、放射状に広がりますが、シュタイナーのいうエーテル体は「生命体」と翻訳されます。2度で硬い岩のような地面をかき回したので、そこから、だんだんと植物的な展開をする生命力が伸びてきたのです。自分の資質にふさわしい人生の展開や豊かさを獲得すること、自分の頭では想定していなかったような思わぬギフトなども手に入れるのです。

現代人は肉体とエーテル体が張りついていといわれていますが、これは個人の生命力が肉体に閉じ込められていることを表します。しかし鋭いエッジの鉱物的な表面を覆うくらいに、中から柔らかい輪郭の植物的な生命的資質が芽吹いてくるので、満足できる豊かさに恵まれます。

牡牛座4度 [3.00〜3.99]　4・集団的リソースへ浸す

The rainbow's pot of gold.
「虹にある金の壺」

牡牛座

3度は流動的で休まることのない創造的な運動を作り出しますが、4の数字はたいていこの3の生産性を一度停止（「死に体」）の「4」の数字）させます。というのも、3度は止まることがなく、生産するのはよいのですが、新しい生産は直前で作ったものを壊すことで成り立つ場合もあるからです。

黙々と作り出すよりは、そこに普遍的で継続的な意味がほしい4度は、この恵まれた牡牛座の資質の享受にはどういう意義があるのか問いかけます。電位差のある2点間には七つの法則が成り立つのですが、ここではそれが「虹」という象徴で書かれています。そして虹が大地と接触する場所には金の壺があり、それは大きな豊かさと幸運をもたらしますが、つまり天から与えられた使命なり、意義なりが存在するということです。

恒星ならばこのような天からの贈り物を入れた器を持ち運ぶことをアルケスの持つ性質と説明しますが、金の壺の違うところは必ず特定の場所とつながっていて、人に居つくのか居つくのか判別がつきにくいことです。虹のふもとには決して一筋縄ではいかない妖精レプラコーンがいて、なかなか壺のありかを教えてもらえないのですが、もちろんこの牡牛座4度は、もともと自分の資質の中にそれをもう手に入れているということです。継続的な意味が与えられたため、豊かさには安定性が出てきます。4の持つ安定性、恒常性が強く打ち出されます。

牡牛座5度 [4.00〜4.99]　5・冒険

A widow at an open grave.
「開いた墓の前にいる未亡人」

牡牛座

牡牛座の恵まれた資産はこの段階でいったん使い尽くしてしまいます。持ち物はどのようなものでもいつか空になります。そうすると、まず自由が手に入ります。恵まれた持ち物というのは持っている間、その人もそれに束縛され、思うことも考えることも自由にならないものです。

5度は無謀な冒険心が刺激される度数で、それはこの失ったことによる自由さから来ていることもあります。部屋のものを片づけた時の開放感を思い出してみるとよいでしょう。今まで自分の心を縛りつけていたのはものだったのです。

次に、一つの資産を使い尽くしたら、さらにその奥にある深層的な資産を発掘することを始めます。バッテリーは深いものほどより長期的で、強いパワーがあります。

階的に深く掘り下げていくコースをたどり、行き着くところまでいくのが24度です。死んだ夫が財宝とか預金通帳などをどこかに隠し持っていないか探す未亡人がいたとします。私たちはみな似たちの文明の始まりというものを知らず、進化論的なイメージでお茶を濁しています。これは意図的ない偶然的な生物進化で、糸の片方が切れていますす。進化論的なイメージで語るかぎり、私たちは永遠に未亡人の子供だということになります。

4度の虹の下の部分は手に入れていましたが、虹の天の側については知らなかったのです。そこを詮索するということもあるでしょう。もっと根本的な可能性を模索します。

牡牛座6度 [5.00〜5.99]　6・環境へ

A bridge being built across a gorge.
「渓谷にかけられる建設中の橋」

牡牛座

自分の家系や生まれつきの資質の山の資産を使い尽くしたら、次は隣の山に行くしかありません。そこで隣の山との間に橋を作ろうとします。しかし「建設中の橋」ということで、果たして橋が完成するかどうかわかりません。橋を作りたいという意志ははっきりしています。

資産やルーツというのは階層状態で、下部の七つは大きな一つにつながり、この一つのレベルでも七つあり、それはまたさらに大きな一つにつながっています。ですから、自分の山もより大きな視点からすると自分の山とみなすことができるようになります。それまでこの事実がわからなかったのは、自分の山の所有物に所有されており、視野が広がらなかったのです。

牡牛座は閉鎖的な、つまり土・固定サインなので、自分が枯渇して初めて外に目を向けます。それまでの自分と親近性が高い、ちょっと違う分野に向かいます。パンを作っていた人が、今度はピザを作り始めるというようなことでしょうか。自分のところが追いつめられたので、おそるおそる隣に手を出すのです。

私の例では、一つの雑誌が廃刊になったので同業種の違う雑誌に触手を伸ばしたのは、進行太陽がこの度数になった時です。ずいぶん歓迎されたので、仕事はもっと増えてしまいました。ですが5年も慣れ親しんだやり方が使えない面があるのは当然です。6度は環境に飛び出すのです。

牡牛座7度 [6.00～6.99]　7・落差

The woman of Samaria.
「サマリアの女」

牡牛座

自分の持てる狭い資産を使い切り、近隣の可能性に賭けて6度で隣の山に向かった人は、これまで自分が住んでいた世界よりも広い場所でとまどう体験をします。国内の資産家も世界の中では、貧しい者にすぎなかったとか、田舎でピアノの名手だったのに、都会に出てくると平凡以外の何物でもない自分に気がつくように、環境の中でのさまざまな状況と自分の落差にストレスを感じます。

落差は同時に攻略目標も作り出します。川の水は高いところから下に落ちるようにできていて、落差があれば、自然にほとんど機械的に、自分の動く方向が決まってしまいます。この落差は良いものと悪いものとか、明るいものと暗いものという対比になりやすく、自分が暗い場所にいると思わされるのです。

1度から5度までの狭い世界に保護されていた時には想像もつかないことだったのですが、より落差の大きな強いエネルギーの渦巻く中で、自分の体制を立て直すほかありません。意欲をかき立てた問題意識が出てくるという、ないよりかしこくした問題を克服するしかないのです。しかしこうとりあえず、自分の利益に関係することでしか行動することがありません、それでも怒りをばねにして行動することができるでしょう。「サマリア」というのはある時代には差別された部族でもあります。それ自身はとても価値のある部族ですが、持てる資質にかかわらず、相対的な関係で差別されたのです。

牡牛座8度 [7.00～7.99]　8・落差の克服

A sleigh without snow.
「雪と一緒にないソリ」

牡牛座

自分が赴いた環境で差別意識を感じた7度の経験の後、当然、それを克服しようという行動が発生します。7の数字はゼノンの矢のような到達点のない疾走を促しますが、8はこの葛藤を超越し、コントロール可能となります。まだ雪が降っていない時期にソリを買っておくと、雪が降る時に慌てなくてすみます。何年も何十年も前から用意周到に準備をして、自分の過去から抜け出すのです。金銭状況、社会的な立場、書き換えようのない生まれ育ちなど、時には超えられそうにないものをここまで超えてしまうという行動がなされるのです。

この度数の天体は長大になるし、海王星や冥王星などのように個人の努力では乗り越えられないレベルのものなら、何代も続けてチャレンジするでしょう。8の数字は圧縮する力でもあり、また下のドの音と上のドの音を揃えて、中にある七つの音律を大きな範囲に適用したり、小さな範囲に当てはめたりと自由に扱うことができます。7はどちらかのドのことが影になって、それをどこかの環境に託すので、環境から自由になれません。ですが、8はそれを独立させることができるので、固有の環境の中の固有の状況に縛られすぎないという自由が手に入ります。

違う場所で成功するとか、同じ構造を違う場所に遷都するというような働きでもあります。強い集中力と継続力があるので、計画は破綻することは少ないともいえます。

牡牛座9度 ［8.00～8.99］　9・哲学

A Christmas tree decorated.
「飾られたクリスマスツリー」

牡牛座

それぞれのサインの9度を、そのサインを端的に表すものとして説明しています。土・固定サインとしての牡牛座は、物質的な豊かさ、所有することを訓練します。7度で問題点を明確にし、8度でそれを克服したら、結果的に立派な家が建ち、寒い冬でも、外ではホームレスが凍えているような時でも、ぬくぬくとした中で豪華にクリスマスツリーを飾ることができるのです。

物質的な、あるいは肉体的なレベルでの充足を得るには、それを分け与えないということも重要です。イスラム社会の人口はキリスト教社会の人口よりも多いのに富める人が少なく、初めから負け組になってしまうのは、分け与える思想があるからです。ここで分け与えるというのは、牡牛座で追及するべきではありません。自分の7度からの体験によって努力し、蓄積すれば自分の運命を乗り越えられるということが大切で、それを自身で学ばない人に何か分け与えるのは、むしろ相手を害することであるのかもしれません。

例えば、震災で家と仕事を失った人が国から援助してもらった結果、毎日仕事もしないで遊興に時間を使って暮らし、自分は被災者なのでスーパーでも列に並ばされるべきだと主張して、スーパーでもそういう人がいるという話を聞きます。牡牛座はそういう人に分けることはありません。それぞれにはそれぞれの正義があり、ここでは牡牛座の哲学は正当です。

牡牛座10度 ［9.00～9.99］　10・外へ伝える

A Red Cross nurse.
「赤十字の看護婦」

牡牛座

10度では、これまで自分が体験したことで、何か外界に伝えるものがあることを表します。伝えられる人は、時には子孫の場合もあるでしょう。1度から9度まで伝えるべきことはたくさんあります。牡牛座の土のサインの持つイデオロギーとしての物質主義は、風や火の元素の持つイデオロギーを乗り越えて、万人に公平な原理を打ち出すことが可能です。つまり人間を肉体的な個体と見れば、誰も大差はないのです。古い時代の赤十字は、国と国が戦ってもその対立から免れて、自由に怪我人を看護することができたといいます。

10度の天体を持つ人は、その天体の意味において外に関心を持つことが多く、この牡牛座でも、自分の島から出て人を助けたい気持ちが働きます。しかし牡牛座ですから、自分の持てるものを失ってまでそれをすることはありません。むしろ自分の豊かさがあるからこそ、人に対して親切にできるのです。また、お金を与えるのでなく、お金の儲け方を教えるというようなものです。固定サインなので、土を手放さないけれど、自分の持つものを手放さないという性質ですから、自分の持つノウハウを教えて人を助けます。知識放出になることもあるでしょう。9の数字は子孫を持たず、10の数字の種族は子孫を繁栄させるという違いがありますが、この10度の影響は他の人に波及します。

334

牡牛座11度［10.00〜10.99］　11・実験

A woman sprinkling flowers.
「花に水をやる女」

30度あるサインの3分の1部分は、ピュタゴラスのモノコード実験での上昇5度に関係し、テンションが高く、思い切りジャンプしようとします。

牡牛座的な楽しみや満足を求めて思い切りジャンプするとは、趣味に耽ることです。庭に花があり、それを育てようとするのは私的な楽しみの充足ですが、愛着という水をやりすぎて、花が溺れそうです。反対の蠍座では水から土（男）の救出ですが、ここでは土に水をかけすぎているのです。

いずれにしても11度と21度はやりすぎになる可能性もあり、加減というものがないケースがあります。趣味のために全財産を使うとか、収集癖が限度を超えるとか、エステに法外な金額を使うこととかです。しかし土と水の元素はそもそも地味で、等身大の範囲から外に出ることの少ない性質なので、あっと驚くところまではいかないでしょう。風や火の元素からのスクエアがあると振幅の拡大で、大げさになる場合があります。土が物質的な限度で、そして愛着が水だとすると、土よりも水の方が時には優勢になってしまうということです。

牡牛座の支配星は金星で、それは美意識とか芸術とかになることも多く、物欲はとても強まりますが、今のところ自分の庭の範囲にあるもので終始しており、欲望の社会化といわれる12度に比較すると私的な楽しみに耽溺します。10度で人を助けたので、もう今後は、二度と助けないといたげです。

牡牛座12度［11.00〜11.99］　12・未知の探索

Window-shoppers.
「ウィンドウショッピングをする人々」

これはカタログ販売の度数です。例えば、11度で高額な品物を手に入れてしまうと、この同じ部類の品物をネットなどであれこれ調べることになります。そしてだんだんと欲が広がります。ルディアは欲望の社会化といいましたが、社会の作り出した商業システムに乗せられて、いろいろなものを見たくなります。

牡牛座の全域が商売に関係するわけではなく、もっぱらこの11度から15度の領域が売り買いに関係するのです。12度はサインを黄金比で分割した度数で、黄金比は唯一叩かれずにエスカレートする比率です。自然界の中にある増長比率なのです。それは元の形を変えずに、渦を巻きながら拡大していきます。最初の欲望の形は変わらないまま、値段と数が増えていきます。

私は11度で高額なスピーカーを買った結果、12度では似たようなものをつぎつぎと手に入れるはめになりました。ヤフーオークションでは、一時宣伝で、額に「肉」ではなく、「物欲」と書いたモデルが登場しましたが、この度数をオークション度数と呼んでもよいかもしれません。

固定サインは所有サインですから増えることはあっても減ることはありません。減るのは柔軟サインになって、しかもかなり終わりのあたりで、やっと要らないものがどんどんカットされていきます。牡牛座にある間は牡牛座の開発が大切なので、ここでセーブする必要はないでしょう。

牡牛座13度［12.00〜12.99］　13・カリスマ　牡牛座

A man handling baggage.
「荷物を運ぶ男」

13度は突破的な性質があります。11度や12度が一方的な消費にのみ走るのならば、これともかく溜まっている借金を返済しなくてはならないというイメージをサビアンシンボルは表現しています。仕事を何個も掛け持ちして、金銭面で破たんします。物欲とか商業的活動に意欲が現れますが、

しかし、これでは13度の意義が発揮されていません。全員ではないのですが、見ているとお金の奇蹟というものが現れる度数でもあります。働いて稼ぐという考えの上では、お金は計算可能なもので、いくら使うといくら残るとか明確で、ここには何の奇蹟もないのですが、それはその人の思考がそのような動きしかしないように思い込んでいるからにすぎません。

実際には、何か大きな目的があり、どうしてもそれを手に入れたいという意欲が先に立つと、なぜか資金は何とかなったとか不思議な動きをします。あたかもお金の背後には土の妖精ノームがいて、それが反応すると、計算通りではない動きをするかのようです。

ここでは13度の数字の意味の通り、突破力を発揮する可能性が高いと解釈した方がよいでしょうし、この力が開発されていない場合には頭打ちになり、どんなに働いても返済できなくなることもあります。つまり、いずれにしてもほどほどさがないように見えてきます。お金は計算通り動かず、どこかから湧いてくる動きをするものなのです。

牡牛座14度［13.00〜13.99］　14・浸透　牡牛座

Shellfish groping and children playing.
「模索している甲殻類と遊んでいる子供たち」

13度は超越的ですがリスクも大きく、14度ではこの突出した要素を大地に降ろして浸透させ、より日常的なものへ適用します。14は合計すると5で、もともとは偶数ゆえに自己生殖に関わる数字で、タロットカードでは上のものが下のスタイルを形成する「節制」の意味です。

砂浜と海の境界線は、危険領域と安全領域を分けるラインですが、13度でその人なりに通念を突破すると、その後、その人らしい生活の基準ラインが決まって、そこから先は危険でそこまでなら大丈夫というラインがおのずと出来上がります。もちろん運動能力も同じで、鍛えるとその基準値は拡大します。

モナコに住み、毎日使うチップが数万円という人は、それが長く続けられるのならば、それがその人の基準値で、他の人が驚くとしてもその人には当たり前です。毎日の食事が千円以内というのがその人のいつものスタイルならば、それがその人の平均的な基準値です。一度設定されてしまうとそれは急には変化せず、安定性があります。

「節制」のカードに描かれた二つのカップは太陽と月ですが、太陽の意図が月に刷り込まれると、それは自動化して、何も考えなくてもそれがキープされていきます。ですが子供は海と陸地の境界線で遊んでおり、このその人なりのラインを大幅でなく、小さな範囲で上げ下げするような遊びをしています。13度で拡張し、14度で定着です。

牡牛座15度［14.00〜14.99］　15・侵攻

A man muffled, with a rakish silk hat.
「マフラーと粋なシルクハットを身に着けた男」

タロットカードの意味で説明すれば、「節制」は意図の自己生殖がなされ、その人らしい節によって進みますが、それでも余剰のエネルギーがあると、生み出す力は外に漏れ出ていきます。これが「悪魔」のカードで強い支配力を発揮します。とはいえ、柔軟サインでは弱気にという具合に、サインのクオリティでかなり性質が違います。

固定サインでは誰にも打ち破れないくらい強い押しつけ力を持ちます。そして固定サインの15度の十字は、四元素のピーク点を作り出すので、ここではお金儲けや実業、商売などで最高調の立場を作り出します。もちろん支配力を伴ってです。それはあくまで、その人らしい基準値においてですから、他の人と比較しない方がよいでしょう。その元素に思い入れがない場合には、東京の港区にある愛宕山のようにさしたる高さを持たない頂点でもあり、むしろ他の元素においての頂点を目指したいと思う人も多いのです。

他元素の15度と互いに緊張関係にあり、例えば、水瓶座の15度は土に埋もれるのを避けようとするので、資産の所有そのものを拒否することもあります。いずれにしても、その山が高いほど、強い風当たりがありますから、マフラーでそれを防いでいて、また粋なシルクハットはエリート的です。13度では一度かぎりのチャレンジというものもありますが、14度による平均値設定の後、15度は安定した頂点となります。

牡牛座16度［15.00〜15.99］　16・解体

An old man attempting vainly to reveal the Mysteries.
「神秘を暴露するために空しい努力をする年を取った男」

15度で牡牛座の頂点に至った後、急激な虚脱状態が起こります。それにここでは反対サインとしての蠍座の侵入があります。牡牛座は自己に自足しますが、蠍座は外部に期待する資質を持っているものに飽きて、もっと何か違うものを期待しています。15度で何でも手に入ったので、もっと違うインパクトのある何かを求めていますが、それが何かまだはっきりしないわけです。

いずれにしても、商売とか儲けなどの追及は11度から15度までで終了したので、ここで新しい方向が打ち出されますが、牡牛座は常に自分が既に持っている資質の発掘を続けるサインですから、これまでとは違う局面を自身の内部から開発しなくてはなりません。神秘とは未知の鉱脈から持ち込まれるもので、それを自分が持っていることは十分わかっているけど、手がかりがありません。外部にあるどのようなものにも「ノー」という場合もあり、気難しい注文のうるさい人になります。

贅沢なものや、一般的にみんなが欲しがるものに見向きもしないのは、11度から15度というのは社会が植えつけた欲望に乗せられて走っていたに過ぎず、全くそれは自分らしくないことに気がつき、15度のシルクハットの男を滑稽だと思うようになったのです。年取った男はもう世間のなたいていのことは経験済みで、それ以上のことを望んでいます。16度は1オクターヴ上を目指すのです。

牡牛座 17 度 [16.00 〜 16.99]　17・新たな希望

A battle between the swords and the torches.
「剣とたいまつの間の戦い」

剣は風の元素の象徴ならば、たいまつは火の元素の象徴です。それぞれ土の元素である牡牛座に対しては 90 度の関係にある元素で、90 度は裏側の位相にあるものです。つまり表の平面的な領域では 16 度の年取った男は可能性を見つけ出すことができず、この時に意識の裏側としての 90 度位相にある剣とたいまつの間の摩擦の中で、牡牛座の新しい鉱脈の発掘に乗り出します。剣は分析や分割で、あるいは直線的な意志です。たいまつは信念を継続しそれを強く燃やすことです。この否定法と肯定法はとりあえず対立します。

牡牛座は資質の鉱脈を使い、より深いところに掘り進みますが、発掘コースを変えるためには、風や火の力を必要とするのかもしれません。というよりは、どんどん掘り下げるための独自の方法をここで開拓するのです。手にしていないものを獲得するために、外部に目を向けるのではなく、自分の中から掘り出す。どのようなものも全部自分の内部から取り出していきます。

牡牛座の独特のコツがあり、それはぼうっとしているだけでは出てきません。枯渇し頭打ちの状況というのはいつでも次の手が出てくる前兆の段階であり、それをおびただしく体験した方がよいのです。固い扉ならばより強く叩くことです。こうした摩擦や葛藤は良いものをもたらします。16 度以後は物欲追求でなく、哲学的な道です。ズスマンは牡牛座を思考感覚といいますが、この領域から思考力が重要になります。

牡牛座 18 度 [17.00 〜 17.99]　18・種を探す

A woman holding a bag out of a window.
「バッグを窓から外へ出している女」

17 度で開発した自分の知恵を発掘する方法は、徹底してしつこく追及することでした。自分の中から掘り出すので、吐き出し続けて空になると、さらに奥から何かが出てきます。奥から何か引っ張り出すには、まずは吐き出し尽くすことが重要です。

女性は、自分のバッグにいろいろなものを詰め込んでいましたが、中に詰まっているものを全部ぶちまけます。ぶちまけるのは表面的な思惑とか、よそから持ち込まれた想念などです。すべてを吐き出すと、本当の意味での潜在的なものが表面化してきて、独自の見解・発見を促します。出てこないとしたら、それは表にある何かが邪魔をしているのだと考えてみるとよいでしょう。

窓から外へバッグを出すイメージは、虫干しのような行為を思い浮かべますが、虫干しするにはまずは中身を全部ぶちまけなくてはなりません。言ってはいけないようなことを言う人も多いのですが、言ってはいけないと思うのは、多くの人が思う通念です。この通念に支配されているかぎりは、牡牛座の 16 度以後の発掘は上手くいきません。血の一滴も出てこないような段階に到ることで扉が開かれますが、何か壊れてしまったような印象に近いものがあります。例えば、大量に本を書いている人に「よくそこまで思いつきますね、ネタ切れしないのですか」と尋ねる人がいますが、この吐き出し尽くした後に、奥のものが出てくるという回路を開発したら可能です。

牡牛座19度 [18.00〜18.99]　19・想像的可能性

A newly formed continent.
「新しく形成される大陸」

牡牛座

自分の考えを生み出すために、18度で思っていることやと考えていることをすべて吐き出し、その後、奥から新しい見解が浮上してくるということを果てしなく体験していると、やがてその新しい発見を取り出していたもとの巨大な地盤が見えてきます。あるいは、たくさん引き出しているうちに、それらのピースが合わさって、全体的に体系化されていくかのようです。

11度から15度までは社会の作り出した欲望に踊らされていましたが、16度以後、このありきたりさから抜け出した段階で、孤独な探求が続きます。ただやがては独自性に満ちた、連続性を持つ個性を作り出すことができます。ですがそれは完成したわけではなく、タロットカードの「太陽」のカードに描かれているように、10と9の性質を持つ二人の子供の会話の中で、9という非物質的なビジョンとして受け取られます。これは感動的なことで、だんだんと明らかになってくる内的世界の大陸は牡牛座らしく、ルーツや住んでいる土地、民族性などに深く関係したところで成り立ちます。

居住地から取れるものを食べるのが一番良いといわれますが、思考⇩感情⇩肉体という連鎖で成り立つ人間はこの三つの意志を寄せ集め、つぎはぎで働く場合、真の意味で能力を発揮できません。何か意志しても体が違う行為をすることもあります。この牡牛座の19度は、それらが統合化される準備を進めています。

牡牛座20度 [19.00〜19.99]　20・恒常的に

Wind clouds and haste.
「雲を作り運び去る風」

牡牛座

19度でだんだんと明らかになってきた、自分の根と深く結びついたところで生まれた統合的な個性は、19という性質上、リラックスした時にしか現れないビジョンでした。不可視の分与のどのような子供にしか出現しないのです。どのような時でも、夢の中にしか出現しないのです。どのようなコンディションでも、調不調があっても何か別なものに邪魔されてはならず、要求された時にはいつでも取り出せないといけないのです。

潜在的なものを表に引っ張り出すための工夫はたくさんあります。雲を見る、紅茶の葉、壁の染み、黒い鏡、水晶球、タロットカードなどです。潜在下にあるものを思考・イメージとして引き出すためにあらゆるものが利用できるでしょうが、シンボルにあるように、必ずしも雲を使う必要はありません。その人にとって活用しやすいものがあるはずです。

脳の新皮質は、古皮質にある情報をはねのけますが、新皮質が邪魔できるまでのタイムラグ0・3秒以内に、情報を引き出すために、早口で異言するのはキリスト教の一流派の手法です。考え事をやめると思考がやってくるといいますが、かなり長いランニングで考え事が止まりますのケースで、真の意味で独自の個性は普遍性を持つものですが、引き出す手段にも独自のものがあるはずです。運び去る風は、独自のものをかき消す風圧でもあるので、上手に手なづけなくてはなりません。

牡牛座21度 ［20.00〜20.99］　21・飛躍

A finger pointing in an open book.
「開いた本を指す指」

牡牛座

21度はサインの最強の場所で、開かれた本とは、牡牛座が身体に埋め込まれた資質を発掘するサインであるゆえ、遺伝的に埋め込まれたある種の書物だということになります。ユダヤ民族であればモーゼ五書、日本なら記紀にも関係します。19度で示された身体の奥から浮上する大陸を、いつでも読めるように20度で訓練しましたから、人生の指針をこの古い書物の中に求めます。

日本の中にいるどのタイプの人も記紀の中にルーツが描かれており、このルーツと結びつくことで方針が明確になります。宇宙の記憶を全部書き記しているといわれているアカシックレコードは、しばしば書物やディスクというイメージで語られますが、このシンボルで描かれた開かれた本というのも同様の意味になります。

実際には、記紀よりも正しい書物があるでしょう。歴史に残る資料は政治的に書き換えられている可能性が高いので、牡牛座は身体の奥にあるデータを直接読むべきですし、実際16度以後にできたことは、邪魔されずに正しくアクセスすることでした。

私の個人的な見解では、それは頭の中心の松果腺の周囲にあり、神代文字と関連し、シュタイナーなら霊界文字というはずです。一つの民族は一人の大天使に象徴され、言語体系でもあり、開かれた本といってもアルファベット表にすぎないかもしれません。私の進行の太陽がこの度数にある時に、実際に頻繁に文字を見ていました。

牡牛座22度 ［21.00〜21.99］　22・クールダウン

White dove over troubled waters.
「荒れた水の上を飛ぶ白い鳩」

牡牛座

21度で飛躍して、22度でそれを着地させます。荒れた水は状況が揺れて不安定になっていることを意味しており、この中で正しく進路を見つけ出すのです。ノアの箱船から飛び立った白い鳩は陸地を見つけ出しました。21度で開かれた本から自分のルーツを正しく読むことができたら、さまざまな影響力が衝突して混乱している中で、自分の陸地を見出すことができるのです。

22度とは21度の実践編です。19度では大陸が予感されていましたが、それはまだビジョンにすぎませんでした。22度では行動的にそこに向かうのですが、それはまるで世界の終わりのような状況の中で可能なことで、真の方向が浮上しつつあるから、地盤が流動してきたのではないかとも思えてきます。つまり、主体と客体は合わせ鏡関係で片方のみが機能することはありません。道が見つかる時、同時にそれまで眠りの中で安定していたように見える緩衝器が解除され、不穏なぬかるみの中を進むように見えるのです。自分にできることは他の人にアドバイスできます。

この度数の人は、人の進むべき道を示すこともできるでしょうし、牡牛座の持つ土・固定サインの確実性を発揮するのですが、それをすること自体、状況は不安定だということを暗示します。16度でありきたりの価値観に「ノー」と言った老人の姿勢はずっと続いており、不安にとりつかれた人の迷妄を一つずつ取り除き、陸地の方向を正しく発掘できるのです。

牡牛座23度 [22.00～22.99]　23・いいとこ取り

A jewelry shop.
「宝石店」

21度のジャンプ、22度の着地を、23度で遊ぶことになるので、上がったり下がったりを繰り返します。21度は開かれた本の中の一文を見つけ出すのです。22度では、それを具体的な事柄に適用するのです。宝石店にはたくさんの宝石がありますが、この石は結晶でもあります。プラトンは五つの立体の一文を提示しましたが、これらが21度の具体的な結晶化の例が宝石です。

21度は神代文字のアルファベット表のようなものだといいましたが、これらの文字が一つひとつ結晶化すれば、種類の違う複数の宝石が出来上がることになります。多くの人が宝石にとりつかれるのは高級品だからというわけではなく、高度な結晶化をした牡牛座の真髄のようなもの、深層の元型的な言葉の硬い果実だからです。街の中で宝石店はとても高級な場所にあります。その土地においての頂点と考えてもよいでしょう。

23度の遊び性は、21度と22度が一つの道のみを求めていたことに比較して、複数の宝石を扱うという多様性に現れているのです。宝石店にたくさん違うところに上がり、違うところに降りるのです。宝石をプラトン立体の地球版として惑星グリッド（ボルテックス）を訪ね歩く旅にも当てはめるならば、世界のさまざまな宝石店になるでしょう。違う文字に上がり、違う場所に降りる多様性で、じっとしていないのです。

牡牛座24度 [23.00～23.99]　24・果てしなさ

An mounted Indian with scalp locks.
「馬にまたがり骸骨の締め具をつけたインディアン」

牡牛座において歯止めの利かないエスカレートとは、身体の持つ潜在的な資質の発掘がどんどん奥に進んで止まらないことです。脳の新皮質⇨旧皮質⇨古皮質と進んでいくと人間レベルを超えた深層に入りますが、それは歴史と結びついており、人間を超えた段階で、歴史的には明文化されていない、憶測でしか語られていない領域にも入り込みます。

爬虫類脳は生存の本能などにも関係し、知的なアプローチでは決して改変できない部分です。この度数の人は、多くの人が直接的には接触していない、この脳幹の部分に頻繁に接触しているように見えます。つまり、もうこの先に進んではいけないところに至っています。

21度の根源的な文字は、松果腺の周辺領域にあるのではないかと説明しましたが、この文字以前のところに至ると、何があるのかわかりません。いずれにしても、生存本能が強く敵を撃破することもあり、生きる力を持つには生存本能と密接に関係する恐怖感を刺激した方がよいという脳学者がいますが、この度数の人も危険すれのところに行きたがあります。

あるいは危険な時にこのような人々にお呼びがかかります。ガードマンとかSPをする人に出て来やすい度数でもあり、抜け目はありません。爬虫類脳は縄張り意識も強いといわれています。牡牛座の発掘はもう極まで行ってしまったのです。

牡牛座 25 度 ［24.00 〜 24.99］　25・完成と自律

A large well-kept public park.
「大きく手入れの行き届いた公共の公園」

この 25 度で牡牛座のプロセスが完成します。牡牛座の土・固定サインの性質は、小さな面では人間の肉体、大きな面では地域、あるいはもっと大きく地球など、触れて見ることのできるコスモスの可能性を開拓することに関係します。25 度では自律的な新陳代謝の働きが備わり、高収入の人は税金を納めて、この税金で、公共の公園ができて、それを楽しむことができるという循環システムが生まれます。

同じ土のサインの山羊座では、海外からの刺激を取り込んで共同体がいつまでも活発に維持できるのですが、牡牛座は外に目を向けていないので、地域に対する住人の貢献という形で新陳代謝します。

固定サインは維持・所有という特徴が大きく、外部から手を借りたりしない。地域でなく個人の個体というところに範囲を縮めると、牡牛座の探求は、表層から 24 度で行き着く根底の部分まで全部を点検して、この新しいところから古いところまで、正常な循環の回路を作ります。

21 度から 24 度まで極めてきたような深層の領域が、表層的な文化活動などにも生かされ、つまりちゃんとルーツの上にまっすぐ立った形で発展して身体と心、精神がずれていないということが肝心で、24 度のシンボルを借りれば、インディアンという人、馬という哺乳動物、骸骨という脳幹的な要素が同期を取らなければ、循環システムは作られないのです。

牡牛座 26 度 ［25.00 〜 25.99］　26・堪能

A Spaniard serenading his senorita.
「恋人にセレナーデを歌うスペイン人」

25 度で牡牛座の完成体ができました。つまり脳でいえば、現代人にありがちな互いに分裂したばらばらな働きではなく、新しい脳から古い脳まで同期を取って、上から下まで互いに生かし合う回路ができたということです。26 度ではそれを使って味わうものや享受するものがあります。古い脳は原始的で、爬虫類的な要素といわれていますが、それはまた身体の外につながっています。私たちが見ている脳の外の外界は、私たちの思考の反映にすぎず、つまりは内的世界の投影です。真の意味での外界はむしろ中心から接続されており、出口は中心しかないということです。

25 度で統合的な働きを手に入れると、それが受け皿となってこの外界の上空から窓が開き、小天使的な力が関与してきます。それは内部がばらばらな間は、人はそこに釘づけになるので気がつかないものでした。さらにいえば、牡牛座は土・固定サインで閉鎖的なので、次の双子座との接点を作るには会話ではなく、自分の技芸を通じて階段を見つけ出すしかないのです。

シュタイナーは、聴覚は小天使が媒介になって、人を外に連れ出す感覚であると説明していますが、恋人（小天使）がセレナーデを歌うことで恋人が窓を開いたのかともセレナーデを歌わせたのか、それともセレナーデを歌うことで恋人が窓を開いたのかわかりません。さらに恋人を求めてセレナーデを歌ったのか、セレナーデを楽しむと窓が開いたのか。動作と意図（恋人）は反対の動きをします。向かうとより近づいてきます。

牡牛座 27 度［26.00 〜 26.99］　27・向上心

An squaw selling beads.
「ビーズを売るインディアンの女」

牡牛座

誰かの力を借りてまずは味わうのが 26 度です。すると、今度はそれを求めて自力で努力するのが 27 度になるという対比があります。インディアンの女性は、自分の独自の文化の中で作られてきた工芸品を、道を歩く双子座の人々との接点を作るために活用します。言葉が上手でないのなら、自分の絵をサイトで見せればよいのです。アドレスを記載した名刺を渡すと自分が誰か理解してもらえます。つまり、牡牛座は自分の生産品を捧げることで、双子座への渡りをつけようとします。

私は、反対にある蠍座の 27 度も合わせて、押し売り度数と説明していましたが、26 度でお試しして自信ができたら路上の人を呼び止めて、やや押しつけがましく自分のものを差し出すのです。26 度ではセレナーデを楽しんでいたら、窓が開いて恋人が自分に目を向けて来た。ならば恋人を呼び出すためにセレナーデを歌えばよいわけです。26 度ではたまたま上昇の恩恵がもたらされたのですが、27 度は意図的に上昇の手段に使うことになります。

27 度は足すと 9 でそれは探索と上昇の方向です。つまり今度は自分がよじ登って窓を開けるのです。ルディアは老いた人は文化に吸収されるといいましたが、27 度はむしろ文化の産物を燃料にして遠くに飛び出すので、吸収されることとは反対の方向です。双子座に行きたい意欲は満々です。この くらい牡牛座離れをすれば、執着心も多少薄れて、芸術家も自分の作品を売ることができるのです。

牡牛座 28 度［27.00 〜 27.99］　28・突破口

A woman pursued by mature romance.
「成熟したロマンスで求められた女」

牡牛座

27 度のインディアンの女性の目論見通り、牡牛座の生産物をプレゼンすることで道を歩く双子座の人の目を引くことができました。そしてより積極的に踏み込むことでインディアン女性は、自分の部族から出て行くチャンスを手に入れます。親しくなった通行人の男性が連れ出してくれそうというよりは、28 度になると、はっきり次はどこに行くのかもう決定済みです。

作曲家のフランツ・レハールがこの度数を持っていますが、レハールの作品はこのロマンスの新しい世界に開かれる甘い期待感とわくわく感が、喜歌劇の「メリー・ウィドウ」などでも非常に上手く表現されています。現実の双子座の消耗感にまだ染まっていない、牡牛座の中に住んでいる中で夢見る双子座の印象です。

26 度では手が届かなかった高所にあったチャンスは、既に人生を変えるくらい大きく迫ってきて、リアリティの軸足が転換する直前にあるのですが、土・固定サインの牡牛座と風・柔軟サインの双子座は、乗り越えられないくらい大きな違いがあります。この大きな断層を踏み越えるには、ロマンスという牡牛座が気に入りそうな装置がショック緩和剤として必要なのかもしれません。もし乗ってくれたら、これこれという独占的な喜びがありますなどと期待感を刺激するのですが、双子座に入るとそこは競争世界でもあり、自分だけがぬくぬくと優遇されるわけではないのだと自覚します。転換するための思い切りと勇気が要求されています。

牡牛座29度 [28.00〜28.99]　29・比較　牡牛座

Two cobblers working at a table.
「テーブルの前の二人の靴職人」

29度は二つのサインの比較です。靴が壊れた時、牡牛座的な職人は古いものに愛着があるので修理しようといいますし、双子座的な職人は古いものは捨てて新しいものを買うといいます。この数では揺れ動きがありますが、この揺れ動きの中で、新しい判断法が生まれてきます。二人の靴職人がずっと議論していれば、やがては、牡牛座の職人も自分の姿勢にこだわりすぎないようになるでしょう。

29は足すと11になり、さらに2になります。これらは比較と相対化によって一つの価値から離反するだけの執着心から離れる必要などを表しています。現状を批判し、未来ビジョンを持つようになります。土・固定サインは山のようなもので、それはじっとしています。

次の双子座は風・柔軟のサインで、固定的な塊をさまざまな方向に風化させます。そのためには、土のサインが持つ執着心から離れる必要があり、しかも視点の相対化が29度で進行するのです。この切り崩しは完成度の高い製品を、小分けしていくようなところもあるので、これまでの牡牛座的な価値はだんだんと失われていく傾向もあります。一つのものの別な利用法なども考案します。牛を解体するとすべての部位が活用できるようなものです。これが土を風に転換するための一つの手続きでもあります。

牡牛座30度 [29.00〜29.99]　30・吐き出す　牡牛座

A peacock parading on an ancient lawn.
「古代の芝地をパレードする孔雀」

牡牛座は過去から来る資産を消費しますが、ここでは牡牛座の持つ資質をすべて使い尽くすことが重要です。空にしないかぎりは、既に29度で小分けに行くことはできないからです。既に29度で小分けが始まりましたが、ここでは売り尽くしが起こります。そうなれば固有の価値は減じてしまうこともあるでしょう。

蠍座30度が、形ばかり怖いのに中身の怖さが消えてしまっているように、牡牛座ではたくさんの価値あるものが一気に陳列され、それに対する執着心が希薄になっています。ただすべて吐き出しているという点では豪華で、総花的なもので、蠍座30度がたくさんの怪物・妖怪的なものを全部見せているのと似て、色とりどりです。感覚的な要素を全部使って表現することもあります。

主に芸術分野で発揮するケースが多いといえますが、一つだけでなく複数の分野が同時に活用されることが多いといえます。10が三つで30ですから、完成された束ねられた意味の10が組み合わされて、新しい創造性である3の力が打ち建てられるということです。例えば、既に完成された既製品を組み合わせて新しい構築物を作るようなものです。

仏教で孔雀は執着心を開放する浄化力であり、牡牛座を解毒するという意味も出てきます。持ち物が全部なくなれば、身軽になって旅に出ることができます。双子座の移動性やあちこちに散らばる関心は、ここでも用意されています。

344

双子座1度 [0.00～0.99]　1・スタート

A glass-bottomed boat in still water.
「静かな水に浮くガラス底ボート」

双子座宣言の1度は、水の中にいるたくさんの魚などを、ガラス越しに見ている光景です。風のサインなので水の中に入ることを好まず、つまり共感的に内側から見るわけではありません。内側から見るとひとつひとつの少数の数のものに捕まり、たくさん見ることはできなくなります。

柔軟サインの1度は、まず魚座がたくさんのものを集め、双子座はその一つ一つを好奇心を持って観察し、射手座は一つひとつが戦い、乙女座はたくさんの中の一つだけに注目します。場を作り出しているのは魚座ですが、それは魚座が集めた数のサインだからということもあり、魚座の集めた数の分だけ、双子座の興味は移動します。つまり魚座が10個集めたら、双子座の関心は10種類を移動するのです。関心が転々と移動するのも、身体は一つしかないし、たくさんのものをできるかぎり広範な範囲で知りたいからです。

しかし総量は決まっているので、巡回し終わるとまた初めに戻ります。一つひとつには深入りしないが、水瓶座のようにすべてに対して均等な距離感を持とうとするわけでもありません。バラエティに関心があるので、中にはあまり質が良いとはかぎらないものも入っていますが、別化への意欲によって、無意味なものにさえ興味を抱きます。別化というのは、それぞれを不毛で無機的なものにしていく道でもあるのです。知性の多様な発展性は25度の段階で終了し編集されます。

双子座2度 [1.00～1.99]　2・反射

Santa Claus filling stockings furtively.
「密かに靴下を満たすサンタクロース」

1度が意識的な行為、すなわち昼の領域においての多様なものへの関心ならば、2度はその反対側の、夜の、無意識の領域へ関心を向けて、そこからもたらされる豊かさを期待します。地上的に生まれてきた人間は二極化された存在となり、それは自分と環境とか、昼と夜のような分裂を起こします。そして自分が一方を受け持った時には、もう一つの側は全く見えないものとなります。

昼と夜の組み合わせはお互いが通信するようなもので、昼に発信しておくと、夜に返信が戻ってくるというイメージかもしれません。ただし、この二極化の二つがばらばらになってしまえば、この返信は期待できません。あるいは返信は期待できないか、見当はずれの反応が生じてくるのです。いずれにしても双子座の2度の段階では、双子座の人が、この裏表の関係の両方に興味を抱いているということを示しており、二極化が自分と自然界という関係ならば、何か働きかけると、自然界から何か反応が起こることを頻繁に体験する人だということになります。

誰でも反応は体験しますが、ここではそのことに注意力が向いているということです。シンボルは何となくほのぼのしたムードを作り出していますが、実際、素朴で子供らしい関心という性質も強く持っています。無意識に対する関心も強くなってくるという点で、例えば夢について研究したりすることも好ましい結果をもたらすでしょう。

双子座3度 ［2.00〜2.99］　3・運動性

The garden of the Tuileries.
「テューレリー庭園」

1度で何かに関心を向け、2度でその反応が自然界、あるいは意識の裏側で生じます。この落差を見る第三の視点が生まれることで、3度で知識化の芽生えが始まります。決まった形がなく変動し、流動しているように見える現象界には繰り返される法則があるのではないかと考え、ここから定性的な知識というものが生じます。すると、今度はこの知識によって、常に自然界に同じ効果を生み出すことができると考えます。それはいつのまにか、知識の方が優位性を持ち、それに従わない自然界の方が間違っているのだという立場の逆転を起こしがちです。物理学ではこういう理論があり、それに対して現象はこの理論通りに働いていない。この現象はとても疑わしいと思うようになるのです。

柔軟サインの3度は双子座にかぎらず、儚いものを永遠化しようという衝動が働き、いつでも通用する知識や理論、言葉を網み出すことに興味を持ちます。テューレリー庭園は整った形と化を持ち、それは自然界を牛耳っているのだという宣言を象徴しています。プラトンやピュタゴラスは、世界には理想的なフォルムというものがあり、自然界はそれに比較して、ごちゃごちゃと乱れていると考えました。むしろこれは複合的な次元の干渉によって乱れが生じているだけなので、不完全というよりは複雑さの現れです。双子座の3度は発展段階の初期なので、単純なシンメトリックな形を重視します。

双子座4度 ［3.00〜3.99］　4・集団的リソースへ浸す

Holly and mistletoe.
「ヒイラギとヤドリギ」

3度で法則的な知識を手に入れた人は、それをもっと広範な範囲に適用しようとします。4度の数字は、図形としては正方形とか十字とみなした時、これは縦横に果てしなく広がる網目を作り出します。つまり、どこでも通用するような敷衍をしようとするのです。タロットカードの4番「皇帝」も領土の拡大性質です。3度ではばらばらに発展する行為を一度止めて、4度ではその都度の法則発見とみなした時、むしろ普及、普遍化、どこでも通用するものということを強調するのです。

このサビアンシンボルは、とりわけ集団的に働きかける、万人に通用するキーワードのようなものを物語っています。日本人ならば、角松を持ち出されると、お正月の空気を思い出します。こうした万人に働きかける集合的な言葉を手に入れると、物語を書く時に読者の感情を特定の方向に喚起する記号として活用できます。そしてここではこの情感に働きかけるということに主眼が置かれ、3度のような知識欲や自然界に対する支配力という野心が少しばかり後退しています。

4の数字は3の数字の作用を止めてこそ成り立つので、どのサインの4度もこの静止や静けさ、沈潜という雰囲気が強調されています。双子座全体は別個化性に対する関心ですが、この範囲の中では類化的要素を持つのです。

346

双子座5度［4.00〜4.99］　5・冒険

A radical magazine.
「過激な雑誌」

双子座

4度の普及化は平凡さを生み出します。どこのコンビニにも置いてある商品のようです。すると、すぐさま5度ではありきたりではない、刺激を求める冒険心が発生します。シュタイナーは、双子座は言語感覚であるといいますが、こういう感情がこれこれこういう言葉を使うと、こういう感情が刺激されるという法則をつかんだら、今度はつぎつぎと言葉を変えていくことで、煽られる感情が変わるということを遊ぶのです。4度では万人に働きかける集団的な言葉ということに関心がありました。この集団的な言葉を組み替えていくことで、情報遊びをします。どきっとするような刺激の強い表現を好み、不安を煽るようなものも作り出します。しかしこの対向にある射手座の5度のように陰謀論にまでいかないことも多いのは、まだこの双子座の段階では、裏読みをするというところまでは射程に入っていないので、情報の奥行感を作り出すことが少ないのです。

決して嘘をつきませんが表現の歪曲をして遊ぶという点では、ライターや報道関係の職業の人にかなり出てきやすい度数です。人に刺激を与える前に、まずは自分に刺激を与えて、情報を扱うことに飽きないようにできるからでしょうか。双子座が強い立花隆は、人は奇異なものにこそ関心を向けるといいましたが、5度は4度のありきたりさを超越しようとします。

双子座6度［5.00〜5.99］　6・環境へ

Drilling for oil.
「油田の掘削」

双子座

3番目のサインの双子座は2番目のサインである牡牛座という肉体を手に入れて、個人が個別化された後に、1番目の牡羊座の縮小的な再現がなされます。牡羊座においては他者を意識することはあまりありませんでした。牡羊座では、自分と同じような人がたくさんいることを認識し、その中で積極性を発揮するということは、ライバルがいて、競争することになるのです。

油田を求めて多数の人が競争し、この中で他の人を出し抜いた人が成功者になります。他人を凌駕した存在になったという意味なのです。双子座で知性の多様化が進んでいての成功者とは、他人を凌駕した存在になったという意味なのです。双子座で知性の多様化が進み、5度では言葉を入れ替えることで特定のものを強調したり、特定の言葉のトーンを落としたりする濃淡を作り出しました。そうなれば自分も言葉の一つとして、強調された人や退けられた人など、人と人の関係で勝ち負けに巻き込まれます。ここで神経が消耗する、ストレスの多い世界に突入します。

対向にある射手座では、チームで戦うスポーツが始まり、やはり誰が勝ったか、誰が負けたかということが話題になります。射手座では集団性ということが重視されますが、双子座では個人としての勝敗が問題になります。油田は自分で作り出したものではなく、既にどこかにあるもので、見つけ出せれば自分のものになります。油田は牡牛座的な資産で、牡牛座においては発掘ですが、双子座においてはその風化という行為になります。

347

双子座7度 ［6.00 〜 6.99］　7・落差

An old-fashioned well.
「古くさい縦穴」

双子座

6度で環境の中に飛び込み、しかもそれが資本主義的な競争世界だとすると、当然、勝ち組と負け組の落差が発生します。Wellとは井戸のような穴、エレベーターのような縦穴などをつまり上から下までの落差を表します。勝った人は資本家になり、負けた人は労働者になり、資本家は労働者を雇います。社会的なヒエラルキアが生まれ、富裕層と貧困層などがくっきりと現れてきます。もちろん、成功者は仕事を与えることで貧しい人を助けていると言い張ることになります。

こうした落差が6度の競争で生まれるのなら、これは自由主義競争社会です。牡牛座においては過去のものが取り沙汰されるので、富める者となっても、生まれ育ちとか家系が悪いなら成功者としては認められません。この牡牛座の土の価値観を切り崩し、風化させたのが双子座です。アメリカでは、労働者階級の生まれであるトスカニーニも尊敬される指揮者になりました。

7度の7という数字は、対立する2点の間に作られる七つの音律のようなものですが、2点は一つは否定的で一つは肯定的、つまり自由に行き来するものではなく、一方から一方に移動しようという明確な方向性を持つことになります。人はこの価値観に縛られます。誰でも正義を行いたいと思います。しかしこの正義は作られたものです。7の数字はこのように決まった価値観に縛られ走り続けます。この中で努力し戦い続けるのです。

双子座8度 ［7.00 〜 7.99］　8・落差の克服

An industrial strike.
「産業労働者のストライキ」

双子座

7度の落差は、いつまで走り続けても決して到達点に至らないというストレスの多い世界を作り出します。状況が変わらないのは、特定の考え方に捕まっているからだと認識した人はここから抜け出そうとします。牡牛座ではじっくりと将来を考えて準備しましたが、双子座では手っ取り早く立場を逆転させるため、ストライキやテロ、略奪、下剋上の行為などをすることもあるでしょう。

5度ではできるかぎりインパクトの強い物語を書きたかったのですが、そうなると、ここでは逆転につぐ逆転のジェットコースター的な物語を作ることができます。昨日の勝利者は今日の敗退者です。六本木ヒルズに住むIT長者が半年後にホームレスになるとか、固定的で恒久的な立場などないのだと自覚させられます。

双子座は柔軟サインで風の元素ですから、情報の獲得が遅いというよりは、転落することもあります。成功者になりたいというよりは、乗り越えられないもの を何かと否定したいのです。固定的な古くさい縦穴は何もないのだと納得したいのです。基本的に、裏切り行為なども双子座では正当ではないのですが、手段が短絡的すぎる場合もあります。水や土の元素ではそれは許しませんし、騎士道精神のある火のサインでも、なかなか受け入れがたいかもしれません。しかし、牡牛座で人に分け与えないことが正義であったように、双子座のテーマは個人の能力の拡大と競争原理ですから、人と人の関係に末永い信頼の絆を作ることが重要ではないのです。

双子座9度 [8.00〜8.99]　9・哲学

A quiver filled with arrows.
「矢で満たされた矢筒」

双子座

たくさんの人が競争して一人の勝者がライバルを出し抜くという双子座の性質は、脳の中では無数の可能性を探索しつつ、最も近道のルートをいち早く演算するという機能を作り出します。矢筒の中にはぎっちりと矢が詰まっています。矢は意識のシンボルです。意識はターゲットに向かって射出することで働くというのはフッサールとかサルトルの考えです。ターゲットに向かわないのならば意識は存在しません。

双子座では矢は一つだけでなく無数の数で飛び出し、そして最短時間で目標に至るものが正しい結論となります。こうした知性を使う人は極めて鋭い能力を持ち、それに壁を突き抜くのが矢であるということからして、定説や限界、制限があろうものなら、それを打ち破ることに野心を燃やします。つまり、知的な面で8度の下剋上が起こるのです。既知の考えがあれば、それが正しくても間違っていようとも、ともかく覆すことが目標になるので、どのような考え方もこの人々の手にかかると最後には否定されて新説に取って代わります。

本性が攻撃的なので、油断のならない人だと思えるのですが、これが双子座の哲学でもあるのです。ゲームに関しては攻略という言葉をよく使いますが、この9度の人はいつも攻略を考えるでしょう。ですが誰でも12分の1は双子座であり、この性質を12分の1は持たなくてはなりません。

双子座10度 [9.00〜9.99]　10・外へ伝える

An airplane falling.
「落下する飛行機」

双子座

9度で矢が飛んでいった後、10度では降りてきます。それは大地に近づくという点では、より場所性を考慮に入れた、つまり具体的な応用ということになります。9度では理論にすぎなかったものも、10度では実際性が重要になってきます。射手座の10度では派手な演劇的な演出が加わりましたが、ここでは派手な技を見せつけることが重要なので、人が驚くような技巧を見せつけます。

10度は常に外部の誰かにアプローチすることが多いので、ここでは人に見せて、人が驚くということが果たされなくてはなりません。無関心な人にさえアピールする必要があるのです。双子座のプレゼンです。双子座は競争原理が成り立つというここでは、頭一つ抜きんでた力技を発揮するということも多いでしょう。対比的なのは、魚座の10度の場合、雲の上に飛んでいく飛行機は降りてきません。それは実体を隠したまま煙に巻くので、嘘をついてでもよいから、実体を見られないということが重要項目です。

しかし、双子座では降りてくること、しかも急激に降りてくることが肝心です。例えば、ステルス機のようなものを想像してもよいかもしれません。アメリカ製のステルス機は急上昇とか急降下ができないというのですが、三菱のものはそれがらくに可能というもので、こういう技術的な先進性も、ここでは重視されることになります。5度ずつのグループで考えると、この場所は6度の競争心の最終結論です。

双子座11度［10.00～10.99］　11・実験

A new path of realism in experience.
「体験における現実主義の新たな道」

サインの三分割である11度は、双子座の高飛車な性質を発揮します。風・柔軟サインとしては、自分が知らないというだけで、そこに興味を向けます。分野も場所も何でもよいのです。ただ、射手座と違い、精神性というものはあまり問題にしません。双子座は牡牛座の次のサインなので、牡牛座を行使する、すなわち物質的で具体的なものを活用する応用性です。火のサインではないので上昇することはなく、横に広がる、すなわち大地を這うのです。そして同じところにいたくありません。

10度で特定の分野において技を見せつけると、その分野に関心を失い、全く新しい可能性を探します。双子座の知性の拡大は、魚座の腹の中を動き、その範囲から出ることはありません。魚座がこの多数のものが集めてきたものが多数ならば、双子座はこの多数のものを渡り歩かなくてはならないのです。また牡牛座の11度以後、既存の社会が作り出した欲望を満たすための行動をしたように、ここでも社会が作り出した新しさ、いわば新興住宅地に移動するようなものなので、独自なマニアックな探求があるわけではありません。

独特のものを追いかけるには、一度挫折しなくてはならず、16度の洗礼を受けなくてはならないということなのかもしれません。他者への対抗心が残る間、この独自のものを開拓することはないでしょう。対抗するというのは土俵の共有だからです。

双子座12度［11.00～11.99］　12・未知の探索

A Topsy saucily asserting herself.
「生意気に自己主張する少女トプシー（『アンクル・トムの小屋』に出てくる黒人少女）」

サインの黄金比分割を表す場所では、黄金比の意味する、唯一叩かれずに増長するという姿勢が発揮され、ここでは新しい環境で古い住人たちに反抗的な態度を取る人物を表しています。しかし黄金比なので元の形を変えずに渦巻状に拡大していきます。生なまま、発言がどんどん大きくなってきます。

双子座の若々しさや子供っぽさが最大限発揮されますが、これは前の牡牛座、後ろの蟹座が持つ伝統性、古さに対して全く理解を示さないという意味合いです。ちゃんと理解しないで、生意気なことを発言するということで、ジョーンズは若気の至りの度数といいますが、このちゃんと理解しないのを、軽薄なことをいうのを双子座は愛しています。

11度の新しさを求めるとどこまでも新しさに走りますが、しかもこの興味の移動ということをキープするには、特定のものに対して同意したり、深く領いたりしてはならないのです。そこで足止めされてはならないからです。そして風は土の分散であり、結合ではなく分散ですから、関係ありそうなものでもあえて「関係ない」という方向に走らなくてはなりません。これは分離性質の本性であり、心を開かないことを重視するのです。

次の蟹座の段階でこれは打倒されてしまいますが、分裂させて融合するという手続きの中では、まずは双子座で思い切り分離します。

双子座13度［12.00〜12.99］ 13・カリスマ

A great musician at his piano.
「ピアノを目の前にした偉大な音楽家」

双子座において13度のカリスマ的な人は12度の反抗心を貫き、迎合せずに浮いている存在として主張し続けることで形成されます。以前の私の本では、出すぎた杭は打たれないという書き方をしました。双子座の風の元素は、横に拡大し、上昇することはないし、また社会が植えつけてきた通念に何の疑いもなく従っているという点では、多少軽薄さを感じさせるカリスマです。しかしこの軽薄さも現代的で、今の流行の上に乗った、何となく怪しげな要素も、双子座の持ち味で、軽くなくてはいけないのです。

したがって、ピアノを前にした偉大な音楽家というのは、イギリス的な皮肉表現にしか見えないのですが、この度数の人ならば、現代の競争社会の中において最前線を走ることができるでしょう。社会主義や共産主義の世界では、双子座は圧殺されてしまいそうですが、個人の可能性を自由に発揮できる場所ならば、常に話題をさらうような活動ができるでしょう。

ビジネスの世界には競争原理が働くという点で、ビジネス分野はとても双子座的です。情報力がないとこの力を発揮することはできません。処理能力はどんどん加速しますが、この加速性質は一つひとつには深く入らないということと引き替えです。どのサインでも13度は不思議な超越的力を発揮します。サビアンシンボルはときどき言葉通りな面もありますので、音楽に関係する人もいます。

双子座14度［13.00〜13.99］ 14・浸透

A conversation by telepathy.
「テレパシーでの会話」

13度のカリスマ的な性質は孤立します。それに尖りすぎていてリラックスもできません。この突出した性質を少し薄くして、もっと安定したかたちに定着させるのが14度です。テレパシーは異なる言葉を使う人でも、意志が共鳴して、理解し合うことができることを意味します。13度のカリスマは他の人と意志疎通をして、その意図を理解してもらうことができます。このためには言葉そのものにこだわるのではなく、もっと根底的な面でノンバーバルな交流が進行します。

双子座は多数のもの、人に分裂する性質です。ですから、上のものが下に降りるという14度は、突出した個人の意志が多くの人に受け取られ、浸透することを意味しています。タロットカードの「節制」のカードは太陽から月への力の降下ですが、1年は12か月に、1か月は30日前後に分岐するように、大きな一つのものは小さなたくさんのものに手分けされます。そのようにして初めて意図は伝わります。

カリスマ的な意図や思想は、多くの信奉者を作るのですが、カリスマが個性的なほど、それに夢中になる人も世間から孤立したグループになっていきます。他の人には理解できないけれど、その人たちにだけはわかる独特の高揚感があります。カリスマが凡庸になれば世間からは浮きません。ですが、それだとカリスマとはいえません。ファンが世間から孤立するしかないのならば、同化することで意思疎通します。

双子座 15 度［14.00 〜 14.99］ 15・侵攻

Two Dutch children talking.
「会話をしている二人のオランダの子供」

本来は、15度は外界に対する押しつけの度数です。合計するとレスポンスの6であるにもかかわらず、それは奇数です。つまり律儀に答えるのは自分ではなく、相手という弱腰で、押しつけがましさはなく、相手が気に入らないのならまず引っ込めるという性格です。ここでも誰かに対してまず意見を押しつける。しかし相手が否定すると、すぐに同意して、引っ込める。そしてまた違う考えを持ち出すという、たんに忙しい会話を楽しむのが目的ではないかというような姿勢になります。

双子座は多数の人、あるいは多数の意識の矢に分岐することを説明しましたが、ここでも多数の仮説や意見が二人の子供の間で行き来し、決まっていません。ああも言えるし、こうも言えるのです。結局、どうしたいのか全くわかりません。14度ではカリスマと信奉者は意思疎通できています。この両方がセットで世間から孤立することを考えたとしたら、14度の余剰のエネルギーが外界に漏れるのが15度です。カリスマをa、それに対立するものをbとした時、14度ではaに密着し、次にbに伝達しようとしてbの考え方に同化してしまい、結果としてaから離反するのです。それはとても忙しい模索ですが、強気になってみたり、下手に出たりと、くるくる変わりますが、それは相手の様子を見ながら変更しているからです。スポーツならば卓球のような球のようです。

双子座 16 度［15.00 〜 15.99］ 16・解体

A woman suffragist haranguing.
「熱弁する婦人参政運動家」

16度では反対のサインの影響が侵入してきます。射手座は多くの人に働きかけるサインで、双子座は個人的な動機で行動するサインでした。ですから、ここでは多くの人を扇動する性質が出てきます。14度では限られた人にしか伝わりません。15度ではもっと多くの人に働きかけますが、そのためには自分が否定されることもあるわけです。さらに16度では射手座の力を借りて、強引に外に押しつけてみるという試みをします。

ルディアは、ここでアジテーターが女性ということは、情動を活用して演説しているのだと説明しましたが、16度では反対のサインが侵入してくるという私の理論で考えると、射手座の煽るような火の元素の興奮作用を利用しているということになります。そしてその作用は双子座の性質に犠牲が生じます。風の元素は自身の中に熱感を持つと知性の広がりが阻害され、偏った働きになりやすくです。

作曲家エドワード・エルガーの行進曲「威風堂々」をかけてプロレスラーが登場するというのはいかにも射手座的な光景ですが、つまりは湧いた場を作り熱弁が始まるのです。16度はサインの性質としては挫折するのですが、そこでより高度なものへ発展する足がかりを手に入れます。風の元素は、火の元素の助けを借りないと危険なまでに精神が分岐・分裂し、元の統合的な自分に戻れなくなります。常に統合には火の元素が関与します。

双子座17度［16.00〜16.99］　17・新たな希望

The head of health dissolved into the head of mentality.
「健全な頭が、精神的な頭に溶け込んでいく」

双子座

たいていの場合、16度と17度は同じものの表裏という印象があります。16度で被害を受けた人は、17度で、実は被害でなく自発的なものだと開き直りをします。否定的に見えたものから肯定的に見る視点に転じるのです。ここでは16度で興奮しながら演説する人の話を聞いて、影響を受けてしまった若者の頭の姿を描いているか、あるいは演説者そのものの頭の変化などを表しています。14度や15度などは知的な活動の限界性を表しました。

柔軟サインにおいては、15度というのは袋小路につきあたった状態を示していて、他者との意思疎通はできないということを思い知らされたのです。それを打開するための16度なのです。知的な風の元素のサインに火の元素を混ぜると変成作用が働き、これまで決して変化しなかったものが変わっていく光景を発見します。ガラス窓に守られながら対象を見ていた双子座は、この自分と対象の決して変更されることにない均衡が16度で壊れていくことで、新しい可能性を発見しつつ、その流動性の中に足を取られていきます。風を当てても変化しなかったのに、熱を当てると変形するのです。

しかしこの段階ではこの扱い方がよくわからず、休みなく影響を受けてしまう柔らかい粘土のような頭になってしまいます。15度ではどのようなことをいっても壁は変わらなかったのに、今度は何をいっても壁はその形に凹んでいくのです。

双子座18度［17.00〜17.99］　18・種を探す

Two Chinese men talking Chinese.
「中国語を話す二人の中国人」

双子座

シンボルが少し似ているので、15度の二人のオランダ人の子供の会話と比較してみたいと思います。15度ではああ言ってみたり、こう言ってみたりしたけれど、結局、何も伝わっていませんでした。それは双子座のガラス板ごしにしか対象にアプローチしないという、自身のマインドの保護が原因です。

16度では射手座の興奮作用を借用して、その限界を突き破ります。その結果として、判断力の土台そのものが流動化します。つまり、批判機能もなくなり、言われたままに型押しされてしまうという頭脳になったのです。火のサインとはちょっとお馬鹿なサインなのではないかと見られています。ちゃんと相手に意図は伝わりますが、あらゆるものが自分を変形させてしまいます。今度は伝わりすぎることが問題になったのです。

そこで18度では、この行き来の回路を閉鎖します。広いアメリカの中で中国語で話す者だけがお互いを理解するのです。例えば、タクシーの中で何か会話している時、運転手はそれを耳にします。何も語らなくても心の中で会話に反応し、この雰囲気が伝わってきます。それもうるさいのです。それで数の人は、特殊な内容の会話は他の人に伝わらないように努力するでしょう。女子高生用語とか、エスペラント語とか、グループ間でのみ通用する造語、専門用語を散りばめて話をするなどもここに属します。マニアックなチームを作りますが、一般性がなくなりやすいのです。

双子座 19 度 ［18.00 〜 18.99］　19・想像的可能性

A large archaic volume.
「大きな古典書物」

双子座

双子座は風・柔軟サインで知的な関心の矢が分散していき、それにつれて精神の統合性を失う危険を内蔵していました。16度以後は、外界の影響が侵入してきて、精神の土台そのものが揺らいでいくリスクもあります。いちいち18度で外界の影響を遮断して細かく管理するよりは、いっそのことすべての知的な資産のベースとなるようなところに活動の根を置いて、その後、自由に発展させれば、どのようなことを思いついても全部一つのところから出ているという精神の統合性が手に入ります。

ここでの「古典書物」とは、牡牛座の21度で登場した開かれた書物と同類のものです。ブラヴァツキーは世界最古の経典として『ジャンの書』というものがあると主張し、その膨大な注釈書として『シークレット・ドクトリン』を書きました。果たして最古なのかどうかわかりませんが、根底に近いものほど、そこから多数の応用が可能となります。人からの影響を受けようが受けまいが、この人の考えも、この根底の書物から出たものにほかならないのです。深遠な哲学からつまらないギャグまで、このルーツから引き出すことができるのです。

もちろん、古典書物はモノとして保管されている本ではなく、19は実在の10と想像の9の二人の子供の対話ですから、古典書物はこの9の側の子供が持っています。アボリジニはドリームランドという書物から知識を得るといわれていました。

双子座 20 度 ［19.00 〜 19.99］　20・恒常的に

A cafeteria.
「カフェテリア」

双子座

19度で一つの根からさまざまな応用的な知的展開が可能となるならば、一つの幹から伸びたすべての枝を均等に点検しようという試みが始まります。双子座の多様な知的好奇心は、魚座が用意した場の中にあるものを巡回することで、魚座がたくさん用意すれば、双子座はたくさん巡回しなくてはならないのだと説明しましたが、ここではこの部品すべてを均等に知っていることが重要です。カフェテリアではどのようなものを注文してもよい均等な分野において、濃淡がないということが要求されています。

双子座からすると一つのカテゴリーの中で、全部知っておくというのはそれほど大変な作業ではないでしょう。20度は常に偶然性に支配されず、外界の状況にかかわらず、自分は自分の能力を果たすことができるということの訓練です。何を聞かれても答えられるということが要求されています。未熟な段階では、興味があちこちに移ることにコンプレックスを感じるかもしれませんが、総量は決まっているので、気にすることはないでしょう。

しかしルディアがいったように、これは現代的なカフェで一つひとつの食物はそれほど品質が良いというわけではなく、出てくる皿も合成樹脂の軽いものです。このあたりは19度の古典書物の深度によって解像度に違いはありますが、知的能力において均等という場合、自分が関わる分野においてはすべて知っており、濃淡がないということが重要であり、

354

双子座21度［20.00〜20.99］　21・飛躍

A labor demonstration.
「労働者のデモ」

双子座

サインの3分の1分割の最強の場所はジャンプする度数なので、かなり無理なことをします。20度では、どのようなことでも知っておかなくてはなりませんでした。しかし偶数ですからまだ内向きで、注文されたら答えられるというものでした。21度の奇数では、自分からマルチな活動に飛び込みます。

風・柔軟サインの性質が最強になるということは、一つのことだけでなく、同時に多数のことをしなくてはなりません。とても忙しい生活を送ることになりますが、サビアンシンボルの労働者のデモはやりすぎの結果、副交感神経が反乱を起こすというひねくれた解釈をしてもよいかもしれません。私がよく知っていた何人かの編集長はみな情報過多の活動で、自律神経が不調なのではないかと感じることが多かったのですが、連続性がなく発想が飛び飛びになったり、ときどき幻覚症状を起こしたりしていました。

双子座は火のサインである射手座ではないので、哲学的に深めるということはできません。その分、横広がりで多様な知識を展開します。応用性はないが多様性はある、つまりたくさんのことを知っていてたくさんのことをしているが、それらを加工したり再創造したりすることは少ないということです。

柔軟サインということは、自分から切り込むことはそう多くはないので、受ければ何でもするということになる傾向は強いでしょう。

双子座22度［21.00〜21.99］　22・クールダウン

A barn dance.
「田舎踊り」

双子座

21度が自らジャンプすると、その後、22度では着地します。21度でやりすぎて神経が疲れた人が田舎に戻り、そこでリラックスして過ごすというストーリーをルディアは考えましたが、私はこの度数で休養している人をあまり見たことがなく、むしろ忙しさに巻き込まれて計画性なくドタバタするありさまが、まるで田舎踊りみたいだと感じたことはあります。

風・柔軟サインで、なおかつ強力な帯域の人が無為に過ごすことは想像できません。射手座の人を参考にすれば、21度で無理なチャレンジをしても、22度で自分の足元または立脚点を思い出し、その行為によって21度の無理な学習を緩和し、成果を定着させる体験をするというものです。

例えば、英語を勉強している人が、ときどきTOEICで自分の実力を判定し、身の丈の学習をしていくという調整作用は果たしてもよいでしょう。そうでもしないと21度は無理をするのです。英語の先生をしているけれど出身はフィリピンで所詮ネイティヴではない、という自覚のようなものかもしれません。

それでもサビアンシンボルではダンスをしています。自分の出どころを自覚しつつ、その許容範囲を踏み越えないところで、どたばたと忙しく活動します。21度では見栄を張りエリートかもしれませんが、22度では自分の出自をむき出しにして、逆にその田舎っぽさを武器にしているということもあります。正規の学校を出ていないのです。

双子座 23 度 ［22.00 〜 22.99］　23・いいとこ取り　双子座

Three fledglings in a nest high in a tree.
「木の高いところにある巣の中の３羽の雛」

21度と22度で、収拾のつかないくらい無理な知的活動をしていた人は、どうみても神経が痛むので、何らかの対策を取らなくてはならないのです。たくさんの仕事がある場合、情報の重要度によって作業を分類し、あまり重要でないものはバイトに任せて、自分は気を入れて取り組まなくてはならないものに専念するという姿勢です。23度は、常に21度と22度の組み合わせということです。エリート的な要素と今度は田舎的なものとの落差をつけることで、ここに情報の分類ができることになります。

木の高いところに置かれた雛は、決して地面に近いところに置いてはなりません。最も重要な育てるべきものは何か。それを見極め、この明確な目的から照らし合わせて、他の作業部分に格差をつけます。目的意識がはっきりしていないと識別の仕方がわからなくなりますから、22度の田舎踊りにとどまります。

双子座のさまざまな度数は、知性の発達させるべきさまざまな要素の一覧表を提示してくれるすが、ここでは分類能力ということがテーマです。7度の古くさい縦穴でなく、新しい縦穴です。柔軟サインとしては横広がりだけのはずでしたが、上下のパースペクティブは存在しないはずでしたが、この上下格差をつけることには、自分が生き残れないのです。かずかずの失敗を経て、上手くできるようになります。

双子座 24 度 ［23.00 〜 23.99］　24・果てしなさ　双子座

Children skating on ice.
「氷の上でスケートをする子供」

どこまでもエスカレートする双子座の能力とは、知的な技によって、どのような意味でも作り出すことができることを遊ぶということです。そもそも池の氷は否定的な状況でした。しかし凍ると、その上でスケートすることができるのです。これは否定的な状況を逆手に取ることです。23度で、情報を重視するのから順に上下に仕分けすることを学びましたが、この仕分けの仕方をちょっと変えるだけで、意味が変化してしまう。つまり23度の分類作業には意味の逆転があります。ここには、23度の分類作業を否定的な状況を逆手に取ることをやめられなくなったとも取れます。

a は b と同等。b は c と同等。c も d と同等。d は a と同等である、というような屁理屈をこね、ゆえに a は d と同等である、というような結論を導き出し、誰もが想像できないような知的な遊び。あまりの巧妙さに楽しさを覚える人は多いのですが、結局底がないように見えるのは仕方ありません。なぜなら、あくまで新皮質的な遊びなのですから。古皮質なら牡牛座の24度です。

膨大に情報提供しなくてはならないような職業の人は、最後はここに行き着く可能性もあります。5度の扇動的な機関誌の意図や15度のああも言えるし、こうも言えるという姿勢が混じると、もっと派手なものになるでしょう。

私が雑誌の記事を書いていた頃、編集長は「月刊誌は1か月の命なので、どんな無謀なものでもいいです」と言っていました。

双子座 25 度［24.00 〜 24.99］ 25・完成と自律

A man trimming palms.
「パームの枝を刈る男」

双子座

24度で歯止めが利かなくなり、何が本当かわからなくなってくるのを25度では打ち止めします。知的な枝葉があちこちに伸びて乱雑になったものを、まずあまり重要でないものからカットして、全体が妙な形にならないように編集するのです。この全体をまとめるのは目的意識とか意図であり、そこから見て、不要な枝葉を切るのです。つるんと丸く刈り取られるのは目的意識とか意図であり、とは、既に牡牛座をずたずたに切り刻んだ双子座では期待しようがありません。

知的なコントロールは、当然、教師のような職業に適していますから、学校の先生が多い度数といえます。しかしこの時代性というものは、刈る人の哲学や生き方、また時代性というものを反映しますから、主観芸術にありがちなものとして、後になると恥ずかしくなるようなものもあるでしょう。物理学だけが重要で、芸術とか文学は興味を持ってはいけないと、大学の生徒に教えていた火の玉博士は太陽がこの度数でした。

四つある柔軟サインは多様化に向かい、まとめるということは少ないのですが、この結晶化の25度では珍しく終端処理をします。よそに迷惑がかからないように、飛び出した枝を切るということでもあるので、余分なことは言いたくないということでもあります。編集の技巧は人それぞれです。細部は全体を、全体は細部を支えるという球体を作ります。

双子座 26 度［25.00 〜 25.99］ 26・堪能

Winter frost in the woods.
「森の中の冬霜」

双子座

24度での知性の無意味なまでの発展を、25度では打ち止めにして、枝葉を刈り取りましたが、やはりついやりすぎになってしまい、葉のない痩せ細った木になってしまいました。どこまで部品を取り除けば生存不能になるのか、ぎりぎり試すということもあります。部屋の断捨離をする時に、1年間使わなかったものは思い切って捨ててもよいと書いてある本がありますが、どんどんシンプルにしていって、しかも資金もシンプルにしていって、ぎりぎり生活できる限界値を探索していた人がいます。

この度数の人は逆境を歓迎しますが、耐久度テストをしているからです。冬にどこまで薄着ができるか、いつまで食べないで済ませられるか試している人に、意図を知らない人が「それではかわいそうだ」といって、何かくれたとしても迷惑だけでしょう。実際に、私が知っている理髪店の店主は、近所のホームレスに毛布を持っていったところ、自分は積極的にチャレンジしているのだからと、それとも十分に持ちこたえるのか、自分を人柱にして試そうとしています。

19度の古典書物にしても、双子座は基本から枝先まで増減を休みなく繰り返して運動しているのかもしれません。肺は双子座を表していて、冷たい空気を結果的に双子座の強さを作り出します。否定的状況に自分を晒すことで力強くなります。

双子座 27 度 ［26.00 〜 26.99］　27・向上心

A gypsy coming out of the forest.
「森から出てくるジプシー」

26度でプレッシャーに耐えて耐久度ができた人は、自分に自信が生まれます。そうすると、ここではチャレンジをしたくなるのです。冬霜の森から出て、これから雑多な影響の渦巻く街に入っていきます。

26度以後の5度は、次のサインである蟹座との調整に活用されます。蟹座とは集団的な意識です。双子座は個人ですから、個人が多くの人が住む町に移動して、個人として鍛えてきた能力がちゃんと発揮していけるか試すのです。27度は合計すると9で、それは向上心を表しています。蟹座にさらされている中で、双子座としての力を発揮できるかどうかということです。双子座は、この集団性を意識したことはなかったのです。27度の段階になると、多くの人にアピールする双子座の個人が生まれてきますが、しかしこの27度では、個人を否定する蟹座の圧力に耐えられるかどうかということをチャレンジするのです。

ジプシーは定住しません。ジプシーは、日本でならば天皇に保護された職人たちを表します。彼らは日本を転々と移動していたのです。蟹座の集団性からすると双子座は蔑視される面もあります。タロットカードを参考にすると9の数字の「隠者」は、夢遊病のようにさまよう場でもあります。考えることをやめると思考がやってきます。27度も試して模索するのではなく、安定して定住するということを考えるのではなく、チャレンジすることが重要です。

双子座 28 度 ［27.00 〜 27.99］　28・突破口

A man declared bankrupt.
「破産宣告された男」

28度は、次のサインへの突破口を提示します。合計すると10で、これは接触している異なるコスモスとの接点を意味しているからです。蟹座という集団意識との渡りをつける時に、どこから入ってよいのか、なかなか決まりません。そこで試行錯誤します。一度入りかけて解約し、また次の接点で入りかけてまたやり直すという、こうした試行錯誤が「破産宣告」というシンボルで表現されています。何か決まっても、また気が変わるという人をここで作り出します。

風の柔軟サインは多数化するので、そして意識の矢は休まないループを巡回しているので、自分が死んでから蟹座で再生する前に最も理想的な入口を模索していきます。ああでもない、こうでもないと入口を変えていきます。これは蟹座に対して逡巡している、揺れている双子座そのものです。それに対して、変更に対していつでもオーケーという意思表示をしており、変更に対してイラつく人は呆れているでしょうが、双子座の弱腰に対しては呆れているかもしれません。

破産宣告は、負担を軽くして改めてチャレンジすることを許すという意味だからです。クーリングオフ期間があるという言い方がよいかもしれません。引っ越し先を探して、いろいろな不動産を見ている人という印象でもあります。そうなると、この模索はある意味楽しいものではないでしょうか。ただし、どうしても無駄は増えるでしょう。

双子座29度［28.00～28.99］ 29・比較

The first mockingbird of spring.
「春の最初の百舌鳥」

29度は合計して11、さらに合計して2で、双子座と蟹座の間を行き来しており、個人の価値と集団的な蟹座意識の中に飲み込まれることとの比較です。この二つの間を行ったり来たりしていると、集団意識を拾ってこの中で個人の能力を発揮するということになり、それは多くの人の集団感情を代弁する個人の才能を表すことになります。もし双子座だけならば、集団には興味を持たなかったはずです。

ここでは蟹座を意識した上での双子座の活動となり、多くの人の感情を表現する流行歌や集団的な流行の流れを変えていくような個人を語化したようなものとか、相手の感情を汲み取り、相手が自覚していないものを言葉にしてあげる、などが思い浮かびます。そして月はあまり高度なものではなく、むしろ一番底辺にあるような基礎的な気持ちを意味しています。

例えば、双子座の支配星は水星で、蟹座の支配星は月です。そこで、水星と月の合のようなアスペクトを想像してもらうと、感情をそのまま言蟹座においては共通した集団的な感情が大切です。蟹座は水のサインであり、それは常に情感的ですから、情感を刺激する双子座という、双子座からすると迎合としかいえないような活動をしていきます。

4は3の墓の上に咲く花ですから、双子座の多くのものを犠牲にし、知的に意味をなさないものを理解します。座に近づきすぎることで双子座の多くのものを犠牲にし、知的に意味をなさないものを理解します。

双子座30度［29.00～29.99］ 30・吐き出す

Bathing beauties.
「水浴びする美女たち」

30度で双子座の持つエネルギーのすべてが放出され、空になった段階で、蟹座に移行します。個人の持てる能力や突出した特長をここで使い果たします。それが「水浴びする美女たち」として表現されます。水は蟹座の属性で、さらに海水浴では老若男女、多くの人がリラックスして集っています。そこで、水着の美女は派手な目立つ姿を見せつけることになります。海の中に深入りするよりは、少し浅い場所で水浴びをします。

1度では、ボートの中で、ガラスに守られたところで海の底を見ていました。風の元素は決して水には入りません。しかし蟹座に近づくと、もはや自分を同化しなくてはなりません。水着の美女は海に入るのか、それとも海に入ろうとする直前で、自分を見せつけているのか、水にどっぷり入ってしまえば、個人としての特徴はすべて消えてしまいますから、すれすれのところで自分の特徴を見せつけています。

反対の射手座の30度では、法皇がやはり似たような派手な姿で、多くの信者の前に立っています。30度はそれまでのサインが消えさる直前に、残ったものをすべて花火のように放出するので、ここではしばしば無意味に見えるようなアピールも出てきますが、そもそも30度はそのサインが無意味に見えるようなことをわざとして、サインに対する執着心を消そうとするので、真意のはっきりしないことをすることもあります。

蟹座1度 [0.00〜0.99]　1・スタート

A furled and unfurled flag displayed from a vessel.
「巻かれたり広げられたりする船の旗」

水のサインは結合力を発揮します。活動サインは積極的に働きかけるので、自ら働きかけて集化していく力を示しています。船はたくさんの人が乗っており、この全員がどこに属しているのか、船籍を明確にしておかなくてはなりません。船はこの集団がどこに属しているのか、それを明示する旗を出しました。

このように1度で揺れている光景は、牡羊座の1度では見られました。海から出たり、しかし1度では見られました。海から出たり、しかし1度では見られました。海から出たり、海に引きずり込もうとしたりという揺れを表していました。蟹座で関係しているのではないかと思います。

活動サインの手前にあるのは柔軟サインで、それは全く決断力を表さないクオリティですから、ここからだんだんと姿勢を打ち出すことにある種の迷いがあるということも考えられます。そもそも集団性というのは名前がないもので、旗で名前を出すと、それ自身が集団性を否定するような傾向があります。名前を出すことは他との分離だからです。この後も蟹座の意思表示の曖昧さ、気後れは何度も出てきます。

このシーンは双子座の30度で水着の美女が海の中に消えたり、また現れたりすることで言したりはしません。あくまで内的に宣言しているわけです。蟹座は外面的に宣言したりはしません。あくまで内的に込めたりするというわけです。蟹座は外面的に宣それがどういう集まりなのか、表示したり、引きは、船には乗っていますが、全員が集まっていますが、全員が集まっていましたた背後からアザラシが来て、また現れたりする

蟹座2度 [1.00〜1.99]　2・反射

A man suspended over a vast level place.
「広く平らな場所の上につるされた男」

蟹座は集団的なサインであり、伝統もあり、広大なものだと考えるとよいでしょう。そうなると、双子座で育成してきた知性的な判断というのは全く役立たずで、これからどこに進んでいくのかわかりません。双子座の風・柔軟サインは、分離と分裂の中で働くようにできているので、この蟹座の水の元素の結合性の中ではほとんど仮死状態になってしまいます。とっかかりがないまま、ただひたすら広い空間を見るしかないような状態になってきますが、しかし距離を離して、全体を俯瞰するというようなことはできるでしょう。できないのは、この中でどこかを選び、行動するということです。

1度で旗をしっかりと出すことができなかったように、2度ではどこかに進むという方向性を作ることができないのです。方向性を作ることは分離の意志であり、それは蟹座の初期では働きません。ここからしばらくの間は、自主性とか、決定するという性質をことごとく奪われます。双子座ではそれは正しくないのですが、蟹座ではそれが正しいのだといえます。

双子座がいろいろなことに興味を抱いたのは、魚座が集めてきたものの一つひとつでした。蟹座はこの魚座と同じ水のサインなので、魚座が集めてきた総量に目を向けざるを得ません。そして魚座が集めてきたこの場を、外から見るとか、批判したりすることができなくなっていきます。個を超えた膨大なリソースに触れて手一杯です。

蟹座3度 [2.00〜2.99]　3・運動性

A man bundled up in fur leading a shaggy deer.
「毛深い鹿を先導する毛皮に包まれた男」

人間としての知的な判断が活用できない領域では、もっと本能的な、動物的なものが行動の指針になってもよいでしょう。私はこの鹿に先導されるという意味には反対で、鹿に先導されるべきだと主張しています。神社に行くと眷属としての動物がやってきて、道筋を教えてくれます。人間の知的な範囲を超えた、つまり超個的な領域では、知性で識別はできないので、これらに道を聞くしかありません。

「シャギーディア（毛深い鹿）」は、ルディアによるとブラフマンが送り込んできた動物です。しかし日本なら、その役割ができる動物はもっとたくさんいます。稲を咥えた狐でもよいのです。禅の十牛図では、牛に引かれて歩むシーンもあります。

3度は1度と2度の落差の中で形成される第三の視点で、それが今後のサインの運動力を作り出します。となると蟹座はいつでも知的な判断は使わず、どこからともなく環境の側からやってきた縁とか、自然的な誘発力に導かれて行動するということになります。知性は分化によって働くので、蟹座は水のサインで、それは分化でなく結合であるということでは、これが最も当たり前のことなのかもしれません。

2度で提示された広大な空間を、鹿に導かれて前進します。行き先にしかも本人も毛皮に包まれて前進します。行き先に何があるのかはさっぱりわかりません。人間的なところでは、助けのない孤独状態であるというケースもあります。ブラフマンの助けです。

蟹座4度 [3.00〜3.99]　4・集団的リソースへ浸す

A cat arguing with a mouse.
「ネズミと議論する猫」

個人としての知的な判断とか、プライドを捨て、より大きな集団性の中に飲み込まれる蟹座の初期段階で、人はどんどん弱気になっていきます。前後を挟む双子座や獅子座では個人が主張し、強気であることが正義でしたが、蟹座においては反対です。デプレッションは悪いことのように思われていますが、しかし個人の主張が凹み、より大きなものの中に飲み込まれていくので善であると古い日本では考えられていました。

弱気でよく落ち込む人は、このあたりの度数前後にたくさん惑星があります。多数派を意味するネズミの前で、もちろん言い訳がましい態度で議論をしています。決して高飛車に出ることがないのです。地位や立場が高くても人の話を聞きます。蟹座の癖の一つに、相手を讃えて、それに比較していかに自分はダメなのかを強調するという姿勢があります。もちろん双子座や獅子座では、いかに自分が人よりも優れているかをいわなくてはなりません。

4度は集団的なリソースに浸して、自分の姿勢を普遍化するということがテーマです。蟹座全体がそういう性質を帯びているのと考えてもよいのです。個性的な猫よりも、地味なカラーの多数派のネズミの方が正しいのです。高度成長期にサラリーマンはドブネズミといわれていました。水の元素では蠍座が高いところに向かう領域を持っていますが、ここでは高いところは凹ませなくてはなりません。

蟹座5度 ［4.00〜4.99］　5・冒険

An automobile wrecked by a train.
「列車に破壊された自動車」

蟹座

4度をありきたりと感じる段階になって、5度では冒険的なジャンプをしようとします。蟹座においては自己主張するのでなく、むしろ自己主張を一気に潰してしまうような冒険です。4度の議論を果てしなく続けるよりも、人格クラッシュを進めるのです。車は小さな集団性で列車は大きな集団性です。集団原理においては必ず弱肉強食的な、大なるものが小を飲み込むことになります。この衝突が起きるようなシーンを、この度数の持ち主は無意識に作り出します。

何か心無いことをいってみたりするので、すぐにターゲットにされ、プライドを壊されるという体験をします。また自動車には自動車なりの保護装置がありますが、それがいったんクラッシュするとすぐさま回復するというわけではないので、しばらくは落ち込むなりして、その後、より大きな集団ソースに接続し直しますから、前よりも元気になることは明らかです。

何度も細かいクラッシュを体験するか、ときどき大きなそれを体験するかは、人それぞれですが、もちろん惑星の公転周期が遅いと、その分、衝撃は大きくなります。ショック体験はより悲惨なものなので、ここに暗く悲惨な要素はありません。衝撃を与えることで、より親しみを増してくるというこの人物のキャラクターは分離・独立ではなく、融和であるという蟹座の目的をよく理解していないと、いつも謎に感じるでしょう。

蟹座6度 ［5.00〜5.99］　6・環境へ

Game birds feathering their nests.
「巣を作る猟鳥」

蟹座

自分にふさわしい環境の中に入っていく6度では、共同体や家族的な集まりを作るために犠牲的に奉仕します。自分個人よりも集団性の方が重要な価値を持っているため、自分の持てるものを犠牲にしてしまうのは自然な行為といえます。猟鳥は自分の羽を抜いて巣を作るといわれていますが、それは自分の身体という領域を巣の範囲にまで拡大することですから、単純に犠牲になっているわけではありません。

5度で小さな集団性の車が、より大きな集団性の列車にクラッシュされたように、小さな個人の範囲をクラッシュして、より大きな共存の場に心を拡大していき、そこにこれまでよりも大きな輪郭を形成します。器を壊したら、当然、また器を作らなくてはならないのですが、それは次第に大きくなるのです。羽を抜いて巣を作ったので、巣の中にあるものはみな自分のようなもので何か事故があるとひどく傷つきます。離反する行為をする存在が中にいても、心を痛めます。

双子座では、外界と自分の間にガラスを置き、決して触れないようにしましたが、蟹座では親しい人との間の溝を全部取り払ったので、警戒しなくてはならないものが内部にあると本気で傷つくでしょう。蟹座は山羊座に保護されないと殻のない卵の中身のようなものなのです。風や火の元素の無関心さも深刻に受け止めます。考えようによっては、面倒くさい性質を持っているともいえます。

蟹座7度 [6.00〜6.99]　7・落差

Two fairies on a moonlit night.
「月明かりの夜の二人の妖精」

蟹座

6度で献身的に共同体作りをした人は、その意図が裏切られる体験もします。これだけ奉仕しているのに理解されないという体験をすると、反対の態度も出てきます。自分が貢献した共同体を外から否定的に見るという姿勢です。自分の心の中に味方と敵の二つの勢力が発生し、この二人の妖精が月夜に、つまり無意識的な心の中で飛び跳ねています。いつ切り替わるかもわからず、ですがこの切り替わりはごくわずかの刺激で行われます。愛着のあるものに対して、急に対立的な態度を取るわけです。本人さえこの切り替えはコントロールできません。

多分、蟹座の中で最も敏感な度数で、神経質な面があります。活動サインは互いに似ているのは当然ですが、山羊座の7度では家禽を襲撃する鷹が描かれています、天秤座の7度の預言者も共同体の終焉を告げ、この2点の間で強いエネルギーが流れますが、7度は落差のある否定的なもので、もう一つは実現するべき未来の目標的なものです。つまり推進力は、この否定的なものにも支えられており、これがなくなると前に進むこともできなくなります。

水・活動サインは、気持ちとか情緒などが活発に動くことを表していますから、黙っていれば他の人にはなかなか理解できないでしょう。6度で貢献すればするほど反動が出てくるのですが、6度は中途半端になれないものです。

蟹座8度 [7.00〜7.99]　8・落差の克服

Rabbits dressed in clothes and on parade.
「服を着てパレードするウサギたち」

蟹座

8の数字は漏らさない器のようなもので、そこに力が蓄積され、放出しない場合にはどんどん内容が圧縮されていきます。その分、強い生命感覚が出てきます。7の数字は盲点となるものが一つあり、これが自分で意識化できていないために、無闇に駆り立てられるような一方的行動性があります。つまり8は7をコントロールし、支配できるのです。

蟹座の7度の心の揺れや自分でもどうしようもない動揺を制御するには、感情の自己訓練が大切です。ウサギは月に住んでいるという伝説の生き物で、それに荒い本能を持っているといわれています。このウサギが洋服を着るのです。つまり感情をむき出しにしません。しかも整列してパレードするのは、集団行動の中で規律を乱さないという練習です。

実際にどこかの修練道場などに参加する人が多いといえますが、ここで7度の感情の揺れ動きを上手く調整できるようになります。ただし別に7度に落ち度があるわけでなく、6度で、個人を捨てて複数人で成り立つ集団的な器を作り、そこに自分自身を重ね合わせた結果、自分をむき出しにしないと自分を守れなくなったという状況下での揺れ現象ですから、至らない人であるということではないのです。そこで、ダメな部分を訓練するということではなく、集団性の中においての規律の学習という新しいテーマに取り組んでいるのです。ずっとここが欠けたまま過ごす人もいます。

蟹座9度［8.00〜8.99］　9・哲学　蟹座

A tiny nude miss reaching in the water for a fish.
「水の中の魚へと手を伸ばす小さな裸の少女」

　水のサインですから、何かを理解するのに外面的に見るのでなく、その中に入り同化することで、内側から感じ理解します。双子座ならば水に濡れないように自分を保護していましたが、水・活動サインですから、自ら積極的に同化します。この理解の仕方には自ずと欠陥もあり、外から見るのではないので、他と比較した上での判断というものがありません。

　共感は時には異様なまでに膨らんでいき、いびつになることがあります。同化はできるが批判機能はないのです。この批判機能を鍛えるために、後の23度では、2種類の共同体に同化することで、自身の中に比較精神を作り出すということもしますが、総じて水は同化・結合ですから、外から見たりしません。

　例えば、多数の人が良くないと思っている誰かに対しても、同化したら、この蟹座にとっては良い人になるのです。家族や国はこうした蟹座感情で成り立っていて、テロと不正ばかり繰り返している国でも、国内の人からすると愛着のある良い国家です。

　蟹座は夏至点から始まるサインなので、暖かく水分を含み、内側から膨らみ成長します。「裸の少女」というシンボルも自分を守っていないことを示していて、魚と自分が一体化します。反面、同化するということは、相手との差異を認めず、自分を押しつけているということにも気がつきにくいでしょう。魚は異なる生態系で、手の平に乗せてしまうと低温火傷で損傷を受けます。

蟹座10度［9.00〜9.99］　10・外へ伝える　蟹座

A large diamond not completely cut.
「完全にはカットされていない大きなダイヤモンド」

　異なる性質を持つ外界にアプローチする10度では、蟹座は苦労します。夏至点からスタートする蟹座は有機体の内臓のようなもので、外面的な殻は冬至点から始まる山羊座の役割です。蟹座の内臓的な要素は、乾いた皮膚とか硬い骨などに保護されていないと柔らかすぎて容易に傷つきます。

　山羊座は10番目のサインで、この外界と接触するための十分な硬さや鈍さ、守り機能を持っています。家の壁のようなものです。つまりこの少しばかりの山羊座の性質にも似た10度で、蟹座は自分が一番不得意なことにチャレンジしようとしていて、関心の無い人や心無い人、察することのできない人たちも多数含まれている、外の人々に対して、自分の伝えたいことを表現しなくてはならないのです。

　ダイヤモンドは硬いかもしれませんが、まだ綺麗にカットされておらず、相手に上手く伝わるかどうかわからない段階で、この度数の人は、表現方法を練習します。蟹座の表現は内側の共感から来る表現が多いので、主観的で、「どうか察してください」という期待感が強く働いています。

　しかしそれでは通用しません。

　9度の同化性質は、突き放して見るという姿勢を作らないので内輪だけで通用するものです。外から見て、内から見て、というさまざまな角度から見ているわけではないので、気持ちを合わせない人には何一つ伝わりません。それでもこの蟹座は、内側にあるものを何とか伝えようと努力します。

蟹座11度 [10.00〜10.99]　11・実験

A clown making grimaces.
「しかめつらをするピエロ」

風や火の元素ならば反対の意を表明することは簡単です。ですが同化する反対の感情が膨らんでいく蟹座が、さらに内側から共感の感情が膨らんでいく蟹座が、自分の意見を言い、特に反対の意を表したい時に、「それは違う」とはとても言いにくいのです。言えない人がそれを表現しようとすると、模造による違和感を表現して察してもらうという手を使うしかないでしょう。ピエロは批判したいターゲットの人を真似て、そのおかしな癖を強調します。何とも複雑な手を使わなくてはならないところもどかしいといえます。それでも11度はサインの3分の1のテンションが高い度数ですから、精一杯の主張をしていることになります。

反対にある山羊座は土のサインで、社会に対する反対の意志を表明した結果、一般社会からは区別されるべき孤立的な小社会を作るか、あるいは参加することには走らず、他の多くとは同調しない、心の世界をこれから膨らませていくことになります。

11度でスタートした反抗的な試みは15度まで進行していきます。11度からは社会実験ですから、自分なりの考え方があり、それを本来なら社会的に押し出すという試みが続くのですが、蟹座においては外へでなく、内へ内へと進んでいき、限界まで、むしろ限界を超えるところまでいきます。ただし社会的に適応しない、引きこもり的な生き方にも正当性は十分にあります。

蟹座12度 [11.00〜11.99]　12・未知の探索

A Chinese woman nursing a baby with a message.
「メッセージを持った赤ん坊をあやす中国人の女」

未知のものを探し出す12度、さらに自分自身がその未知のもの、自然界の中で黄金比率的な存在ともなる度数では、まだ生まれてこない腹の中の子供の価値を自分だけが理解しているのだと確信します。そもそも蟹座は夏至点から始まる評価することや内側から膨らむことに対しての評価値が高く、これから育つものに対しての育成することや内側から膨らむことを表すサインですから、これから育つものに対しての育成するものはそれを育てたいと思うのです。腹の中にあるものは皮膚が覆っていて、見えません。この皮膚は蟹座のサインです。外皮的な山羊座は、この蟹座12度の人の育成行為を、社会の攻撃から守ることになります。

社会というのは四つの元素が混じり合っています。外から見てそれをこき下ろすのは火のサインです。風のサインは違う可能性をたくさん考えるのでしょう。育成というのは、ある段階までは成り立つのうち、風と火の要素を退けることで成り立つのかもしれません、土の元素は風や火を通さない土牢のようなものでもあります。

12度は、他の人が気づかないものを発見する優れた探索力であり、この度数の人は、「ほら、やっぱり自分が思った通りだった」ということが多いでしょう。11度でこれまでの社会の潮流に対して控えめに「ノー」と言い、そして異なる可能性を12度で発見し、それがだんだんと育っていきます。黄金比は元の形を変えないで、叩かれず、渦巻状に拡大していく法則です。

蟹座 13 度 ［12.00 〜 12.99］　13・カリスマ

One hand slightly flexed with a very prominent thumb.
「とても目立つ親指で少し曲げられた一つの手」

12度で発見した可能性は蟹座の手によって育成され、だんだんと硬い意志あるものに育っていきます。13度はカリスマ的な度数で、孤立的で、非迎合的で、強気です。親指は意志と指導力を表す指で、このシンボルのかたちを想像しにくいかもしれませんが、私は、他の四つの指に包まれて中に隠された大きな親指というふうにイメージします。

12度は腹の中に隠れた幼児でしたが、ここでもまだ強い意志は手の中に隠されています。双子座の13度ならば大きな声や目立つアクションで意思表明をするでしょう。この5本の指を五つの元素に例えると、月の下には四つの元素があり、月の上には第五の元素があります。例えば、地上的な組織が真の指導者を隠しているという光景が外界にも見えます。影武者を立てるとかして、外界からの攻撃を避け、中心にある支配原理はその力をだんだんと強めていくのです。

13度はかなり尖った性質で、それは孤立しても全く気にしないのですが、蟹座の水の同化性質からして、11度と同じく、それをストレートに外に表現したりはしないということなのでしょう。あまり表には出ていませんが、頑固さにおいては強烈で、決して自分の意見を曲げることはないでしょう。12度の腹の中に幼児が育った姿だと想像してもよいでしょう。力は外にでなく、もっと深く内に進んでいきます。

蟹座 14 度 ［13.00 〜 13.99］　14・浸透

A very old man facing a vast dark space to the northeast.
「北東の大きな暗い空間に向いている老人」

13度の突出した力を地上的・実際的な面に引き降ろし、その行為によって自分で自分を作るという自己生殖の14度では、13度の強い親指の力が内向し、内側の限界点を突破します。通常の蟹座らしい情感とか、気持ちなどがここでは一切働きません。そして内側の中心にある穴を通じて、外宇宙に飛び出していきます。

牡牛座の24度を説明する時に、真の外界は脳の外にある世界ではなく、脳を通じて触れることができると説明しましたが、牡牛座は土のサインなので、肉体から離れることは少ないのです。蟹座は水のサインで、それは物質的なものではないので外に飛び出すことができます。

ルディアは、地球は太陽に対して23・5度くらい傾斜しており、北東とはそれを意味しているのだと説明していますが、私たちが視覚の投影でしかなく、真の意味での外宇宙は、私たちの感覚の、脳の働きを通じて接触できます。当然、これは一時的に凍結した外宇宙で、私たちの脳で働く心理というのは仮死状態になります。通常の心理が働いている間は、それがブロックして、この外宇宙に接触できません。

対向にある土のサインの山羊座では、古い歴史の中に自分の意志と共鳴するものを発見しましたが、蟹座では心理宇宙の中に、この巨大なものが入り込んでくるのです。それは13度の徹底した内側への集中による結果です。

蟹座15度［14.00〜14.99］　15・侵攻

A group of people who have overeaten and enjoyed it.
「過食を楽しむ人々のグループ」

14度で内面への集中から、日常的な感覚が働かない外なるものに接触した人は、通常の配慮とかが壊れてしまいます。限界を突破して食いついていく超越的快感を覚えてしまうからです。14度は自身が外界に向かうのです。しかし15度はそこでの余剰活力のカードから「悪魔」のカードへという流れです。タロットでいえば「節制」

蟹座は胃のようなものなので、異質さを嚙み砕き、取り込み混ぜていきます。この蟹座の飲み食べる働きが、外界への侵入力として、踏み越えてはならない境界線を超えて進攻します。14度では内面に集中して、超えてはならない壁を突き破ってしまいました。今度は外に対して、それをします。テリトリーを破り、外側に拡大し、人のものは自分のものという考えになる場合もあります。

この侵略行為は蟹座的な動機に裏づけられており、つまりは一体化していくという衝動です。そもそも水・活動サインの蟹座の侵略は共感ですから、時には目にあまるものがあるでしょう。この膨らみすぎが16度の倒壊を誘発するのです。植民地を増やすというようなイメージで考えてもよいでしょう。

5度、10度、15度という5度刻みのリズムは外へと進みます。偶数は理解してほしいという殊勝な心があり、奇数は押し出します。5度は自分の殻が壊れつつ、拡大していったのですが、15度は外界のテリトリーを壊しつつ進みます。

蟹座16度［15.00〜15.99］　16・解体

A man before a square with a manuscript scroll before him.
「広場の前で、手書きの巻き物を広げている男」

15度で行き着くところまで行くと、それ自身に崩壊現象が生じます。世界はまるで一人芝居のように、何かに侵入すると侵入されます。円形に巻いたロール紙のように、右に押すと左から入ってくるのです。「手書きの巻き物」をルディアのように曼荼羅とみなすと、心の中にあるものを形に描き、内的世界を外側に展開して、仕事などで成功したい人々を相手にしても平気で渡り合えるような無い外皮を持ちたい、心とは無縁な分野で、とってつけたように仕事したりするのはここでは問題外のことです。曼荼羅的に、自分の内側にあるものがそのまま外に発展していくというのが重要なのです。

そのような贅沢な仕事ができている人なんて一握りかもしれませんが、16度以後の蟹座は、それをしていきます。蟹座の内側から見る山羊座的な視点に対して、今度は外から見る山羊座的な視点が入ってきますから、落とす、すなわち失意の体験などもすることになります。ですが、これは蟹座の感じ方に新しいものを加えようとしているのです。

そもそも蟹座は内臓は柔らかすぎたので、外にはみ出すのは危険でした。社会性とか仕事とかは山羊座の受け持ちですが、この16度で山羊座が侵入してきたのです。蟹座は山羊座的な野望を持つようになったのです。

蟹座 17 度 ［16.00 ～ 16.99］　17・新たな希望　蟹座

The germ grows into knowledge and life.
「知識と生命に成長する微生物」

16度の曼陀羅は心の中にあるものが外面的に形になることを表しましたが、そもそも蟹座は育っていくサインなので、こうなるとたくさんの芽が仕事とか活動として形になろうとします。本来、17度は遠い夢とかがだんだん身近になることでしたが、蟹座では位相がだんだん逆転して、心の奥にある微細なものがだんだん物質化の方向に向かうのです。14度で説明したように、外宇宙との扉は内的なものの中心からもたらされたのです。しかし、これは人間の真実は内的なものであるという意味ではありません。内的なものの中心に外との接点があるという蟹座の構造を説明しただけです。

17度は人格がクラッシュして、その瓦礫の山の中での希望という意味ですが、さまざまな微生物のような小さな星が大きく育ってきます。計画立てる必要はありません。また17は足すと8という意味を持つ奇数です。ですから、ある程度溜まると放出する性質があります。しばらく経過すると膨らんでくるはずです。すぐに実践しないで力が溜まるまで待つと、自然的にチャンスがやってきます。

反対側の山羊座では入浴する少女というシンボルで、山羊座の堅い殻あるいは外的な皮膜としての衣服がなくなったという姿です。この衣服が破れて瓦礫の山になったということなのです。蟹座ではそれが逆に内にあるものがどんどん外に出てくるきっかけを作り出すのです。ただ歯止めがないので、節目が必要で、引き際も学ぶとよいです。

蟹座 18 度 ［17.00 ～ 17.99］　18・種を探す　蟹座

A hen scratching for her chicks.
「ヒヨコのために土をほじくる雌鳥」

自分の中で育ってくる、初めは微生物だったような可能性は、育つために食料が必要です。それは同じ形・種類なのですが、より粗雑な外部にあるものです。食物の吸収は、この同じ形のものが取り込まれて力になることを表しています。似ているが粗雑な素材が食料として要求されているので、この度数の人は、理想的ではないけれど、自分のしたいことに少し似ような仕事や活動、社会の中でしていき、完全な自己実現の機会を伺っています。作家になるなら本屋さんとか、音楽家になるなら楽器店などで働くということです。

個人のまだ曖昧な可能性を、社会が汲み取ってくれるなどということはないのですから、初めから自分の理想のものが社会の中で受け入れられるわけはありません。それには時間がかかるのです。まずは近いところから接近し、栄養を吸収していて、力強くなり、次第に自分の理想の活動に近づくということができるとよいのです。あくまで蟹座の目的がメインですから、自分がしたいことを社会の中で実現します。社会というのはたくさんの人の集まりですから、社会がこの蟹座の目的を受け入れるというのは、知らない人がこの蟹座の人の心を理解し、それをかたちにした活動を受容してくれるということです。

18は合計すると9の数字で、9が精神的な上に向かう旅ならば、18は下を模索する旅です。未知の領域で、自分の理想の実現の方法を探してあちこちをほじくっています。

蟹座 19 度 ［18.00 ～ 18.99］　19・想像的可能性

A priest performing a marriage ceremony.
「結婚の儀式を遂行する司祭」

蟹座

自分にとって最も適した仕事は何か、山羊座領域という土をほじくりかえして模索していると、蟹座はそもそもが内的な芽を育て膨らませるという、夏至点からスタートしたサインですから、幸福感や一体感、家族的な輪などに関わる仕事が重要だと気がつきます。世の中で、この蟹座的なものが強く出てきている仕事とか場所はたくさんありますが、サビアンシンボルでは一例として、結婚に関わる司祭のことを書いています。それは男女を結びつけ、その結合を祝福し、家族が形成される現場に居合わせ、それを助けることです。

19の数字は10と9が並んでいることで、10は完成したかたちになっていますが、9はその手前にあり、まだビジョンにすぎません。この想像的な可能性をもう一つの10が受け取り、世の中に引き降ろそうとします。ですから、こうあるべきビジョンをもっと形にしようという意思表示をします。まだ存在しない可能性を称揚することは、これから結婚する男女の未来の幸せを祝福することに似ています。

活動サインの19度を、私は大風呂敷の19度といいますが、これはまだないものをあるものとして想定することで、やがてはそれがかなり無理なものでも実現してしまう力があるからです。宣言して、そして実現する実力があるのです。目の前の男女を見て、上手くいかないと感じても祝福し、ほめ殺し的性質があります。

蟹座 20 度 ［19.00 ～ 19.99］　20・恒常的に

Gondoliers in a serenade.
「セレナーデを歌うゴンドラ乗り」

蟹座

20度では調不調があってはならず、外界がどのような状況でも偶然性に振り回されずに、自分の職務と目的を継続できる力を育成します。それは期待感に依存しないということでもあります。度では、チャンスがある時にこそとばかりに幸福感を強調しましたが、20度はそれを継続的にしていくという意味にもなります。地域の良さや伝統的なもの、平凡なもの、幸福なもの、楽しいもの、調和的なものなどです。これらを日々育成するためのルーティンな仕事があり、繰り返されることで増強されるものがあります。

山羊座と蟹座は集団意識を表し、この集団性の中では個人の活動は目立たず、遠くから見ると見えないものかもしれません。しかし、この個人の活動が集団性の全体を支えています。自分の役割を果たすということとそれを継続するということが大切なのです。蟹座の支配星は月ですが、これは繰り返しの行為が自動化されて、月の不調というのは同じことを示しており、生命的なものの地盤になることを示しており、月の不調というのは同じことを繰り返さないということにあります。育ちの悪い人は同じことを繰り返せません。しかし後天的に継続することで、その根性はリライトされます。

7度の不穏さはここでは完全に解消されています。ベニスに行くとゴンドラがあり、そしてセレナーデを歌ってくれます。このステレオタイプ的なものを蟹座は支えます。この紋切型のものからは獅子座になって脱出します。

蟹座 21 度 ［20.00 ～ 20.99］　21・飛躍　　　　蟹座

A Prima Donna singing.
「歌っている主役女性歌手」

サインの3分の1地点という跳躍的な場所で、蟹座は強い押しを発揮します。オペラは多人数が参加して作り上げる作品ですが、この中で全員を牽引するのはプリマドンナです。そもそも蟹座は同化するというのが目的なので、誰か指導的な人が出てくることそのものが、その趣旨に反していますます。ですので、プリマドンナも参加者の一員として混じり合いつつ、その上で、渦の中心となります。

シュタイナーは、蟹座の記号とは二つの異なる渦を結合するオリオン的な意志を表しているのだと説明していますが、情感的に盛り上がりながら、ハーモニーを奏でて混じり合うオペラは、対立や緊張が生じ、そして最後に混じり合うというスタイルです。たいていのオペラにおいてのプリマドンナは虚弱ではなく、マリアカラスのように毎日2kgサイズのステーキを食べているというような人が多く、蟹座の押しつける力がピークに達しています。

四つの活動サインの21度が混じったものと考えてもよいですし、三つの水のサインの21度が合わさったものと考えてもよいでしょう。幾何図形というのは、点同士が助け合うものになりやすいでしょう。決して指導している立場を標榜しませんが、それでも中心となっている人、カルチャーセンターでも先生ではなく、生徒代表のような人がいつのまにか出てきて、講座の後、全員をカフェに引き連れていきます。

蟹座 22 度 ［21.00 ～ 21.99］　22・クールダウン　　　　蟹座

A woman awaiting a sailboat.
「ヨットを待つ女」

たいていのオペラのプリマドンナは力強く、健康的です。やはりマイクがない時代に、誰にも届くような声を出さなくてはいけない配役だったからかもしれません。ですが、プッチーニのオペラの女性歌手は、虚弱ですぐに死んでしまうとか、かわいそうな印象を持っています。

町の中心にいる21度に対して、22度は町の外の寂しい埠頭にいて、蟹座の理想の夢、つまりは純粋な愛情や一体感がやってくるのを待っています。待っているというシーンなので、いつまでもそれは来ないという意味でもあります。つまり地上では、特に町では実現し得ないような理想を抱いているのです。21度は自分で獲得し、22度は網を張って待つのです。

プッチーニの月はこの蟹座の22度なので、ピン・カートンを待つ蝶々夫人を作ったのだということを私は説明していますが、ありそうにない理想を求め続け、なおかつ個人では扱いきれないくらい溢れるような強力な蟹座の場所では、かわいそうな感じを醸し出すことがあります。力の感情が増強された分だけ、胸が痛くなるようなないそうな感じを醸し出すことがあります。力の欠乏感も位相が反対ではありますが、豊かな所有物です。ひねくれた見方ではありますが、鬱陶しさも半端ではないということです。21度の騒がしさを嫌うので、人がたくさんいるところには出てこないケースが多いのではないでしょうか。

蟹座 23 度［22.00 〜 22.99］　23・いいとこ取り

Meeting of a literary society.
「文学会の集まり」

蟹座

蟹座は内側から同化・共感する水のサインなので、外から見るような批判機能はないと説明しました。これが蟹座のいびつな判断力を作り出します。愛着があれば、どれほどひどいものであれ、最高のものになるのです。「どうしてあんな人に夢中なのか」というふうに周囲の人が呆れてしまうような行動も、蟹座の性質ならあり得るということです。

この同化するだけで、外からは見ないという蟹座に、評価能力とか批判機能を与えるとしたら、唯一の方法は二つの種類の違う共同体に同化してもらうことです。行ったり来たりの中で感じる差異成分が、互いを批評する言葉や意見、考えを作り出します。

23度は21度と22度を組み合わせて遊ぶ度数ですから、街中にいて、そして理想を追求してという二つの度数を行き来しながら、文化の批評能力が生まれます。この度数の人たちがよくやるやり方としては、海外に行き、日本とフランスなどの生け花の扱い方が違うなどを見て、そこから日本とフランスに対して評価するなどです。どちらに対しても蟹座的な愛着と参加の意志がありつつ、それを比較できるのです。

21度的な時期と22度的な時期を行き来する人もいるので、そのスパンが数年単位ということもあれば数か月、あるいは数日ということもあるでしょう。それは押しの強い時期と弱気な時期という躁鬱的なリズムを作り出すこともあります。

蟹座 24 度［23.00 〜 23.99］　24・果てしなさ

A woman and two men on a bit of sunlit land facing south.
「南に向いた太陽に照らされたところにいる女と二人の男」

蟹座

23度の文明批評能力を発揮すると、やがて、理想の蟹座共同体を作りたいという行動が出てくることになります。雑然とした21度ではなく、22度の夢を果たすような共同体です。これを作ってそこで落ち着くのかというと、果てしないエスカレートをする24度は、どこまでいっても完全な実現でないことを感じて試行錯誤します。

南の島にいる男女が二人かもしれません。しかし女一人で男二人という三人組です。となると、目的意識を表す男側が単数ではないために、作っては壊しということが続く可能性があります。合計で三人というのは生産性の数字です。3の性質上、次のものを作る時に前のものは壊れ、流動状態になりやすいのです。建築家とか家を設計する人ならば、モデルを考案しては、また次のものにチャレンジするというな忙しい人になるのではないでしょうか。

それに活動サインの24度の中で、牡羊座と天秤座の影響が90度っぽく背後から入り込むことになると、ほどほどさを突き破って予想しない事態がいろいろと巻き起こります。天秤座の24度は、外からやってくるものが抵抗できないかたちでそれまでのライフスタイルを揺るがす感じがします。つまり一人の女性と二人の男性の間で、ドラマ的などんでん返しなども起きやすいわけです。活動サインの24度は、決して静かな島でののんびりした平和な暮らしというわけにはいかないのです。

蟹座 25 度 [24.00 ～ 24.99]　25・完成と自律

A dark shadow or mantle thrown suddenly over the right shoulder.
「右肩越しに突然投げられた黒い影または外套」

蟹座

蟹座の完成地点です。山羊座と蟹座という集団社会を意味するサインでは、保守的になりすぎないように、外部から刺激を持ち込んで新陳代謝します。この人物は遠いところから戻ってきて、計画を外に押し出す場所である、右肩から投げかけられた黒い影は、他の人には未知のもので、この新提案がどう転ぶのか先がわからないというものです。政治家が持ち出す都市計画みたいなものかもしれません。

外套は外から包むものなので、山羊座的な象徴ですが、それが見えるようになってしまうのです。古びていく共同体には、常にこうした新規の持ち込みが必要です。この新規のアイデアは、24 度の実験で考えられたものかもしれません。この企画が成功すれば、限界集落にも人が戻ってきます。

集団社会では、それを構成する人々はかなり受動的になり、自分から何かしようという人は多くはありませんし、責任の所在もはっきりしなくなるというのが常なので、この半分はマレビト的な存在は、共同体には必要なものです。そして何か新しいことをいうと、それは邪悪視されるのもいつものことです。投げ込んできたものは悪ではないのかと疑心暗鬼になるのです。25 度がサインの完成地点というのは、5 かける 5 で、人間の五つのセンターが、それぞれ自律的な運動をしていくことを意味しています。他に頼りません。共同体の 25 度は長続きのシステムを作ります。

蟹座 26 度 [25.00 ～ 25.99]　26・堪能

Contentment and happiness in luxury, people reading on davenports.
「豪華さに満足と幸せを感じ、長机の上で読書をする人々」

蟹座

完成された蟹座を味わうのが 26 度です。既にここには次のサインである獅子座要素が少しずつ混じり込んでいます。どのような共同体にも特権階級が生まれ、平等主義は果たしにくいでしょう。文化の中で良質なエッセンスのようなものを独占的に味わう人々が出てきて、その独占的という部分に少しだけ獅子座が混じっているということなのです。

例えば、夏は軽井沢に住み、カレーは中村屋でしか食べず、羊羹はとらやに決まっていて、買い物は伊勢丹で、銀行に用がある時には銀行に来てもらい、泊まるのは富士屋ホテルという人です。少し古めで、トレンドではありませんが贅沢な楽しみを追求し、良質で伝統的な芸術を楽しむ反対の山羊座も、集団意識を表す蟹座と山羊座は、基本的に新しいものを作り出すことのできるサインではないので、良き消費者の側に回ることになります。もちろん、この度数の人がいても、違う天体が創造性を発揮しているケースはいくらでもあります。

繰り返しますが、26 度は作りません。それは受け取り、堪能するだけなのです。作る力があれば、この人の趣味も随分と新しいものになっているはずです。26 度は合計すると 8 で、それは集めて凝縮する数字なので、コレクターになったりすることもあるでしょう。自宅の地下にはワインセラーがあるかもしれません。

蟹座 27 度 ［26.00 〜 26.99］　27・向上心

A storm in a canyon.
「渓谷での嵐」

蟹座

26度で豪華な文化を堪能している人々の住む場所を維持するには、大きな努力が必要です。彼らが住む場所は何となく不穏な空気が流れていて、平和を維持するのが難しいようにも見えてきます。実際には、この不穏さを作り出しているのは彼ら自身で、蟹座に飽きており、蟹座へ向かおうとしている願望がまだ自分ではあまり自覚できていないのではないかと思います。蟹座の楽しみは、26度で味わい尽くしたので、もうそれ以上、蟹座に期待するものはありません。

27度は合計すると9で、それは向上心を表していますから、自分の努力で獲得することを意味しますが、たいていの場合、27度で獲得したいものとは、これまで同一化していた世界観を鳥瞰的に見る視点であり、そこを突破したいという意図が隠れています。数字の原理として十進法世界では、部品は九つあり、これらを全部手に入れると、これをひとつにまとめて次の大台の10に向かいます。それは次の次元への接触を意味します。

これまでのものをすべて手に入れると、拘束がなくなり、環境に縛られることもなくなり、そして移動可能な身軽さが手に入ります。

渓谷には嵐がやってくるのですが、それは何となくわくわくするものでもあります。ですが表向きは、この不穏な事態は困ったことだといっています。建前的にそれは由々しき事態だと表明しているのです。水に対する火の元素はことを荒立てます。

蟹座 28 度 ［27.00 〜 27.99］　28・突破口

A modern Pocahontas.
「現代の少女ポカホンタス」

蟹座

ポカホンタスはインディアンの部族の中に、つまり蟹座的な空間に、異物としての白人船長を連れてきます。水の元素のサインは結合性ですが、火の元素のサインは弾く性質で同化しません。そもそも火のサインは水の水面を叩くことで発生します。獅子座のサインは水の水面を叩くと、蟹座社会全体に大きな動揺が走ります。ひっそり一人出ていけないのかというと、水のサインは引っ張るものですから難しいでしょう。

いっそのこと、蟹座の中に火の元素のサインの獅子座を持ち込んで、環境を大騒ぎの状態にするしか抜け出す道がないのかもしれません。

それはとても迷惑な話ですが、いずれにしても水の元素のサインは、末期になると、火のサインの力に荒らされてしまうというのは事実です。そうでないと、水のサインは最終的には死に至るからです。一体化というのは、最終的に静謐な水、全く動きのないものになっていくのです。そこに至る直前に、火の元素は水面を叩き、事を荒立て、不穏にしていき、次の可能性を導くのです。

この度数の人は、蟹座的な共同体の平和を壊す罪な人ですが、それは最終的な死滅を防ぐために、チャンスをもたらす救済者と考えてもよいのかもしれません。眠りを起こし、不快な異物を取り込み、多くの反対を押し切って、大胆なことをしようとして、自分が抜け出したいために人の手を借りるというのは蟹座としてはしようがないでしょう。

蟹座 29 度 ［28.00 〜 28.99］　29・比較

A Muse weighing twins.
「双子の体重を量るミューズ」

蟹座

29度は、今までのサインと次のサインの比較をしますが、古い世界に留まること、自由に飛びだすことなどについても検討をします。気持ちとしては獅子座に向かっているにも関わらず、実際にはまだ蟹座の中にあります。

水のサインの最後の度数では、独立するべきなのに実際にはそれができないという状態になるケースが多く、実際に独立していないのに、その話題ばかりが出てくるということもあります。恋愛では水の終わり頃の天体は、腐れ縁的にもなりやすいといえます。つまり本人としては水のサインの性質にはつくづく愛想が尽きており、水のサインの否定的な側面については強く自覚していますが、それでも行動としてはまだ火のサインに向かっていないのです。

この29度は、蟹座と獅子座の行き来する駅のようなものでもあるかもしれません。ずっと長い間、故郷に住んでいながら、旅としてはあちこちに行っているという場合もあります。また獅子座を創造性と考えた時に、地元の活動の中に、ある程度創造的な要素を持ち込んでいるということもあります。蟹座は育てる力はありますが、作り出す力はありません。蟹座の腹の中で獅子座的な要素が育成され、十分に育つと、外に飛び出しますが、まだ外に飛び出すには、子宮口が開いていないという段階だと考えることもできます。価値の比較をしているので、柔軟な考え方があります。人の相談などにも乗ることができます。

蟹座 30 度 ［29.00 〜 29.99］　30・吐き出す

A Daughter of the American Revolution.
「アメリカ革命の娘」

蟹座

蟹座から去る前の最後の度数では、蓄積された蟹座の要素がすべて吐き出されます。吐き出すためには蟹座に対する愛着を失う必要もあり、蟹座の異常面に対しても知り抜くことになります。蟹座という水・活動サインは、積極的な同化です。内部から共感的休みなくより強く同化します。それを外面的に見ることはできません。他の人が批判しているようなものでも、蟹座からすると唯一無二のものであると感じることもあります。

「アメリカ革命の娘」というシンボルについては、ルディアがいうように、さんざんテロと陰謀を繰り返して発展してきた国です。中に住んでいる人からするとアメリカは最高の国です。外からの視点がないと、この蟹座の有機体・集団はいびつなかたちで膨張していき、しかも自分では自覚できないのです。このような最後の蟹座の性質について理解していながら、最後の30度では蟹座的な感情の残りをすべて使い尽くさなくてはならないので、蟹座に溺れる現象が発生します。

例えば、家族のことしか話題にしない人です。火のサインは水の静かな水面を叩いて、その揺れが火の元素そのものを形成します。そこで静かな水面、すなわちすべてが一体化して、もう差異性が消失する寸止め段階で、反発し動揺させる揺れを作り出します。反発心を起こさないと火の元素は発生しないのです。もう吐きそうだ、二度と戻りたくないという感情を抱くということです。

獅子座1度 [0.00〜0.99]　1・スタート

A case of apoplexy.
「脳溢血の症例」

火の固定サインとしての獅子座がスタートしますが、獅子座の支配星は太陽です。太陽系の中心に太陽があり、そこから惑星に光が放射されているというイメージで考えます。人体では、これは心臓に当たり、そこから新鮮な血液が身体中に送られるのです。つまり、いつでも中心から外に向かって放射することになるので、このシンボルでも、体の中から爆発的な光と熱が広がるのを想像する必要があるのですが、ジョーンズのシンボルでは脳溢血です。

実際にこの度数の人は、活力が外に爆発的に向かうのですが、それが何か痙攣現象のように感じ、また冷静さに欠けており、考える前に脳溢血が出てくるという場合が多いので、何となく脳溢血的に見えないこともありません。しかしそれは強いといえば強い話であり、本来は、獅子座の火・固定サインの力が身体の中心から体を駆け巡り、さらに余剰なものは外に飛び出すと想像します。爆発して髪の毛が逆立っているような映像の方が近いようにも感じます。

私が個人的に感じるのは、比較的アブない人に見えることもあるということです。蟹座は集団性で一般性が強く、個人としての個性は考慮に入れられません。蟹座は集団性を考慮に入れますが、獅子座は考慮に入れません。しかし獅子座は牡羊座を120度で再生します。蟹座という集団性をチャージした上での火の再生ですから、それは強力です。

獅子座2度 [1.00〜1.99]　2・反射

An epidemic of mumps.
「おたふく風邪の伝染」

獅子座の火の爆発は、周辺に影響を及ぼします。火の元素は波紋を起こすことであり、獅子座の興奮は周囲に伝播します。集団ヒステリー的なものと考えてもよくて、伝染病はあっという間に、学校のクラス中に広がります。人間の理性は0・3秒しないと起動しないといわれています。この時間よりも前に伝わってきたものに対しては、ほとんどの人が考える前に本能的に反応してしまいます。

獅子座の1度や2度はまだまだ衝動的なので、冷静でもなければ、考え深くもありません。興奮するとそれがあっという間にうまに広がっていき、周囲の人にも、それを考える前にもう伝染しているのです。もし考える余裕があれば、その影響は止まってしまいます。

固定サインは、何か固いものが壊れていくようなイメージで描かれていることが多く、固定サインは、抵抗する固いものを突き破ったり、壊したりすることが好きなのではないかと思います。抵抗がある方が壊すのが楽しいと感じるのです。反対にある水瓶座の2度は、それまでの山羊座的な地域性や立場、習慣などが水瓶座の広がる影響力によってなし崩しになることを表しますが、獅子座の場合も、打ち壊すターゲットが蟹座ならばそれは集団性の輪であり、この規律や安定感、安心感が崩れ去ります。学校でおたふく風邪が蔓延して授業ができなくなり、休む生徒もいれば、来る生徒もいて、集団生活が円滑に運営できなくなるようなありさまです。

獅子座3度 [2.00〜2.99]　3・運動性　獅子座

A woman having her hair bobbed.
「髪型をボブにした女」

水の元素の均等性を突き破って、そこに波風を立て、火の元素の振動が始まります。この火の元素は、獅子座では固定サインなので、型が決まっている性質があります。究極の理想としては獅子座の火・固定サインとは、永遠性を持つ火ということで恒星を目指しています。太陽系の中の太陽もまた恒星です。

占星術で使う太陽は1年で公転するので、虚ろいやすい地上生活というよりは地球です。この恒星のような生き方を貫くことはほとんど不可能ですが、獅子座はちょっとだけでもよいから真似をしようとします。永遠の火とは歳を取らない火であり、生物学的に肉体が衰えても、精神的な部分での火の元素は全く変わることなく続くのです。

サビアンシンボルの考案者が生きていた時代、ボブヘアがどういう受け取り方をされていたのかわかりませんが、時代の流れにお構いなく、若々しい姿をしている女性という意味のシンボルです。特に見た目や肉体的な面、官能的な要素に現れているとルディアは説明しており、精神面においては4度に出てくるといいます。3度は獅子座全体の運動法則を確立しますから、永遠の火として年甲斐もなくいつまでも同じ情熱で生きているという姿勢を確立すると考えてもよいでしょう。火の元素は、水と土の元素を嫌うという点では、等身大のつつましい平凡な生き方を嫌います。それならばまだ浮いていた方がましだと考えます。

獅子座4度 [3.00〜3.99]　4・集団的リソースへ浸す　獅子座

A man formally dressed and a deer with its horns folded.
「正装した男と角を刈られた鹿」

老いても変わらない永遠の火を保持する獅子座の女性版が3度ならば、男性版は4度であると考えられますが、その前に4度は集団的なリソースに浸して、普遍的な価値があるものであると定義しようとします。

狩りをして大きな獲物をしとめた老人は背筋を伸ばし、正装しています。勇気と気高さとか、あるい狩猟精神を自慢している姿で、長い歴史の中で、多くの人が模倣してきた男性的な姿などを表しています。3度がある程度新しさを持つにしても、4度は伝統性とか古めかしさなども持つ傾向はあります。

このシンボルでは人間と動物が描かれており、男性が鹿の角を刈るのですから、動物的な要素を去勢したことになります。そして人間の男性側が優位性を発揮します。生命性よりも精神の男性が優位に立つという姿勢を表しているのかもしれません。一方で、3度は明らかに生命性を重視したものでもあります。4は3を停止、あるいは殺すことで成り立ちます。3の休みない生産性を止めないことには4の普遍性が手に入らないのです。気ままで好きなことをしている獅子座と、その背後にある変わらない火、すなわち精神性を重視した獅子座という二つを比較してみるのもよいでしょう。西欧では、角笛は深層の感情を刺激するといわれていて、ワーグナーはそれを上手く利用しています。多くのワグネリアンはこのあたりに何らかの天体があると思われます。

376

獅子座5度 [4.00～4.99]　5・冒険

Rock formations at the edge of precipice.
「絶壁の端にある岩の塊」

獅子座の無謀な冒険心は、崖の向こうに飛ぼうとすることですが、絶壁の端には岩があり、この岩に衝突してしまいます。人間には四つの元素をすべて総合した第五元素のところに基盤があります。結果として四元素は均等に扱った方がよいのですが、獅子座の初期的な段階では土を無視する行動に出ます。すると脳溢血ではないのですが、何かの事情で、この火の元素の跳躍はくい止められてしまいます。

実際にその方がよいと思うのですが、しかし5度という冒険心からすると、崖の向こうの虚空に飛び出したい意欲満々です。いずれはもっと巧妙に飛ぶことができるのですが、今の段階ではただ衝動的にチャレンジしようとしているので、反対成分にくい止められるのです。壮大な夢を抱き、それはかなり現実離れしたものに見えるのですが、しかしそのダイナミックさはなかなか興味深く刺激的です。実際の行動で実践しないのならば面白いのではないでしょうか。

火の固定サイン、すなわち永遠の火の元素を含んでいて、夢の世界です。現世は長く続かない火であり、そして風・水・土の流入があり、浸食されるのです。5度の夢は次に10度と15度などで再生されます。反対の水瓶座では、ネットワーク的なところで意志が広がっていくということになり、双方向的です。獅子座においては、自分から飛び出すという一方向的な特質があり、引っ張られて広がるというわけではないのです。

獅子座6度 [5.00～5.99]　6・環境へ

An old-fashioned woman and an up-to-date girl.
「時代遅れの女と最先端の少女」

環境の中に飛び出す6度では、獅子座は自分が環境の中でどう扱われるか思い知ることになります。そもそも火・固定サインは、時代の変化には全く関わりなしにずっと同じ夢や同じ願望を抱きます。それは日々変わっていく世の中のモードから見ると、古くさいものと受け取られることもあります。

しかし獅子座の側からすると、自分が最先端だとも思っています。何十年も考え方が変わらず、現状に対して誤った判断をしていることもあります。これは獅子座の創造的な意欲が、一方的に内から外に向かう流れであり、外からの情報はもともと入りこにくいということがあるので、外から内へ流れ込んでくる水瓶座の助けを借りないと上手く補正できません。休みなく変化する現世のものに対して、自分がなかなか対応できないということを6度で知ることが多いでしょう。客観的な要素は天秤座が持っているといわれます。

獅子座は主観的な要素です。もし、獅子座の創造的な精神をトレンドに合わせて世の中に打ち出すには、水瓶座や天秤座などが関わるとスムーズにできますが、獅子座単独ではなかなか難しいでしょう。しかし時代に休みなく対応しなくてはならないとすると、獅子座にとっては結構なストレスとなり、しばしば降りたくなります。獅子座の理想は恒星としての太陽です。世の中は惑星の支配を受けて、休みなく変化しています。

377

獅子座7度 ［6.00〜6.99］　7・落差

The constellations in the sky.
「空の星座」

獅子座

　6度で環境の中に入り、すると、火・固定サインとしての変わらない姿勢を続けたい獅子座の姿勢と、ぐるぐると動く惑星に支配された世の中のギャップを感じるのですが、この落差はかなり大きなものがあります。太陽系の太陽や夜空の恒星、コンステレーションはまるで永遠性を感じさせます。それとうつろいやすい地上の社会の落差を感じた時に、自分は社会に属したくない、むしろ空の星座のようでありたいと思います。

　反対側の水瓶座では7度は卵から生まれた子供というシンボルです。これも中空に浮かんだような、地上にルーツを持たない子供を象徴しています。そもそも7度は落差を表し、落差というか電位差があると、そこに必ず流れていくエネルギーがあります。そしてそれが活動性とか何かの行動性を作り出します。夜の星座のよう永遠性があるものと、地上の現世的なものの落差を感じると、例えば、地上の秩序には従わない不良化した行動が生まれたりします。学校に行かない、仕事をしない、気ままに暮らす、世の中のルールを馬鹿にするなどいろいろです。順応するよりも、反抗することを善と考えることもあるでしょう。

　獅子座の前3分の1あたりの度数の人々は不良化している人がたくさんいますが、この7度が離反・不良化の行動を促す代表ではないでしょうか。水瓶座の7度もこれと似たような傾向があり、拘束から逃れ自由に動こうとし、管理できない人になりやすいのです。

獅子座8度 ［7.00〜7.99］　8・落差の克服

A Bolshevik propagandist.
「ボルシェビキプロパガンダを広める人」

獅子座

　6度で地上生活に順応しようと試み、そこで永遠性とうつろいやすいものの落差を感じ、7度で離反したくなった人は、その落差を克服するために8度では、地上生活の破壊を試みます。こうそり世捨てして人になるのでなく、環境の中に永遠性を持ち込もうとするのです。夜の星座の力が、地上に侵入していって地球を襲撃するとか、映画などで宇宙人の宇宙船が地上を襲撃していく巨神兵がビル群を壊していくような光景を想像してみるとよいでしょう。

　獅子座の4度から8度くらいはワーグナーの作品の個性とも縁があるのですが、フランシス・コッポラの『地獄の黙示録』で、ヘリコプターが「ワルキューレの行進」をかけながら攻撃をしていく光景は音楽の雰囲気と相まって、ごちゃごちゃした地上を焼き尽くすという8度のイメージで、これは獅子座の8度の感情を理解するために参考になります。爆弾を落としたいとか、全部真っ白にしたいという欲求はこの8度が多かれ少なかれ持っているものです。修行してユニティの意識に入ろうとする人がいるとします。そのようなことをしなくても、世界を一気に爆破すればよいのではないかというのは一部のSF小説の題材です。

　双子座の8度の場合には、社会的な縦穴構造をひっくり返すことで世の中のルールを見返しました。この場合には、まだ複雑に分化した構造を温存していますが、獅子座においては、この細かくごちゃごちゃとしたものを破壊するのです。

378

獅子座9度 [8.00〜8.99]　9・哲学

Glass blowers.
「ガラス吹き」

9度に獅子座の哲学が現れます。8度で細かい地上の区別を粉々に砕いた後、この断片を溶かして、新しくガラス細工の作品を作ります。まず人が作ったものは気に入らないので壊すということと、次に、神の真似事として、被造物の中心に自分の息を吹きかけていくことです。獅子座の支配星太陽は、太陽系の中心とか、人体の中心の心臓を表します。中心から外側に向かって、創造的な力が広がるのです。これが、自分の息を泥の人形に吹きかけて、命を与えるという9度の意図です。

獅子座全域にこの精神が息づいています。そういう点でいえば、月の根性とは、惑星の周囲を回り、まとわりつくということです。近くに寄りすぎて、主人が歩くことができなくなることもあるかもしれません。人が自分の息がかかっていないかというのは、中心に自分の息がかかっていないからです。となると、8度の破壊活動も、実際には世の中のごちゃごちゃしたうつろいやすいものが嫌いなのではなく、自分が中心にいないのが気にくわないだけなのかもしれません。

発達した獅子座は恒星的な永遠の火を追求しますが、未発達の獅子座は、自分自身を永遠性の基準とみなします。そして自分が浸透できず、理解できないものはあまり重要視できないものとみなすだけでなく、時にはそれは悪であると考えることもあります。気に入らないものはみな悪い波動なのです。ともあれ、ここでは何かを理解するには創造することで理解します。

獅子座10度 [9.00〜9.99]　10・外へ伝える

Early morning dew.
「早朝の露」

10度は外界に対するアプローチとかプレゼンテーションですから、9度の創造行為を、外において披露することになります。早朝、太陽が光を照らすところすべてに朝露を見ることができます。つまり太陽からすると、目に入るところすべてを活性化させます。9度で創作をしていた人は、この創造的な力を、目に入るものすべてに発揮しようとします。そしてまた、それを人に見せたり、自慢したり、感動させたりしなくてはなりません。私が夜明けをもたらしたのだと思ってくれたら、最高です。外界にお披露目するという時には、今度は外界のいろいろなカテゴリーも視野に入りますから、そのいくつかの分野で創造精神を発揮することになりますから、いくつかの分野や生活のいろいろなシーンで、自分の能力を発揮することになるでしょう。

5度は冒険心を発揮し、この2倍の10度は5度がまだ気がついていなかった半分の要素を補填して、より完成度の高い形に落ち着いたかたちで、自分を押し出します。例えば、サインでいえば5番目は獅子座です。10番目は山羊座で、獅子座は外からどう見られているか自覚しておらず、山羊座は外界に接触する殻の部分を固め、外からの突っ込みに対しては強い耐久力を見せます。つまり10度は5度のように子供的ではないのです。無計画に飛び出そうとした5度に比較して、10度は見せるものをたくさん用意してテーブルに並べているのです。

379

獅子座11度 ［10.00〜10.99］ 11・実験

Children on a swing in a huge oak tree.
「大きな樫の木にあるブランコに乗る子供たち」

獅子座

10度は外界に対しての創造精神のお披露目でしたから、そこでは外界の人に対して気を遣う、あるいはある程度妥協したり順応的になったりもします。そこでできなかった余剰の創造精神は11度で発揮されます。つまり11度は合計すると2で、それは10に対する反抗心でもあり、10番目の山羊座に対する11番目の水瓶座のような位置関係にもあります。商品として生かされなかったけど、実は、一番楽しめるものを遊んでいるのが11度で、個人的にウケる、あるいは仲間内で受け入れられるものでもよいのです。

ブランコは自分で加速すればどんどん激しく盛り上がっていきます。樫の木の枝に作られたブランコは、巨大な木の中の派生生物という点で、もとのものを作り出そうという創造精神でなく、小ネタで遊ぶものです。そうしないと、子供のように遊べないのです。命をかけてチャレンジするものでもなく、依存心というのもあります。理解してもらおうと考えるのではなく、自分で楽しめるものとして、お笑いや創作、楽しい会話だけで終始する場合もあります。

反対側の水瓶座では、暗闇に対峙して霊感のようなものを受け取りますが、獅子座も空中で、ブランコが揺れる中でアイデアが湧いてきます。サインの中で3分割の前と後はモノコードの上昇5度の位置で、それは昂揚感を表し、盛り上げることで、面白いアイデアが湧いてくることになるのですから、勢いをつけることが大切です。

獅子座12度 ［11.00〜11.99］ 12・未知の探索

An evening lawn party.
「宵の芝パーティー」

獅子座

牡牛座で11度が個人的な趣味だったのに、12度でそれが社会性を持ち、商売的なものに発展したように、ここでも11度で素朴に個人的に遊んでいたものが、12度ではたくさんの大人が集まる中で、自分のネタを披露するという社会性にならなくてはなりません。9度では創作で、話題の中心になりきかけましたが、今度はたくさんの人が集まる中で自分が中心の位置に納まることになります。

私は四つの固定サインの12度を見栄っ張りのクロスと呼んでいます。有力なつてのできそうな場（蠍座12度）で、相手を値踏みし（水瓶座12度）、豪華な装いで（牡牛座12度）、話題の中心になる（獅子座12度）のです。これは黄金比率の場所なので、唯一、わがままな欲求が叩かれずにエスカレートするのです。12度は未知のものを発見するという点では、社交場で逸材を見つけます。そしてその逸材とは私であるということなのです。見栄えの良い、シャープなセンスを発揮した、優れた才能というふうに考えてもよいでしょう。

11度では見せつけるつもりはなかったが、12度では見せつけなくてはいけないのでそれは当然のことです。創作では洗練された要素を持ち、ちゃんと盛り上がりの場とか見せ場を持っているということになります。自分に酔う傾向があるのは否定できませんが、他人には意図がはっきり見えるので、不快ではないのではないでしょうか。

獅子座13度 [12.00〜12.99]　13・カリスマ

An old sea captain rocking.
「揺れている年を取った船長」

年を取った船長が揺れているのは、ロッキングチェアに座っているからなのか、それとも酔っぱらってふらふらしているのか一人で笑って震えているのか。日本語で「ロックだぜ」という時、それは孤立的な13度にふさわしく、年老いても一人興奮状態で生きている人を想像させます。13度はカリスマ的なピーク点で、それは尖っており、やはり尖っていないとロックではありません。物語の山場をどこに持っていくか、増長さをカットして、最高の見せ場を作り出す工夫をしています。

そもそも13度とは孤立して浮いており、非適応で、それは世の中のありきたりのものをタロットカード13番の「死に神」のように、粛清しようとしています。物語を作る時にも、退屈な場所は容赦なく削除しようとしているのです。引退した船長は、過去にたくさんの体験の蓄積があり、それらを話して聞かせる時に、一番効果的な表現を模索します。過去に危険な場所をかいくぐった。今はそういう体験をしていない。思い出して、それを表現することに集中しています。

12度の調査の結果、どこがウケてどこが悪いのかを理解しており、突出した創造性を発揮することを重視した人だといえます。11度から15度までは、芸術・芸能分野に一番関係がありますが、年老いた船長は自分が舞台に一番立とうとは思わないでしょう。そのため脚本を書いていたり、原作を書いたりする傾向が強いかもしれません。

獅子座14度 [13.00〜13.99]　14・浸透

A human soul awaiting opportunity for expression.
「表現の機会を待つ人間の魂」

14度は13度が着地することを意味します。13度でネタを考え最も効果的に練られた作品を作った人は、今度はそれを発表する場、または落としどころを見つけ出す必要があります。タロットカードの「節制」のカードは、上の器から下の器に、1滴もこぼれないように液体を落とし込みます。自分の創作精神を無駄なく発揮してくれる器として、それは地下のライヴハウスなのか、コミケ会場なのか、書店なのか、ネットなのかわかりませんが、最も適した場を見つけ出します。ここでは受け皿を工夫することがとても大切なのです。この表現の場が大切ということと、もう一つはタイミングです。非常に優れた作品なのに、ある時期が来るまで全く注目されなかったというのはよくあることで、自分の都合で強引に決めるわけにはいきません。「節制」は送り手と受け手のマッチングだからです。送り手は自分、しかし受け手は環境の側に属しており、環境のリズムがあります。

例えば、ここ十数年でテレビの2時間ドラマは入り組んだ筋のものはほとんど見当たらなくなりました。視聴者の知的レベルが落ちたからだという話を聞きます。受け手に合わせて作る側も規制されているということです。13度はこの受け手を全く考える必要はなく、むしろ受け手のことを無視した方がよいくらいでした。14度では、今度は受け皿のことに重点が置かれます。

獅子座 15 度 ［14.00 ～ 14.99］ 15・侵攻

A pageant.
「山車」

獅子座

固定サイン15度は黙示録の牛・獅子・鷲・天使に該当しますが、獅子のピーク点は、やはりだんじり祭りでてっぺんに立つとか、スターになるとか、注目を浴びるのが本望です。ここが獅子座の山場であり、その後は急速に脱力します。例えば14度では、自分にとってふさわしい表現の場を見つけ出し、そこに漏れなく活力を注ぎ込んで理想の自己実現を果たすのですが、タロットカードの「悪魔」のカードのように、15度は14度の直注ぎでも余ってしまった活力が身体のへそを通じて、外界に触手を伸ばすことを表し、それは自己実現という範囲からはみ出した、大それた、境界線を超えた侵攻です。

この度数を持つなら、14度のように節度あるところで満足しないで、もっと目立ちたい、欲張りたい、注目を浴びたいという気持ちを満たすべきでしょう。もしくは、この度数を持つ惑星の年齢域で、そこが燃え尽きるまでは押し出したほうがよいことになります。

四つの15度はそれぞれの元素の活力を強度に圧縮して、境界線を超えていき、異界との接点となるような頂上領域を作り出すことが重要です。進行天体においてはこれを山場とみなして、そこに至るまでのタイミングを予定に組み込みましょう。ただし進行の月は一瞬で終わりますし、過去の記憶の復元なので、小さな山場です。燃え尽きれば健全で、燃焼し尽くさないなら有害となるでしょう。範囲に関しては人それぞれです。

獅子座 16 度 ［15.00 ～ 15.99］ 16・解体

Sunshine after a storm.
「嵐の後の陽光」

獅子座

16度で昂揚感のピークに達した後、水瓶座の影響が入り込んでくることで、放射状に発信している力が急速に中和されます。嵐の後の陽光というのは平和で、のどかさを表すようなイメージですが、嵐を不吉なものと考えるよりも興奮の極にあったものとみなすと、祭りの後のように、ここで脱力状態が訪れます。水瓶座の視点は広いので、特定の場所に緊張を作りなしに獅子座の集中的な発信力が台なしになるような印象です。

ここから20度くらいまでは、程よい緩さを持った獅子座であり、自己中心性が弱くなっている子座です。よく獅子座はスポットライトを浴びたところに行きたい人などといいますが、既に15度でそれを達成してしまうと、張り合いがなくなり気抜けした感じになってくると思いますが、この気抜けした感じが、なかなかよい味を出しているというふうに考えることになります。

それまでは自分と周囲の人には大きな温度差があった。しかしここで、水瓶座的な性質が混じってくることで、この差が少なくなってきます。それに周囲の人の意見とか反応を直視することを恐れていた傾向がある獅子座は、この段階でそれを受け入れることになります。内側から外へと表出の流れは一方的だったのですが、水瓶座要素の関与で外から内へという流れも関わり、この打ち消し合う力が働くと、より成熟した獅子座の表現が生まれてきます。

382

獅子座17度［16.00〜16.99］　17・新たな希望

A nonvested church choir.
「ベストを着ていない聖歌隊」

16度のクラッシュを、17度はより積極的な意義を持つものととらえ直します。強い創造的緊張感を生きがいにしていた人は、相対的に、ありきたりの緊張感のない日常の生活をあまり意味のない時間として、否定的に見る傾向がありました。しかし祭りの後の脱力状態ともいえる16度で、温度差の激しい、特別な時間がなくなってしまったのです。

こういう時には、これまでは無視していたような小さな事柄の中に、獅子座の創造的な昂揚感というものがいくらでも作り出せることを発見し、暮らしそのものが楽しいものになってきます。つまり、聖歌隊はわざわざ準備して、イベントの時にのみ登場するのではなく、ちょっとした時間でも、二人〜三人程度集まっても、思いついて聖歌を歌う時間を持つのです。そうなれば、むしろ型にはまらず、条件をつけず、いつでも獅子座の創造的なものを発揮できることの充実感を与えてきます。

17度は瓦礫の山の中での希望という意味です。火・固定サインという点では、形式的・儀式的で、型にはまった傾向が強かったのですが、この型が壊れ、その瓦礫の山の中で、ベストを着なくても聖歌は歌えることを発見したのです。いわば教会の中でなくても、どこにでも神はいるというような発想の転換です。細かいことが楽しめる。型にはまらずとも遊べるのです。コンサート会場にこだわらない、大道芸人的な活動もこの度数に関係するのではないでしょうか。

獅子座18度［17.00〜17.99］　18・種を探す

A teacher of chemistry.
「化学の先生」

物質の基礎的な構成要素を調査して、その組み合わせによって新しい物質を作ったりできるのが化学の先生です。反対の水瓶座18度は、仮面がはがされたのように、秘密を暴かれる男というシンボルで、他の固定サインでも、牡牛座18度ではバッグを窓から外に出す女性、カバンの中をぶちまけます。蠍座は豪華な秋色の森で、暴く、ぶちまける、秘密が明らかにされるというような共通点があります。

17度では日常の生活の中で、今まではあまり意味がないかのように見えていたものにも楽しめる可能性があったことを発見します。獅子座は中心から外に向かって表現していくという構造なので、ささいな事柄に目をつけて、それを大きく膨らませて楽しむという能動性の発揮が、この度数の特徴ではないでしょうか。どのようなものでも、それを拡大し開花させることができます。

18度は足すと9で、それは創造的探索の旅であり、18はタロットの「月」のカードと同じで、下意識にあるものの発掘です。私は巻き寿司アートを見て驚きましたが、面白い着眼点でちょっとした素材を創造的に活用できるわけです。小さなものの中に大量にあります、そこを華やかに再創造するなら、世界に素材は大量にあります。視点の柔軟さがあれば、何でも遊べることで、多くの人がこの人の着眼点にはっとします。

獅子座 19 度［18.00 〜 18.99］　19・想像的可能性

A houseboat party.
「ハウスボートパーティー」

獅子座

私はこの度数を「遊び人度数」と呼んでいます。多くの人は仕事をして、余暇に遊びます。それは生活の中で一部に組み込まれていますが、この度数の人は、一部ではなく、生活全部を根底から遊びにしてしまうということです。

18 度で何でも創造的に利用できるということを見出し、この視点を人生全体に応用しようとしています。決まりきった型にはまらず、家も大地に立つものでなく、気分で、家が移動してしまう形態に切り替えるのです。仕事の合間に江の島でサーフィンをするのではなく、サーフィンをするために江の島の近くで仕事を探すということです。そして仕事に熱中はしません。なぜなら、目的はあくまでサーフィンだからです。

ハイデッガーは今日の多くの人の行動はみな道具主義に陥っているといいます。何かをする時に、これは何のためにするという理由をつけることの道具主義から脱出し、生きることそのものを楽しむためには、ゲームの人生を送ることが大切ですが、ゲームとは効率性と反対のものを追求し、無意味なトラップがあり、わざわざ労力を使わせる仕組みが含まれています。役に立たないことを真剣にしなければいけないのです。

この度数の人は上半身で遊ぶのでなく、腰から、あるいは足元から、道楽になっていく人生を送ります。19 は 10 と 9 の配合で、9 とはまだ物質化していない、ビジョンや夢の中にある身体です。物質的な 10 の子供はその夢を果たそうとします。

獅子座 20 度［19.00 〜 19.99］　20・恒常的に

The Zuni sun worshippers.
「ズーニー族の太陽の崇拝者」

獅子座

19 度で、環境との関係に縛られて生きるのではなく、自分の遊び精神を重視して、そこから環境との関係をもっと融通無碍な状態にしていくことを試みました。そして 20 度では、この環境とか状況、偶然性に支配されずに、望んだものを任意にアクセスできることを目指します。死者でさえ蘇るというランダムアクセス能力のタロットカード「審判」は、それぞれのサインらしい 20 度と結びつきますが、獅子座では、太陽の踊りさえすれば条件に振り回されず、いつでも獅子座の昂揚感が再現できることを実現しようとします。火・固定サインというのは永遠の火を目指し、同じ型を繰り返す傾向があり、儀式化されたものや演劇的な要素を持ちます。ですので、カトリックの儀式も獅子座的なもので、同じ動作をすると、毎度同じ精神・昂揚感が再現されるどころか、繰り返すことでこの昂揚感は高まってきます。ある歌をコンサートで 5 千回歌ったという歌手も、だんだん飽きてくるのではなく、ますます強まる情熱を実感しているでしょう。

ここでは繰り返しということがとても大切なこととなるのです。地球の公転周期を持つ太陽となのです。もう一つ真の意味での太陽系の中心の太陽で、獅子座の理想としては、小さなエゴを持つ太陽ではなく、後者の太陽を目指しますが、そのためにこそ、太陽の力をいつでもアクセスできるようにしようとします。

384

獅子座 21 度 ［20.00 〜 20.99］　21・飛躍

Chickens intoxicated.
「中毒した鶏」

獅子座

サインの中でそのサインの力を限界まで高めようとする21度は、獅子座では火・固定サインという、精神性の跳躍力を極端に強めようとします。20度でどのような状況でも凹まない維持力を身につけたら、これ以上は落ちないという底点が確保されるのです。その土台を利用して、さらにジャンプしようとします。

1970年代のアメリカであれば、ドラッグを使ってジャンプしようとした人々がたくさんいました。身体または感情機能が調整されていない状態で、ドラッグで飛ぶ人は、ごく一部的なものしか体験できないし、身体・感情がすぐに元の状態に引き戻します。そのような準備ができていない状態をこのシンボルは描いています。ですが、ちょっとした味見で目標地点がわかればれば、今度は長期的な心身の調整をして、恒常的に目的を達成することができるようになります。

21度はたいていの場合、無理をするのが当たり前ということを示していないのです。モノコードの3分の2分割なら、安堵・着地は上昇5度、ソの音がジャンプです。これは4分の3地点です。ということは、22・5度で数え23度あたりが、21度のチャレンジを定着させ、安定して扱えるものになるということです。何らかの手段を借りて、いつもはできないところにジャンプするということでは、ドラッグが使えない現代では、ヘミシンクや過呼吸用法、フローティングタンクなどが考えられるでしょう。

獅子座 22 度 ［21.00 〜 21.99］　22・クールダウン

A carrier pigeon.
「伝書鳩」

獅子座

21度で無理なことをして飛んだら、今度は降りてこなくてはなりません。高揚した変成意識に突入した後、通常の意識に戻ることの差成分がたいていの場合、特定の印象や情報を作り出します。何か情報を拾ってくるというよりは、飛んで戻ってくるという行為そのものが情報を作るのです。「伝書鳩」は何らかのメッセージを持って降りてきます。それは高次の意識からのメッセージととらえてもよいのですが、このメッセージは降りてくるからこそ成り立つのだといえます。

シュタイナーは霊的な知覚は、血液を脳・脊髄神経系の神経との接触から切り離すことで得られるといいます。この場合も、切り離す時ではなく、再接続した時の意識状態との関係性で言語化・映像化されると考えてもよいと思います。霊的な知覚に入りきった時には、映像も言葉も出て来ず、この世のどのような手段でも表現できない領域にいるのです。

眠れる預言者エドガー・ケイシーの天王星はこの「伝書鳩」の度数にあり、休みなくメッセージを運んでくる仕事をしていました。上がらなければ降りてくることができないので、22度でメッセージを得たい人は、まずは自分流の21度の飛び方を習得しなくてはなりません。日常的に普通の時でも飛べるという時は21度ではなく、日常意識との明確な落差が印象や言葉を作り出すのだということに留意すれば、いつでも普通の時にできる、ということはいえないでしょう。

獅子座 23 度 ［22.00 〜 22.99］　23・いいとこ取り

A bareback rider.
「裸馬乗り」

獅子座

21度の飛ぶ、22度の降りるということを、23度では意図的に、遊び的にできることを示しています。鳥はここでは馬にシンボルを変えていき、馬が飛び上がったり、また着地したりするのを保護道具なしに行っています。ヨガなどでは、身体を馬車、感情を馬、知性を御者と例えたりしますが、馬は感情だとして、それは大きな幅がありますす。より現世的な濃くて荒い感情と、より精妙で神秘的な印象をとらえる感情まで、七つの階層に分ける人もいますが、この段階的な階層を渡り歩く刺激を求めているということも考慮に入れてもよいでしょう。

刺激を求める性格が強く、23は合計すると5となり、ここには冒険心としての5度の要素も多く含まれています。このジャンプと着地の二つの領域が、ゆっくりしたサイクルで現れる人もいますから、そうなると、飛んでいる時期に出会った人は着地している時期のこの人を見て、まるで別人のようだと思うかもしれません。

スパルタスロンのような極端なマラソンに参加する人は、昔はドラッグジャンキーだった人が多く、同じ体験をマラソンで味わおうとしているのだと、スコット・ジュレクは書いています。命を危険に晒すまで挑戦するような行為は、この度数の人たちの好みです。上がったり下がったりのダイナミックな運動を、どういう分野で味わっているかは人それぞれです。

獅子座 24 度 ［23.00 〜 23.99］　24・果てしなさ

An untidy, unkempt man.
「身だしなみの整っていない男」

獅子座

24は足すと6で、環境の中で自分の意志に反応してくれる合わせ鏡的なものを見つけ出すのですが、24の場合、この対応関係がエコーのように響き合います。つまりこの中に6と15という、受け入れと押しつけの両方が、押しつけてみたり、受け入れてみたりという運動が止まらなくなります。

23度では馬は裸馬でした。ここでは身だしなみが整っていません。身だしなみや外装的な要素は皮膜を表す山羊座の要素ですが、この山羊座の手先である乙女座は後ろから獅子座を圧迫しています。乙女座からすると、獅子座のすべてが恥ずかしくみっともないものなのですが、外からの締めつけの視点を持ってしまうと、獅子座の主観的な探求力は停止してしまいます。ですがこの乙女座を意識し始めるのは獅子座の最後の5度領域で、まだ、ここでは乙女座の手は伸びていません。

24度では行きすぎの獅子座として、23度的な、つまり上がったり下がったりの運動を、繰り返しの中でさらに振り幅を強くして、さらに刺激的なものにエスカレートさせていきます。そしてそれは人から見ると、びっくりするような、なりふり構わない熱中に見えてくるのです。

ラーメンを研究するために、数年間、毎日ラーメンを食べて健康に障害を来して吹き出物だらけの人を見ると、誰もが引いてしまうと思いますが、ともかくなりふりや身だしなみに構っている暇はないのです。

獅子座25度 [24.00～24.99]　25・完成と自律

A large camel crossing the desert.
「砂漠を横切るラクダ」

25度はサインの完成地点であり、それは自律的な結晶が形成され、人の手を一切借りる必要のない独立的なサインの力を獲得します。そして5かける5は、それぞれ人間の内部の五つのセンターが自立的に動いており、決して怠慢になりません。

獅子座は火・固定サインで、それは永遠の火を求め、そして最終的には恒星の力に行き着くのですが、カバラの生命の樹では、砂漠は下から3分の2あたりの位置にある断層を意味しています。この砂漠を越えると、究極の意識の領域にたどりつきます。それは恒星領域と考えてもよいでしょう。

砂漠のこちら側の最後の場所は神話・元型意識の領域で、砂漠の向こうは古き神々の領域ともいわれています。

シュタイナーによると獅子座は熱感覚ですが、永遠性を感じさせる恒星であれば、外界のさまざまなものに振り回されない、ずっと燃え続け、光を発する意識へと到達します。占星術で使われる地球は地球の公転周期を持つ太陽ということで、地球的に縮小された太陽であり、これが獅子座の支配星となると、獅子座はエゴと思い込みの強いわがままな人になってしまいます。それで妥協せず、恒久的熱源としての獅子座をここで完成させようとする意志があれば理想的な獅子座になります。星は人によって違いますから、誰にも押しつけられません。押しつける人は自立性が獲得できていないので、25度の人ではありません。

獅子座26度 [25.00～25.99]　26・堪能

A rainbow.
「虹」

完成した成果を味わう26度の人は、25度の行為の結果として、その証明を受け取るのです。天と地の間にできた虹は、自分の行為に対しての天からの啓示のようで探すが正しかったのだという証を受け取ります。もっぱら主観的なものなので、他の人も見る必要はなく、他の人が見ないと正しいと実感できないのならば、それ自身がもう火・固定サインの力の虚弱さを物語ることになってしまいます。

天と地の間に張られた、虹に似た梯子を「ヤコブの梯子」といいます。それは七つの階段であり、私たちの地上の秩序と天上の秩序のどこかに切れ目があるために、このヤコブの梯子のどこかに切れ目があります。その切れ目は人によって場所が違います。ですが切れ目があると、この26度の人は天からの証を受け取ることができなくなります。そのため、この切れ目を突破しなくてはなりません。この度数を持つ惑星の年齢域の時期に、この天啓を受け取り、自分の使命のようなものを意識することになるでしょう。

既に獅子座の終わりの5度領域に入っています。それは土のサインの乙女座との調整に使われます。つまりは使命というのは地上活動においての目的であり、地上活動をしないのならば、そもそも使命を意識する必要もないのです。切れ目で歪曲されずヤコブはオリオンのサイフが神の前の玉座の場所といいますが、人により違います。J・ハータックはオリオンのサイフが神の前の玉座の場所といいますが、人により違います。

獅子座 27 度 ［26.00 〜 26.99］　27・向上心

獅子座

Daybreak.
「夜明け」

26度で受動的に受け取った後、今度は27度では、自分の努力で手に入れられるようになるための努力が始まります。26度の天啓はたまたま運が良くて手に入ることもあります。高次な領域について、下位にある人間は、それを選ぶ権利も、またその意識速度を対象化する主体性もありません、見ることはできず、いつも見られることしかできないのです。

重要な体験はそもそもそう頻繁なものではありません。しかし27度では、自分の努力で進めなくてはならないのです。9の数字の系列は探求や旅を意味しますが、9は精神的な、18は地上的に、そして27はこの両方を組み合わせたもので、自分の精神の変化がそのまま現世的なところでかたちになっていく必要があり、受け取った使命のようなものを実践しなくてはならないのです。

26度の天との階段であるヤコブの梯子が手に入ると、天に行くということと同時に地に降りてくるものがあり、生活全部がまるごと一新されるような明確な目的の下に生活を立て直し、前進します。それはやはり夜明けを迎えたようなものでしょう。1日の単位での夜明けは1年では春です。春では種まきをして、行動していくのです。サイズの大小は問わないので、壮大な革命を考える必要はありません。獅子座も終わりに近づき、今後の乙女座という土のサインでの生活において、仕事をどのような目的で進めればよいのかがわかってきます。目的のある人生です。

獅子座 28 度 ［27.00 〜 27.99］　28・突破口

獅子座

Many little birds on a limb of a large tree.
「大きな木の枝にとまるたくさんの小鳥」

28度は、次のサインである乙女座に抜けていく通路ができる度数です。つまり28は足すと10で、次のコスモス・段階などに接触するという数字のサインです。獅子座は火・固定サインで、乙女座は土・柔軟サインです。性質は極端に違う、ハイヤーセルフから受け取ったことでわかった、自分の生きる目的を意識することになりました。

この目的に沿ったものであれば、乙女座的な細かい作業や実務もできるというふうに判断するのです。貶められたような乙女座は、その人の本質とは何も関係がないような実務的な仕事をします。それは獅子座には耐えられません。主観的な目的意識と双子座の時と同じように自己分裂を起こしかねない細かい分散した作業に取り組むことは上手く結びついていなくてはならないのです。音楽にしか関心がない人が、コンサートが開けるならばチケット売りもしてもよいと思うようなものです。大きな木、例えば生命の樹のように想像してみるとよいでしょう。

これは26度のヤコブの梯子と同じです。そこから細かく細分化された枝が伸びています。そして小鳥が並んでおり、この小鳥の一羽が自分です。乙女座は部分化された意識なので、一人でトータルなことができず、分業しなくてはなりません。小鳥はたくさんいないと進めないのです。自己目的を意識した上での細かい仕事です。

388

獅子座29度 [28.00〜28.99]　29・比較

A mermaid.
「人魚」

獅子座

29度は今のサインと次のサインの比較をします。獅子座は主観的な創造意志です。具体的で細分化された柔軟サインということは、内側から外に表現するものですが、乙女座はこの自己意識から離れて、外から見ます。ということは、形を整えるということもあります。土の活動サインとしての山羊座は外皮ですから、この外皮の調整という意味です。

しばしば乙女座を文房具とか画材とか、世界堂で売っているようなものとイメージすると、獅子座は自分の表現意欲を形にできる道具を手に入れたことになります。内にあり、内から感じ、内から外に広がるものは、自分を外から見ることはできません。ですから、異様な形になっても、それは自分では自覚できないのです。

蟹座は内側で同化し、獅子座は内側から表現するということで、ずっと内側からものを見るという段階が続いていました。そこにやっと乙女座の段階で、外的な形を整えるという視点が加わります。それは得体の知れないものが人間の形になるようなもので、海から上がって人間の女性の姿に変わるという過程に似ています。

主観的なものをいかに形に落とせるかという点で、ここは芸術家の煩悶を表しています。創作度数としては、形にする苦悩の29度、また12度から14度などの推敲をし、表現するということが関係していることになります。

獅子座30度 [29.00〜29.99]　30・吐き出す

An unsealed letter.
「開封された手紙」

獅子座

獅子座は熱感を表し、周囲との温度差があり、しかも固定サインですから、いつもずっと熱いというサインです。乙女座は土のサインでしかも柔軟サインということで、精神の姿勢として変温動物的です。哺乳動物は独自の体温を持っていますが、その結果、環境から遊離して、独自の生き方を貫くことができるのです。

獅子座から乙女座に移動するには、獅子座の熱感が消費され、もう熱を持たない状態になる必要があります。周囲との温度差は孤立を呼び、人の依頼にも答えられませんが、しかし乙女座は要求された仕事をこなします。獅子座の熱を全部吐き出すということは、言いたいことや創造意欲などが使い尽くされることを表します。ここであらゆるものが表現されて、公開され、自分にはもう一点も残らないというところにまで行きつきます。

牡牛座の18度でもすべてぶちまけるというのがありましたが、これはもっと根底のものを引き出すために露払いをしているものでした。ちょっとでも獅子座的な意欲が出てくると、すぐに全部吐き出します。これはネタのようなもので、語ることがなくなっても語るというのは、牡牛座の18度ではさらなる生産性を誘発しますが、獅子座の場合には土に着地するために、浮遊力となるものを抜き取ることですから、枯渇することが目的にも見えます。多くの人に公表・公開するような仕事の人が多い度数です。

乙女座1度［0.00〜0.99］　1・スタート

A man's head.
「男の頭」

魚座は水・柔軟サインで、目に入るものをみな集めてきます。この集めてきたもののどれか一つに注目し、拡大し、他のものは意識の外に追い出すのが乙女座の性質です。大きな自己を太陽とすると、それはプリズムの光のように、七つの惑星の働きに分化します。双子座の場合には、この一つを注視して、それ以外はあたかもなかったかのようにみなすのです。

「男の頭」というシンボルは、特徴的な頭を強調して描き、輪郭をはっきりさせるのです。輪郭をはっきりさせることで見たいものは強調されます。その点では魚座は霧や雲のようなもので、輪郭が曖昧になります。乙女座は視覚で、魚座は味覚といわれますが、視覚は全体を見るよりも、思考の反映となるものだけを視覚化しているのです。実際に、味覚は食べ物を溶かして一体化するのに対して、この度数の人はイラストレーターとか画家が多いのは、一つのものの輪郭を明確にして、他のものと分けていくということが得意分野になるからでしょう。

乙女座で、正しいまたは間違っているという判断法が成立してきますが、このオン／オフ機能は、空間の中から特定のものを切り出し、それと周囲をはっきりと分けるということからきています。細部に入るにはこの方法が重要です。押しのけしのけという排他機能で、細部に入り込んでいくのです。押しのけないのならどこにも入れないのです。魚座はどこにも入れないのです。

乙女座2度［1.00〜1.99］　2・反射

A large white cross upraised.
「掲げられた大きな白い十字架」

1度の行為の結果が2度を作ります。木を見て森を見ずという、部分的なものの強調と拡大、他のものに対する排他機能は、生命全体を切り刻むようなもので、生命全体をどこかに向かって運んでいる意図としてのパイロット波が見えなくなってきます。例えば、科学は時には無茶苦茶な方向に暴走します。それは一つひとつの因果律を意識しても、全体としてどこに進むかを考えていないからです。

獅子座が26度で手に入れた天との階段は、獅子座の思い込みにすぎないと思い、この主観的な見方を捨てることで乙女座は道に迷ってしまいます。1度でどれかを注視した途端に、外の一つのものに目線が釘づけになっている人は、どう運転してよいのかわかりません。車を運転している時に、乙女座は全体に身を委ねるような公共的な基準になります。

私には西欧の歴史は乙女座の歴史に見えます。それによってさまざまな細かいカテゴリーの分野が発達したのです。その場合、キリスト教のような一つの決まったものの見方への依存が必要のようです。その大きな白い十字架は、人の生きる方向を決めてくれるので、個人は安心して、細かい諸方向に没入できます。もしこの乙女座的な細分化の方向がなく、漠然と全体性を維持している人ならば、宇宙と自分に分離感はないのでそもそも不要です。抑圧された不安感と公共的な基準としての宗教や社会通念への帰依を表します。

390

乙女座3度 [2.00〜2.99]　3・運動性

Two angels bringing protection.
「保護をもたらす二人の天使」

1度で細分化したところに没入する。2度で全体がわからないので、それを公共的な他のものに管理してもらいます。結果としての乙女座の生産的運動性が3度で決定づけられます。「二人の」という言葉が出てくると、それは肯定面と否定面という陰影を表しているのではないでしょうか。天使は見えないもので、運命を支配している何かのように見えます。

例えば、キリスト教のような思想に帰依すれば、この体系には、体系そのものに備わる世界像があり、そこでは天使と悪魔がいたりします。初期のキリスト教であるグノーシス派でも、同じキリスト教でも天使に対する扱いが全く違うので、たくさんの思想傾向があるのです。何かの体系に依存すると、この装置が作り出すものすべてが真実なものに見えてきます。乙女座のこの段階では、それらを突き放して冷静に判断するなどということはおよそ不可能です。原子というものを想像すると、その後、すべてはその原理に従っているように見えてきます。

魚座も双子座も3度は、継続的に使い回せる定式化・法則化をします。いつでも決まったルール、天使と悪魔の二つの勢力の間を振り子のように揺れ動き、この体系の内部に住むことで、その内においての陰陽運動に捕まり、その代わりにそこから外に放り出されないという保護が働きます。悪魔も元は天使で、エチオピアのエノク書に陰謀を働く天使たちが描かれています。

乙女座4度 [3.00〜3.99]　4・集団的リソースへ浸す

A colored child playing with white children.
「白人の子供たちと遊ぶ黒人の子」

3度で確立された定性的運動性は4度で、どこでも適用されるように敷衍していきます。3度で二人の天使の間で弄ばれるような生き方、正義か悪か、真か偽かという二極化された判断法は、この関係性の中に捕まってしまうと、それ全体からもう逃れられないのですが、乙女座自身の持つ、正義か悪か、真か偽かという二極化された判断法は、この関係性の中に捕まってしまうと、それ全体からもう逃れられないのですが、乙女座自身の持つ、白と黒の遊びも、この宗教的な判断から作り出されています。

白と黒の子供たちは遊ぶ、つまり設定されたゲーム理論の中で時間を費やすのです。二人の天使は実際の世界に適用されると、白人と黒人とか、キリスト教世界とイスラムの人々などという陰影を形成します。子供たちの遊びは、大きな話になると戦争になります。なぜ戦争になってしまうのか。そもそも宗教的な思想がなければ、たんに多くの人が大陸で共存し、朝起きて食事して働き寝るという暮らしを継続しているにすぎないのだから、仲良くすればよいのに、互いに、なぜそうはいかないのか。

3度で決まった定義があり、イラクは悪の枢軸であり、アメリカは悪魔的な国家なのです。全体を部分化し、一つが光になると、自動的にそれ以外は悪になります。この基準が4度で多くのものに適用されます。不思議なことが、あるレベルで平等性の思想を生み出します。平等にするには、どこを平等の座標軸にするか考えなくてはならないのです。すべてのものは生きて死ぬという大まかなものでは許されないようです。

乙女座5度［4.00～4.99］　5・冒険

A man dreaming of fairies.
「妖精の夢を見る男」

乙女座

乙女座が示す視覚は、思考の投影であるというのは、誰もが目の前にあるものをすべて見ることはできないことを示しています。見たものに思考を投影すれば、そこで、事物に意味としての輪郭をくっきりと与えることになり、泥水の中に、何か美しいものやフォルムを発見します。

乙女座の光と闇の陰影化は4度ではすべてに敷衍される思想的なものとなりましたが、5度の衝動はたいてい4度に退屈したところから始まります。魚座の5度では、どこにでも流通している品物に特別な箔づけをするために、宗教的な意味や象徴的に価値のあるイメージを張りつけました。限定500部とか、経費のかからない定義をつけ加えることで急に高値がつきます。乙女座でも、無機的な事物に象徴を張りつけることにかわりはありませんが、5度は冒険を張りつけますから、その象徴的な意義の張りつけに誇張が入ります。

一つのイメージを際立たせるには、それ以外の部分を暗くシャドーにしていくとか、高級な単焦点レンズを開放にして、周辺を盛大にボケさせて撮影するテクニックが効果的です。二極化あるいは部分化する作業が乙女座の仕事だとして、ならば、この強調するべきものに夢を与えて魅力的にするべきでしょう。プライス人形にしても、事物としてはたんに合成樹脂の塊でしかありません。ですが、この合成樹脂という現実は完全に隠されます。このイメージ張りつけはとても楽しいものです。企業はそのことに大金をはたいています。

乙女座6度［5.00～5.99］　6・環境へ

A merry-go-round.
「メリーゴーランド」

乙女座

視点を部分化した段階で、人間はもう自立性を持てなくなると説明しましたが、2度では白い十字架という思想への依存が始まりました。それぞれ独特の定義を与えていく体系は二極化にそれぞれ独特の定義を与えていく体系はたくさん種類があります。さらに具体的に環境に飛び込む6度では、依存の対象はもっと人に近いものになります。がっちりとした柱があれば、その周囲を回るメリーゴーランドの馬は、もっと上下運動を激しくしても、壊れることはありません。

ここでは馬が上下するダイナミックな運動が主眼であり、ハイにもなれば、ディプレッションもある日々の暮らしは、実は軸に支えられていることは失念しがちです。宇宙の中心軸から七つの恒星に分岐。その一つの恒星の下に七つの惑星の一つに七つの月です。馬の上下運動として、太陽に対して冥王星の上下運動は激しく、台骨を揺るがしてしまいそうですが、周囲を回る馬は自分のところから見ないので、一次元の上にあるものを理解することは不可能です。身体の中にある胃とか心臓は、まさか自分たちが人間という人体の中に所属していることを夢にも考えていないし、その事実を信じないかもしれません。軸ががっちりしていればいるほど、周囲の馬の上下運動の遊びは極端になります。軸になっているものも、自分では自覚していないけど、より上位のものの周りを回る馬です。この度数で細かいことに楽しめる生き方が作られます。

乙女座7度 [6.00 ～ 6.99]　7・落差

A harem.
「ハーレム」

乙女座

6度で環境の中に飛び込んだ後、その環境の中での落差にストレスを感じると同時にそれが積極的な行動の原動力になります。メリーゴーランドの馬の上下運動に熱中している間は気がつきませんでしたが、馬は決して軸から離れることができません。支配する側と従属する側は役割が決まっており、支配する側でさえ、この関係性に依存しています。

一つのものは七つに分岐しますが、この七つの間の関係はしばしば険悪で、軸の力を独り占めできないのです。七つがすべて協力関係になると、その総意によって、軸へ回帰する余地が生まれます。それでも軸と同等ではないのです。それは受け取る側全員の姿勢と与える側の決定的な違いがあるのです。大奥やハーレムは、決まった場所に閉じ込められ、上様やサルタンの意向を伺わなくてはなりません。ここで対等を言い張ることができないのは、軸となるものがどのようなものなのか理解できていないということもあります。理解するためには、より下のメリーゴーランドを自分で支えることをすれば、推理できるでしょう。

乙女座の3度で、体系の中にある陰陽二極化に支配されると、この二つの間で弄ばれるということを説明しましたが、このハーレムの二極化、軸と取り巻きたちの関係性そのものが作り出す世界観に支配されており、抜け出そうとした時、想像もしなかった多くのものを失います。二つの電位差によって活動エネルギーが発生したのだから。

乙女座8度 [7.00 ～ 7.99]　8・落差の克服

First dancing instruction.
「最初のダンスの練習」

乙女座

7度で意識された落差を克服して、拘束から自由になろうとします。6度からのメリーゴーランドは、軸に依存したかたちでおもちゃの馬が上下しました。この軸への依存から離れて、一人で運動できるように練習するのが、ダンスの練習というシンボルで表現されています。これまでは軸の下に回るだけでした。依存の上でないと何もできないということを乗り越えて、自分の作業などを自力で刺激して自分で取り組むということが、ここで上手くいくようになります。

反対にある魚座の8度は、主に感情を自分で煽るということに熱中します。その結果として、時には行きすぎになり、ディプレッションの時も似たようえぐるのですが、それは乙女座においても似けいえぐるのですが、それは乙女座においても似たような面があります。情動の上下運動は、軸が強力であるほど、この運動は好きにできたのです。そうなるとここでは軸の役割も果たそうとするので、そうなると行きすぎを誰かがセーブしてくれることはなく、一人でコントロールしなくてはなりません。

ですから行きすぎになると、後で冷静になって、自分で制御しようとします。自分で盛り上げて自分で制御してというふうに、一人遊びがふうにいろいろなことに取り組みます。サルタンと取り巻きの立場を逆転させようというのは、双子座の8度の下克上の意図も含まれていることを意識するとよいです。

乙女座9度 [8.00〜8.99]　9・哲学

A man making a futurist drawing.
「未来派の絵を描く男」

メリーゴーランドのように依存的な自己でなく、自力で運動できることを目指していた8度ですが、ダンスのジャンプをもっと極端にしようとするのが9度です。射手座の9度は急な階段を上がり、魚座の9度は危険な領域に飛び込み、双子座の9度は壁があると突破します。柔軟サインの9度は超越性を手に入れようとして先を進みすぎるのです。「未来派の絵」が現在の主流よりもラジカルなものにわかりませんが、現在の主流よりもラジカルなものに走り、時にはそれは奇をてらったものになるのかもしれません。

大きな自己としての全体的な地図というのは、いわば非時間の中にあります。乙女座は、小さな自己としてこの大きな自己の一部を切り取って、それに深く同化します。この小さな自己というレベルでは、過去とか未来という時間の流れがあります。未来へ向かう時間の流れというのは全体の一部しか再現できないのなら一つからひとつへ違うところに行くことにほかならないからです。また違う一つへと移動することで時間の流れが生まれ、この中で全体として本来の自分をシリアルアクセスして再現します。未来の先に何か打開の道があるのかというと、それはありません。私たちは未来に向かって何か改善があるという幻想を抱くのですが、一つから違う一つに移動しているだけです。急進派というのはこの移動が速いというふうです。

乙女座10度 [9.00〜9.99]　10・外へ伝える

Two heads looking out and beyond the shadows.
「影の向こうを覗く二つの頭」

そもそも乙女座は大きな自己を分割して、そのうちの一つに同化し、それを排他的に育成することがテーマでした。となると、自分以外の領域に飛び出そうとすることは、これまでの自分を否定することにほかなりません。人格の外に出ようとすると、そこでは敷居のすぐそばに人格の逆像が待っています。それを見てそのまま通り抜ける人はいます。しかし乙女座のテーマとは、この小さな自己をそのまま否定してしまうような影の姿は真の恐怖感をかき立てます。

「影の向こうを覗く二つの頭」は、一つは恐怖を感じて元に戻ること。もう一つは、無意識の、裏側の自己としてこの影と共に生きるものです。それは意識の表面には上がってこないでしょう。それが表面に上がってくるのは、16度以降の話で、それまでは敷居の向こう側にひっそりと待機していることになります。魚座の10度では飛行機は雲の上に隠れたままですが、この影の中に埋もれた頭を上手に使うことができるのです。

そもそも過去から未来へと人生をある方向に進めるには、この影の協力者がナビゲーターにならないことには上手くいきません。人格は過去から未来へ。影のもう一人の自分は未来から過去へと進みます。どのような行動もこの未来からやってくる意図に引っ張られて、行動が終わった時に初めて、何がしたかったか気がつくということになるのです。

394

乙女座 11 度 ［10.00 〜 10.99］　11・実験

A boy molded in his mother's aspiration for him.
「母親の期待の鋳型にはまる少年」

10度で人格の外に出ることを諦めたのは、まだ人格を育てる課題が残っているためで、この人格に対する執着が強いほど、敷居の向こうの逆像に対しては恐れが強くなります。そして外に出ることをきっぱり諦めて、自分の目に入るものすべてに完全な管理力を発揮しようとします。例えていえば、自分の住む家の中はすみずみまで綺麗にしておきたい母親です。この母親は子供の育成に関して、強いコントロール力を発揮する場合もたびたびあります。

10度で外コスモスに関わることを諦めたために、かえってエネルギーの効率は高まり、狭い目の前の世界に対しては強力な集中力が出てくることになります。そして1度のように輪郭をくっきりさせるのは乙女座の特質なので、自分の住む世界の輪郭をはっきりさせ、綺麗に整えようとします。ここから15度まで、排他的な、純血種の系統の発達が進行していきます。

乙女座の頑固さは外界に対する恐れの裏返しであることはいうまでもありません。ですが、外に開くのはここでのテーマではないのです。それは他のサインでいくらでもできることなのです。まずは、手元の領域の完全管理に向かいます。コントロールマニアといえど、その範囲は大小さまざまです。反対の魚座は見えない霊的コントロールマニアにもなり得ます。土のサインの乙女座は、見えるところでそれをします。11度なので矛盾を理解するような複雑さはまだ身についていません。

乙女座 12 度 ［11.00 〜 11.99］　12・未知の探索

A bride with her veil snatched away.
「ベールをはずされた花嫁」

未知の探求を表し、さらに自然界の中に隠れた秩序である黄金比の場所である12度では、分割された細部にどんどん進んでいく乙女座の性質によって、自然界の未知の法則がつぎつぎと解明されていきます。ただ、解明するというのは正確な表現ではないかもしれません。曖昧な泥水に何かのフォルムを投影し、そこをくっきりとさせることで、あたかもそこにそれがあったかのように思うというのが乙女座の作業でしたから、それは解明したのではなく、そこに思考の投影としての輪郭を与えたわけです。

ある科学理論とか考え方があれば、それを曖昧な謎の作用をする自然界に投影して、初めからそこに法則があったかのように思うのです。乙女座の3度で行ったことを、ここで応用的にさまざまな対象に対して行うのです。ベールは曖昧な謎に包まれたという意味で、そして花嫁とは人間の三角形に対応する反対側の自然界の中にある三角形で、結合して六角形になります。

もともと無形のものでも、人間の側の秩序の三角形が投影されれば、それに応える鏡像の三角形が浮き彫りになり、三角形があるかのように見えるのです。これは11度の強い押しつけや管理の意志があるからこそ、叩かれ開かれた扉なのです。11度以後は内部コスモスなので、真の意味で外界というのは視界に入っていません。11度からは思考流派の発展というふうに考えてもよいでしょう。例えば、派閥や種族、流派、家系などです。

乙女座 13 度［12.00 ～ 12.99］ 13・カリスマ

A strong hand supplanting political hysteria.
「政治運動を制圧する強い手」

乙女座のカリスマとしての 13 度は強烈な指導力や支配力であり、政治的な無秩序を力技で解決するような人を表します。12 度では解明のように見えて、それはある理論や思考を曖昧なものに投影して、輪郭を切り分ける能力を発達させました。12 度ではそれは自然界に対するものだったかもしれません。13 度では、これを人の集まりなどに発揮すると考えてもよいかもしれません。

11 度以後は、純血種としての派閥的なものや流派などを発達させる流れですから、こうした一つの系統の中で強い指導力を発揮しますが、それは包容力のなせる業ではなく、ルールや理論の強制的な押しつけによってです。ですから、11 度や 12 度に見られたような、例外的なものがあるとそれを切り捨てるということになるでしょう。あまりにも強いので、これに対抗できるものはそれほど多くありません。支配力の及ぶ範囲は惑星の公転周期で判断してもよいでしょう。ただし天王星以後海王星までは、個人の自我では取り込みないケースも多いので、そのまま解釈するわけにはいきません。また速度の速い月などでは、細かいことに対して仕切り能力となるので、態度としては強制的で高飛車かもしれませんが。

緊急時にも難なく対処できるというより、緊急時こそ、実力を発揮します。いかなる時でも弱気になることを隠す癖があり、瞬時に建て直します。

乙女座 14 度［13.00 ～ 13.99］ 14・浸透

A family tree.
「家系図」

13 度が無秩序の中に明確な秩序意識を持ち込む力、しかもかなり無理なことでもやってのけるもので、14 度ではそれをもっと実際的な、された生活の中に浸透させるという意味の、細分化された生活の中に浸透させるという意味の、「家系図」というのは、ある一人のカリスマがいたとして、その力は子孫に細かく伝えられ、後代になるほどその影響は薄くなっていく地図です。

このカリスマ的な秩序意識、一つの系列の純血的な力は 16 度まで行くとばらばらにされてしまいます。太陽系というのも、太陽が支配する一つの家系のようなものです。タロットの「節制」のカードは、太陽の器から月の器に液体が流し込まれるのですが、例えば、1 か月は 30 日くらいあります。つまり一つのものは 30 個の小さなものに分散されるのです。一人の力を 30 人の子孫に小分けされれば、一つひとつの力は薄くなるのは当たり前です。

13 度の尖った力は、たいてい 14 度でもっと平和的で柔らかくなりますが、それは力が弱くなったということにほかならず、あるいは下の原理、つまり地上的な事情に迎合する比率が高まったということです。この対抗勢力が 13 度の意志に対して強制力を発揮しました。13 度は対抗勢力に対して順応するようになったのが 14 度です。対立がなくなり、平和的にさまざまなところに統一的な秩序意識が浸透する。そして余分なところに目を向けません。自己生殖の数字 14 は、自分で自分を生むのです。

乙女座 15 度 [14.00 〜 14.99]　15・侵攻

An ornamental handkerchief.
「装飾されたハンカチーフ」

本来、外界に対して押しつける意味を持つ15度も、柔軟サインにおいてはとても弱気で、いらないといわれるとすごすごと引き下がる傾向があります。乙女座は11度から純血種的系統の発達をしてきたので、この力を保存するには、外界に接触したくありません。しかも13度の呆れるような浄化力はもうこの段階では弱まっています。外に出ると汚れてしまうからです。ハンカチーフは外に持ち出すべきでなく、使わないのなら汚れはつかないのです。つまり洗濯機がないのなら汚れはつかないのです。

そこで、外界に対して押しつけるはずの15度も、出かけるのをやめようかと迷っています。11度から発達してきた清浄さや潔癖な性質、上品な要素が、外は汚れたものという印象をますます強めてしまうのです。外は汚れているのではなく、多数の影響とか多次元的な複雑なものが複雑に絡み合っているだけで、一つの面から見ると、それは形が崩れているように見えるのです。ゴキブリが出る台所は汚いといっても、ゴキブリは人間とは違いますが立派な一つの生態系です。それが入り込んでくるのが嫌だというわけです。

つまり11度から発達してきた排他的純血種の系統は、こうした外部的な複雑なものを処理できません。引きこもりがちの育ちの良い人というケースもあります。血筋の良さがプライドになるケースは多く、貴族主義的な場合もあるでしょう。弱気さとプライドが入り混じっており、なりふり構わずになるには、16度の介入が必要です。

乙女座 16 度 [15.00 〜 15.99]　16・解体

An orangutang.
「オランウータン」

人格の外にあるものを見ないようにしてきたのは10度からでした。その結果として11度から15度までは、排他的純血系統の発達がスムーズに進んだのです。しかしこれは影をますます深くしていくので、いつまでも15度の段階で末期症状に陥り、家系図はほとんど15度の段階で末期症状に陥り、この打開をするために、これまで乙女座が意識の外に追い出していたものが、戻ってきます。

魚座の侵入とは、乙女座が排除してきたものが魚座が逆流させってくることです。この部屋の中に投げ込まれた影は、乙女座が最も嫌っているものです。それがやってくると自分のこれまで育成した人格が壊れてしまうようなものだからです。小綺麗に整えられた子供に対しては、獰猛な匂いを放つ動物園のオランウータンです。これは無縁なものではなく、自分の半身にすぎません。綺麗なものではなく、自分の半身にすぎません。綺麗な子供は、背中にオランウータンを持っていたのです。

10度では排他的発展に疲れているので、オランウータンの接近も半ば笑いを誘うこともあります。汚れた乙女座になってしまうのですが、これが救いであることはいうまでもありません。文明単位で見れば、西欧社会に対するイスラムのテロのようなものでもあります。それを引き起こした遠因は自分たちにあることは重々わかっていても、それを口にしたりすると、相手がますますさばってくるので決していえません。

乙女座17度［16.00～16.99］ 17・新たな希望

乙女座

A volcano in eruption.
「噴火している火山」

16度で被害を受けたように思った人も、17度では実はそれは自分から出たものだと居直り、その崩壊現象をむしろ希望とみなします。タロットカードでは「塔」が壊れ、塔が隠していた星が、「星」のカードでむき出しになります。乙女座はその手前にある獅子座の主観的な意識、内側から外に広がる永遠の火を打ち消して成り立っていたので、この乙女座の塔が一時的に倒壊してしまうと、内側から火が噴き上がってきます。

反対の魚座の17度ではひらめきの流れというので、アイデアが噴き出してきます。16度でまず人格があり、それに対して、反対的なオランウータンがやってきて人格をクラッシュさせました。ここでは逆に、クラッシュする力に自分を同一化させて、オランウータンは私だといいます。

意識の流れは、何かターゲットに向かって射出しないことには働きません。そこで影のある意識の背後にありこの事態の大きな自己から、影になっていた人格を引いている大きな自己から、影になっていた人格を引いて射出され、またそれを今後育てようとするのです。忘れていたけどこれをしたかったわけです。そうするには、これまでの人格の瓦礫の山の隙間に立たないと上手くいきません。会社が倒産すると、逆にうきうきする人のようです。壊れたものを再建するとか、新しい可能性を探索する人などです。戦後の焼け跡にはたくさんの可能性が埋もれていました。人は今とは比較にならないほど元気でした。

乙女座18度［17.00～17.99］ 18・種を探す

乙女座

An ouija board.
「ウィジャ盤」

乙女座の整った人格がひびだらけになり、その隙間からさまざまな新しい希望が生まれてくるのならば、この表向きの人格とは違う、無意識の影の要素から情報を引き出すことが、新しい人生を作り出すためには不可欠です。監視する人格をかいくぐって、自律神経の反応を使って情報を引き出すのには、たくさん方法があります。

「ウィジャ盤」とは西洋版こっくりさんですが、実際にこっくりさんを使ってもよいでしょう。タロットやキネシオロジーなどでもよいでしょう。乙女座は分割された小さな個人の人格を形成するのがテーマでしたが、これが永遠に維持できるはずはなく、全体を分割して小さくするほど短命になります。人格と、背後に控えた影の領域との通信を巧みに行うことで、小さな人格は延命します。

目覚めた意識が眠り込むような手法を使わずということなら、自律神経の瞬間的な反応を利用するのが一番手っ取り早いでしょう。目覚めた意識は継続しているわけではなく、眠りの間は不在なので、デジタルな切れ切れの働きですが、眠っている間は大量に思い込んでいます。ですから、ここにはそもそも隙間が大量にあり、初めから粗雑な穴だらけの連続していないものです。実際には、16度で人格が崩壊したといっても、隙間から情報を取るというのは、意識がより緻密になったことにほかならないのです。裏にいるもう一人の自分と通信する手段を手に入れるとよいでしょう。

乙女座19度［18.00〜18.99］ 19・想像的可能性

A swimming race.
「水泳競争」

18度のウィジャ盤では、自分は通常の人格を持ち、無意識との接点を間歇的に持つことが大切でした。それは随分と間接的な関わりで、この無意識の領域は随分と明確で、連続的なものであることがわかってきます。そうなれば、切れ切れに接触するよりは、もっと能動的に飛び込んでもよいのではないかと思います。同じ土の元素で、120度の関係にある牡牛座の19度では、既に下から上がってくるものは大陸を予感させました。表層的な意識が邪魔をしないように、細かいテクニックを活用して情報を引き出していた18度から、より大胆なかたちで、水の中に、無意識の中に、飛び込んでしまうのです。

乙女座は細かく分割された小さな自己という意味で、大きなテーマを追求する時には分業化して、複数の人で取り組んだ方がよいといえます。17世紀以前は専門家はおらず、一人が何でもやっていました。その後、専門家は分業化して、隣の専門家がしていることさえ内容が把握できなくなりました。これが乙女座なのです。

複数の人が水に飛び込み、手分けして、牡牛座19度が示す大陸を見ていくのが好ましいでしょう。レースは駅伝のようにバトンを渡して複数人で取り組むものかもしれません。ですが、そもそもこの無意識領域は、人格に対しては危険なものでもあり、誰が一番速いか、誰が一番深く潜れるか、競う面もあります。挑戦が大胆すぎると戻ってこれない人がいます。

乙女座20度［19.00〜19.99］ 20・恒常的に

An automobile caravan.
「キャラバン車」

ここでは19度で試みていた無意識との接触の水泳競技を、もっと安定したものにしたいと考えます。誰が一番早く解明したのか、競走のように取り組むよりは、手分けしてキャラバン隊を組み、謎の解明と知恵を持ち寄るのです。20度では調不不調があってはならず、テーマを決めると必ず攻略できるという確実性が要求されます。謎を究明する研究組織・チームのようなものを想定するとよいのではないでしょうか。

乙女座は分割された自己ですから、一人で何かできることは少なく、どうしても複数の人が協力し合う体制が必要ですが、この複数協力関係の成果も、また豊かなものになるでしょう。反対の魚座ならば、管理を霊的な縁に任せてしまうので、メンバーを決めることもしなくなり、来る人は来ることになっていると豪語して、来た人は誰でもスタッフになってしまいますが、乙女座の場合には、まだ見える範囲で資格などで選別します。

同じ土のサインの山羊座の20度を参考にしてみるとよいのですが、誰かが誰かを追い抜くという19度的な競争はなく、困った人がいればそれを助け、なお助けたことを自慢しないという良いチームワーク精神が働きます。もちろん具体的にチームを組まない人もいます。ですが、いろいろな人に会い、話をして、そうしたネットワークのようなものが自然にできている人はたくさん見受けられます。互いに支え合っているわけです

乙女座 21 度［20.00 〜 20.99］　21・飛躍

乙女座

A girl's basketball team.
「少女のバスケットボールチーム」

最も活動力の高まる21度は、仕事能力が絶頂状態になります。乙女座は分割された自己ということで、一人で全体的なことができるわけではありません。そこで協力して取り組むことになり、この協力体制の中で完全な仕事ができます。

バスケットボールは、より高い目的に向かって、全員が協力することです。そもそも21度は必ず無理なことをするので、ここでは自分たちよりも高い目標を追求するという意味になります。もし孤立癖があり、誰とも協力できないとすると、それでは全部処理しきることはできないと思われますから、不満が残るかもしれません。あるいは時間の経過を利用して、この中で全体を復元するということになると、定期的に転職して、いろいろな仕事に取り組むというケースもあるでしょう。複数の分を自分でこなすにはその方法しかありません。

120度の関係にある山羊座の21度を参考にすると、この乙女座のシンボルのように、チームで組んで、よそのチームと競争する力が十分にありますから、活発で休みない仕事をするとよいでしょう。また対抗にある魚座の21度も参考になりますが、ここでは子供と羊、非物質の召使い。つまりは、このチームは同質な人々の集まりでなく、さまざまに毛色の変わった人の集まりでもよいことになります。それぞれが異なる能力と個性を持つといういうことです。そしてそれぞれが純粋で正直です。

乙女座 22 度［21.00 〜 21.99］　22・クールダウン

乙女座

A royal coat of arms.
「王家の紋章」

21度で無理なことをチャレンジすれば、22度では着地して、自分の足元や位置を確認します。そのことで21度のチャレンジもより確実に身につきます。「王家の紋章」は、かつて戦闘的に積極的に活動し、支配権を握った者の紋章です。それが一時的でなく定着した時に、そこにブランドのような長く続く定着したステイタスができるのです。21度ではは協力して、より高い目標にチャレンジしたチームがいました。その結果として、そのチームの企業はブランドとして高い評価を受けるようになったのです。すると、それが土台を作り、それ以下には落ちないように努力します。

紋章やブランドはチャレンジの結果として生まれてきます。それは評価を得た安心の場でありますが、そのまま放置していれば衰退してしまいます。ある程度はのんびりできるけど、怠慢にはできないということです。

双子座22度の田舎踊り、射手座22度の中国の洗濯屋というのは、自分の素性を明確に意識することで、21度の飛ぶ方向が決まってくることも示します。双子座や射手座は田舎者か、洗濯屋です。それに比較して乙女座は王家です。火や風のサインは集団的な力の蓄積がないので、基本的に高いステイタスとは集団の中でのみ成立する価値観で、そこから離れると全く意味をなさないものです。そのようなものに支えられることを乙女座は望んでいます。

乙女座 23 度 [22.00 〜 22.99]　23・いいとこ取り

An animal trainer.
「動物のトレーナー」

乙女座

23度は、21度と22度の上がったり下がったり遊ぶ度数です。21度で、より高い目標に向かってチームが一致団結して実現に取り組みます。その結果として良い業績が作られ、それが安定した支えになるという22度です。22度はベースになり、それが21度ではより高度なチャレンジに向かうための基礎を作ります。

教育というのはある程度高い水準を持ち、それを基盤にして、次の新しい前進ができるためのいわば非常に底上げされるべき平均基準値です。この点で、23度では、教育を受けていない動物のような状態を訓練して、ちゃんと目的を果たすような存在にトレーニングしていきます。もちろん、これは他者に対してトレーニングして行うだけでなく、自分に対しても行います。というよりも人に対して行う時には、同時に、自分に対しても大変に効果があります。あるいは結局、一番効果を行っている本人なのかもしれません。トレーニングを行っている側も教えられる側も、

いずれにしても教えたり来たりしながら、21度と22度の間を行ったり、確認し、また前に進むというかたちで前に進み、能力を訓練していき、全体としても進化していくというものです。床が王家の紋章であり、それ以下に落ちないということでは、全体にハイレベルなものであるかもしれません。交互運動は向上していくものなので、この度数の人はどんどんスキルアップしていくと考えてもよいでしょう。無理のない前進です。

乙女座 24 度 [23.00 〜 23.99]　24・果てしなさ

Mary and her white lamb.
「メリーと彼女の白い羊」

乙女座

23度のトレーナーと動物の象徴が、ここではメリーさんと羊に変化しました。何が違うのかというと、23度では意図的に訓練をしていき、仕事の能力などが身についていくというものでしかし、メリーさんと羊の場合には、意図的に働きかけていなくても、メリーさんは羊が好きで、羊はメリーさんが好きで、学校にまでついていきます。そして羊は授業が終わるまで待っています。

そもそも乙女座は、全体的なセルフを分割して作り出された小さなセルフというものに焦点を当てて、それをあたかも独立したものであるかのように育成するというものでした。大きなものが小さなものに分割された時には、裏側の意識として、小さなものは大きなものに戻ろうとする逆の力が働きます。メリーさんは人間で羊は動物です。大きなセルフと小さなセルフに似て、一つのものは七つに分割されるので、本来ここでは羊は7匹存在し、この関係は6度メリーゴーランドや7度のハーレムの関係でもあります。

外周を回っているものは間合いを詰めて元に戻ろうとします。乙女座は1度で特定のものの輪郭を強め、部分強調し、その結果の反対力として、強い愛着や回帰願望、依存などを作り出します。この関係の敏感な呼応関係が24度で果てしなく働き、どこにでもついてくるということとなるのだと思います。24度は三角形と三角形が互いに引き合い、六角形的な呼応がエコーするような意味です。

乙女座 25 度 [24.00 ～ 24.99]　25・完成と自律

A flag at half-mast.
「半旗として掲げられた旗」

四つの柔軟サインでは、終端処理として周辺との関係を切り離します。この切り離しイメージが働くので、ここで死去した人あるいは退職した人という印象のシンボルが登場するのだと思います。乙女座は全体から部分としての自分を切り離します。するとこの部分的な私というのは、全体に戻ろうとする力が働くのです。

これが、社会に貢献するとか、人に役に立つか、つまり自分は何かの部品であり、何か大きなものに役立つ歯車として機能するという意識を作り出したのだと思います。役に立つ人というのは結局依存する人です。それは道具主義的にとらえられる自分でもあります。これが乙女座を働き者の役に立つ人というふうに人にします。獅子座の段階では、こういうふうに人の役に立つなど考えもしませんでした。

25 度は 24 度の果てしなさを「いいかげんにしなさい」とばかりに打ち止めします。羊がメリーさんについていくのをやめさせます。部品は全体に張りつき、貢献するという関係性を止めて、ここで道具主義的自分をやめるのです。しかし乙女座は全体ではありませんから、一元に回帰しようという衝動は止められません。そこで 26 度以後は社会に対する依存でなく、もっと大きな宇宙的な範囲のものに依存する切り替えをします。社会は全体性をもともと持っていないからです。役に立つ自分ではあるが、社会に対しての道具ではなくなることを決意し、後継者に引き継ぎをします。

乙女座 26 度 [25.00 ～ 25.99]　26・堪能

A boy with a censer.
「香炉を持つ少年」

上から降りてくる恩恵を受け止める 26 度では、神的なものが降りてきます。少年は宗教的な儀式に参加して、この力を受け止めます。25 度で仕事を辞めてきたので、これからはこの儀式に専念できます。乙女座は何かの部品であるという定式は変わらないのならば、社会の部品であることをやめて、これからは神の部品・宇宙の部品になろうとします。とはいえすべての人、生き物はみな何かの部品です。惑星は太陽の部品です。太陽は全太陽の部品です。

乙女座は、この部品としてのまとまり、自律性を持つことを鍛えてきたのですが、ここで所属を変えてしまうとやり方がわからなくなるので、まずは何もいわず帰依することに専念します。従属することに役立ち、貢献することが、その部品であることの存在証明だからです。まだ十分に理解できていないものに役立つことにはいわれたことを全部こなすことから始まります。

何かの弟子や生徒として振る舞い、知識はないけれど尊敬すること、崇拝すること、畏敬の念を抱くことなどが重視されています。シュタイナーは高次な領域のものを受け止める受け皿として、まずは畏敬の念を抱くことが大切だといいました。が、道具主義的な乙女座は、ここでは実作業で貢献するだけでなく、畏敬の念を抱くという感情の面で役立つといえばよいでしょう。

402

乙女座27度［26.00〜26.99］ 27・向上心

Grande dames at tea.
「お茶会をしている高貴な貴婦人」

乙女座

26度で受動的に受け止めたものは、27度では意図的に追求されなくてはなりません。例えば、何かを学びたくて、学校とか講座などに参加した人は、授業を受けて学ぶだけでは決して身につきません。今度は小さな範囲でよいので教えるということをして、やっと覚えることができます。吸い込むことと吐き出す呼吸運動をしないことには、定着しないのです。

26度で上から降りてきたものを享受していた少年は、今度は、一般の人を招くサロンを主催する貴婦人に変貌します。受け止め、そして下に流すのです。この仲介者というのは密教的な考えでは、西欧ではソフィア、仏教ではダキニとなります。地上原理と天上原理には亀裂による断層があります。地上原理に生きている人は、決して神への階段を上がることはできず、自力で努力してもその道筋が見えてこないのです。ソフィアあるいはダキニは、それを提示できます。

小さな存在でありつつ、部品としてのみ生きることから自由になるには、上に対して月であり、下に対して太陽であるという両面性が備わるとよいのです。これは断層の上に立ち、この断層を埋めることが可能となります。aとbが違いすぎる時には、それを埋めるcが介在するとよいというのは、例えば、言葉の違う人が話す時に通訳がいればよいということと同じです。通訳はaのこともbのことも知っているのです。どこでも必要な人です。

乙女座28度［27.00〜27.99］ 28・突破口

A bald-headed man.
「禿頭の男」

乙女座

28度は合計すると10で、それは異なる階層の社会・コスモスなどに接触している境界面にて、天秤座に接触している度数であるといえるでしょう。乙女座は土のサインで、ここではある/ない、あるいは真/偽という区別が際立っています。この輪郭の明確な土の塊のサインで、散り散りばらばらに分散させるのが風のサインで、乙女座の防衛してきた個の輪郭がだんだんと風に向かってすり減っていきます。

髪の毛というのは頭のてっぺんを保護しているフィルターであるとすると、この頭のてっぺんが天上にむき出しになっており、自分を保護することができません。しかし全面的にではなく、頭のてっぺんだけが天秤座に晒されています。天秤座に晒されることは、乙女座という個人であり部分である閉じた階層からすると、脅威の体験をすることになります。

26度では教えの中で間接的に上位の力を受け止めたのですが、ここでは直撃的に、自分の頭上に降りてくる力を感じることになります。26度で受け取めて、27度で発信するということをすると、越えられない断層が乗り越えられてしまうからです。私たちは何かとの壁を感じる時、受信するか送信するか、そのどちらかの一方の姿勢だけで考えるからそう感じるのであり、28度は26度と27度の両方を兼ね備えたもので、一歩壁を越えてしまいました。頭だけが外界に開かれているというのは、不十分なことではあります。

乙女座29度 [28.00～28.99]　29・比較　乙女座

A man gaining secret knowledge from a paper he is reading.
「読んでいる書類から秘密の知識を得る男」

ここでは乙女座と天秤座の比較をします。乙女座は、書類が読んだ時、くっきり印刷された文字だけを取り上げます。それ以外は無というふうに、はっきりとある/ないを区切るのが土のサインだからです。ですが風のサインでは、この土の塊の輪郭はさほどはっきりしなくなり、何も書かれていない部分を無とみなさなくなります。いわゆる行間を読むとは、見える字句だけに縛られず、さまざまな角度から考えることなのです。裏読みしたり、斜め読みしたり、推理力を発揮して、書物も字句通りのものではなく、さまざまな意味を含んだものとなります。そうした姿勢でないと、著者の意図を汲み取ることはできないでしょう。乙女座はこの察する力というのが欠落しているサインだと考えてもよいでしょう。書いてある文字を読む乙女座とその意味を推理する天秤座の二つの間を行ったり来たりしながら、だんだんと真実に接近していきます。もちろんここで最終的に行き着いたという地点はありません。より接近しているか、より遠いかということにすぎません。乙女座は1度で区別し、輪郭をつけることに邁進しました。この度数では、今度は反対のことが進行しています。輪郭を強調すると、字句通りしか受け取ってはならないのですが、それでは真意が理解できないのです。1度で乙女座の洞窟に入った人は、この29度で、そこから抜け出す準備をして、また間で揺れています。

乙女座30度 [29.00～29.99]　30・吐き出す　乙女座

A false call unheard in attention to immediate service.
「直接のサービスに注意を向けたため聞き取られなかった間違い電話」

乙女座を吐き出す最後の度数では、すべてを吐き出すという点で、逆に、乙女座が強まっているかのように見えることがあります。それは残ったものを全部出してしまうからです。乙女座においては真偽を区別する輪郭性は大切です。しかし、そもそも真偽などの区別はどこにも存在しません。乙女座が意味する視覚は思考の反映ですから、見ている側で意味が作られていくのです。カモノハシはあまりにも不思議な生き物なので、初めは偽造品だと疑われました。生き物は分類されるものではないのに見ている側が分類し、その後、勝手に真偽を決めてしまうのです。見えるものに注目した結果、その周辺の曖昧なものは無視されるというのが、乙女座の意味する視野狭窄症です。行間を読んだはずなのに、そこに推理された意味はくっきりと書かれていないのに、その真実性に疑念を抱き始めます。証拠がなければ信じられないという土の元素特有の癖が、天秤座に飛び込むことに対して最後の障害になるのかというと、ここはまだ乙女座ですから、乙女座の性質の嫌な面とか限界性を認識し、とことん突き詰めた方がよいでしょう。不注意になったり、何も決められなくなったりするのなら、それは乙女座要素が障害になっているということが判明するシーンを体験することが多くなります。そのことで決意するとよいでしょう。明らかに乙女座要素が消えかかりながら、まだ生き残っています。

天秤座1度 [0.00〜0.99]　1・スタート

A butterfly made perfect by a dart through it.
「突き通す針により完璧にされた蝶」

春分点が自我の発生だとすると、秋分点はその鏡として意識を反射するものとなります。自我の意識はどこかに投射され、何かにぶつかり、そこに抵抗を感じることで初めて自分を知覚します。意識を投射する側に自分を感じるのではなく、抵抗として跳ね返した側に自分としての実感を感じるわけです。これが天秤座だということになります。

ズズマンは、天秤座は触覚であり、それは自分が閉じ込められ、宇宙から拒否されたことを実感することだといいましたが、春に植えた種が実った結果、それを刈り取り、その後は決して形を変えません。蟹座では成長途上なので、その後どのような形に変化するかさっぱりわかりませんでした。天秤座はもう形を変えないからこそ、その後の人生はくっきりとしたものとして進行します。ピンで刺され、個性の決まった標本として、見られるモデルと考えてもよいでしょう。積極的な受容性なので、人生は人との関わりの中で、どんどん進みます。たいていは本人が自覚するよりも、動きの方が速いことが多いでしょう。わかりやすいキャラクターとか個性が誰でも迷わないのです。春分点も秋分点も昼と夜が同じ長さ、つまり陰陽が中和された場所です。ですから自ら何か行為するというのがまだできない状態で、自分では何かにはっきりとわからないまま、いつのまにか人生の可能性が開花していくというものになるでしょう。

天秤座2度 [1.00〜1.99]　2・反射

The light of the sixth race transmuted to the seventh.
「6番目の部族の光が7番目のものに変質する」

1度の行為の結果、生じる反射的な現象が2度です。この世のすべてのものは陰陽の運動で成り立っています。秋分点の陰陽中和というような標本的・モデル的な要素を作らず、ただいるだけというように、それは逆に、積極的な動きを作り出すのです。

牡羊座の2度ではでは何をしたらよいのかわからない人が、とりあえず周囲の人を真似てみるということをしていました。世界の中に足やってきて市民権を得ようとしたのです。ですが、それが強い波紋や笑いを作り出し、活発な動きが作られたのです。合わせ鏡として天秤座の2度では、周囲の人のお誘いに従うなら、6の数字とは能動の三角形と受動の三角形ですから、要求に従い呼応するということです。すると、そこで牡羊座の時と同じように、何か活発な変化が訪れます。ある方向からある方向への落差のある運動とは、7の数字を象徴しています。従ってみれば、それが活発に動く状況を作り出してしまったのです。

もともとが天秤座は、人に答えるサインで、そう言われて活動サインですから、答えることで動きが激しくなるのです。例えば、ある団体とかチームの中に新参者として参加すると、本人は何もわからずぼうっとしているのに、それまでの参加者がざわめき、何もしないのに団体そのものの様相が大きく変化していくという状況などを見かけたことがあります。

天秤座3度 ［2.00〜2.99］　3・運動性

天秤座

The dawn of a new day, everything changed.
「新しい日の夜明け、すべてが変わった」

1度では標本としての個性を持ちました。2度ではその個性が原因で、周囲の人との関わりでいろいろな活発な動きを作り出しました。この二つの度数の結果として、天秤座の人生スタイルの基本的運動・生産法則の3が確立されます。

この3に乗っているうちに、自分が想像だにしなかったような大きな変化がやってきて、「いったいぜんたい、どうして自分はこんなことになってるんだろう」と、問いかけたくなる状況になるのです。

例えば、誰かにプロポーズされて、「わかりました」と答えて、気がつくと、ニューヨークに住むことになったとします。1か月前までは、さかニューヨークに住むなんて考えもしなかったというわけです。白馬の王子様という話は、自分は何もしていないのに、ある日、王子様がやってきて人生が変わってしまうというものです。この完全受動、可能なできるかぎりの能動性とは、相手に対して閉じないということだけ、もし底なしに受容してしまえば、相手は崖から落ちるようにして食い込んできます。そしてこの受容しすぎ、要求しすぎという初期的な陰陽化への動きにとって、人生のすべてが変わってしまうのです。

乙女座の場合は、自分を閉じるサインなので、このような変化は決して起きません。結局自分を強く押し出すこととブロックしないで受容することは同じようなもので、この二つが組み合わさると、動きを停止させる緩衝器が働かなくなり、大きな振り幅が作られます。

天秤座4度 ［3.00〜3.99］　4・集団的リソースへ浸す

天秤座

A group around a campfire.
「キャンプファイヤーを囲むグループ」

3度の受容するまたは押す ことによる変化という組み合わせが、一対一の関係ではなく、複数の人のグループになると、それは社会的な広がりを見せます。韓国の話では、何か提案したものを3人の人が容認すると、その後、社会的に発展するそうです。このキャンプファイヤーでは、最低4人いればよい話になります。

暗闇の中で火を囲んでいるチームの会話は、街の雑多な想念のノイズが入ってこないので、とても深いものになります。それに天秤座の初期においては、人格のブロックはないので、日頃では決していえないような深入りする話になります。天秤座は社会化の始まりなので、ここで数人の人が受け止めたものは、そのまま社会的な広がりを見せようとしますが、まずはこの段階では、天秤座の人も好きがうるさく、心を許す人は少数です。

これが21度くらいまでいくと、もう天秤座に好みなどありません。ここは社会的な広がりの萌芽と考えてもよいでしょう。社会とは、要するにいろいろな育ちと考えの人がたくさんいるということなので、その初期の発展段階は、このキャンプファイヤーです。話を聴く相手が一人ではなく、二人以上になることでこの考えやアイデア、話題は普及化の性質を持ちます。普及化は永続性を持つということでもあります。一度話したことは消えずに波及していきます。

天秤座5度 [4.00〜4.99]　5・冒険

A man teaching the true inner knowledge.
「心の内面の知恵を教える男」

4度の普遍化に飽きると5度の冒険が始まります。キャンプファイヤーで、何でも受けつけてくれるような相手と話をしていると、これまで公言できなかったような内心の考えを、ついついしてしまいます。牡羊座と天秤座は、押す／押されるという合わせ鏡関係ですから、同じものを反対側から見ているだけです。

翼を持った三角形という牡羊座の5度のシンボルは、現実離れしたことを実現しようとする、あるいは抽象的な、地面には着地していないような概念を語ることを表していますが、天秤座はそれを受けつけ、そして実現しようといい始めます。風の三角形として、水瓶座の5度は、煽る内容になった機関誌で、双子座の5度はネットワーク化されたものへの拡大です。印象的な大げさな表現にしていき、そして広めるのです。5度は一方的な表現で、その倍数の10度はデュアル化して、相手の反応も取り込んだところでの企画の打ち出しです。

天秤座の10度ではいろいろな人がいろいろな考え方をしていることを興味深く見ますが、まだ5度の段階では、この意志の表明は単数なのです。周囲や環境がどう反応するかを考えず、ピュアなかたちで、意志が表明されていくのです。そのため失敗しやすい傾向も持っています。ただ、天秤座は社会的な広がりのスタートのサインなので、失敗はそれが実現しないというところではなく、もっと別なところで現れ、実現していくでしょう。

天秤座6度 [5.00〜5.99]　6・環境へ

The ideals of a man abundantly crystallized.
「男の理想が多くの結晶に変わる」

6度は環境の中に入り、意志の三角形に対応する環境の側の三角形が結びついて6の数字、すなわち六角形ができるような状態です。6の数字あるいは六角形とは、どちらも能動的な三角形が結びつくと受動的な6となり、両方が相手を縛り合う、相対的な関係が出来上がります。

5度で表明した理想も、環境の中で形になるにつれて尖った要素が減少し、妥協の要素も増えてきます。風の三角形として双子座の6度は油田の掘削で、水瓶座の6度はミステリー劇の演技者です。理想をかたちにするというのは、アイデアに対応していますが、それはつまり「いま、ここ」にないものを引き出すということです。

地球には惑星グリッドという幾何図形があるとプラトンはいいます。そこに過去から未来にわたって、地球のさまざまな記憶が蓄積されています。「いま、ここ」にはないものを引き出そうとして、油田を発掘するかのように掘り出し、そしてこの中に入り込んでいくということが、理想の現実化です。グリッドの中のラインに入ることで、目の前に引き出されるという感じです。ロシアの科学者は、これについて地球は巨大な水晶なのかと問いかけましたが、風の元素は作り出すことはなく、むしろ発見し、引き出すということが多いのです。そして環境の中に入るという行為そのものが、理想が実現することを意味します。無形のものは存在しません。環境のどれもが独特の個性を持っており、そこに入り込みました。

天秤座7度 [6.00 〜 6.99]　　7・落差

A woman feeding chickens and protecting them from the hawks.
「ヒヨコに餌をやり、鷹から守る女」

6度で環境に入ると、そこで初めて気がつく落差に出合います。天秤座においては、自分の心の中にある反動的な要素です。何かをかたちにするとその反作用は必ず出てきます。得る時には必ずその代わりに何かを失うわけです。言い換えれば、失いたくないために、誰もが何もしないようになっていくのです。積極的に理想を実現することに取り組んでいた人も、それが上手くいくと、そこで保守的になります。そして維持することが重要に見えてきます。すると今度は、積極的に何かしようという動きに対しては、反対するようになります。

飛ばない鳥を育てる側と攻撃的に飛ぶ鳥の二面は、常に入れ変わり、一人の人が交互に体験することもあります。サビアンシンボルで二つのものが描かれている時、役割はよく入れ替わります。反対側の牡羊座の7度も参考になりますが、ドラマでは悪役と良役の二つが設定されるとメリハリのつく展開ができやすいのです。

天秤座では、この牡羊座の持つ概念が、そのまま人に置き換わったりします。誰かの妨害をしたりされたりと、いろいろ大変な体験をしますが、これは理想をかたちにするという6度の結果、変形したものは元に戻ろうとして反動が働くということからきています。冥王星がここにある世代の人は、人生がどんでん返しの連続のケースも多く、話だけ聞くと興味津々になります。

天秤座8度 [7.00 〜 7.99]　　8・落差の克服

A blazing fireplace in a deserted home.
「荒廃した家の中で燃え盛る暖炉」

6度で理想を実現する環境の中に飛び込んだ人は、7度で反動に出会い、そこで挫折したり、脱落したりする危機を味わう人も多いでしょう。学校でも会社でも、組織でも、妨害されたり、標的にされたりしたら、当然、そこにはもう行かなくなることもあります。8度はこの7度の対立を乗り越えることを表します。

脱落した人がまた元の環境に戻ってきて、そして一度はやめてしまったものをあらためて取り組むのです。その時に、家は出ていったままの状況になっていることを発見します。人がいないのに暖炉の火はまだ燃えていて、いつでも再起動できる状況になっています。反対側の牡羊座では8度のシンボルで風が表現され、この風のサインの天秤座では暖炉の火が表現されていますが、風のサインにとって鏡となる環境とは火のサインであるという意味でもあるのです。火が残っていれば、荒廃した家などいくらでもリフォームできる。

この度数は、例えば、更正した不良少年少女のようなケースもあります。8度は圧縮や溜め込みなどを意味しているので、前のものが保存されていますが、同じ天秤座でも3度だと、戻ってみると親が夜逃げしていたとか、会社がなくなっていたというような驚く変化もあるかもしれません。

天秤座9度 [8.00〜8.99]　9・哲学

Three old masters hanging in an art gallery.
「アートギャラリーに掛けられた三人の巨匠」

9度はそれぞれのサインの考え方を提示します。天秤座では、何か考える時に、いろいろな人の人生観や生き方、考え方を比較して、そこから知恵を得るということです。6度、7度、8度などを考えてみると、かたちにして、反動があり、脱落し、また再起して、など人生ドラマが紆余曲折しており、人が聞いていても面白いというネタが満載です。

牡羊座から乙女座までは、内的な発達のサインなので、そこでは内面的に激しい変化があっても、かたちには出にくいのです。しかし天秤座となると、心の中にあるだけで終始するということはなく、あらゆるものがかたちになってしまいます。内的なものだとデプレッションも誰も気がつかないことがありますが、天秤座だと、会社が倒産しましたなどとはっきりした出方をします。

1度のシンボルのように標本です。こうしたいろいろな人の体験を複数見て、そこからいろいろと考えるということになります。火のサインの9度は基本的に抽象的ですが、風のサインは多方面への風化のようなものなので、さまざまな事象や現象、印象に多様に展開されていく知識になります。例えば、双子座の9度がたくさんの矢であるように、多様化します。乙女座のように真偽というくっきりした輪郭を作ろうとすると、否定され消去される体験もあります。しかし天秤座では肯定／否定ではなく、いろいろあるという見方ですから、それが多様な面白さにつながります。

天秤座10度 [9.00〜9.99]　10・外へ伝える

A canoe approaching safety through dangerous waters.
「危険な流れを抜け安全な場所にたどり着いたカヌー」

9は旅を意味しており、この旅の中でその人にふさわしい場所にたどり着くのが10です。タロットカードでいえば「隠者」は、その探求の果てに自分にとって最もふさわしい輪としての「運命の輪」にたどり着きます。深遠なものとは、公転周期のより遅い惑星のサイクルのようなもので、「運命の輪」は惑星のサイクルだけでなく、プラトン周期のようなものも含めて多数のサイズの輪があり、9の探求は本能的なものだったので、頭で考える理想ではなく、根本的に自分に一番フィットした満足するサイクルのコスモスにたどり着きます。

不安な旅の中でカヌーは10番目の岸にたどり着くのです。ここで危険な流れとは天秤座の7度のどのような状況です。10度は知らない人と接触して、自分の体験を話すような場であり、人に話せるということは、もう旅は過去のものとなり、体験は定着し硬化したからこそ突き放して話せるものとしました。渦中にある人は決して突き放して話せません。自分がどういう状況の中にあるのかさえ説明などできません。

7度の危険な体験は起こりません。なぜなら、新しい理想の結晶化という5度、6度の段階を追い求めないからです。10度は常に外部にプレゼンテーションするような度数で、それまでの1から9までの一桁段階を二度といじらないという前提で、外部に紹介できるのです。例えば、本を印刷して書店に並べた段階です

天秤座11度［10.00〜10.99］　11・実験

A professor peering over his glasses.
「眼鏡越しに覗き込んでいる教授」

三分節での虫⇨羊⇨人と進む5度グループの三番目なので、知的で社会的な働きが始まります。

11度はテンションの高い、強気に出る傾向の度数で、天秤座の人はここから15度までは、教えたり、研究したりする知的な学者的な面が強く出てきます。そもそも風のサインは知識に関係しますから、この11度から15度は射手座や双子座よりも先生や研究者としての要素が強くなります。ただし活動サインなので活動は積極的です。

反対の牡羊座では国家の支配者というシンボルですが、天秤座では知識の伝授というシーンで支配的です。教授は生徒とは対等ではなく、教えてもらうということはあまりありませんから、比較的、一方的です。風の三角形を考えると、双子座は物質的に見えるところから知識を霊感のように受け取るというもので、天秤座の11度は、この物質・非物質の両面に支えられて、知識や知恵を探求していくのです。

天秤座は人との交流を表しますから、この教授は一人で黙って研究したり著作したりするよりも、人に教えているという面が強調されており、教授だけでなく、何かの専門的な分野でインストラクターをしているという場合も当てはまります。会社員であれば、社員教育をしているという人もいます。活動サインの十字の関連を見ると、迎合的ではなく挑戦的で、考えは新しいです。

天秤座12度［11.00〜11.99］　12・未知の探索

Miners emerging from a mine.
「鉱山から出てくる炭坑夫」

自然界の中の隠された法則、黄金比の度数では、知識の探求をします。鉱山の奥深くに入り込んで、これまで知らなかったものを探し出すのです。書物を検索する能力が高く、11度が教える人ということでいえば、12度は探索する人です。書物は既知の知識ですから、それ以外に、まだ金属が抽出されていない鉱物の塊を掘り出すということで、これから何が出てくるかわからないものも取っていきます。

乙女座の12度は、自分のあらかじめ持っている思考を当てはめて、そのルールから漏れたものを意識の外に追い出すということでの解明でした。天秤座の場合には、印刷された文字と行間の両方に視点を当てるということで、まだ明確にかたちになっていないものやルールに当てはまらないものも扱うという違いが出てきます。それが「鉱山」というシンボルで表現されているのでしょう。ということは、世の中では異端的な地下にあるもの、外れたものなどにも関心を抱いたりします。ときどき異常な思想などにも関心を抱いたりします。真偽の輪郭からはっきりさせない乙女座が確実に見落とすようなものを見落とさないということです。

希少なものを探してほしい人は、この度数を持った人に依頼するとかなりの確率で成功するでしょう。ルディアは、この度数の人は根を詰めすぎて身体を壊しやすい可能性があるといい、明文化されていないものも集める癖は、免疫力を結果的に弱めるのでないかと思います。

410

天秤座13度［12.00〜12.99］　13・カリスマ

Children blowing soap bubbles.
「シャボン玉をふくらませている子供たち」

シャボン玉は膨らませて短期間に消え去ります。仮説を立て、それが短期間で撤回されるということでもあり、11度の教授が、12度で未知のものを見つけ出し、それについて仮説を立てる13度と考えてもよいでしょう。

サビアンシンボルで「子供」が出てくると、あまり計画的ではないとか遊ぶという性質があるようです。知性のスピードが早く、つぎつぎとシャボン玉を膨らませているように見えますが、一つのことをじっくりと掘り下げず、深みに欠ける面はあるかもしれません。じっくりと探求するというよりは、細かい記事を題材をたくさん書くようなところに適していると思います。週刊誌であれば1週間もつシャボン玉です。

風の三角形で考えると、双子座は突出したキャラクターを打ち出します。そして水瓶座では、世の中の風の変化に敏感です。この流行に反応しやすいのは、シャボン玉が風に乗って飛ぶという点で、社会の集団的主観性としての、流行などに無関心ではいられないという面が出てきます。そこで双子座の13度の影響も混じって、気の利いた何か目立つことをいわなくてはならないという要素が出てくるので、やはり現代的なマスコミの分野で活躍すると有能であるということになりやすいと思います。科学は1週間しかもたない仮説が多いといわれますが、本来、企画も多数の仮説・泡沫的なものが打ち出されていくことが多いのです。

天秤座14度［13.00〜13.99］　14・浸透

A noon siesta.
「正午の昼寝」

自己生殖の数字といわれる14度は、13度が孤立的で、突出しすぎた傾向を持つことに対して、それをもっと下に降ろすことに不自然な関係します。つまり13度の頭でっかちすぎる不自然な仮説に対して、それをより確実にしていくということもあります。

正午というのは一番明るい昼です。この目覚めていなくてはならない時に昼寝すると、目覚めた意識は無意識と接触し、そこで表層的でない知識が手に入ります。人間の意識が昼と夜の二面に二極化されているのならば、13度は目覚めた部分で高速処理しますが、それは片面だけしか手に入らず、ここで昼寝することで足りないものを補います。わからないことがあったら、昼寝してみるとよいでしょう。起きた時には、その問題は解決しているということがあります。目覚めた意識というのは緊張ですから、この緊張が新しいアイデアを出すきっかけを締め出します。考えることをやめると思考が新しくやってくるという点で、昼寝をする、何か違うことをする、運動するなどで、新しい知恵がやってくる余地を開けるということです。

基本的に14は、自己生殖が完了するまで時間がかかるので、のんびりした数字です。解決するまで昼寝するような人ですから、とても急いでいるように見えません。目覚めた意識を失わないままの昼寝とは、左脳と右脳を同期するトランス状態です。アイソレーションタンクに浮かぶのも昼寝です。しかし一番楽なのは、普通の昼寝です。

天秤座 15 度 ［14.00 〜 14.99］　15・侵攻

Circular paths.
「環状の道」

天秤座

占星術は円環型時間を提示します。つまりホロスコープとして円形になっている中で、1日、1年、一生などが語られ、すべては螺旋状に回転しています。目覚めた意識は朝です。昼にピークに達し、夕方にリラックスして、夜に眠り込みます。ですから、14度で会得したわからないことがあったら昼寝してみるという任意性の高い行為を、規則的に頻繁に活用することになります。

牡羊座の15度のインディアンが毛布を編むように、日々の生活の中で、知恵を開発していきます。結局、多くの著作を書いている人とか、たくさん発見をしている人は、著しく規則的な暮らしをしていることが多いのは、この意識と無意識の交流を毎日繰り返すことで、より効率的で、そして偶然性のない状態に保持できるからです。規則性がなく、一回性のチャンスにかける人は、長続きしないし、深く掘り下げられないという傾向があります。

長大な計画を立てる人は、13度でも14度でもなく、15度の傾向が強いということになります。この環状の道が1日の回転でなく、一生の輪であるとみなした時には、例えば、ある作曲家が晩年に第二次世界大戦のオペラを作りたいので、若い時から、数万冊の戦争の本を読んでいるというような気の長い計画性を思い起こさせます。種をまき、成長させ、刈り取り、定着させる。この四つのサイクルを上手く活用することになるのです。

天秤座 16 度 ［15.00 〜 15.99］　16・解体

A boat landing washed away.
「流されてしまった船着場」

天秤座

16度という中折れ地点で牡羊座の侵入があります。港が壊れてしまうと、船は海から戻れません。牡羊座では、この度数で積極性が違う方向に向かってしまったように、天秤座でも、例えば人との関わりに深入りしすぎ、自分も一緒に漂流することになっているなどの体験をすることが多くなります。

牡羊座は自我感覚で自分を外界に突き出します。天秤座は触覚で、個体の個性の中に閉じ込められます。差異性によって外界との差異性が発生します。牡羊座の過剰侵入によってこの境界線の部分、船着場で例えられるようなところにひびが入ったり、崩れたりします。何か判断したり評価したりする基準や、内と外の区分がはっきりしなくなるのです。

天秤座は根本的な考え方の再構築を迫られます。牡羊座は天秤座の鏡があるからこそ、自己認識ができます。ですが牡羊座が強く出すぎて鏡にぶつかり、鏡が割れたというような状態で、運命共同体のように、暗中模索をするようになっていくのです。これは15度で、昼と夜の切り替えをしている人が、次第にその境目がなくなってくるような状況に陥ってしまったと考えてもよいかもしれません。人との関わり方や環境との関わり方、意識と無意識の関係。その仕切りをどこにしてよいかわからなくなるのです。しかし、レベルアップなのです。

天秤座 17 度 ［16.00 〜 16.99］　17・新たな希望

A retired sea captain.
「引退した船長」

16度で、自他の境界線をどこにしてよいのかわからなくなった人は、いったん関係の場から退きます。引退した船長は、崩れた船着場から毎日見に行くかもしれません。事故現場を検証し、何が原因だったのか毎日考え続けます。反対の牡羊座で虚空に向かって、ああでもないこうでもないと考え続けるのは、同様です。

17の数字はどのサインでも、瓦礫の山で、今まで見えなかった可能性の星を発見します。16度以前は、まだ個性化されていない段階であり、ここから本当の意味での天秤座の力が身につきます。30度の幅の前半がサインに同化することに費やされ、後半はこのサインから少し離反する意志が働くことで、やっとサインを上手く生かせます。例えば、天秤座の持つ、人との関わりという点でも、相手の埋もれた個性とか一般的な考え方に迎合しないで見るという能力が芽生えてきます。

牡羊座では未知の可能性の種をまくことでした。これからどう発展していくかわからない小さな芽に着目した上で、人や事情を見ていくという、既存の評価力が崩れた瓦礫の山に立って、星を見出すことができるようになります。そのための種々の分析が行われ、これまで病気と思われていたものも、新しい可能性が芽生えるためのあがきであることを発見します。治療という概念はありません。新しく生まれるための煩悶が病気に見えただけだからです。

天秤座 18 度 ［17.00 〜 17.99］　18・種を探す

Two men placed under arrest.
「逮捕された二人の男」

牡羊座が春分点から始まる種まきであり、それはまだ芽や種の段階なので、どういう発展をするか何も決まっていません。この曖昧な牡羊座の可能性を正しく見ることのできる、牡羊座にとっての鏡とは天秤座です。幼児は鏡に映る自分を見て、自分を認識します。この鏡によって自分を認識するならば、牡羊座の可能性は天秤座次第であるということです。そこで、天秤座はこの未知の可能性を持つ牡羊座の肩を持ち、評価します。その結果、仲間として一緒に逮捕されます。逮捕されてもよいと思っています。

16度では牡羊座の力によって人格クラッシュを起こしたのに、今度はそれを17度で肯定的に見直し、18度では助けようとするのです。反対の牡羊座の18度では空のハンモックで、活動と休息の間を規則的に揺られています。つまるところこの未知の種との関係性においても、関わったり休んだり、評価してみたり、いや違うかもしれないと思ってみたりするという運動をします。

ところが18度は下に向かった探索ですから、この揺れ動きの中で、具体的な発展の可能性が見つかります。新しい芽をどの方向に伸ばせばよいのか。18は足すと9ですから旅を意味しており、移動し、サーチし続けます。他の人が異常とか病気と名づけるものも、そうではないと考えるのですが、ときどき行きすぎとなります。はみ出したものをいつも善意に評価してしまうからです。

天秤座 19 度 ［18.00 〜 18.99］　19・想像的可能性

A gang of robbers in hiding.
「隠れている泥棒集団」

天秤座

19は、10と9の二人の子供の組み合わせです。9の子供は想像的なビジョンで、10は硬い殻を持つ実在の子供と考えた時に、18度の共に逮捕された二人の人物は協力し合います。一人が主張し、まだ実現していない夢をもう一人の実行力ある者が実現しようとします。そして初めは二人だったのに、だんだんと集団化して、この実現していないビジョンを確実にものにしようとするのです。

ビル・ゲイツも、スティーヴ・ジョブズも、初めはオタクな怪しい若者でしかなかったのです。世の中にまだ認められていないものはすべて怪しい泥棒に思われてしまいます。ですが、成功すれば賞賛されます。活動サインの19度を、私はいつも大風呂敷の19度といいますが、それは今の段階では実現していないような大きな話を持ち出してくるからです。

天秤座は牡羊座を環境の中に、そして未来に引きずり出す鏡であり投錨地です。それは明確な達成ビジョンを作る力があるのです。そして漠然としている牡羊座は活動力だけはあります。目標が明確になると、そこに向かって飛び出します。牡羊座は出発点で天秤座は達成点です。この間にある蟹座は育成力で、蟹座が二人の男を複数の人の集まる集団に膨らませてしまうのです。はみ出し者にすぐに弁護士を送ったりしていた18度はまだ少し疑念を持っていました。しかし19度では押しが強くなります。

それを保証したからです。神父がそれを保証したからです。

天秤座 20 度 ［19.00 〜 19.99］　20・恒常的に

A Jewish rabbi.
「ユダヤ人のラビ」

天秤座

牡羊座の20度と同じく、冬の時代にも餌をやり、育てることを断念しないことが重要で、そうすれば外界の状況に振り回されずに、自分の目的をちゃんと実現することができるようになります。私たちは惑星の上に住んでおり、すると、機械的に時間が経過することに甘えてしまいます。時間が経過しても、心とか内的な時間は動くわけではありません。時が解決するということなど何一つありません。

20度は外界の時間の経過という、本人の精神とか心には何の関係もなく働く作用に振り回されず、意識的に、常に、休みなく取り組み、働きかけることを表しています。「ユダヤ人のラビ」は、孤立しても、誰も助けてくれなくても、毎日お祈りをします。19度の想像的なビジョンはまだ達成していません。それを達成するには、断念しないでお忘れないことが重要です。それは機械時計的な時間に邪魔されないということでもあります。

蟹座の20度は毎日のルーチンです。山羊座の20度はひそかな一員として貢献します。天秤座の20度は、目立たず毎日のお祈りを続けていくということです。環境の部品としての自分を、環境から自立させるための訓練というふうに考えてもよいのです。時間や空間、多くの他者の干渉や期待など、さまざまな要因がお祈りを妨げようとしますが、外的因子の干渉に打ち勝つことができれば、やがて最強の21度の段階に入ります。

天秤座21度［20.00〜20.99］　21・飛躍

A crowd upon the beach.
「海岸の群集」

最強の天秤座は、どのような人でも扱えるというものです。天秤座も初期の段階では、好みのタイプとかがあり選別していました。16度から20度までの体験では、まだ芽の出ていない人も今後も大きな可能性がある、だから今の状態を見てそのまま決めつけることはしないという姿勢が出来上がりました。海水浴の客は男女の区別も、地位も、国籍も年齢も関係なく、たくさんの人がやってきます。海のように、それらを区別なく扱うことができるのです。

どのような人が来るかわからないような場所では、この度数の人はいつでも対応できます。しかし、21度は常に無理をしているという意味では、無理して対応しているということもあります。この人はかなり特殊な人でも拒否しないという姿勢を貫くので、結果的に、誰にもしてもらえないような話も近づいてきます。そしてとても面白い話が聞けるので、私はこの度数の人から話を聞くのが好きでした。いつも笑える話が聞けます。

21度から24度くらいまでは、許容度の大きさから、対人関係が型にはまったルール通りのものではなくなる傾向が強まります。それは四角四面の考えの人からすると、非難されるようなものも出てきます。この非難はもっぱら集団社会のありたりさを表す山羊座や蟹座からやってくるということになります。牡羊座と天秤座の21度は、最大限の振り幅を示し、包容力が大きくなります。

天秤座22度［21.00〜21.99］　22・クールダウン

A child giving birds a drink at a fountain.
「噴水で鳥に水をやる子供」

21度で無理なチャレンジをした人は、22度で着地して、自分の本来の実力レベルに戻ります。「自分はこんなもんなんだ」とわかれば、そこから先に進むビジョンも明確になるのです。21度でどのような人でも扱えるし、どのような潜在的な可能性も発見できると考えたけれど、それは個人としての範囲を超えています。それは海の力を町の中に持ち込むとは、町の中にある噴水です。それは海の力の小さな模型です。そしてたくさんの人を扱うわけではなく、馴染める限られた人に癒し、潤い、可能性を伸ばすという姿勢を打ち出します。

牡羊座と天秤座の関係は、決まりきった枠を踏み越えて侵入する／侵入されるという関わりでもあるので、それは常識を踏み外すこともあります。この限界を超えてしまうというリスクもあります。天秤座の21度から24度までは起こりがちなことで、社会的な行動でありたいと思う人は、山羊座の枠機能がそれを制御するべきなのかもしれません。

土のサインは常に個人のエゴと防衛心を守りますが、天秤座と牡羊座という風と火のサインは、いつでもこの土の枠をはみ出す性質があります。社会的な行動としてはちょっと問題があります。しかし個人としては正しいというような傾向になるでしょう。これは16度からずっと続く天秤座の特有の傾向です。限られた人に対しての救い

天秤座23度 ［22.00〜22.99］　23・いいとこ取り

Chanticleer.
「おんどり」

天秤座

23度は21度のジャンプと22度の着地を、任意に、交互に繰り返します。そして交互運動というのは、進み、戻りしながら、全体として前進します。おんどりは夜明けを告げます。夜明けとは、東の地平線から太陽が上がることで、つまりは牡羊座の芽生えと同じです。その芽生えを告げて助けます。21度では公共的に、22度では個人へのアプローチでということです。この両方を行き来することで、個人の可能性を公共的な場の中に発展させるという手助けをすることになります。

それは多くの人のチャンスを作り出すことができ、または多くの人が自分の可能性を開花させるためのきっかけを作り出すこともできます。大きな渦の中心になることで、何かがスタートすることの媒介者となること、一番良いタイミングをいち早く察知すること、そこに居合わせることもあります。つまりおんどりが朝日を作り出したのではなく、太陽が昇る時におんどりは鳴くのです。「今だよ、今走りなさい」というような正確なタイミングを教えることができるのです。

牡羊座の23度は自分で押し出し、自分で孕むことができました。天秤座の23度は、これをよりダイナミックな、社会的なものに広げます。常に集団の中心にいるべきです。そうすれば、多くの人を助けることができるでしょう。多様性の一つとつを手抜きせずに発展させられます。天秤座は鏡で、その鏡の中で自分がどう映るか見たい人が集まってきます。

天秤座24度 ［23.00〜23.99］　24・果てしなさ

A third wing on the left side of a butterfly.
「蝶の左側にある3番目の羽」

天秤座

サインの特質が、ここで限界を踏み越えてまで拡張します。牡羊座の24度は意志の過剰があの世とでもいえるような異界を突いて、その結果、元型・神話的な領域からのリアクションをもたらしました。いわば魔術的な渦を作り出したのです。

天秤座はその受け側にあり、異界から突くのではなく、異界から侵入されます。それは左側という無意識、外界を受けつけるという側で、3番目の羽の3の数字の生産性ですが、外界というのが社会的な、あるいは他者というものにかぎらず、異次元的な範囲にまで拡張されます。それがどんどん侵入してくると、型にはまった価値観で生きている人からすると、拒絶反応を起こすような事態になることもあります。ルールに従った生き方をしていても、外からの侵入によって、この枠が壊されてしまいますから、抵抗を抱いた人が、家に踏み込んでくるというような状態は、まだ軽いものかもしれません。

16度以後の、どのような種でも成長させようとする意向が生み出した行きすぎの現象です。ほとんどが巻き込まれるもので、自分の方から何か持ちかけたわけではありません。天秤座は積極的な受容性ですから、自分を自分で維持できないような人は、崖から落ちるように、この人に倒れかかります。このシンボルで描かれている「蝶」というのは、見えないオーラのようなものを表していると考えてもよいでしょう。

416

天秤座 25 度［24.00 〜 24.99］　25・完成と自律

Information in the symbol of an autumn leaf.
「秋の葉の象徴が伝える情報」

天秤座は秋分点から始まるもので、秋には牡羊座の春に植えたものが実を結びます。樹木の幹からは枝ができて、その枝から葉が伸びていきます。葉の中の網の目状の葉脈はまるで樹全体の模型のような形をしています。つまり大きなものは、その仕組みのままに小さなたくさんのものに分岐します。形あるものになるとは、同じものが小さくたくさん分岐して、大から小まで階層状に重なり合っていく途上で成り立ちます。意識はターゲットに向かって射出されて初めて働きます。

ある一定速度で進むものは、より速度の遅いものを対象にすることができます。速度の速いものから見て速度の遅いものは、相対的に形あるものとして認識されます。大なる構造がだんだんと分岐して、小さくなり、より振動密度が低い、つまり速度の遅いものになると、ある段階で可視的なものに変わるのです。さらにその先は自身の中の細胞など見ることはできません。この葉の形は1度で描かれた蝶の標本にどこか似ています。

1度でスタートした天秤座のテーマは、ここで完成します。見るものは、たくさん分岐すると、いつか見られるものになります。ある思いもしつこく繰り返されてパターン化すると、私たちはそこから抜け出し、それを対象化して見るようになります。牡羊座25度が自律的な活動性だったように、ここでは秋の力の完成として自律的な形成力が作られます。

天秤座 26 度［25.00 〜 25.99］　26・堪能

An eagle and a large white dove turning one into the other.
「互いに入れ替わる鷹と大きな白い鳩」

牡羊座で始まったかたちに見えない自我の意志は、天秤座の段階でかたちになるのですが、これは見るものが、見られるものにかたちとして果たされます。繰り返されて、意識としては一度眠ったものは見られるかたちになるのです。思考は感情に感覚に形骸化し、この三分節は、人間が有機的に活動するのに最低限必要な数です。

7度で登場した鷹のシンボルは、6度のビジョンの結晶化を促す推進力であることを暗に語っていました。白い鳩を作者がどうとらえていたのか不明ですが、鷹と反対の受容性だとすると、25度で説明したような、主体が客体に転換するということを堪能する度数だということになります。7度ではこの鷹の力に対して、家禽が保守的な感情として抵抗していました。26度ではこの7度の抵抗はなく、主体と客体という交代が正常なかたちで行われ、天秤座の、春の力を秋に収穫する、つまり意志はかたちにできます。また、かたちは意志を受け入れるという入れ替わりを味わうのです。

天秤座は活動サインなので積極的な受容性であり、かたちをまだ持つことのできない意志の天秤座の中になだれ込み、そこでかたちになるのです。自分の望んだ通りの人生を送ることができるはずです。ゲーテは若い頃に夢見たことは必ず実現するので注意するようにといいましたが、つまりは、あらぬことを考えて無駄にするなということです。26度は天秤座の機能の最も純良なエッセンスを得るのです。

天秤座 27 度［26.00～26.99］ 27・向上心

An airplane hovering overhead.
「頭上を飛んでいる飛行機」

どのような意図も天秤座ではかたちになってしまうということは、もし、意志や意図に対して意識的でなかった人は、それらがどんどん現象的な面で何らかの障害を作り出してしまうことになります。牡羊座の種まきと、天秤座の実を結ぶという関係がダイレクトに、いろいろないらないものを作り出して、天秤座の人は自分の意のままにならない環境の中にずっぽりとはまり込んでしまいます。それは意のままにならないのではなく、意図的に扱えなかった結果です。

そこで、この度数では脱出を試みます。「飛行機」ははまり込んだ狭い世界から脱出する力で上空に浮かび、地上のささいなものから距離を意識的に作り、より大きな視点のレベルに留まります。興味のある世界にその人は縛られるのだから、ならば、興味を抱くということを意図的に扱うことで、上空を飛ぶことにしようと努力するわけです。上空に行くのが大切というよりは、意図をそのままかたちにして、それにふさわしい環境に生きるという仕組みを意識的に扱うことで、自分が置かれた環境を自身で選ぶ力を身につけるということです。

つい興味を持ってしまうと、あまり大きなタイムラグなしに、急激にそこに引き込まれるという天秤座の力をコントロールしなくてはなりません。そしてささいなことに振り回されないように、物事を俯瞰的に見る姿勢を身につけることです。「頭上」の頭は、乙女座1度の暗示でもあります。

天秤座 28 度［27.00～27.99］ 28・突破口

A man in the midst of brightning influences.
「明るくなる影響の最中にいる男」

28度で、次の蠍座への脱出口を見出します。牡羊座と天秤座のセットは共に活動サインで、まいた種がそのままかたちになるという動きが、火と風の活動サインゆえに、とても落ち着きのない、安定性のない状況を生きるようなものでした。ちょっとおかしなことを考えると、それをそのままかたちにしたようなものがやってくることを想像してみてください。それなら、もっと超越的なところに自分を置いて、細々とした面倒なものがやってきて生活が混乱することを回避しようとしたのが27度でした。さらに先に進んで、より凝縮した意志によって強い生命感覚を満たせば、その通りの生き方が展開されて、雑多なことに振り回されません。

牡羊座は、周囲の人の期待に応えようとする自身の中の性向が原因で、自分が望んでいなかったことでもやってしまっていましたが、牡牛座と契約を結ぶことで、周辺に無関心になることができたように、天秤座も蠍座を発見することで振り回されない、より集中的で力強い生き方を獲得できます。

特定の人との関係は、雑多な人との関係を断ち切る効果があるのと似て、雑多なノイズのようなものを振り払います。何かそれが暗い通り道を過ぎて、だんだん明るみが見えてきたような気分を作るのかもしれません。天秤座は感情の集中で作れなかった、風の元素の本性の分散性を、水、特に固定サインは一本化していきます。

天秤座29度［28.00〜28.99］　29・比較

Humanity seeking to bridge the span of knowledge.
「互いの知識の範囲に橋を架ける方法を模索する人類」

ここでは天秤座と蠍座の比較が行われます。天秤座は差異性に関心があり、それぞれ異なる個性があるものを複数比較します。しかし蠍座は違うというものを重視します。それは差異性を埋めて、結合し、集団化する性質です。この両方が交互に影響を与え合うと、一人ひとりを比較するのではなく、集団化された単位の大きなもの、文化、文明とかの差異性に興味を抱くことになります。さらにはその差異性を乗り越えて、蠍座の結合性が働きます。これは天秤座と蠍座のハイブリッドのようなものかもしれません。

蠍座が天秤座を飲み込むと、それぞれ個性ある人々を集団化します。天秤座が蠍座を飲み込むと、それぞれ個性ある文明が出てきます。構造的に共通点はたくさんあるけれど、蠍座と天秤座の交互の組み合わせは、大きな成果を生み出すのではないかと思います。度数が進んで蠍座になってしまえば、もうこのようなことはできません。

29度は揺れる度数なので、天秤座が大切なのかそれとも蠍座が重要なのか、決められずに比較し続けます。そのことで天秤座に対しての総括ができるようになってきます。私は、以前はこの度数を引っ越し前の荷物整理という言い方をしていました。何が重要で何を捨ててよいのかを見るわけです。一定量差異性と自由を確保した上での集団生活というもの、その加減について考えます。

天秤座30度［29.00〜29.99］　30・吐き出す

Three mounds of knowledge on a philosopher's head.
「哲学者の頭にある三つの知識のこぶ」

「三つのこぶ」は、脳の新皮質・旧皮質・古皮質に対応したり、思考・感情・感覚というものだったりするのではないでしょうか。意識はターゲットに向かって射出する時に働くということからすると、速い速度のものは相対的に遅い意識作用を反射板として利用します。そこで、思考が繰り返されて沈着したものが感情、感情が繰り返されて沈着したものが感覚という三つの要素を持つことで、意識は健全に働きます。思考と感情という二つだけだと相対的にぐらついて、上手く機能できません。

古代から三つの脳、つまり三分節思想があるのは、このことが原因です。三つのコブは、偏りなく知能が働くことを表しているのでしょう。天秤座は優れた総合的な知恵を表すサインですから、この30度でそれがまとまっており、総花的に全部揃っているものを目指しています。天秤座のバランス性質は偏りのないものを目指しています。

反対の牡羊座では池のアヒルでしたが、この池は山のてっぺん、あるいは人体では頭頂の河童の皿のような窪みの中の池でした。この中の三羽のアヒルは、天秤座では三つのこぶに変身したと考えてもよいかもしれません。牡牛座ではこの後、牡牛座という土のサイン、肉体に入ります。天秤座は、この分離した三つの作用があたかも一つの働きであるように機能して一体化します。知性の形態として完成しつつ、そのことに飽きるという度数です。

蠍座1度 [0.00〜0.99]　1・スタート

A sightseeing bus.
「観光バス」

蠍座

蠍座は8番目のサインで、8の数字は圧縮などを意味します。ズスマンは、蠍座は生命感覚といいますが、圧縮することで実感が強まり、生命感覚はより強まります。たくさんの人を集めてバスの中に閉じ込め、共有体験をしますが、この中で生命感覚として充実感、つまり満たされ感が強化されます。私は個人的に、「観光バス」というよりも、圧力釜という例えをよく使います。この中に食材を詰め込んで熱と圧力をかけて、一体化して、それぞれの食材は溶けて、全体として、強力な生命感覚を作り出すことになります。

この度数の人は、たくさん集めてしまうという働きと、旅先で一緒にインパクトの強い体験をしていくということを実践するので、強烈な印象を与えることを好むキャラクターになることも多いようです。強い強制力を持つくさんの人が船に乗り、この船の旗を上げる船員が1度のシンボルでした。蠍座では船ではなくバスになり、また同じ水のサインの魚座では市場になるのです。バスの場合、乗車率を高めることができます。

どちらかというと、蟹座の方が、範囲が広くなりやすく、共有された乗り物は大きい方で描かれると思いますから、巨大客船とバスという比較が適切に見えます。蟹座は活動サインなので、日ごとに輪は広がっていきますが、蠍座は固定サインなので、固定されると人数は増しません。

蠍座2度 [1.00〜1.99]　2・反射

A broken bottle and spilled perfume.
「割れたビンとこぼれた香水」

蠍座

1度でバスの中に閉じ込められた人々は、それぞれが個性を持ち、自分の考え方を持っています。圧力釜のように圧力をかけて、この中にある玄米の殻が熱と圧力で打ち破られるように個人の人格は押し潰されます。つまりここで天秤座が重視した人格の個性が否定されるのです。この人格の殻が香水瓶だとすると、割れることで中にある香りが広がります。それは個人が持つ本音とか感情などが広がることです。そしてそれぞれ割れた個体の中身が流出し、互いに混じり合い、全体としてより大きな生命作用が形成されます。

企業の研修とかセミナーで、全員がプライドを逃がさないようにして、それぞれの小さなプライドを壊してしまう作業はこの2度に似ています。ですが、壊れてしまうと、すぐさま再構築をしなくてはなりません。それが3度です。バスが壊れるわけではなく、バスの中にいる人々の人格が割れるのですが、このバスは、宇宙的なイメージではハチの巣のような形をしていて、これが魂のクラスターといわれることもあります。

蟹座クラスターは同質の人々が集まっているので、閉じ込めて人格クラッシュをする必要はありません。蠍座では異質なものが混じり合うために、天秤座的にちりぢりばらばらになる個体同士が集められています。一度、強制的に閉じ込めなくては溶け混じることはなく、その前に逃げ出そうとします。殻を破らなければ前に進まないとします。中途半端に止めないキャラクターです。

蠍座3度［2.00〜2.99］　3・運動性

A house-raising.
「棟上げ式」

1度で閉じ込め圧力をかけて、2度では再構築します。3度では再構築します。それぞれが協力的に働いて家を作り上げるために、共同で家を作り上げていきます。3度は生産的・創造的な度数で、ここで蠍座の基本的な運動性質が形成されますが、それは個人の個別性を解体して、あらためて共同で作り上げるということを意味しています。

例えば、結婚生活でも、生まれも育ちも違う人が共同で生活するので、互いの人格は傷つき壊れてしまいます。これを避けることのできる結婚などはありません。自分を維持したい人からすると、結婚などは地獄のような暮らしになります。いったん人格が壊れた後、あらためて、共同で人格を再構築するのです。一緒に作るという作業には充実感があり、一人で何かするよりももっと強い生命感覚や充実感を得ることができるのです。より強い生命感覚や充実感を作るためには一人では足りないということなのでしょう。

蠍座の支配星の冥王星は、250年以上の公転周期ですが、人間がこのスパンの意識を理解するには80年前後の寿命の人を三つ分くっつけたようなものになるとよいことになります。サグラダ・ファミリアは、ガウディの死後、多くの人の協力で建築が続けられており、2026年に完成予定です。反対の牡牛座では、似たような蓄積が家系の中で連鎖します。バレリーナは3世代かけて作るといわれている場合や、ダライ・ラマは7代必要という話も参考になるでしょう。

蠍座4度［3.00〜3.99］　4・集団的リソースへ浸す

A youth holding a lighted candle.
「火の灯ったろうそくを運ぶ若者」

3度で、共同で作り上げた家に住む人々は、この中で心理的結束をしていきます。牡牛座においては、自分が受け継いだものの意義を、天とつながる虹によって証明されるのだと考えることになるのです。そのことには必然性があるのだと考えることになるのです。他者の集まりである蠍座では、共同する人たちの間で契約が結ばれます。

3度では共同で作り上げることの楽しさや充実感という動的な要素に着目していましたが、4度ではたいてい3度の運動性質がいったん静止し、むしろそこに継続的な意味が与えられていくことが重要なのです。3度ではいつ終わるかもしれないし、継続するかもしれません。しかし4度では、ここに継続性や普遍性、意義が与えられて固定されるということです。関係性にはどういう意味があるのかということが重要なのです。ろうそくは火を消さずにずっと灯し続けることができるということです。ある種の宗教的な雰囲気があるシンボルとなるのは、神聖な意義を与えるということだからです。

固定サインで関連のある獅子座の4度では正装の男性というシンボルが出てきましたが、4度は継続する伝統性というものが関与することが多く、蠍座の4度でも、古い時代から続く儀式的で伝統的な要素が強調されます。ただし獅子座では老いた人で、そしてある程度単独性のあるシンボルでした。一方、蠍座では若者です。ルディアはここで性的な意味もあると語っています。

蠍座5度 ［4.00〜4.99］　5・冒険

A massive, rocky shore.
「大きな岩場の海岸」

蠍座

5度はたいていの場合、無謀な挑戦をすることが多く、ここでもより大きな目標に飛び込もうとします。1度から集めて、溶かして、結合して再構築してという水・固定サインの性質を発揮しましたが、この範囲をもっと大きな範囲の、ある程度社会的な領域に向けていきます。海の水は蠍座の象徴だとして、大きな岩場の岩は、この海の水が繰り返しぶつかっても全く変形しません。

5度のシンボルとしては、獅子座の5度も絶壁の岩というものがあり、これは火のサインらしく飛ぼうとして岩にぶつかることでした。一方、蠍座は水ですから、押し寄せる水というイメージで描かれ、また牡牛座では土を掘ろうとします。5度で無理な挑戦をして失敗しても、それは攻略目標としてしっかりセットされ、いずれは成功します。むしろ噛み砕きにくいくらいの方が、手応えがあると感じて、容易に攻略できるようなものは見向きもしないこともあります。

牡牛座ではそれまでの資産を使い切って、手元にもっと大きな資産はないのかを探す行為でしたが、蠍座では自分の持ち物ではないものに手を伸ばすのですから、外に対して大きな野望を抱くということになります。この大きな障害物そのものに関心が向かう人もいて、すると、なかなか解決しない社会問題などをテーマに取り上げる人になるでしょう。深刻さや重さを人に押しつける傾向が少なからずあります。この押しつけは蠍座には目立ちやすい傾向です。

蠍座6度 ［5.00〜5.99］　6・環境へ

A gold rush.
「ゴールドラッシュ」

蠍座

5度で大きな野望を抱いた人は、その野望を満たすような環境に実際に飛び込みます。ゴールドラッシュは一攫千金を求めて、多くの人が故郷を捨ててやってきます。強い生命感覚を求めるという蠍座なら、狙ったものに意欲を集中させ、そこに飛び込むことで、望むものが手に入ります。

1度からのプロセスは詰め込み、壁を壊し、溶かし、増やし、組み立て直すというものでした。目的のものに徹底して集中すると、自分自身の人格を維持している境界線のようなものが壊れ、壁がなくなり、自分がそのターゲットに向かって絞り出されるような感覚を味わいます。退路を断って目的の場所に向かうと、自分がベースからそこに移動したように、リアリティが大きく変化します。そうやって、目的のものから入ってきた力によって生命感覚が満たされます。この場合、狙いをはっきりさせ、さらに徹底して壁を突き破ることが大切です。ターゲットとの壁が破られると、それは自分自身の壁を破ることと同じになるので、結果として自分も大きく傷つきますが、3度で説明したように、それはすぐに新しく修復されます。この壁を破ると自分も壊されます。

入ることは入られることというような操作は、蠍座のコツのような気もします。何かが欲しい時、自分は変わらないまま、それを手に入れることはないのです。ターゲットが大きい場合には、自分の方が噛み砕かれ相手に吸い込まれます。

蠍座7度［6.00～6.99］　7・落差

Deep-sea divers.
「深海潜水夫」

蠍座

6度で新しい環境に飛び込むと、その環境に入ることで初めて気がつく自分と他の落差というものがあります。大きな野望を抱いて、大きなターゲットに飛び込むことは、強いプレッシャーを感じるでしょう。これまでの自分ならば耐えきれないような圧力があります。何か大胆なことをしてしまった人は、その後で怖くなるので、何でも元に戻ろうとする反動が後で働くので、6度の野望を抱いていた時とは反対の気分に支配されてしまいます。

あらためて6度の気分を取り戻すには、さらに進まなくてはなりません。するとますますプレッシャーは強くなり、それは深海に深く潜るようなものなのかもしれません。一人の人間がやっと入れるくらいの小さな風呂でも、水の総圧力は1tにもなるそうです。進めば進むほど苦しくなりますし、しかし、蠍座は強い生命感覚を求めているので、この圧力を実感として好むということもあります。抵抗感は、自分を強めるために必要なものかもしれないのです。

2度の壁破りということを味わったので、抵抗が強いほど、もっと侵入するという方針です。5度のチャレンジで水の力に対して歯が立たなかったのは、海の水のように繰り返し接触するだけで、この抵抗が大きいほど食い込むという意志が弱かったからかもしれません。落差があれば、さらに食い込むというのは蠍座的調整機能とでもいえるのかもしれません。

蠍座8度［7.00～7.99］　8・落差の克服

The moon shining across a lake.
「湖面を横ぎって輝く月」

蠍座

7度の落差を超越する8度では、自分が海の中に飛び込み、強い圧力とか抵抗を感じながら進むのではなく、そこから一歩離れて、状況が動いてくるのを見るという姿勢が作られてきます。水のサインでは、自分が水の中に入ってしまいます。風のサインの双子座のように、船に乗り、船底のガラス越しに海を見るというシンボルのように、水に濡れることを嫌います。ですから、ここでも水から上がって、観察者として見ているわけではありません。圧力のある海底に向かって自分を押し込むということをしないだけです。

反対の牡牛座8度では、雪のない土地のソリで、それは想定可能な未来を予測して、きっとソリは必要なはずだと判断するのです。こうした未来での読みをする手立てを見つけ出します。長期的に取り組もうという意志を固め、その場で反応せずに、状況を冷静に見るのです。力が貯まるまで待つという姿勢を蓄積しますから、7度のように圧力的な実感をもとに、ぐいぐい進むのではなく、今度はじっと構えて、力が満ちるのを待つのです。

蠍座9度 ［8.00 ～ 8.99］　9・哲学

Dental work.
「歯科の仕事」

蠍座

蠍座の哲学は9度に現れます。歯医者が扱っている歯は、5度の岩場のシンボルが変化したものです。5度の岩はとうとう貫通されてしまったのです。現代人の生活で歯が悪くなるままだとダメにしません。自然に生きているなら、そこにドリルを入れて壊してしまうものなら、治療・改良します。例えばそれが人工的な手段でも、そして自然性を犠牲にするものでも、躊躇しないのです。自然というのは長い期間に少しずつ手を加えられてきたものなので、神が与えた自然なるものというのは存在しません。

それに蠍座は2度で、抵抗する殻を壊すということをしてきましたから、手つかずのまま鑑賞するという姿勢ではありません。目的のために自然なる景観を改造してしまうのです。この壁があれば打ち破り、解決するという姿勢が蠍座の哲学であるということです。

蠍座はハウスでは8ハウスに該当し、これは死を意味するハウスといわれます。実際の死、あるいは象徴的な死ともに含み、死の壁の向こうにあるものとの接触という意味で、心霊的なものも意味します。ここでも死の壁を越えるという意味が働いています。思考パターンや概念の壁を破るというのは、例えば9ハウスが蠍座という人の場合よくある話ではないでしょうか。そして常に、ここで生命感覚はより強く圧縮されたものに変化していきます。常に力を対象から吸い取っています。

蠍座10度 ［9.00 ～ 9.99］　10・外へ伝える

A fellowship supper.
「親睦夕食会」

蠍座

10度のプレゼンテーション度数は、9度の哲学を知らない人にも紹介するというような意味で、それぞれのサインらしい伝え方をします。壁を壊して、限界を突破し、業績を上げた人は、違う分野の同じような人とも共感的に話をすることができるでしょう。鉄道の設計者と料理の専門家と歯医者さんが、共感的に、自分たちの話をして、理解し合うことができます。しかしまた10度では、この突破と解決ができていない人に対しても、教えるということもあります。この蠍座的な力が欠けている場合には、壁があるとそこで立ち止まり、引き返すだろうから、それでは何も達成しないと教えるのです。

夕食会は、日没とか日没近くの時間に開かれるものです。太陽が沈む時間は、作業の渦中ではなく、それが過去になったことを象徴し、過去になったものは突き放して体験を話すことができます。天秤座の10度も、過去には危険な水域をいくぐったことを話しますが、それも過去のことです。

10度では人に伝えるために、ある程度形骸化して、今、なまなましく体験しているのではないことを伝えます。そうでないと伝わらないのです。つまり手が離れないといけないのですが、蟹座10度では過去の話であれ、伝え方そのものは、今、せっせと磨いています。過去のことについて、どう表現するかという工夫をしていると考えるとよいのではないでしょうか。

蠍座11度［10.00〜10.99］ 11・実験

A drowning man rescued.
「救助される溺れた男」

11度から15度までの5度グループは、蠍座の社会実験として、人との絆、それによって人生が変わることなどを追求していきます。まず11度ではいきなり飛躍したものとして、ぎりぎりの危機状態での救済などに関わります。最悪の事態の時に作られた絆はなかなか切れないといいます。でも、水のサインですから、自分は溺れておらず、相手を救済するということはなく、一緒に水に入ってしまいます。過剰な同情心などを一つ、自分が助けているのか、助けられている側なのかはわかりません。どちらにも入れ替わるでしょう。

どうしようもない相手に対して見切りをつけず、ずっと面倒を見るなどもあります。時にはどろどろの関係ということもありますが、これを切り離すことができるのは、スクエア関係にある水瓶座のみです。それは獅子座はそこよりも蠍座の方が後にあるということも関係します。水瓶座が切り離すといっても、それは多くの人に薄く伸ばして、特定の人に濃厚な比重をかけないというだけです。この蠍座で関係を切らない人は、そこに意味があるからそうしているにすぎず、どのような意味も後づけにすぎません。このやり方そのものが、蠍座の11度らしい試みなのだといえます。

反対の牡牛座11度は趣味への耽溺です。ここでは人への溺愛という場合もあります。人に対してすることは全部自分に対して行っていることも同然です。

蠍座12度［11.00〜11.99］ 12・未知の探索

An embassy ball.
「大使館の舞踏会」

絆づくりとして、11度では底辺的な、今度はよりステイタスの高まる発展の可能性を発掘するという対比があります。12度は未知のものを探索し発掘するのですから、良いツテを開拓します。見栄っぱりの固定サイン12度を総動員して、高級な洋服を来て、上手いネタを仕込み、相手を値踏みして近づきます。自分の一番良い見せ場を作り、いつも自分はこうなのだということをひけらかして、今後、自分の未来に役立ってくれそうな相手を探します。

実際、この度数の人は実力以上のものを、との絆で手に入れますが、牡牛座の11度と12度を参考にすれば、絆作りの社会化です。誰かとの絆によって実力以上のものを手に入れたいう話からお金を出す資金を提供してもらったとか持ちかけるかもしれませんが、男女関係ではない関係性によってチャンスを得る方が多く、自分の最良の部分を見せて、そこで絆を作っていくのです。そして蠍座という水のサインなので、約束を守り変わらない愛着という固定サインらしい安定性を発揮するでしょう。

長く関わることが嫌だから助けてもらわないという人は、風か火のサインを選んでいるということになります。公転周期がより遅い天体が、将来的にこの度数の天体に対してスクエアならば、速い天体は身近で、遅い天体は後で出ます。の関係を断ち切ってしまうということになります。

蠍座 13 度 ［12.00 ～ 12.99］　13・カリスマ

An inventor experimenting.
「実験をしている発明家」

蠍座

13度はカリスマ度数ですから、絆の独自の活用の仕方を編み出します。人と人の結びつきによってどんなことでも実現できます。この発明家は、人と人が関わることで達成できるものを実験しています。そして人生はどんどんと変わっていきます。望みの方向に行くためには、それに必要な人材を見つけ出すとよいのです。要領の良い12度だけでなく、同情心の11度も活用し、この間のたくさんのグラデーションを生かすのですから、自分の野望のために人を利用するという意味ではありません。そのような姿勢は、蠍座という水のサインの性質ではありません。実験をする以上は試行錯誤をし、一時の関係で終わってしまう場合もこるのです。

現代では、ジョイント企業というのがあって、私もそこにネットで会計士を依頼したら、三人の会計士がオーディションに来ました。必要なものはこうした会社です。牡牛座の13度はお金の奇跡を生み出します。ここでは人との結びつきによる奇跡が起こるのです。

13度は尖った独自の方法を開拓するので、人が想像できないような、驚くようなこともできるでしょう。との関係性で作り出すこともできるでしょう。「まさかそんなことあるわけない」と言われそうなものも出てきそうです。13度はひねくれているので、マイナスな関係も活用しそうですが、気学では悪い方位を避けるべきといわれますが、通は悪い方位を利用します。

蠍座 14 度 ［13.00 ～ 13.99］　14・浸透

Telephone linemen at work.
「仕事をしている電話接続士」

蠍座

13度をもっと実際的なところに引き下ろし、日常の中に定着させようとするのが14度ですから、13度でのメリット／デメリットおかまいなしに実験した結果を活用して、もっと人脈を上手く活用して、自己達成をしようとします。電話網はつないだり、切ったりします。

そもそも14度は、タロットカードでは「節制」のカードと同じ意味で、無駄にエネルギーを漏らさず、ちゃんと下の器に入れ、余分なものには手を出しません。ですから、必要なことに手を出すのは15度です。余分なことに手を出すのは15度です。必要な人脈、あるいは必要最低限の人脈を確保して、そこから自分の人生を発展させていくことになるでしょう。14度は上の器から下の器に入るのは、砂時計のようにゆっくりなので、この人脈づくりを急いでおらず、のんびりしていると思います。

人と人の絆は、オーラの領域では、細い銀色の線としてへそから伸びています。関係が切れているように見えても、しっかり切っていなかった場合、十何年も過去の対人関係であっても、影響は無意識に流れ込んで来て、それがその人の人生の進路を妨害します。死に筋も放置しておくと影響があります。そして14度では、回線の新設ということより、この整理という方がもっと重要なのかもしれません。今日の文化は備蓄の文化で、いらないものを皮下脂肪のように溜め込んでいるのではないでしょうか。

蠍座15度［14.00〜14.99］　15・侵攻

Children playing around five mounds of sand.
「五つの砂山の周りで遊ぶ子供たち」

水の元素の力のピークを表します。ズスマンによると、蠍座の蠍は大地に転落した鷲だそうで、そうだとすると、この15度では生命感覚が絶頂に圧縮され、それがこの大地の蠍を押し上げて、鷲の地点まで届く砂山を作ります。

15度までは人との絆を作り出すことをしていましたが、ここでは、その絆が多くの人を集めていき、山を作ります。この人はその集団の頂点に至るということです。したがって、権力の頂点にいるというようなケースになりやすいですが、企業も組織もそういうものでしょう。

ルディアはこれを子供っぽいといったのは、パワーゲームになりやすいからです。しかし、そういうゲームではない場合もあります。純粋に、原理的にこれは四つの元素の頂点的な力の所有という意味だからです。いろいろなタイプがあると思います。水・固定サインが作る集団性は、しばしば自由のない、圧力の強いものになりがちなので、自由主義的な姿勢の風・火のサインが強い人たちは、このスタイルに対して拒否反応を示すこともあります。古き支配者たち、という姿勢です。

ですが、人間はいろいろな器官の緊密な結合によって作られており、この構造は大から小のコスモスに存在します。生命感覚が圧縮されると、通常の人間の感覚で受け取れるレベルを超えた異常に強い力を持ちますが、そこに同一化すると、四つの元素の一つに肩入れしすぎることなので、バランスは壊れやすいといえます。

蠍座16度［15.00〜15.99］　16・解体

A girl's face breaking into a smile.
「破顔一笑の少女」

16度はサインの真ん中のターニングポイントです。その結果、それまでの流れがいったん停止します。ここでは牡牛座が侵入してきます。牡牛座は可能性が自身の中にあります。そのため、他には関心を強く持てません。蠍座は11度から、人との関係によって人生を開拓するという傾向の中にありました。そのピークが15度で、これ以上はその路線を追求することはできません。

そこで牡牛座の影響もあり、外部のどこにも期待しない、縛らない、このままでよいという姿勢になってきます。誰かから働きかけられたら、それは喜んで受容しますが、自分の方から何か要求したりはしないということが、シンボルに描かれています。

16度の自然体に戻ってみれば、15度はかなり異常なことにも見えてきます。蠍座の他者依存が正反対の牡牛座の自身の資質を掘り出すというのは、牡牛座の性質が入り込んでくることになるのですから、牡牛座が入り込んでくることで、他のサインでもいえるのですが、ここから蠍座の性質の多重性や応用性が高まってくる。この次のシーンに移動する瞬間、まずは、いったん牡牛座的な、自分でいることに満足するという15度の人から、働きかけ意志だけを抜き取ったような印象かもしれません。人を集めて強い力を持つにもかかわらず何か求めてはいないということです。燃え尽きた15度でもあります。

蠍座 17 度 ［16.00 〜 16.99］　17・新たな希望

A woman the father of her own child.
「自分自身の子供の父である女」

瓦礫の山の上で希望を見出す17度では、自分を他者のように扱うという複雑さが出てきます。蠍座は人とのパイプで人生を開拓してきましたが、16度で人との緊密さすぎる、縛ったり縛られたりする関係に何も求めなくなりました。となると、自身であることに満足するという姿勢です。侵入は、自身をあたかも他人のようにみなして、自分の中の今まで知らなかった部分に目をつけて、それとの関係性で人生を進めていくということです。牡牛座と同じように、身体の中に器官がたくさんあり、それらが人間を作っている。となると、他人と知り合いになり共同することは、自分の中の今まで知らなかった要素と共同するということにも通じます。人との間に子供を作ることが、自分の中の別の要素との間に子供を作るというふうに置き換えられます。人と関わったからこそ、自分の中の別の側面を見出すこともできたのです。あらためてその自身の可能性を開拓してみることに着手します。

実際に、他人は自分の中の別の人格の投影にすぎないという考えもあります。誰かを助けるのは大きな自己の中にあり、自分ではあるけれど、しかし今の自分とは違う側面を助けることであるということです。20度までは、外的なものと関わります。自分の内面の中にある外的なものと関わります。

蠍座 18 度 ［17.00 〜 17.99］　18・種を探す

A woods rich in autumn coloring.
「豪華な秋色の森」

占星術の中でも頻繁に活用される春・夏・秋・冬という四つの区分の循環は、さらに陰陽という二つの因子にも戻せます。種をまき、それが秋に実るまで地下にあり、見えないところで育成されています。それが表面に出てきて、成果を見せます。

18は足すと9で、下を向いた探索の道であり、それは自分の意識の下にあるものを引き出し、成長させることで、タロットカードの「月」のカードに対応します。17度で自分の違う側面と関わりを持ったのだから、その生産的な成果がここで生まれてくるわけです。潜伏期があり、自分の無意識と語り合いながら、共同で何か作り出していきます。ですから、創作者や閉じこもって何か作る人が多くなります。潜伏期にある時には、本人さえ何が起こっているか正確には把握していません。何か感じるが、それを言葉ではっきりいえないからです。それがやがて形になってきます。

シュタイナーは身体内の内臓が、あたかも惑星のように働いていると説明しています。11度から15度までの見える他者との関係は、16度以後、内的な分身に置き換えられます。同時に、人が作る社会の範囲を超えた、もっと大きなコスモスとの関係性を作り出します。外に出るのではなく、内に入ることで、本当の外的コスモスにつながります。内的な回路を通じて、社会の中にはいない、非物質的な存在などとの接点も出てきます。

428

蠍座 19 度［18.00 〜 18.99］　19・想像的可能性

A parrot listening and then talking.
「聴いてはしゃべっているオウム」

タロットカードの「太陽」と同じく、固い皮膚を持った10の子供と想像の領域にしか存在しない9の子供が対話しており、この想像的な子供のメッセージは、意識的に検討されないまま、受け取った印象がオウムのように話されます。あたかも他者との関係性のようなものを、内面の中に作り出した16度以後の流れとして、この非物質的な他者、あるいは大きな自己の中に所属する別の分身が語ることをチャネリングとか、ガイドが語っている内容として表現することもできるでしょう。

「オウム」は意味を知りません。その意味では、10の側の子供が眠った時に話すということも想定されます。ブルース・モーエンは、この二人の子供を解説者と知覚者といいます。知覚者が知覚したものを、解説者は自分の既存の知識の中で、一番近いものを当てはめて説明します。

占星術の惑星でなら、この二人と水星のパスです。事実、この二人と水星は、この月と水星のパスです。事実、この二人と水星は、「太陽」のカードとしては月と水星です。高次なものとしては冥王星と海王星の管轄で集団的な既知の記憶に照合し、適合する近似値のものがあれば太陽系の中のものは消化されます。この度数の人はオウムなので、自分が無意識に、うっかりしゃべったことの意味を知らないことが多いといえます。シャーマン的な人とか、巫女的な人もいるでしょう。18度の陰陽の生産機能が、より高速化しています。

蠍座 20 度［19.00 〜 19.99］　20・恒常的に

A woman drawing two dark curtains aside.
「二つの暗いカーテンを横に引っ張っている女」

大きな自己の中にいくつかの小さな自己があります。今の自分と、この異なる自己との交流をすることで成果を生み出すという17度以後の流れの中で、18度では1年の季節の循環のようにゆっくりと生産する歯車が回ります。続く19度ではこの関わりが瞬間的に、考える前に言葉が出てくるようなかたちで高速化します。そして20度ではこの無意識と意識、あるいは今の自分と異なる自分との関係を、スイッチを入れたり切ったりという、つまりカーテンを開いたり閉じたりすることを任意にできるようにしようと努力します。あるいは小さな自己が七つあるとすると、自分以外の六つのセルフのスイッチを切り替えるというより高度なものになる可能性もあります。

たいてい、今、自分が同一化している人格以外の誰か一人でも接触できたら、それ以外の者との接触は比較的容易です。つまり一人は他の者とのつながりの案内者になれるということです。蠍座は死者との関係を意味することもあると昔からいわれていますが、この考え方をやめて、大きな自己のもとにある他の小さな自己との接触を果たすのが蠍座であると考えてもよいかもしれません。自分の別の分身と共鳴できない死者ならば接触は不可能です。

心霊世界は鋳型の世界なので、同じでなくても類似していれば同じとみなされます。一つひとつの個体が単独に見えるのは、この世の特有のもので、この考えを心霊界に持ち込むことはできません。

蠍座21度 ［20.00〜20.99］　21・飛躍

A soldier derelict in duty.
「職務放棄兵士」

反対側の牡牛座では、種の書物の中に記述されている一文を見出し、それが作り出すソングラインを、意志が（指が）たどることでした。土のサインなので、それは土地に刻まれていることもあります。水のサインの蠍座では、この一文は水の中に書かれています。

17度以後、内的世界の中で他者を見出し、それらと交流するという手続きは、1度で描かれた魂のクラスターというバスの中で、別の分身と交流することでもありました。そのようなものがあるのかと疑問を持つ必要はありません。なぜなら、これはすべて心理的なもの、象徴的なものでしょう。一文を指すことも、彼らの中のどれかを指すこともあります。バスの中の多数のどれかを指すことでもあるのです。こうした文書のどれかを示し、そのソングラインをたどることは、地上の社会的な規律から逸脱すること、反抗的な行動というふうになることもあります。別の分身を指差すことは、無意識の中からやってきた意志の発露というふうに受け取られる。個人の無意識の中からやってきた意志によって行動する兵士などはいるはずありません。職務を放棄してパタゴニアに勝手に旅立つことになるでしょう。

21度は無理をして、しかも固定サインとしての強硬さがありますから、どのような人の意見も聞かずに、内心に忠実に行動することになるでしょう。地上の秩序と、魂のある宇宙的な秩序に分裂があるから、結果として反抗的になるのです。

蠍座22度 ［21.00〜21.99］　22・クールダウン

Hunters starting out for ducks.
「アヒルに向かって進み出るハンターたち」

21度で飛び、22度で着地するという対比で考えた時、21度で兵士の規律に従わず、自身の中から出てきた異なる意志に従って行動しようとした人は、その着地点をここで見つけ出さなくてはなりません。牡牛座では、白い鳥が荒い波を乗り越えて陸地を見つけました。この白い鳥は、ここでは牡羊座30度で出てきたようなアヒルに姿を変えて陸地を見つけ出さなくてはならないのです。自身の中にある攻撃心が、あるいは荒い感情としての荒波が強すぎて、正確な陸地を探すことを妨害しないように、それらを消耗させることも大切です。

狼を飼うことにしたマーク・ローランズは、毎日狼が家具を壊すので、疲労させるために一緒に走ることにしたといいます。反抗心いっぱいの蠍座21度が社会生活を維持するには、狼が疲れるのと同じように、ゲームで発散することも効果的でしょう。ですが目的は、21度で示された意志の着地させる場を見つけ出すことです。

固定サインの22度は陸地を見つけ出し、牡牛座では陸地を見つけ出し、獅子座ではメッセージを持ち帰り、水瓶座では床にゴツンと当たらないように尖りすぎたものに柔らかいマットが敷かれています。

21度は、他との対立を緩和することも大切です。それはたんに自分の尖りすぎたものをリラックスさせればよいだけかもしれません。繰り返しの蒸留過程を要求されています。

蠍座23度［22.00〜22.99］　23・いいとこ取り

A bunny metamorphoses into a fairy.
「妖精に変容するウサギ」

23度は21度と22度を交互に繰り返して遊ぶことを示します。尖った意志を表すのは21度です。ルディアは攻撃心を鎮静するゲームをすることが22度に関係するといいます。この二つを繰り返しながら、心理的・感情的蒸留が進み、官能的で荒っぽいウサギは、非物質的な妖精に変化していきます。こうした情動・感情などは禅の十牛図では、牛として描かれますが、牛は初め極めて反抗的で、しかしになってくると牧童を正しい場所に導く良いナビゲーターになります。22度ではハンターはアヒルを狙っていましたが、荒っぽすぎると、ハンターに撃ち落とされて、アヒルは陸地に到着できなくなります。

グルジェフは、振動密度の順番を法則番号で表記しましたが、感情の最も粗雑なものは192から96です。鈍い察しの悪いものは48です。軽快な前向きのものは24です。高次な感情は12です。感情の調整は、より高次なレベルに洗練されていくことを表します。妖精は非物質的な存在で、小天使的な領域の12とか遊び心の24に近いものだと考えてみると、暴力的で絶叫する96からはかなり開きがあります。これらは繰り返しの葛藤によって上昇しますが、葛藤に疲れるということも変化の鍵です。

ウサギは実際に子供を産みますが、妖精は知恵とか知識などを生みます。だんだんと濃いものから薄いものに変化していくということでしょう。日常的な生活に関係する感情の成分が薄くなります。

蠍座24度［23.00〜23.99］　24・果てしなさ

Crowds coming down the mountain to listen to one man.
「一人の男の話を聴くために山から降りてきた群集」

牡牛座の24度では、発掘作業が進み脳幹に近いところまで潜在的な資質を掘り下げました。蠍座では、荒っぽい感情のウサギから妖精にまで昇華しました。この通路ができてしまえば、高いところから低いところまで、低いところから高いところまで、自由に行き来できます。それは人体の頭から腰までのチャクラの七つの階層のようなものに対応させて考えてもよいです。頭は山の上です。そして腰は大地です。

このシンボルは謎で、ルディアは山上の垂訓に置き換えているので、するとキリストの話を聞くために山に上がってきます。しかしこのシンボルでは群衆は山から降りてくるので、サンカのように山に住んでいる人か、あるいは妖精の群というこになります。いずれにしても、上がったり下がったりを繰り返していることを示すでしょう。すると、荒いところに住む人を誘導する能力も使えるということです。怒りと暴力の領域まで連れている人に、洗練された高度な感情の領域まで連れて行くことができる。

これはモンロー研究所などではフォーカス番号で、グルジェフならば振動番号で分類されます。この振動の違う同心円の階層は、オフィス派などこのような意識の表層から深層までの複合化されたレイヤーを知ることは、24度ではどこにでも行き来できるということを目指す方向に変わっています。17度から追求していた意識の表層から深層までの複合化されたレイヤーを知ることは、24度ではどこにでも行き来できるということを目指す方向に変わっています。

431

蠍座 25 度 ［24.00 〜 24.99］　25・完成と自律

An X ray.
「X線」

蠍座

サインの性質が完成し結晶化する25度では、23度や24度で表されていたような、振動の高いものから低いものまで浸透することで、複合的な階層できている人間の全体性を取り戻すことが重要視されています。占星術でいえば、異なるサイクルのコスモスがあり、それらはみな似たような構造を持ち、全体が同期しているというものです。すると、物質的なものもその背後により高度な法則が働いていて、因果の関係などを推理することができます。

よく蠍座的な言葉として「見抜く」という言い方が常用されるといいますが、このシンボルにあるX線のように、物質を透過して、奥にある法則を理解するということが重要視されています。蠍座の前半で、壁を破るということが達成され、そのまま、外界との壁を破って広がり、次にその構造は内面の中でも同じように探索されました。大は小に似ているのです。あるいは内に入ることで、外の外に出るのです。こうした行為の中で、あらゆるものに通じる、奥から表層までのレイヤーを知り抜くことが大きなテーマになっていました。

牡牛座においては25度が、文化や特定の土地にある社会の循環システムを作ることでした。この循環システムが、蠍座では、水のサインという点で、見えないものも含んで、人と社会、宇宙などに適用されます。大から小までのコスモスが正確に同期を取る必要があり、これがずれていると、解釈の間違いを起こします。

蠍座 26 度 ［25.00 〜 25.99］　26・堪能

Indians making camp.
「キャンプを作っているインディアンたち」

蠍座

25度で完成したものを使って実地に試し味わいます。法則を見抜く力を得た25度は、「それじゃあ、砂漠に行ってみよう」と考えます。何も持たないで出かけた場所でも、自然界や人の法則を知り抜き、外的なものと内的なものの共通性、また限界を突破して、どのような無理に見えることでも達成する力など、蠍座がこれまで身につけてきた力を総動員していけば、生き抜くことができます。

双子座の26度などではいかに過酷な逆境に耐えられるか実力テストをしていましたが、蠍座では、何も知らない土地や環境でも、自分の能力を発揮して、生存できることを確認しようとします。この場合、持ち物は少なく身軽な方がよいでしょう。このようなものもその場で調べればよいでしょうし、無いものは作ればよいのです。この度数の人は身軽にどこにでも行くことができるでしょう。

サインの最後の5度は、次のサインへの準備が始まりますが、この身軽に移動するというインディアンのシンボルに、既に少しずつ射手座が入ってきています。蠍座が身軽に移動して、何か間違いで応するというと、何か間違いではないかと思う人が多いはずですが、射手座が僅かに入りつつあるのです。獅子座の26度で天との階段を発見したのですが、このインディアンも、階層化されたものに対する理解によって、同じ心身を手に入れています。そしてこの階層化された心身コスモスに正確に解読できるところは水瓶座の26度の反映も見られます。

蠍座27度［26.00〜26.99］　27・向上心

A military band on the marche.
「行進している軍楽隊」

26度で、砂漠の中で自分を試し、十分に通用すると思ったら、自信を持って街の中に入り、多くの人に、自分の考え方を提示していきます。禅の十牛図でも、今度は山から降りて街で教える第十図の「入鄽垂手」が出てきます。25度で完成し、26度で実地テストした製品は街中で販売するのです。

「軍楽隊」はうるさいので、しばしば押しつけがましくなります。それは牡牛座の27度の押し売りめいたものと同じです。水・固定サインとしては、11度から15度までのツテ作りも合わせて、知らない他人に対しても、結びつきを作ろうとしますから、ここでの押しつけも強硬です。

この教えによって世界は変わるのだと大げさにいうのも、獅子座の27度と似ています。物書きやジャーナリストとか、多くの人に自分の言葉を伝えることができる職業の人ならば、この度数を持つ人には、なかなか続かないのではないでしょうか。書いて人に読ませるという意欲がないことには、このように押しつけたいという意欲がなんても適しています。実際にこの度数の人は、たくさんいます。

それに、物書きに多いというのも蠍座らしくなく、ここにも射手座が入り始めています。外にあるものと内にあるものが共通しているという真実を語る時には、具体的な事実ではなく、象徴でなくては上手く表現できません。蠍座は象徴ワードを作り、射手座はそれを駆使して応用化するサインです。

蠍座28度［27.00〜27.99］　28・突破口

The king of the fairies approaching his domain.
「自分の領土に近づく妖精たちの王」

28度は射手座に脱出する扉を見つけ出す度数です。23度でウサギが妖精に変わりましたが、この妖精では山から降りてきたりもしましたが、王が本来の自分たちの領土に接近しているということは、領土は射手座にあるのでしょうか。

蠍座という水・固定のサインは、外部のものと結合するのでパラサイト的です。そこから射手座という火のサインに入ることは独立することに等しく、長い依存とか借暮らしから、やっと自分の場所を持てるという意味ですが、射手座も柔軟サインで運動感覚のサインですから、具体的な場所とはいえるという意味は持ちません。具体的な場所というのは山羊座の特質です。したがって、この妖精の領土とは、精神の中にあるもので、妖精からするとそれがふさわしいのでしょう。水のサインの場合、理解するのに同じ水の中に入ります。火のサインはこの水的な構造的に理解するということはできません。風とか火は、物質から離れて外に拡大しようとするサインですから、この直接的な依存や結合の関係から、抜け出す準備をします。しかしまだ蠍座です。予感しつつも、状況は変わりません。引っ越し先を見つけましたが、出ていくということを家主にまだ告げていません。

蠍座はそろそろこの段階で、何かとの直接伝達を電気的、間接伝達を磁気的と説明しますが、

433

蠍座29度 [28.00〜28.99]　29・比較

An Indian squaw pleading to the chief for the lives of her children.
「首長に自分の子供たちの命ごいをするインディアンの女」

蠍座

29度は今のサインと次のサインの比較ですが、サインは、隣同士は常に極端に違うので、この29度ではそうとうにゆさぶられたりします。水・固定サインはくっつくとはなれません。火・柔軟サインは、直接長く関わりたがらず、応用的にさまざまな拠点の中に入り込み、また次の拠点に移動します。インディアンの子供たちは出ていこうとしますが蠍座の結束は固く、26度のようにインディアン全員が砂漠に移動するのはかまわないのですが、そこから抜け出すことには苦労します。水の サインは、最後は波がなくなり静止します。火のサインは、この凪いだ水面を叩いて波紋を作り出すことです。しかも柔軟サインですから、水・固定サインという強力な接着剤でくっつけたようなものを、何度も何度も果てしなく揺さぶり、こから引き剥がしていく試みが必要です。一度とか二度では、ほとんど分離は不可能です。例えば、結婚は簡単なのに離婚は何年もかかり、何度も調停に行ったり裁判したりします。この何度も試みて、揺さぶり、次第に粘着面が剥がれていくまでこぎつけることが重要です。独立に失敗している人は、たんにその繰り返しが足りないということです。離れれば成功します。

それまでは火・柔軟サインの力で、押したり引いたり、横にゆさぶったりすることを続けるだけです。12サインの中で最も深刻な度数で、涙の数といえるのはここだけですが、そのくらい蠍の水・固定サインは強いということです。

蠍座30度 [29.00〜29.99]　30・吐き出す

The Halloween jester.
「ハロウィンのわるふざけ」

蠍座

射手座に移動するために、蠍座の要素をとことん吐き出します。蠍座は怖いサインといわれますが、一度つかんだら離れないという水・固定の性質と、他と結合するために、2度のように相手の壁を壊すとか、さらに7度に現れるように、抵抗が強いほど深く食い込むというところなら、簡単には扱えないからです。しかしこの最後の度数では、ほとんどその実質が消耗しきっており、かたちだけが残っています。結果として、形相だけは怖いが、中身が抜けているので、怖い顔であってもあるほど笑いを誘うものになるということです。

笑いというのは魔除けで、それは火のサインの揺さぶりの性質そのものです。射手座の火の力が近づけば近づくほど、笑いの振動は強まります。例えば、幽霊のようなものがいるとして、それに怖い思いをするとしたら、その人の心に蠍座の同化要素がまだ残っています。しかし射手座なの火の要素が強いほど、それを笑い飛ばすことになります。笑い飛ばすことで、心の中にある水の要素を追い払っているのです。つまり信じるのです。火の元素は同化します。つまり否定した、突き飛ばしたりするわけです。ここではパロディ化すればするほど、蠍座の力は形無しになっていきます。もう既に実効力を失ったものを持っていたりする人も、この度数に多いようですが、芸術方面では、上手く生かします。

射手座1度 [0.00〜0.99]　1・スタート

Grand army of the Republic campfire.
「退役軍人の会のキャンプファイヤー」

軍隊は集団的なものですが、射手座サインなので、この集団性からは脱出しています。

しかし戦いとは火と火をぶつけるので、これは摩擦の火といわれる火・柔軟サインの射手座にふさわしく、軍隊はやめたが、あらためて戦闘につくということをイメージさせるシンボルです。

射手座も後半になると精神と精神をぶつけるようなものになりますが、この初期段階では、体育会系などが多く、またシュタイナーによると射手座は運動感覚であり、意図に引き寄せられて行動するサインということになりますから、模索の旅を意味します。行動は過去から未来へ、未来から過去へと降りてきます。

火の1度は、それまで浸っていた水のサインから思い切り離れるために、火の性質の強調しすぎになります。獅子座では内側からの爆発ですから、外とのつかみあいというかたちで、火が強まります。蠍座ではくっついていたのに、その対象に向かって、今度は殴りかかるようなものです。そして反対の双子座では、ガラスによって、自分を守りながらいろいろな海中生物を見ていますが、射手座ではこの違う海中生物たちが戦います。もちろん、この対戦の場を用意したのは魚座で、1度の市場は競技場なのです。1度ではともかく火の力を活性化することが再優先なので、道を歩く人を見るといつもどちらが強いかを考えるという武闘派の単純さが発揮されます。

射手座2度 [1.00〜1.99]　2・反射

The ocean covered with whitecaps.
「白い波の帽子に覆われた大洋」

火のサインの2度は、波風を立てる、振動というか揺れを周囲に撒き散らすということでは共通していますが、射手座は蠍座の集団化（蠍座15度）の後のサインなので、火の波紋は、できるかぎり大きな範囲の集団に伝播しようとします。牡羊座では笑ってもらえる少数でよかったのです。獅子座では知らない間に病気が蔓延していましたが、計画的ではありませんでした。

射手座ではお祭りまたは巨大コンサート会場のようなもので、みんながわっと興奮してくれるのが好ましく、この白い波はたくさんの人々が歓声を上げる様子を暗示しています。もちろん1度で魚座が用意してくれた会場で、異種格闘技をするならば、観客はできるかぎり多い方がよいでしょう。格闘技だけでなく、歌でも、またダンスでもよいと思います。そして笑いや、「馬鹿さ加減みたいがいにしろ」と言われるような行為も、好ましいと思われます。

双子座2度は、1度の意識的な探索のお返しとして、無意識からのリアクションを期待していました。射手座では多くのものが歓声を1度で強く叩く力が強いほど、2度ではどんどん大げさになります。火のサインは反発力なので、観客は賞賛してもよいでしょうし、ブーイングしてもよいのです。つまり柔軟の火とは、さまざまなかたちの火であり、興奮に共感するものもあれば、またこきおろしも突き飛ばしという ことで火の力に属しています。

射手座3度［2.00〜2.99］ 3・運動性

Two men playing chess.
「チェスをする二人の男」

射手座

1度で水面を叩くと、2度で波立ちのリアクションが生じます。この二つを往き来しているうちに、戦いのルールがわかってきます。双子座では3度で戦う相手として自然界を選び、それを支配する物理学の公式を発見したように、射手座では戦い方の公式を作り出し、それをもとに2度の原始的な殴り合いでなく、2度の効果を意識しつつ、巧妙に戦いを進めていきます。

このチェスの対戦が、蠍座という集団性を前提にしたものであれば、国と国の戦争ということもあります。双子座では競争は個人と個人ということが多いのですが、射手座では集団と集団というケースが増加します。その方が2度の群衆の盛り上がりが期待できます。ここではチェスをしている観客もほしいでしょう。できれば、チェスを見ている二人の男ですが、

サインの乙女座3度では、これが二人の天使、もっと細かくいえば天使と堕天使、すなわち悪魔となります。乙女座は特定のものを肯定し、それ以外を否定するという明暗の輪郭を作るサインなので、一人は善者という扱いになります。しかし射手座はこの善悪はなく、対等な陣営が戦うということになるのです。交互に肩入れすることもあり、これが射手座の応用力を高めます。3度は運動法則であり、そのサインの運動性質を確立します。後に思想活動がメインになっても、意見をぶつけることを楽しみ、戦いを受けて立とうとします。

射手座4度［3.00〜3.99］ 4・集団的リソースへ浸す

A little child learning to walk.
「歩くことを学んでいる小さな子供」

射手座

柔軟の火、ぶつける火の中に入り、この火を内部から高めていくという要素を持ちます。後に、これがいろいろな分野に取り組み、その都度、その分野の中で再生するという性質に結びつきます。小さな火があれば大きくしようとします。両親だけでなく、小さな火としての子供は自立心を学びます。身近な大人は応援し、鍛えようとします。

獅子座の4度は固定サインで、古い時代から続く、老いない火の普遍性を強調しました。4度では普遍サインの火は変化しますから、4度という普遍性に浸す度数で、育ち大きくなる火を提示します。それは誰にも必要で、ここに射手座のどの時代にも適用する価値を与えます。3度の運動に対して、4度では意義を与えなくてはなりません。チェスの戦いをする理由も、互いが育つということ、つまりは蠍座と射手座の配合です。肯定と否定という応用性は、反対の双子座ではほのぼのした情感を想起させるシンボルでしたが、射手座も同様に、子供は白い子供と黒い子境界を壊し、溶かして一体化して、大きくします。そして射手座で独立性を与える。肯定と否定という応用性を強調する乙女座では、子供がいましたが、射手座では白でも黒でも黄でもたくさん混じって喧嘩しながらも育つとよいのです。青春ドラマあるいは学園ものドラマはこの度数に関係したものだと思います。双子座4度の定番的な記号性も活用されます。

436

射手座5度［4.00〜4.99］　5・冒険

An old owl up in a tree.
「木の高いところにいる老いたフクロウ」

4度の普遍性、つまりはありきたりさに飽きると、もうちょっと精神を刺激するような遊びに走りたくなります。双子座5度では文章をいじって、煽るような記事を書くのが楽しみになっていました。ですが射手座では、集団的な、より大がかりな仕掛けが好みです。森の中にいて、夜に目覚めているフクロウは裏工作や陰謀、見えないところで動めくものを監視しています。裏で糸を引いている者の存在がわからない、多くの人には真相が全くわかりませんが、ざわざわするような刺激を与えます。オウム真理教事件でさえ何が真実なのか全くわかりません。

4度では正々堂々と子供に戦うことを教えていましたが、この戦いは裏の勢力と表の勢力に回っていくのです。歴史的に残されている資料は一切信用するなという考えがあります。それは、当時の支配者が自分に都合がよいように書きかえているからで、記紀にも真実は書かれていないという説があります。そのように考える人は、謎を解明し、陰謀を暴き、歴史観を書きかえることを趣味にしています。これは射手座5度的な衝動です。

日本には裏天皇がいてそれが日本を支配しているという話などは、この数少の人に話をしてくという話などは、この数少の人に話を聞くと、果てしなく異説が聞けます。乙女座なら善悪を固定し、意味をいじることに拒否反応を起こしますが、ここでは、実は、善悪は反対だったと言い始めるのです。

射手座6度［5.00〜5.99］　6・環境へ

A game of cricket.
「クリケットゲーム」

射手座の精神が具体的な環境の中で活動しようとする時に、一番フィットした場とは、正々堂々とした戦いの場です。1度ではただ戦うということだけを考えていました。しかしここではルールがあり、正しい道があり、紳士的な戦いをします。双子座であれば、油田を探して、誰が勝つか同化するのが重要ですが、射手座ではどちらにも同化できるので、どちらが勝っても、誰も気にしません、それに次回の対戦にますます意欲的になれます。複数の火がぶつかり合って、互いを刺激し強め合うということが大切なのです。

その点では5度でも善悪が逆転しても、それも大した問題ではありません。つまり一つの立場に固定的に同一化していないというのが射手座の特性になります。ただ同時に受け入れることはできないので、スイッチを切り替えるように同一化対象を替えます。この戦いの場そのものを用意した魚座では、同時に、どちらも同じ価値を持っていそうでないと場を作れません。同じ柔軟サインの双子座と乙女座は自分の立場に固執するのですが射手座と魚座では、特にどれが重要かということがなくなるという違いがあるのでしょう。

複数参加の対戦ゲームなので、サッカーなどが多いと思います。現代の日本ではサッカーよりもクリケットの方が盛んな国もあります。ある有名雑誌では編集部を内部で分割して競わせていました。私もこの戦いによく巻き込まれました。

射手座7度 ［6.00〜6.99］ 7・落差

Cupid knocking at the door.
「ドアをノックするキューピッド」

射手座

6度の環境の中に入った時、ここで明暗の落差が生まれてきます。それは6度の戦いで勝った/負けたという明暗ではありません。双子座では勝ち負けは重要でしたが、射手座ではそれは問題になっておらず、むしろ集団原理やルール、正道に従うことと、もっと秘密で、個人的な未来の可能性を内包しているようなものに向かうという明暗です。

5度で、フクロウはみなが寝ている時に一人起きていました。6度の正々堂々とした戦いの場の中で、この5度の衝動が再生すると、それは夜中にこっそりと合宿所を抜け出して、何か秘密のことをしたくなります。ですが、このこっそりとした行動は、自分のしていることにまだ確信が持てないからです。射手座は運動感覚であるとシュタイナーはいいましたが、意図に引っ張られて運動が始まります。aからbに向かう時、意図はbからaを引っ張っていて、射手座の人は予感で行動し、最後に意図に到達して、それをはっきりと理解します。

射手座の未知の探求力は、わかりきっているところで行動するかぎりは、つまり正道の中で戦うかぎりは、発揮されていないのです。わくわくドキドキすることを求めてさまよう時、真の意図が近づいてきます。しかし、7度では今のところ、それは退屈な正道か、後ろめたい脱線か、葛藤を引き起こし、なかなかストレスです。どちらにも決められない状態で、揺れるだけの人も。

射手座8度 ［7.00〜7.99］ 8・落差の克服

Rocks and things forming therein.
「岩やその内部で形成されているもの」

射手座

7度で何となく後ろめたさを感じながら、予感に従って行動していた人も、やがて自分はこれに従って行動するのだと確信するようになります。岩の中で徐々に自分の考えが育っているのです。7度で説明したように、射手座の運動感覚は、本来は、未来からやってくる意図に引き寄せられて旅をします。この時に、公認された思想やメインストリームのものは、しばしば妨害になるのです。

ブッダは、自分の姿勢を明確にするまでは、あらゆる伝統的な教えに対して疑問を投げかけ続けたのです。しかしその時、きっとこれまでの伝統的な教えを信じていた人たちは、ブッダに対してつまらないことを考えたに違いありません。8度は、これまで盲点だった足りない1点をプラスすることで、7度の葛藤から抜け出します。オクターヴでいえば、7とはドの音からシまで、あるいはドから降りてレまでで、次のオクターヴのドの音があれば、八つになります。そしてて両方のドが手に入ると、駆り立てられるようなての性質から、逃れることができます。

7は正しい/正しくないという2点に振り回されます。それが7の盲点で、8では、正邪は作られた価値観であることに気がつきます。自分が育てている新しい思想も、これまでのものと同じくらい価値があり、優劣はありません。8の数字は力を蓄積し失わないので、強い確信を持つようになります。

射手座9度 [8.00〜8.99]　9・哲学

A mother with her children on stairs.
「階段で子供たちを連れている母親」

9番目のサインの射手座の9度は、射手座の純粋な思想・哲学を表現しています。射手座は学校に結びつくサインですが、これは進級したり、グレードアップしたりします。火・柔軟サインは、ぶつかり合い摩擦しながら上昇する火です。射手座の人の根本衝動として、高みを極めたいという意志があり、性急に、急な傾斜の階段を上がろうとします。しかしそれは安定性もなく、転落のリスクも高いので、母親がそれを誘導します。

ここでは「母親」は実在の母親でなくてもかまいません。東西の密教では、仲介者としてのソフィアやダキニなど女神的存在がいないと、人は階段を上がれないといわれています。日蓮においての七面観音（ハトホル）のように、階段を上がろうとする子供たちを誘導する女性的存在が助けになります。そこで子供たちは、これまで達成したことのない究極のレベルに入ることになります。階段は基本的には7段あり、ヤコブの梯子と表現してもよいでしょう。

獅子座においての虹は、地上で受け止める天啓でしたが、射手座では、実際に、この階段を上がろうとします。エノクでは、他の探求者たちは死んだり狂ったりしました。ですが、こういうふうに他の人は死んだり狂ったりしたのだという無理難題イメージは、ますます射手座の闘争心を刺激することになります。双子座においては天才知性に向かいますが、射手座では上昇する精神が大切で、それはしばしば宗教的です。

射手座10度 [9.00〜9.99]　10・外へ伝える

A golden-haired goddess of opportunity.
「金髪の幸運の女神」

9度で急な傾斜の階段を上がれば、今度は降りなくてはなりません。その時、射手座はただ降りるだけでは満足せず、自慢したら、いかに自分は凄いことをしたのかということを多くの人にひけらかしたいわけです。双子座10度では凄い技を見せつけて、周囲の人がグウの音も出ないようにしますが、射手座では神話的な、芝居がかった、危険な場所で瞑想し、何度も死に目に遭いながら究極の領域に到達した物語が展開されるのです。鳴り物入りで語るということを、このように多くの人が感動し、歓声を上げるわけです。射手座とその支配星である木星も質素なことを表してはおらず、どうみても大げさになります。

乙女座の10度はテーマが個人の人格を排他的に育成することなので、そこから外に踏み出すことが恐怖を刺激します。したがってこの射手座の10度に、乙女座の比率が少しずつ増えると、この物語は恐ろしい要素も加えてきますが、魚座の10度の側の方の比率が増えると、言葉で説明しにくい神秘感が強まり、表現に多重性が加わってきます。

9度では上がることが主眼で、10度はプレゼンテーション度数なので、いかに伝えるかが大切になってくるのです。そのため、演出に力がかかってくるのは当然です。アセンダント近辺にこの度数の天体があると、女神風の容貌になる人も多く、アピール力が強いことがわかります。

射手座11度［10.00〜10.99］　11・実験

The lamp of physical enlightenment at the left temple.
「寺院の左側にある物質的悟りをもたらすランプ」

射手座

双子座では11度は新しい知識を与えてくれるところに向かいました。知らないことがあると興味が出てくるのです。射手座は、上昇する火であり精神性なので、知識を刺激するというよりも、精神を高揚させるものを求めます。そして火の元素は土から遊離する本性があるので、11度から15度までの若々しいチャレンジ帯域では、現実離れした精神性の探求に向かいます。

乙女座では自分の目に入る範囲のものを徹底管理するコース、魚座では霊的系列に関わることなどで、それぞれ11度からの社会的実験が始まります。左側というのは開かれた意識の側、受容性の柱です。「物質的悟り」という言葉に引っかかりますが、この11度はまだ若々しくシンプルな性質で、精神性とか形而上学的なものが物質面にも影響を与えると考えています。思考は形骸化すると感情に、感情は繰り返されると感覚に沈着して、その意味では長期的に見れば精神は物質に影響を与え、悟りも表面的に何かを起こすこともあります。

昔、悟った人は身体から金粉が出るという話もありました。あるいは聖者は死後も腐敗しない、それに空中浮揚するのだとか。ババジは2000年生きているという話もあります。冥王星が獅子座の初期にある世代ではこういう話が多かったのですが、火の元素は、そういうことに興奮する傾向は強いでしょう。秘密を探求することと冒険が一体化しているような意味を持っています。

射手座12度［11.00〜11.99］　12・未知の探索

A flag that turns into an eagle that crows.
「ときの声を上げる鷲に変化する旗」

射手座

11度の寺院は正面から見ると、左側は既知のものを表します。が、寺院自身の方向としては、正面から見て右側のものは左であり、未知、陰陽の陽を表します。神道の言い方なら右は顕で左は幽であり、形（ナギ）と力（ナミ）の違いです。記号的な旗が超越的な意識である鷲に変わるのですが。旗は右側的なものです。この旗の素朴な表現は、三角形とか六角形などの図形的なものがベースにあるでしょう。それに対して左側にあるものは生々しい力であり、右と左は常に呼応しています。

人間の右脳と左脳の関係で考えると、右脳はより深層の脳とのつながりやすく、この右と左が連動している人の場合、左脳の記号的な要素はそのまま右脳を通じて持ち込まれる鷲の力と連動します。誰でも超意識とはつながっていますが、この度数の人は超意識的な要素が、記号化の領域や言語領域につながっている人が多いようです。ですから、興味を持つかどうかが鍵となり、11度の神殿の秘密をアカシックリーディングするような能力といえるでしょう。

そして読んだだけでなく、運動感覚の射手座ですから、それは行動に結びつきやすいのです。運動や活動に結びつける人は多いといえます。土や水、すなわち山羊座とか蟹座では、12度で秘密を抱え込んだまま閉鎖的ですが、流石に火のサインでは、そのまま外に働きかけます。

440

射手座13度［12.00〜12.99］ 13・カリスマ

A widow's past brought to light.
「明るみに出る未亡人の過去」

牡牛座の5度では、未亡人は亡くなった夫の墓を暴き、もっと資産がないのかを探しました。そしてより深層の資産を発掘します。私たち人類は、自分の出自について全く知りません。進化論的に、猿から人になったのだと考える人さえいます。人間は地上に生まれてきた時に二極化し、すると知覚意識も片面的にしか働かず、失われた過去について全くわからなくなってしまっています。

私たち全員を「未亡人」と考えてよいのですが、モーツァルトの『魔笛』で描かれているように、死んだ夫は七重の太陽、すなわち全太陽としての意識を持っており、何の目的で、どこから来て、何をしようとしているのか、その意図がはっきりしています。11度で寺院の左側に着目し、12度で謎を解明する人間解読機を開発したら、13度では当然死んだ夫の秘密が解明され、未亡人の過去が明らかになります。

13度は非迎合的で、孤立的に、世間の考え方に従いません。双子座の13度のように浮いても気にしない性質です。そこで飛躍的な見解を打ち出します。昔は、こういう意見を「トンデモ」という言い方をしました。火のサインからすると、それも楽しいものです。着実で現実離れしていない見解とは、閉鎖する者である土星の見解です。つまりは山羊座という土のサインの特質です。この土のサインは、いわば墓の土や石です。13度はそれを暴くのです。13度は強気な上、転覆が好きです。

射手座14度［13.00〜13.99］ 14・浸透

The Pyramids and the Sphinx.
「ピラミッドとスフィンクス」

13度の飛躍したものを大地に降ろすか、あるいはもっと下にあるものに浸透させるのが14度であり、タロットカードの「節制」のように、上の器のものは下の器に降りる時に小分けにされて、もっと具体的な話に変わっていきます。この小分けの過程は時間がかかり、抽象的で漠然としたものも、随分と細かい話になってきます。

今日の西欧文明はギリシャから始まっていると西欧人は考えていますが、その前の文明である古代エジプトを象徴するピラミッドやスフィンクスは、前の文明の知性の特質を表し、それは西欧的な知能では解読しきれません。全く脳の使い方が違う人類が、異質なものを理解しようとした時、自分たちの優位性を主張すると、乙女座がしがちなように、自分たちの思考で切り刻むことになり、それは理解したり、通じ合ったりすることを意味しません。

射手座は柔軟の火であり、ターゲットに入り、内部から火を膨らませます。つまり外面的に自分の知性によって批判的に理解するのではなく、真意を汲み取ろうとします。双子座では個人間のテレパシーでした。そして異質な人同士が初めて通じ合うには、カリスマのファンになるしかありませんでした。14度とは影響を外に漏らさないホットラインなのです。射手座も世界最大の墓に張りつき、死んだ夫の真意を理解しようとしますが、異質な文明同士の情報をコンバートすることも可能で、やはりテレパシーと同じです。

射手座 15 度［14.00 〜 14.99］　15・侵攻

The ground hog looking for its shadow.
「自分の影を探すグランドホッグ」

射手座

11度から始まった寺院の秘密の解明によって、今の世間の合意的現実からは随分とかけ離れた知識を、15度では外に押しつけるはずでした。しかし、この外に押しつける15度でも、柔軟サインは奥ゆかしく、時期が早いとなると引っ込めます。柔軟サインの中で最も弱気なのは乙女座と魚座です。双子座はうるさく忙しく試み、射手座も何度かチャレンジしようとして時期を考えています。13度の人ならば、時期が早すぎても気にしません。しかし自分と世間の理解の溝が埋まらないのです。15度では、必ず、外界に影響を与えなくてはならないのです。5度、10度、15度という5度ずつの刻みで、外界との接触にチャレンジしますが、15は足すと6で、それは六角形、自分の三角形と外界の三角形のフィットですから、呼応してくれなければ困ります。ですから、思い切り押し出すようなチャンスがあれば、受け入れてくれそうな世の中には12分の1相応分の射手座の人がいて、そしてこの11度から15度までの度数領域の人もたくさんいます。そういう人たちに対しては、時期を待つ必要なんてありません。そして土や水のサインで、時期が来ても、受けつけない保守的な人もたくさんいます。土星は閉鎖する者なので、それは時代遅れになっても、古い考えのまま続くことはあり得ます。いずれにしても、射手座15度は出る時、引き際のタイミングを正確に読み、自分の見解を公表します。

射手座 16 度［15.00 〜 15.99］　16・解体

Sea gulls watching a ship.
「船を見ているカモメ」

射手座

11度から15度まで、射手座の火は土から離れて、思い切り上昇しました。15度で世間に自分の見解を発表しても、似た人には理解されても、まだ十分な結果しか得られないと感じるかもしれません。自分はもっと土や水の元素の世界、着実で保守的な世界に降りなくてはならないと感じます。このサインの折り返し地点で、双子座の影響が入ってくることで、それまでの射手座の姿勢は破綻しますが、しかし都合がよいともいえます。なぜなら、双子座は牡牛座の次にあるサインで、それは土を使う知能に優れているからです。ビジネスのような抽象論ではなく、射手座から見ると違和感があります方法など、射手座は世俗的な活動をしています。しかし世俗的な世界に降りて来た双子座の船に近づき、何か食い扶持を紹介してもらおうとしています。ノウハウを盗めば、世間に降りるために足りない要素を補えるのです。しかし双子座から紹介してもらった仕事は、げっそりするようなものです。なぜなら、双子座は深めることも高めることもしません。横に広がるので、バラエティだけはありますが、深みに欠けるのです。この深みに欠けるということこそ、今の射手座に必要なことです。しかし射手座は、何かの対象に入り、内部から火を膨らませます。ですから、まずは自分を折って、違和感のあるものに入っていくことが大切なのです。どのようなところでも蘇ることができます。そしてどのようなものでも向上させきます。

442

射手座17度［16.00〜16.99］　17・新たな希望

An Easter sunrise service.
「復活祭の日の出の礼拝」

自分のプライドをへし折ってまで、具体的な世間的な仕事に取り組んだ射手座は、やがてその本性を発揮して、16度でマイナスに見えたものを、ここで前向きな希望に転換します。馴染めない仕事でも、取り組むと、この中で射手座は火の力を膨らませ、この仕事そのものにより良い価値を付与していきます。どのようなものでも、そこに哲学があり思想があります。

この射手座の柔軟性は驚くべきもので、どのような分野に取り組んでも、まずいったん妥協し、落ち込み、やがては再生して、その分野ごと意義の高いものにしていきます。これを人に対しても行うことができます。周囲から後ろ指さされるような可能性を持つ子供に対して、内的な火を活性化させることができます。ですから、もしこの度数を持つ人が先生をしたら、大変に盛り上がることができます。そもそも4度で、そういう教育にも関心があるのがわかった射手座ですから、生徒たちを型にはめるのではなく、内的な火を強め、どんどん可能性を伸ばす方向に向かいます。

柔軟サイン同士では、乙女座の17度も、型にはめることに失敗したので、内部から上がる火に対しては可能性を認めています。魚座は射手座と同様な印象です。双子座の17度でわかるように、土の安定性が壊れて、流動化しますから、定着しているものはありません。成長し、進化し続けているものと考えるとよいでしょう。

射手座18度［17.00〜17.99］　18・種を探す

Tiny children in sunbonnets.
「日除け帽をかぶっている子供たち」

17度は瓦礫の山の上での希望なので、それをより具体的な場の中で定着させたい。その方法をここで探索します。下に向かってそれに対応するものがあるはずで、下に向かって探索します。過去の記憶の中にそれに対応するものがあるはずで、下に向かって探索します。過去の記憶の中にそれに対応するものがあるはずで、タロットカードの「月」のカードは、「星」に対応する過去の記憶が、ザリガニとして上がってきます。このために目覚めた意識が監視してそれを食い止めないように、眠らせる必要があります。いわば夢の中での探索のようです。

17度の太陽の力は強すぎて、さらに双子座の17度でわかるように流動性が高く、頭が軟化するので、ある程度保護する必要があり、それで脳を保護する日除け棒を用意することになります。18度と9で、17度に向かっての旅・探索といういちいち解釈を施すというのもあります。

私は長い間、お絵かき講座を開いて、書いた絵に対して一人ずつ解読していましたが、それも上から来たものに対して、下の着地点・日除け棒を提供する作業です。魚座18度のテントは巨大な日除け帽で、双子座18度では他の人に理解できない言葉で話合い、やはり話題が外に漏れないように保護します。18度は上に対しての符号物を下から探し、上にあるものが暴れないようにとしどころを見つけるということです。射手座の抽象性に対しては、双子座の具体例を当てはめるのが、一番スムーズに落とせます。

射手座 19 度 ［18.00 〜 18.99］　19・想像的可能性

Pelicans moving their habitat.
「処を移動するペリカン」

16度で自分があまりよく知らない活動分野の中に入り、17度で射手座らしい自分を、この活動分野の中で取り戻します。18度では、過去の記憶と照合して、自分の体験と照らし合わせて、応用的な新説なども作ります。

世間の中で、いろいろな場所でいちいちそれをするよりは、安定して作業できるものとして、図書館とか大学とか、研究所のようなものを想像してみましょう。そこでは、いろいろな分野に没頭し、実験したり、新説を作り出したりというのは自由にできます。世間ではなかなかそうはいかないのです。ですので、没入や再生、再定義という作業のできる場所に、住処を移してしまえば、安定して毎日そういうことができるのです。双子座の19度は古典書物で、図書館には古典書物がたくさん置いてあり、どこから何を引っ張り出してもよいのです。18度で解釈が下にあるものをサーチすることだと説明しましたが、その都度その都度、解釈をしていくのは相当に頭が疲れます。

例えば、箱庭療法ではヒーラーは解釈をしませんが、それは調不調、出来不出来、間違いなども出てくるからです。この19度は解釈体系のようなものであると考えてもよいでしょう。そこでは自由に応用ができます。19という数字は、夢で見たものをどんどんかたちに表すのです。それができる場というものを確保して、そこで活動していきます。16度で世間に出た人は、もっと自分に適した場所に、ここで移動します。

射手座 20 度 ［19.00 〜 19.99］　20・恒常的に

Men cuttting through ice.
「氷を切り出す男たち」

冬に氷を手に入れるには、かなり無理なことをしなくてはなりません。それでも氷を調達します。要求されたことにはどのようなことでも答えられるという点では、双子座20度のカフェテリアと同じです。16度以後の射手座の流れを見ればわかるように、全く知らない分野のことでも、その中に入り、そして再生するという力を身につけた射手座は、もうどのようなものに対しても、それはできるわけです。何を要求されても、その能力を発揮していきます。

双子座の場合には風・柔軟サインですから、幅広い知識になりますが、射手座ではむしろ分野を再生・成長させたり、またグレードアップさせたりします。20度の場合、状況に振り回されてはいけないですし、得手不得手があってもいけません。平均的な能力が要求されます。乙女座であれば、これは複数の人が協力するキャラバンになり、魚座では、誰にでも食事を出すということになります。この乙女座や魚座の複数性が、射手座では複数分野という意味にもなります。そしてまた複数の考え方が柔軟サインであり、それは射手座の火は柔軟サインであり、それは複数の火という意味でもあるからです。この複数の火をぶっけて、それぞれのレベルを上げていこうとしています。氷は冷たく凍ったもので、それはひっそりとした場所にあります。既に廃れた分野とか凍結したまま放置されているようなものを、ここで取り出し再生できるということでもあります。

射手座21度［20.00〜20.99］　21・飛躍　射手座

A child and a dog with borrowed eyeglasses.
「借りた眼鏡をかけている子供と犬」

21度ではどのサインでもかなり無理なことをしますが、射手座では教養や思想、哲学などにおいての無理なジャンプをします。あるいはスポーツでもよいと思います。子供も犬も、眼鏡をかけるものではないのに、ここで眼鏡をかけてまで無理なことにチャレンジして知恵熱を出したりします。

双子座21度では、たくさんの仕事をして、自律神経が痛んだりするはめになりますが、射手座では目が悪くなります。性急な上昇は射手座の9度の急な階段でも言及されていました。自力ではとうてい無理なチャレンジを、母親に助けられて上がっていきました。この21度では性急さが強調されてはいませんが、しかし無理といわれると、よけい取り組む意志が強まります。乙女座では仕事の達成、魚座ではいわば霊感の最強のものとしての無理なチャレンジがそれぞれサインの最強のものとして現れます。

特に魚座21度はシンボルで使われるパーツも似ていて、子供と羊と召使いの三つです。このうち召使いは非物質的なガイドです。羊や犬は哺乳動物で、これは脳の旧皮質の象徴的な表現でもあります。子供は素直な受容性という点では、この射手座も魚座も自分のプライドに縛られているわけではなく、柔軟で、そして哺乳動物的な感情の働きも連動しているということになります。そしてここでは犬さえ眼鏡をかけているので、感情面での無理なチャレンジも含んでいます。

射手座22度［21.00〜21.99］　22・クールダウン　射手座

A Chinese laundry.
「中国人の洗濯屋さん」

学習の姿勢として理想的なのは、まず無理なチャレンジをして、次に自分の実力という足元を見ることです。そしてまたジャンプして、自分の最低限の部分をチェックします。この繰り返しです。学校では、しばしば定期的にテストがありますが、それは自分のレベルを確認できるからです。この自分のレベルに応じてのチャレンジがあるわけです。

「自分は、もともとは中国の洗濯屋の出自であって、そのことは忘れない」ということを表しています。この21度と22度のセットは、学習においての重要な上昇と下降の繰り返しなのです。双子座の21度と22度とほとんど意味は変わらない面はあります。ただ双子座は風なのでそれは知識の広がりなどに関係し、射手座は火なのでたくさんのことに取り組むよりは、深めていくとか、スキルアップするということに主眼が置かれています。自分の本来の位置を忘れていないということは、取り組む分野にしても、あまりにも違和感のあるものにチャレンジしたりはしないことになります。21度ならばやりかねないことですが、22度では「そもそも自分はこういう範囲なのだから」ということを自覚しています。

洗濯屋さんは余分なノイズを取り除くことが本業なので、次第に自分がどうあるべきかわかってきます。さらに、いつどのくらい注文がくるかわかりません。余分なものを取り除くという意味では、21度で無理なことをしても、そこで不要なものを識別できるということです。

445

射手座 23 度［22.00〜22.99］ 23・いいとこ取り

Immigrants entering.
「移民が入国する」

23度は21度と22度の上昇と下降を繰り返し、少しずつ前進すると、やがて初めて達成目標に至るということを表現しています。前に後ろに、前後に運動しながら、少しずつ進むということは、ここでは無理をしていないし、急ぎすぎてもいないということを表現しています。でも目標にしたものは、それがかなり遠いものでも、必ず実現するということを語っているので、大きな喜びを得ることができます。

サビアンシンボルをシンボルとして解釈しないで、そのまま受け取れば、海外に移住する人がこの度数では多いということになります。21度と22度のセットは、移動し、移動先で自分のルーツを復元します。この移動先でも自分を取り戻すというのは、16度から17度あたりでもよく表現されていました。ハワイでは日本で手に入りそうなものがみな揃っています。ハワイに移住した人はハワイの中で日本を作ったりもします。移民の入国には審査があります。出雲大社を作りましたが、審査で汚れを取り除く洗濯の話が出てきました。22度で落とされると移民できない人もいます。

これは双子座の23度で情報の選別をし、重要なものは木の上に置くということに似ていて、学習のテーマの選別をするということも表しています。21度と22度の上下運動と前後運動の中で、次第に振り落とされていくものがあるのでしょう。より優れたものが残るのです。

射手座 24 度［23.00〜23.99］ 24・果てしなさ

A bluebird standing at the door of the house.
「家のドアにとまっている青い鳥」

知らない分野またはターゲットに取り組み、その内部の火を再生させるという射手座の特技は、この24度では果てしなくエスカレートします。家というのは一つの体系だとして、この家の近くの外に、青い鳥がいるのです。異なる考え方に対して柔軟で、自分の姿勢とは全く反対のものさえ検討する余裕はあります。そしてそれに取り組んでみようとする。こうした姿勢が行きすぎると、題材は何でもよくて、どのようなものでも、どのような考え方でも、認めることができます。

そしてどのサインでも24度は行きすぎとなり、いい加減にしてほしいというような状態になっていきます。節度というものがないだろうと批判される場合もあるかもしれません。出版関係で編集をしている人に、この度数を持つ人が多めだと思いますが、ほとんど自分の方針がないのではないかというくらい何でも扱います。あたかも自分がないかのように見えます。これは、ないのではなく、多様性が高いだけです。双子座24度では、どのような否定的なものでも逆手に利用して発展させるこのレトリックでも拒否せずに理解しようとする姿勢を作り出していきます。

悪く働いた場合は、いつまでも目標に近づけません。余分な仕事をしすぎて時間が足りないというケースも出てきます。「いい加減、暇になって自分の一番好きなことをしようよ」と。

446

射手座25度［24.00〜24.99］ 25・完成と自律

A chubby boy on a hobby-horse.
「玩具の馬に乗っている小太りの少年」

柔軟サインの25度は末端処理をします。24度で広がりすぎたものを止めて、まとまりよくするのです。小太りの少年は射手座の象徴ですが、家の中で遊び、影響は外に漏れることはありません。双子座ではこの小さな範囲で刈られるのがパームツリーとして描かれます。魚座では見えないカルマが飛び散ることを防ぐ霊的な浄化です。乙女座では経歴の終了です。

馬は玩具であり、それはゲーム的なものでしかも自分で揺すぶることで盛り上がり、それは火・柔軟サインとしての姿勢です。たくさんのものが模擬的に、小さな小屋の中に詰め込まれています。例えば、哲学者のミシェル・ド・モンテーニュは城の中に隠棲し、大量の本を読み、『エセー』を書きました。モンテーニュの木星は射手座の26度ですが、隠遁して読書している段階は、この25度が含まれていると考えてもよいでしょう。議論をふっかけるのは26度です。

以前、私は、この度数のサンプルとして、玩具の馬という模擬的なワークをたくさん編み出したグルジェフの木星を取り上げました。柔軟サインの25度は総じて編集能力なので、まとまらないものをまとめ、コンパクトにしていきますから、教養や思想、哲学などに関してダイジェストを作ったり、索引を作ったりすることも関係するでしょう。双子座の25度も教育者に多いのですが、射手座が外から刈り取ることに比較して、双子座ではそれぞれに同化して評価し編集します。

射手座26度［25.00〜25.99］ 26・堪能

A flag-bearer.
「旗手」

25度で完成したサインを26度で堪能するのですが、双子座では逆境の中に自分を晒しました。射手座では、多くの議論をぶつけられても対応できる思想的、哲学的な意味での旗手を意味します。そもそも射手座は、初期においてはバトルを意味しており、後半は思想的な傾向が強まりました。ここでは思想的なバトルと考えてもよく、あらゆることを均等に知っていても、それを受けて立つことができる射手座はどのような角度から攻撃を受けても、きちんと立つことができるというわけです。

25度では、部屋の中で、自分が揺すぶって玩具の馬を駆り立てていました。25度ではシミュレーション的な行為が多く、外での運動ではなく、これはジムの中にたくさんの運動機械があり、そこで激しくエクササイズしている人を連想させます。26度で実際に自分がどのくらいの能力に対応できるし、実際に自分がどのくらいの能力に対応したいのです。

ここで最も風当たりの強いところに出たがります。先頭で旗手になるのです。双子座と同じく、これも逆境に自分を置くということになるかもしれません。似たような言葉にフラグシップ（旗艦）というものがあり、これは各メーカーが自分の製品の代表として掲げるものですが、そこにも旗手の要素は混じっているのではないでしょうか。つまり、これがだめなら全部だめ、という意味するからです。その点では、25度で完成したものの中の純良なエッセンスです。

射手座 27 度 ［26.00 〜 26.99］　27・向上心

A sculptor.
「彫刻家」

射手座

26度では受け手でしたが、27度では努力して打ち出す姿勢に転じます。合計して9の数字になるものとして、9は精神的な探求です。27はこの両方を組み合わせていく可能性を探します。精神的な探求の果てのものを、下のより具体的なかたちに表現していきます。これが彫刻27度で集めた精神性のエッセンスを、具体的に見せるモデルです

27度では、外界に自分を押し出しますから、教えたり、教導したり、刷り込んだりします。同じ柔軟サインの乙女座27度でお茶会をしている貴婦人は、高度な精神と世間の仲介者としてサロンなどを開きました。影響を受けた人たちが入会したりします。素材の塊は、少しずつ加工していくうちに、だんだんと明確なかたちのものになりますが、製作者も、作り上げるまではどのようなものになっていくのかわかっていない場合もあります。あらかじめ意図がわかっているのではなく、射手座の運動感覚は運動しているうちに、時間をかけて削っていく意図に至るのですから、時間をかけて削っていくうちに明らかになるのです。

双子座の27度が、森から出て町に入り、そこで自分の可能性を試すように、射手座は自分の思想を世間に持ち込み、そこでの新しい展開を作り出そうとしています。思想はわかっていますが、それが実際にどういうかたちになるのか興味津々です。多様な成果が期待できます。

射手座 28 度 ［27.00 〜 27.99］　28・突破口

An old bridge over a beautiful stream.
「美しい流れに架けられた古い橋」

射手座

28度は山羊座への突破口ですが、火のサイン後には必ず土のサインが来て、精神的なものが具体的な場の中で自分の資質を生かすという着地です。古い橋というのは伝統的に続くもので、例えば、古い時代から社会の中で射手座が食い込めるものは神社とかお寺などもあります。

土に降りる火という点で、比較してみると、牡羊座28度は落胆した聴衆です。周囲の期待に応えることをやめて、自分の資質に忠実になることです。獅子座28度は木の枝にとまる小鳥たちです。自分の使命に沿ったものならば細かい作業もできるということで、土の固定サイン・柔軟サインとつながることを意識したシンボルになっています。

ここでも、ここでは活動サインの土ですから、ローカルな場所においてまっすぐに立ち、発的な活動ができるものを意識することになります。射手座は多くの人に働きかけることが2度以降定着していますから、その土地の歴史に結びついたような特有な役割を探し、多くの人に働きかけ、社会に積極的に貢献できるようなものの表してします。

豊富な教養とか、柔軟な理解力、精神性を地域の共同体に役立てる時に、古いものというのは一番近づきやすいのではないでしょうか。地元の郷土史を作って、自費出版する人は多くいます。例えば、奈良桜井のダンノダイラについて書かれた本は地元で80年以上住んでいる人が作りました。そこには、新情報が披露されています。

448

射手座29度［28.00〜28.99］ 29・比較

A fat boy mowing the lawn.
「芝を刈る太った少年」

射手座

射手座と山羊座の比較がされる29度では、射手座の資質を持ったまま、ときどき山羊座の領域に貢献してみるという行き来をするのではないでしょうか。本格的に山羊座に入っておらず、しかし試しにそこに入るのです。芝は自分の家の庭にあり、蟹座・山羊座という集団性は層になっているので、範囲はいくつかあり、家というのは市町村の範囲だったり、県の範囲だったりすることもあります。自分が住んでいるようなところの身近な共同体で、助けになるような活動をします。例えば、商店街の地図を作ったり、会議（26度の特技）をしたりするなど、いろいろです。

28度で山羊座に引っ越しする場所が決まり、荷物整理が29度という点では、射手座を減らす必要があります。太った少年は、芝刈りで射手座の過剰教養などをダイエットしようとしているというのはルディアが抱いたイメージです。射手座の支配星の木星は太り、山羊座の支配星の土星は痩せるという意味ですから、ここでは荷物が多すぎるのです。

山羊座で仕事をするのにラテン語の辞書など必要がありません。まだ山羊座に入ってはいないので、ボランティアなどをすることで、山羊座の活動の調査をしていると考えてもよいでしょう。双子座の29度のモッキンバードは、蟹座という集団意識の中にある感情を先取りして、それを流行歌にするというものです。同じように、山羊座の地域性に通底する精神を先取りしています。

射手座30度［29.00〜29.99］ 30・吐き出す

The Pope.
「法王」

射手座

射手座の火の熱を全部吐き出し、冷えて土に入るということで、射手座の総決算的なものをここで全部披露します。双子座の30度の水瓶の美女のカラフルな姿と同じように、法王もとても派手な姿をしています。蟹座・山羊座は集団性ですから、多くの集団に見せつけるショー的な要素があり、精神性を見せつけるのです。牡羊座30度は山の頂点にあるアヒル池、獅子座30度は多くの人にお知らせするという意味では、頂点にいて多くの人にインフォメーションをするのです。

直後に山羊座の1度があり、そこでは自分が共同体のボスであることを告げようとしていますが、射手座にいる法王は、そのまま山羊座に入ると、宗教の頂点にいる者が、そのまま政治の頂点に移行しようとしています。そこで権威や尊厳、支配力などを意識することになります。双子座では能力の自慢、注目を浴びることが重要だったように、法王は頂点で人々に精神的な感動を与えなくてはなりません。

射手座の段階ではたくさんの意見をぶつけても、楽しもうとしますが、山羊座に入ると、反対意見とか対抗勢力はすべて制圧されないとか対抗勢力はすべて制圧されないものと化します。土のサインはメリットの占有や情報の閉鎖などの傾向を持ちますから、この法王の度数も、やはり山羊座の成分がかなり混じったものとなっています。純粋な精神性を主張した11度から15度までの資質は懐かしいかつての自分の思い出と化しています。

山羊座1度 [0.00～0.99]　1・スタート

An Indian chief demanding recognition.
「認識を求めるインディアンの酋長」

土・活動サインである山羊座は、均衡感覚を表し、これはどこかにまっすぐに立つことを示しています。特定の場所を持たずに広がっていくのは次の水瓶座であり、山羊座では必ずどこか具体的な場所性があり、そこに酋長が立っています。牡羊座の30度が山の頂点にあり、そこから牡牛座1度で山の上から里に一気に降りてきたように、ここでも山の頂点のような場所で、法王のような権威を持ちつつ君臨しようとします。

同じ集団サインである蟹座では、集団に吸収されるので、一人が権力を持つことはほとんどありません。他の人から浮くのは蟹座的ではありませんから、一人の船員として描かれ、山羊座ではむしろ支配者として、山の上で自分の立場を主張しています。土の三角形で考えてみると、牡牛座1度の清らかなという言葉はルーツ的に純度の高いという意味です。乙女座1度の男の頭はくっきりと輪郭を作り、他と区別し、また強調することで、他の地域とは違う傾向をはっきりと打ち出す酋長になるのです。

牡牛座と乙女座は前半の六つのサインの中にあったので、それは個人の育成のレベルでした。しかし、山羊座は社会的な後半の六つのサインの中にあり、むしろサインの社会的な体験としては10番目で完成した頂点にあります。この後の水瓶座と魚座は特定の場所から引き離し、普遍的な要素へとシフトしますから、山羊座が特定の社会においての頂点的なものなのです。

山羊座2度 [1.00～1.99]　2・反射

Three staind-glass windows, one damaged by bombardment.
「三つのステンドグラスの窓、一つは爆撃で損傷している」

1度で押した結果、2度で環境のリアクションが出てきます。つまり1度の酋長の権威を認めない人々が反対し、ここで戦争になったのです。教会の窓が割れるのは、射手座30度の精神的な権威が認められないことを表しており、三つは生産性ですから、射手座の精神的な生産性はここで停止しており、精神的な意義そのものが損なわれています。火の元素は、土というものに支配されないところで働く時に、火の元素特有の精神性を維持できますが、土の元素はその土地とか具体的な場所性を持つので、場所性の欠落という普遍的な精神とか魂などというものの価値は認められません。そして戦争で勝つという実際の成果によってのみ成果が認識されるのです。

誰にも精神というものがありますが、ここでは実際的な仕事などをやりすぎて、精神に傷を受けるという体験をしやすい傾向があります。人間は四つの元素の均等な組み合わせで成り立っており、例えば、具体的な仕事の時間が長すぎるだけで、他に何もなくても、火の精神性は傷つきます。これは火の成分が少なくなるということとそのものが、他の元素に押されて、弱気になるということです。忙しくてもわざわざジムに行ってみるとそれも火の要素の回復があり、落ち込みは減少します。実力を認めさせるために戦争するような感じで仕事に取り組むので、もちろん仕事では成功しやすいでしょう。コンペに勝つために無理なことをしています。

山羊座3度 [2.00〜2.99]　3・運動性

A human soul receptive to growth and understanding.
「成長と理解に対して受容的な人間の魂」

1度で主張し、2度で実力戦争に入り成果を上げます。この結果、山羊座の普遍的な運動性質の3度が生まれます。具体的な時と場所があるところでは、すべてのものに変化という動きが生まれます。惑星は回転しているので、何もしなくても時が流れ、これに依存していると、私たちは何もしなくても経験したつもりになります。実際に積極的に行為し、経験しなくては成長や理解というのは得られません。

土の活動サインである山羊座では、非常に積極的な働きかけがありますが、すべて目に見える成果として他人にも認識できるものでなくてはならないのです。冷えて乾燥し固まる冬至点からスタートする山羊座の支配星は土星で、これはあらゆるものの皮膚とか骨などを表し、外から叩いてもびくともしないような頑丈さを持ち、硬いものでなくてはならないのです。成果はそのように誰にも疑いようのないものとして提示されなくてはならないのですが、そうすると曖昧さはなくなり、最大公約数的な合意の現実というレベルで認められるものとなるのです。

土星は閉じ込めるものでもあるのですが、地域の中に閉じ込めるものでもあるのですが、地域の中に閉じ込めて成長していくことになるのです。乙女座の3度では一つの世界像ができると、この中で善悪が決まり、すべてがその原理通りに動いているように見えます。ですが、山羊座の3度では、成長や理解は、特定の共同体とか場所の中でのみ通用するものであり、他のところからは理解されません。

山羊座4度 [3.00〜3.99]　4・集団的リソースへ浸す

A party entering a large canoe.
「大きなカヌーへ乗り込む一団」

活動サインの4度は、蟹座以外、少ない人数の親密な協力関係があり、そのグループが外界から孤立しているというイメージで描かれますが、広い海の中で数人の人がカヌーを漕いでいるのも、周囲は人のいない海で、この閉塞感も共通しています。これから敵陣に向かうのです。このカヌーに乗る人たちは、家族的な信頼感で結ばれており、人に言ってはならないような内輪なことも話し合います。一人でも裏切ると全員が危機に晒されます。

山羊座は社会的な発展性を持っているサインですが、最初はこのように信頼できる少人数の集まりを作り、ここから活動を拡大していくのです。社会というのは、たんにたくさんの人の集まりですから、そこに食い込んでいくのにまずは少人数で結束を固めて、それから仲間を増やしていくと考えるとよいでしょう。三人以上の仲間がいると、いずれそれは社会的な発展を遂げるという話もあります。

1度から5度までは、山羊座の活動サインの特性が生々しく発揮されるので、営業的には極めて攻撃的で前向きです。チームを組んで営業に行くというようなイメージで考えてみてもよいのではないでしょうか。牡羊座と天秤座では一人ひとりが異なる個性を持つことは歓迎されますが、蟹座と山羊座では集団性がメインなので、個人の個性は否定されます。ですから、カヌーのメンバーも一人ひとりの特技は必要がありません。

山羊座5度 [4.00 〜 4.99]　　5・冒険

Indians rowing a canoe and dancing a war dance.
「カヌーを漕ぎ戦争の踊りを踊っているインディアン」

山羊座

　5度は4度の普遍化に飽きて、より刺激を求め、そして冒険的にチャレンジすることを表しますから、4度で漕ぎ出したカヌーがそろそろ敵陣に近づき、テンションを上げて、互いを鼓舞し、この戦いで死んでもそれはそれで構わないという心理で昂揚感を強めています。アドレナリンが出ると、いつもは切り抜けられない窮地でも平気で乗り越えられます。

　蟹座と山羊座が集団原理のサインですが、蟹座5度では自動車が列車に衝突するというシンボルで、小さな集団性は大きな集団性に飲み込まれます。蟹座では、これはより大きな集団性に入り込むために、わざわざ自分で踏切に突っ込みます。この点で、山羊座の5度もよその部族との戦いで、自分たちの自動車が列車に襲撃した時、そこで自分たちは蟹座の自動車が列車に突っ込むように、自滅するか滅ぼされることを意識しています。そのリスクを抱え込みつつ、敵の部族にぶつかっていきます。水のサインは一体化して個人が消え去ることをもくろみ、しかし山羊座は土のサインなので、それは固有の集団の利益を重視しますから、蟹座と山羊座の位相は反対です。

　蟹座は消えることが大切な時、山羊座は存在することが大切なのです。その点では、山羊座は敵陣に乗り込む時も、死んでいくくらいならより大きな部族に組み込まれることを選ぶでしょう。集団原理は弱肉強食なので、小さな部族は大きな部族に併合されます。この併合のために、アタックによって小さな集団原理の殻を割ります。

山羊座6度 [5.00 〜 5.99]　　6・環境へ

A dark archway and ten logs at the bottom.
「暗いアーチのある小道に底にひかれた10本の丸太」

山羊座

　5度のカヌーで襲撃に来た者たちはここで滅ぼされて、それが10本の死体としての丸太になります。私は以前、『東京星図』（ダイヤモンド社）という本を書いたのですが、そこで山羊座6度は靖国神社の位置であると説明しました。ここでは戦死者たちが祀られています。共同体とか集団社会、あるいは会社などに犠牲的に貢献して、そこにあたかも吸収されたかのように見えるのです。

　反対の蟹座5度では、自分の羽を抜いて巣を作る猟鳥を描いていました。会社のようなところに自分を捧げていくと、ほとんど家に帰らず、会社の付属品になっていくような人もいます。牡羊座6度は月の下の環境を表す四元素の一つに自分を組み込み、環境に自分を縛りつけます。天秤座6度では、この環境の中で理想をかたちにしていきます。理想をかたちにしていくには、やはり環境の中に深く入らなくてはなりません。理想の結晶化については、環境から遊離した人がそれを環境の中で実現するなどということはあり得ないのです。

　そもそも6度は、三角形と三角形を合わせた六角形の図形のことですから、自分と環境の三角形が引き合い、互いに鏡のように反映し合うわけです。この反応関係の中に一度入ってしまうと、互いに相対的に影響を受けあって、切り離せなくなります。特に、この山羊座は土地とか組織などとの関係で、自分のエネルギーを注ぎ込みます。もちろん、やった分だけ戻ってくるものがありますから無駄はありません。

山羊座7度 [6.00〜6.99]　7・落差

A veiled prophet of power.
「力のあるベールに隠れた予言者」

　6度で奉仕的になりすぎて、結果として反動が出てくるところは、蟹座と同じです。蟹座の場合奉仕したのは家族的な関係のもので、それは水のサインのため情感的なものです。一方で山羊座は土のサインですから、働きとか具体的な成果を出すことなどで貢献しました。そして、反動としては、その共同体に対して外から見るとか、共同体を否定するということになります。

　「予言者」は共同体の終わりについて語ります。内側にある人は、この終わりについては想像もできません。ですから、一度中に入った人が、反動で外に出た時に、この終わりについて話すことができるのです。これは共同体の輪郭を外から、空間的に見たのではなく、時間的な面で見たということです。そして世界というのはサイズが決まっていて、どの世界を示すのははっきりさせないことには、何もいえません。ノストラダムスはフランスについてのみ語ったのだといわれています。国と世界全体では、2段階とか3段階くらいサイズが違います。

　この度数の人はスピリチュアル系にもいますし、それ以上に占い関係の人がたくさんいます。魔女や予言者は町の外にいます。町の外にいないと、その仕事ができないからです。否定的な言葉というのは迫力があります。反対に祝福の言葉には、特徴というものがありません。バラエティというのは差異性を持ち、意味を分離していくことなので、災いを語ると多彩なのです。

山羊座8度 [7.00〜7.99]　8・落差の克服

Birds in the house singing happily.
「幸せそうに歌う家の中の鳥」

　6度で貢献し、7度で離反し、8度で出戻りする展開は、蟹座でも天秤座でも似てきます。つまりこの8度では、一度呪った共同体にまた回帰して、そこで満足して暮らしている姿です。出戻りでないと信用できないという説もあります。というのも、一度出てまた戻ってきた人は、他の世界も知っているので、そこから自分の環境の良さも悪さも知っているわけです。日本国内でなくても、例えば、海外に移住していた人が老いてから日本に戻るということも想像してみてください。その上で戻った人は、安定しています。

　そして籠の中で鳥は歌っているのですから、音楽でなくても、発信している、雰囲気を出しているということが特徴です。8度は7度のコントロールできるので、7度の持つ怒りやストレス、不満などを解消することができます。初めから田舎とかローカルな場所にじっとしている人は、この度数の意義についてあまり理解できないでしょう。一度外に出てUターンした人だけがこの満足感を得ることができます。

　山羊座は均衡感覚といいますが、それは他の世界を知った上で、狭いところに直立できるのです。他の世界を知らなければ、まっすぐに立てず、どこかの方向に傾斜してしまいます。名古屋方面にまだ行ったことのない三重県の人は、名古屋方向に傾斜するという具合です。誰でも知らないところに倒れかかります。山羊座はまっすぐに立つことが重要です。

山羊座9度 [8.00～8.99]　9・哲学

An angel carrying a harp.
「ハープを運ぶ天使」

山羊座

山羊座らしい哲学が出てくるのが9度です。天使は不可視のもので、環境リズムを表していると考えてもよいでしょう。山羊座の人は特定の場所にまっすぐに立ち、他の場所を空想しておらず、自分の足元に正確に同調しています。地球に張り巡らされたエネルギーのラインを惑星グリッドといいますが、占星術のサインとかアスペクトの思想は、これと同系のものです。場所によって土地の個性は違います。場所に走るものをソングラインといってもよいかもしれませんが、山羊座はこの場所が持つ力と同化して生きることになります。

6度で入り、7度で離れ、8度でまた戻るのも、位置調整のための動作にすぎないのかもしれません。どこに住むか、その人の仕事のやり方も考え方も変わってしまいます。地球の土地の力は、人間個人のコスモスよりも大きなコスモスなので、人間よりも明らかに強力です。例えば、どこの土地にも同じような建物、同じような企業が入ることは、この土地がもつローカル性を大切にする山羊座を否定した水瓶座的な姿勢です。クアラルンプールに行っても六本木と何も変わらないというのは楽しくありません。環境の位置が持つ個性に沿って人生を発展させるのが、山羊座の特徴であるといえます。

早いところでは早く、のんびりしたところではのんびりとしたリズムで生きるのです。8度では鳥が歌い、9度ではハープが出てきますが、これらは土地と人の関係の中で奏でられるのです。

山羊座10度 [9.00～9.99]　10・外へ伝える

An albatross feeding from the hand.
「手から餌をもらうアホウドリ」

山羊座

蟹座が心理的なところでの共同体とすると、山羊座は土のサインで、見える集団性です。つまり蟹座を民族のように見れば山羊座は国家です。そこで外界と接触する10度では、個人対個人というよりは、共同体が違う共同体と接触するイメージになりやすく、このシンボルでは異なる生態系の接触というより大胆な表現になっています。

船員とアホウドリは互いに違う生き物なので、何が起こるか想像しにくいでしょう。恐る恐る接近するということになります。このように違う生態系と接触するのが好きな人もいれば、外国人を見ると話しかけるような人もいます。できるかぎり違っていたほうがなお興味を抱くことができるでしょう。しかも異なる文化の接触だとなおさら興味を抱くことができるでしょう。

範囲で集団のサイズは大きくなりますが、蟹座が中の水、山羊座は外の器で、サイズの違う集団との接触などを、この10度では見るとよいでしょう。コスモスの単位は一つのものが七つに分かれるというのが基本ならば、ある共通レベルにおいての、性質の違う六つの文化との接触は、この七つが分岐するもとの一つのものに近づくための手がかりでもあります。集団原理は大きく拡大するのが本性なので、だんだんと大きなものに近づくということも多いと思います。将来、他惑星文明と接触するというのもありうるのでしょうか。そのようなことに大いに関心を抱くのがこの10度です。

村、町、市、県、地方、日本、地域、大陸という

山羊座11度［10.00〜10.99］　11・実験

A large group of pheasants.
「キジの大きな群」

サインの3分の1部分でのテンションの高い社会実験が始まります。山羊座は社会そのものを表すサインなので、ここでは実験的な小集団を形成するか、それに参加するかします。今の社会は雑多なものが混在しすぎています。そのため、純粋な意図を反映したような純度の高い社会を作り出すのです。大きな群という点では、趣味のグループでなくもっと大きなものです。

例えば、コミケに参加する人数は島根県の人口くらい多いそうです。それほどまでに多いにもかかわらず、大人からは閉鎖的なものに思われているのが不思議です。このキジの集まる集団は、誰でも入れるわけではなく、中には審査があるものも考えられます。誰でも入れるといつでも振り出しに戻ってしまい、ハイテンポな進化をしません。この集団は基本的にはエリートであり、11度という数字が表すように、今日の社会に対しての反抗心も持っているので、山羊座なりにラジカルと考えてもよいでしょう。

反対側の蟹座の11度はピエロで、あからさまにはいいませんが、権威を小バカにした演技をします。また牡牛座の11度は高飛車で、また天秤座11度は専門的なセミナーでもあるかもしれません。土の元素は閉鎖的なので、閉鎖的な側面に着目すれば、牡牛座11度は趣味に没入し、乙女座11度はコントロールマニアです。この正方形と正三角形のグリッドに囲まれて、この度数の意味が成り立つのです。

山羊座12度［11.00〜11.99］　12・未知の探索

A student of nature lecturing.
「講義をする自然の学徒」

11度で閉鎖的でエリート的な集団を作ったら、ここでは研究にしても、取組みがどんどん加速します。そしてこういう内容のものもよそで話してはならないような集団の中では、よそで話してはならないような内容のものも取り沙汰されます。12度は秘密の探求で、かつ、自然界の法則である黄金比の度数ですから、マニアックなものを探求していくのです。

反対側の蟹座12度のメッセージを持った赤ん坊は母体の腹の中にいて見えません。ここではこの集団の中にあり、一般社会からは見えないところにあると考えるとよいのです。こうした知識の発掘ができないのならば、そもそも11度で閉鎖的な集団を作った意味がありません。集中性を保ったために11度の集団を作ったのです。

同じ三角形で考えてみると、牡牛座12度は他の人が手に入れることのできない限定ものの商品を探します。乙女座12度は漠然とした自然界の中から、自分の思考や法則に即応した原理を抽出します。これは曖昧な神秘を明るみに出すというもので、神秘なんかも存在しない、すべて科学で解明できるという発想もこの乙女座12度となります。ただし、この思考によって自然界を切り取るということがないのなら、知識を得ることはできません。牡牛座12度の方に深く関わる山羊座12度ならば、これは特定の人しか入れない高額オークションのようなものと想像してもよいでしょう。そして乙女座側に振ると、自然科学の研究会のようなものかもしれません。

山羊座13度［12.00〜12.99］ 13・カリスマ

A fire worshiper.
「火の崇拝者」

山羊座

12度の知識の探求は、13度で頂点的なレベルに到達します。拝火教は、火の根底的な創造力を信仰するもので、非常に奥まった意識の力を崇拝します。反対の蟹座では、他の指に包まれた大きめの親指で、これを火の力の象徴と考えてもよいです。日本の伏見山も、稲荷信仰が始まる前は雑密として、火の信仰者たちがおり、昼は農業で夜は信仰という生活をしていました。日本では、この植物が育つことと、火の意味は連動しており、伊邪那美が火の神と食物の神を同時に産んだからです。

13度は孤立的で、非迎合的な度数なので、一般的な考え方に従うわけではなく、究極の創造力について、その真実をつかむというような探求が行われます。他の誰の意見も気にしていないのです。

牡牛座13度ではお金の奇跡で、乙女座13度では強力な政治的支配力でした。この三角形に支えられて働く山羊座の13度は、射手座のような純粋に精神性ではなく、土の元素らしく、実際的な支配力を持ったようなものでもあることです。

もし、これが射手座や水瓶座ならば、場所は全く関係がないのですが、山羊座の実際性は、特定の土地や地域とも結びついていることがほとんどで、ある種の伝統的なものとも関係しているのではないでしょうか。土のサインは抽象的すぎないため、ここでは歴史を探索することも役に立つでしょう。閉じた集団の中で探索するからこそ到達できるし、秘密文献なども書かれます。

山羊座14度［13.00〜13.99］ 14・浸透

An ancient bas-relief carved in granite.
「花崗岩に刻まれた古代の浮き彫り」

山羊座

13度で獲得した孤立的・頂上的なものは14度で下に降りて、もっと日常的なものに浸透していき、また影響は小分けされます。タロットの「節制」のカードは太陽の器から月の器に移すのですが、これは12倍とか28倍、30倍くらいに小分けしないことには、下に降りることはありません。つまり地上的で実際的なものとは、細分化され分割されたもの、薄められたものなのです。

山羊座においては、この下に降ろすというのは歴史や地域、文化の中で、13度の拝火教的なものと似たものを探し出すことです。それはさまざまな歴史の断面の中に小分けされています。そこで精神的に得た真実は、実際の歴史の中でも、多くの人が同じようなことをしていたのだと確認し、13度の浮いた成果は、地上に着地することができます。13度の精神が、あたかも囲まれた親指に隠された親指であるように密かなものであれば、それが着地した歴史も、やはり密かなものです。

それは学校の教科書に書かれているようなものではないかもしれません。また自分にとって、あるいは自分のグループにとって共通した親近感のあるもの、親戚的なものを異なる時代に探すことになるので、自信も得て安定感が手に入るでしょう。14度は11度から4番目なので、小社会を作る実験が普遍化されると考えてもよいのです。同じものがたくさんあったと考えることを確認すること、乙女座ならばこれが家系図です。

456

山羊座15度［14.00〜14.99］　15・侵攻

Many toys in the children's ward of a hospital.
「病院の子供病棟にあるたくさんのおもちゃ」

13度の孤立的なものを14度で地上化しますが、それでも余った余剰的なエネルギーは外界に投射されます。15度は外に対して押しつけていくという意味で、11度から獲得して学習してきたものを世間に押し出していくことを示します。病院は治すことから、一般の社会に流通している考え方には間違いがあり、それを治し、特に子供の教育から始めていくということを考えます。

蟹座の15度は飲みすぎ食べすぎで、どんどん欲張り浸食していきます。活動サインは決してしなくなく受け身でもないので、一度決意してしまえば、この山羊座15度も、社会運動として随分と強気なかたちで打ち出されることになります。15度が強気なのは活動サインと固定サインにおいてだということです。

例えば、幼児教育や子供教育としてのシュタイナー教育は、世界で広がっていますが、これもこの度数の趣旨に適合しています。15度とはいえ、柔軟サインはあまり強気ではありませんから、同じ土の三角形の乙女座15度はそもそも自分の意見を世間に出すことは自分が汚染されることではないかと考えます。

玩具は模型的、ゲーム的なことで学ぶことを表します。ですので、これは遊戯や演技なども入れてもよいことになります。世界中にこうした賢明なメソッドはたくさんあります。旧来の社会の中での教育は、上にあるものと下にあるものが分断されています。それらを修正したものが多いといえます。

山羊座16度［15.00〜15.99］　16・解体

Boys and girls in gymnasium suits.
「体操着の少年少女」

15度で子供たちを新しい教育法で育てていき、その子供たちは体操着を着て、運動場にいます。サインの折り返し点、また中折れ度数として、ここでは蟹座の侵入があります。山羊座は冬至点から始まり、これは外皮です。蟹座は夏至点から始まり、これは内臓です。体操着は、この中間にあるような象徴でもあり、蟹座が入り込んで、柔らかくなった山羊座的です。乾燥食品は山羊座的で、それを水で戻すと蟹座的になるのです。

山羊座はこの蟹座という内臓的なものに従わず固い殻で包むのですが、ここでは体操をすること、少年少女たちというシンボルで、柔らかくこなれさせていると考えるとよいでしょう。山羊座は硬直する性質があり、ここでは山羊座がより進化するために必要な蟹座の挫折が起こるのです。山羊座の中に蟹座が入り込むと、仕事中にブレイクするようなもので、職場は家庭的な親密感を作り出すことにもなります。厳格な規律が失われた、しかし反対にリラックスできる環境が作られます。

山羊座が単独で働くと、それはかたちばかりで中身の充実感がない活動をしたりしますが、蟹座が参加すれば中も外も揃った、成長力のある山羊座に変わります。不動産の家というのは家庭を守るための外壁としての山羊座を表します。蟹座と山羊座は互いが支え合うのが理想的です。山羊座は子供のように柔らかい大人になります。

山羊座 17 度 ［16.00 〜 16.99］　17・新たな希望

A girl surreptitiously bathing in the nude.
「密かに裸で入浴する少女」

山羊座

　16度は偶数で受け身的だとすると、17度は奇数で、16度体験をより積極的で肯定的な体験だととらえ直します。16度では蟹座の侵入は、まだ体操着という程度にとどめていたのですが、17度では裸、さらにお風呂に入ります。そもそも蟹座の象徴は、器に囲まれた水であり、風呂や池、湖などです。川は蟹座の象徴になるのかというと、水が移動し海に戻るので少し違うのではないかと思います。

　16度ではほどほどだったのに、17度ではもっと積極的に蟹座にどっぷりと浸かります。洋服が建前的なものや外的なものだとすると、裸になるとそれは本音や内輪にあるものがそのまま露出しますから、山羊座を脱ぎ捨てたようなものです。蟹座が行きすぎくらいに侵入してきたということは、例えば仕事が進まなくなるくらい、のびのびひとりラックスしたり、あるいは感情がむき出しになったりしますが、蟹座は裸の身体を象徴するように傷つきやすく、それを防ぐための山羊座の皮膚だったのですが、この山羊座が瓦礫の山となっているのです。

　タロットカードの「星」では実際に裸の女性が描かれ、その前の「塔」で壊れた塔は、山羊座の象徴そのもので、固い衣服だったのです。ここで見えなかった星が見えてきます。それは未来の希望であり、新しい山羊座の再生の方向性でもあります。もっと長期的な展望とビジョンを備えた山羊座になろうとしているのです。破れると再生力は強まります。

山羊座 18 度 ［17.00 〜 17.99］　18・種を探す

The Union Jack.
「イギリスの国旗」

山羊座

　17度では蟹座の水に深く入りすぎました。だんだんとこの水をコントロールしなくてはなりません。イギリス艦隊は海を制圧する軍隊のことで、そもそも蟹座の水は器に入った水です。そしてこの器は山羊座のことを表しており、さまざまなサイズの器があります。水に没入すると、この器のサイズはわからなくなります。自分にとって適切な大きさの器を選ばなくてはなりません。

　18度は下に向いての探索で、それは具体的な方法について模索しています。つまり、一度、山羊座の器は16度で壊れて、次に新しい範囲の山羊座の器を決めなくてはならないのです。海はいろいろな土地の港につながっています。反対の蟹座18度では、山羊座という社会の中で、自分の新しい可能性が一番開けそうな場所を探していました。山羊座では、もう少し大きな器を探すということになります。器が大きくなるとはもう少し度量が拡大しなくてはなりません。牡羊座では空のハンモックで、天秤座では逮捕された二人の男でした。

　一度入浴して、脱力化した山羊座は、まだ芽が出ていないものにも注目します。しかしこれまでの山羊座は結果主義なので、それを評価しなかったのです。これからというものにも目を向けることは大きな変化です。蟹座と山羊座の間を行ったり来たりしながら、仕事したり休んだりということでもあるので、空のハンモックにも似ています。

山羊座19度［18.00 〜 18.99］　19・想像的可能性

A child of about five with a huge shopping bag.
「大きな買い物袋を下げた5歳程度の子供」

まだ芽が出ておらず、これから膨らむ可能性も評価しながら働くことになった18度の山羊座は、当然、今までは無理だったものでも凡々という取り組もうとします。結果の側から見て無理という判断法は、以前の山羊座だったのですが、蟹座的な姿勢を取り込んだ山羊座は、今後膨らんでいく可能性に賭けます。それはシンボルにある「5歳程度の子供」にはとうてい、無理な荷物を運ぼうとするというものになるのです。想像的に夢見たことを、現実化します。亀の甲羅はあれほど硬いのに、いつのまにか育ち大きくなるようなものです。

18度では可能性を探しました。そして19度では着目した可能性に対して想像的なビジョンで、強気にチャレンジするのです。ですが、このシンボルでもわかるように、無理な努力がかかります。冬至から始まる山羊座は、あらゆるものの外皮を表し、結果からものを考えるはずでした。ただしここでは、心の中から出てくる、まだかたちになっていない曖昧な可能性を、必ず自分はできると確信しているのです。山羊座の場合には他のサインと違って、計画したことはかたちにしなくてはならないので、話だけで終わることはありません。

山羊座はだんだんと範囲は大きくなっています。6度から10度くらいまでは身近な環境でした。11度から15度は閉鎖的な小社会を作っていきました。そして16度で一度器が壊れ、もっと大きな許容度のものにシフトし、チャレンジしたことのない大きさになったため、努力が必要です。

山羊座20度［19.00 〜 19.99］　20・恒常的に

A hidden choir singing.
「隠れた合唱隊が歌っている」

20度は外界の状況に振り回されず恒常的に活動することが重要ですが、特に集団意識を表す蟹座と山羊座では目立たず、そして時には平凡さといったことも加わります。彼らは協力し合っています。会社にはたくさんの社員がいます。彼らは協力し合っています。誰かの仕事に対して、助ける人も自分が助けたのかわからないくらいに目立たず貢献します。

この20度の能力が鍛えられると、どのサインでも依存的にならずに、その働きを上手に維持できるようになるのでとても大切な度数です。10と10の組み合わせが20ですが、時間が逆方向に動く二つの流れがあり、それをぶつけることで、静止するというようなイメージです。私たちの価値観たていの場合、主客の二極化によって生き方の姿勢は、一方的な価値観に縛られています。この一方的な価値観で生きていると、外界のいろいろな影響に振り回されやすくなります。というのも状況に対する評価が否定的/肯定的という落差が出すぎるからです。

20は一方的な流れの中で、チャンスをつかむという幸運を期待する心を捨て、自由アクセスできるのです。仕事をしようと思った時には、そのまま仕事できます。それを邪魔するものはありません。ほとんどの人は、しようと思ったこともそのままストレートに実践できないことが多いのが現実です。ここではそのような不自由さを乗り越

山羊座21度［20.00〜20.99］ 21・飛躍

A relay race.
「リレー競争」

山羊座

サインの最強の場所21度では、山羊座は土・活動サインらしい力を最大限発揮します。リレー競争は、協力し合って、仕事で競争能力を発揮します。自由競争社会では複数の企業や組織が同じ目的で競争しますが、こういう中でこの度数の人は一番実力を発揮します。もちろんこのチームは、20度で形成されたもので、調不調に振り回されず安定して仕事できる人たちの集まりで、乙女座20度ならばキャラバン隊として表現されたものです。

反対側にある蟹座は、水のサインとして共感・育成などを意味しており、いろいろなタイプの人たちが集まって情感的に盛り上がるオペラのイメージが描かれていました。この中で仕切るプリマドンナがいるわけです。山羊座では会社の仕事というものが一番強く出ることになります。集団意識はたくさんの人の集まりですから、そこから地位の上下関係が発生します。特に山羊座は直立するサインで、上の人と下の人がいます。

この上下が成り立たないのは、牡羊座と天秤座です。牡羊座の21度は個人プレーで多くの人の賞賛を得たいと思い、天秤座の21度は誰かれなく差別しないで公平に扱います。世知辛い自由競争の世界像はどちらかといえば双子座で、ここでは出し抜いたり裏切ったりが横行しますが、山羊座では上下関係はあっても、リレー競争といっても、協力して頑張ろうというような印象で見た方がよいでしょう。

山羊座22度［21.00〜21.99］ 22・クールダウン

A general accepting defeat gracefully.
「敗北を優美に認める将軍」

山羊座

21度が飛び上がり、22度が着地します。リレー競争するには闘争心を強めて働かなくてはならないのですが、それによって忘れられてしまうものがたくさんあります。時々刻々と状況の変化する現代的なビジネスの分野に力を入れるのが21度だとすると、もっと長い目で見たところでの共同体や伝統、信頼などを考慮しつつ、仕事をしていく姿勢がこの度数です。それは地に足のついたものともいえます。

しかし21度が参加している競争からは降りることになり、ちょっと降りただけでも敗北者とみなされることは多いでしょう。アメリカでは、ベトナム戦争当時、反戦の意志表明をしただけでも既に落伍者といわれていた時期がありました。です が、この度数の人はテンポラリな価値観に振り回されないで、考えようとしています。それは蟹座の22度の埠頭で待つ女性と同じく、いつまでもやってこない船を求めることが大切なのです。そのことで気持ちや感情が浄化されるのです。

現状そのものに気持ちや感情までもが合わせてしまうと、その人の心理というのはたいてい死んだものになりやすいといえます。気持ちや感情は未来を牽引する役割で、現状そのものに適応する役割ではありません。人間的には立派で、しかしこの結果かもしれませんが、勝敗では負けているというような度数でもあります。

山羊座23度［22.00〜22.99］　23・いいとこ取り

Two awards for bravery in war.
「戦争での勇敢さをたたえる二つの賞」

23度は21度と22度を繰り返して遊ぶ度数です。つまり、戦いをすることもできるわけです。そしてもっと理想を求めて、テンポラリな競争社会から降りることもできます。この二つを行ったり来たりすれば、ビジネスに関しても、独自の立場を作り出すことができるでしょう。収益を上げた企業が福祉に多大な寄付金を出すというのは、税金対策とか何かの戦略かもしれないので、必ずしも23度の行動ではないかもしれませんが、そもそも23度はとても要領の良い巧みな度数なので、犠牲が有利に運ぶ材料となるのならば、実践するでしょう。

23度の意味の背後にあるものは、サインを四つに分割したところの4分の3の位置、22.5度の意味が働くことです。これはオクターヴでいえば上昇4度、ソの音の位置で、良い決着をつけるという意味になります。22度はテンションの高すぎる21度を着地させたのですが、そこには21度の姿勢に対する批判があります。一度しか違わない23度では、21度と22度を両立させたという意味なのです。それは文化批判の人を納得させ、安心させるという意味なのです。

蟹座の23度は文学会の集まりで、それは文化批評能力を育てます。21度は企業とか組織などの集団の内部にある視点が重視され、22度ではそこから脱落していきます。すると、外から見ることができます。そのことで、蟹座の時と同じように、これまでの姿勢に対して自己批判能力も育成されるのです。

山羊座24度［23.00〜23.99］　24・果てしなさ

A woman entering a convent.
「修道院に入る女」

蟹座も山羊座も集団的な社会を表すので、ここは歴史的な地層のようなものが縦に重なっている意図も、14度で見たように、今息づいているものがたくさんあり、それに新しい型のものがたくさんあり、それに新しいものが優れているともかぎりません。特定の社会集団はその前に母集団があり、元をたどると同じようなルーツを持ったものがたくさんあります。

修道院というのは社会の中で唯一公認された精神的・宗教的な場で、日本式にいえば寺院とか神社のようなものかもしれませんが、これらは社会の古層に直結していて、山羊座のピラミッドの山に掘られた古い井戸のようなものです。修道院に入ることで山羊座社会の古い部分に触れることができます。そしてこの古い部分は、まるで地下道のように異なる社会とか文化に抵触しています。足す15が押しつけられたとすると、この両方を兼ね備えて押したり引いたりするのが24度で、それがとどまることなくエスカレートしていく行為を表します。

牡牛座の24度が脳の最内奥を刺激したように、山羊座の24度は社会の脳幹ともいえるような根底の部分に接触し、社会的な活動の質をより根源的にしようとします。ここから見ると、私たちが仕事やビジネス、社会といっているものはごく表面的なもので、時間の経過とともに様変わりしてしまう儚いものだと気づきます。

山羊座 25 度 [24.00 〜 24.99]　25・完成と自律

An oriental-rug dealer.
「東洋の布を扱う商人」　山羊座

サインが完成するのは25度です。ここではサインが自立的に、自分の不足を自分で補い、いつまでも安定して継続できるような性質を身につけます。集団社会を表す蟹座や山羊座では集団的な文化が腐らず、保守的になりすぎず、硬直せず、滅びず、続くために必要なことをしていきます。どのような文化も、よその文化からの影響を新鮮な食糧として取り入れ、新陳代謝します。

24度で、自分と共通のルーツがある文化との地下道を発見したことに続き、そうした外にあるところから何か輸送してきます。シルクロードを通じて、ソグド人たちは品物だけでなく、宗教とか思想も運んできました。エジプトでデザインし、糸魚川で採取したヒスイで作られた調度品が、韓国で発掘されたというのも、こうした隊商が運んだからです。よそにあるものを持ち込むという意味では、蟹座の25度も帰国子女のような傾向があり、よその国や地域にある考え方を学習して、それを持ち帰り、文化に影響を及ぼします。

25度の空調、あるいは水質浄化器のような作用は、生き物が何か食べて生き延びるように、集団社会としていろいろなものを外から取ってきて食べること、健康を維持することなどを意味します。24度は、社会の表層からは引きこもって古い歴史に関係しますが、25度は現代的な参加も入りますから、輸出入という新陳代謝も考えてみるとよいでしょう。東洋の布は品物ですが、情報なども大切です。

山羊座 26 度 [25.00 〜 25.99]　26・堪能

A water sprite.
「水の妖精」　山羊座

25度で完成されたものは26度で味わいます。25度は外部の文化などを適切に取り入れながら、新陳代謝しつつ、次第に成熟していく共同体を表していますから、ある程度、この文化のエッセンスをここで味わいます。芸術などにも関係したことに取り組む人が多くなります。濾過されて質が良いものや新興勢力でないものというのが特徴です。

反対にある蟹座の26度もおおいに関係し、蟹座では良い書物や良い教養、そしてちょっと古びた、高級ではあるが通俗的な面も強いようなものを堪能するというものでした。山羊座の場合、土のサインですから、歌会などをすると同時に、25度で「東洋の布」と書かれているようにものを扱うことも加わります。骨董品なども頻繁に扱われることになります。蟹座も山羊座も集団性ですから、多くの人が長い歴史の中で認めてきたものが重要であり、その点では個性的すぎるものは受け入れられません。

この個性的なものといえば、蟹座・山羊座ラインに対して90度の関係の牡羊座・天秤座であり、ここでは牡羊座が新しい試みを考え、それを天秤座が輪郭を与えるということになります。それらが繰り返され沈着すれば、蟹座・山羊座に組み込まれるのです。蟹座・山羊座の26度にありきたりさを感じるとしたら、この牡羊座・天秤座のラインを組み込んでいないことが原因です。多くの人が認めないと自分でも認めないのです。

山羊座 27 度［26.00 〜 26.99］ 27・向上心

A mountain pilgrimage.
「山の巡礼」

山羊座

26度では上から降りてくるものを受け取り味わっていましたが、27度では努力をして、自分がそこに上がります。足して9になるものは探索や旅の意味を持ちます。山の上から滝が降りてきたのが26度です。今度は山に上がります。

山羊座の「山」とは、社会的なピラミッド構造で縦社会ですから、地位のある人が上にいて、平民のような人が下にいます。さらに低所得者などもこの山にたくさん含まれています。双子座の場合、自由競争で位置が変わります。しかし山羊座は伝統的なものなので、古い時代のカーストのようなものも、どこかに含まれている可能性があります。イギリスなどはもう撤廃されているように見えて、はっきりと労働者階級などは区別されています。そして上に行くほどに風当たりは強くなっていきます。そして受け取る情報も全く違うことに驚きます。

蟹座の27度では渓谷に嵐がやってきて、共同体そのものが不穏に揺さぶられていますが、山羊座では、山の上に上がるからこそ風当たりがやってくるのであり、それが嫌なら下に住めばよいということになります。

牡羊座から牡牛座の山の頂上に向かう時、牡羊座が下に降りて、牡牛座の山を上がり、頂上に到達しました。ここでは山羊座の山を上がり、頂上が水瓶座に通じています。土のサインはある意味閉鎖を意味していますから、出入り口は数が少ないのでしょう。

山羊座 28 度［27.00 〜 27.99］ 28・突破口

A large aviary.
「大きな養鶏場」

山羊座

28度は次のサインにわたりをつけるような場所です。27度で山を上がると、頂上には養鶏場があります。この鳥は他の山に飛んでいくことができます。そしてよその情報を持ち込んできます。牡羊座では山の頂上には、アヒル池がありました。また獅子座の21度と22度では、鳥は飛んでいくと、メッセージを持って帰ってきます。ここではよその国、よその世界、時にはよその宇宙の情報を鳥が持ち帰ってきます。

例えば、会社でも頂点にいる人は、そこでしか手に入らない情報があります。下の社員には全くわからないものがたくさんあります。山羊座の頂上に行けば、そこから風のサインである水瓶座の、遠くからの情報やビジョンへ通じるものがあるのです。しかもこの社の山は一つだけでなく複数あり、この複数山を見ているという段階で、山羊座の価値観が相対化されてしまいます。海外の情報に詳しい人もいれば、霊的な能力というケースもあります。これはまさに鳥の声が聞こえるもので、幻聴能力のケースもかなり多いようです。ただ、この声が休まず聞こえてしまい、結果として神経を壊してしまう人もいます。

出生図でこの度数の天体がある人は、練習してみるとかなり早い段階で開発される可能性は高いでしょう。チベットの山奥の僧院にいながら、世界中の情勢を知っているのがチベット僧の特徴であるといわれていた時代がありましたが、この度数ならありそうです。

山羊座 29 度［28.00 〜 28.99］　29・比較

A woman reading tea leaves.
「お茶の葉を読んでいる女」

山羊座

29度では、山羊座と水瓶座の比較をします。28度でよその山の情報を取り入れるアンテナが手に入りました。水瓶座の風のサインの性質は、今日ではインターネットなども入りますから、ネットで海外情報を知り、それをもとにして山羊座を整理しようとしています。山羊座の良いところ、ま た水瓶座の良いところを比較して、そのことで山羊座の荷物を減らしています。そろそろ水瓶座に引っ越しするからです。

蟹座の29度でも、蟹座と獅子座の比較をして、人に対してアドバイスできる人がたくさんいましたが、ここでも、水瓶座の情報を手にして、そこから山羊座の人にアドバイスできます。つまり企業のコンサルタントとか、仕事に関しての情報提供などです。外のことを知った上で、内部についてアドバイスするということです。内部のことしかわからない人には、全く予想もつかないようなことを教えてくれるのです。

同じ活動サインの牡羊座29度では、ものの周辺の波動的なものをキャッチしましたが、水瓶座が嗅覚といわれるように、かたちとして見えないけれど、気配として感じさせるものを敏感に察知するでしょう。土のサインは感覚の閉鎖を表しますから、基本的に鈍い人が多いのです。鈍いというよりも、自分で鈍くなるように訓練しています。乙女座などは特に見たもの以外は何も知覚しないように、自分をしつけています。水瓶座は匂いでものの周囲に漂っている未来を嗅ぐのです。

山羊座 30 度［29.00 〜 29.99］　30・吐き出す

A secret business conference.
「秘密のビジネス会議」

山羊座

最後の度数では、山羊座のすべてを底まで吐き出さなくてはなりません。そして山羊座に対する愛着も失ってしまうように、その嫌な面とか、た徒労感を感じることにもなります。蟹座では他の家族とかファミリー、国との比較があります。自分の属するものに内面的に同化することで、自分がいるところがどのようなものか全く判断がつきません。思い込みの中に溺れてしまうからです。だからこそ、育成することもできたのです。

土のサインの山羊座では、自分が管理するピラミッドを、蟹座と同じように、いいようにいじりまわす頂上の人々の会議を描いています。土のサインはメリットの独占があり、そこにはそこの蟹座的なルールもあり、よそでは通用しないもかかわらず、特有の伝統や習慣、価値があります。山羊座の支配星の土星は閉じ込める者ですから、他のコスモスとは切り離され、独自のガラパゴス的法則で活動しています。25度から少しずつ外の情報を取り入れた結果、この事実がだんだんとわかってきたのです。流行も作られたものです。情勢は一握りの人々が管理し、作為的に運営されたものであるということです。陰謀論者たちの会議によって計画されたものになってきます。それは極端な話だとしても、土のサインはメリットの独占の性質が取り除かれることはありません。このような頂上的な場所にかかわりやすい人でもあります。

水瓶座1度 [0.00～0.99]　1・スタート

An old adobe mission.
「古いレンガ造りの伝道所」

土のサインの後に、この土をちりぢりばらばらに風化させる作用として風のサインが始まります。

乙女座から天秤座の場合には、乙女座の3度で真偽という白黒によって作られたモノクロ映像の輪郭を風化させて、見えない行間も意味があるのだと考えが変わりました。山羊座は集団社会で、この集団社会の輪郭を風化させて、社会があちこちに散らばります。

キリスト教の教えを広めるために世界中に散らばった宣教師たちは、奥地の密林の中にまで入り込み、そこに伝道所を建てます。特定の場所にあるものではなく、世界中に普遍的に広がるというのが水瓶座の特質ですから、特定の土地で始まったにも関わらず、それを理念化して続く土地から切り離すのです。時代を超えて続くものは魚座ですが、水瓶座の段階では、空間を超えて続くのです。その結果、その場その場で態度を変えないとか、考え方も変わりません。状況がどう変化するのであれ、理念は続くのです。それが風・固定サインの特質です。

1度ではそれが強硬に押し切られます。しばしば水瓶座が恐ろしい性格になるのは、感情や気持ちとか状況が方針を曲げる理由にならなくなってくるためで、時には同情心のかけらもない人を作り出します。理念や思想は死んでも変わらないという点が、例えば、それぞれの土地柄の個性をないことにして、似たようなビルを建てるということにも通じます。機械化・近代化は水瓶座の特質です。

水瓶座2度 [1.00～1.99]　2・反射

An unexpected thunderstorm.
「予期していなかった雷雨」

1度で押した結果、2度で環境の反応が生じます。1度で強硬に理念を押せば、それはさまざまな場所の突起物や特徴的なかたちのものを突き崩し、そこに激しい崩壊現象を引き起こすでしょう。例えば、山羊座的な1シーンとして企業の採用面接で、決して変えない自分の方針を断定的に発言すると、企業としては、やはり不採用にする可能性は多いはずです。山羊座的な要素や縦社会的な価値観の上に、安定した経歴とか結婚、家族関係、さらに金銭価値などがあるのを無視するのです。

山羊座的な価値観は、天の法則ではなく、社会の中で人工的に作り出されたものです。結婚制度さえ住民を管理するのに都合がよかったからこそキャンペーンが行き届いたのです。水瓶座の頑固さは、それらを横から突き抜いていき、何一つ自分の考え方を変えません。どれほど重大な行事でも、その意味がわからないのなら従いません。お正月の価値を認めないこともあります。

このようにして、この度数では、これまでの習慣的な山羊座の構築物が崩れていきますが、肝心なことに、本人はどうしてそれらがつぎつぎと崩れていくのか、自覚していないことが多いのです。自分の水瓶座的な頑固さに気がついておらず、真面目に正直に取り組んでいるのに、どうして自分だけがコースから外れていくのかと怒っている人もいます。この理念の強い緊張感による破壊力というのは興味深いものがあります。時には物事の機微がわからないブリキ人間と思われます。

水瓶座 3 度 ［2.00 〜 2.99］　3・運動性

A deserter from the navy.
「海軍からの脱走兵」

1度で理念を押し、2度で社会生活の山羊座的な縦構造が壊れ、という中で、水瓶座の運動法則の3度が作られます。海軍というのは従属することと、集団的な規律などを表します。海軍というのは特において海ですから、かたちの規律というよりも、心において従属するという軍隊です。そこからクビになるのかわかりませんが、2度のようにクビになるのかわかりませんが、山羊座的な集団社会からは浮いた水瓶座の経歴が始まります。

進行の太陽がこの度数に来た人が、どういう行動をするかを観察してみるとよいのですが、2度では意図しないで崩れます。しかし3度は前向きに自営業とか、自分で積極的に仕事をしたりするケースも思いのほか多く、また水瓶座は特定の土地に縛られないということからして、どこかに不動産を借りて、そこで始めるよりも、流通性・移動性の強いものになることも多いでしょう。あるいは具体的に場所がないか、もし具体的に場所を作るのならば、惑星グリッドのように複数のものを幾何図形的に配置するのもよいかもしれません。

同じ固定サインでは牡牛座で芝生に入り、蠍座で家を建て、獅子座で年齢不詳の人生に踏み込みます。海軍から逃げ出した後、自分独自の孤立的な人生に踏み込むのはとても楽しいかもしれません。脱走というところに不安症状を感じる人もいますが、不安や動揺は2度までで、3度からはむしろきっぱりと姿勢を決めています。

水瓶座 4 度 ［3.00 〜 3.99］　4・集団的リソースへ浸す

A Hindu healer.
「インドのヒーラー」

獅子座4度では、集団意識の中にある勇敢な、神話的な存在というイメージをまとって、決して自分がたんに個人的に振る舞っているわけではなく、そこには普遍的な意味があるのだと納得しようとしました。同じように水瓶座では、3度の海軍からの脱走も、そこには確かな意義があると考えます。

水瓶座は山羊座からの離脱で、山羊座では集団的に同調することから、突出した特技や常識を超えた能力というものをわざと避けます。そのような能力を持ってしまうと、集団社会の合意的現実から脱落してしまいます。反対に、集団社会の合意的現実から脱落してしまいます。反対に、水瓶座のオポジションですが、例えばこの獅子座・水瓶座のオポジションを持つ人は、かなり飛翔した発想をします。北斗七星から指示されて修行を始めたという藤原角行がよい例でしょう。

一般性を超越した能力を持ち、それをもとに生活を維持するという姿勢がここで打ち出されます。普遍的な意義としては、そのような人は昔からたくさんいて、風・固定サインだからこそ、刻々と変わる世の中で変わらず自分を維持しているのだという姿勢を打ち出します。山羊座から見ると水瓶座は変人ですが、水瓶座から見ると山羊座は地域色に染まりすぎたおかしなサインなのです。会社は潰れるかもしれませんが、しかし技を持った人は、それに振り回されません。

466

水瓶座5度［4.00〜4.99］　5・冒険　水瓶座

A council of ancestors.
「先祖の委員会」

5度は無謀な冒険をしますが、成功する／失敗するということはあまり気にしていません。それよりも、刺激のあることにチャレンジすることが重要です。凸凹した土地から離脱して、空間的に広がった空中に自分の拠点を置くには、例えば、地上よりも少し上に張られた天国との綱、惑星グリッドなどに自分の意識を置くということも参考になるかもしれません。

占星術は12サインにしても、こうした惑星のアスペクトにしても、1点の意識を作り出すという構造を丸ごと体現しているので、この一人の人の活動には、その背後にグリッド的なネットワークがあり、全体が個を支えているのだという理屈は占星術的です。先祖は見えません。委員会はたくさんの先祖で構成されています。この見えない支えは、地上の山羊座的なルールからは離れたもので、土のサインが持つ特有の閉鎖性や個人に閉じ込められているという状況を開放します。水瓶座は獅子座の自我と反対の構造を持っており、自分が中心になって発案するということではなく、ネットワーク的な意識の集合が自分の意志を作ると考えています。

「先祖の委員会」を、霊的なクラスターと考えてもよいでしょう。それは夢の中では、みんながバスとか列車に乗っているように見えてきます。クラスターの形はハチの巣のようだといわれますが、それが移動すると螺旋の筒になり、スパゲティの麺に見えるともいいます。

水瓶座6度［5.00〜5.99］　6・環境へ　水瓶座

A performer of a mystery play.
「ミステリー劇の演技者」

山羊座的な考え方では、人間はどこかで生まれて、その地域の特性を帯びて特有の性格を持ち、個人はその個性の線上で発展していくと考えます。食物もその土地で取れたものが一番おいしいのです。ですが、水瓶座の意志は自分からは発生しません。ネットワーク的に拡大したものが自分であり、そこから個人に降りる時には、その降りた場所の位置座標から来る個性というものを帯びることになります。違う場所に降りたら、また違う位置の個性があります。

5度の霊的なクラスターから地上に降りてきた人は、地域的な個性はありません。むしろ地域に降りた時に、その場所の個性を洋服のように身にまとい、その役割を演じようとします。私という中心点が地上にはなく、空中に、ネットワーク的なもののなかに存在するのです。ですので、具体的な人生はすべて特定の場所・時間で環境に合わせて演じられたものであり、それは決して自分の本質ではありません。

シュタイナーは、人間は肉体⇨エーテル体⇨アストラル体⇨自我という四つの層でできていると言いますが、上位の部分を自分とみなしている人は、肉体をまとった一時的な役割にすぎないと考えます。それで演じる人生はおよそ80年程度の短期間で演じる一時的な役割にすぎないと考えます。プラトン年からいえば、これはたった1日の寸劇のようなものです。水瓶座2度の頑固な不適応と比較すると、理論的に納得して順応する姿勢に転じており、TPOに柔軟に合わせます。

水瓶座7度 [6.00〜6.99]　7・落差

水瓶座

A child born of an eggshell.
「卵から生まれた子供」

6度で環境の中に入ると、そこで体験する落差や差別、反対にそれが刺激してくる行動意欲などが7度で現れます。ミステリー劇の演技者は、本人もミステリーで不透明です。地上の役割は矛盾に満ちていて、何一つ納得できるものがありません。山羊座的な世界では、誰もが、肉体的な自分を本気で自分だと信じています。そして同じ姿勢を水瓶座の人に強要します。しかし水瓶座の人は、自分の中心点は中空にあり、決して地上で母親の腹から出て、母親とへその緒でつながっていると思っていません。ですので、山羊座的な人から見ると、嘘くさい、プラスチックで作られた人形のように見えています。

オフィス派の宇宙像では、人間は内部的に分岐するような形で生存しており、これが内部的に分岐して、陰陽に、四元素に、七つの階層に分割されて人になります。自分のルーツは時間を超えた永遠性の中にあります。獅子座ではこれが夜空の星座として表現されています。「お母さんは北斗星のドゥーべなんだ」と言い切るような藤原角行のような人は、地上での厳密な区画を平気で横破りします。この度数の太陽はモーツァルトを平気で横移動したので、封建社会の属する教区から平気で移動したので、封建社会から敵視され、結果的に横のネットワークでメーソンに頼らなくては生きていけなくなりました。卵から生まれた自分と、母親とへそでつながっている人との対立が際立ってきます。この人に故郷の懐かしさとかいっても無意味です。

水瓶座8度 [7.00〜7.99]　8・落差の克服

水瓶座

Beautifully gowned wax figures.
「美しい衣装を着た蝋人形」

反対側にある獅子座の8度では、夜空の星座の力を地上に下ろすということが、地上の秩序に対しての革命のような作用をもたらしました。水瓶座7度で、地上のルールにはあまり合わせたくないという意志が強く働きました。代わりに、夜空の星座に例えられるような天上の人格を持ち込もうとすると、これは地上的な人格ではなく、天上的な人格を引き降ろすことになります。

私は地上から見た占星術を「ジオセントリック」、太陽から見た占星術を「ヘリオセントリック」と区別して、両方を本に書いたことがありますが、天からの人格とはヘリオセントリックのよう。へそのない卵から生まれた子供は太陽からやってきて、地上に降りてきます。そのスタイルや人格、容貌はここでは蝋人形と例えられています。水瓶座は大地に立つというよりも、天上的ネットワークにより強く実感を感じるようになったので、そこで形成される価値観や生き方をメインにして、その力が地上に降下してくるように決めたというわけです。

生活者としてではなく、元型的な生き方が重要になっていますが、この元型的な人格は、人の寿命よりは長いのです。それはネットワークの影響力から形成されたもので、物質の寿命とはあまり関係がないからです。それもまた蝋人形と例えることができます。とはいえ生き物としての人という面で寿命に変わりはありません。ただ型はもって長く生き残るのです。

468

水瓶座9度 ［8.00〜8.99］　9・哲学

A flag turned into an eagle.
「鷲に変化する旗」

水瓶座

射手座の12度の、時の声を上げる鷲に変化する旗というシンボルとそっくりです。旗は記号的なもので、それが鷲という意志に変化するのは、生きていない記号的で概念的なものを行動の指針にすることです。水瓶座からすると、こうしたものは結構好みで、人工的に考えたものでも、それは繰り返されると自然なものに見えてきます。自分では何の実感もないような、統計的なデータをもとにして決定するなどの行動傾向です。

獅子座の場合には、自分の中心からの熱感覚によって何かをしますが、水瓶座の場合は反対に、周辺性から集めたもので、後で中心の意志を決めるというものです。ですので、自分についても他人のような「多分自分はこう思っているのではないか」などという言い方をすることもあります。ここが射手座のシンボルと似ていますが、意味が違うところでしょう。

不自然で無意味なことをするメソッドは、無意識的に癒着して働く思考や感情、感覚の関係性を切り離して、あらためて正常な関係に戻す修正力があるので、ロベルト・アサジョーリや他の多くの人が勧めています。卵から生まれた子供だからこそできることで、へその緒を持つ人間はこのことに拒否反応を起こすでしょう。自然なものというのはたんに習慣的なもので、それはおおいに歪んだものかもしれません。個人的な実感では判断しないという水瓶座の宣言のようなものです。

水瓶座10度 ［9.00〜9.99］　10・外へ伝える

A popularity that proves ephemeral.
「一時的だと証明される人気」

水瓶座

6度で環境に入る時、その場その場で要求されている役割を演じることにしました。しかし7度ではそこに大きな矛盾を感じて、8度で天空の元型的な性格を地上にも引き降ろすことにしたのです。球体のような全体的な世界構造の中の、特定の場所に生まれると、その位置によって性格とか色合いが決定されます。それをそのまま身にまとうことは、占星術をしている人からするとむしろ正常な仕組みに見えます。

なぜなら占星術は、天体配置でその人の行動やキャラクターができるという考えだからです。しかし多くの人は、自分には固有の性格があると思い、また人との関係は愛着によって結びついていたりするので、そういう場で、この水瓶座の人はまるで人工的に作られた人形のように参加するしかないのです。ですから、人気が出ても、それは作られたものであり、あまり長く続く関係ではありません。地上的なものに自己同一化しないことで、情緒の連続性が作られないのです。

10度は知らない人たちと接触をしたりする度数ですが、この時に、あらかじめその関係は長く続かない、関係を続ける理由というものも、そもそも自然的に成立していないということを自覚するとよいことになります。このことを自覚しないと、情緒で結びつく関係が持続しない自分には何か欠陥があるのではないかと勘違いします。地上的関係性ではなく、天上的関係性では安定しています。それはとてもすっきりしています。

水瓶座 11 度 ［10.00 〜 10.99］　11・実験

Man tete-a-tete with his inspiration.
「自分のひらめきと向き合う男」

水瓶座

地上の親との関係よりも、5度の「先祖の委員会」、すなわち魂的なクラスターとか、あるいは惑星グリッドのような網目のネットワークに生きる根拠を置いたことで、その後の水瓶座の人生が、天上的ないし中空的なものを引き降ろすことで進行しています。考え事をする時でも、書物を読んだり人から聞いたりするよりも、中空からダウンロードするという姿勢を基本にします。しかし、このようなことは昔から多くの人が実践していることです。

こうした姿勢をあまり持たないのは乙女座でしょう。それは土のサインであり、また分割された小さな自己を育成することに力をかけているので、小さな自己としての自分とそうでない領域との間にくっきりと白黒の輪郭をつけることが結果として、目に見えるものからしか情報を受け取ることができなくなり、何かを調べる時にはせっせと資料を探さなくてはならなくなります。これは知覚の閉鎖をしているということで、乙女座の後半になると、逆に人格の傷の隙間から、情報を受け取ります。

水瓶座は先祖委員会から話を聞く、つまり世の中の12分の1に相当するくらいのたくさんの人が考え事をやめると思考がやってくる性格です。そしてそれを判断の基準にしています。ですが、乙女座と同じ土の元素の牡牛座でも、身体の地層の奥から情報を引き出し、水瓶座は未来から読み取ります。書物を読むことを信用していません。

水瓶座 12 度 ［11.00 〜 11.99］　12・未知の探索

People on stairs graduated upward.
「上へと順に並ぶ階段の上の人々」

水瓶座

人を評価する時に、土の元素の山羊座は、その地域においての働きや地位、立場などで判断します。その場合、その場所から離れたら、その評価は無効になります。会社の部長も定年退職すればただのおじさんです。水瓶座は、この地域性という山羊座が飛び散って風化したサインです。どこでも通用する価値観とは、より精神的なものを基準にしたもので、それは時には神学的な世界像の中で通用していたものです。

カバラ派は人間の進化の階層を、生命の樹にそのまま当てはめました。この樹の階段はヤコブの梯子といわれ、その人がどこにいるかで、その人の霊的な価値が値踏みされます。ダンテ・アリギエーリがいうように、この階段のレベルと地上においての権力や地位とは、全くのところ相入れないのです。射手座の9度と10度はこの階段を上がり、そして降りてきました。これは目に見えるものではなく、それを教えてくれる人もいません。土の元素の習慣がまだ強く残る人は、推理しようにも、思い込んでみたり、当て外れになったりしやすいでしょう。ここでは水瓶座11度の感じ方を素直に押し切らなくてはなりません。

この見えない未知のものをサーチするのが12度の特徴です。ハータックによれば、階段の一番高いところ、神の真ん前にメタトロンがいて、それはオリオンのサイフ近くらしいのですが、そこにはカバラの光の戦車メルカバに乗っていくしかないそうです。

水瓶座13度［12.00〜12.99］ 13・カリスマ

A barometer.
「バロメーター」

水瓶座

食欲は健康のバロメーターというふうに、この言葉は多様な測定器の意味として使われています。もともとは気圧測定器または晴雨計です。水瓶座の人は12度で、人とかあるいは物事すべての評価に、天空の階段の判定法を使うようになりました。この判定法を手に入れたのならば、もちろん、それを人生のさまざまなシーンで活用しない手はありません。

ここからどう行動するべきか、状況はどうなのかを考えるのです。生命の樹の階層やグルジェフの水素、モンロー研究所のフォーカス番号、占星術ならば月・惑星・全惑星・太陽・全太陽など、名前はたくさんあっても、結局、元は同じものです。この判断法を使って計測すると、世の中の多くの人がわからなかったことがわかります。同時に、世の中の多くの人が当たり前にわかっていることをつい見落とすこともあります。ですが、蝿人形として生きているので、隣の人の感情の変化に気がつかなくても、それほど気になることではないかもしれません。

13度は頂点的な存在性で、迎合せず、超越的です。私は有能な占い師は、このバロメーターになっていると考えます。多くの企業家が相談にきたりするのは、この計測器になっているからです。ホロスコープを読むこととタロットカードを読むことは、この空気の変化をリーディングすることです。正確かどうかは個人差があるかもしれませんが。個人都合や利害は、能力を妨害します。

水瓶座14度［13.00〜13.99］ 14・浸透

A train entering a tunnel.
「トンネルに入る列車」

水瓶座

土の元素は山に例えられます。牡牛座の山は自然の山です。一方、山羊座の山は人工的なピラミッドなどです。山の反対側に行くには、遠回りをしなくてはなりません。これは山という障害物があると想定すればの話です。しかし水瓶座は山羊座の土を切り崩した風のサインです。この土の障害物をないとみなします。そしてその土の視点から急に消え去り、気がつくと山の反対側にいます。

13度のバロメーターは変化を読むことでしたが、それをもっと地上化したものが14度です。実際の生活で、この人は、土の元素らしい手順をなかったふりをして素通りします。新しい場所での挨拶まわりに2日費やすはずだったのにそれをショートカットします。自分の目的にとっての最短距離とは何か。土と水の元素を無視すると、面倒くさいまとわりつくような要素はみんな省略できるのです。私はこれを水瓶座的手抜きといいます。

獅子座15度も、水瓶座15度に向かいつつあります。そこには余分なとに時間とか労力は使えません。立場の頂点に向かうには。山羊座の世界にはたくさんあります。古い習慣とか型だけの儀礼などの外皮としての山型を決めるといつまでも続くのです。水瓶座はそこに穴を開けたり、ここはいらないなど、手順を編集したりします。改革運動と見てもよい面もあります。これは土の元素の価値観に対してはかなり破壊的です。

471

水瓶座15度 [14.00〜14.99]　15・侵攻

Two lovebirds sitting on a fence.
「フェンスの上にとまっている2羽のラブバード」

固定サインにおいての15度は、各々の元素の頂点です。四つの固定サインは十字を作りますが、活動サインの十字を如来の十字、菩薩の十字とすると、行した固定サインの十字は曼荼羅になります。ここでホロスコープの十字を如来の十字、菩薩の十字とすると、ここでホロスコープの十字は曼荼羅になります。あるいは如来と菩薩の位置を入れ替える必要があるかもしれません。

「黙示録」であれば、この水瓶座の15度は天使の場所で、14度で細かい作業は全部、部下や従う人たちに丸投げしたので、自分は塀の上に立つことができます。そして下界の十字を見下ろすのです。この塀は高さがあるので、遠くを見ることができます。空間的にも、そしてある程度時間的にもです。遠くから接近してくるものが何か、渋滞はどのくらいの長さか、下にいる人に伝えることができます。13度のバロメーターの役割もできますが、それもまた自分からするのではありません。つまり下界に深くは関わらないこと、実作業の細かいことに関与しないことが大切です。

久米仙人が地上に転落したのは女性のすねに見とれたからでした。フェンスの上に居続けるには自身が男女の両方を持たなくてはなりません。片割れ的な存在だと、半分は地上にいるので、地上に引き込まれてしまいます。したがってこの人物は、両性具有的です。白雪姫のように細かい実務は7人の小人にしてもらうには、水瓶座の14度で土の元素的な価値観を脱ぎ捨てます。

水瓶座16度 [15.00〜15.99]　16・解体

A big businessman at his desk.
「机の前の偉大なビジネスマン」

15度は水瓶座の頂点ですが、そこでは何もしてはならないので退屈です。そこでは、広いものを見渡すことができて、未来ビジョンも明確です。その後、16度で、水瓶座は自己中心的で、獅子座の力が侵入してきます。獅子座は自己中心的で、獅子座の力の目的を劇的に展開したいと考えます。水瓶座の広い視点を劇的に展開したいと考えると、考えられるかぎりの壮大な展開が見込めます。

水瓶座の15度は個人的な利害を持たず、細かいことは下にいる人に丸投げすることで成り立っていました。しかしここで獅子座的な野望が入り込んできて、自分の計画のために、多くの人や壮大な装置を思いのままに駆使する人が作られてくるのです。目の前に世界地図あるいは宇宙図、度で手に入れた階段の図表があって、広い範囲に自分の獅子座的な野望を投げかけます。そのため、ここで考えるビジネスも、亀戸駅前に手作り蕎麦のお店を作るという話ではなく、神々の戦いや宇宙戦争のようなものになってきます。

ワーグナーの月は水瓶座17度なので、この次の度数ですが、しかし16度の影響も色濃く残っていると思われます。自分の歌劇を披露するためだけの劇場を作り、壮大な神々の黄昏の物語を作りました。ビジネスマンになるためには牡牛座の要素が必要ですが、ここは土の元素を一番嫌う水瓶座なので、金銭収益はあまり考えていないかもしれません。おそらく、考えられるかぎり、最も壮大なビジョンを持っています。

水瓶座 17 度 ［16.00 〜 16.99］　17・新たな希望

A watchdog standing guard.
「ガードをしている番犬」

16度でサインの性質が崩壊し、それを17度ではむしろ肯定的な可能性の萌芽ととらえ直すというのが原則だとすると、16度で塀の上で見えた大きな視点が獅子座侵入によって邪悪な野望に利用されることになりました。邪悪な野望というよりは、野望はどのようなものも、ここでは邪悪とみなされます。

この場合、「番犬」は何を守っているのでしょうか。崩壊を希望ととらえ直すということからすると、大きな視点の崩壊は希望であるということになります。番犬はビジネスマンの権利を守ります。同時に、野望の犠牲になった人たちを守るという両面があり得ます。自然の豊富な水を売るために企業が乗り出し、近所の人たちが利用することを禁止し、遺伝子組み換え作物を作っていない自然農園を間違ったふりをして爆撃する行為などによって、困った人たちはいるはずですが、彼らは強い弁護士を雇う必要があります。水瓶座と獅子座の均衡が崩れることで、水瓶座の側と獅子座の側の両方に番犬が必要でしょう。

乙女座に影の力を持ち込む魚座が入ってきた時、17度では魚座の力が入ってきたことは幸運だったと考え直しました。ですから、ここでも獅子座が入ってきたことは幸運な未来を導くと考えると、個人の利害を捨てた世界観を打ち破った、獅子座のエゴは幸運だったとみなすことになります。ビジネスマンの中の獅子座要素と、搾取された人の獅子座要素の両方を守る番犬です。

水瓶座 18 度 ［17.00 〜 17.99］　18・種を探す

A man unmasked.
「仮面がはがされた男」

16度の壮大なビジョンを持つビジネスマンは、その壮大なビジョンを持ちたいがゆえに、細かい乙女座的な作業を部下に丸投げし、14度で自分の作業の効率化を実現しました。ですが今日は、ちょっとした見落としを突っ込まれて政治家が失脚する時代です。乙女座冥王星の世代が力を握り、世界中が乙女座的になっているのかもしれません。

16度のビジネスマンは、部下の不手際を目撃していないかもしれません。この18度ではそうしたことが暴かれます。18度は合計すると9で、これらは探索を表し、特に18は下の具体的な部分を探索する数字です。細かい領収書などをあらいざらい調べられると、16度のビジネスマンの手落ちは明らかになります。なぜかというと、彼はこの部分を見落としたのですから。言い換えるならば、これは17度の希望をより具体的にするための探索ですから、ビジネスマンに迷惑をかけられた人が、勝訴するために細かいことを調べ上げたのかもしれません。

同時に、獅子座が入り込んできたことを積極的に活用して、より優れた水瓶座になるためのプロセスですから、それは水瓶座の中に混入した獅子座要素を整理することに関わります。それによって水瓶座はより強い純度の高い水瓶座に変わっていきます。ビジネスマンとその犠牲者の両方が、可能性を発展させるための探し物をしていて、それは細部に、地下に向かいます。情勢は細かく変動しています。固定サイン18度はすべて暴くという性質です。

水瓶座 19 度 ［18.00 〜 18.99］ 19・想像的可能性

A forest fire quenched.
「消し止められた山火事」

水瓶座

16度のビジネスマンは視点が広く、結果的に、光も闇も均等に大きく広がり、この闇の部分が拡大したのが18度です。18度で暴露するのは、水瓶座15度の人ではなく、長期的な視点のない、細かいことにこだわる人たちです。細かいことが生きがいなら、当然、何を見ても気にする部分が拡大していき、同時にそこを穴の中のように追い込みます。それらに対処するのが19度なら、水瓶座のために細部を見なくてはなりません。そしてこの水瓶座姿勢を維持するかぎり、落ち度は修正されません。

19は、10という見える子供と、9という見えない子供の二人組です。見えない想像や妄想は、見えない子供の言い分をつぎつぎとかたちにしてアーシしています。そうすれば、見えない子供が夜中に騒ぐことはありません。山火事を消すには、見えない子供が何かを言い始めるたびに、見えない子供たちが何かを言い始めるたびに、半ば対処療法めいた解決をすることです。ですから、細かいことに気を配る水瓶座でなくてはならないのです。そうでないなら、山が丸ごと燃えるまで放置しておいた方がましかもしれません。

水瓶座は目の前の現実を見ないで、理念の中に住むサインです。ここでは理念の継続のために、逆に、状況にその場その場で対応する行動をします。マニュアル的対応は不可能です。

水瓶座 20 度 ［19.00 〜 19.99］ 20・恒常的に

A large white dove, a message bearer.
「大きな白い鳩、メッセージの担い手」

水瓶座

19度で細かく、何か炎上する都度、その対処してきた人は、他の人の言い分は聞きたくないという獅子座と目の前の現状については関心がないという水瓶座の両方の理念の弱点を補い、神経をすり減らしながら水瓶座の理念の継続を努力してきました。水瓶座の好みは、目の前の状況に飲み込まれないで、自分の風・固定サインという理念を続けることです。

前半の水瓶座ならば、現実の状況を無視することでそれを達成しました。同じように獅子座の前半も、自分の火を消されないためには、周囲の人の意見を聞かないということが前提になります。共に、やはりまだ恐れているものがあったからこそ、知らないふりをしたのです。しかし19度の都度対処ということが繰り返されていくと、やがて、とても安定した、状況に振り回されない水瓶座が生まれてきます。状況を無視して自分の理念を維持するのではなく、現状を見ながらも、それでいて自分の理念の継続します。いわば、状況を突き通してなお継続する理念性です。状況を表すのでチャンスがあれば、すかさずそこで水瓶座が反対の獅子座20度が、どのような時でも太陽崇拝の踊りを舞うと、自身の中に太陽の強力な熱が発生するのと同じように、何かしらかする都度、水瓶座力が回復するのです。何が起こっても、何か来るたびに水瓶座が強くなることです。環境に抵抗する水瓶座ではなく、環境を突き通す水瓶座です。すべてがメッセージに変わります。

水瓶座 21 度［20.00 ～ 20.99］　21・飛躍

A woman disappointed and disillusioned.
「絶望し幻滅した女」

ここで 20 度の性質は行きすぎます。具体的な現場の状況にかかわらず、風・固定サインの水瓶座は力を通すことは、具体的な現場の汲み上げることに変化してきました。例えば、あるものを見て楽しい、あるものを見て悲しいと感じたとしても、それは水瓶座の風・固定サインの理念を変えることはないのです。自身の中の感情にこだわる女性要素を死なせてしまうかもしれません。この死にかけた要素は、自分の感情が無視されたことより、その都度、状況に抗ってしまう気持ちを考慮されていないということなのです。

それに 21 度はいつも無理をし、水瓶座は風の性質の透徹のために水の要素を殺すのです。タロットカードでは風の元素は剣の元素と置きかえられます。剣は「ソード 10」で人体を刺します。剣は突き通すことが本性なので、心臓の前や人体の前で曲がったりはしません。剣の気持ちとしてはすべてを突き通す快感があるかもしれません。そしてそれは、水の元素や土の元素からすると、突き通されてしまうという苦痛になります。

私はこの度数をよく「軍隊度数」と説明していましたが、目の前に何が起きていても、理念はそれを突き通すわけです。その時に、他の元素の視点では見ないということです。風の元素からすると正しく、第五元素の視点からすると偏りです。四元素のそれぞれを強化して、なおかつ第五元素に統合化するのが本来の善ではあるのですが。

水瓶座 22 度［21.00 ～ 21.99］　22・クールダウン

A rug placed on the floor for children to play.
「子供たちが遊ぶために床にひかれた布」

固定サインの十字で考えると、牡牛座 22 度は新しい陸地を見つけるために荒れた水の上を飛ぶ白い鳥です。獅子座の 22 度はメッセージを持って降りてくる鳥です。蠍座の 22 度はこの鳥を撃ち落とするハンターです。蠍座の 22 度のハンターはもともと 21 度の絶望で荒れた心を持っていて、21 度の絶望反をする兵士でした。つまり水瓶座の 21 度の絶望した女性と飛ぶ鳥はいまだ対立している面があり、蠍座は水のサインなので、この女性の側に同一化しています。

水瓶座 22 度では白い鳥が子供たちに置き替わったと考えてみましょう。それは鳥が陸地に降りるように、床に飛び降ります。21 度で女性が絶望し傷つけた水瓶座は、むしろ傷つく水の元素の方が問題ありと考えたのです。水瓶座から見ると、生な現実はいつでも間違っていて、法則の歪曲があり、むしろ修正するべきものです。女性が絶望しない人間になるように、女性の感性や感情などを子供の段階から再教育していきます。

水瓶座の思想は、幼児教育とか、初等教育などをプログラムします。こうした新しい教育姿勢は、山羊座が歴史の古層からいくつか共通した 15 度でも提唱されていましたが、山羊座が歴史の古層から引き出したのに比較して、水瓶座は未来的なものによって組み立てます。生な現実という硬い床ではなく、もっとエッジの尖っていない硬い床を作るのです。ちなみにシュタイナーは著しく水瓶座的で、神智学者の多くは水瓶座が強い人々です。

水瓶座23度［22.00〜22.99］　23・いいとこ取り

A big bear sitting down and waving all its paws.
「座ってすべての手足を振っている大きな熊」

21度では理念を貫くことで、土や水の元素に根拠を置く女性の心が傷つきました。22度では、傷つく側を再教育しようとしたのです。つまりぶつかって痛いということを確認して、調整して試みて、まだぶつかって痛いとわかったら、さらに微調整します。23度はそうやって21度と22度を行ったり来たりしながら、誰の心の中にもある熊をコントロール可能なものへと成長させます。手足を自由に細かく動かすことができたのなら、いきなり壁にぶつけたりしないですみます。この場合、肉体のコントロールではなく、感情や心のコントロールが主眼です。

反対の獅子座の23度では、裸馬を飛び上がらせたり、着地させたりしていました。ここでの熊は閉鎖的な、穴にこもる熊ですが、同時に古来よりシャーマンの象徴といわれる熊の側面に着目してもよいかもしれません。22度の普遍的に広がる水瓶座の思想によって、新しい床を作ることはたんに原始的な動物状態の心をメンタルなものに成長させるというよりは、より超越的な意識に細かく手足をつけ、それがすみずみまで動くようにするというものです。

大きな熊は大熊座にも似ています。北斗七星の中のドゥーべは熊女と考えられますが、それは北極星の母ともみなされています。21度と22度で飛ばしたり降ろしたりしながら、あるべき人間を試行錯誤しながら作り出していくプロセスが23度と考えてもよいかもしれません。

水瓶座24度［23.00〜23.99］　24・果てしなさ

A man turning his back on his passions and teaching from his experience.
「情熱に背を向けて自分の経験により教えている男」

21度と22度という上昇と下降を繰り返すのが23度だとすると、24度はそれが果てしなく繰り返されて、上下の振りが大きくなり、限界を踏み越えてしまう段階です。これまで世の中に普及していく教育法は、山羊座的な価値観の元で作られたもので、もちろんマニュアルもあり、教える人もたくさんいる信頼性の高いものです。

ところが水瓶座はもっと未来的なものとして、21度以後、さらに改革的な方針を打ち出しました。ここでは情熱的であってはなりません。なぜなら、それは21度で傷ついたような感情を作り上げてしまうからです。マニュアルではなく、自分の経験で教えなくてはならないのは、これが未来的なものであり、そもそもマニュアルがないからです。

反対の獅子座24度では、自分の身なりさえ考えられなくなるくらい熱中した男で、つまりは情熱があります。そもそも獅子座は熱感覚なので、情熱と関係しています。この水瓶座ではそれは持ってはならないし、感情に関係した意志よりも理念にもとづく意志を行使するべきだといえるでしょう。それはどんどん深入りしていき、25度で打ち止めしないことには、どこまでいくかわかりません。水瓶座には、ご当地性にこだわる山羊座の歯止めがないので、理念が宇宙的に拡大していき壮大になります。そして山羊座の保証がなく、つまりはアカデミックな認証がない状態で教えていきます。山羊座的な容認はあり得ない話です。

476

水瓶座25度［24.00〜24.99］ 25・完成と自律

A butterfly with the right wing more perfectly formed.
「右の羽がより完全に形成されている蝶」

天秤座23度では蝶の左側の羽が重要でした。それは外界からの侵入に抵抗できないという意味でした。蝶の羽は見えないオーラのようなもので、それは感情や心、プネウマに関係しています。内側とは意図的なものや自分から発信する側で、外側とは意図的なものや自分から発信する側で、度で熊が手足を得たように、羽は完全なかたちで調整されています。羽は思考・感情・感覚という3枚があり、この完全な組み合わせがあります。

自然的に育った人は、この三つがいびつなかたちで結合しており、感情が思考の身代わりをすると思考風の感情というものが働いたり、また感覚にほとんど衝動的に反応してしまう感情もあります。感じたまま行動してしまうのも異常な話です。一度分離して、もう一度組み立て直すという経過を経て、それぞれが自分の役割を全うするようになったことを水瓶座の完成とみなしてもよいでしょう。山羊座から切り離し、山羊座で与えられたローカルな土地での癖を脱色し、考えられるかぎりの純粋理念で設計された人間像をここで緻密にまとめあげます。

反対の獅子座では砂漠を横切るラクダで、究極の火元に到達しました。水瓶座の場合には、こうした中心的なものが大切なのではなく、完全な周辺性、つまりは複合された要素で成り立つ人間の完成された構造を形成することです。とはいえ、獅子座の中心点と水瓶座の周辺構造は、相補的関係で結びついて、そこで環境からはかなり安定したかたちで独立します。

水瓶座26度［25.00〜25.99］ 26・堪能

A hydrometer.
「浮きばかり」

25度で完成したものは試運転と考えてもよいでしょうし、最初においしいところを味わう人と考えてもよいでしょう。25度で完成された蝋人形としての水瓶座の三分節ボディは、どのくらい正確に働くのか、体験してみたくなります。もしこの思考・感情・感覚がひずんだ癒着をしている場合には直感も当てにならず、何か感じても、それは妄想のたぐいになってしまいます。

もともと水瓶座の歩く道は、山羊座的な見える舗装道路ではないので、手探りで進行するものであり、純粋思考や純粋直感（「直感」といい）などが正確に機能してくれないと、すぐさま座礁してしまいます。13度ではバロメーターが出てきましたが、ここでも同じように計器のイメージです。ちょっと何か感じたら、それは正確な予感です。私は「ハイドロメーター」を「浮きばかり」と訳しました。そもそも水瓶座は7度のように、中空に浮かんだ卵で、その比重により自然的に自分にふさわしい階段（12度）に住むことになります。

グルジェフは人間の存在は中層重心であるといいました。つまり、思考がいかに高度であれで判定されることはなく、感情と感覚の全部合わせて真ん中で存在状態を見ます。それによって引き寄せられる世界が決まっています。中層重心を測ることを、古代エジプトでは心臓の重さを量るという言い方で表しました。天国に行くか地獄に行くか心臓の重さで決まるわけです。

水瓶座 27 度［26.00 〜 26.99］ 27・向上心

An ancient pottery bowl filled with violets.
「スミレで満たされた古代の陶器」

26度では受動的に受け取りましたが、今度は能動的に努力して獲得するというのが27度で、自然的には手に入らない存在状態の高さによじ登ります。スミレは紫色で、辞書ではフランスの古語で「小さなビオラ」という意味もあるそうです。26度で思考・感情・感覚の統合体として、存在の重さとそれにふさわしい世界が決まりましたが、このスミレは、いわば中層重心としての心臓そのものです。それにふさわしい器を、現代とはかぎらず、古代からも探してきます。

そもそも水瓶座の場合には、現代の私たちの大地から成長してきた身体の中に住むことに満足していませんでした。それは中空に浮かんだ存在だからです。より永遠性の高い器を長い歴史の中から探してきます。もちろん、実際の肉体はここにあります。ですから、もう一つの肉体の模造品、つまり神智学などでいうエーテル体（生命体）の、自分によりふさわしいものを探してきたいのです。このエーテル体は、古代に置き去りにされており、取りにいく必要があります。そのことでより強く水瓶座は「いま、ここ」だけに存在しているという山羊座の生き方を超越します。水瓶座の最後の5度段階は、魚座との調整をするので、魚座の持つ非時間性の概念が持ち込まれます。つまり、自分は過去にも存在し、あらゆる時間に偏在している、だから古い時代の陶器でも通用すると考えます。27度は超越の手がかり探索の度数なのです。

水瓶座 28 度［27.00 〜 27.99］ 28・突破口

A tree felled and sawed.
「倒されノコギリで切られた木」

28度で魚座に突破する扉を見つけ出しますが、魚座は非時間性のサインです。水瓶座は空間的には自由でしたが、時間性に縛られていました。つまり水瓶座は未来志向であり、それは過去から未来へと一方的に流れていく時間の方向に価値を感じていたのです。魚座からするとそれは無意味なものです。27度で、過去から第二の身体を取ってきた水瓶座は、既にその段階で、水瓶座の信念体系を超越する手がかりを得つつあります。

未来は常に良いものとはかぎりません。過去の方が今より、また未来よりもずっと優れていたこともあるわけです。水瓶座が依存していた価値体系は、中空に浮かんだネットワークとか惑星グリッドのようなものでした。これが水瓶座の大地です。その大地からノコギリで切られ、今までの中空よりもさらに純度の高い、時間のリニアな流れに沿わない中空に放り出されます。例えば、モーツァルトは、横つながりのネットワークであるメーソンに依存しました。山羊座的な封建社会から追放された時、横つながりのネットワークであるメーソンからも見捨てられるのです。この例でいえば、この度数ではメーソンからも見捨てられるのです。

そのため、契約とか約束とかを一方的に破られる体験をする人が増加しますが、それは自分の本質的な存在状態が誘発したことです。それは自分の度で聴衆が落胆したことで失敗したと感じた牡羊座の人の無自覚と似て、自分で気がついていないだけかもしれません。しかしここで見捨てられるほどに、自分が非限定になることを喜ぶべきです。

478

水瓶座29度［28.00〜28.99］　29・比較

A butterfly emerging from a chrysalis.
「さなぎから出てくる蝶」

28度で切り倒された木にぶら下がっていたさなぎは、独立して飛ぶ蝶になるための煩悶を体験しています。思考は繰り返されます。思考が繰り返されると、もう自覚できないような感情ではもう自覚できないような感情へと変化します。感情は繰り返されると、感情レベルでは自覚できない感覚へと変化します。それは特定のレベルにおいて繰り返されたものは新鮮味を失い、形骸化して、脱ぎ捨てられるということです。それをさなぎと呼んでもよくて、ここでは水瓶座ということです。

水瓶座が繰り返されすぎて、もうほとんど生きたものと感じられなくなった時に、魚座がまだ柔らかい身体として這い出します。また水瓶座で思考として活動していたものは、魚座では感情として自動的に働くものに変わっています。水瓶座の、自分の思想や理念は固定的なものであり、現実と遊離していた場合には、現実が間違っていると考える傾向は、風の元素のつっぱりとして、水瓶座を閉じ込めていました。それは魚座という水・柔軟サインという最も得体の知れない無定型のものに変わっていく時に、つっぱりが取れていくという印象で溶解します。

この脱皮は模索ですから、頭でわかっているものではなく、理屈っぽい人が理屈をいわなくなるような、だんだんいいかげんになるような変化かもしれません。水瓶座から魚座と進行していくにつれて、人間は環境の付属品ではなくなっていくのです。それは補助輪を徐々に外していくような経過です。

水瓶座30度［29.00〜29.99］　30・吐き出す

The field of Ardath in bloom.
「アーダスの咲いている野原」

獅子座の30度が自分を中心にして、放射状に熱を吐き出すなら、水瓶座は位相が反対ですから、外のあらゆるものを受けつけることになってきます。山羊座では立場が違うと友達にはなれませんでした。しかし水瓶座の30度ではどこにいる人も、みな友達です。しかしこれは水瓶座の最後の5度領域で、魚座が入り込んできたことで初めて可能となったものです。それまで水瓶座は同じ意志の人と、空間を乗り越えて共鳴するネットワークを持っていましたが、このネットワークは惑星グリッドのように線で結ばれ、網目状態で、まだ隙間がたくさんあったのです。

風の元素がタロットカードでは剣を象徴するように、剣のように突き通す線と線が結ばれて網目の籠が作られていたのです。しかし魚座は、この細かい線で構成された網目球体を、薄い液体でのベタ塗りに変えていきます。つまり穴のない、誰でもお友達になるという水瓶座の最終形態が形成されるのです。そのためにはどこにも緊張のまだらのつっぱりを放棄しなくてはなりません。

ここは水瓶座の最後の段階なので、それができたり／できなかったりします。妙な考え方をする人がいたら、「それは違う」と思わず言いそうになりますが、やがてこの水瓶座精神の最後の1点もなくなれば、魚座に入ります。すべてに親しめるというのは、実は、友達は一人もいないということと同じです。

魚座1度 ［0.00〜0.99］　1・スタート

A public market.
「公共の市場」

山羊座の空間的な仕切りを突破して、あらゆるところに網目状に広がっていった水瓶座の理念は、魚座に入るとナチュラルな感性へと変わってしまい、目に入るものすべてを引き寄せようとします。水のサインは結合力ですから、何でもくっつけてくる触手を振り回しているようです。魚座は味覚、舌のようなものが身体から出て、あちこちのものを引き寄せるのです。

水瓶座の30度では対象は人だったのですが、この人というカテゴリー枠もなくなり、人や動物、モノなど何でもよいのです。何か集める時、山羊座はローカルな価値観や優劣の判断をして集めます。水瓶座は、このローカルでしか通用しないものを否定し、普遍的に拡大していきますが、しかし明確な理念の共通性を念頭に集めます。魚座は、この水瓶座の理念にこだわることを行きすぎだと思っているので、水瓶座が否定したはずの山羊座的な価値観のこだわりによって集められた収集品も嫌いではないのです。

水瓶座からするとどうしようもないものも、魚座からするとそうでもないのです。しかし水瓶座はこの魚座の多様性を理解できず、それをいいかげんとみなします。なぜなら、共通の理念が見られないからです。「日本人に思想なし」と中江兆民はいいましたが、この点でのみ日本人は魚座的です。仏教も神道もキリスト教もどうでもよいのです。科学的でなくても、虚のものでも構いません。それらをすべて並べるのがこの市場の度数です。

魚座2度 ［1.00〜1.99］　2・反射

A squirrel hiding from hunters.
「ハンターから隠れているリス」

1度で、何でもかんでも集めてしまうと、次は整理しなくてはなりません。例えば、店主が気に入った本はすべて売りたくないと考えます。こういう場合、古書店でいえば、店主は、自分が気に入った本は大切なものは隠そうとします。あるいは現代的な都市では、さまざまなタイプの人が集まっていて、ここではセキュリティーが保てません。ですから、自分の住居は知られないようにして、危険を回避しようとします。何でも集めてしまうと、硬いものが隣に柔らかいものがあれば、柔らかいものは傷つきます。大切なものは保護しなくてはならないのです。

以前、ヒプノセラピストで、この度数の太陽の人がテレビ出演した時、そこに学者が同席することを攻撃したそうです。学者が、彼の出演時まで知られていなかったのですが、これはテレビが知られているようになることです。このような体験がすれば、身を守ることを考えるようになるでしょう。2度は1度的な行為の結果生じることの、一般的なリアクションのような意味のあるものも出てきたわけです。

玉石混交というのは、何かと危険な状態を誘発するということでしょう。反対の乙女座2度は白い十字架で、ここでは自分の気持ちが（獅子座）を隠して、公共的な意見としての十字架の背後に隠れます。「あなたはどう思われていますか？」と聞かれて、「一般的にはこう思われています」と答えるのです。偏ったものは攻撃的です。出ればは撃たれます。

魚座3度 [2.00〜2.99]　3・運動性

Petrified forest.
「化石化された森」

目に入るものをすべて集める行為が魚座で進行しますが、水瓶座の場合、意識が過去から未来へという一方的な流れの中で働いていたので、より未来的・発展的なものが良いという信念体系が働き、視点は偏っていました。この時間の一方性が魚座で取り払われたために、逆に、有害なものも接近してきて、2度では、それから隠れなくてはならない事態になりました。つまり、過去から未来へという篩がかかっていると、悪しきものは過去に、良きものは未来にと自動的に選別されていたのです。

魚座の市場では腐ったものや錆びたもの、廃れたものも集まっています。善なるものと悪なるものが混在する場の中で、あらためて何を取り上げるか、水瓶座までとは違う視点で選ぶことになります。価値のあるものと感じられたものは、損なわれないように、生のものをフリーズドライするように保管します。乙女座の場合、良きものは光の下に、悪しきものは意識の暗闇に追放し、自分からも見えなくなってきました。自分が部分的なところへ同一化した結果、自分から見えなくなったのです。

魚座では、この乙女座が影にしてしまったものも視野に入っており、それを忘れることはありませんが、乙女座3度でしたように、保存するべきものを永続的なものにしようとします。双子座は公式を作って保存しました。私はここではよく博物館を思い浮かべます。

魚座4度 [3.00〜3.99]　4・集団的リソースへ浸す

Heavy traffic on a narrow isthmus.
「狭い半島での交通混雑」

3度の性質を普及・敷衍するのが4度です。乙女座の場合には、個人の輪郭から見た明暗が、そのまま4度で世界像とか思想に拡張されていきます。魚座の場合には位相が反対なので、個人の輪郭を溶かす方に向かいます。個人の輪郭、すなわち、個人の輪郭を強調することでそれまで外に追いやられていた影のものを取り戻すという行為になり、捨てたものを拾ってくるので、倉庫はいっぱいです。

この中から、自分の見解で価値があると決めたものを3度で永続的にしていき、4度ですみずみまで普及させます。「狭い半島での交通混雑」は、もともとは行き来できないような狭い場所や限界集落まで、全国津々浦々流通することを表します。普及させるべきものは、どういう根拠でセレクトしたのでしょうか。水瓶座は土の元素を突き抜けていく、壊れない理念を示していましたが、それは過去から未来へという一方的な時間性に縛られていました。その後の魚座では、この時間性の拘束から自由になるので、古いものを捨てることもなくなりました。

さらに水瓶座の理念性は、風の元素が繰り返されると水の元素に変化するように、長く生き残る象徴性というものに変化します。つまり魚座の商品のセレクト基準は、どの時代でも出現してくるような価値に目をつけ、それを普及させるということです。山羊座のローカル性、水瓶座の時代性を脱色あるいは超越したものだといえます。

魚座5度　[4.00〜4.99]　5・冒険

A chrch bazaar.
「教会のバザー」

魚座

4度の普及というのは、それがスムーズに運ぶ方が、価値があることを利用して商品価値を上げました。山羊座では、ローカルな時間と空間の中で立つことが大切だったので、象徴よりも事物の方が重要です。象徴は時と空間を超えて偏在し、それを特定の時空間の中に落とし込むのが事物だからで、事物は同じものはどこにもないのです。

この事物と象徴の地位が、魚座で逆転するのです。そのような考え方をする人々は、仕事も給料の高いところに行こうとします。環境に飛び込む6度で、魚座は命の危険があることも承知で、意味ないものです。乙女座では小さな分割された自己に集中しました。分割されたものは元に戻ろうとするので、何か全体的なものに対して役立とうとする乙女座根性を与えました。役立つことをするというのは、要するに、依存性でもあるのです。

魚座の場合、位相が反対になり、乙女座が獲得した物質的個体、すなわち分割された自己を捨て、象徴的意義に吸い込まれることをしようとしています。象徴的意義に飛び込むには身体を捨なくてはなりません。それが事物よりも象徴の方が重要だとする行動です。まさに乙女座と反対のことをしています。靖国神社に祀られている戦死者は「英霊」、あるいは「忠魂」と定義されています。

5度では事物よりも、それに張りつく象徴性の方が、価値があることを利用して商品価値を上げていきます。そこで、5度では刺激を求め、冒険的な行動をしていきます。同じありきたりなものでも、特別な価値を与えることでそれはプレミアム商品になっていきます。

ここでは教会の力を借りて、宗教的な意義をつけます。昔は、お正月に売られる商品は高額でした。それでもめでたい時なので景気良く払い、その年の幸運を導くと考えられていたので、高額であっても誰も何も言わなかったのです。そのように宗教的・儀礼的な価値をつけると、何でもないものでも箔づけされます。これは反対側の乙女座5度のやり方と同じです。合成樹脂に妖精のイメージを張りつけて遊んだのです、乙女座の場合、視覚イメージとしての輪郭が浮きだすことが重要でした。

魚座では、個人の輪郭は溶けていくので、視覚イメージをぼかすことで成り立つものが重要で、事物に張りつく象徴性をより重視します。時が流れることで失われていくものは物質的なもので、物質に張りつく象徴は、早期に物資が崩壊します。事物に張りつく象徴は、とりついた物資が崩壊すると、また違う物質にとりつきますが、ここでは象徴性の価値が、事物としての物資よりも高額になるのです。この度数の人は商品を高く売るということに長けていて、商品デザインなどをすることに向きます。

魚座6度　[5.00〜5.99]　6・環境へ

Officers on dress parade.
「衣装行進している将校たち」

魚座

魚座7度 [6.00〜6.99]　7・落差

A cross lying on rocks.
「岩の上に横たわっている十字架」

魚座

6度で象徴的な意義に人生をかけた人は、個体の生き方としては、著しく不安定なものであることに気がつきます。私たちは無機的な時間の流れに支配されて、一見、安定した生き方をしています。決まった時間に寝ます。決まった時間に起きて、仕事をし、食事をしているにすぎません。この機械的な進展は、物質が持つ時間の流れに従属しているにすぎません。あるいはそれを象徴性を独立させようとしたか、物質や事物から象徴性を独立させようとしたか、内的体験としては空虚としかいいようのない規則的な時間の流れを、体験の流れとは認められなくなります。何もしていなければ、時間が経過しても、何も進んでいないのです。

事物が優勢になった時、象徴的な煌きは埋もれて見えなくなります。そして象徴的なものが働く時、物質とその物質が持つ時間リズムは忘れられます。ひとときも休みなく象徴的に感じるということを持続することはできません。私たちが1日のうち、どのくらいの時間目覚めているのかを点検すれば、ほんの数秒かもしれません。ときどき雷が鳴り、十字架が横たわっているのが見えて、そして直後にまた暗闇に戻り、何もわからなくなるのです。ですがこの短い意識の煌きの中でしか、自分の進路を見つけられません。7度は落差を意味しますが、ここでは意識の輝きと、昏睡の暗闇の落差を表現していることになります。肉体とかものに依存しなくなった人は浮き沈みが激しいのです。

魚座8度 [7.00〜7.99]　8・落差の克服

A girl blowing a bugle.
「ラッパを吹く少女」

魚座

8度は7度の落差を乗り越えようとします。7度で、天啓の瞬間と暗闇の間を不安定に行きつ戻りつしていた人は、それを自分でコントロールしようとしています。反対の乙女座の8度では、ダンスのレッスンをして、自分で飛び上がろうとしました。乙女座は土の元素ですから、この跳躍も、肉体的なものかもしれません。

魚座では、感情とか意識の高揚という面で、ダンスのレッスンをするので、自分で自分を煽り、ラッパを吹き、叫び、突然昏倒したりします。雷が鳴った時だけ見えていた十字架を、望んだ時、自分で見ることができるようになったので、無機的な暗闇は、感じないということであり、比較すればデプレッションも感じることに違いありません。

機械時間に依存しなくなったので、このダンスはリズミカルでもなく、それにデプレッションが生じた時には、それも大げさに拡大してしまう癖が出てきます。デプレッションも、大げさに誇張すると、反対に天啓につながることもあります。なぜなら、無機的な暗闇は、感じないということであり、比較すればデプレッションも感じることに違いありません。

6度の人は国家に捧げることで、象徴的意義を受け取ることができました。8度では、やはり大きなものに捧げる行為が必要でしょう。というのも、より大きなものに捧げるということがないのなら、その人は小さな自己に捧げることに戻るだけで、そこには象徴性がなく、機械時間の暮らしが待っています。ジャンヌ・ダルクは神的なものに自分を捧げました。

魚座9度 [8.00～8.99]　9・哲学

A jockey.
「騎手」

魚座

8度で、自分で自分を煽りジャンプしようとした人は、限界を超えます。シュタイナーは、今日的な人間は生命体（象徴的身体性またはエーテル体）が、肉体にぴったりと張りついているが、古代には、そこまで合致していなかったといいました。現代でさえ珍しく生命体の額と、肉体の額がいまだ合致していないのだそうです。

象徴性の力が、肉体を凌駕します。騎手はターゲットに飛び込みますが、騎手の意志が機械身体よりも優位に立った時、生命体は肉体よりも範囲が大きくなるので、馬は直接応えてきます。

双子座9度では、身体は重く停止したまま、脳の中の演算が繰り返され、これがたくさんの矢が飛ぶ光景として描かれます。乙女座では個を育成しなくてはならないので、ダンスの跳躍力は肉体の能力の限界を踏み越えてはなりません。射手座9度では、肉体はそのままに、精神が高い階段を上がっていきます。つまり、柔軟サインの十字の中で、魚座だけが肉体の範囲を超えて、生命力あるいは象徴性が飛び出します。この場合、肉体がついてくると、バイクで疾走するような危険な冒険になります。そして肉体を温存したい人は、生命体（エーテル体）が肉体から外に出ていき、体外離脱のようなものになります。生命体と肉体は同じものと考えている人は、バイクで飛び出す行為しか選択肢はありません。

魚座10度 [9.00～9.99]　10・外へ伝える

An aviator in the clowds.
「雲の上の飛行家」

魚座

10度は外部の人とか、異なる境遇にある人に伝えるという度数ですが、そもそも9度の体験を人に伝えることができるのでしょうか。身体の範囲を超えて、生命体（エーテル体）が飛び出すと、象徴的なイメージの体験をたくさんします。それは、自分の生命体が機械身体の範囲を超えたのだから、もちろんそこで受け取る印象も、とても象徴的なものに満たされています。時にはそれは事物に当てはめられないこともあります。つまり現実といわれているものとは合致しないこともあります。

この度数の人はスピリチュアルリーダーのような仕事の人が多く、あるいは詩人のようです、魚座は水・柔軟サインなので、これは雲とか霧とか、境界のはっきりしない空気を含んだステルスのような飛行機です。この雲の上に姿を隠しているようです。その表現が象徴的すぎるかもしれず、また虚実皮膜のものかもしれません。

この度数の人は正体を捕まれたくないと考えています。というより、正体がそもそもありません。多くの人が考える正体というのは、事物に引き落とされたくない人は、人と自分の間に雲を置いてあるいは煙に巻くことになります。宿り木として、飛行機に乗ったまま落ちるのではないのです。それを真実としての事物は決して実体ではないのですが特異なことだといえます。乙女座も降りてくるのに、魚座は降りてこないということはできないのです。双子座も射手座も同じものと考えているのに、魚座は降りてこないのが特異なことだといえます。

魚座11度 [10.00〜10.99]　11・実験

Men seeking illumination.
「光を探している男たち」

10度で雲の上を飛んでいた飛行家は、雲のずっと上にある光を探しています。射手座11度で新天地を求め、双子座11度で神殿を求め、乙女座では外部へ通じる扉から引き返して、自分の手元にある世界に専念することにしました。つまり、乙女座は閉鎖という扉の中に入ったのです。

魚座の11度は外部的にして、閉鎖的です。つまり開かれた世界に向かうのですが、それは細く険しい場所から入らなくてはならないのです。これから入る新天地は肉の目で見ることができず、象徴的で、生命体（エーテル体）の目で見ないことには認識できないものです。10度の飛行家でないことには、これを目にすることができません。ですから、これを霊的な道のようなものだと考えることもできます。

シュタイナーは、自分は薔薇十字の道を歩いていると説明していました。乙女座ならば、これは土のサインとしてはっきりと見えるもので、例えば、茶道の某流派かもしれません。実際には乙女座と魚座の相補関係があると思われるので、11度の創始した能の金春流も、その背後には秦河勝から15度までの見えない霊統というものが重なっているのではないでしょうか。地上の具体的な流派は、魚座の象徴性を分割化したものです。分割することで物質的な存在となることができるからです。物質密度が高いというのは、分割数が多いという意味です。乙女座にしても魚座にしても、ここからは純粋培養です。

魚座12度 [11.00〜11.99]　12・未知の探索

An examination of initiates.
「新参者たちの試験」

11度の新しい環境に飛び込んだ後に、12度では未知のものを探します。とはいえ、魚座では、探される方に軸になります。なぜなら、乙女座では全体の中の一部を切り出して、それを自分のものとしてみなしていました。ですから、探索は自分の外にあるものが対象です。ところが、魚座では断片をかき集めて、全体を復元しようとします。このとりあえずかき集めて作った自分の中にあるものなのです。この中で、これからの目的にとって離反しそうな、反抗しそうな、整理されていない、自分らしくない要素を摘発されると、試験には落とされます。

11度以後の排他的な道を進む場合、その排他性に従わない、自由に気ままに動きたい自分があれば、ここでそれを自分から切り離すか、それとも気ままな自分を選んで道から外に出ていくか、あるいはこのまま主張するか、この気ままに主張する部分は、まるで双子座の12度のトプシーのようです。

魚座においては物質的に見えない、象徴的な要素がメインですから、誰にも知られていない時に、こっそり何かするということは許されません。見えない、心の中にあるものこそが現実だからです。それに乙女座12度のように、はっきりと暴かれてしまいます。試験された人は、人にも同じことをしますから、人に忠誠を要求することも多くなり、代わりに粗探しするような人になることも多くなります。

魚座13度［12.00〜12.99］ 13・カリスマ

An sword in a museum.
「博物館にある刀」

11度以後の排他的純血主義の流れの中で、12度では混ぜ物を探して取り除き、細い道の中での力は凝縮され、ここで高みに昇ります。3度は博物館のようなイメージと説明しましたが、つまり魚座においては古いものも新しいものも同列にあるものです。そこに置かれた刀は古いものである古い時代に作られました。そして、その古い時代と自分が重なり、この刀の象徴的な力は、その人に重なります。

乙女座の13度の政治家は、異分子を排除することで力を保ちます。魚座の場合には、位相が反対なので、自分の中の異分子要素を取り除くことで、象徴的に時間の中を自由に移動できることになります。「いま、ここ」という特定の時間の中に自分をつなぎとめていたのは、統合化の時間から漏れた細分化された私、つまり異分子があったからです。静止した全体的なものを細分化することで、これが元に戻ろうとする力が働き、その変化が時間の経過を作り出していると考えてみるとよいでしょう。時間のない世界に浮かんだ一つの卵を、内部的に四元素に分けると、この四元素は巡回して経験の流れや時間を作ります。やがては統合化されて無になるという仕組みです。ですから、時間の体験をしている人は細分化されて、統合的なものに戻っていない人、まだ遊ぶ時間のある人です。過去と未来の区別をしなくなった人は、古い時代の刀が自分に重なり、この人は、この排他的グループの力を一身に引き受けます。

魚座14度［13.00〜13.99］ 14・浸透

A lady in fox fur.
「狐皮をまとった女性」

13度の力を地上に引き降ろすのが14度です。乙女座ではカリスマ政治家の子孫の家系図というかたちで、薄めた力の分布図ができました。魚座の13度の剣を持った薄めた分だけ地上化したカリスマは、この14度で希釈され、薄めた分だけ地上化します。

日本では、伏見稲荷の狐はしばしば女官とか巫女と同一視され、命婦といったりもします。そして稲荷神としてのウカノミタマの眷属として働きます。この狐は根回ししたり、稲を運んだりします。稲荷神社では、この本体のウカノミタマはほとんど登場せず、人前に出てくるのはほとんど伝達者としての狐ばかりです。13度のカリスマをウカノミタマ、14度を稲荷狐と例えても面白いかもしれません。西欧でも狐は死の国と生の国を行ったり来たりしましたが、日本でも稲荷神社はたいてい墓地の跡に建ちます。

11度の純粋化された道を地上に引き降ろすための根回し役として、狐のように小狡く、なめらかに動きます。なかなか本心をいわず、実体がつかみにくいのですが、そもそもが11度以後の道は、ライオンズクラブのようにはっきり見えるものではないので、何もかもきっぱりと明言するような行動を取らないのです。14度は13度の力を受け止め、それを余分なところに漏らしません。無駄なことをしません。この余分なものを無駄に外に出してしまうのは15度なので、まだここでは節度があります。部外者にまで関わるのが15度です。

魚座 15 度 ［14.00 〜 14.99］ 　 15・侵攻

An officer preparing to drill his men.
「部下の訓練を準備している将校」

魚座

14度はタロットの「節制」のカードのように、用意された下の受け皿にのみ力を降ろします。例えば、組織があれば、頂点のものを下部人員に伝えるような役割をします。15度では「悪魔」のカードのように、外部に力を漏らし始めます。

生命の樹のパスでは、「節制」は胸から腰へという自己生殖の、「悪魔」は、胸の太陽の自己分割をして、太陽から放射状に伸びた黄金の矢を、へそ（ホドのセフィロト）から外に出すのです。

そして何かターゲットに突き刺します。明らかにこれは「節制」の段階で余ってしまった活力を外に振り分けることで、ここで太陽という自分身を外の環境に分散させてしまいます。柔軟サインは弱気な悪魔で、外にいる人々に強引には押しつけません。

魚座の11度から始まった、いわばエソテリックの流派ですが、一般社会に伝えようにも伝わりません。将校はあらゆる準備をしても理解はしません。将校は緻密にあらゆるケースを考えて準備をします。この軍人は6度で行進をしていた将校です。よく訓練された組織はこの軍のイメージと重なりやすく、私はしばしば夢でもそういう人物を制服を着た軍人として見ることが多いのですが、サビアンシンボルのイメージを決めたエリスも、同じような見方をしていたのではないかと思います。

魚座 16 度 ［15.00 〜 15.99］ 　 16・解体

The flow of inspiration.
「ひらめきの流れ」

魚座

ここでは反対の乙女座の力が入り込んできます。乙女座は断片化を進めます。全体的な場としての魚座1度の市場の中にありつつ、断片化に集中することで、乙女座には依存性と回帰衝動として、貢献し働くという性質が発生します。そもそも断片化は物質化に向かいます。法則として一なるものは細分化されることで、反対に物質密度は高まります。振動密度が落ちて、意識としては薄くなり、ものが濃くなるのです。

魚座はこの度数で乙女座に入り込まれることで、もう一度断片化へ踏み込みます。どうしてそのような退行現象を体験するのかというと、15度の将校は人に伝えることに失敗しやすいことに気がついたのです。教わる相手は世間から来ました。世間から来た若者に教えるようにも、伝わるものがなかったのです。

そもそも、15度は伝わりません。伝わらなくても押しつける一方性こそが15度なのです。それはターゲットに矢を突き刺すように押し込むのです。将校は意図が伝わらなかったのは、自分が柔らかすぎたと考えます。そこで強いくっきりした輪郭を持つ表現を得ようとします。山羊座でわかるように土の元素は硬い輪郭です。そして10度以後隠れていたのに、もう一度世俗に降りてきます。そしているいろと、魚座の夢の多い象徴的な表現を、世俗の中に持ち込みます。

魚座17度 ［16.00 ～ 16.99］　17・新たな希望

An Easter promenade.
「復活祭の歩道」

魚座

魚座が乙女座的な領域に入り込むことは、自己の断片化なので、瓦礫の山という17度は、水の元素の魚座の液体身体がばらけるような感じとなります。例えば、映画『ターミネーター2』で登場した液体金属T－1000型の身体がばらばらになったようなものです。断片たちは依存性と貢献性があり、つまり元の身体に戻ろうとして、互いに寄ってきます。

射手座17度が、小さな作業の中で射手座の本性を思い出したように、魚座も、このそれぞれ細かい断片がそれぞれにじり寄ってくるプロセスそのものを遊ぼうとします。つまり断片は、自分がもともとの身体のどこにあったものかを少しずつ思い出すのです。それは射手座と同じように、湧き上がる喜びとか満足感とか、憧れなどが発生します。これが元の身体へ向かう力を強化するのです。

が、そもそも魚座の水は柔軟サインですから、射手座と違い、かなり緩い結合力なので、ゆっくり戻ります。これは発想の著しいバラエティや鮮やかさ、夢幻性などを生み出します。射手座が精神的な高揚感として感じられることが、魚座では、もっと情感的に受け止められます。

芸術とか文学などの分野であれば、イメージ力の多彩さなど特異な力を発揮するでしょう。時間を経るに従って盛り上がるような情感表現といえます。液体の部位が元の身体に戻りつつあり、ゆっくり高揚感が強まるところは、例えば、モーリス・ラヴェルのバレエ音楽『ボレロ』のような印象です。

魚座18度 ［17.00 ～ 17.99］　18・種を探す

A gigantic tent.
「巨大なテント」

魚座

騒ぐと周りに迷惑なので、閉鎖された空間を作って、その中で騒いでくれというのが18度です。映画『ターミネーター2』に出てくるT－1000型の身体がちりぢりばらばらになった時、それが一般市街や野山だと、その場所のゴミなども引き込みつつ元の身体へと戻ります。ですが、テントの中だと回収も早く、ゴミも混入しません。

反対の乙女座18度ではウィジャ盤で、これも無意識からの情報を引き出すツールを明確に決めることです。予期しない時に無意識が噴き出してくるよりは、決まった道具を作っておけば、蛇口をひねれば水道から水が出てくるような具合に望んだ時に引き出せるのです。

17度の復活祭がいかに上手くできるかの場所なので、17度の復活祭がいかに上手くできるかの場所を探しているということです。夜空の星のように、まだ型の中に閉じ込めてはいませんでした。しかし18度では、これをテントの中に閉じ込めます。サーカスとかあるいは劇団四季のテントのように、あるいは状況劇場のように特定の場を作ると、より実験的なこともできます。

表現は圧縮され集中化し爆発力を持ちます。もともとクラシック音楽も激しい表現が多いのは形式があるからで、時間が決まっていたり、形式があると、表現は圧縮され集中化し爆発力を持ちます。

化と魚座的回帰の運動をするのは、特定のカテゴリーとか表現の分野を決めていくということです。それは例えば、SF小説の分野に決めるなどクラシック音楽も激しい表現が多いのは形式がある計画され、確保された場の中で、乙女座的分散

488

魚座19度［18.00〜18.99］　19・想像的可能性

A master instructing his pupil.
「弟子を指導する巨匠」

19は輪郭のはっきりした子供10と、夢の中にしかいない子供9の対話で、夢の中にあるものを10の子供が実現しようとしています。地上のギルガメッシュと、神々から送られたエンキドゥは、協力することで創造的な行為をすることができます。やがてもっと前向きになり、まだ実現していないものをかたちづくろうと目論見、世俗の中に降りてきた魚座の人は、17度では無計画に思いつきで騒ぎました。続く18度ではたまり場を作り、テントやカラオケルームの中で遊ぶことを覚えました。

タロットカードの場合、10は「運命の輪」ですが、これは一方的に流れる時間を意味します。そして9は時間の中にまだ入っていません。時間の外にある、いわば過去も未来もないようなビジョンは、時間である運命の輪の中に流し込まれることで、事象領域に入ってくるのです。もちろんこの「運命の輪」の時間は、惑星の数の分くらい複数あることを私はいつも説明します。ですから、「隠者」の意図は、どのサイクルの輪の中に持ち込まれ事象化するのか、今のところは指定されません。

魚座19度では9を10に落とし込みます。しかし乙女座19度の水泳競技では、反対に10の子供が、9の世界に飛び込んでいるようです。どちらにしても、夢を意図的に扱うようなものでしょう。フィクションの創作より踏み込んだものです。

魚座20度［19.00〜19.99］　20・恒常的に

A table set for an evening meal.
「夕食のために用意されたテーブル」

魚座の、象徴性とか見えない領域のところで秩序ある道を作ってきた試みは、16度以後、乙女座の力を借りて、地上化しました。象徴的・想像的な力は、それ以後、世間の中でさまざまな芸術や文化でかたちにされていきます。それでも魚座の、象徴性のほうが事物よりも優位にあるという位置関係は変わりません。物質的な安定性を拠り所にして、随伴作用として想像的なことをするのでなく、想像的な基盤を形成した後に、物質的な領域に表現の場を求めたのです。

この場合、行動の縛りというのは見えない領域、例えば霊的なものの中にあり、物質的な見えるところでの縛りというものを持ちません。それに物質的な拘束というのは、17度から19度までですらんざんになれされていたので、既に物質世界は遊び場のような扱いになっており、そこに秩序とかルールとかの拠り所を求めることはありません。見える世界に安定性を求めても、自然破壊とか戦争とかでまた荒らされてしまいます。現象界は実験場であり、資材置き場で、そこに過去から未来へ進化するという概念を持ち込むには無理があります。

10度では、同じような人にしか心を開かせません。しかしここでは、誰が来ても夕食を用意します。蠍座10度では、縁がある人はまた来るし、来ない人は来ないからです。縁は霊的なところにあり、特別物質的な面で契約をしたり、縛りを作ったりな関係を作る意味がないのです。

489

魚座 21 度 ［20.00 〜 20.99］　21・飛躍　魚座

A little white lamb, a child and a Chinese servant.
「小さな白い羊と子供と中国人の召使い」

山のてっぺんに、素朴な子供が、柔軟な感受性を持つ羊と見えないガイドと共にいます。『アルプスの少女ハイジ』には中国人の召使いはいませんでしたが、これは不可視の存在です。日本では山のてっぺんが異界との接点であり、修行者はこの山で古老に会います。藤原角行は、夢で役行者からの指導を受けましたが、これを夢とはいえません。なぜなら、役行者は応身でしか接触できないからです。それを受け取る時は、変成意識の中にいなくてはならず、変成意識とは日常意識に比較すると、あたかも夢のようなものです。それはペテロがキリストと歩いたことを思い出した時の意識状態です。

どのような時でも霊的・象徴的な作用が働き、物質的な縛りは拘束力を持たなくなったのが20度なので、それを前提に、21度の人は自由に変成意識にジャンプします。モンロー研究所のモンローやブルース・モーエンなどが、この種数多前後の縁で結びついていることを考えると、種々のフォーカス番号の世界、グルジェフでいえば高度な水素番号の世界に、行ったり戻ったりできるということです。知りたいことは本で読むよりもガイドに聞きます。なぜなら、本には書かれていないからです。

ルディアは白い羊は、来るべき白羊宮の予感と書きましたが、人が異なるコスモスに行くには、春分点を扉にします。牡羊座は未来に来ますが、本来、異界の扉はいつでも使えます。

魚座 22 度 ［21.00 〜 21.99］　22・クールダウン　魚座

A man bringing down the new law from Sinai.
「シナイから新しい法則を持ち降りてくる男」

21度で思い切りジャンプしたので、平地に降ります。平地は日常意識で、山の上は変成意識です。この落差そのものを、脳は翻訳して、何らかのメッセージに変えてしまいます。ブルース・モーエンは脳の中の知覚者が何か受け取ると、解説者は既知の近似的知識で翻訳するといっていましたが、したがって降りただけで、既にモーゼは石板を抱えています。

これは獅子座の21度の飛ぶ鳥と、22度のメッセージを降ろしてくる伝書鳩と似ています。違いがあるとすると、獅子座は火の高揚感によって飛び、魚座は弛緩の果てに、あるいは微妙な印象も拾ってくる水・柔軟サインの性質によって受け取るのです。これは大地の上の水たまりでなく、22度で、来るべき次のサイクルの12サインの予感を受けとったしたら、それが発生の水なのです。

22度では大地に降りてきて、まるで十牛図の第十図「入鄽垂手」のように、見知らぬ若者に教えなくてはなりません。この老人は町の人からすると違和感があるように、そのままでは伝わらないので、町の言葉にコンバートする必要があります。

次の12サインは、これまでと同じものが続くわけではなく、タロットの「運命の輪」が自分の身の丈にあった「隠者」に入るように、人によって違います。誰にも押しつけられるわけではないのですが、20度での縁のように自動的に振り分けられるので、あまり気にする必要はありません。縁のない人は忘れます。

魚座23度 [22.00〜22.99]　23・いいとこ取り

Spiritist phenomena.
「霊的現象」

21度で上がり、22度で降りるということを23度では何度も繰り返します。何度も繰り返すと何が起こるかというと、より高度なフォーカス番号にある力は、日常的・肉体的な生活のレベルに浸透してきて、生活を変えてしまいます。初めは切り離していたかもしれませんが、それでも行ったり来たりしていれば、影響が浸透しないわけがありません。例えば、ヘミシンクにしても、θヒーリングにしても、リコネクションにしても、セミナーを受けた帰りに、既に急速に影響が出てしまうということを報告する人はたくさんいます。

21度の山のてっぺんで受け取ったものが、下界の里の暮らしに浸透して、そこを再構造化させます。20度では、この世界は永遠に進化しないので、放任主義に徹するしかないと考えたかもしれません。完成させることはできなくても、耕すことはできるはずです。

シュタイナーによると、思考は繰り返されると塩基に沈殿するといいました。いずれにしても顔つきとか、何らかの見える現象には反映されてきます。結局、23度の目的は、21度で受け取ったものを22度で降ろし、それが浸透して、日常の生活を変えてしまうことを期待しているのではないでしょうか。足して5は14度と23度で、これらはみな子供を産むという5の数字の意味を内包します。14度はダルマ大師のような自己生殖でしたが、23度ではあらためて外面的に子供を産生するのです。

魚座24度 [23.00〜23.99]　24・果てしなさ

An inhabited island.
「人の住んでいる島」

島は陸地から隔離されています。水のサインの24度を参考にしてみると、蟹座では、南の島らしきところで蟹座の理想を追求する場を作ります。蠍座では、山から降りたり上がったりしながら、究極の教えを日常の生活の中に持ち帰ろうとしています。23度で、高度な意識を肉体的な生活の中にも持ち込むことが可能だとわかったら、これを繰り返し、あるいは共同体などを作っているような心身、象徴的な領域で働く意識の発達をさせようとして、象徴的な魚座は、あらためて、象徴を事物から切り離して、象徴的な事物に引き降ろして、象徴と事物の合致を目指すことが可能だと思います。上から下まで同期を取るような考え方の人がいて、この考え方を打ち砕こうと目論む人はたくさんいます。一番酷いのは、世界には事物しかないし、象徴的なものなどないという人たちです。そこで、邪魔が入らないように島で隔離し、実験場にして純粋培養するのです。

その時に、21度の子供が宇宙のように人は羊とも共存しています。つまり宇宙的な生態系や人、動物、植物、鉱物、さらに天使など表象としての存在を均等に、アリストテレスの階段のように配置しようとします。蟹座では、武者小路実篤のように理想の人の住む共同体作りを夢見たのですが、魚座においては人だけが重要とはかぎらず、むしろ宇宙の縮図を作ろうとしています。理想の腸環境を整えるように、微生物や金属の比率も考えます。

魚座 25 度 ［24.00 〜 24.99］　25・完成と自律

The purging of the priesthood.
「聖職の浄化」

魚座

柔軟サインの25度は末端処理です。つまり柔軟サインとは多様すぎる発展をするので、最後にはひと段落まとめなくてはならないのです。24度の島での実験は、宇宙生態系としての全体的なバランスを持つことでした。全部かき集める魚座は、それらをきちんと配置した宇宙図を必要とします。この観点からあらためて世間とか自分の家系などを見てみると、何かおかしな、いびつな進展を遂げた系列があることに気がつきます。

地上に生かすべきものもあれば、地上から取り除く必要のあるものもあります。見えるものだけで判断すると、隠れて何かしても誰にもわかりません。しかし、見えない世界に敏感な魚座からすると、邪悪な11度から15度までの系列もあるのです。非物質的なあるいは霊的な世界においては、魚座は乙女座的な神経質さと潔癖さを持っており、隣の家にまで伸びた枝葉を、双子座の25度の剪定師のように刈り取ります。見えないからといって不正をするのが最も許せないのです。

見えないものは、やがては23度のように物質化します。この度数を持った人で家系の絶滅を目論んだ人がいましたが、そうするべきかどうかの判断基準は、21度で受け取った来るべき12サインの輪のビジョンと、24度の生態系配置の実験の結果によって変わります。かつては滅ぼすべきだった狼も、現代では野に放つべきであると考えている人々がいます。

魚座 26 度 ［25.00 〜 25.99］　26・堪能

A new moon that devides its influence.
「影響を分割する新月」

魚座

魚座の最後の5度域は、次の12サインとの調整です。25度で、霊的なかたちを剪定し、余分な枝葉を切りました。ある人々においては、地上においての親子関係は、自分の本質とは縁のないものと考えられています。魂の本質の方が重要だというのです。これはオーストラリアのアボリジニがソングラインをたどって、自分の父を大地の中に見つけた時、そちらを本物とみなすことに似ています。自分の魂の系統をはっきりさせて、進路を明確にするのです。

双子座25度で枝を切りすぎて丸裸の木になってしまったように、26度で枝を取り除きすぎると曖昧さを残し、寂しく厳しいものが出てくることもあります。例えば、肉親であっても甘えられないようなものです。双子座26度も射手座26度も、逆境を挑戦と受け止めて歓迎していたように、ここでは孤独や寂しさは歓迎でなくてはならないのです。自分の本質を極めるには孤独で無数に存在します。人と会うことを拒絶した詩人のライナー・アリア・リルケとか、書斎にこもったモンテーニュ、監獄のドストエフスキー、あるいは多くの聖者などたくさんです。

ここから少しずつ、次の12サインに向けて、方向決めをしなくてはなりません。列車のレールのポイント切り替えと同じで、レールの上では進路変更できず、春分点を通過する瞬間しか意志的決定ができないのです。

魚座 27 度 ［26.00 〜 26.99］ 27・向上心

A harvest moon.
「収穫の月」

魚座

双子座や射手座では、26度でプレッシャーの強い方向を選び、そこで自信がつくと、27度ではより積極的で大胆な行動に出ることができました。乙女座27度では、自分が受け取っている高度な力を、より多くの人に伝える伝達者として入門者を増やしたがっています。射手座も自分の思想を刷り込む人々を増やします。

魚座の場合、26度で選んだ孤独な道の結果がここで出てきますから、26度と27度は因果法則の関係です。たくさんの収穫物が得られるものであり、自分の姿勢によって生まれてくる状況なり運命なりは、特色の強いものです。その人の性格とその人の人生は同じ型であり、誰でもほぼ自分にふさわしい人生を生きていますが、しかし25度で、自分のものではない影響力を取り除いたので、ここでは自分にふさわしくないものを受け取ったりはしないということです。

たいていそこまで純度の高い因果を体験しないのは、自分と人の影響を分割していないからです。一般的にありそうな展開というのは、実はその人の魂のかたちが引き寄せたものではありません。むしろそれが不在の場合のありがちな結果です。ここでは因果のストレートな関係性が成り立ちますから、他人がまさかと思うような人生の展開になるのです。不純物を取り除くほど、ますます面白い話になっていきます。お金や携帯電話という社会的な保護装置を取り除いて旅をすると、それがいやというほどわかります。

魚座 28 度 ［27.00 〜 27.99］ 28・突破口

A fertile garden under the full moon.
「満月の下の肥沃な庭」

魚座

28度は次の12サインへの突破口ですが、これまでのサインと同等の説明ができないのは、次の12サインは、今までの12サインと同じではないからです。宇宙的な法則としては、平行線は存在せず、上昇するか、あるいは低下するかしかないので、無気力な人の次の12サインは、より萎縮した輪になっていきます。これまでの12サインの一つひとつは1本のレールのようにつながっていたのですが、春分点は列車のレールのポイント切り替えのようなものです。

方向を変えるのは、意志を打ち込むことでなされます。空無に見えるものに意志を打ち込むと、意志の通りに返ってくるものがあるのです。この移動中は前のサインと後ろのサインのせめぎ合いで、好きなことができませんでした。12サイン体のある人は、恥ずかしいので、それを我慢します。蟹座からもツッコミが入ります。

春分点は陰陽の差異が一瞬帳消しになるので、崖から落ちるように違う方向に向かうことができます。これには秘訣が必要で、それはどのような既存のものにも依存せず、つまり見捨てられして純粋に望むという意図を宇宙に放つことです。できない人は、見捨てられていないからです。怖いものはありません。人生は意志によって進行し、そして豊かさを獲得します。

魚座29度［28.00～28.99］　29・比較

A prism.
「プリズム」　魚座

一つの白い光は、プリズムを通して7色の光線に分岐します。その一つは、また下部で七つの分岐をし、さらにその一つはまた七つにと進みます。細かくいえば、一つのコスモスはその内部で上端と下端という極性を持ち、つまり陰陽化し、この両極の間がさらに四つになり、また七つになります。そうやって、一つのコスモスはその内部に、色とりどりの内部運動が始まります。外から見ると相変わらず一つの白い光の塊ですが、内部では七つに分かれています。

私たちは外部宇宙から、卵の形として降りてきます。これは水瓶座の7度関連で説明しました。身体の頭から入った卵は胸の中心に収まり、で、内部に七つに分岐して、世界活動に入ります。この場合、七つをコスモス内部、あたかも外界に見えるようなものへ投影します。つまり世界へ自分をばらばらに投げ出すのです。ですが他所に行くには七つを回収して、つるんとした卵に戻り、頭のてっぺんから出て行きます。

出入りするにはオールインワンのパックになっていないといけないのです。その時、世界の中での感覚的な体験は引っ込められますから、昏睡の中にあり、丸まった胎児のようです。29度はこれまでのサインと次のサインの比較です。つまり引っ込めて、また次の世界に行くと、そこで七つに分かれて世界に自分を投げ出します。練習して春分点移動に備えるのです。トータルな宇宙法則について、学習するとよいでしょう。

魚座30度［29.00～29.99］　30・吐き出す

The Graet Stone Face.
「巨大な石の顔」　魚座

29度で書いた卵に内部に七つが揃っていますが、実は私たちは、今でも卵であり、世界体験はこの内部で夢見している状態です。卵の内側には文字が刻まれており、映像や考え事、気持ちなどには没入していますが、遠くから見ると、何一つ変わっておらず、宇宙空間にぽつんと浮かんでいるような印象です。この卵は外界からの衝撃に耐えられるように硬く、つまりまるで岩の塊のようで、そこに顔が刻まれていることを想像してみましょう。卵はクラスター状なので、小さな卵が集まり、巨大な卵になり、それはまたさらに巨大な卵の中にあります。

30度では残り要素をすべて吐き出し、吐き出した段階で、卵は次の世界に発射されます。荷物を全部捨てると浮力が出ますが、まだ浮上しないには、どこかにつながっている銀の糸を全部取り外していないからなのかもしれません。ここは12サインの最後のサインの最後の場所なので、卵として完全にまとまっていなくてはなりません。卵として完全にまとまっていなくてはなりません。一部に欠けがあってもなりません。依存しても、期待してもいけないということになります。

この石に似た卵に刻まれた顔は誰にも似ておらず、その人の顔そのものです。そうした個性や元型的なかたちをくっきりと作る必要があるのです。そして何の役にも立ちません。ハイデッカーが批判した、役に立つという道義主義は、世界の内部に部分として生きている時にのみ通用します。

494

付録

寄稿コラム

COLUMN 1

古典的な技法とネイタルチャートの関係　いけだ笑み

ホロスコープの中で主導権をにぎる惑星を知ることにより、物事の判断基準がその惑星基準で行われる様が理解できるのでやってみましょう。例えば、買い物で炊飯器を選ぶことを取り上げてみたいと思います。

【月優位型】

基本直観で選びますが、昔使ったことがある、実家もそのメーカー、好きな人が進めてくれた、などの馴染みの良さや愛着を動機とした判断基準になります。一般的かどうかも月型人間の尺度になりますので、あまり規格外の商品には触手が伸びないでしょう。

【水星優位型】

水星型は比較検討することでしか物の価値が計れないため、一軒目で決めることはまずないでしょう。比較対象と検証対象は多ければ多いほど冴えた判断ができるため、時間が許せば、インターネットの価格比較サイトや巨大掲示板の家電板を読破しておきたいところ。スペックと

出生図を解釈する時、そこに表示されている無数の象徴からどこにフォーカスして読み取るかという基準はどこから来ているのでしょうか？

アセンダントの重要性、太陽と月、土星にも注目した方がよいでしょうし、惑星が集合しているサインやハウス、複合的な図形ができているところも見逃せません。一つひとつ拾い取りながら丁寧に解釈していくと、「さみしがり屋だけど、一人の時間も必要」「基本穏やかだが、怒りだすと怖い」「やさしいけどいじわる」などの相反する要素の羅列が続き、メリハリのないリーディングになってしまい、結局、何を言いたいのかわからない混乱した内容になってしまいます。

そもそも人格とは、単一的なものではなく、幾重にも層をなす意識のせめぎあいと、多様な可能性による多少の優劣から成り立っていることをそれで問題はないのですが、古典的な技法には、人間を七つの惑星タイプに分ける考え方があります。自分のチャートの中で優位性があり、指導力を発揮する惑星を知ることで、自分の判断基準がどの惑星によることが多いかを理解することができます。

496

COLUMN 1　古典的な技法とネイタルチャートの関係　〔いけだ笑み〕

価格のバランスで、コストパフォーマンスが一番よさそうなものを、自分の目的に関わらず選ぶのが水星型人間です。

【金星優位型】

フォルム重視型。設置場所や他の家具との調和や、色の好みを最優先し、スペックや価格は二の次になるでしょう。気に入ったデザインのものであれば、規格外の舶来品などにも手を出すタイプ。どんなに良い商品でも美しくなければ手が出ない場合も。

【太陽優位型】

目的重視。一人暮らしなら1合炊きがおいしく炊けるものだとか、発芽玄米を炊きたければそれに特化したものなど、「何をしたいか」によって道具を選ぶタイプです。太陽型の人間にとっては、道具は手段にすぎず、値段や不必要なスペックは決定を左右しません。

【火星優位型】

競争原理の中で本領を発揮するタイプなので、数量限定品や売れ筋タイムセールなどに弱い。オークションにもハマりやすいでしょう。人気商品で希少価値が上がっているものにも熱を上げるし、心の炎をかき立ててくれる

演出、「萌える」要素があれば直情的に商品をゲットします。買うかどうか迷っている時も、別の人がその商品に興味を示して手にとった瞬間に決断する場合も。

【木星優位型】

欲しいものがあっても慌てず騒がず「欲しい」とだけ言ったり思ったりしているとそのうちもらえるタイプ。引き出物やポイントでもらえる場合もあるが、降ってわいたように人から譲り受けることも実際多々あるのが木星型人間の不思議。自分で購入する場合も比較検討したり値踏みしたりはせず、出会いをそのまま受け入れて満足するタイプ。最適のものが最適のタイミングで手に入ることに疑いを持たないのが木星型人間。

【土星優位型】

メーカーの信頼度や保障の厚さを重視します。長期保証があればつけるかもしれませんが、それ以上に長持ちするかどうか、長期的な目で見た時に価値があるかどうかに心動かされるため、安物買いの銭失いにならないよう、多少値が張ってもちゃんとしたアフターフォローを受けることができ、長く使えるものを選ぶのが土星型人間。

497

ここでは、家電製品を買う時の判断基準になぞらえて、ホロスコープの中で優位な惑星がどのような判断基準をその人に与えるかを説明しましたが、進路などの人生を左右する場面でも惑星の優位性が判断基準になってしまうのでバカにできません。ただし、惑星の優位性が猛威を振るうのは、些細な分野が多いような気がします。重要な局面では、惑星の優勢性以上に、優劣にかかわらず太陽が判断基準を担うことが多く、それゆえに、太陽のディグニティーが低い人は人生の重大な局面で迷ったり、判断を人に委ねたりしてしまうこともあると私は考えています。

惑星の優位性を計る方法はさまざまで、古典的な技法の中でそれができるのはセクト、ジョイオブプラネット、ディグニティーなどが代表的なものです。しかし、それらの尺度を使わなくとも、アセンダントのルーラーと、太陽サインが支配する惑星と、月のサインが支配する惑星を導き出すだけでも、自分が何惑星型の人間なのかを考えることができます。例えばアセンダント天秤座であれば、金星の人です。太陽が蟹座にあれば月の人だと考えてよいし、月が水瓶座にあれば土星の人です。このような考え方自体、近代のサイン重視の占星術では見落とされていることが多いのです。12星座の住み分けは多彩で生き生きとした分析や遊びが用意されていますが、星座が支配する惑星に注目がいくことは稀といえるでしょう。本稿で紹介する技法を使ってみることで、もう一度

さて、惑星の優位性を計る尺土は大きく分けて2種類あります。

1 エッセンシャルディグニティー
惑星とサインの関係によって導き出される品格（ディグニティー）

2 アクシデンタルディグニティー
惑星とハウス、惑星と太陽の位置関係、惑星の運行状況（速度や逆行など）、惑星同士の角度、惑星と恒星などによって導き出される品格（ディグニティー）

エッセンシャルディグニティーによって計ることができるのは、その惑星が本質をのびのびと発揮できるサインにあるかという部分です。エッセンシャルディグニティーで高得点を獲得した惑星は、素直で品格が高く扱いやすいと考えられます。刃物であれば切れ味が鋭いし、アクセサリーであれば魅惑的によく輝いているでしょう。

アクシデンタルディグニティーによって計ることができるのは、エッセンシャルのような質の良し悪しではなく、その惑星の稼働力や使用頻度の高さ低さです。1ハウスや10ハウ

498

COLUMN 1　古典的な技法とネイタルチャートの関係　〔いけだ笑み〕

スにある惑星は、張り出してよく目立つし、太陽との位置関係がよい惑星も使い勝手がよいでしょう。順行していて太陽との位置関係がよい惑星も使い勝手がよいでしょう。

「ハサミ」を例にとって二つのディグニティーの役割を考えてみると、エッセンシャルディグニティーの高いハサミは、研ぎ師の名前の入った桐の箱に収まったまま押入れの奥にしまわれているかもしれません。

一方、100円ショップで買った切れ味の悪い、持ち手の折れたハサミがあります。しかし、そのハサミはリビングのペン立てにさしてあるため、1日何度も出番があり、家族全員に使い回されています。後者はアクシデンタルディグニティーが高くエッセンシャルが低い状態をイメージしてもらうための比喩です。

ネイタルにおける、エッセンシャルとアクシデンタルの扱いも同じで、本質的（エッセンシャル）に恵まれていたとしても、二次的（アクシデンタル）にハウスのコンディションや他の惑星との兼ね合いが悪ければその惑星は桐の箱にしまわれたまま、この先あるかないかすら疑わしい出番を待っているばかりでしょう。逆に本質的な品格を落としている惑星であっても、目立ったハウスにあるとか、他の惑星との兼ね合いがよろしければ使用頻度が高まります。

才能があって容姿に恵まれていることがタレントの条件ではなく、自分を売り込む力の方が必要である場合が多いのと同じで、本質的（エッセンシャル）な品格を計ることは出生図においてもあまり意義がないかもしれません。

（1）エッセンシャルディグニティーの計算方法

サインと惑星の支配関係図

ある惑星があるサインにある時、どのような品格を上の図に照らし合わせて検証します。審査の対象となる品格は5種類です。右端の二つの品格は、高い品格を得るサインの180度のサインに惑星がある時に、品格を落としているとされるコンディションです。Detrimentは、House of the Planetsの対極で、Fallは、Exaltationの対極です。それぞれに、同じだけの数値がマイナスされます。

例えば、牡羊座23度に火星があったとします。

牡羊座の欄を横にたどっていくと、まずHouse of the planetsと書いてあるところに火星のマークがあり、それは火星が牡羊座の支配星であることを示しています。惑星がHouse of the Planetにある時、その惑星は5点を獲得します。さらに横にたどっていくと、The Term of the Planesという欄にも火星があります。惑星の横の数字は支配惑星が切り替わる度数です。牡羊座の23度であれば、22度〜26度までの範囲に該当しますので、火星はタームも獲得していることが示されており、タームは2点獲得します。

499

A Table of the Essential Dignities of the PLANETS according to Ptolemy													
Sign	House of the Planets	Exaltation	Triplicity of Planets D N	The Terms of the Planets					The Faces of the Planets			Detriment	Fall
♈	♂	☉	☉ ♃	♃ 6	♀ 14	☿ 21	♂ 26	♄ 30	♂ 10	☉ 20	♀ 30	♀	♄
♉	♀	☽	♀ ☽	♀ 8	☿ 15	♃ 22	♄ 26	♂ 30	☿ 10	☽ 20	♄ 30	♂	
♊	☿	☊	♄ ☿	☿ 7	♃ 13	♀ 21	♄ 25	♂ 30	♃ 10	♃ 20	☉ 30	♃	
♋	☽	♃	♂ ♂	♂ 6	♃ 13	☿ 20	♀ 27	♄ 30	♀ 10	☿ 20	☽ 30	♄	♂
♌	☉		☉ ♃	♄ 6	☿ 13	♀ 19	♃ 25	♂ 30	♄ 10	♃ 20	♂ 30	♄	
♍	☿	☿	♀ ☽	☿ 7	♀ 13	♃ 18	♄ 24	♂ 30	☉ 10	♀ 20	☿ 30	♃	♀
♎	♀	♄	♄ ☿	♄ 6	♀ 11	♃ 19	☿ 24	♂ 30	☽ 10	♄ 20	♃ 30	♂	☉
♏	♂		♂ ♂	♂ 6	♃ 14	♀ 21	☿ 27	♄ 30	♂ 10	☉ 20	♀ 30	♀	☽
♐	♃	☋	☉ ♃	♃ 8	♀ 14	☿ 19	♄ 25	♂ 30	☿ 10	☽ 20	♄ 30	☿	
♑	♄	♂	♀ ☽	♀ 6	☿ 12	♃ 19	♂ 25	♄ 30	♃ 10	♂ 20	☉ 30	☽	♃
♒	♄		♄ ☿	♄ 6	☿ 12	♀ 20	♃ 25	♂ 30	♀ 10	☿ 20	☽ 30	☉	
♓	♃	♀	♂ ♂	♀ 8	♃ 14	☿ 20	♂ 26	♄ 30	♄ 10	♃ 20	♂ 30	☿	☿
	+5	+4	+3			+2				+1		-5	-4

さらに横に進むと、The Face of the Planetsにも火星がありますが、1度から10度までが火星の管轄で、調べているのは牡羊座23度の火星ですからそこから外れますので、The Face of the Planetsは獲得しません。

したがって、牡羊座23度にある火星は、House of the Planetsの5点とThe Term of the Planetsの2点の二つの品格を得て、合計7点のエッセンシャルディグニティーを持っていることになります。

品格を得ない時の例も取り上げてみます。

例えば、牡牛座14度に土星があったとします。

牡牛座の欄を横にたどっていくと、The Term of the Planetsに土星がありますが、土星がタームを支配するのは23度から26度ですから、牡牛座14度にある土星はこれに該当せず、タームを獲得しません。

さらに横に進むと、The Face of the Planetsにも土星はありますが、土星がフェイスを支配する度数が、21度から30度なので、牡牛座14度はそれに該当せず、フェイスも獲得しません。

したがって、牡牛座14度の土星は5種類の品格のいずれも獲得せず、このコンディションの

COLUMN 1　古典的な技法とネイタルチャートの関係〔いけだ笑み〕

ことを「ペリグリン」とします。ペリグリンとなった惑星はマイナス5点されます。

品格を落とす例も取り上げてみます。

例えば、双子座12度に木星があったとします。双子座の欄を横にたどっていくと、The Term of the Planets に木星があり、度数も該当しますので、ターンの2点を獲得します。

さらに横に進むと、The Face of the Planets の最初の10度までが木星の支配下にありますが、木星は12度なので該当せず無得点です。

さらに横に進むと、Detriment が木星です。木星は射手座の支配星なので、その対抗にある双子座にある場合、品格を落とし、マイナス5点の失点です。

得点と失点を合計して双子座12度の木星は、マイナス3点の木星になります。

5種類の品位すべてを獲得せず、さらにデトリマントかフォールで失点した惑星の計算例です。

例えば、双子座19度に木星があったとします。

双子座の欄を横にたどっていくと、すべての品位にこの度数の木星は該当せず、最後のデトリマントでマイナス5点です。この場合、ペリグリンのマイナス5点とデトリマントのマイナス5点の合計が加算され、マイナス10点とする流派が多いようです。

救済される例として、ミューチュアルレセプション（光の交換）があります。

互いの支配星同士が入れ替わっている状態をミューチュアルレセプションといいます。例えば、牡羊座に月があって蟹座に火星がある状態、牡牛座に土星があって山羊座に金星がある状態、双子座に金星があって天秤座に水星がある状態などが、The House of the Planets 同士のミューチュアルレセプションです。

ミューチュアルレセプションは、ハウスオブプラネット、つまり支配星同士だけではなく、エグザルテーションやトリプリシティなどすべてのディグニティーで概念として適応されますが、救済として点数に反映されるのは、ハウスオブプラネットとエグザルテーションまでです。ハウスオブプラネットでミューチュアルレセプションが起こった場合は、互いの惑星がハウスにある状態と同じ5点を獲得します。エグザルテーションでミューチュアルレセプションが起こった場合は、互いの惑星がエグザルトしている状態と同じ4点を獲得します。ミューチュアルレセプションが起こっている惑星は、ペリグリンからも救済され、品格を獲得している惑星は、ペリグリンからも救済され、大きな救済処置です。

以上の要素からエッセンシャルディグニティーの点数を導き出すのですが、ペリグリンとミューチュアルレセプションによる点数調整が面倒で、ミスを多発する要因になりやすい

501

天体の稼動力を高める要因		天体を弱体化し動きにくくする要因	
ヘイズ	—	エクストラコンディション	—
ジョイ	—	サインの境界線やルナーマンションの切り替わりポイント	—
太陽と月が吉角度	—	月がバイアコンバスタゾーンを経過	—
1ハウス、10ハウス	+5	12ハウス	-5
4ハウス、7ハウス、11ハウス	+4		
2ハウス、5ハウス	+3		
9ハウス	+2	6ハウス、8ハウス	-2
3ハウス	+1		
月が1相〜15相（太陽に対して0度〜180度）	+2	月が16相〜28相（太陽に対して180度〜360度）	-2
水星、金星がオキシデンタル（太陽に対して0度〜180度）	+2	水星、金星がオリエンタル（太陽に対して180度〜360度）	-2
火星、木星、土星がオリエンタル（太陽に対して180度〜360度）	+2	火星、木星、土星がオキシデンタル（太陽に対して0度〜180度）	-2
カジミ（太陽の左右0.17分以内）	+5	コンバスト（同サイン内で太陽の左右8.5度以内）	-5
太陽から十分離れている（コンバストあるいはアンダーザサンビームされていない）	+5	アンダーザサンビーム（太陽の左右17度以内）	-5
順行	+5	逆行	-5
平均速度以上の動き	+2	平均速度以下の動き	-2
金星、木星との0度	+5	火星、土星との0度	-5
金星、木星との120度	+4	火星、土星との180度	-4
金星、木星との60度	+3	火星、土星との90度	-3
吉星による包囲	+5	凶星による包囲	-5
ドラゴンヘッドとの合	+4	ドラゴンテイルとの合	-4
レグルス（獅子座29度）と合	+6	アルゴル（牡牛座26度）と合（5度程度のオーブ）	-5
スピカ（天秤座23度）と合	+5		

＊ Campanus, whole-sign などのハウスシステム以外を使用の場合、カスプの5度前にある天体は次のハウスにあるとします。

（2）アクシデンタルディグニティーの計算方法

惑星を強める要因と弱める要因を左右に分けてリストアップした表に基づいて、それぞれの加点減点の合計を出すだけです。

ので、積極的に占星術ソフトの自動計算を利用されるとよいでしょう。ほとんどのソフトでエッセンシャルディグニティーの計算ができるはずです。その場合、ペリグリンをマイナス5点とするのか、ミューチュアルレセプションはどの品格まで考慮するかなどの設定ができるものもあります。

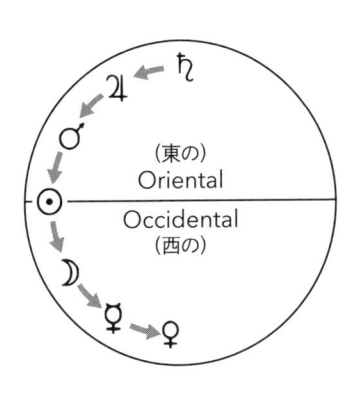

COLUMN 1　古典的な技法とネイタルチャートの関係　〔いけだ笑み〕

この表のリストは、一応、一般的なものを紹介していますが、どのような二次的なコンディションが惑星を強めたり弱めたりするかは、占星術師自身の実践と経験と研究に基づいて常に調整されるべきものなので、この表に不足を足したり、必要ないと思われる減点や加点を抜かす作業は自由に行われるべきだと思われます。

この表を理解するために、いくつか知っておかなければならない概念があります。今回は、特に点数を左右するものの中で、知られていない概念の説明にとどめます。ハウスの吉凶や太陽との位置関係に関しては、特に解説を加えませんが、アクシデンタルで最も強い影響力を持つのがこの二つの概念です。

惑星たちは、太陽に対してどの位置にあるかで、強弱が決定されるといっても過言ではありません。

(3) オリエンタルとオキシデンタル

この概念も、知られていないので解説が必要です。惑星がオリエンタルな位置にあるか、オキシデンタルな位置にあるかは、太陽を主軸にしてその右側にあるか左側にあるかで判断できます。このエリア感覚を簡単に身につけるには、太陽を東の地平線ぴったりに持ってきて、上半球と下半球で判断した方が自然でしょう。

太陽よりも移動速度の速い金星と水星と月は、太陽から見て左側に移動している時の方が、光を強めます。光を強めるとは、月で考えてもらうとわかりやすいのですが、新月から満月に至るまでの月はその姿を太らせながら光を強めていきます。占星術では、太陽から離れていく動きがその惑星の力を強めるという考え方が基本にあるのです。逆に太陽よりも移動速度が遅い火星と木星と土星は、太陽の右側のエリアにある時の方が太陽から離れていくことになります。

オリエンタルは「東の」という語源を持ち、オキシデンタルは「西の」という語源を持つため、左右で考えた時に混乱を来す場合もあります。ここでいう東西とは、東天と西天の意味です。

(東の) Oriental
Occidental (西の)

（4）天体の速度

平均的な速度よりも速く天体が移動している時は、その天体に勢いがあり、勢力が強まると考えられます。逆に遅く移動している時は、弱体化していると考えられます。逆行前後に動きがとどまっているように見えるステーションのコンディションでは特に、天体が弱まると考えます。通常のチャートリーディングでこの考え方がどれほどの影響力を持つかは謎ですが、ネイタルにおける天体の品位の役割を考えてみるわけですから、＋ー2点というのは、やや多すぎるかもしれませんが、最も一般的な方法を、まずは試してみましょう。

1日に移動する平均速度

月	13° 10′ 36″
水星	0° 59′ 08″
金星	0° 59′ 08″
太陽	0° 59′ 08″
火星	0° 59′ 08″
木星	0° 04′ 59″
土星	0° 02′ 01″

チャートの速度が速いか遅いかを知るためには、それぞれの天体の平均的な速度を知る必要があります。表はおおよその天体の平均的な速度の数値ではありますが、各天体の1日に移動する平均速度のリストです。″60で、1となります。これに対して、チャート内の天体が1日どのくらい移動したかを知るには、天文暦の当日前後の天体の位置を確認して、日数で割ります。SG WDを使用されている方は、「機能」→「古典メソッド」→「motion by day」で速度を確認することで速さを知ることができます。表よりも平均値表の比較することで速く（＋2）数値が小さければ遅い（ー2）ことになります。

（5）パーチル

角度がぴったりと形成されている状態を「パーチル（partile）」といいます。パーチルの定義では、小数点以下を単純に切り捨てて1の位と10の位が同じ数値であることを求めます。例えば、00・99度と01・00度の距離差はわずか00・01度ですがパーチルとみなされず、00・01度と00・99度の距離差は00・98度でほぼ1度に近いのですがパーチルです。

このように、パーチルの定義では実際の距離の開き以上に数霊的意味合いが重視されているのは興味深いところです。古典的な多くの手法が「肉眼」とか「実際の動き」などに支えているというような固定観念もあるようですが、パーチル

COLUMN 1　古典的な技法とネイタルチャートの関係　〔いけだ笑み〕

の概念は明らかに数秘的な世界観に支えられたものといえるでしょう。

(6) 吉凶星による包囲

包囲とは、ある天体が歩みを進めても後退しても吉星、あるいは凶星が待ち構えている状態を指します。この考えには、同じサイン内での包囲のみを指す場合と、サインをまたいでの包囲も考慮する場合があります。同じサイン内での包囲は、例えば牡羊座1度の金星―牡羊座5度の天体a―牡羊座10度の木星、といった場合。

サインをまたいでの包囲は、例えば牡羊座1度の金星―獅子座5度の天体b―双子座10度の木星、といった場合です。bの天体は前進すれば木星とのセクスタイル、後退すれば金星とのトラインに挟まれているため、これを吉星による包囲と考えるものです。

包囲の概念は、普通にチャートを読んでいれば次にどのアスペクトを取るかをチェックしないわけがないですから、それをいちいち取りざたするのもおかしなことだと私は考えています。ですから、今回はシンプルに同じサインで起こった包囲のみを考慮してみることにします。

(7) 恒星

点数を左右するものとして、レグルス、スピカ、アルゴル、ヤルスターと呼ばれる王国の行く末を占うために欠かせなかったものたちをはじめ、大規模な凶事を暗示するものなどさまざまです。恒星の意味を考える場合、その星座にまつわる神話を考慮することが多いようです。

恒星そのものの移動を観測することは気が遠くなるのですが、歳差運動が加わることによってわずかずつではありますが、位置がずれていきます。おおよそ72年かけて1度移動。1年で0,0″50、10年で0,8″33移動します。この移動によって2010年には2千年以上獅子座にあり、「獅子の心臓」の名を持つレグルスが乙女座の0度に移るという大きな変化も控えています。これはもちろん四季と一致させたトロピカルゾディアック (移動春分点を元にした十二宮) における乙女座0度ですから、実際の星座位置は2000年前と変わらず獅子の心臓部で輝いていることになるのですが。

アクシデンタルディグニティーの表に示された三つの恒星は中でも強い吉意と凶意を持つものとして、加減点されているようです。

レグルス Regulus 獅子座 29° 56'	ラテン語の「小さな王」の意。コル・レオニス「獅子の心臓」とも呼ばれるロイヤルスター。エジプトでは毎年夏、ナイル川が氾濫を起こす頃に太陽がレグルス上を経過するため獅子を祭りました。必ずしも幸福とはかぎらないけれど、成功、栄光、カリスマ性、統率力、荒々しさ、暴君、孤立、などの意味が与えられています。
スピカ Spica 天秤座 24° 20'	春の夜に明るく輝く一等星で、ラテン語で「穂先」の意味を持つ。日本語では「真珠星」、中国では「角」と呼ばれます。春分点近くにあるため、ヒッパルコスや後のコペルニクスなどが歳差運動の観測に利用。エジプトのテーベの神殿は建築当時にはスピカの方向を指していました。スピカには幸運を保障する力があるとされます。実際的な成果はレグルスの方が強調されるかもしれませんが、スピカは特に内面の幸福感をもたらすようです。充実、希望、豊穣、人気などの意味が与えられます。
アルゴル Caput Algol 牡牛座 26° 16'	英雄ペルセウスが切り取った怪物メドゥーサの頭。アルゴルは、一定の周期で不気味に光度を変化させる食変光星で、アラビアではラスアルグル「悪魔の頭」と呼ばれていました。ホラリーでは最大ともいえる凶意が与えられ、ギロチンや首切りのような直接的な解釈から、命や人生に関わる深刻な事態や、職を失ったり、恋愛では首っ丈になるあまり我を失うような事態を暗示するとか。

※ここに示された恒星の位置は、2008年1月のものになります。

以下の例題を見ながら実際に七つの天体のアクシデンタルディグニティーを計算してみましょう。

天体の速度

☉	001° 01' 01"
☽	012° 43' 38"
☿	001° 42' 20"
♀	001° 02' 50"
♂	000° 10' 14"
♃	000° 13' 46"
♄	000° 07' 00"

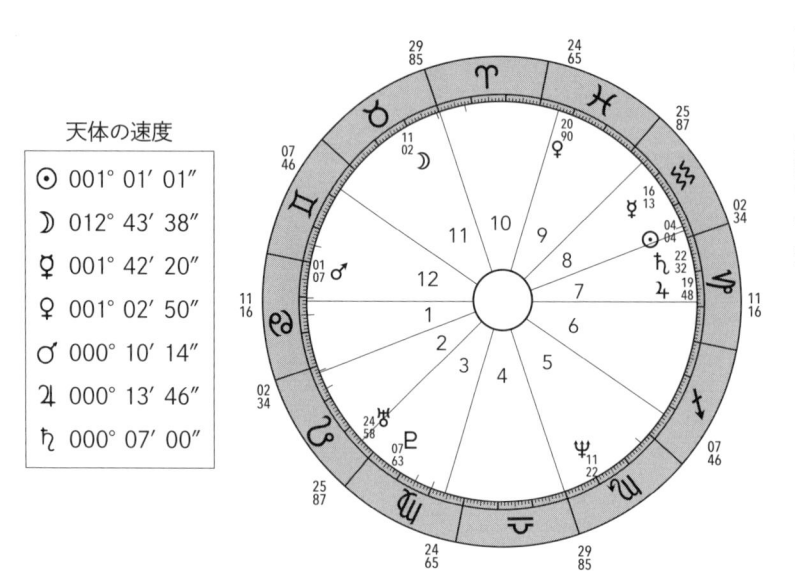

COLUMN 1　古典的な技法とネイタルチャートの関係　〔いけだ笑み〕

【月】+14	11ハウス +4
	月が1相〜15相 +2
	コンバストされていない +5
	順行 +5
	速度が遅い -2
【水星】+8	8ハウス -2
	オキシデンタル +2
	コンバストされていない +5
	アンダーザサンビーム -4
	順行 +5
	速度が速い +2
【金星】+19	10ハウス +5
	オキシデンタル +2
	コンバストされていない +5
	順行 +5
	速度が速い +2
【太陽】±0	8ハウス -2
	速度が速い +2
【火星】-5	12ハウス -5
	オキシデンタル -2
	コンバストされていない +5
	逆行 -5
	速度が遅い -2
【木星】+9	7ハウス +4
	オリエンタル +2
	コンバストされていない +5
	アンダーザサンビーム -4
	速度が速い +2
【土星】+9	7ハウス +4
	オリエンタル +2
	コンバストされていない +5
	アンダーザサンビーム -4
	速度が速い +2

アクシデンタルディグニティーによる最低得点を獲得したのは火星、最高得点を獲得したのは金星です。金星は+15に、天頂高くカルミネートした状態にあり、木星ともパーチルではありませんが、吉角度を取っているため、このチャートにおいてかなりの優位性を発揮するキー天体となることは明らかです。

優先順位が高いかはアクシデンタルの得点に準じた解説になります。そこを注意しながら読んでください。

（8）二つの品位の組み合わせによる各天体のリーディング

【月】
情緒活動および母子関係
エッセンシャル（+5）
アクシデンタル（+14）

どちらの品位も高得点を獲得。このチャートの持ち主が品のある情緒活動の持ち主であると同時に、それを抑圧する要素が少ないため、のびのびと感情を表現できることを示します。また、母子関係においては、育ちがよく親子間に十分な共感が交わされていたことも推測できるでしょう。

もともとの性質を指す内容はエッセンシャルの得点に準じられ、それをどれだけ駆使するか、あるいは他の要素よりも

507

水星

コミュニケーションと思考
エッセンシャル（＋1）
アクシデンタル（＋8）

他の惑星と相対的に見た場合は決して高い得点とはいえないものの、ともにまずまずの点数。アクシデンタルでは内向しやすい8ハウスに閉じ込められているため、他の惑星を圧して水星が優位性を発揮することは難しいことがうかがえます。思考力そのものは良好ではあるものの、極親しい中でのみ発揮されるコミュニケーションスキルを持ち、知性や情報よりも情緒（月）や美意識（金星）が優位な尺度を持つ人物であることがうかがえます。

金星

美意識と魅力
エッセンシャル（＋4）
アクシデンタル（＋19）

共に高得点、特にアクシデンタルでは最高得点を持つ金星。もともと魅力的な容姿や雰囲気を持ち、それを駆使して世渡りをする人物であることがうかがえます。情緒（月）、思考（水星）、意志（太陽）、積極性（火星）、幸運（木星）、厳格さ（土星）のすべての意識を圧するかたちで、美意識と魅力が優先される場合が多く、特に意識することがなければ、自然とこのバランスに落ち着きます。この人物にとって、美しくないもの、バランスを欠いた存在は、有意義ではないということになります。

太陽

意志と自分らしさ
エッセンシャル（－4）
アクシデンタル（±0）

エッセンシャルでは最低点、アクシデンタルでは火星に次いで低得点にとどまった太陽。この人にとって、明確な「自分らしさ」というものは発見しにくく扱いにくい概念なのかもしれません。他者から指摘されて初めて自分を知ったり、カテゴライズされることで再認識する自己像を持ちます。また人生を切り開く上で意志の力を発揮することが難しく、雰囲気に流されたり周囲の要求に答えることで、調和の取れた生き方を選ぶことが多いでしょう。

火星

積極性と攻撃力
エッセンシャル（＋5）
アクシデンタル（－5）

エッセンシャルでは高得点、アクシデンタルでは最低の点を得ています。本質的には切れ味の良い攻撃力や積極性を持っているものの、それを使用する頻度はかなり低くなります。この人の場合は特に12ハウスという見えない世界に幽閉された火星になり、さらに他の天体への

COLUMN 1　古典的な技法とネイタルチャートの関係　〔いけだ笑み〕

パス（角度）も持ちませんから、内向する攻撃性というかたちでしか火星を認識する機会はないでしょう。

木星

寛容さと幸運
エッセンシャル（±0）
アクシデンタル（+9）

共に中間的な得点にあり、エッセンシャルは低めの木星。ハウスは7ハウスということで、環境や他者から受ける恩恵の質はほどほどで、量は多めでしょうか。

土星

ルールと抑制
エッセンシャル（+5）
アクシデンタル（+9）

共に中の上にあり、良好な土星。エッセンシャルはドミサイル（本宅）にあり堂々たる威厳のある自制心を持った人でしょう。アクシデンタルでもそこそこ点数を得ているため、稼動力も悪くないため、環境や他者から与えられる課題をがんばってこなせる人といえるでしょう。

総合的に見て、この人物は金星と月といった女性的な天体が優位にあり、太陽や火星のように男性的な性質を持った天体が劣勢にあるチャートの持ち主です。チャートの持ち主は男性で、私立の有名美大を卒業後デザイン関係の仕事に数年

間従事し、30代半ばにして独立。その後、紆余曲折を経て会員制の高級フィットネスクラブ専属のボディーワーカーに転身しました。デザイン関係の仕事でも高い評価を受け高待遇でしたが、本人は自分の意志で人生を送っているという実感が持てなかったようです。母親の影響力が多く、敷かれたレールを素直に走ってきたとのことです。

転身の時、彼を何よりも悩ませたのは、これまでの環境から分離することへの不安と、周囲に迷惑や不協和音を残すことを恐れる気持ちが大きかったようです。母親のレールを外れることはできたものの、相変わらず環境から与えられるチャンスや試練をなるべく温厚に受け止めながら、自然な成り行きによって現在の場所に導かれたという実感が本人の中に強いのは、金星の支配力の多さと太陽の支配力の弱さとの組み合わせにぴったりくる実感だと、私には見えます。また、彼の経歴を支える過去の職歴のすべてが美意識やバランス感覚を必要とするもので、女性をターゲットにした能力を発揮し続けているのも、天頂の金星にふさわしいといえるでしょう。

（9）まとめ

このように、ネイタルチャートのリーディングに天体の品位を適応した場合、その人物の中でどのような意識の優先

509

順位が高いのかがわかります。つまり、その人物の判断基準の決定権を握っている意識の所在です。このような主導権は、なにげない選択肢を迫られた時などにも、ある程度は明確な個性を見せてくれます。

また、ネイタルチャートの中で重要視すべき惑星を導き出すことができれば、護符を作ったりハーブを選ぶなどの場合に、その惑星を自分の守護惑星として幅広く楽しむことができます。

張り出した惑星のケアは、多くの問題解決につながりますし、自分のエネルギーにあったものが何かを知る時に大変便利です。具体的には、エッセンシャルやアクシデンタルで高得点を獲得した惑星が支配するハーブや色や形は、体質に合っていて常にその人を助けてくれます。逆に品格を落とした惑星もケアが必要で、様子を見ながらその惑星が支配するハーブや色や形を取り入れていったり、具合が悪い時に癒す努力をすればよいということになります。

510

COLUMN 2 心理占星術とは何か 〔石塚隆一〕

占星術を利用して人間の心理について考えることを「心理占星術」というのなら、ほとんどの占星術は古代から実践されている心理占星術と考えることもできます（占星術は「古代の心理学的知識の集大成」というユングの言葉もあります）。しかし、ここではより積極的に、心理学あるいは心理セラピーで追求している内容を占星術を利用しながら進めていく方法論について考えていきましょう。

❖ 心理占星術の歴史

このような心理占星術の発達には、心理学自体の進歩の様子がとても大きく関わっています。人間の心については古代からいろいろなかたちで考えられてきました。その意味では占星術自体、古代の心理学であったともいえるでしょう（他の学問とも混合していますが）。しかし、17世紀頃からいわゆる「科学的な思考」が発展していくとともに占星術は科学から置き去りにされました。

19世紀の後半になると、「科学的な思考」が心をも対象にするようになりました。それまでの形而上学的なアプローチではなく、実験をして確かめたり、研究をするというかたちで追究され始めたのです。中でもジークムント・フロイトは、人間の無意識に注目し精神分析というアプローチを開拓しました。さらに、カール・グスタフ・ユングはさらに集合無意識やアーキタイプなどの概念を使い心理の働きを理解しようとしました。ユング自身、占星術に関する理解も深かったといわれ、多くの占星家がユングの考え方を占星術と心理学を結びつける際の指針にしています。例えば、ユングが概念化したシンクロニシティー（共時性）は、占星術自体が機能する原理の説明としても多くの占星家により採用されています。また、アーキタイプの概念は、占星術の象徴理解や解釈をとても深めました。

初期の心理学においては、「実験をして確かめる」という点が強調されていたため、学習能力や条件づけなどに関して実験を通して理解を深めていくアプローチ（行動主義）が広がりました（イヴァン・パヴロフ、ジョン・ブローダス・ワ

トソンなど）。一方、ドイツのゲシュタルト学派など、意識を部分に分け、ばらばらにしながら基本要素を見つけようと探求するよりも、「全体」が優先性を持つのでそれを理解するのが重要と主張した人々もいました。心理学はさまざまな視点から追究され、「心の病気」と呼ばれる特殊な状態を理解するためにその知識を適用する工夫が行なわれていきました。

さらに、時代が進み「人間性心理学」が登場してきます。アブラハム・マズローが提唱し、それまで支配的であった精神分析や行動主義とは対照的に、主体性・創造性・自己実現といった人間の肯定的側面を強調しようとする動きが1930年代後半から起こり、60年代頃に発展しました。人間性心理学を支えた人々には、マズローの他、来談者中心主義を提唱したカール・ロジャース、ゲシュタルト療法家フレデリック・パールズ、不安に関する研究で有名な臨床心理学者ロロ・メイ、個人心理学の創始者アルフレッド・アドラー、交流分析を提唱した精神科医エリック・バーンなどが含まれます。

占星術と心理学の融合には、パリ生まれでアメリカで活動した占星家ディーン・ルディアの功績が大きいでしょう。ルディアは、いち早くユングの心理学的な概念を占星術に結びつけ、1936年に『The Astrology of Personality』を著します。しかし、占星術全体の潮流には古い吉凶判断の手法

が色濃く残り続けます。ルディアやマーク・エドモンド・ジョーンズなどのアプローチは、当時の占星家たちにとっては学術的すぎて理解できにくいという印象があったのでしょう。

その後、心理学の分野で「人間性心理学」の動きが活発になると、ルディアは1969年、国際人間性占星術委員会（the International Committee for Humanistic Astrology）を設立、精力的に自身の視点を広げ始めました。人間性心理学の掲げる全体性を注目する視点や主体性・創造性・自己実現を重視する姿勢はまさにルディアの方向性にピッタリ合っていたのです。そして、1970年代以降心理学と占星術の融合は急速に広がっていきました。

アメリカ生まれでイギリス中心に活動している占星家リズ・グリーンは、1976年に、凶星といわれる土星のイメージをユング心理学の視点から塗り替える『Saturn: A New Look at an Old Devil』を著し、占星家たちに大きな影響を与えました。さらに、ステファン・アロヨやカレン・ハマカ・ゾンダグなどもユング心理学を基礎とするアプローチを追究し、著書を書いています。

スイスの占星家ブルーノ・ルイス・フーバー夫妻は、イタリアの心理療法家ロバート・アサジョーリの精神統合療法（Psychosynthesis）の影響を受け、フーバーメソッドを開発します。また、アメリカの占星家ノエル・ティルは、心理学者ヘンリー・A・マレーの欲求圧力理論をベースに独自の心

COLUMN 2　心理占星術とは何か　〔石塚隆一〕

理占星術のアプローチを開発しました。こうして、占星術と心理学の融合は1970年代から1980年代にかけて爆発的に広がっていったのです。

❖ 心理セラピーへの応用

占星術の象徴を上手く使うと、簡易な心理セラピーのプロセスを行うことができます。つかみどころのない「心の動き」に対して象徴という道具を使いながら焦点化させ、働きかけることができるのです。例えば、心理占星術には「リフレーミング」というテクニックがありますが、占星術が「象徴」を使って考えを進めるという特徴は、このリフレーミングなどに応用しやすいポイントとなります。リフレーミングは、NLPや認知行動療法などさまざまな心理セラピーの土台となるテクニックで、ある固定観念について別の枠組み（フレーム）から考えたり感じたりすることで柔軟性を培います。占星術の象徴を使うと、このリフレーミングを比較的容易に行うことができるのです。

リズ・グリーンとともにCPA (Center for Psychological Astrology) を創始した心理占星家のハワード・サスポータスは、著書『Development of Personality』の中でこのリフレーミングを利用した簡単なワークを紹介しています。まず、ホロスコープの中の重要なアスペクトを選び出し、それ

らが物語る人生についてのステートメント（文）やアーキタイプ的な期待がどのようなものかという感覚をつかみます。チャートの中のすべてのアスペクトや配置は、自分自身や人生に関するステートメント、信条、仮定など、その人の中にある何らかのパターンを説明していると考えます。

例えば、月と土星のスクエアを、「私の基本的欲求は満たされない」「自分の感情を扱うことに問題がある」など、その人の人生の中でパターンとして働いている特徴に関連する文を作ります。人間は、偏った見方や生まれつきの仮定や信条に気がつくと、徐々に信条やパターンの境界を広げ、他の選択ができるような模索を始めます。占星術の象徴の知識を使い、月と土星のスクエアの働きの理解を深め、「感情的な問題と対処し母親との関係を学ぶ」などと考えてみて努力することにより何かをマスターする」と考えてみます。著書に出てくる例では、聴衆は「私は母親のための出産前のクラスを指導しています。母親たちとワークをすることにより、いつも自分の中の何かを解消している感じがあります。」と自分自身に対する理解を深めていました。

また、もともと持っているライフステートメントを否定せずに、それに加えていくとよいとサスポータスはいいます。サスポータスは、パターンを変化させる方法として、まず、そのパターンを十分に経験すること、次にパターンに関して詳しく観察し考察し理解を深めること、最後に実際に変容し

このように、占星術の象徴は、自分自身の感情や人生のパターンを客観化したり、必要であれば変化をもたらす適切な道具になります。さらに、人間の心は「物語」に反応します。象徴はそれがさまざまな文脈の中で働いているかたちで語られると生き生きとした理解につながるのです。アーキタイプの理解は、神話などに結びつけると深まるのです。リズ・グリーンやメラニー・ラインホルト、他の多くの占星家は、さまざまな著書の中で神話と占星術の象徴の関連を考察し、人間の心理の理解を深めています。

占星家グレン・ペリーは、著書「An Introduction To AstroPsychology」の中で心理学的な理解をもとに天体配置を「文」にする具体的な方法を示します。天体は支配するサインの欲求を充足する実際の文脈や状況設定がハウスで示されます。さらに、アスペクトはさまざまな天体の欲求を充足していく際の相対的な条件に関する個人的な信条を示すものと考えられる数多くの「文」から個人的な人生の物語やその脚本を理解していきます。

また、占星家グレッグ・ボガートは、著書「Planets in Therapy」の中で、占星術的な解釈の物語性の重要さを強調します。

「占星家の中には、『土星があなたの太陽とスクエアになる

ので約2年間の間対人関係では辛い時期が続くでしょう。しかし、トランジットの木星がMCに近づくのでよい効果はあります』と、よい・悪い、運気が上がる・下がるなど、流れのない話をする人がいる。占星術はタントラ、つまり、ものごとを繋げ統合する織物であって欲しいと私は考える。意味のある体験の糸がバラバラな出来事を一貫性のある『自己』という物語を織りなすことを手助けするべきものだ。」とルディアのサイクル的な人間中心占星術から私は学んだ。」とボガートは語ります。

この展望は、危機と向き合っているクライアントを落ち着かせ、ガイドをするためにも重要だと説明します。そして、セラピーのための占星術は、出来事を当てるのではなく、プロセスの理解を深めるのだとボガートは強調します。人生体験の変遷（プロセス）は、それぞれのスピードで天体がサインやハウスを通過していく過程や天体同士が相互に関係しながら作るさまざまなサイクル的な動きを象徴的に関連するのです。

占星家グラン・ルイは、著書「Astrology for the Millions」の中で、土星のサイクルのパターンを説明しました。トランジットの土星やセカンダリープログレスの月は約30年でホロスコープを1周するので、各ハウスやそれぞれの出生位置、太陽や月などとの関係などから人生全体の流れを考えていくにはちょうどよいものさしになります。さらに、トランサ

514

COLUMN 2　心理占星術とは何か　〔石塚隆一〕

タニアンは一度形成されたパターンを大きく作り替えていく働きがあるので、人生全体の流れの大きな変化に関連します。これは、心理学者ダニエル・J・レビンソンなどが追究した生涯発達理論における過渡期や中年の危機に結びつけて理解を深めることができるでしょう。

こうして、心理学が解明してきた人間の人生のさまざまな側面や時間の流れの中での変化、対人的な交流、集団の中でのやり取りなどの性質や特徴について、占星術の象徴と対応させながら整理することにより、私たちは深い洞察を得ることができるのです。これらは、抽象的な次元から具体的な次元までさまざまなかたちで追究することができ、現在では世界中の占星家によりさまざまなかたちで実践されています。

占星家エリン・サリバンは、著書『Dynasty: Astrology of Family Dynamics』の中で、家系により引き継がれていく心理的なテーマやその変遷を占星術の象徴として追跡します。心理学のシステム論と組み合わせながら家族の中で働く心理的な力の理解や考察を進めます。また、占星家リン・ベルや占星家ブライアン・J・クラークも家族や兄弟関係に関する著書を出しています。

特にブライアン・クラークは、著書『The Sibling Constellation』の中でフロイト、アドラー、ユングの兄弟に関する論点の違いを、彼らの家族環境やホロスコープから分析を試み、総合的な視点を探求しています。これらは、家族

療法などと連携させるとよい参考になるでしょう。ソーシャルワーカーとして困難を抱えた人々の相談に乗った経験から、占星家ドナ・カニンガムは「問題を意識化すること自体ヒーリングにつながる」と述べています。著書『Healing Pluto Problems（冥王星の問題を癒す）』の中で、ドナ・カニンガムは特に冥王星の象徴に関連する複雑な心理的問題に対して洞察のある「道具」を挙げています。「癒しの危機」という概念は、癒しの過程において、悲しみなど抱いている感情自体を刺激し強力に感じてしまうことを意味します。それは、ものごとが悪化していくのではなく、敏感さや意識が高まったのです。冥王星のトランジット自体が癒しの過程に関わらず、そのような「癒しの危機」を体験する可能性があり、NLPやアファメーション、フラワーレメディーなどの「道具」を利用しながら癒しの危機と向き合うことを勧めています。

複数の著名な占星家らが寄稿した著書『How to Manage The Astrology of Crisis』の中で、金融占星家ティモシー（ティム）・リー・ボストは、「危機は転換期、学習や成長、そして、人生の方向転換の機会である。危機自体は急性だが、変えなければならない慢性的なパターンが背後にある。危機に対して、私たちは緊急の感覚を持って反応するが、実は危機は長期的なお金の扱い方に対する姿勢から生まれている。

515

ル・ティルは、コンサルテーションのプロセス全体をセラピーとして組み立てました。基本的には、心理学者H・A・マレーの欲求圧力理論に基づき、各天体をそれぞれの欲求とみなし、人間はさまざまな欲求を充足するための行動パターンを形成すると考えます。そして、ちょうどアドラーのライフスタイル分析やエリックバーンの交流分析のように、幼少期に両親との関係や家族の人間関係の中で、どのように特徴的な行動パターンが形成されていくか、それが、どう無自覚に継続し、あるいは維持され、大人になった時の行動パターンに影響されていくかという「成長のシナリオ」を考察していきます。

これらを考察する視点として、特に半球の強調による行動パターンの特徴、太陽と月による動機の循環、アスペクト分析による成長のための緊張、そして、防衛メカニズムの四つの要素に関する考察を組み合わせて分析を進めていきます。

半球の強調	東、西、北、南（太陽のある半球、意識や行動パターンの無自覚な偏りとして表れやすい）
太陽と月	月サインの欲求を太陽サインのエネルギーで充足する流れを意識、各天体のサインも補助的欲求として考慮。
成長のための緊張	10天体とMC・アセンダントを含むハードアスペクト、ノーアスペクト、逆行など。

危機を長期的に解決するためには、そのような行動パターンを変化させる必要がある。」と語っています。

彼は金融占星家なのでお金の扱い方を話題にしていますが、このポイントは人生のすべての領域についていえるのではないでしょうか。そして、占星術を利用するとそのような総合的な視点からの認識をサポートすることができます。

また、同書の中でティム・ボストや他の占星家らは、専門家との仲介役という視点を持つとよいということも強調します。すべての問題を占星家が解決することはできません。しかし、占星家は総合的な視点からその人に必要な援助を考えることのできる立場にいます。金銭的な問題はファイナンシャルプランナー、法律的問題には弁護士や司法書士、心理的に難しい状態の場合は精神科医や臨床心理士などの専門家に橋渡しをする道筋をしっかり作っておくとよいでしょう。

さらに、占星家でもあり心理療法家でもあるグレッグ・ボガートは、クライアントが逃避、乖離、魔法のような考え方、神経症、誇大妄想などの特徴を示す時、占星術に非現実的な期待を寄せることが問題になる可能性があるので、占星術を利用するかどうかを慎重に判断をするべきと述べています。

❖ ノエル・ティルのコンサルテーション

ホリスティックなアプローチを意識している占星家ノエ

516

COLUMN 2　心理占星術とは何か　〔石塚隆一〕

防衛メカニズム

防衛に利用できる諸配置、太陽・水星・金星の組み合わせ（理想主義や合理化など、木星・海王星の関与にも注意）、グランドトライン（他人に頼らずものごとを進める傾向）、冥王星・海王星の関与（抑圧など）、木星・土星・天王星の関与（行動化、反動形成など）

何年も経ち、子ギツネは成長し大人になり背も高くなってぶどうに手が届くようになりました。しかし、「ぶどうは酸っぱい」と思っているので手を出さなくなってしまっています。この例により、行動パターンがどのように形成されるか、防衛メカニズムがどのように機能するか、成長に合わせて適切な行動パターンに修正していくことが幸せ（あるいは総合的な欲求の充足）にとっていかに重要かということが理解できるでしょう。実際の人生では、このような細かい話がたくさん絡み合って「成長のシナリオ」を形成しています。

これらの大枠の話の流れについて、占星術の象徴を利用し実際の人生体験の様子と結びつけながら自覚を促していきます。ノエル・ティルの方法論では、コンサルテーションの事前に綿密な準備を行い、出生図の特徴だけでなく、ソーラーアークや遠い天体のトランジットなどをチェックしながら、重要な物語の転機やその象徴的な可能性を整理し、実際的な人生の流れのパターンの把握に努めます。実際のコンサルテーションの現場では、全体の流れの中でこれらのポイントを上手く埋め込み、自然に人生の流れの中で自覚していくことが行動パターンを上手く組み立てていきます。さらに、心理学的な理解が深まり、占星術との対応の工夫もできれば、それに合わせて全体の流れを深めていくことも可能です。

私は勉強会などでこの方法を説明する際に、「ホップ（成

話をわかりやすくするために、とても単純化した比喩的な「お話」に基づいて説明を進めましょう。子ギツネが高いところにあるぶどうに跳びついても届かず、「あのぶどうは酸っぱいから食べない方がよい」と自分に言い聞かせる話を思い出してください。おいしいぶどうを食べ、満たされることが太陽と月に示される基本的な欲求充足、動機の循環の特徴にあたります。高いところにあるぶどうへ向かって背伸びしたり、跳びついたり、何とかしようと策を練ったりしていることが「成長のための緊張」です。しかし、背の低い子ギツネは、次第に自分のいたらなさから目を逸らし、今すぐ充足できない欲求を手懐けるために「ぶどうは酸っぱい」と強く思い込みます。

これが「防衛メカニズム」です。背が届かない間は何度もぶどうを見るごとに「酸っぱい」と思い込みながら欲求をコントロールし、そのうちぶどうを食べたいとも思わなくなるほどパターンが無自覚に染みついてしまっていました。こうして

長物語の特徴やタイミングの把握)、ステップ(20歳頃までの行動形成の要点や特徴)、ジャンプ(大人になった現在の悩みや特徴)という3段階の分析法を利用して整理しています。

ホップは、出生図から上に説明したような四つの要点を総合して「子ギツネの話」のような成長のシナリオを認識します。

ステップは、父親や母親との関係から始まる成長の要点を時期表示なども含めながら整理します。この時、特に自己イメージの表現や自覚に関係する体験領域であるアセンダント、自己価値の感覚に関係する2ハウス、自分が愛される存在であるという感覚に関わる11ハウスに関連するような天体配置に注目したり、20歳ぐらいまでに形成されるソーラーアークなどの時期表示などについて考察を深めます。

こうして、ホップ、ステップの二つのポイントに関連して重要になる象徴をしっかり整理し意識化していきます。しかし、最も要となるのは、次のジャンプに関して考察し、ホップやステップに関連づける過程です。

ジャンプは、実際の悩みや現実の状況を認識することに関わります。職業のテーマ、対人関係のテーマ、健康に関するテーマなど、現在の状況に関連づけながら考察を深めていきます。例えば、対人関係に関する悩みがあるので7ハウスのシグニフィケータについて考えることにしましょう(実際には、より多くのポイントを考慮に合わせていきます)。7ハウス支配星の状態や在住天体のアスペクトなどから対人関係

のテーマを考えます(チャート参照)。

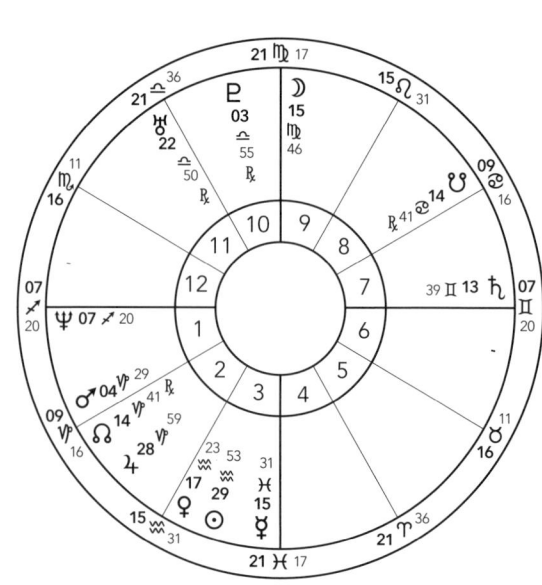

この例では、7ハウスに土星があり、7ハウス支配星の水星とスクエアになっています。この天体配置から、パートナーとの会話や対人関係に関する考え方に秩序や具体的な成果、管理やコントロールの要素が関係することが考えられます。相手はこうあるべきだ、相手と関わる自分はこうあるべきだと考えてしまい、そうなっていないと不足感や劣等感を

COLUMN 2　心理占星術とは何か　〔石塚隆一〕

感じやすくなってしまうかもしれません。このように、まず、象徴から考えられる一つの可能性を実際の人生の中で体験されている問題に関連づけ、分析の手がかりにします。手がかりができたら、これらの象徴をホップ、ステップで見てきた成長のシナリオと関連づけて整理していきます。ストーリー全体が子ギツネの話のようなプロットにどう対応するのかをしっかり意識しながら会話を進めてみましょう。実際の相談時には、まず、「もう背が高くなり、ぶどうに手が届きますよ。」という話から始めると要点が伝わりやすいかもしれません。ホップやステップのポイントを見ていくと、例えば、北半球の強調があり、注目している水星と土星のスクエア（成長のための緊張）は、一方がMCの支配星、他方が2ハウスの支配星になっています。つまり、成長のシナリオは幼少期の両親との関係に端を発して、自己価値の感覚に不安を与えるものであることがわかります。さらに、6歳の時の引っ越し（あるいは家庭の状況の変化）が行動パターンの形成に重要な影響を与えているかもしれません。ぶどうが酸っぱいと思い込み始めたのはこのタイミングの経験からかもしれません。自分の改善点の提案（水瓶太陽）は現実的ではないと否定され（跳びついても届かなかった）、役に立ちたい欲求が満たされず（乙女月）、自分を抑え（火星冥王星から推測される防衛メカニズム）、指示される考え方に従うために一生懸命になったのかもしれません。それが「相手はこうあるべきだ」と感じてしまう感情の裏で働くパターンだったのでしょう。

このような感情／行動のパターンは長い人生の中で繰り返し刺激され、補強されながら、いろいろな側面へと広がっていきます。こうして、無自覚に形成されている行動パターンを意識化し、必要であれば現在の状況に合わせて欲求充足（水瓶太陽と乙女月の「集団に改善点を提案しながら具体的に役立っている感覚を得る循環」が基本となっている）が進みやすくなるような行動パターンを練り直すことができます。これらの過程は、NLPや交流分析など、さまざまな心理セラピーの方法論を応用しながら効果的に進めることができます。

❖ まとめ

ノエル・ティルは、「天体は何もしない。ものごとを行うのは人間である」と強調します。ホロスコープは、つかみ所のない心理的なテーマについて目印をつけながら整理し、洞察を得るための道具です。しかし、この道具をしっかりと生かすためには、心理学や人間の人生自体についての理解を深める必要があります。本コラムで挙げたようなポイントを参考に、心理学や心理セラピーの方法論を占星術の象徴に結びつけながら理解し、実際の生活や人生の中で生かしていきましょう。

COLUMN 3

レクティフィケーション 石塚隆一

❖ 出生時刻が曖昧な場合

出生ホロスコープは、生まれた日付や時間が正確にわからなければ完全なものを作成することはできません。しかし、実際には相談にいらっしゃるすべての方々が母子手帳のようなしっかりした記録に基づいた正確な出生時刻を伝えてくれるとはかぎりません。さらに、たとえ母子手帳があったとしてもそれがいつも占星術的にしっかり機能する時間だとはかぎらないのです。

占星術の世界では、「肺へ空気が入ったタイミング」、つまり、赤ん坊がオギャーと泣き始めたタイミングが適切だと伝えられていますが、母子手帳に記録する現場の状況によっては、立ち会った産婆さんは一連の作業が終わったところで時間を見るかもしれません。あるいは、15分や30分単位に丸めてしまっているかもしれません。

❖ 通常のハウスを使わない方法

出生時刻がわからない場合、相談を進めていくにはいくつか方法が考えられます。まず、そのままでは出生時刻によって大きく変わってしまう「ハウス」の象意は考慮できなくなります。しかし、ハウスから得られる情報がなくてもホロスコープからはたくさんの情報が得られます。「ハウスを使わないで相談を行う」というのも選択肢の一つでしょう。この時、実際には何らかのホロスコープを使わなくてはなりません。どのように準備したらよいでしょう。

生年月日までしかわかっていない場合には、時間の可能性は24時間の範囲があります。最大の誤差が少なくなるようその範囲の真ん中、つまり、お昼の12時の天体位置を計算するとよいでしょう。さらに、ホロスコープ計算ソフトの設定で、ナチュラルハウス、あるいは、ソーラーサインハウスなど、サインが丸々ハウスに対応しているようなものを選び、アセンダントやMCを表示しないようにしてしまえば、関係ないものが目に入りにくくなります。

COLUMN 3　レクティフィケーション　〔石塚隆一〕

ナチュラルハウスやソーラーサインハウスは、実際のハウスとは働きは異なるものの、象徴的にそれぞれ対応するハウスの意味も働きます。一つの視点からだけ見たものを合わせてしまいますが、二つの異なる位置から見たものを合わせると立体像を認識することができます。通常のハウスの示す「天体やサインの潜在性が具体的に表現される現場や状況設定」という視点は得られませんが、サインだけでないもう一つのものさしを使うことができると立体像を考えやすくなるでしょう。

この際に、二つめのものさしとして利用できるいくつかの候補について理解を深めてみましょう。

【ナチュラルハウス】

牡羊サインを1ハウス、牡牛サインを2ハウスというように、ハウスの数字にナチュラルに対応するサインをそのままハウスとして表示するシステムです。この場合、それぞれのハウスの支配星はナチュラルルーラーになっているので、自然に意味を結びつけながら解釈を進めていくことも可能です。しかし、ハウスは実際の人生体験の領域というよりは、それらを動かす動機や力量などを表しているとしてニュアンスを変える必要があります。

【ソーラーサインハウス】

太陽の入っているサインを1ハウスとし、順にサインごとに2ハウス、3ハウスと対応させていくシステムです。この場合は、それぞれのハウスは太陽のサインに対して象徴的な関係になっています。したがって、ハウス番号のニュアンスは、太陽サインのエネルギーを表現する際の条件や力学という意味が加わります。例えば、このシステムで10ハウスにある配置は、太陽のエネルギーを社会的に結実させていくための工夫を考えるヒントとしてとらえるとよいかもしれません。また、3ハウスであれば、自分らしさの表現（太陽）を上手くコミュニケートしたり他人とシェアするための工夫を考えるヒントにしてもよいでしょう。

また、ノエル・ティルは重篤な病気に関連する研究書の中で、ソーラーハウスの有効性を示しています。これももう一つの選択枝に加えることができるでしょう。

【ソーラーハウス】

太陽のあるサインと度数をアセンダントとして、そこから30度ごとに2ハウス、3ハウスのカスプを決めていくハウスシステムです。この場合、それぞれのハウスカスプは太陽に対するアスペクトにもなります。つまり、太

521

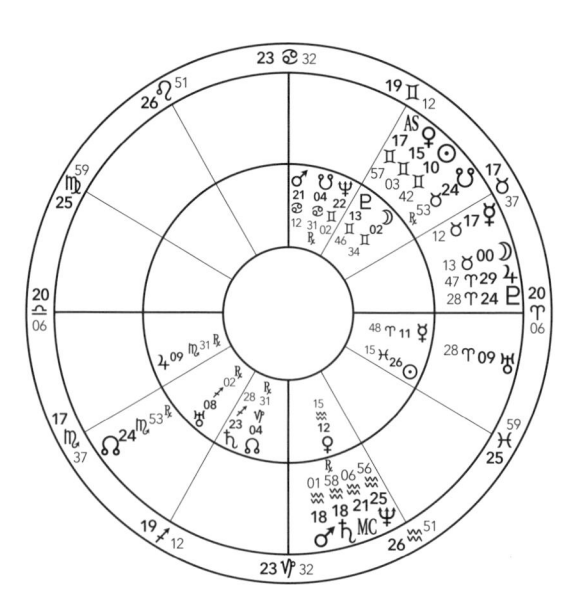

陽に関連する影響や効果という視点でハウス番号の象徴的な意味を考えることができます。ソーラーサインハウスは、サイン同士の相互の影響としての意味でしたが、ソーラーハウスの場合は、太陽という天体の働きに対する影響がポイントになります。

さらに、エバンジェリン・アダムスは相談時のホロスコープ（コンサルテーションチャート、531ページ参照）のハウスに出生時の天体配置を入れながら判断をしていました。高度なやり方ですが、具体的な相談に応えるという状況であれば、この方法も有力な選択枝として加えることができます。

【コンサルテーションチャートハウス】(エバンジェリン・アダムス法)
相談者が訪ねてきた瞬間のホロスコープのハウスを使い（ハウスカスプの度数をそのまま利用する）、そのホイールの中に相談者自身の出生の天体を書き込む方法です。この方法では、出生図の天体のアスペクトはそのまま生きるので、それら出生図の可能性が、今どのような状況設定の中で動きやすくなっているかを考えることができます。もちろん、この方法はその相談時の短期間のテーマのみにしか応用できません。

エバンジェリン・アダムスは、この方法を使い1899年に起きたニューヨークのウィンザーホテルの火災を予言しました。これがその時に利用したチャートです。

エバンジェリン・アダムスは、コンサルテーションチャートの4ハウスに入ったホテル支配人の出生の火星と土星のコンジャンクションがアセンダントとスクエアになっているのを見て、「ホテルの火災に注意」と促したのでしょう。この

522

COLUMN 3　レクティフィケーション　〔石塚隆一〕

ことが評判を呼び、占星家エバンジェリン・アダムスの名前を多くの人々が知るようになりました。

これらの方法は、正確な出生時刻で作ったホロスコープのハウスとは異なる側面を照らし出しますので、通常のハウス解釈とはニュアンスを変えて考える必要があります。しかし、数字の法則は同じですので、似たようなかたちで解釈を作っていくことができます。ぜひ応用してみてください。

❖ 正確な出生時刻を突き止める方法（レクティフィケーション）

さて、ここまでは通常のハウスを使わず、代わりのハウスで表示しながら相談を進めていく工夫を考えてきましたが、「正確な出生時刻を突き止め、通常のハウス解釈を利用する」という選択枝もあります。これが、いわゆる「レクティフィケーション（出生時刻修正法）」という方法です。

実際のレクティフィケーションの作業は、占星術の知識の「総動員」のようです。つまり、あるホロスコープがすべての面で理屈通りに働いているのかを一つひとつチェックし、あたかも望遠鏡や顕微鏡のピントを合わせるように、ぼやけている焦点がはっきりするように調整していきます。「ぼやけているかどうか」は、実際の出来事の流れとさまざまなタイプの時期表示を合わせながら確認していきます。ここでど

う上手く注目点を整理してたどっていくかが技術になります。レクティフィケーションの手順を簡単に紹介しましょう。方法はいろいろ考えられますが、一つの参考として考えてください。なお、使用するそれぞれのテクニックについては後に説明します。レクティフィケーションは、次のように大きく三つのステップに分けて進めていくとわかりやすいでしょう。まず、はじめに、「日付が正しいか」を確認します。次に、「大まかな時間が正しいか」を確認します。最後に、「正確な時間を割り出す」段階を行います。要するに、大まかな時間から細かい時間へと焦点を移していくのです。この時、象徴を柔軟に理解し、さまざまな出来事との関連の可能性を実際的に考えられるようになっていることが重要な判断力になります。

たいていの場合は、正しい日付はわかっているでしょう。しかし、たとえ日付がわかっていても、この手順を行い、どんな出来事がどんな天体配置に関わっているかを結びつけてみることは有意義です。この手順は、ソーラーアークディレクションでの天体同士の関わり、セカンダリープログレスの影響などを中心に考慮していきます。ソーラーアークを使うと、天体間の度数を数えることでどのような出来事がだいたい何歳くらいに起こる可能性があるかがわかります。特に遠い天体と近い天体が触れるタイミングに注目すると、生まれた日付が1日異なると対応する出来事のタイミングが1年程

度ずれます。それをしっかり見分けていくのです。

この手順を行うと、時期表示と人生の出来事の対応について基本となる感覚が得られると同時に、アングルがそれほど関連せずに起こる可能性のある出来事も抽出できます。また、重要な複合的な配置に関するソーラーアークの時期に起こる出来事をよく分析すると、その人の人生の中でその配置がどのような具体的なテーマを持ちやすいか理解しやすくなります。

次に1日のうちでの大まかな時間を特定していきます。これは、例えば、どちらの半球が強調されて何座がアセンダントになっているか、各ハウスカスプは何座になっているか、など、ホロスコープの大まかな方向を見つけ出すプロセスになります。この手順には、出生図の知識（特に半球の強調やハウスに関わるもの）、外見や行動の特徴によるアセンダントサインの類推、セカンダリープログレスの月、日蝕や月蝕の影響のパターンなどが利用できます。特に、出生図の特徴の検証はとても参考になるはずです。

しかし、大まかな時間を特定する重要な鍵として、ソーラーアークで働くタイミングに注目することは強力な武器になります。月は約2時間ずれるので、ソーラーアークで月が他の天体に触れたり、1度ずれると月に他の天体が月に触れるタイミングについてじっくり検証すると、上手くいけば時間を2時間以内程度に絞り込むことができます。さらに、セカン

ダリープログレスの月のタイミングも利用できます。プログレスでは2時間ずれるとタイミングは1か月ほどずれるので、日付までわかっている出来事を対象にしながら検討を進めるとよいでしょう。また、プログレスの月がハウスを移動していく流れと人生の流れを比較することも重要です。同様な視点で、遠い天体のトランジットのハウス通過の影響も追いかけてみましょう。これらの時期的な検証と外見や行動パターンなど出生図に関連する知識を総合しながらアセンダントサインを割り出していくことにより、2時間程度以内に絞り込むことができます。

ここまで絞り込むことができたら、最終的に、正確な時間を割り出す手順を行います。これは、アセンダントとMCの度数を求めるというかたちで進めます。この手順では、ソーラーアークディレクションやセカンダリープログレッションなどでアセンダントやMCに注目していきます。また、遠い天体のトランジットがアセンダントやMCへかかるタイミングにも注目しましょう。この時、グラフィックエフェメリスはとても有力な作業手段になるでしょう。最後の「正確な時間を割り出す」手順がうまくまとまってくると、さまざまな出来事のタイミングのつじつまが合い、ちょうど双眼鏡などで焦点が合ってくる瞬間のようにいろいろな手法での細部のタイミングが符合してくるのです。

では、実際に手順を行ってみましょう。

524

COLUMN 3　レクティフィケーション　〔石塚隆一〕

ここでは、高倉健さんの出生時刻を確かめてみます。高倉健さんは、1931年2月16日午前8時頃、福岡県中間市生まれといわれています。だいたいの時間までわかっているので、ポイントは最後の正確な時間を割り出す手順になりますが、確認のため、その前の手順も行います。

ぜひみなさんもご自身の出生時刻が母子手帳などでわかっている場合でも、一度これらの手順を通しホロスコープの象徴と人生の展開がどのようにリンクしているか確かめてください。特に最後の手順を念入りに確かめてみてください。

最初にできるかぎり多くの情報を集めます。この時、種類別に整理すると情報を集めやすいでしょう。私はアンケートに書き込んでもらうかたちで情報を集めています。次のようなポイントに注目して集めてみましょう。

出生図の特徴関係

アセンダントを特定するための容姿や行動パターンの特徴、職業の方向性など。

時期に関する情報

引越や家族の変化、職業や地位の変化、対人関係の変化、健康や心理的姿勢の変化など。

情報が集まったら実際のレクティフィケーションの手順を始めてみましょう。

始めは、可能性のある時間の範囲の真ん中の時間（日付しかわからない場合は正午12時）で作ります。高倉健さんの場合は午前8時のチャートを作ってみましょう。日付がずれているかを確かめる段階なので、ソーラーアークにおいて木星以遠の天体と火星より近い天体が相互にアスペクトするタイミングに注目します。

例えば、太陽が金星・木星・天王星のTスクエアに触れるのは1974年〜1976年頃、土星冥王星には1983年〜1984年頃触れます。前者は東映を退社しフリーで活動し始めた頃、後者は代表作の一つ『南極物語』が公開された頃、火星が海王星のあたりにやってきた1965年ははまり役の任侠映画に盛んに出演していた時期です。関連する天体の象徴が出来事に適切に反映されているようです。もし、日付がずれている場合、この時点でずれを調整していきます。また、この時に天体と実人生の動き方のニュアンスを結びつけていきます。

次にだいたいの時間を確かめます。高倉健さんの場合、若い頃については具体的な情報に欠けますが、注目は1959年頃にSA金星が月に触れることです。この時期に結婚していることはとてもつじつまが合います。さらに、セカンダリープロ

レスの月に注目すると、結婚した頃には月は太陽と月のミッドポイントまで進んでいるので、2時間以内程度で適合しそうです。プログレスの月は、東映に就職した頃には10ハウスを通過しており、任侠映画のイメージが定着する頃には1ハウス、事務所設立の頃には4ハウス～5ハウス、東映を退社してフリーになる頃には7ハウス、『駅』や『南極物語』など主要な作品を作る頃10ハウスなど、流れとしては適合しています。ちなみに出生図での位置関係から、トランジットの土星はプログレスの月の2ハウス～3ハウス後をついていっている動きにも注意して考慮に入れましょう。

最後に適切な時間を見つけるためにアセンダントやMCに関わるソーラーアークをチェックします。まず、多くの出来事のタイミングでソーラーアークにおいてアセンダントやMCが活性化している時期を見つけ出します。この時、幼少期の引っ越しや両親／家族に関する重要な変化などがある場合は、ケーデントハウスの天体がソーラーアークでアセンダントやMCに触れたり、反対にアセンダント内の天体がソーラーアークやMCがアンギュラーハウスの天体に触れるタイミングに合わせて時間を調整してみます。高倉健さんの場合、あまり幼少期の話がわからないので、俳優の仕事を始めた時期や結婚の時期などの話を焦点に使います。例えば、俳優になった1955年をソーラーアークMCが金星に来た時に合わせると7時38分頃になります。ソーラーアークのアセンダントが金星に来た時に合わせると8時00分頃、ソーラーアークのMCが土星に来た時に合わせると8時14分頃になります（金星は木星と天王星と、土星は冥王星とアスペクトしているので数分差でそれぞれによるタイミングも考えられます）。これらの時間について、他の出来事のタイミングとソーラーアークと合っているかを確かめていきます。

人生の個人的な展開に関する情報がしっかり集まっている時、ここで他の出来事との対応を比べた際に明確に一つの候補が浮かび上がってきます。しかし、ここでいくつかの候補が出てくる場合もあります。その時は、さらに相互に象徴しているため正確な出生時刻を割り出せないかもしれません。リストには、ソーラーアークにおいてアングルの関わっているもののみを挙げています。

高倉健さんの人生の主要な出来事とそのタイミングで起こっている各説の時期表示をリストしてみました。実際には、引っ越しなど個人的な状況の変化に関するタイミングの状況も必要ですが、ここではそれは集まらず偏ったものになっているため正確な出生時刻を割り出せないかもしれません。リストには、ソーラーアークにおいてアングルの関わっているもののみを挙げています。それぞれの時期に他の天体同士の象徴も働いており、トランジットのきっかけも働くので、じっくり精査していく必要がありますが、それでも重要な行動パターンの変化の時期にソーラーアークのアングルが関わっていることは注目すべきです。つまり、アングルに関わるソーラーアークを探した時、最も多くの時期表示が出て

COLUMN 3　レクティフィケーション　〔石塚隆一〕

タイミング	出来事	7:38説	8:00説	8:14説
1955年	東映へ入社	SMC>金星	SAS>金星	SMC>土星
1956年	主役デビュー	SMC>木星	S太陽>MC	S太陽>AS
1959年2月16日	江利チエミと結婚	S月>AS	SMC>土星	SAS>土星
1962年	江利は妊娠するが妊娠中毒症のため中絶	S水星>AS		
1963年	ヤクザ役を好演	SAS>金星、SMC>土星	SAS>土星	
1966年	主題歌大ヒット	SAS>天王星		SMC>火星
1970年	高倉プロを設立	※S月>MC	S水星>AS、SMC>火星	SAS>火星
1971年9月3日	離婚	S水星>MC	※S水星>AS	
1972年11月1日	「高倉健　蒸発」	SAS>冥王星		S月>AS、SMC>水星
1976年	東映を退社	※SMC>火星	S火星>AS、SMC>水星	S水星>AS、SMC>水星
1977年	『八甲田山』、『幸福の黄色いハンカチ』	S火星>MC	SMC>月	S月>MC、SAS>月
1982年2月13日	江利不慮の死、その後毎年、墓参りを欠かさず	SMC>水星	SAS>水星	S火星>AS
1983年	『南極物語』	SMC>月	SMC>火星	
1989年	『ブラック・レイン』	S金星木星>AS、S土星冥王星>MC	S土星冥王星>AS	
1988年	紫綬褒章を受賞	S金星木星>MC	S金星>AS	
1999年	『鉄道員』			S天王星>AS
2006年4月1日	北京電影学院の客員教授、文化功労賞		SMC>海王星	S金星>MC
2012年8月1日	『あなたへ』で銀幕復帰	SMC>AS	SAS>海王星	
2013年10月25日	文化勲章を授与			
2014年11月10日	悪性リンパ種のため死去			

きたものが有望になります。偏ったリストですが、三つの説を比べると7時38分頃が有望に見えます（ピントが合っており、詳細への対応が見える）。さらに、日付までわかるデータがあれば、これらの各出来事のタイミングに関連するトランジットの影響を考慮して候補を絞っていきます。また、必要であれば、時間を微調整していきます。

さて、このような方法を行う際に、「出来事リスト」の内容がとても重要になります。

特に、四つのアングルに関連しやすい、

「引っ越しや家族の変化」＝IC
「職業や地位の変化」＝MC
「対人関係の変化」＝ディセンダント
「健康や心理的姿勢の変化」＝アセンダントに関連する情報

をまんべんなく集めていくことが重要な鍵になります。

また、これらの作業を行う際にはコンピューターソフトの操作に慣れることも重要です。特に「出来事リスト」に対応する時期表示を探す段階では、コンピューターで適切な時期表を出力しながら作業を進めると効率がよいです。

実際の相談時には、だいたいの出生時刻（母子手帳の時刻であっても）がわかっている時に、時期表示の働きの確認のためにこの手順を簡易に行うとよいこともあります。その場合、ケーデントやアンギュラーハウスに入っている天体を見つけ、対応するアングルからの度数を計り、該当する年齢でその天体の象徴するような体験をしているかどうかを相談者に尋ねるとよいでしょう。体験の年齢が数年前後しているこ とがわかったら出生時刻を年数×4分前後させてみると、時期表示にぴったり合う出生時刻を見つけられるかもしれません。

COLUMN 4　コンサルテーションチャート 〔石塚隆一〕

コンサルテーションチャート　石塚隆一

❖ コンサルテーションチャートを考えるに当たって

ホロスコープを利用して人々の相談に乗る時、出生図やそれに対する時期的な影響を考慮するだけでは焦点を定めにくいこともあります。そんな時、コンサルテーションチャートを補助的に利用すると必要な洞察が得られるかもしれません。特に、出生時刻がわからない場合などには大きな助けになるでしょう。

コンサルテーションチャートは、相談者が相談のために占星家と出会った時間と場所でチャートを作ります。最近は、占星家とコンタクトを受けた占星家側の時間と場所を基準にすると考えています。また、予約を入れた時と実際の相談時のチャートは、両方共それぞれの視点からテーマを考えることができます。ここでは、相談時のチャートについて考えていきます。

コンサルテーションチャートの解釈は、さまざまなアプローチがあります。まず、第一の視点は、ホラリー占星術のように相談者の周辺の物語をこのチャートの天体同士の相互関係や時期的な変化の可能性をこのチャートの天体同士の相互関係や時期的な変化の可能性を見ていきます。これは、過去から未来へ続く相談者の象徴的な物語としてとらえることもできます。占星家リズ・グリーンは、アセンダントやその支配星の状況を人生の旅の種類、太陽を主人公の特徴としてとらえ、人生の流れのイメージを創ることを提案していますが、この発想もそのままコンサルテーションチャートの解釈に応用できます（短い期間での象徴になりますが）。

例えば、ある相談の予約が入り、予定の日時と場所でチャートを作ってみるとアセンダントの支配星が6ハウスにありました。それは、ちょうど「仕事について相談したい」という相談者の希望に適合しているようでした。しかし、実際には当日相談者の都合で1時間ほど遅れて始まり、アセンダントの支配星は5ハウスへ移りました。案の定、実際の相談の内容は恋愛についてが中心になりました。このように、コンサルテーションチャートは、気軽に相談の焦点を見つけるために利用できると考えてください。

ホラリー占星術では、相談者は基本的に1ハウスとその支配星、そして、月により示されます。つまり、それらがどんな状態になっているかということから相談者の現在の状態を推測することができるのです。

まず、アセンダントのサインから、相談者がどんな動機や潜在的なテーマを持っているかイメージしましょう。双子なら複数の選択肢で迷っているかもしれません。蠍であれば対人関係について感情的な結論を出そうとしているかもしれません。ドラマのカメラワークを思い出してください。サインへの注目はあるシーンのクローズアップです。例えば、アセンダントが双子だとしましょう。画面の中には、電話をかけている口元（双子）のアップが見えますが、顔の表情もわからなければ、どんな部屋や環境で電話をかけているのかもわかりません。つまり、主人公の正体はわからず、コミュニケーションが重要な要素だということだけが視界に入っています。

次にアセンダントのサインの支配星の状態を見ます。これはちょうどクローズアップしていたカメラがぐっと引いて本人の顔の表情やどんな環境にいるのかなど、状況の文脈が見えてくるイメージです。例えば、電話の口元からカメラが引いていき、興奮している（牡羊）社長さんが社長室から（10ハウス）部下に電話（水星）をしている姿が見えてくるかもしれません。あるいは、お父さんがおみやげを抱えて（獅子）近所から（3ハウス）帰るコール（水星）しているかもしれません。

さらに、そのアセンダントの支配星が過去から未来にどんなアスペクトを形成するかを見ていくと、どんな人とどんな物語が展開しているか、想像を深めることができます。例えば、アセンダントの支配星が過去からディセンダント支配星とスクエアになっていたとすれば、相談者はパートナー（7ハウス）と喧嘩をしたのかもしれません。5ハウスの支配星とこれからセクスタイルになるとすれば、相談者はこれから息子（5ハウス）に応援の声をかけようとしているのかもしれません。

また、アセンダントの支配星と同様に、月の状態を考慮することにより、相談者が何を心配しているのか、何に気持ちを向けているのか、これまで物事がどんなふうに体験され、これからどう展開していくかをイメージすることができます。

さらに、古典占星術の知識を使い、洞察を深めれば、ディグニティやレセプションなどの知識が深まれば、チャート上で特に強調されている天体に注目することです。

第二の視点は、チャート上で特に強調されている天体に注目します。どれかのアングルに正確にアスペクトを向けているか、アングルに関わっている天体があれば特に注目します。相談の直接の要因やきっかけに関わっている可能性があります。天王星が関わっていたら何か突然の変化があったのかもしれない。海王星なら何らかの要因で困惑してい

COLUMN 4　コンサルテーションチャート〔石塚隆一〕

たり、土星なら責任を感じているかもしれません。それらの天体がどのハウスの支配星になっているかということがさらなる状況認識のヒントになることもあります。また、太陽や月が入っているハウスのテーマに注目してもよいでしょう。ステリウムになっているハウスのテーマに注目してもよいでしょう。

それぞれの天体の意味をぼんやり考えながら繰り返し表示を探す、「チャートに語らせる」という感覚を覚えていくと、解釈を進めやすくなるでしょう。

第三の視点は、相談者の出生図との関連性を見ながら、どのようなテーマが強調されているかを考える方法です。この時、事前に出生図をじっくり解釈し、その中のさまざまなテーマや注目点を整理しておくとよいです（例えば、心理占星術を利用した分析など）。出生図のどの天体やアングルが、コンサルテーションチャートアングルに関わったり、天体にアスペクトを形成したりして強調されているでしょうか。

これらのポイントは、古典などのルールにかぎらず自分自身が普段解釈に利用している象徴体系の中でもしっかり機能するはずです。例えば、私の場合は心理的なポイントを考察していきます。心理占星術の場合、現在要点となっている「成長のための緊張」はどのようなテーマか、どんな防衛メカニズムに注目したらよいか、など、独特な考察点が加わります。それらについてもこの説明のように考えを深めていくことができます。

✦ ケーススタディ

では、これらの視点についてチャート例を見ながら理解を深めましょう。

これは、ある相談者のコンサルテーションチャートです。

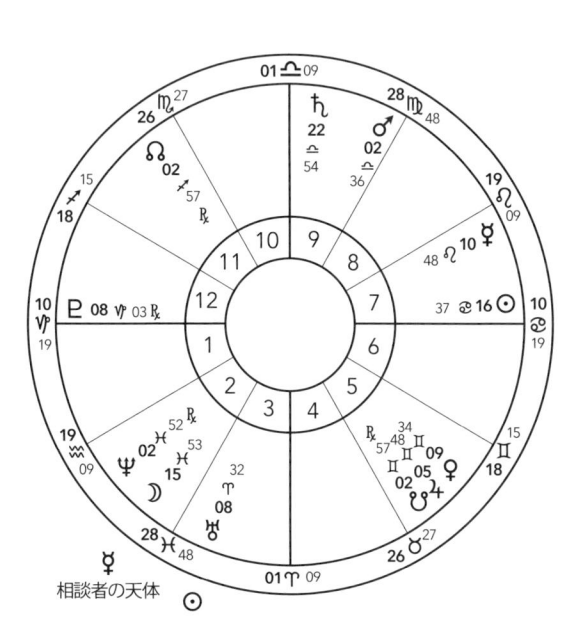

相談者の天体 ☉

事前に予約をしていたので、予約時間でチャートを出しながら焦点を絞っていきました（実際には相談者は数分早めに現れました）。

まず、最初に目につくのは、アセンダントに対して冥王星や天王星が強力にアスペクトをしていることです。このようにアングルに強く関連する天体は、それ自体が相談の動機に強く関わっている可能性があります。アセンダントに冥王星と天王星が関わるので、本人のアイデンティティーや自己イメージ、行動パターンに関して突然の変化とともに深い変容のテーマが進みつつあるイメージです。そして、それらの天体は2ハウスや11ハウスの支配星なので、心理的アプローチに重要な自己価値の感覚（2ハウス）や愛される存在であることに関わる不安（11ハウス）について変容していくことが要点であることがわかります。

次に月の位置に目を向けると、やはり、2ハウスに入っており、自己価値に関するテーマがとても重要な心配事の焦点であることがわかります。さらに、月は7ハウスの支配星になっており、7ハウスにある太陽とトラインになっています。

そして、太陽は変容過程に関連する8ハウスの支配星です。これは、対人関係やパートナーシップのテーマが変容のプロセスに重要に関わってくるということを推測させます。このように、繰り返されるテーマを整理することはとても重要です。

次に、出生図と比較したところ、このコンジャンクションチャートで強調されている天王星に対して出生図の太陽がコンジャンクションになっておりアセンダントを支配していることや、コンサルテーションチャートの月が出生図の2ハウスを支配している水星とコンジャンクションになっていることなど、コンサルテーションチャート自体のテーマの繰り返しが見られました。とくに出生図の太陽がコンサルテーションチャートのアセンダントにアスペクトしていることは重要な考察点となりました。

また、出生図に対する未来の時期表示を見ると約2〜3年先に太陽と月のミッドポイントを含む重要な変化の時期が見られました。これは、コンサルテーションチャート上での冥王星や天王星とアセンダントの度数差にも通じます。これらのポイントから、コンサルテーション自体のテーマとして、来るべき対人関係の状況の変化に向けて、自分らしさをよりしっかり表現できるよう自己価値や愛される存在であるという感覚を安定して持てるよう洞察を深める方向へ進めていきました。この相談者はコンサルテーションの約2年後にご結婚されています。

532

COLUMN 4　コンサルテーションチャート　〔石塚隆一〕

❖ まとめ

　コンサルテーションチャートは、相談者がその時テーマとして抱えているものを把握し整理する便利な道具です。これを利用し、相談時に出生図や時期表示に関して重要になっている視点や方向性を象徴の次元でピックアップすることが可能になります。さまざまな意味をカバーする象徴を、ある「相談」というセッション現場の必要性に合わせて焦点化するコンサルテーションチャートをぜひ有効に利用しながら、意義のある会話を進めていくための道しるべとして役立ててください。

COLUMN 5

近年の欧米占星術界の動向

倉本和朋

近年の「欧米」占星術（界）、2004年〜2015年現在までの動向を以下に述べます。

松村潔先生ご執筆コラム「最近の占星術の動向」[※1]の続編、石塚隆一先生ご執筆コラム『完全マスター 西洋占星術』収録、これ以上なき幸いです。わせていただきますこと自体、実に僭越(せんえつ)でございますが)的なものとして、また本書が掲げます「実践目的」という点からも有益な部分を見い出せるものとしてお読みいただければ、

まず古典占星術研究の発展について。ウィリアム・リリー（1602年〜1681年）の著書ファクシミリ版[※2]が1985年に上梓されて以降、「古い手法の価値を再認識する努力」[※3]は加速されました。リー・レーマン（1953年〜）の「それぞれの世代には受け継がれた知識、経験を新たな発展下で再検証する権利、そして義務がある」[※4]やアンソニー・ルイス（1945年〜）の、先達同士で互いの意見に相違が存在する場合もあるというホラリー占星術の技法につき、「自身の経験が増してゆくにつれ、それらに基づき先人から受け継いだルールを微調整する事が可能になるでしょう」[※5]等

の提唱から明らかなように、ただ先達からありがたく受け継ぎ研究するだけでなく、それら研究の検証を踏まえ今後に生かす旨を自身の著書中等で公にする占星術家が続々出てきました。

リリーら先達の手法に対し、公の場で疑問を投げかけることはあたかも歴史上の偉人に注文をつけることさながらで、ひょっとしたら先達の信奉者等から批判を受ける等の可能性もあることを考慮すれば、ある種、勇敢な行為、そして占星術の未来のための英断、とも取れるかと著者は考えます。

また上記ファクシミリ版といえば、デヴィッド・ロエル（1952年〜2014年）がこれを現代の私達にとって読みやすい、現代フォント、仮名遣いに直した版を出版した[※6]ことをも述べておきましょう。

ラテン語等、古典言語で書かれた原書テキストの翻訳は進捗がめざましく、マシャアラー（740年〜815年）やグイド・ボナティ（1210年〜1296年）の著書のように、複数の翻訳家による、複数の英訳図書が存在するケースも出てきました。例えばロバート・ゾラー（1947年〜）

534

COLUMN 5　近年の欧米占星術界の動向　〔倉本和朋〕

は「(英語等)現代の言語中には容易には見いだせない、必要不可欠な情報がそれぞれの古代言語にはある」ので、それら言語を可能な限り習得することを占星術家達に推奨しています（※7）が、上述翻訳書が増えていることは、ゾラーのこの考え方に共鳴した占星術家が増えていることを反映しているともいえるのかもしれません。上記翻訳家の具体例としてジェームス・ホールデン（1926年～2013年、ラテン語、ギリシャ語）、ロバート・シュミット（1950年～、ギリシャ語）、メイラ・エプステイン（ヘブライ語）そしてベンジャミン・ダイクス（ラテン語）を挙げておきましょう。

古典占星術といえばホラリー占星術を思い浮かべる方々が多いかもしれませんが、ネイタル（※8）ならびに未来予知を判断する手法も数多く存在し、なかにはプロフェクション（※9）やフィルダリア（※10）のように、上記翻訳から数百年の時を経て、再びスポットライトが当てられるに至った技法も存在します。

こうした傾向を鑑みれば、18世紀に一度は失われた、ともいわれる（連綿と受け継がれた）古典的技法の約200年の時を「挽回」する作業は目覚ましいものがあり、ひょっとしたら21世紀（はまだあと80年以上あります）はこの約200年の時を挟んでの発展が卓越したものとなるかもしれませんね。

古典占星術関連図書が多く出版され、いずれの古典占星術家の許で学ぶかという選択肢が増えたことも要因なのでしょう。古典占星術の学習、と聞いて以前はより感じられる場合もあったであろう、独特の「閾の高さ」のようなものも減少して来ているようにも著者には思われます。これは上記「閾の高さ」をわざわざ掲げることが、ともすれば後続の人々の学習意欲を削いだり、占星術家自身がフォロワーの獲得機会を逸することにつながる場合もあるからなのかもしれません。

ラテン語を習得し、プロジェクトハインドサイトやARHATといった大規模な翻訳活動を推進した（※11）ロバート・ハンド（1942年～）は古典占星術、ならびにこの手法に基づく占断の際利用するハウス・システムであるホール・サイン・ハウス・システム（※12）の普及にも尽力しています（※13）が、1980年代後半～1990年代前半より古典占星術の研究に着手・邁進するまでは現代占星術、殊に心理占星術的な見解に基づく著書を発表してきたハンドの場合、上記占断も他の古典占星術家とややスタンスは異なるようで、古典占星術でのネイタル・チャート検証の過程で、個人一人ひとりの成長を発展させるためのツールとして占星術を用いること、すなわち心理的・ヒューマニスティック占星術的な考察を加えることは左記古典的解釈に支障を来す要素が存在しないがゆえ、現代占星術、心理占星術で殊に求められる、ホロスコープの持ち主の個性にたいする解釈をも行う旨を述べています

（※14）。

その心理占星術に関しては本書、石塚隆一先生によりますコラムを参照願います。1980年代にピークであったであろう、古典占星術家等からの批判に対する心理占星術の真摯な自問、すなわち「占星術が心理学と手を組んだこと」や「心理占星術の未来」に対する検証作業はリズ・グリーン（1946年〜）以降の若い世代のフォロワー達にも行われているようです（※15）。

上記ハンドの古典・（心理含む）現代の両占星術統合（の試み）的なもの（※16）、とまではゆかずとも、古典そして現代占星術—ウラニアン、ハーモニック、エソテリック、サビアン等度数（ディグリー）、小惑星、体験、医療、コンポジット、ヴェディック、マンデン、ファイナンシャル、サイデリアル方式等、上記石塚隆一先生にご紹介いただいたものをはじめ、各天体回帰、日蝕月蝕、ハーバル、アロマ、シナストリー（※17）、ソーラー・アーク（※18）、ヘリオセントリック（※19）、恒星パラン（※20）……、また筆跡学や手相（※21）を占星術にリンク・活用するという考えを提案する占星術家も出てきました——の中から複数を学ぶ占星術家は増えているようで、これはUAC（※22）のようなコンファレンス（「会議」の意ですが、占星術師が集う場で複数行われる大会みたいなもの）、さまざまな占星術家講座が複数行われる機会があることや、インターネットやパソコンの普及を通じ、さまざまな占星術家のホームページ等に容易にアクセスできるようになった時代性によるところが大きいのかもしれません。

また1970年代に比較的大いに行われ占星術人気の高まり（※23）から、あたかもその手法普及による占星術批判への批判を経ての皺寄せのごとく行われた、それら簡略化されたものを客観視できるような時代性もあるように著者には思われます。

占星術家の中にはパトリック・カリー（1951年〜）、ニコラス・キャンピオン（1953年〜）や上記グリーンのように、心理学等アカデミックな学問の教鞭を大学で取る人物が出てきており、彼らの活動の影響で占星術に興味を持つ若い人たちが出てきてもいるようです。またリチャード・タルナス（1950年〜）のように、哲学、心理学の教授にして西洋思想史の大著（※24）を有しつつ、占星術にアプローチをしてきた人物もいます。

ノエル・ティル（1936年〜）は1994年、ネルソン・マンデラの修正出生時間（レクティフィケーション）（※25）を発表、マンデラの実際の出生時間と僅差であったことから占星術に興味なき人々からも喝采を得ましたが、マンデラが生誕・活躍した地、南アフリカ共和国などはその影響もあってか、占星術が実に盛んな国なようです。

南アフリカ共和国以外にも南米、豪州、バリ島、中国、日本等欧米世界以外の多くの国々で西洋占星術のコンファレン

COLUMN 5　近年の欧米占星術界の動向　〔倉本和朋〕

これは現代占星術のみならず、古典、その他技法を含め西洋占星術全般の話になります。ティルといえばまた、自身がクライアントと実際に向き合うカウンセリングの場での会話をクライアントから許可を得たうえで実録として著書中に収録、発表したという業績もあることにも言及しておきましょう(※26)。

占星術に興味を新たに抱く人々、フォロワーの出現は占星術家、占星術家が所属あるいは協力関係にある占星術団体(※27)ならびにUAC等それらが出資・提携したもの、雑誌、出版図書、インターネットの影響が大きいでしょう。例えば上記UACでの各種アワード受賞者等は、出版図書や雑誌、ウェブ上での記事等も多く有する場合が多く、上記占星術団体(に本人が所属している、いないはともかく、それ)と協力関係があり、またそれらへの貢献も大きい、影響力も大きい占星術家、時代・トレンドを作り出している占星術家と称して差し支えないでしょう。これらトレンドが作られることはまた、欧米ならではのディベート文化、すなわち発信元である占星術家の説を鵜呑みに等せず、それらに対する検証や批判が自由に行われるという下地の存在も一要素として含まれるであろう、との識者の意見も存在します。

ちなみに2008年UAC部門別アワード受賞占星術家のなかには上記リー・レーマン(教育部門)、ハンド(生涯成就部門)、タルナス(職業イメージ部門)、そして下記ブレイディ(学説・理解部門)を含みます。ティルは1998年アワード職業イメージ部門を受賞しています。

その一方、サビアン占星術のように、日本では発展がありながらも、欧米では日本におけるほどには取り上げられるに至っていないように見受けられる手法もあります。サビアンをはじめとする度数(ディグリー)解釈に関してはマーク・エドモンド・ジョーンズ(1888年〜1980年)、ディーン・ルディア(1895年〜1985年)の大きな仕事が存在、以降1994年時点で「17を下らない」システムが存在するとの説が存在し(※28)、21世紀に入ってからもそれら説は増えているようですが、これらシステム間で互いに意見の一致が見られぬこともあるがゆえでしょうか、上記大きな流れをもなす占星術家が存在するには至っていないようです。とは申せ、上記ジョーンズ、そして特にルディアなどは、サビアン以外にも占星術での多くの仕事をなしてきたこともあり、21世紀の今日に至っても二人を範とする占星術家は多く、同じ古の叡智に問う、ということでいえばマルシリオ・フィチーノ(1433年〜1494年)やアラン・レオ(1860年〜1917年)等の業績を再評価する傾向もあるようです。

サビアンといえば著者は松村潔先生のサビアン、度数解釈(ディグリー)占星術が将来、欧米に紹介されることを望

むのように、欧米占星術雑誌に記事を投稿したり、実際に彼の地で活躍する日本人占星術家も存在するにかかわらず、そういった実情どころか、日本で西洋占星術が盛んであることすら覚束ない占星術家が欧米には多くいるようです（欧米に日本の文化に取り組む人々が存在することを私たち日本人が頓着しにくいのと同様のことでしょうか）ので、そもそもこのへんの紹介の仕方からまずデリケートな対応が必要かもしれません。翻訳云々以前に紹介の仕方で、まずは鍵の一つになるのではないかと著者は考えます。

占星術ソフトの話に戻しましょう。

占星術ソフトの開発は１９７０年～１９８０年代に技術、資金あるいはそれら双方を兼ね備えた占星術家達の尽力（※29）をはじめ、以降インターネット、パソコンの普及もあり、その発展にはめざましいものがあるようで、これらを踏まえ、独自でソフトを開発する占星術家も出てきており、ベルナデット・ブレイディの、特定の時間・場所での天体、主要恒星配置を備えた天空（＝ドーム、との考え方）を再現するソフト（※30）などがその一例です。

出生データ収集については２００８年、占星術のウェブサイト、アストロ・ディーンスト創設者アロイス・トレインドル（１９５０年～）がロイス・ロデン（１９２８年～２００３年）のデータ銀行を自身のウェブ上へ引き受けて以来、新規デー

タの登録、そして既存データの更新が毎日のように行われているようです。この登録ならびに更新自体が行われていた点は変わらぬものとはいえ、例えば殊に著名人の場合、永らく確固たるものとされてきたデータが新たな歴史上の事実や証言から一転、全く別のデータ、候補が上がったり（※31）あるいは書き換えられたりするのをウェブ上でリアルタイムで閲覧できるようになったのは興味深いと著者は考えます。

そもそもロデン以外にもマーク・ペンフィールド等、データ収集家自体多く存在し、時には同一人物のデータがロデン版とペンフィールドら他の版とで食い違うこともあったわけですけども、そのうえ、上記更新も頻繁に行われていることをも鑑みれば、出生データを扱う際の出典等リファレンスの確認ならびにそれらを明示する等の作業は、これまで以上に配慮がなされる必要が高まっているのかもしれません。

占星術雑誌は占星術団体発行、一占星術家発行等、種類も数も膨大すぎるので著者の知るかぎり、実に狭い範囲での話になりますけども、１９８７年より継続している「ザ・マウンテン・アストロロジャー」誌のように、欧米以外の国で占星術を学ぶ人々もウェブ上から購読が可能な占星術雑誌がある一方、「フリー・コンシダレーションズ」のように、充実の内容でありながら２００６年で惜しくも休刊となった雑誌もあるなど、さまざまなようです。雑誌に掲載される、占星

538

COLUMN 5　近年の欧米占星術界の動向　〔倉本和朋〕

術家の図書やカウンセリングの広告などは日本の事情と趣きを異にしていることもあり、興味深いと著者は常々考えております。

占星術の歴史に対する見直しということでいえば2012年UAC学説・理解部門を受賞しました上掲キャンピオンの大著(※32)などは、上記18世紀以降約200年間、すなわち「占星術の進歩が一時休止」(※33)したといわれる時代にも細々とではあるかもしれないけども、占星術に取り組む人々が多くで存在することを明るみにする等の多くの貢献を占星術界にもたらした、といえるでしょう。キャンピオンはまた、上記図書のなかでイスラム占星術の歴史書もいずれは書きたい旨を述べて(※34)おり、これは上述古典占星術研究進展ともリンクしているといえるでしょう。そして著名ジャーナリストによる占星術歴史の書(※35)がベストセラーになったことは、すなわち日常日頃は占星術にさして興味なき多くの人々をも占星術に対する関心の目を向けさせたことも挙げる必要があるでしょう。

アメリカの建国ホロスコープ上の活動宮にある天体、すなわち金星、木星、太陽、水星（以上、蟹座）、土星（天秤座）、冥王星（山羊座）に対し、2010年代頃から2020年代初めにかけ、トランシットの天王星（牡羊座）、冥王星（山羊座）がそれぞれハードアスペクトを形成する一特に2021、2022年の、アメリカ建国の冥王星にトランシットの冥王星がコンジャンクション（＝冥王星回帰）する一事

を受け、政治、外交、経済から気象等までさまざまな観点からアメリカの未来に懸念を訴える占星術家が出てきているようですけども、近未来の占星術ということでいえば例えばタルナスは、上記大学等アカデミックな場で占星術が紹介されることにより、占星術に対する文化的態度が変わっていくであろうとし、こうした変化やシフトが今後の世代等では実際に起きてくるだろうとしています(※36)。もちろんタルナスのかような、ポジティヴな見解はさほどポジティヴでないものを含めての多くの意見(※37)の一つにすぎませんが、影響力の大きい占星術家の一意見ではあると著者は考えますので記載いたします。

その「今後の世代」を担うであろう若い、新しい世代の占星術家の台頭を本コラムの締めとして挙げましょう。20代で他占星術家著書を発行する出版社を立ち上げ、31歳でロンドン占星術学校の運営を引き継ぎ、自らも占星術図書執筆等多くの活動を行うフランク・クリフォード（1973年〜）や上記ダイクス、心理占星術家ジョン・グリーン（1964年〜）らをはじめとする、「冥王星乙女座あるいは天秤座」世代の活躍などはその典型といえるでしょう。

脚注

※1 松村潔『完全マスター 西洋占星術』(説話社 2004) 464頁〜470頁

※2 William Lilly"Christian Astrology"(Regulus Publishing 1985)

※3 松村潔『完全マスター 西洋占星術』(説話社 2004) 468頁

※4 John Lee Lehman"Essential Dignities"(Schiffer Publishing 1989) 171頁

※5 Anthony Louis"Horary Astrology Plain&Simple"(Llewellyn 2011, First Edition 1998) 37頁

※6 William Lilly"Christian Astrology Vol.1&2", "Christian Astrology Vol.3"の二冊(に分割)(共に Astrology Center Of America 2004, First Edition 1647)

※7 Robert Zoller"The Arabic Parts in Astrology"(Inner Traditions International 1989, First Edition 1980)p.14。また同じゾラーによる、古典占星術を学ぶにあたり、18世紀以前の古典的世界観を理解する必要があるとの主張については Robert Zoller"Tools & Techniques of the Medieval Astrologer Book One"(New Library Limited 2004, First Edition 1981)収録"Preface to First Edition"参照。

※8 松村潔『完全マスター 西洋占星術』(説話社 2004) 194頁〜205頁収録、いけだ笑み先生ご執筆コラム「コラム3 天体の品位について」ならびに本書所収、いけだ笑み先生ご執筆コラムを参照願います。

※9 この手法における、シンプルなヴァージョンが Frank Clifford 他 "Astrology: The New Generation"(Flare Publications 2012)収録 Benjamin Dykes の記事 "Time Lords プロフェクション●

in Traditional Astrology" で紹介されており、それは概ねネイタル・チャートにおける第1ハウスのサインならびにその支配星が0歳、第2ハウスのそれらが1歳……、第12ハウスのそれらが11歳、以降第1ハウスのそれらが12歳……に関する情報を有する、というもの。なお、利用するハウス・システムはホール・サイン・ハウス・システム。"Christian Astrology"ではホール・サイン・ハウス・システムに関する記述を有する。"Christian Astrology"では715頁、718頁〜734頁に詳述があります。

※10 フィルダリアの記事●Robert Hand の記事(http://www.astrologycom.com/firdar.html)によれば、ペルシャ占星術に起源を有する手法で、天体に人生の期間を表す役割("Planetary Periods")を与えるというもの。例えば昼生まれの場合、ネイタル・チャートにおける太陽が1歳156日、太陽と金星のペアが1歳157日〜2歳313日……をそれぞれ司る、等。"Christian Astrology"にもじつに短いながらこの手法に関する記述が見出せます。

※11 松村潔『完全マスター 西洋占星術』(説話社 2004) 468頁

※12 ホール・サイン・ハウス・システム●占星術史上最古のハウス・システムと呼ばれるもので、アセンダントとなるサインの0〜29/59を第1ハウス、以降次のサインの0〜29/59を第2ハウス……、アセンダントがあるサインの前のサインの0〜29/59を第12ハウス、とするハウス・システムで、結果アセンダントは必ず第1ハウス内に来ますが、MCは第10ハウスに来るとはかぎらなくなります。専門書として Robert Hand"Whole Sign Houses: The Oldest House System"(ARHAT) 等があります。

※13 "The Mountain Astrologer" Aug / Sep 2008 (#140) 収録、"A Conversation with Robert Hand" by Tore Lomsdalen、42頁ならびに同誌 Oct / Nov 2014 (#177) 収録 "An Interview with Robert Hand"by Tem Tarriktar and Chris Brennan、47頁参照。

540

COLUMN 5　近年の欧米占星術界の動向　〔倉本和朋〕

※14 Rafael Nasser"Under One Sky"(Seven Paws Press 2004)ハンドの占断文章316頁参照

※15 Frank Clifford他"Astrology:The New Generation"(Flare Publications in conjunction with the London School of Astrology 2012) John Greenの文章 "the Astrology of the Self" 266頁～281頁参照

※16 ハンドは2003年時点では古典・現代占星術双方が「調停される必要は無い」("The Mountain Astrologer"Apr/May 2003 (#108) 収録インタヴュー、33頁～34頁参照) としていますが、同誌からインタヴューを受けるたびごとにこのテーマ（上記両者の統合）は繰り返し話題として取り上げられています。

※17 シナストリー●複数の人物の相性を判断するための、ネイタル・チャートの比較を行う手法。専門書としてRod Suskin"Synastry Understanding the Astrology of the Relationship"(Llewellyn 2008) 等があります。

※18 ソーラー・アーク●より正確にはSolar Arcs Directionで、セカンダリー・プログレス法で太陽が動く度数を他天体にも加算し未来予知に用いる手法。専門書としてNoel Tyl"Solar Arcs"(Llewellyn 2001) 等があります。

※19 ヘリオセントリック●従来のジオセントリック、すなわち地球中心の占星術でなく、太陽を中心にしたホロスコープをもとに解釈する手法。専門書としてPhilip Sedgwick "The Sun at the Center"(Llewellyn 1990)がありますが、この占術を説明した和書として松村潔『ヘリオセントリック占星術』（説話社 2011）もあります。

※20 恒星パラン●パランとは恒星と天体とが地平線上や南中等に同時にある状態を指しますが、これを占星術的に利用した手法。専門書としてBernadette Brady"Brady's Book of Fixed Star"(Samuel Weiser 1998)等があります。この占術を説明した和書としては松村潔『トランジット占星術』（説話社 2010）があります。

※21 筆跡学と絡めての研究書はDarrelyn Gunzburg"Astrographology-The Hidden Link Between Your Horoscope and Your Handwriting"(The Wessex Astrologer 2009)、手相との ものはLorna Green"Horoscope in Your Hands"(The Wessex Astrologer 2008)があります。手相の方は伊泉龍一先生によればもともと「西洋の伝統に由来」し、そればかりか「占星術」との間には驚くほど非常に深いつながりがある（伊泉龍一、ジューン澁澤「西洋手相術の世界『手』に宿された星々の言葉」（駒草出版 2013、初版2007、3頁参照）

※22 UACはISAR、NCGR等複数の占星術団体がスポンサー支援する占星術コンファレンスで、2012年大会では5月24～29日の6日間で15クラス×18セッション=270の占星術講座が開講されました。

※23 Julia&Derek Parker"The Complext Astrologer"(1971)のような、14か国語に翻訳されたミリオン・セラー本やジッポラー・ドビンズが提唱した"12 Letter System"等は、占星術に関心を向け、取り組む人々を増やしたというポジティヴな面と、簡略化という側面を強調したことにより伝統的見地から鑑みホロスコープ解釈を曲解する占星術家を増やす結果につながる可能性があるというネガティヴな面とが共存する、という見解。

※24 Richard Tarnas"The PASSION of the WESTERN MIND" (Ballantine Books 1993,First Edition 1991)

※25 レクティフィケーション●本書石塚隆一先生ご執筆コラム「レクティフィケーション」参照願います。

※26 Noel Tyl"Noel Tyl's Guide to Astrological Consultation"

※27 松村潔『完全マスター 西洋占星術』(説話社 2004) 469頁〜470頁

※28 ジェイムズ・R・ルイス『占星術百科』(鏡リュウジ監訳、原書房 2000) 309頁

※29 James R.Lewis"The Astrology Book"(Visible Ink Press 2003) 432頁〜434頁

※30 Starlight Software (http://www.zyntara.com/)

※31 永らく1868年生まれ、とされてきた占星術家エヴァンジェリン・アダムスが2014年12月時点で、1859年出生の可能性もあるとされ、二つのホロスコープが掲げられているのがその一例。

※32 Nicholas Campion"A History of Western Astrology Vol.I & II"(Continuum International Publishing Group 2008&2009). Vol.IIは邦訳書『世界史と西洋占星術』(鏡リュウジ監訳、宇佐和通+水野友美子訳、柏書房)があります。

※33 松村潔『完全マスター 西洋占星術』(説話社 2004) 464頁

※34 Nicholas Campion"A History of Western Astrology Vol.II" p.xvii(上記邦訳書22頁)

※35 Benson Bobrick"The Fated Sky:Astrology in History"(SIMON&SCHUSTER PAPERBACKS 2005)

※36 "The Mountain Astrologer" Dec/Jan 2006 (#124)収録 "Cosmos and Psyche:An Interview with Richard Tarnas"by Ray Grasse, 50頁〜51頁参照

※37 Nicholas Campion"A History of Western Astrology Vol.II"(Continuum International Publishing Group 2009), "20 The Twenty-first Century: Epilogue" (277頁〜288頁)、邦訳書『世界史と西洋占星術』(鏡リュウジ監訳、宇佐和通+水野友美子訳、柏書房)第二十章【二十一世紀】エピローグ (471頁〜487頁) 参照。

《上記以外参考文献》

James Herschel Holden, M.A."Biographical Dictionary of Western Astrologers"(American Federation of Astrologers 2013)

《参考ウェブサイト》

ASTRO DATABANK(http://www.astro.com/astro-databank/Main_Page)

欧米占星術家の生没年については、上記資料あるいは各占星術家ウェブ・ホームページよりわかるもののみ記載としました。

(Llewellyn 2007)、邦訳書としてノエル・ティル『心理占星術コンサルテーションの世界』(石塚隆一監訳、星の勉強会訳・編、イースト・プレス2011) 等があります。

コンピューター占い 今、昔、そして未来

鷹石惠充

はじめに

皆さんは、コンピューター占いを利用したことがあるかと存じますが、満足してますでしょうか？

実は自分、どちらかといえば満足していない者の一人です。私は、35年以上、西洋占星術を中心とした占いに興味を持ちながら、コンピューター鑑定システム、私どもでは「機械鑑定」といっておりますが、占いの機械鑑定業界に先頭を切ってどっぷり浸かっている者です。

初期のコンピューター占いから、現在のスマホアプリ、ネット占いまでの変遷を経験し、その中で占い情報サービス会社「テレシスネットワーク（株）」を24年前に立ち上げました。

でしょう。

自分もこの開発プロジェクトの後半より関わったものですが、1970年代後半において、当時コンピューター占いというと、お客さんが記入した生年月日やコピーマシンに手を置いて手相を取ったふりをしたものにお店の人が手動で、いかにもコンピューターが選んだように出力する文章を売るという、夜店のおみくじに近いものが普通でした。

そこに、1億5千万円をかけてヒューレットパッカードのミニコンピューターをプラットホームにし、1台600万円する小型冷蔵庫のような大きさのバーサテック静電グラフィックプリンター2台、120万円のHPのプロッター3台というハードウェアを揃え、ソフトは、海上保安庁水路部が保持していた惑星の摂動計算式を200万円かけて入手した上で三井造船のシステム開発グループへ1億5千万円かけて制作したという代物。

コンテンツは当時西洋占星術を日本で初めて「12星座占い」として光文社のカッパ・ブックスにて紹介した、「日本の星占いの父」と称された門馬寛明氏（私も当時、門馬先生の門

過去・シグマ時代

日本のコンピューター占いを語る上で外せないのは、やはり当時アーケードゲーム会社「シグマ」が開発したコードネームSACS（シグマ・アストロ・コンピューティング・システム）

弟となり、西洋占星術をご教授いただきました）が率いるプロ占い師グループ「明暗塾」が担当したのでした。

当時としては、かけたコストも常識外れでしたが、鑑定出力内容も素晴らしいものでした。

「パーソナリティリサーチ」メニューにて惑星のインゾディアクやインハウス、はたまたカスプルーラの滞在ハウスの状況まで勘案し、文章出力したものです。

「マンスリーアクテビティガイド」に至っては、プログレッションとトランシット両方のコンタクト文章を、惑星によりアスペクト形成オーブを変えながらご丁寧にも形成惑星表示と共に期間表示するという凝りようでした。

同じ頃、ソニーの子会社だったソニー企業という会社（本来は銀座ソニービルの運営管理会社）が、ロケット工学博士の糸川英夫先生（最近になって惑星探査機「はやぶさ」の探査小惑星「イトカワ」で有名になりましたが、当時は糸川先生の著者名でなんとソニー出版より西洋占星術の本が出版されていました）を担ぎ出して、コンピューター占いを計画していた時、そこのスタッフが大量にシグマの占いを買いにきたという話が残っております。

❖ PC8000シリーズで占い鑑定サービス

私も、シグマや門馬先生と関わりながら、1980年初頭、NECがPC8000という8ビットパソコンを発売したのを即買いしました（1か月のアルバイトの後ですが）。

それからはPC8000でパレスセンターという恋人紹介会社の会員向け占いや、当時絶大な支持のあった雑誌での「読者全プレ」というティーン向け占い「マイバースデー」という企画で、占い診断書システム作成、提供したものです。

❖ ソードコンピューターでの占いシステム

その後、シグマのHPミニコンシステムの老朽化とともに、パソコンへの全システムリプレースという大役を仰せつかり、大学の研究室の友達と3人でプロジェクトを引き受けたのでした。

1億5千万円のコンピューターを、300万円の16ビットのコンピューター「SORDM 36」へ載せ替えるかたちで、全メニューを再稼働させたのでした。

1984年には、その実績をベースに、日本生命の保険勧誘ツールとして占いが採用され、日本で初めて「コンピューター占い鑑定書」が保険会社のノベルティ商品として扱われました。

COLUMN 6　コンピューター占い　今、昔、そして未来　〔鷹石恵充〕

❖ 大量鑑定処理の夜明け

ニッセイの占い鑑定書提供に当たって、一番の問題が月間数百万枚の個別鑑定書をどのように生産するかという、占いとは程遠い問題をクリアすることでした。

当時の1ページ20秒の印刷速度のドットインパクトプリンターと、10惑星の惑星位置推算に5秒かかる16ビット20メガバイトハードディスク搭載パソコンを組み合わせて構成するのです。

予算は1200万円。プリンター1台60万円、SORDコンピューターは1台300万円。コンピューター1台にプリンター4台をつなげWindowsどころか、マルチタスク処理のOSがない時代、SORDの疑似マルチ処理機能を使い1日10万枚の鑑定書生産を達成しました。

❖ Q2占い時代

その後、鑑定書占い市場は伸びていきましたが、自分にとっての占い提供は、「よりおおくのかたへ、手軽に、安く」がテーマとなり電話通信での提供へ興味が移っていきました。

ちょうどその頃、NTTがダイヤルQ2サービスを開始し、情報提供を電話ですると、情報提供料をコンテンツ提供者へバックするという仕組みを公開し、弊社（テレシス）として

も本格的に占い情報提供を開始したのです。

1990年前後の、おなじみのダイヤルQ2サービスは瞬くまに各種情報提供サービスへ広がりました。

1分100円での占い情報は、弊社テレシスとポッケ（当時のベルシステム24）で競うように提供し、占い雑誌「ミスティ」や「モニク」はたまた女性誌の「アンアン」や「ノンノ」へ広告出稿したものです。

ちなみに、現在占いのコンテンツプロバイダー最大手の「ザッパラス」さんは、当時ダイヤルQ2サービスを運営していたその後QネットからはGMOインターネットの専務西山氏や、Klab社長の真田氏など、きら星のごとく人材が輩出したものです。

❖ Q2からiモード、そしてスマホアプリへ

ダイヤルQ2がアダルト規制とともにユーザー数が減っていく中、1999年2月NTTドコモが閉鎖型インターネットコンテンツサービスとして「iモード」の提供を始めます。

弊社も、第一次コンテンツリリースグループとして、インデックスの「恋占いの神様」と共に「運命の恋占い」（当初は「占い物語」というサービス名）で提供開始。

サービス開始当初は800名程度の会員数から、最盛期12万人の会員まで伸びる占いサービスとなりました。

紙面の都合上、詳細は割愛いたしますが、以後、スマホの普及につれ主役はiPhone等のアプリへ変わっていき、現在に至っております。後半では、機械鑑定の現状と未来への展望を眺めてみましょう。

❖ 限界

現在のコンピューター鑑定は技術的には、35年前のシグマ占いシステムを超えるものではないのが現状です。それは惑星のインゾディアク、インハウス、ルーラーパラメータやプログレス、トランシットを使った古典的占法。また、せいぜいミッドポイントや疑似ハーモニクスでの特性算出。その限界はテーマに沿う占法ルールを、あらかじめ用意された文章群に結びつける、手続き処理フォン・ノイマン型コンピューターの限界に行きつくのです。

❖ 提供手段の変化

一方、鑑定情報の提供手段は、出力用紙への鑑定文提供から、ダイアルQ2に代表される機械音声鑑定、ガラケー、スマホ、PC提供のネット文章鑑定と変わってきました。いづれにしても、切っては切れない前提として、商業鑑定として最も重要とされる大量販売と代金回収法問題がついて回るのです。

技法的には、セッションといわれる面接鑑定の模倣であり、テーマの切り売り型にすぎない現在の機械鑑定は、残念なことに技法以上に「どうやってクライアントの方からお金をいただくか」というプリミティブで、下世話な売上目標や環境設定に頭を悩まし、足を取られているのが現状です。

そのため、大衆流行に流されたデザインコンセプトや、とりつかみのあるメニュー名そして、集客力のあるプロバイダー（Yahoo等の占いランディングページを展開するポータルサイト）やキャリア（携帯メーカの占いポータルページ）の意向も汲みながら、いかに想定売上げ予算内のコストで納めるかという計数管理等に意識が偏り、肝心な、「クライアントを幸せに導く」という使命を置き去りにしてしまう傾向が、業界内に蔓延している部分は否定できないでしょう。

❖ 展望

最後に、ちょっと悲観的な現状から離れ、自分として希望の光となりうる未来の機械鑑定を考えてみたいと思います。

まずは、手法として、1980年代に一時話題になった人工知能ルールデータベース。

LispやPrologといった言語で実装されるユニ

546

フィケーションとバックトラックといった手法を活用して、実占時に推定による占法の動的適用を行うかたちが有効でしょう。

例えば、あるクライアントが恋愛時期を知りたいとなった場合、そのクライアントの過去の恋愛遍歴をインタラクティブにヒアリングを行い、ある人はトランシットよりソーラーアーク中心の時期判定を適用したり、金星へのアスペクトよりミッドポイント刺激の方が重要なイベントが起こりやすいなど、個人の占法親和性を分析した上でルール適用を行う鑑定の実現が一つでしょう。

また、一方大量の実践データの収集として、ネットワークで匿名としての行動やイベントデータを出生データと共有することで、ビッグデータのデータマイニング技術を活用する方向性があります。

それによって占法の確度を測定し、その占法がどのような状況で強く現出するかなど、定性的、定量的両面においての同定が可能になるものと思います。

例えば、「このクライアントの行動タイプにおける恋愛傾向を解析すると、84％の確率で今年の8月から10月の間で、既に恋人のいる男性との恋愛か、または不倫の恋に落ちるでしょう」などといった表現が可能なアドバイスを構成することが可能となるでしょう。

一方、インターフェース形態がスマホ中心となり、コミュニケーションにおいてフェイスブック等SNSが台頭することで、行動履歴の占術的解析が可能となれば、一時取り上げられたドコモの「iコンシェル」の占いエージェント版ができてきても面白いでしょう。

❖ 最終型

以上を取りまとめて考えた最終型コンピューター鑑定とは、スマホの中に、そのオーナーが自分専用の占い師エージェントを導入し、エージェントは常に起動していて、個人のメールやSNSへの情報発信データや位置情報等の行動データを「パーソナルアクションデータ」として記録、解析、とともに、「パーソナルアクションデータ」を生年月日からの占法ルールに照らし合わせ、オーナーがどの占法に一番影響を受けた行動をたどっているかを比較、評価。同時に、他のオーナーの類似行動パターンと占法相関データを抽出した上で、今後の行動指針と時期をコンシェルのように話しかけてくる。そんな占い師ロボットをスマホの中で契約する情景が考えられるでしょう。

❖ 最後に

しかし、自分としてはそのようなコンピューター鑑定の進

化形が、人間が生きるのを楽にはしても、有意義にするかは疑問と思っています。時には自分の思い込みや先見性のなさが問題を起こし、それを対処する苦痛やひらめきが人間性を磨き、後に輝く思い出となるのが人生だからです。

そう考えると、最高の鑑定はやはり、経験と人間性の高い生身の占い師の方が、避けるべきことと、避けずにぶつかる勇気を与えるアドバイスを織り交ぜながら、クライアントの人間性を高める最適な道筋を指し示すのが一番ということになるかと思います。

そして、機械鑑定は商業主義を離れて、そんな才能ある占い師のデータサポートをするルールデータベース提供に徹するのも一つの方向かな、などと考えてしまうのも私としては本音のところです。

賢明な読者の皆さんは、どのような機械鑑定の未来を求め、思い描くのでしょうか。

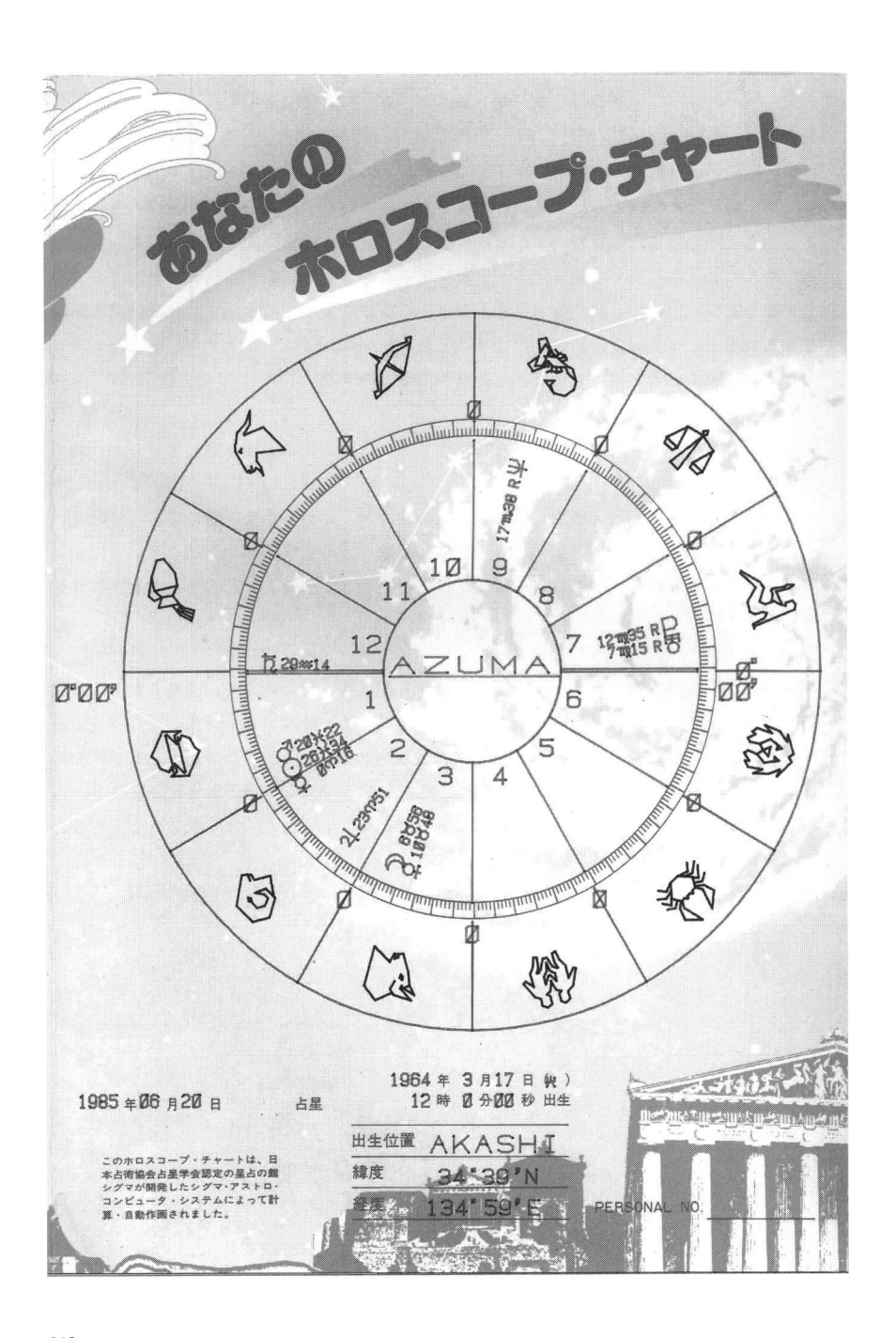

COLUMN 6　　コンピューター占い　今、昔、そして未来　〔鷹石恵充〕

恋愛運（A）

あなたの愛のかたち・・・優しいタイプですが、どこかにじっと人を射抜くような鋭い面を持つあなたは、恋愛をセックス抜きでは考えられません。恋人には入れ揚げる方で、段々と恋人に同化して行く傾向があります。恋人のくせが、いつの間にかうつってしまったり、恋人のことなら何でも解ってしまうといった具合です。恋の本質はセックスにあることを鋭く見抜いていて、恋愛感情は深刻なものになりやすく、抜き差しならない恋を経験する人です。しかし恋は、結婚とは違うことを本能的に知っていますから、それがトラブルにまで発展することはありません。深刻な情緒派の典型。

恋人を得るために・・・ここでは、あなたのどんな所が、人に好意を感じさせるかを調べて見ました。
まず、好意を卒直に表現する所。また、交際の仕方が、さわやかで、陰にこもっていない所。決断力の確かさ。人の先頭に立って困難に挑戦して行く姿。あなたのこういう所が、周囲から愛され、好感をもたれるのです。仕事の場、スポーツ等を通じて、あなたに好意を寄せる女性があらわれます。

理想の相手に出会うには・・・あなたのラブチャンスは、美しいものが関係したところにあります。例えば美術展などは絶好です。美しい絵を見て感動するあなた、となりに立たずむ女性もやはり感慨深い面持ち。お互いの感激をどちらからともなく語りかける。そんなことがきっかけになって恋に発展するのです。その他では案外銀行などにチャンスがあるのです。銀行に行った時、なにくれとなく、親切にしてくれた女性と恋に落ちる可能性

| COLUMN 6 | コンピューター占い　今、昔、そして未来　〔鷹石恵充〕 |

この星占いは、星占いの館シグマ（所在地：渋谷）のアストロ・コンピュータによって計算された「ホロスコープ」に基づいて鑑定されたものです。この結果はあなただけのものですから、同じ星座の生まれでも他の人には適用しないで下さい。

＊＊＊　相性判断　＊＊＊

♡　二人の相性度総合評価　♡

　ここでは二人の相性について多方面から調査した結果を総合評価してみます。あなた方にはお互いに惹かれ合う部分はありますが、それが二人の関係を結びつける決定的かたちになるとは思えません。恋愛感情はともかく、結婚にまで至るには人一倍の努力が必要です。もし二人が結婚したいと、本気で思っているのなら、あるいは結婚することもできるかも知れません。しかしどちらか一方の意志だけだとしたら、きっと無理でしょう。深い交際に進む前に、お互いの気持ちを確かめることです。下記の精神面、セックス面、生活面での基本的相性の良い所を意識的に伸ばすことにより、ずっと良い相性にすることも可能です。

これから判断する3種類の相性は、結婚の3大条件となる、最も重要な相性と言えます。最終的結論は、前記の総合評価として述べた通りですが、ここでは、各方面から調査した内容を、1精神面、2セックス面、3生活面、に3大別して、それぞれの相性について、**具体的に判断した**ものです。

♡　精神面での相性　♡

　あなた方二人の精神面での相性は、文句無しの最高値を示しています。これは精神面だけの相性に限らず、あなた方二人の間にある難点を克服してしまう相性で、後から述べ

ASTROCRAFT.

星は、あなたを
みまもっています。
星たちの言葉をあなたに。

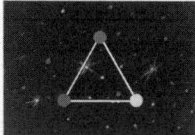

HITOMI　　TOZAWA
1959年 3月25日生
139°.9E 35°.7N
F30-01117-R004

SITUATION : '80年11月17日現在　　水星と天王星が 120度の座相をもっています。
外からの環境の変化はあまりない時期です。反対に、あなたの内部では驚くべき変化が起きそうです。推理力や思考力が非常によい状態を保ちます。従ってもしあなたが専門分野の研究・開発の仕事をしていれば、優れた発表や業績をあげるでしょう。その反面、宇宙とか古代といった神秘的な世界のことに、目を向ける傾向もあります。天体を見つめたり、発掘に参加したり、なかにはオカルトに異常な傾向をみせる人もいるでしょう。やがて評価される事もあるでしょう。この時期は、異常に強い好奇心にかられて、今まで思ってもみなかった場所へ行ったり、開いたこともない書物をめくってみたりするでしょう。それを奇行とみなす人もいますが、あなたにとっては歓迎すべき行為です。周囲の人が、あなたの行為をどう思おうと勝手です。他人に害を及ぼさないかぎり、あなたのヒラメキや予感に忠実に生きるべきです。やがて賞賛の目を向けられることもあるでしょう。

INTELLIGENCE : '80年11月17日現在　　水星と天王星が 120度の座相をもっています。
あなたの個性がいかんなく発揮され、完成度の高い仕事ができるでしょう。それは、論理的にも実証できる推理が働いて、発明力や独創性がグンとアップするからです。商品開発などは目覚ましい活躍が期待できます。日程を付き先も決めずに旅に出ることもあります。あなたの心の中でひらめく予感に忠められ、未知との出逢いに心ふるえる時です。そういうあなたは、平凡な感覚を持った人からはあまり理解されないかもしれません。また、専門知識を習得したり、資格獲得のための勉強には大きな進歩がみられる時です。今まで保留になっていた科学的な新理論や新技術についても、新しい目が向けられるようになり、応用される日も近いでしょう。学校では、物理学や数学が得意になる時期です。さらに、神秘的世界に心かれることが多くなり、超自然現象の研究に没頭するかもしれません。この項は、優れた未来感覚が仕事にも生かされ、評価される時期でしょう。

INTELLIGENCE : '80年11月17日現在　　木星と 水星が 120度の座相をもっています。
何ごとも善意に解釈する心の広さが生まれる時期です。あなたの良心的なやり方や、礼を重んじる態度に周囲の人々が好感を持つようになります。それがやがてあなたへの信頼を高めることにもなるはずです。公正な判断力に恵まれるので、迷うことも少ないでしょう。また、興味を覚えたことにかなり熱中し、知識を深めるようです。本などを読むだけでなく、遊ぶことにも積極的になるでしょう。それが気分を換えなって、事をうまく運ぶはずです。もしあなたが学生で、自然科学や法律、医学とか薬学などを専攻しているならら、成績が伸びそうです。また文筆や弁舌にも強くなるので、執筆・講演などには絶好の時期。人の心をしっかりつかめるでしょう。この項のあなたは、人とともに何でていうという気持ちを何よりも大切にします。また、周囲の人々の意見や提言にも素直に耳を傾ける態度が、幸運を招くでしょう。利益をつかむチャンスにも恵まれる時期です。

SONY
ソニー企業株式会社　アストロクラフト
東京:東京都中央区銀座四丁目二番十五号塚本素山ビル TEL03-567-3809
大阪:大阪市南区末吉橋通四丁目十番心斎橋プラザビル TEL06-245-4071

©1979 by KIT ENTERPRISE CO., LTD. 無断転用複写禁ず

552

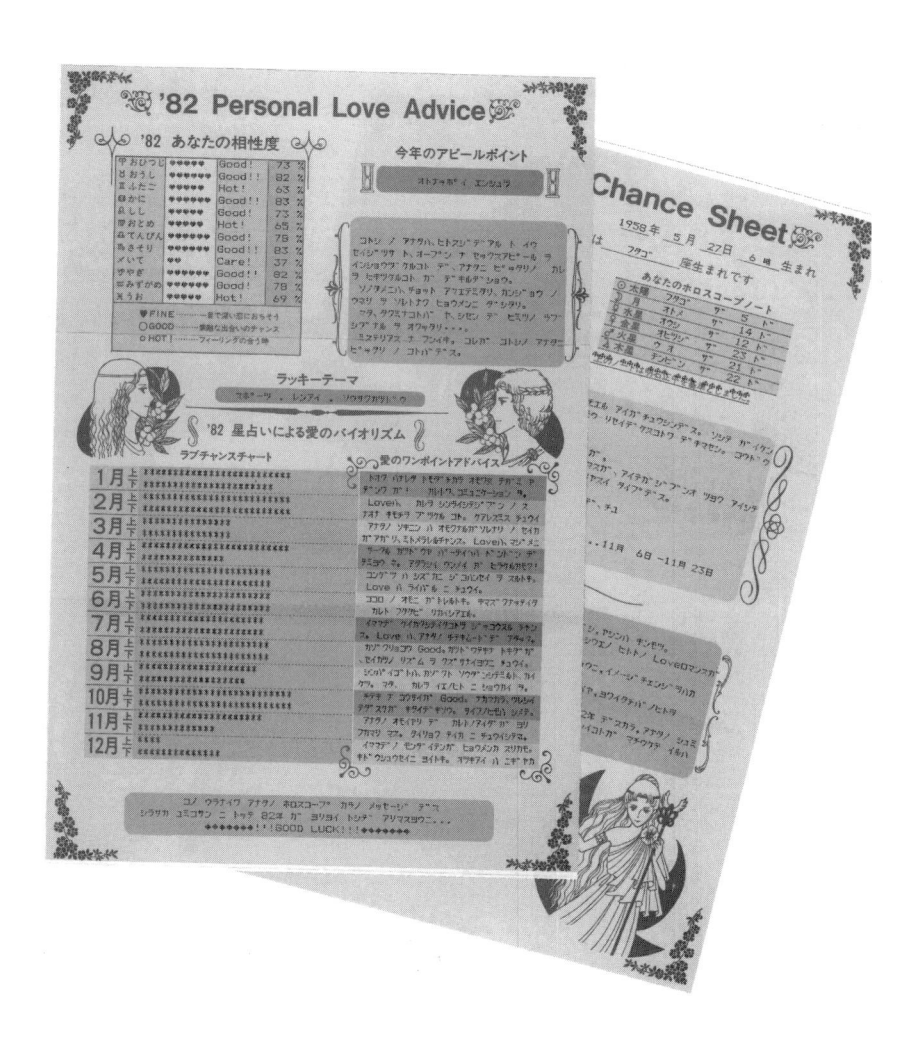

COLUMN 6 　コンピューター占い　今、昔、そして未来　〔鷹石惠充〕

1982 年 7 月

Day	SID TIME	---MERCURY	-----VENUS	-----EARTH	------MARS	---JUPITER	----SATURN	----URANUS	---NEPTUNE	-----PLUTO
1日	:18日33分:	12°Pis.36'	17°Ari.13'	8°Cap.34'	23°Sco.58'	10°Sco.20'	21°Lib.30'	3°Sag. 6'	25°Sag.44'	26°Lib.10'
2日	:18日37分:	16°Pis.54'	18°Ari.49'	9°Cap.31'	24°Sco.29'	10°Sco.25'	21°Lib.32'	3°Sag. 7'	25°Sag.45'	26°Lib.10'
3日	:18日41分:	21°Pis.20'	20°Ari.24'	10°Cap.28'	24°Sco.59'	10°Sco.29'	21°Lib.34'	3°Sag. 7'	25°Sag.45'	26°Lib.10'
4日	:18日45分:	25°Pis.55'	22°Ari. 0'	11°Cap.26'	25°Sco.30'	10°Sco.34'	21°Lib.36'	3°Sag. 8'	25°Sag.46'	26°Lib.11'
5日	:18日49分:	0°Ari.38'	23°Ari.36'	12°Cap.23'	26°Sco. 1'	10°Sco.39'	21°Lib.38'	3°Sag. 9'	25°Sag.46'	26°Lib.11'
6日	:18日53分:	5°Ari.30'	25°Ari.12'	13°Cap.20'	26°Sco.32'	10°Sco.43'	21°Lib.40'	3°Sag.10'	25°Sag.46'	26°Lib.12'
7日	:18日57分:	10°Ari.31'	26°Ari.48'	14°Cap.17'	27°Sco. 3'	10°Sco.48'	21°Lib.42'	3°Sag.10'	25°Sag.47'	26°Lib.12'
8日	:19日 1分:	15°Ari.41'	28°Ari.24'	15°Cap.14'	27°Sco.34'	10°Sco.52'	21°Lib.43'	3°Sag.11'	25°Sag.47'	26°Lib.13'
9日	:19日 4分:	21°Ari. 0'	29°Ari.60'	16°Cap.11'	28°Sco. 5'	10°Sco.57'	21°Lib.45'	3°Sag.12'	25°Sag.47'	26°Lib.13'
10日	:19日 8分:	26°Ari.29'	1°tau.36'	17°Cap. 9'	28°Sco.36'	11°Sco. 2'	21°Lib.47'	3°Sag.13'	25°Sag.48'	26°Lib.13'
11日	:19日12分:	2°tau. 6'	3°tau.12'	18°Cap. 6'	29°Sco. 7'	11°Sco. 6'	21°Lib.49'	3°Sag.13'	25°Sag.48'	26°Lib.14'
12日	:19日16分:	7°tau.52'	4°tau.48'	19°Cap. 3'	29°Sco.38'	11°Sco.11'	21°Lib.51'	3°Sag.14'	25°Sag.48'	26°Lib.14'
13日	:19日20分:	13°tau.46'	6°tau.24'	20°Cap. 0'	0°Sag.10'	11°Sco.15'	21°Lib.53'	3°Sag.15'	25°Sag.49'	26°Lib.15'
14日	:19日24分:	19°tau.46'	7°tau.60'	20°Cap.57'	0°Sag.41'	11°Sco.20'	21°Lib.55'	3°Sag.15'	25°Sag.49'	26°Lib.15'
15日	:19日28分:	25°tau.54'	9°tau.36'	21°Cap.54'	1°Sag.12'	11°Sco.25'	21°Lib.57'	3°Sag.16'	25°Sag.49'	26°Lib.16'
16日	:19日32分:	2°Gem. 6'	11°tau.12'	22°Cap.52'	1°Sag.44'	11°Sco.29'	21°Lib.59'	3°Sag.17'	25°Sag.50'	26°Lib.16'
17日	:19日36分:	8°Gem.22'	12°tau.48'	23°Cap.49'	2°Sag.15'	11°Sco.34'	22°Lib. 1'	3°Sag.18'	25°Sag.50'	26°Lib.16'
18日	:19日40分:	14°Gem.40'	14°tau.25'	24°Cap.46'	2°Sag.47'	11°Sco.38'	22°Lib. 3'	3°Sag.18'	25°Sag.50'	26°Lib.17'
19日	:19日44分:	20°Gem.60'	16°tau. 1'	25°Cap.43'	3°Sag.18'	11°Sco.43'	22°Lib. 5'	3°Sag.19'	25°Sag.51'	26°Lib.17'
20日	:19日48分:	27°Gem.19'	17°tau.37'	26°Cap.40'	3°Sag.50'	11°Sco.47'	22°Lib. 7'	3°Sag.20'	25°Sag.51'	26°Lib.18'
21日	:19日52分:	3°Can.36'	19°tau.14'	27°Cap.37'	4°Sag.22'	11°Sco.52'	22°Lib. 9'	3°Sag.21'	25°Sag.52'	26°Lib.18'
22日	:19日56分:	9°Can.49'	20°tau.50'	28°Cap.35'	4°Sag.54'	11°Sco.57'	22°Lib.11'	3°Sag.21'	25°Sag.52'	26°Lib.18'
23日	:20日 0分:	15°Can.58'	22°tau.26'	29°Cap.32'	5°Sag.25'	12°Sco. 1'	22°Lib.13'	3°Sag.22'	25°Sag.52'	26°Lib.19'
24日	:20日 4分:	21°Can.60'	24°tau. 3'	0°Aqu.29'	5°Sag.57'	12°Sco. 6'	22°Lib.15'	3°Sag.23'	25°Sag.53'	26°Lib.19'
25日	:20日 8分:	27°Can.55'	25°tau.39'	1°Aqu.26'	6°Sag.29'	12°Sco.10'	22°Lib.16'	3°Sag.23'	25°Sag.53'	26°Lib.20'
26日	:20日11分:	3°Leo.42'	27°tau.16'	2°Aqu.24'	7°Sag. 1'	12°Sco.15'	22°Lib.18'	3°Sag.24'	25°Sag.53'	26°Lib.20'
27日	:20日15分:	9°Leo.21'	28°tau.52'	3°Aqu.21'	7°Sag.33'	12°Sco.20'	22°Lib.20'	3°Sag.25'	25°Sag.54'	26°Lib.21'
28日	:20日19分:	14°Leo.50'	0°Gem.29'	4°Aqu.18'	8°Sag. 5'	12°Sco.24'	22°Lib.22'	3°Sag.26'	25°Sag.54'	26°Lib.21'
29日	:20日23分:	20°Leo.10'	2°Gem. 5'	5°Aqu.15'	8°Sag.38'	12°Sco.29'	22°Lib.24'	3°Sag.26'	25°Sag.54'	26°Lib.21'
30日	:20日27分:	25°Leo.21'	3°Gem.42'	6°Aqu.13'	9°Sag.10'	12°Sco.33'	22°Lib.26'	3°Sag.27'	25°Sag.55'	26°Lib.22'
31日	:20日31分:	0°Vir.21'	5°Gem.18'	7°Aqu.10'	9°Sag.42'	12°Sco.38'	22°Lib.28'	3°Sag.28'	25°Sag.55'	26°Lib.22'

J&J Laboratory

〒194 東京都町田市金森1793-298 ハイツ金森202
TEL 0427-96-9969

554

COLUMN 6

コンピューター占い 今、昔、そして未来 〔鷹石恵充〕

```
[ 16 Bits ]    *** BASIC Program list ***   1-MAY-1984 18:09:37    Page 1

   1        /********************************
   2        /*                                *
   3        /*    日本生命 星占いシステム アイテム モジュール  *
   4        /*                                *
   5        /*------------------------------  *
   6        /*           Ver  1.0             *
   7        /*         FILE ID = "ITEM.NEI"   *
   8        /*       Copyright By S.TAKAISHI  *
   9        /*            S.59/10/10          *
  10        /*------------------------------  *
  11        /* IN:                            *
  12        /*     NPLAN (N, M)    =   出生惑星位置 *
  13        /*        N          : 0/☉ -) 9/♇ *
  14        /*        M          : 0/分        *
  15        /*                     1/座        *
  16        /*                     2/360(10度)区分 *
  17        /*     TPLAN (N, M)    =   月毎惑星位置 *
  18        /*     NCUSP (N, M)    =   出生室宮位置 *
  19        /*        N          : 0/Ⅰ宮 -) 12/Ⅻ宮 *
  20        /*                                *
  21        /*OUT:                            *
  22        /*     MN 0            =  アイテム 番号  *
  23        /*     MN 1            =  ブロック 番号  *
  24        /*     MN 2            =  レコード 番号  *
  25        /*     MN $            =  インサート文字  *
  26        /*                                *
  27        /********************************
  28        /
  29        / SYSTEM VAL. INITIAL
  30        /
  31        /
  32            Let  FALSE = 0
  33            Let  TRUE = not FALSE
  34        /PLANET
  35            Let  ☉ = 0
  36            Let  ☽ = 1
  37            Let  ☿ = 2
  38            Let  ♀ = 3
  39            Let  ♂ = 4
  40            Let  ♃ = 5
  41            Let  ♄ = 6
  42            Let  ♅ = 7
  43            Let  ♆ = 8
  44            Let  ♇ = 9
  45            Let  AS = 1
  46            Let  DS = 7
  47            Let  MC = 10
  48        /
  49        /ZODIAC
  50            Let  ♈ = 1
  51            Let  ♉ = 2
  52            Let  ♊ = 3
  53            Let  ♋ = 4
  54            Let  ♌ = 5
  55            Let  ♍ = 6
  56            Let  ♎ = 7
  57            Let  ♏ = 8
  58            Let  ♐ = 9
```

555

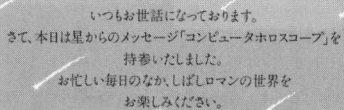

コンピュータホロスコープで占った
2月のあなたの運勢！

TT 様
昭和 36 年 2 月 15 日生

＊総合運＊
家庭内のことに口を出し過ぎて口論になります。気になるところにも少し目をつぶりましょう。手段を選ばず仕事をするやり手のあなたに批判の声が高まります。ストレス解消に日曜大工や車の手入れをしましょう。気分もリラックスするのに役立ちます。ラッキーアドバイス－カーベンタールックや金のペンダントがラッキーポイント。背広はスッキリと着こなしましょう。

＊健康運＊
エネルギーはあるのですがツイツイ無駄な方向に浪費しがち、精神の高揚に行動がともなわない傾向があるので、よく考えてから動くようにしましょう。また疲労がたまって頭痛、発熱を誘いやすいうえ、うっかりしたミスによるケガやヤケドも多くなります。今のあなたに一番必要なのは、どうやら休養のよう。ゆっくりやすんで、御恵維持につとめましょう。

＊企業運＊
お金に関する事柄にハッピーな要素があります。チェーン店、新事業などの資金繰りがうまくいきそうです。銀行との交渉もスムーズに運び、意外に早く夢が実現する可能性が…。また、美容、服飾、娯楽業に携わっている人には、今はとてもよい時期です。派手なデモンストレーションで、周囲の目をひきつけ、固定客を確保してしまいましょう。

会社処理コード欄
123:45:6789012:　0:5A23:1

いつもお世話になっております。
さて、本日は星からのメッセージ「コンピュータホロスコープ」を持参いたしました。
お忙しい毎日のなか、しばしロマンの世界をお楽しみください。
今後ともよろしくお願いいたします。

COMPUTER
HOROSCOPE

西洋占星術

〈プロフィール〉

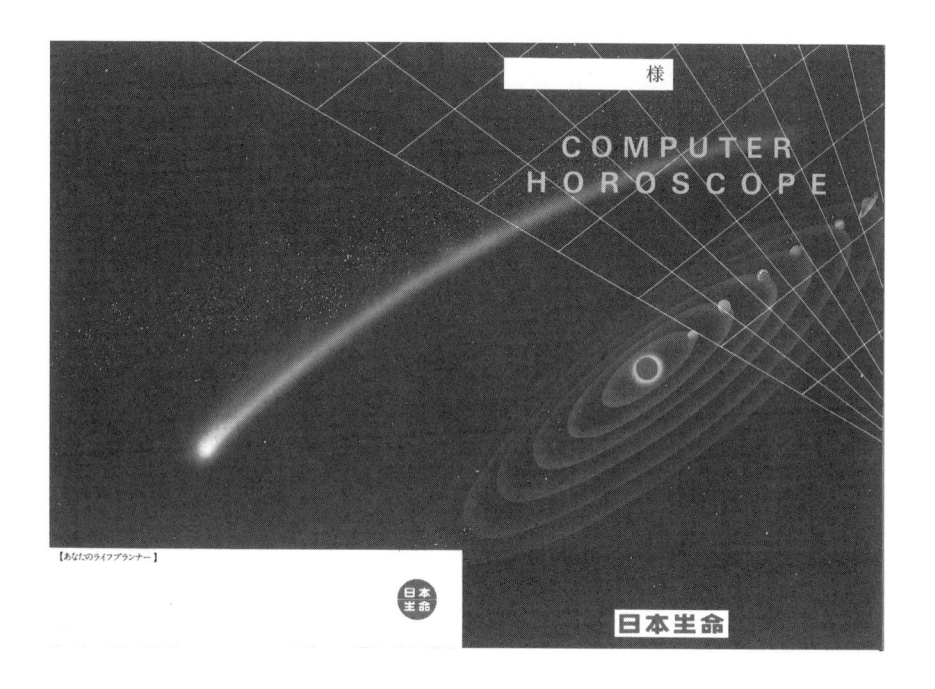

COLUMN 6　　コンピューター占い　今、昔、そして未来　〔鷹石恵充〕

COLUMN 7

モノの時代から心の時代へ。「土星・海王星180度」の境目を担うその世代

竹内俊二

僕は占星術を通して、いろいろな年代や職業の方とお話しする機会があります。ある時、同じ年齢の方から立て続けにセッションの依頼が続き、面白いことに気がつきました。1971年〜1972年生まれの方が多いということです。以前、あるバラエティー番組で「華の昭和47年組」という言葉を聞きました。この年には有名人が多いそうです。ですが、この頃は年間の出生数が200万人を超えた1971年〜1974年の「第二次ベビーブーム」、あるいは「団塊ジュニア」世代と重なるので、単純に人数が多いからかもしれません。

そこでホロスコープを作ってみると、この年代特有の配置があるとわかりました。それは1971年5月頃〜1972年の5月頃に出来上がっていた「土星と海王星の180度」です。土星は形あるものを象徴し、秩序をもたらす頑丈な柱や壁のような役割を果たします。それに対して、海王星はあらゆる境界線を越えて広がっていく、形のないものを象徴します。夢、理想、想像力、潜在意識、ヒーリング等にも関係します。土星と海王星のアスペクトは、まるで矛盾する要素

が交じり合うために、最も解釈が難しいともいわれています。180度の関係では双方が激しく影響を与え合います。団塊ジュニア世代が生きた時代を辿ると、「理想と現実」というキーワードが浮かび上がります。子供の頃はバブル期の豊かさを体験して育ったけれど、受験戦争と就職氷河期で、多くの人が理想とは違う選択を余儀なくされました。社会は低成長期に入ったために、「正社員として働き、奥さんを迎えて子供を作り、幸せな家庭を作る」という、幼少期に馴染んできた家族像も壊れました。所得格差が生まれ、未婚率も増加しました。

厳しい現実の壁にぶち当たり、挫折する。そこから、過去にとらわれない価値観を模索し、新境地を作り上げていく。これは海王星（理想）と土星（現実）の組み合わせそのものだと思います。モノを買って満足する時代から、個性や心の満足を重視する時代へ。彼らは価値基準が大きく切り変わっていくその境目を担ってきた世代だと思います。その世代の中でも、特に「土星と海王星の180度」を持つ4人の方に注目しながら、この配置について考えてみます。

558

COLUMN 7　モノの時代から心の時代へ。その境目を担う「土星・海王星180度」の世代　〔竹内俊二〕

ケース1

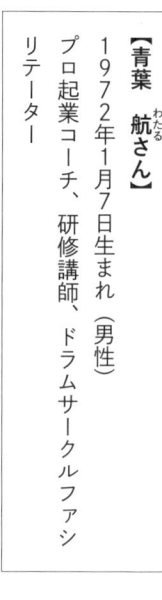

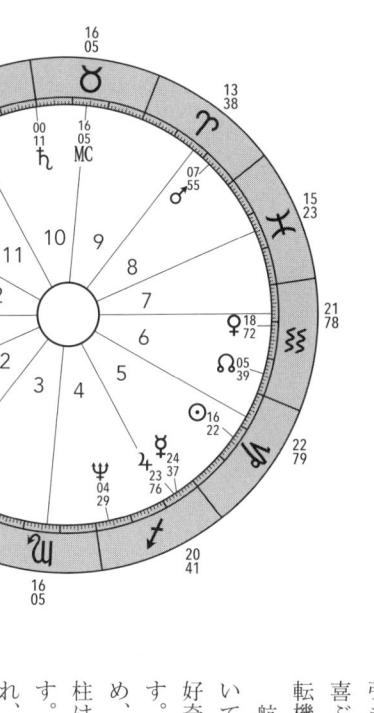

【青葉　航（わたる）さん】
1972年1月7日生まれ（男性）
プロ起業コーチ、研修講師、ドラムサークルファシリテーター

　航さんはこれまで4千人を超える起業家と面談し、起業のためのビジネスモデル構築を指導・プロデュースしています。また、起業・マネジメント力養成セミナー、コミュニケーション心理学の講座等を開催されています。その中で最も彼の特徴を表しているのは「SOURCE」というワークショップです。その内容は「ワクワクを発見して、自分本来の才能を引き出す。好きなコトをして、満足な収入があって、周囲も喜ぶ生き方を始める。」というもので、この体験が僕自身の転機になりました。

　航さんの土星は10ハウスにあり、社会的に高い地位を築いていくことを表します。双子座1度の土星なので、常に好奇心のアンテナが立っていて、興味の範囲は多岐に渡ります。さまざまな情報をターミナル駅のように集約し、人を集め、最適に届けていくことが、社会から担う役割です。その柱は、4ハウスの射手座の海王星のビジョンに支えられています。サインは射手座なので、遠い場所や神秘的な世界への憧れ、自らの可能性を引き出して視野を広げるための教養や知恵が、人生のベースになっています。

　彼の自宅サロンに伺った時、本棚には使い込まれたオススメ本が並んでいました。その中には、分厚い海外のビジネス書だけでなく、自然や建築、グラフィックデザインの写真集、ジブリの画集、東洋系の占いまでさまざまなジャンルがあり、わくわくしたのを覚えています。実績だけではなく、心を満

足させ、人生をトータルで幸せに過ごすことが、彼の土星のテーマです。

冥王星は土星に対して120度、海王星に対して60度の「調停」の形を作っています。これは1971年～1972年生まれの人すべてに当てはまります。冥王星の120度は修復・再生力を表すので、この配置が意味するのは、夢が実現するまでは絶対にあきらめない努力と忍耐力や、失敗してもいつか必ず復活再生させる底力です。この世代にとっては、冥王星が海王星と土星の間にある大きなギャップを埋めるための鍵となるので、とても重要だと思います。

航さんの場合は、2ハウスに天秤座の冥王星があります。信頼関係と人脈が最大の財産です。その冥王星に性格や感情を表す月が重なっているので、対人関係における許容度の大きさを表します。毎日のように違う人と会って講師をしたり、セミナーで大勢の人を前で講師をするなどの特殊な状況が、それほど苦になりません。むしろ、その中で自分らしさを実感し、イキイキしてきます。その月・冥王星は、火星と180度です。牡羊座の火星は新しい分野へのチャレンジを表し、その相手と積極的・継続的に関わることで、潜在能力を引き出していく。火星には海王星も120度なので、夢や可能性を広げていく関わりです。

航さんはプロ起業コーチという職業を通して、人生の岐路に立った多くの人が持つ夢やワクワク感（海王星）を引き出

し、それを職業として現実に結びつける（土星）ガイド役です。また、それが実現可能であることを自らの実績によって示していく方なのだと思います。

✤ ケース2

【K.Suehisa さん】
1972年4月11日生まれ（女性）
二児のシングルマザー、減断薬サポーター

Kさんは精神薬薬害を体験された方です。その体験をもとに、同じような害から回復を願う方々の相談役として活動をされています。

Kさんが薬害に遭っていると気づいたのは2008年頃でした。そこから必死に減薬をしていく中で不思議なご縁が重なり、さまざまな難病に苦しむ方々に、東洋医学で回復していく道があることを伝える側になりました。2013年半ばに知り合った精神医療問題について情報発信している方を手伝う中で会を始め、今に至ります。

Kさんのホロスコープにおいては、「土星＝薬、西洋医学」「海王星＝薬害、東洋医学」として、表裏一体で描かれているように思います。4ハウスの海王星が表すような、意識の谷底をくぐり抜けてつながった不思議なご縁が、人生の節目

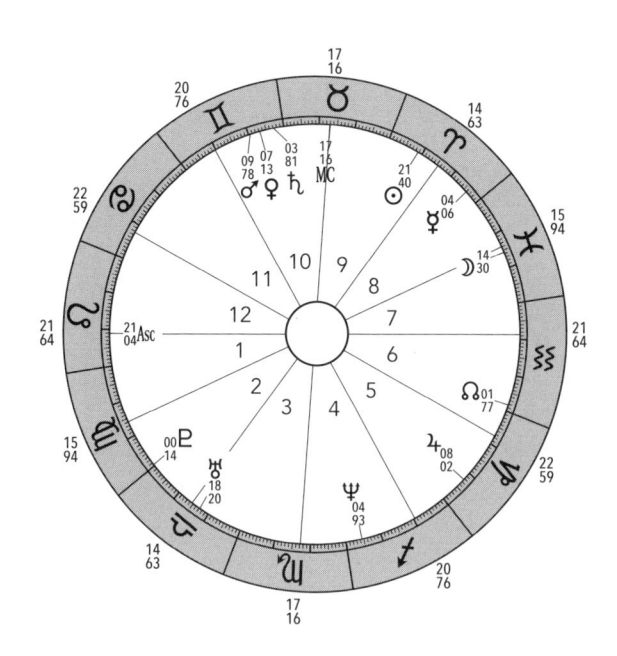

COLUMN 7　モノの時代から心の時代へ。その境目を担う「土星・海王星180度」の世代　〔竹内俊二〕

になりました。それが現在のKさんの社会的な活動を支えています。

水星は多くの天体とアスペクトを作っているので、非常に多彩な知性の引き出しを持っています。話し始めたら止まりません。冥王星との180度は、説得力を表します。Kさんは大きな病院へもアポなしで突入し、トップの先生といきなり意気投合してしまうこともあるそうです。一時期は起き上がることさえできなかったのが信じられないほどに、今は元気いっぱいです。

Kさんは医療という分野において、土星の狭い常識を、海王星の持つ未知の可能性や統合的な視点で書き換えていく方です。

❖ ケース3

【後藤英鼓（ふさこ）さん】
1972年3月18日生まれ（女性）
重ね煮料理研究家、ナチュラルフードインストラクター

英鼓さんは「重ね煮」という料理法の研究家です。自宅サロンや都内近郊でレッスンを行っています。重ね煮とは、マクロビオティックをさらに発展させた料理法で、鍋に野菜を

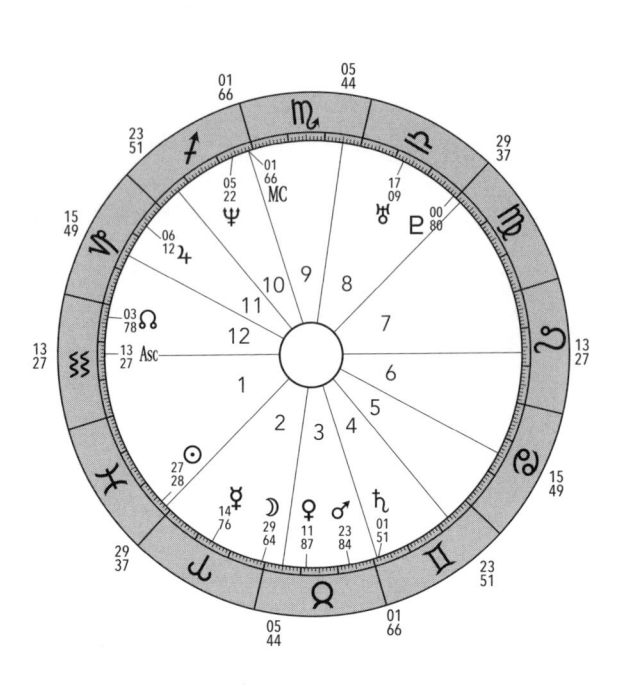

陰陽の法則に従って重ねて層を作り、弱火でじっくり火を入れるのが特徴です。基本となる調味料は塩だけなのに、野菜の旨味を驚くほど引き出します。

英鼓さんの海王星は10ハウスにあります。料理を通じて、理想的な食生活を提案していくことがキャリアの上での表看板です。身体に良いもの、美味しいものへの探究心と向上心は貪欲で、それを支える知識は、野菜、栄養素、種、畑や土まで、実に多岐に渡ります。牡羊座の水星と天王星の180度は、全く新しい手法への取り組みや、専門分野における独自性。牡牛座に金星と木星があるので、伝統的なおばあちゃんの手料理を継承しつつも、スタイリッシュで華やかな美的センスが光ります。

4ハウスには土星があります。これは、安心感や家を場所に土星の固い制限と義務が入り込むために、抑圧的な感情を表す配置でもあります。実際に、英鼓さんの母親は厳しく教育熱心だったそうです。母親が求める理想の自分（土星）と、そうはなりたくない自分（海王星）の間での葛藤や、家族への寂しさがあったと聞きました。幸せな家族への強い憧れが、彼女の探究心の根底にあります。

魚座の太陽は冥王星と180度で、底なしの活動力とホスピタリティに溢れています。それが、土星と海王星の葛藤を調和させるための鍵になっています。英鼓さんは重ね煮と出会い、取り組む中で彼女自身の身体と感情も徐々にほぐれ、

562

COLUMN 7　モノの時代から心の時代へ。その境目を担う「土星・海王星180度」の世代　〔竹内俊二〕

安らぎが生まれてきたそうです。彼女が教室をしている平屋の自宅サロンは、まるでおばあちゃん家みたいに居心地がよく、思わず長居してしまいました。彼女は食を通じて、理想の家族とは、当たり前の幸せとは何かを問いかけているのだと思います。

✧ ケース4
【雪音（ゆきね）りえさん】
1971年12月23日生まれ（女性）
「YUKINE」オーナーデザイナー

雪音さんのジュエリーは石が持つ意味や力、神話的なモチーフ、直感をもとにデザインされたもので、この先もずっと変わらない普遍的なアート作品だと思います。彼女はデザイン以外にも、クリスタルコンタクティや数秘術等の講座も開催されています。

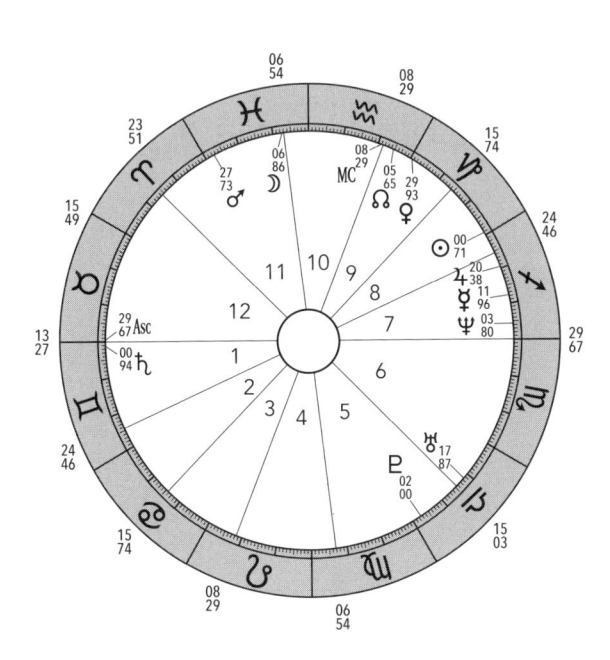

ASCの土星とDSCの海王星は、「土星＝コンセプト、ジュエリー」「海王星＝インスピレーション」として対比させることができます。ブランド「YUKINE」のミッションとして「精神世界と物質世界の調和と融合」を掲げているのですが、これは土星と海王星の180度そのままだと思います。また、その土星と海王星を軸とするカイトが、このホロスコ

プの中核です。その軸の両サイドには、冥王星と金星があります。5ハウスの冥王星は創作に対する強い祈りのような意志を、山羊座の金星はそこに現代的な商業性を持たせます。これらは加速し合い、一度回り始めたら車輪のように止まりません。

ASCが牡牛座30度にあり、ここは華やかな美が全開で表現される度数です。そこに重なる双子座1度の土星は、美を形あるさまざまなバリエーションで結晶化させています。雪音さんのショールームに陳列された、さまざまなジュエリーが浮かぶ配置です。そして、土星の向かい側にはDSCの海王星があるので、ジュエリー（土星）には、啓示や直感から受け取ったイメージが反映されます。お客様からは「あなたのジュエリーを身に着けると不思議なことや嬉しいことが起きる」「人生のスピードが加速する」などとたびたび言われるそうで、これは海王星なしにはできない技だと思います。

土星と海王星は、私生活や身体を表す月に対しては緊張感をもたらすTスクエアで、こちら側とあちら側の境界線に立って綱渡りしているイメージです。雪音さんは幼少期から見えない存在からのインスピレーションや啓示を得ていたそうですが、25歳の時に父親が亡くなったことがきっかけで、それがより頻繁になり、デザインに反映されるようになったそうです。

発展力を表す太陽もTスクエアです。いわゆる「スピリチュアル」と呼ばれる分野に携わる人たちが最も苦手とするのは、精神性とビジネスの調和ではないでしょうか。雪音さんはエ夫を重ね、絶妙なさじ加減で双方を調和させ、会社組織として実績を上げている、先駆け的な存在なのだと思います。

❖ まとめ

4人の方のホロスコープを見てきました。彼らは誰もが信じている常識を疑い、夢を見て、それは必ず実現すると信じて挑戦を続ける人たちです。形あるものが崩れ去る痛みや喪失感と、その引き換えに手渡される奇跡のようなギフトの両方を、彼らは体験しています。

自分を支える土星の礎を失う経験をしているからこそ、既存の何かに頼らず、純粋に大胆に海王星のビジョンに賭けていくことができるのだと思います。

COLUMN 8 メディカルアストロロジー 〔登石麻恭子〕

登石麻恭子

メディカルアストロロジー（Medical Astrology：医療占星術）は、占星術の手法を用いて、病気、体質、健康傾向などを見ていく方法です。

マクロコスモスとしての宇宙とミクロコスモスとしての人体との照応として、人体の各部分は天体、サインそれぞれに対応を持ち、星の動きに合わせて人の体調が変化していくことに基づき体系化されていったようです。

古代バビロニアでは原初的な占星術に加え、呪術的要素の強い医術がなされていたといわれます。病気の際、神官、あるいはまじない医師は月神シンに向かって祈りの文言をささげ、必要とする薬草を採取したそうですが、月神シンは病気と身体の神とされていたからであり、古代メソポタミアでも、月の動きは特に体調の変化（病気の変遷、生理周期などの周期的な変化）に関連していたことに気づいていたためといわれています。

古代ギリシャでは、古代エジプトやバビロニアからの知識の集成というかたちで、占星医術が体系化されていきました。紀元前4世紀〜3世紀あたりで、身体部分がサインに配当さ

れ、学派によって多少の違いはありますが、おおよそ、牡羊座を頭とし、その後、牡牛座：喉・首、双子座：肩、腕……というかたちで、順に下に降りていき、魚座を足として終わります。中世において大いに活用され、医学学校では占星術は必修とされていましたが、17世紀頃の医師の質の低下に伴い、占星術を扱う医師は激減し、その後、医療占星術自体も消えていくことになります。

この頃に使われた手法は主にデカンビチュア（後述）といわれる古典占星術に準拠した方法で、病気の発生の日時からチャートを立て、病気の原因、経過と変遷、治療法・治療薬、結果などを導きだしていました。また出生図からも体質や感情傾向などを見ていく気質計算法などがあります。しかし、占星術を扱える医師数の低下と、17世紀、ウィリアム・ハーヴェイによって発見された血液循環説により、壊滅的状況に陥ります。占星術で扱う医療は古代ギリシャの時代から継承されていた四体液説（血液、胆汁、黒胆汁、粘液の四つの体液の配合バランスにより、健康が維持またバランスが崩れることで、病気が発症する、とする医学理論）に基づい

ており、その医学理論では血液は循環せず、心臓から送り出された血液は、体の末端で消費されると考えられていたため、四体液説そのものが覆されるかたちとなったからです。

しかし、医療占星術は、出生図から導き出される健康傾向、あるいはなりやすい病気といった、もともとの体質要素を見るという需要の中で残っていきました。ただし、中世の頃に基本とされていた気質計算に対しては、そもそも四体液説に準拠していたために、消極的に扱われていったようです（現在は古典医療占星術というかたちで、占星術家の間で再認識されつつあります）。

占星術の方も天文学系の技術発展に伴い、土星より外側を周回する天体が見つけられ、占星術の中でも、天王星・海王星・冥王星がチャートを読む際に活用されるに伴い、医療占星術の方でも、医療技術の発展から身体機構や病態の認識変化が、トランスサタニアン天体に加味されていきました。例えば、天王星はその発見が技術革新時期と重なることから、技術革新、電気・機械などと関連づけられますが、医療占星術でも、神経の電気的伝達などにも関連づけられます。

それまで神経は水星の範疇とされたが、神経電位について科学的・医学的に解明されたことにより、神経の伝達要素は水星に、またそれが電位変化によって起こっている要素に関しては天王星によって支配されているとされたのです。こうしたことにより、現代医学は、古典占星術と基に作られた医療占星術の中に徐々に組み込まれていきましたが、そこでもまた時代の変遷によって支配星が変わるようなことが起こっています。

例えば、ホルモンは発見当初、臓器として遠く離れた場所にある標的器官に対して、なぜか影響力をもたらすものとして、海王星に関連づけられていました。しかしホルモン産生細胞から血中に放出されたホルモン分子が、血流に乗って標的器官の細胞にあるレセプターによって受け止められ、作用が発現するという機構がわかるなど明らかになってきたことから、同じくバランスを取ることと関連している金星を支配星として考えられつつあります。またフィードバック機能により、多すぎず、少なすぎずバランスによって調整されていることから、同じくバランスを取ることと関連している金星を支配星として考えられつつあります。

時代に伴った技術変化、認識の変化は医療占星術の分野にも少なからず影響し、医療占星術自体も変化していくものとして認識していくとよいのかもしれません。

❖ 占星術と身体対応

ネイタルからの健康読みも、古典占星術にまつわるデカンビチュアのリーディングでもどちらにおいても基本的な身体対応は共通です。ただし身体対応は、古代から学派によって違ったり、また近代においても研究者によって違っている場

COLUMN 8　メディカルアストロロジー〔登石麻恭子〕

合がおおよそ共通とされる見解から身体対応を表記していきます。ここでは、天体および12サイン、ハウスの身体対応は次の通りとなっています。

● 天体

天体	対応
月	脳、胃、子宮、左目(男性)、右目(女性)、体内の水分、粘液
水星	神経全般、感覚器官、呼吸器
金星	腎臓、身体全体のエネルギーバランス、内分泌系、肌の色艶、女性の生殖器
太陽	心臓、右目(男性)、左目(女性)、活力、気力、バイタリティ
火星	胆嚢、鼻、熱、血流、血液、筋肉、瞬発的運動にまつわる内分泌系の働き(アドレナリン、ノルアドレナリンなど)
木星	肝臓、肺、脂肪組織、身体や組織の拡大・成長作用
土星	脾臓、骨、左耳、関節、歯、爪、硬化・結晶化、機能不全部位(サイン・ハウス)
天王星	神経の電気的インパルス、神経伝達物質
海王星	浸潤作用、免疫系の疾患
冥王星	再生力、死

● サイン

サイン	対応
牡羊座	頭部、脳、頭がい骨、顔、上顎、外耳
牡牛座	のど、首、感覚器官全般、声帯、舌、中耳、下顎、口、甲状腺
双子座	神経システム全般(中枢神経、末端神経など)、呼吸器(肺、気管支など)、肩、腕、手
蟹座	胃、胸部(乳房部)、子宮、横隔膜、胸膜、心膜、心嚢、骨髄、体液、粘膜
獅子座	心臓、心筋、動脈、冠動脈、胴背部
乙女座	小腸、すい臓、十二指腸、肝臓における酵素の生成
天秤座	腎臓、腰背部、美容における肌
蠍座	大腸、直腸、肛門、膀胱、仙骨、性器、卵巣、精巣、鼻粘膜
射手座	肝臓、肺、臀部、大腿部、大腿骨、腸骨
山羊座	ひざ、関節、骨、爪、歯
水瓶座	静脈、心臓の弁、ふくらはぎ、くるぶし、角膜、網膜
魚座	脚、リンパ系、免疫系全般

● ハウス

1ハウス	頭部、顔、目、鼻
2ハウス	のど、首、口、舌
3ハウス	神経系、呼吸器系、腕、肩
4ハウス	胸部、横隔膜
5ハウス	子供・出産や妊娠に関する要件、心臓、胴背部
6ハウス	病気・健康のハウス、栄養の吸収、小腸、すい臓
7ハウス	腎臓、腰
8ハウス	大腸、生殖器、膀胱、肛門、死と再生、深層心理、心的な圧力や強迫観念
9ハウス	臀部、大腿部、大腿骨、移動において大きな動きに関する部位
10ハウス	膝、関節、骨格系、骨髄における造血作用
11ハウス	足首、ふくらはぎ、静脈、血液循環、養子
12ハウス	脚、免疫系、心的ストレスや内在するトラウマ

✧ ネイタルにおける健康運

ネイタルにおける健康運のリーディングにおいては、おおよそ、月、太陽、土星、アセンダント、6ハウスを読んでいきます。その中で、最も基本となるのは月でしょう。

月は身体を示し、月のサイン、およびハウスに関連する身体部位において、不調が表れやすいとされます。そもそも身体は80％が水分であり、月の性質であるCold & Moist要素とも共通する。さらに経験的に月の満ち欠けや潮汐と、体調の変化の間に少なからず関係があるのではないかということも考えられていたため、こうした関連は自然発生的になされたのでしょう。また月は私生活における日常サイクルの在り方にも関連し、サインによって、規則正しく生活を送るかどうか、栄養や体調に気遣うかどうか……といった要素も月の状態から読んでいきます。

こうした部分は健康な毎日を送るための土台となるため、生活面を含めた健康傾向を読み取ることができるのです。例えば、月射手座4ハウスならば、基本的に、肝臓や腿周辺（例えば筋肉痛や坐骨神経痛など）に不調が出やすい傾向があること、また日常サイクルについては割とおおらかで大雑把で、細かい栄養や食事や睡眠の仕方・生活環境・睡眠の環境などあまり気にしない部分があったり、気持ちが乗ると暴飲暴食もありうる傾向がみられると読めます。また

568

COLUMN 8　メディカルアストロロジー　〔登石麻恭子〕

4ハウスという場については、気持ちが落ち着く場、リラックスして自身の身体を回復するための休養を取ることができる場ですから、家にいたり、身近な人たちと一緒にいることで心身が落ち着き、心身を回復することができるというわけです。

さらに月にアスペクトを取る天体は、日常サイクルに影響を与える二次的な要素としてとらえることができます。ハードアスペクトはそれなりに健康に対して、きつい影響を与えることになります。例えば、月に対する火星のスクエアは突発的な行動により、筋肉を傷めたり、また寝る暇も食べる暇も惜しむような取り組みに集中しすぎて体を壊すことも考えられるでしょう。

ソフトアスペクトは概して、良い影響につながりやすいですが、木星などの場合、食事の摂取や日常のサイクルへの緩さや甘さと考えられる場合もあるため、ついうっかり食べすぎて太る（体が拡大する）ということも考慮されるわけです。

17世紀の占星術家ウィリアム・リリーは健康面を読む際、「まず、太陽と月を読め」と示唆しましたが、ネイタルから健康運を読む際も同様で、医療占星術を研究する多くの占星術家が月を読むのと同時に太陽をチェックするよう指示しています。この場合、太陽は身体の持つエネルギー、エナジィ、バイタリティ（生命力）として読むのです。文献によっては、気エネルギーやプラーナというように、東洋的な生体エネ

ルギーをも含むような記述もあります。どちらにせよ生命力の量的要素を太陽の配置や置かれたサインによる品位の量的要素を太陽の配置や置かれたサインによる品位により測っていきますが、太陽の性質であるHot & Dryにより近いエレメントを持つサインの方が、エネルギー量としてのバイタリティが高いとされています。

さらに、健康運を読む際、太陽の持つエネルギー量と月の示す日常の運営力の対比は重要なポイントとなります。状態の良い太陽を持つ場合、高いエネルギー量を持ち、この場合、病気への抵抗力の高さや簡単には疲れたりしないような体力を持ち合わせているとみることができます。

一方、たとえ太陽の状態が悪くとも、月の状態が良い場合（サイン、ハウス、アスペクトなどにおける好条件）は、細やかに体調に合った食事や生活サイクルなどを整えるなどして、それらをフォローすることが可能です。しかし、太陽のエネルギー状態が高い場合が高いポテンシャルを示していると同時に、月の状態が悪い場合、体力があるから無茶をする……という状態になりやすいでしょう。体力が存分にある場合は、多少無茶（暴飲・暴食、徹夜で仕事もしくは遊び）をしても、体を壊すようなことはないが、少し体力が落ちた時点で、その影響が体に現れ、病気となっていくと考えられています。この場合は、相対的な太陽の過剰な状態から病気が起こるため、太陽のサイン、ハウスに関連した身体部位に影響が現れるようです。

土星は、機能不全部位と関連すると考えられ、土星のあるサイン、ハウスにおいて、不調が出やすいとされています。土星自体にエネルギーの停滞を示す要素があり、また土星はCold & Dryの性質を持つことから、冷えや乾燥から、関連する身体部位の機能が落ちやすいとみなされ、そこから不調につながると考えられています。

アセンダントは、その人自身を示すポイントですが、特にアセンダントのルーラー（もしくはアセンダントのアルムーテンルーラー）の活動が重要と考えられています。これは古典的な医療占星術でも、アセンダントを患者として考え、アセンダントのルーラーを患者のシグニフィケーター（指示天体）としてみなしていた名残のようですが、このアセンダントのルーラーが健全に活動できていれば健康で、それに対してハードアスペクトを取るような天体がある場合、その天体に関連した身体部位に関して不調が出るとされています。

6ハウスはそもそも古典的には従業員・使用人などを示す場とされていましたが、医療占星術に転用され、出生図に関連するようなハウスとみなされています。ここではハウスカスプのサインに関連した身体部位に不調が出やすいとされます。また6ハウスカスプのルーラー天体が、アセンダントのルーラー天体や、月、太陽に対して、アスペクトを取っている場合、健康面で影響があるとみなします。

健康運を読む際に主なポイントについて挙げていきましたが、それぞれに対してすべてが病気として表れてくる……というより、いくつか重複するような身体部位に対しての示唆が出る場合、病気として出やすいと読むやり方が主流のようです。

❖ デカンビチュア

古典的な医療占星術の手法として、デカンビチュアが挙げられます。病気になった瞬間の図を活用し、病気の原因、病気の経過やピークとなる時期、治療法、結果などを見ていく手法です。

多くはホラリーに準拠するような方法からきていて、読み取っていきますが、ハウスの意味する部分などは特徴的といえます。まずは病気になった瞬間を示していく必要がありますが、患者がベッドに寝ついた瞬間（「デカンビチュア」という言葉は横になるという意味からきていて、日本語で「横臥図」と訳す場合もあります）、患者が自分の尿を持って医者に行くとして採用した瞬間、病人が医者に対して病状を説明した瞬間の3つが、基本的にタイミングとして採用されます。尿を持って医者に行くのは、四体液論に基づいた診断の第一段階として、体から出る液体の色を見る必要があるからです。四つの体液はそれぞれ特有の色を持ち、尿やその他の体液の色

COLUMN 8　メディカルアストロロジー　〔登石麻恭子〕

から、どの体液が過多・過少となっているか見るのです。

さて、デカンビチュアにおけるハウス構造は特徴的です。基本的にはアセンダントおよび1ハウスを患者とその状態、6ハウスを病気のコンディション、7ハウスを医者・治療者とその状態、8ハウスを死、10ハウスを治療方法とします（図1参照）（場合によっては7ハウス・12ハウスを二次的な病気のハウスとし、4ハウスを最終結果とするやり方などもある）。

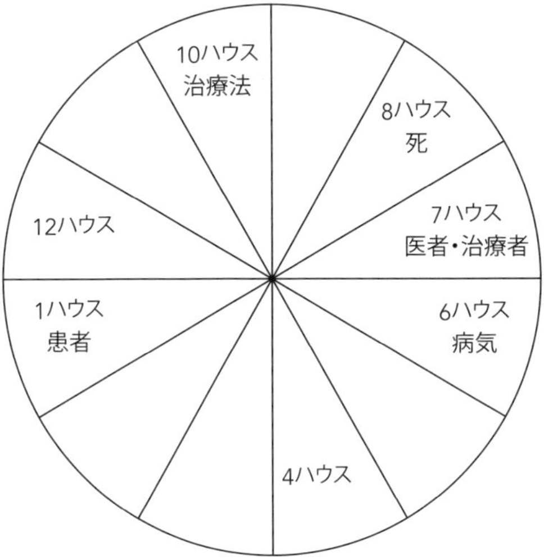

図1

- 10ハウス 治療法
- 8ハウス 死
- 7ハウス 医者・治療者
- 6ハウス 病気
- 4ハウス
- 1ハウス 患者
- 12ハウス

この時、アセンダントルーラー天体は患者のシグニフィケーター（指示天体）であり、患者そのものの状態を示します。また6ハウスカスプサインのルーラー天体は病気そのものの動向や症状を示しています。さらに、月は二次的な患者の指示天体とし、アセンダントルーラーと6ハウスルーラーが一致する場合、月を患者の指示天体、6ハウスルーラーを病気の指示天体として読んでいきます。

これらの天体について、天体の性質やどのサイン、ハウスにあるかによって、病気の原因や部位、状態を考察し、また品位の良し悪しを見ることで、患者の生命力や、病気自体の勢いの強さなどを考慮するのです。その上で、基本的にはこの両者の関係を読み取ることで、病気の成り行きや時期的なピークなどを読み取っていき、病気の進行を含めた全体の状態を把握するのです。

治療方法については、10ハウスにおいて示されるとされていますが、多くの場合、10ハウスカスプのサインと関連づけられた身体部位によって、瀉血する部位を決定するということになります。四体液論において、病気は体液バランスの悪さによって起こるものであり、先に示した四つの体液のうち、過剰なものを体外に排出することが第一の治療法でした。

そのため、当時の内科医が行う主な治療方法は、瀉血する、緩下剤を投与する、催吐剤を投与する……というものでした。過剰な瀉血、緩下剤の利用により、死亡するものも多かった

とされましたが、近年ではそうした話は間違いで、以前の四体液説を貯めるために流布された噂だといわれています。また治療ポイントに基づいて、瀉血する時間、瀉血量なども定められていたそうです。

また10ハウスが示す治療法は、薬草を選定する手立てとしても活用できます。17世紀の占星術師であり薬草家であったニコラス・カルペパーは、基本的にはアセンダントルーラーを強化したり、心臓を強化するなど、体力や自然治癒力を高めるような処方を提案し、その上で、10ハウスに入る天体の品位が良ければその天体に関連した薬草を使用することが可能であると述べています。10ハウスは天頂を示す部分であり、多くの場合、天からの恩恵を示すと考えられています。10ハウスが示す治療方法としての天の恩恵よりも、人そのものが持つ生命力の強化を重視したカルペパーの治療姿勢は、基本的には占星術的な薬草選択の経験の高さもあったと思われますが、人体を宇宙としてとらえ、人体そのものが持つ力を信じるという在り方を示しているのかもしれません。

❖ おわりに

現在の日本では、医療的な目的で占星術を使うことはできません。しかし個人的に研究したり、また健康を維持するために個人的に参考にすることは可能です。また、身体的な状態の変化や不調が、チャートのどの部分に影響しているかということを逆算的に読み解き、チャートリーディングに対して発展的に応用することもできるのです。

占星術的な見解を用いて、身体について認識を深めていくことはさまざまな面でプラスになりますので、ぜひ、より良いかたちで活用していってください。

572

COLUMN 9 占星術と季節の食養生 〜季節サイクルと食べ物(メニュー)〜 登石麻恭子

季節のサイクルに合った食べ物を食べることは身体にとって理に適っています。では占星術的に見た季節のサイクルと、それに合った食べ物は？……ということで、季節感と季節ごとの身体、そしてこれに合った食べ物＆メニューについて考えてみましょう。

❖ 四体液説での季節

ギリシャ時代から中世にかけて、医学は四体液説という医学原論に基づいて行われていました。ギリシャ人医師のヒポクラテス（紀元前460年〜370年）が原案を作り出し、さらにガレノス（129年〜199年）がそれを発展させたといわれています。人の体液は4種類の体液によって構成されていて、血液（sanguis）、胆汁（cholera）、黒胆汁（melancholera）、粘液（phlegma）の四つの体液がバランス良く配合されている時、人は健康な状態であるとされ、このバランスが崩れることで、病気が生じると考えられていました。この時、それぞれの体液が多い状態である人に対して、血液質（多血質）、胆汁質、黒胆汁質、粘液質という言い方をして、それぞれの体質や性格的な傾向などを特徴づけていたのです。

また古代ギリシャ人は熱いか冷たいか、乾いているか湿っているかというバロメーターで事物を測っており、この体液に対してもそれぞれ下記のような性質があるとしています。

血液……熱・湿
胆汁……熱・乾
黒胆汁……冷・乾
粘液……冷・湿

またこうした体液はそれぞれの季節と対応し、特定の季節に特定の体液が増えると考えられていました。

春……血液
夏……胆汁
秋……黒胆汁
冬……粘液

特定の季節に増える体液は、体液バランスを崩す原因にもなります。そのために食事などでバランスを回復するように促すというわけです。

またそれぞれの体液および体液質は占星術の天体と結びつけられています。それらは天体の気質と結びつき、配置されています。またそれぞれの体液は特定の臓器と深く結びついています。

血液（血液質）	木星―肝臓
胆汁（胆汁質）	火星・太陽―胆嚢
黒胆汁（黒胆汁質）	土星（水星）―脾臓
粘液（粘液質）	月・金星―肺

春……牡羊座（春分）
夏……蟹座（夏至）
秋……天秤座（秋分）
冬……山羊座（冬至）

また12サインも式に関連していますから、それぞれの季節の始まりは活動宮の四つのサインが入り口になっています。

こうしたことを踏まえて、季節の身体とそれに合った食事

などを見ていきたいと思います。ただ、四体液説は基本的に地中海沿岸～アラビア～ヨーロッパと伝搬してきた医学原論ですから、食養生として関連した食べ物が中心になっていますので、こうした地域に関連した食べ物の選択について、多くの資料では、食材が中心になっています。しかしそれだと洋食中心すぎたり、または食材が手に入りにくいので、ここでは日本版として応用していってみましょう。

❖ 春

春は、冬の寒く厳しい季節から徐々に暖かくなり、それとともに身体の代謝も活性されていきます。というのも、寒い冬の間は体温を保持するために、熱の発生源である筋肉にエネルギーが回されますから、老廃物の処理など冬の間はやや後回しになります。そのため春先は冬の間に溜まった老廃物を一気に処理していくことになるのです。体の中でそれを賄うのは肝臓です。四体液説で春に関連した血液質は木星に関連し、また肝臓も木星に関連した臓器といえます。ただ、冬の間は体温を保持するというのは臓器的に負担がかかりますし、処理しきれないものも出てくるでしょう。

こうした季節の変化に対応について、12サインのそれぞれのサインの身体部位が対応することになります。春の季節は牡羊座に相当し、また牡羊座の身体部位は頭ですから、春先

574

COLUMN 9 占星術と季節の食養生 〜季節サイクルと食べ物（メニュー）〜 〔登石麻恭子〕

にはニキビや吹き出物が出やすかったり、頭痛がしたり、また頭がぼんやりしたり、眠くなったりしやすいのはそのせいだといわれています。また春先に熱を出したり、風邪をひいたりするのも身体としては適切な方法です。冬は骨盤などが締まった状態ですが、春に向けて徐々に緩めていきます。しかし緩めきらない場合、熱（火の要素）を出すことによって身体を緩めることができるので、これも火のサインの牡羊座的な対処といえるかもしれません。

基本的に季節対応の食事に関してはちょうど反対の気質を持つ冷・乾の食物やまた土星や水星に関連した食べ物を選ぶとよいでしょう。例えば、土星はゴボウなどの水分の少ない根菜類やキノコ類などに関連しますし、米などもどちらかというと白米よりも雑穀や玄米など固くてミネラルが豊富なものがおすすめです。また雑穀米などはよく噛むことになりますので、唾液に含まれる消化酵素を多く分泌し、肝臓の負担を減らすことにもつながります。また土星は苦味や酸味にも関連しているので、苦みのある野菜もよいでしょう。例えば、ウドやフキノトウやツクシなど、その苦味が消化を促進し、さらに消化酵素の産生を増やしますので胆汁を助ける食品といえます。また水星のハーブはセリ科や木の芽などに関連しています。特に水星のハーブにはセリ科やシソ科のものが多く、消化促進の働きも持ちます。ペパーミントやマジョラムなど水星のハーブも消化を助けてくれますが、日本だっ

たら、セリ科のミツバやセリなど、また大葉などの食材もよいでしょう。

ところで、油分は木星に関連し、また油脂の分解酵素は肝臓から産生されますので、ウドやフキノトウの天ぷらなど適量を食べる分には大丈夫ですが、あまり食べすぎるとかえって肝臓に負担をかける原因になりますのでほどほどに。また肉類は脂身の少ないフィレ肉などはおすすめです。

> **おすすめメニュー**
> ウドの酢味噌和え、ミツバもしくはツクシの卵とじ、キノコと雑穀の雑炊など。

✤ 夏

夏はさらに暑くなっていく季節です。日本では湿度が高いため熱・湿の要素が作られた地中海沿岸を基本にしていますので、地中海性気候が基本となります。しかし暑さという点では共通しますから、その対処ということで考えていきましょう。暑い時、まずは冷たい水分を取ることが基本になります。これは夏に関連した胆汁質が熱・乾であるため、それと反対側の冷・湿のものを取るということに関連した初動的な対処法といえます。冷たいものを取ることで体の内側から冷やし

つつ、汗で失われた水分を補うことができます。夏に関連した蟹座は水のサインですから、そのあたりはぴったりとはまっているでしょう。

しかし、冷たい飲み物や食べ物を取りすぎると負担がかかるのは胃です。胃は蟹座の支配部位です。身体を冷やそうと冷たいものを取ることで、胃の動きが不活発になり、食欲が落ちてきます。食欲が落ちると、さらに体力が失われ、いわゆる夏バテになるのです。こうなった場合は、消化のよい温かい食べ物で胃の回復を待つほかありませんが、そうなる前に、冷・湿の要素を食べ物で取るようにすることがなによいでしょう。

冷・湿の性質を持つ天体は月と金星です。月の食べ物は基本的に水分の多いものが多く、例えばウリ科のスイカ、メロン、キュウリなどは古くから月に関連した食物といわれています。日本ですと、さらにゴーヤやヘチマ、冬瓜などもウリ科に入りますから、これらの食材はとてもおすすめです。ほどよく水分を補いつつ、ミネラルや栄養素を補給することができます。

またナス科の食材も冷・湿の食材です。ナスやトマトは代表的な夏野菜ですが、ナスはエッグプラントという名の通り、月に関連しており、またトマトは月説と金星説がありますが、どちらにせよこの時期には適切な食材といえるでしょう。また金星の食材として、おすすめなのが果物です。果物にはク

エン酸が含まれ、夏バテ回復にはうってつけです。水分と糖分、ミネラル分などを効率よく取ることができる食材です。

メロンやスイカは前述しておりますが、この時期ですと桃やプラム。また南方の果物は特に暑い地方のものですので、冷・湿の性質を強く持ちます。マンゴー、パイナップル、パパイヤ、グアバなど。バナナは甘さという点で金星かもしれませんが、皮は黄色く、中身は白く、三日月形をしている月説もあります。

穀類などに関しては小麦、大麦は月に関連し、パン・麺類なども月に関連しているといえます。また白米も白い色や育成に水を大量に必要とする性質上、月と考えてよいでしょう。暑い時期にそうめんなどを食べるのはある意味、理に適っているといえますが、あまり噛んだりしないので、食べやすいからといって頻繁に食べると、胃に負担をかけるかもしれません。またキャベツなども月の野菜ですが、胃粘膜を修復し、回復させる働きを持ちますので、こちらもおすすめでしょう。またレタス類も月の野菜とされています。

豆類は全般的に水星とされています。夏の豆といったら、日本の湿の性質を持つといわれています。夏バテの回復に良いビタミンB1とB2を多く含んでいますので、積極的に食べてもよいでしょう。肉類ですと、豚肉が冷・湿の性質を持ちょうで、こちらもビタミンB1とB2を豊富に含んでいますので、意

COLUMN 9　占星術と季節の食養生　〜季節サイクルと食べ物(メニュー)〜　〔登石麻恭子〕

識的に食べるようにするのもよいかもしれません。

> おすすめメニュー
> レタスとフルーツのサラダ、ナスとトマトのパスタ、豚肉の冷しゃぶ、冬瓜あんかけ冷製など。

✣ 秋

秋は夏の暑さが過ぎ、徐々に涼しくなっていく季節です。

占星術的には天秤座、四体液質的には黒胆汁質に関連し、黒胆汁が増える季節と考えられています。冷・乾、つまり、冷えてきて、また空気も次第に乾燥してきます。夏の間は、汗をかいてそれらを体外に排出しますが、秋になって気温が下がり、汗をかく機会が減ってくると、水分の排出は主に尿によって行われます。それまで汗と尿の2経路で行われていた排水が尿のみになるので、尿の生成にかかわる腎臓が、気温の低下に伴い、フル稼働することになります。

腎臓は金星・天秤座の支配部位です。また腎臓をフル活動の影響で腰周辺の筋肉も刺激され、腰痛(腰部も天秤座の支配部位)などが出やすい季節でもあるのです。熱・乾の夏の季節から、冷・乾の季節に変わっていくので、基本的には気温の変化に気を

つける必要のある時期になりますが、水分摂取の仕方も、夏同様ではなく若干少なめにしつつ、腎臓に負担がかからないようにすることも大切でしょう。

さて、黒胆汁が増える秋には、冷・乾と反対の気質、熱・湿の性質の食材や血液質に関連した木星の食材を取ることがよいようです。木星の食材は油脂や脂質を多く含んだ食品、また栄養価の高い食品などが挙げられます。秋→冬と寒く厳しい季節を生き抜くために、身体に十分な栄養を与えておく必要があるのです。

クルミやピーナッツなどのナッツ類や、玉ねぎ、サツマイモ、ニンジンなど水分のある根菜類、バターやオリーブオイルなどの油脂類、またほどよく脂の乗ったお肉などもよいでしょう。またほどよく水分を取る必要がありますが、温かいものであることが肝心です。味噌汁、スープ、シチューなどの汁物は意識的に取っていった方がよいでしょう。野菜炒めなどを作る際に、少し片栗粉であんかけ風にするのも熱・湿にまとめて取るのによい方法です。また飲み物も冷たいアイスティなどではなく、温かい紅茶を。またコーヒーよりも紅茶の方が温の性質が高いので、どちらか選ぶのだったら、紅茶がおすすめです。

果物類は比較的体を冷やすものが多いのですが、秋ぐらいから収穫されるものや寒い地方で採れる果物は温の性質があるといわれます。リンゴやミカン、イチジク、ブドウなどが

挙げられますが、やはり食べすぎは禁物です。しかし秋の象徴のサインである天秤座のルーラーは果物と関連の深い金星ですから、秋の初頭にほどよく果物を取ることでビタミンCなどにより、夏の疲れを回復させてくれるでしょう。また果物には食物繊維が含まれています。黒胆汁が増えるとお通じが悪くなるともいわれていますから、リンゴなどから食物繊維をほどよく取るのもよいかもしれません。また秋、憂鬱な気分になったり、落ち込んだり……というのも黒胆汁や土星に関連する要素です。

また水星は神経緊張などにも関連しています。ミカンの皮に含まれるリナロールやテルピネンという香気成分は気持ちを緩め、またブドウに含まれるアントラニル酸メチルは気持ちを明るく引き上げてくれるという働きもあるようです。香りを楽しみながら、秋の果物を楽しむとよいかもしれません。

> おすすめメニュー
> サツマイモのシチュー、けんちん汁、クルミとリンゴのサラダ、豚ロース肉のバターソテー&リンゴソースなど。

✣ 冬、

冬は冷・湿の性質を持つ粘液が増える季節とされています。寒くなって体のバランスを崩すと風邪をひきますが、風邪の際に体の中に粘液が増えることで、痰や鼻水が出ると考えられていました。風邪をひくという言葉を英語でいうと、Catch a Cold、つまり冷の要素が増大することから起こるので、風邪をひかないために身体を温める必要があります。もちろん、秋の冷よりも度合的にはさらに寒くなっているわけですから、さらに温めることが大切になるわけです。

また、冬に関連するサインは山羊座です。山羊座に関連する身体部位はひざ・骨・関節ですが、冬は関節痛が出やすい季節といえます。体温を逃がさないように末梢の血管は収縮し血行不良気味になります。そのために周囲の筋肉は酸素不足により硬くなってしまいます。硬くなった筋肉を無理に動かそうとすると、筋肉の付着部位である関節が急激にひっぱられ、痛みを伴うというわけです。特に冷たい空気は下に溜まりやすく、また下肢は心臓から遠い位置にあるため、足の関節である、ひざに負担がかかるのでしょう。

硬さは山羊座のルーラーの土星にも関連しています。二重の意味でそうした状態は出やすいと思われます。筋肉を柔らかくするために適度なストレッチやマッサージなどがよいのですが、冬に関連した粘液質は、身体を動かすことへの億劫さや身体の鈍重さにも関連していますから、寒くて身体を動かすのが面倒くさい……という状況がさらに関節への負担を高めることになっているのかもしれません。

さて、粘液質に関連した性質である冷・湿と反対となる気

COLUMN 9　占星術と季節の食養生　〜季節サイクルと食べ物（メニュー）〜　〔登石麻恭子〕

質は熱・乾ですが、これに関連する天体は火星と太陽で、特に火星はスパイスに関連しています。温かい食べ物や飲み物はもちろんなんですが、スパイスを利かせてさっと焼くようにすることができるでしょう。スパイスを上手く使うと、身体を温めるのもよいかもしれません。ショウガやコショウ、唐辛子など辛みのあるスパイスを料理に使うようにするのもよいですし、ラー油やタバスコ、からし（洋がらし、和がらしなど）あとから加えるような調味料なども活用していくとよいかもしれません。

野菜類では、ネギ類は比較的温の性質を持っていますので、玉ねぎやニラ、ニンニク、長ネギなどを多めに入れるのもおすすめです。果物類は基本的には身体を冷やしますので、ドライフルーツ（干しぶどうや干しイチジクなど）で果物の栄養素を取り入れていきたいところです。しかし、秋同様、ミカンやリンゴはそれほど体を冷やすことはないので、ビタミン類はこうした果物から取るのもよいかもしれません。ビタミン類の中でもビタミンEは血行を促進する働きがあるといわれます。それにより身体もももちろん温まりますが、手足の先までくまなく血液が循環し、筋肉の拘縮を防いで、関節痛を予防する上でもプラスになります。アーモンドなどのナッツ類や、ホウレンソウやカボチャなどの緑黄色野菜、小麦胚芽米や雑穀などに、ビタミンEは豊富に含まれているので積極的に摂取するようにしたいものです。

また肉類でも赤身の肉、特にカモや子羊など赤身の強い肉類は、熱・乾の性質を持ちますので、油を少なめに、そしてスパイスを利かせてさっと焼くようにしましょう。また塩分は身体を温める性質を持ちますから、少し塩っぱめに味つけするのもよいかもしれません。塩分を取りすぎると、身体の方がそれを緩和しようとし、かえって身体がむくんで冷・湿の状態を招いてしまいやすいで、ほどほどを心がけるようにしてください。

ところで、冷・湿の季節である冬場における水分摂取は、日本の場合、注意する必要があるかもしれません。それは地中海性気候と違って、日本ではやや乾燥気味の季節となりますから、四体液説による定番の冬の過ごし方よりもやや水分を多めに取ってもよいでしょう。具だくさんの汁物を食べたり、温かい飲み物などをこまめに取るのもおすすめです。特にマサラチャイやショウガ入り紅茶、スパイスホットワインなど、シナモンやオレンジを加えたマサラチャイやショウガ入り紅茶、またスパイスを加えたものをぜひ飲むようにしてください。

カモミールは熱・乾の性質を持つ太陽のハーブですから、ハーブティでそのまま飲んでもよいですし、ミルクと一緒に煮出して、カモミールミルクティで飲むのもよいでしょう。

おすすめメニュー

玉ねぎとショウガのスープ、子羊のソテー、カボチャ煮、マサラチャイなど。

COLUMN 10
植物療法と占星術

登石麻恭子

ハーブ占星術、アロマ占星術など、フィトセラピーと占星術を対応させ、人を癒すという手法はさまざまに行われています。占星術におけるホロスコープリーディングによって導き出された心身の傾向や弱りやすい要素に対して、天体やサインと紐づけられた適切なハーブ、アロマ、フラワーエッセンスなどを用いてそれらをフォローし、心身および精神をケアしていく方法です。

薬草と天体・サインの相関は医療占星術の長い歴史の中で培われてきました。今ではハーブなどホビー的な要素のものとしてくくられてしまいますが、古代〜近代では医薬だったのです。この医薬を選択するための手法も医療占星術の中で確立されていき、それとともに薬草と占星術の相関も、歴史の長い時間の中で徐々にまとめられていきました。

しかしその相関に対して、完全に決まったルールというものがあるわけではなく、おおよそ、神や伝承に関連する要素、医療占星術に関連する身体部位への働き、天体やサインの気質と植物の気質の類似、農業的もしくは自然の四季のサイクルに関連する要素、植物の形態や使用される植物の部位……

など複数の要素により、紐づけられていったようです。

また、パラケルススは、星と植物は常に密接に関係を持ち続けているといっています。さらに、人がその植物を刈り取った時に、植物に流れていた星の力は人の方へ向かい、そして天の恵みとしての治癒の力として発揮され始めるといい、刈り取った時点で植物は薬としての効果を発揮し始めると述べています。そのため、植物を刈り取るタイミングが重要であり、基本的には刈り取る植物に関連した天体のプラネタリーアワー（惑星時間）に行うといいます。

プラネタリーアワーは1日24時間に関して、1時間ごとに各天体が支配する時間です。計算は難しいのですが、プラネタリーデイ（惑星日）、つまり曜日が示す天体（月曜日なら月、火曜日なら火星……など）に関連して、その日の日の出から1時間目は必ずその曜日の天体のプラネタリーアワーになるのです。また一番早い時間のプラネタリーアワーに採取すると一番効力の高い状態のものが得られる、といくつかの文献で勧められています。朝一にハーブ類の植物の収穫をすることは、実は非常に理に適っていることです。

580

COLUMN 10　植物療法と占星術　〔登石麻恭子〕

例えば、夜のうちに有効成分などが植物の中で生成されますが、陽の光を浴びることで（特に葉や花のものは）熱によって成分や精油分などが蒸散してしまうため、朝一番がおすすめというわけです。

さて天体に関して、現代の西洋占星術では10個の天体を用いますが、そもそもは古い時代の医療占星術にルーツを持つため、古典占星術同様、基本的に七つの天体が植物と対応されています。ただし、近代〜現代において、天王星以降のトランスサタニアン天体について、独自に対応させている植物療法家やアロマセラピストも出てきました。また古代や中世には、新大陸発見などとともに新たに見つかった植物やそれまでは雑草扱いだったものが新たにハーブやアロマとして使用される植物に対しても植物療法家が独自に支配星および関連サインを指定する場合もあるため、ここでは主に古典における対応を中心に据えてお話をしていきたいと思います。

比較的入手可能で、ある程度まとまったかたちで天体と植物の対応について書かれた古典の資料としては、ヘルメス文書の占星医術 (Iatromathematica) に関連した「薬草の特性について (De virtutibus herbarum)」、アル・ビールーニー (973年〜1048年)「占星術教程の書」、ウイリアム・リリー (Christian Astrology)、そして、ニコラス・カルペパー (Complete Herbal) などが挙げられます。興味のある方はぜひご覧になってみてください。

上記に挙げた中でもカルペパーの『コンプリートハーバル』は、そもそも当時の一般人にはわからないラテン語で書かれたロンドン薬局方を、カルペパーが一般人にわかるよう英語に直して出版した経緯があります。いわゆる医者用の薬草のあんちょこを一般向けに売り出したためにすごい反響で、瞬く間に増版されていったようです。さらには海賊版まで出るほどのハーブに対しての人気ぶりだったため、現代まで何らかのかたちで再版を繰り返しています。

また現代でも中世からのハーブの使用法を知るための資料として重要な位置づけを持つ本ですが、カルペパー自身が、記述されているハーブに対しての占星術的見解やデカンビチュアの簡単な読み方例などを加えたため、役に立つ本とみなされたと同時に、怪しい本としてもみなされ、版によっては占星術的な要素の強い部分は削除されて出版されたものもありました。しかし現代の、占星術に興味のある植物療法家の多くは、この『コンプリートハーバル』を参考にし、セラピーなどに活用していっているので、資料が残るということに関しては、ある意味、運が良いのかもしれません。

❖ 植物と天体

植物と天体に関しては、主に作用する身体部位、天体と植物の性質（熱／冷、乾／湿）、伝承や特定の神との関連、植

物の育成サイクルとの農事暦的な面での関わりにより、複合したかたちで決められていることが多いようです。各天体に関連した薬草の特徴について、ウイリアム・リリーは"Chiristian Astrology"の中で言及していますが、ここではそれをもとに、若干現代的に意訳したかたちで、各天体に関連した薬草の特徴を述べていってみましょう。

ただし、リリーの記述は月から火星までで、木星・土星の記述はないため、木星・土星については、それらに関連するハーブ群の共通点というかたちで述べることにします。

【☽月】

月に属するハーブはやわらかく、葉肉の厚い葉を持ち、水っぽいか少し甘味のある味がする。水の多い場所を好み、水の多い場所で早く育つ。

※月は冷・湿の性質とされるので、月のハーブも水分が多いものが多くあります。水の多い場所を好み、水の多い場所で早く育つ……など、植物の育成環境と気質には深い関連があるとされています。ここでも、水分（冷・湿）の多い場所としています。また子宮や胃によいもの、さらに熱・乾のひどい状態を緩和する働きがあるため、痛みや炎症を緩和したり、心に対して熱・乾のきやテンションの高い状態にも関連する鎮痛作用、鎮静作用などがある場合が多いでしょう。

【☿水星】

水星のハーブとされているものは、さまざまな形の花を持つものとして知られていて、砂のやせ地を好み、種子を殻（さや、包皮）や穂軸に入れて運ぶ。めったに、もしくはかすかにしか匂わない。舌、脳、肺、記憶と性質上関係を持つ。腸内のガスを追い払い、血気をなだめ、閉塞を開ける。

※水星は冷・乾の性質であるため、砂のやせ地を好む……ということのようです。このように植生の時点から植物の性質は関連しているとみなされています。水星のハーブの多くは脳神経への緊張緩和作用など持ちます。また運搬に関連する天体であるということから食物の運搬に関わる消化管や酸素や二酸化炭素を取り込む呼吸器の働きを高め、食物の消化を促進したり、呼吸器を整える働きを持つものも多くあります。例えば、水星のハーブであるラベンダーは緊

COLUMN 10　植物療法と占星術　〔登石麻恭子〕

張緩和にもよいですが、それに伴う消化管の不調にも良い働きをするという点で、十分に水星に関連しているとみてよいでしょう。

【♀ 金星】

金星が支配するすべてのハーブは、甘い風味で、心地よい匂いで、白い花を持つ。きつくない性質で、葉は滑らかで、ぎざぎざがない。

※金星の美しい調和の取れた姿が、心地よい香りや白い花、きつくない性質としてここで描かれています。金星について古典の医療占星術では女性の生殖器に関連しているとしていたため、今でいう、ホルモン関連にまつわる女性特有の不調や美容などによいとされるハーブが多くあります。また、金星は甘さにも関連するため、ストロベリーや桃、リンゴなど多くのフルーツが金星に関連づけられます。甘く水分が多いが、食べすぎると体を冷やすという点は、金星の冷・湿の性質と結びついているともいえます。また甘いという点で、はちみつを作るミツバチが寄ってくるタイムなども金星のハーブとされています。

【☉ 太陽】

太陽に属する植物は、心安らかな香りで、よい風味があり、花は黄色か赤みがかっており、堂々とした姿に成長し、囲いのない、陽の当たる場所を好む。その美徳の性質は、心臓を強め、生命力を励ます、視力をクリアにし、毒に対抗し、多くの魔法を悪質な惑星の影響から解き放つ。

※黄色は太陽の色とされています。また陽に当たる場所を好むのも太陽そのものとの関係からくるものです。生命力・心臓・目は医療占星術において太陽に関連した要素なので、それらに働きかけるものが太陽のハーブであるということになります。また一種の魔除けのような様相も見られますが、古い時代では病気は悪霊や悪魔の仕業であり、傷ができて、それが膿んでしまうような場合も、細菌によるものではなく、傷口から悪魔が入ってきたものとしてみなされていました。毒や悪い魔法に対抗するということは、現代的にいえば、抗菌・抗ウイルスなどの働きを持つということ。また太陽はバイタリティにも関連し、生命力を上げてこうした悪いもの（古い時代的にいえば悪霊や悪魔で、現代的な表現だと雑菌やウイルスということになるでしょ

う）の影響を退けることにもつながるため、免疫力を高めるハーブなども多く見られます。さらに熱・乾の性質を持つため、穏やかな温熱作用を持つものも比較的多いでしょう。

【♂火星】

火星のハーブとされているものは、赤くなっていく。葉は先が尖り、鋭い。味は舌を焼くような辛さである。乾いた土地でよく育つ。もっとも微妙な熱を、肉や骨に染み透らせる。

※赤は火星の色です。また古くから火星は刀などの武器などと関連づけられていたため、歯の先が尖り、鋭いという形状を持つものとされたのでしょう。また火星は太陽よりも程度の強い熱・乾の性質を持つため、熱さが辛さという表現に変換され、ブラックペッパーや唐辛子、ショウガなどの香辛料の多くも、火星を支配星に持ちます。体を温める温熱作用や刺激作用を持つもの、火星が血液や血液循環にも関連することから、血行促進などの働きを持つものも多いようです。

【４木星】

※木星のハーブに関して、リリーの記述はありません。ただし他の天体のハーブ同様に身体部位や、性質などからまとめることは可能です。まずは身体部位との関連から、肝臓への働きを持つものなど木星のハーブとされる場合が多いようです。また熱・湿の性質を持つ木星のハーブとされるこの反対の性質である冷・乾、また冷・乾に関連した天体（土星・水星）による病態などに使われたようです。土星は四体液説において黒胆汁と関連し、体内に黒胆汁が多くなりすぎるとメランコリーという状態、つまり憂鬱状態に陥るというわけです。そのため黒胆汁を散らし、憂鬱を解消するような働きを持つハーブも木星のハーブとされています。また水星は神経に関連するため、神経過敏や神経の緊張、さらにそこからくるような消化器の不調に対して、気持ちを緩め、リラックスを促すハーブも木星を支配としている場合が多いでしょう。

【ħ土星】

※こちらもリリーの記述はありません。土星は冷・乾の性質を持ちますが、体が冷えて固まるということはな

COLUMN 10　植物療法と占星術　〔登石麻恭子〕

わち死を意味することであるため、土星のハーブに毒草などが多くみられます。ただし行きすぎなければ、冷やす・乾かすという性質は、熱を下げ、鼻水や痰などを鎮めるなどの働きと考えられますので、風邪に伴う呼吸器の不調などに用いられるハーブなどが土星に関連づけられています。また土星は、もともと骨や関節に関連することから、これらに対する働きを持つものもみられます。また木星は脂質にも関連しているため、毛穴を引き締め、皮脂の分泌をおさえる働きを持つものも多くあります。

こうした天体と植物の相関を活用することで、セラピーに応用することが可能といえます。近年は占星術を介して、身体の状態ではなく、心理的・精神的・霊的側面に対してそれらを活用する場合も多くみられます。

例えば、単純に月のハーブを使ったり、また月に対してハードアスペクトを取る天体を上手くブレンドしたり、期間を区切って集中的に取り入れることで、その影響力をなじませ、緩和するというやり方もみられます。

特に月はリラックスなどにも関連しているため（安全地帯認識をする場所・シチュエーションに関連し、安全地帯ではリラックスできるということから）ため、多くのセラピストが活用するポイントといえるでしょう。またその他に、太陽であるならば生きる目的を見つける手助けに、火星ならば活力と行動力を高めるために、木星ならば温和な受容力をより良いものに……など、ネイタルにおける天体の性質をより良いものに高めるためのサポートとして使用することができるのである。

また天体にかぎらずその他のさまざまな要素に関しても、それらを補強し、バランスを取るなどしてより良いかたちで表現していくことができ、活用することでセラピーなどで利用されつつあります。

またハーブの天体対応同様、アロマセラピーで使用する精油もこれらの資料を参考に支配星がつけられています。ただしアロマセラピーではヨーロッパ圏にかぎらず、世界中から集められた精油が使用されているため、古典的な天体対応に含まれない植物が多く存在します。それらについても、各自のセラピスト・占星術師が基本的な作用などを考慮しつつ、独自に支配星を指定し、活用しているようです。

金星 ♀	水星 ☿	月 ☽		
イチジク、ブドウ、ナツメヤシ、穀物、タイム（ワイルド）、フェヌグリーク	インド豆、エジプト豆、キャラウェイ、コリアンダー	小麦、大麦、キュウリ、スイカ、メロン	穀物と果実	アル・ビールーニー
サイプレス、チーク、リンゴ、マルメロのような感触が柔らかく香りが良く、見た目の良いすべての木	匂いが強く悪臭のするすべての木	幹が小さく枝のあるすべての木。ザクロ（甘い）とブドウの木など	樹木	
マートル（ギンバイカ）、ユリ（白・黄色）、スズラン（ドイツ）、スイレン、サトイモ科アラム属、ホウライシダ、ニオイスミレ、ラッパスイセン（白・黄色）、リンゴ、白バラ、イチジク、シカモア、ワイルドアッシュ、テレビンノキ、スイートオレンジ、マグワート（オシヨウモギ）、レディースマントル（ハゴロモグサ）、バーベイン、サニクル、メリッサ（レモンバーム）、バーベイン、クルミ、アーモンド、アプリコット（アンズ）、タイム、ラブダナム（セイヨウカンコウソウ）、キビ、バレリアン（セイヨウカノコソウ）、シモツケソウ、ジギタリス、セイタカアワダチソウ、ミヤマホタルカズラ、ノボロギク、コリアンダー、フランスコムギ、モモ、プラム、干しブドウ		マメ、コミヤマカタバミ、クルミ、セイヨウハシバミ、エルダー（セイヨウニワトコ）、カタクリ、イブキトラノオ、ヨウシュコナスビ、ハイムラサキ、アニシード（アニス）、クベバ（ヒッチョウカ）、マジョラム、バーベイン、アシ	ケール（ワイルドキャベツ）、キャベツ、メロン、ヒョウタン、カボチャ、オニオン、マンドレーク、ケシ、レタス、セイヨウアブラナ、リンデン、マッシュルーム、キクヂシャ		ウィリアム・リリー
ヒメフウロ、ハーブトゥルーラブ（ハーブパリス）、キドニーフラワー … （以下、金星欄の長大なリスト続き）	カキドオシ（またはグランドアイビー）、アルダー（黒）、リンゴ、ニオイArrach、ヒメオドリコソウ（デッドネトル）、ニオイカワラマツバ、シラカバ、ホワイトレースフラワー、ブライト、アシナガバチ（アザミ属）、ハコベ、チェリー、ヒヨコマメ、コリセージ、コックスヘッド、フィーバーフュー（ヒメマツムシソウモドキ）、デイジー、デビルズビット、ドワーフエルダー（セイヨウニワトコ）、エリンジューム（セイヨウハマビシ）、エルダー、フェザーフュー、フェンネル、ヒメウイキョウ、キバナクリンソウ、ハコベ、フキタンポポ、セイヨウハナニガナ、ブライト、アシュワガンダ、サニクル、ラリセージ、ハリモクシュ、セイヨウイノコヅチ …	カラミント（またはマウンテンミント）、ニンジン、キャラウェイ、ディル、エレカンペーン（オオグルマ）、シダ、フェンネル、カワラボウフウ、ニガクサ（ジャーマンダー）、ヘーゼルナッツ、ニガハッカ、シノグロッサム・オフィシナレ、ラベンダー、コリス（カンゾウ）、イチヨウシダ、セイヨウエビラハギ（メリロート）、セイヨウコナスビ、マジョラム、クワ、オート麦、パセリ、オハナウド、ピレトリウム、グランドパイン（イエロービューグル）、ハリモクシュ、サマーセイボリー（キダチハッカ）、アッケシソウ、ウインターセイボリー（ヤマキダチハッカ）、メドウトレフォイル（ワイルド）、キダチヨモギ、カノコソウ、イカズラ（ハニーサックル）	カタクリ、キャベツ、ケール（ワイルドキャベツ）、ハマナ、オダマキ、クレソン、キショウブ、アヤメ、ダックスミート、シダ、ギンセンソウ、フリューリン、アイビー、レタス、スイレン、ハナハイコウリンタンポポ、ムラサキベンケイソウ、ケシ、スベリヒユ、イボタノキ、バラ（白）、バーネットサクシフリッジ、コバンソウ、ユキノシタ、ヤナギ、ニオイアラセイトウ		ニコラス・カルペパー

586

COLUMN 10　植物療法と占星術　〔登石麻恭子〕

太陽 ☉	火星 ♂
シトロン（柑橘類）、インド米	アーモンド（ビター）、緑の穀物
背が高く、果実に脂肪が多いすべての木。果実が乾いた状態で用いられるもの。ナツメヤシ、クワの木、ブドウの木など	ザクロ（酸っぱい）、洋ナシ（苦い）、クコのように、苦く辛くとげがあって、その果実に芯、皮、赤い色、もしくは渋みがある、酸味の強いすべての木
サフラン、ゲッケイジュ、柑橘類、ブドウ、エレカンペン、セントジョーンズワート（セイヨウオトギリソウ）、ジンジャー、ルー（ヘンルーダ）、バルサム樹（トゥルーバルサムノキ）、マリーゴールド、ローズマリー、モウセンゴケ、シナモン、セランディン（ヨウシュクサノオウ）、アイブライト（コゴメグサ）、シャクヤク、オオムギ、シンクフォイル、スパイクナード、ジンコウジュ、サトウキビ、ヤシ、スギ、ミルラ、フランキンセンス、ヘリオトロープ、オレンジ＆レモン	ネトル、アザミ、トウダイグサ、イバラ（白・赤）、クロウメモドキ、バイケイソウ、オニオン、スカモニア、ニンニク、マスタードの種、ペッパー、ジンジャー、リーキ（ニラネギ）、ベンケイナズナ、タマリンド、ラディッシュ、クレソン、オウシュウサイシン、キバナアザミ
アンジェリカ、トネリコ、ブレード、バーナー、フキ、カモミール、クサノオウ、ヤグルマギク、セイヨウコゴメグサ、セントジョーンズワート、ラベージ（ロベッジ）、ヤドリギ、シャクヤク、セントピーターズワート、ルリハコベ、モウセンゴケ、ローズマリー、ルー（ヘンルーダ）、サフラン、トルメンティル、ジムシロ、ヒマワリ（またはヘリオトロープ）、シベナガムラサキ、クルミ	シロバナサクラタデ（スマートウィード）、オウシュウサイシン、メギ、バジル、キイチゴ、ブリオニア、ブルックライム（マルバカワヂシャ）、ナギイカダ、ニオイエニシダ、ハマウツボ、ウマノアシガタ、エンレイソウ、ヤワゲフウロ、コットンアザミ（ゴロツキアザミ）、ヒメキンギョソウ、Fursebush、アカネ、マスタード、ホーソン（セイヨウサンザシ）、ホップ、アカネ、マスタードワート（アストランティア）、マスタード、ヘッジマスタード（カキネガラシ）、タマラディッシュ、デンジソウ、アマ、イラクサ、ルバーブ（ダイオウ）Rapontick、ヤロウ Rhubard、アザミ、ヤグルマソウ（スターシスル）、タバコ、オオヒレアザミ、エゾスズシロ、ミトリデートマスタード、ウェルド（キバナモクセイソウ）、ニガヨモギ
ト（ミスミソウ）、レディースマントル（セイヨウハゴロモソウ）、マロウ（マローブルー、ウスベニアオイ）、マーシュマロウ（ウスベニタチアオイ）、ヤマアイ、ミント類、マザーワート、エムグラ、イヌハッカ、パースニップ、モモ、ナシ、ヤナシ、ペニーロイヤルミント（ニップ）、サクランウ、オグルマ、ロケット（ルッコラ）、オオバコ、プラム、ミツバ、ウツボグサ、ダマスクローズ、ウッドロケット（ハルザキヤマガラシ）、サボンソウ、ソレル（スカンポ）、ウツドソレル（コミヤマカタバミ）、ノゲシ、ブタクサ、シルバーウィチゴ、タンジー（ヨモギギク）、チーゼル（オニナベナ）、タイム、（ヨウシュツルキンバイ）、スミレ、小麦、ヤロウ（セバーベイン（クマツヅラ）、ブドウ、イヨウノコギリソウ）	

	木星 ♃	土星 ♄
アル・ビールーニー 穀物と果実	ザクロ（甘い）、りんご、小麦、大麦、米、モロコシ、ヒヨコ豆、ゴマ	クルミ、クリ、マルメロ、ザクロ（酸っぱい）、レンズ豆、亜麻、麻の種
アル・ビールーニー 樹木	イチジク、モモ、アンズ、ナシ、ハスの実のように、甘く脂肪が少ないか、あるいは皮の薄い果実を持つすべての木、果実に関しては金星と共通	木のこぶ、カリロク、オリーブ、コショウ、エジプトヤナギ、ヤナギ、テレビノキ、トウゴマ、クルミヤ・アーモンドのように皮の固い果実を持つ木、またはクルミヤ・アーモンドのように皮の固い果実を持つ木、または悪臭がする木、味が深い木、内部の変化しない木
ウィリアム・リリー	クローブ・クローブシュガー、メース（ナツメグの仮種皮）、ナツメグ、ニオイアラセイトウ、ストロベリー、エールコスト（バルサムギク）、カッコウチョロギ、ヤグルマギク、アマ、クレソン、カラクサケマン、ハイムラサキ、ルリハコベ、イワミツバ、オレガノ、ルバーブ、セルフヒール（セイヨウツボクサ）、ボリジ、ビューグロス、ヤナギラン、ツキヌキサイコ、スミレ、クジラグサ、ゼニゴケ（カンゾウ）、バジル、ミント、マスチック（ピスタチオ）、ディジー、フィーバーフュー（ナツシロギク）、サフラン、チェリー、シラカバ、クワ、デイゴ、セイヨウメギ、オリーブ、セイヨウスグリ、アーモンド、アイビー、マンナトネリコ、ブドウ、イチジク、トネリコ、ナシ、ハシバミ、ブナノキ、マツ、干しブドウ	ベアーズフット（コダチクリスマスローズ）、ユニコールート、トリカブト、ドクニンジン、アンジェリカ（トウキ）、シダ、ヘリボー、ヒヨス、チャーセンダイ、ゴボウ、パースニップ、リュウケツジュ、マメ、豆類、バーベイン（クマツヅラ）、マンドレイク、ケシ、コケ、ベラドンナ、イヌホウズキ、セイヨウヒルガオ、サンシキヒルガオ、ヤマホウレンソウ、ナズナ、セージ、セイヨウツゲ、コボウオ、トキワハナビシク、ドクセリ、ホウレンソウ、ホーステール（スギナ・トクサ）、サケマン、タマリスク、サビナ・サビン、センナ、カラクサケマン、ルー（ヘンルーダ）、エゾテンダ、ヤナギ、ケイパー、ユー（イチイ）、サイプレス、アサ、サルヤナギ、パイン（マツ）
ニコラス・カルペパー	ヒヨドリバナ、ムラサキハナウド、アスパラガス、ダイコンソウ、ゲッケイジュ、レモンバーム、ビート（白）、ウォーターフィグワート（ウォーターベトニー）とカッコウチョロギ（ウッドベトニー）、コケモモ、ボリジ、ウシノシタグサ、チャービル、スイートシセリ、キジムシロ、ヨモギギク（またはエールコスト）、タンポポ、ナガバギシギシ、アカネグサ、シバムギ、イヨウツボクサ、コタニワタリ、ヤナギハッカ、キバナバンダイ（もしくは Sengreen）、ゼニゴケ、ムラサキ、キバナコギリソウ、カシ、バラ（赤）、セージ、アリアリア・ペティオラタ（ソースアローン、ジャックバイヘッジ）、トモシリソウ、チコリー、マリアアザミ	大麦、ビート（赤）、ブナ、バイフォイルまたはトゥエーブレード（ヒメフタバラン）、セイヨウミヤコグサ、イブキトラノオ（ヒメフタバラン）、セイヨウミヤコグサ、イブキトラノオのスネークロード、Blewbottles（ブルーボトルならヤグルマギク）、バックソーンプランテーン、センノウ、クジラグサ、ヤエムグラ（またはグースグラス）、ワタチョロギ、コンフリー（ヒレハリソウ）、ホウコグサ（またはハハコグサ）Sciatica Cress、ヨモギ、ドクムギ、セイヨウヒルガオ、ヒメコウジ、ネナシカズラ、Epithymum、ニレ、レガリスゼンマイ、オオバコ、クジラグサ、セイヨウエンゴサク、ミナリアゼンマイ、イワミツバ、ヒメコウジ、コウリンタンポポ、ドクニンジン、アサ、ヒヨス、スギナ、ヤグルマギク、ミチヤナギ、セイヨウカリン、コケ、ビロードモウズイカ、レガリスゼンマイ、アオネカズラ、ポプラ、マルメロ、ココメビル、イグサ、ソロモンズ・シール（アマドコロ）、Sarazens Confound、タマリンド、メランコリーアザミ、リンボク、ハマニワトリ、タマリンド、メランコリーアザミ（またはParkleaves）、ハマキヌキサイコ、コボウズオトギリ

COLUMN 10　植物療法と占星術　〔登石麻恭子〕

❖ フラワーエッセンス

フラワーエッセンスは、医師・細菌学者でありホメオパスであったエドワード・バッチ氏によって開発されました。バッチ氏は病気がさまざまな心的不安定から起こることを発見し、患者の心的傾向をとらえ、その傾向にあった花のエッセンス（水に花のエネルギーを転写したもの）を作ったのです。

一番最初に発表された12本は12ヒーラーズと名づけられました。これらに関してバッチ氏は当初、月の12サインに関連づけていたといわれています。月のサインがその人の真の資質で、天体の影響（アスペクト）により、それらが揺さぶられている。月のサインの資質をより良いかたちで発揮できる……とバッチ氏は考えていたようです。

しかし現在ではそれらは表に出てはいません。バッチ博士の書簡（『エドワード・バッチ著作集』より）には、12ヒーラーズを発表する際、占星術的なベースがあることを示唆すると、占星術的にしか使うことができない。より多くの普通の人たちが使うことができるようにしたい……として占星術的な要素があることを公表しなかったそうです。そのせいもあり、バッチ氏の開発したフラワーエッセンス、バッチフラワーレメディは世界中の多くの人に使われるようになりました。また現在もバッチ氏の開発した手法をもとに、多くのプロデューサーが世界各地で独自のフラワーエッセンスを作っています。

【バッチフラワーレメディ】

バッチフラワーレメディは、12ヒーラーズ、7ヘルパース、セカンド19という三つのレンジからなります。

12ヒーラーズは本来持っている気質や性質に対するレンジ、7ヘルパースは慢性的な心的不調に対するレンジ、セカンド19は時期的なトラブルを乗り越えるためのレンジに位置づけられています。先ほど述べたように12ヒーラーズは12サインに、また7ヘルパースは7天体（月～土星まで）に関連づけられているといわれています。

これらは月のサインおよび、月にアスペクトする天体の影響をより良いかたちで発揮していくためのレンジとされていましたが、近年では太陽並びにアセンダントに対しても同様に使うことができるようです。またセカンド19は時期的な様相……つまりトランジットやプログレスによる揺さぶりに対応したレンジと考えることができ、また19という数も、12（サイン）＋7（天体）＝19という具合に構成されています。

つまりトランジットやプログレスの影響に関して、12のサイン（月、アセンダント、太陽）、七つの天体が影響を受けた場合に対処するためのエッセンスといえます。

12ヒーラーズに関してはサインとの関係があらかた公表

されていますが、その他のレンジに関してはなされておらず、それぞれの研究家が独自にそれらの対応を示唆し、使っている状況です。ここでは12ヒーラーズの対応を記しておきます。

牡羊座…インパチェンス
牡牛座…ゲンチアン
双子座…セラトー
蟹　座…クレマチス
獅子座…バーベイン
乙女座…セントーリー
天秤座…スクレランサス
蠍　座…チコリー
射手座…アグリモニー
山羊座…ミムラス
水瓶座…ウォーターバイオレット
魚　座…ロックローズ

❖ おわりに

　ハーブ療法、アロマセラピー、フラワーエッセンスといった植物療法と占星術に関して、そもそもは医療占星術的な位置づけから始まりましたが、次第に心身の健康維持や、またセッションにおいて心的・精神的・霊的なテーマを扱う時

の補助として使用されつつあります。また、こうしたテーマにまつわる要素に植物を活用することは難しいことではなく、日常の中でも行うことができるのです。

　毎日のケア……的な位置づけから使用してみると取り入れやすく、また実際にハーブティを飲んだり、香りをかいだり……といった使い方の中から、星の在り方を実感できるかもしれません。

590

COLUMN 11 アストロダイス教室 〔まついなつき〕

アストロダイスで、占星術の象徴記号から言葉を出す練習をしよう。

「アストロダイス」は、もともと欧米のTRPG（トーキングロールプレイングゲーム）というボードゲームを楽しむためのダイスです。1999年頃に、松村潔さん主催の原宿虎の穴で、一人の参加者がこのダイスを持参したことをきっかけに、アストロダイスを利用したホロスコープを読むための練習が始まりました。

ホロスコープを読むために一番大切なのは、天体・サイン・ハウスを組み合わせて読むことです。複数の組み合わせを瞬時に理解して、言葉にしていくのが楽しみの大部分なのですが、やはり煩雑なので、ここの時点で占星術に取り組むことを挫折してしまう人もたくさんいます。

虎の穴での練習法は、常時8人〜15人の参加者が見守る中、テーブルの上にダイスを振り出して、振り出した本人がそれを言葉にする、というのを初心者上級者関係なく、席順に回しながら読むという練習をしていました。これは非常に緊張しました。なぜかというとダイスを降り出す時に、なんの質問もせず、オールマイティに使える万能の解釈が求められたからです。今日の運勢とか、この仕事での私の立ち位置とか、質問があることに回答を出すのは、自分の考えというフィルターを使えるので、かなり楽なので、あまり練習にはならないかもしれません。質問抜きで繰り返す、アストロダイスの練習は、確実にホロスコープを読みこなすための基礎力がつきます。

● **牡羊座の意味**（野性的で粗野で目先のことにすぐとりかかる）
● **月の意味**（日常的に繰り返すことで心身の安定を保つ）
● **1ハウスの意味**（自分では自覚できない自我の場所）

をそれぞれ単体で暗記し理解し言語化することはできても、牡羊座の月が1ハウス、というセットで、目先のことで、後先考えずにすぐに気持ちが新しいことに動くことで自分の心身を安定させていることを、誰かに肯定してもらうことで落ち着くことができる。

というように、一つにつなげて言葉にすることは、すぐには難しいかもしれません。象徴をセットにすることで、単体では出てこない単語や言い回しも使わなければ、言語としては出てこない単語や言い回しも使わなければ、言語としては出てこない単語や言い回しも使わなければ、言語としてスで、人より早く読みが上達するのは、私が教えてきた初級クラスで、人より早く読みが上達するのは、私が教えてきた初級クラから言葉を使いこなれている人たちです。特に広告や編集の仕事の経験のある人は、短いフレーズの中に的確な情報を盛り込んだ見出しやタイトルなどを作るための訓練をしてきているので、占星術で使う象徴と組み合わせのロジックを理解すると、それほど苦労することなく、ホロスコープが読めるようになっていきます。

単語数と表現力の引き出しの多さなので、趣味でブログを書いていたり、音楽が好き（リズムが大事）という人たちも有利ですし、接客業や営業などで人と接することが多く、伝わる表現が身についている人たちも有利です。

有利な素養があっても、結局はホロスコープを大量に読み続けるという練習あるのみなのですが、自分にはそのような素養がないという人も、あきらめずにアストロダイスを使って練習をする方法を試してください。

最初はメモを取りながら確実に一つひとつの記号を言葉にしていきます。この時、自分のノートやテキストなどを駆使して、サイコロで確認した時に印象としてつかんだものに近い言葉や単語を拾えるように注意します。具体的に

✣ アストロダイス練習方法

Step 1 用意するもの

12サインのついた12面体、12ハウスのついた12面体、10天体のついた10面体のアストロダイス3個を、テーブルの上に振り出します。

サイコロはテーブルゲーム専門店、WEB通販などで入手できます。1個150円〜3個セットで2000円位までさまざまです。アストロサイコロが入手できない場合は、カードを作ります。12サイン、12ハウス、10天体、合計34枚のカードを作り、それぞれを三つの山にして、山ごとによく切って1枚ずつ引いてください。

Step 2 出た目を確認します

この時、記号がうろ覚えだと全体のインスピレーションがもたつきます。また6ハウスと9ハウスは間違いや

ぐにフレーズになった時は、そのフレーズをいったん筆記して、天体・サイン・ハウスの意味がきちんと合っているかうか確認し、取り違えたり、意味が違っている部分は修正を加えます。これらを根気よく繰り返します。

592

COLUMN 11　アストロダイス教室　〔まついなつき〕

すいので、下線の位置なので、最初に記号の約束を確認しておきましょう。

Step 3　三つの記号から一つのフレーズを言葉にします

天体＝意識、サイン＝性格・性質、ハウス＝現場　の順番でバラバラの単語を出してから、まとめるという手順を踏むとラクにフレーズが出るようになります。

例題 1

【月】 感受性豊か
【射手座】 自由に遠くに飛びたい
【7ハウス】 対人関係の場において 寛容度が高い

この三つのダイス記号の組み合わせで、

人づき合いでは（7ハウス）、気持ちや感受性を（月）、自由できままに開放しておきたい（射手）

面白さや楽しさを優先する（射手）環境や人の気持ちに（7ハウス）影響されやすい（月）

あなたのパートナーは（7ハウス）、寛容で自由な（射手）女性（月）

など、いくつものフレーズが作れます。

記号の単語は、フレーズとして文章を作る時の参考やインスピレーションを促す程度に思いついたことを、書き留めます。

フレーズにまとめる時は、記号の時に思いついたものにとらわれないように、その時に浮かんだイメージを、日本語としてかたちになるようにします。この時に、場面（ハ

ウス）主体（天体）サイン（性質・イメージ）が、きちんとそれぞれの役割を越境せずにフレーズになっているかどうかに注意しましょう。

例題 2

【太陽】 目的意識 プライド
【天秤座】 平和 バランス 目先の反応の良さ
【9ハウス】 海外 勉強 地に足つかぬ理想

世間並みの（天秤）仕事をする（太陽）ために勉強をし続けたい（9ハウス）

どんな異文化の場でも（9ハウス）全方位にそつなくできるのが（天秤）私の誇り（太陽）

どんな舞台・場所・環境（ハウス）に、どのようなイメージ（サイン）の、人（天体）がいるのかを考えましょう。

以上の練習が抽象的で難しく感じる人は、質問を設定して読んでみると、多少は馴染みやすいかもしれません。質問を設定することによって、言葉の選択を狭めやすくなり、フレーズも組み立てやすくなります。

質問を設定する時の注意として、最初は「イエス・ノー」の決着をしなければならない質問は避けましょう。あくまで

594

COLUMN 11　アストロダイス教室　〔まついなつき〕

も天体、サイン、ハウスの組み合わせで象徴を言葉にする訓練として成り立つ質問を設定するようにします。

例題3

Q 今日は、どんな日になりますか?

【冥王星】とことん集中
【獅子座】自分発で楽しいと思うこと
【2ハウス】才能、自己保存、収入の現場

自己表現にとことん集中することで、自分の才能と向き合う日になります

例題4

Q 彼にとって、私はどういう存在でしょうか?

【土星】コンプレックス、苦手意識
【牡牛座】安定感がある
【11ハウス】友人、サークルの場　未来の可能性

生まれながらの才能を持っている同じ志を持つ友人だが、才能に恵まれて安定感がある。気安い感じで関わりにくいが自分の将来を安全に導いてくれる相手として存在している

例題5

Q この仕事にはどういう態度で取り組むべきでしょうか?

【水星】言われたことをこなす
【水瓶座】ネットワーク、自由と独立
【5ハウス】楽しい気持ちの場　自発的な喜びの場

自分が面白いなと思うかぎり、周囲と協調しながら自分独自の方法でみんなのフォーマットに合わせて、作業をこなす

慣れてきたら、「イエス・ノー」の決着を出さなければならない質問をしても問題ありませんが、その場合は出た象徴についての「イエス・ノー」を振り分けるために、自分の考え方のフィルターが強く働くことを自覚して読む必要があります。純粋にアストロダイスを使って、ホロスコープを読むための基礎訓練をしているという部分からは離れていっているということに留意しなければなりません。

昨今は、アストロダイスを使用してのミニ占いをする人も増えていますので、基礎訓練の方法というページの趣旨からは、離れてしまいますが、「イエス」と「ノー」両方のパターン例を付記しておきます。どちらの回答なのかは、あなたの経験フィルターと哲学にお任せします。

Q 来月予定している旅行に行ってもいいか？

【天王星】 変更　変化
【牡牛座】 才能、自分の利益
【10ハウス】 社会的な場　仕事の場

yes
仕事や収入、ステータスに関して、マンネリになっている部分に新しいアイデアが得られるので、行くべき

no
これまで安定していた仕事に関する利益に変更をもたらす可能性があるので、行かない方がいい

Q メールの返事を返さない彼女に、さらにメールをしてもいいか？

【木星】 寛容　拡散
【天秤座】 平和　パートナーシップ
【2ハウス】 自己保持

yes
全く問題ない、メールを出すことでまた交流がつながり、満足できる

no
メールを送ることはかまわないけれど、それは自己満足であって、メールによって、状況があなたの望み通りに進むかどうかの話は別

Q バーゲンに出ていた靴を買うべきかどうか？

【金星】 喜び　楽しみ
【獅子座】 自己表現　華やかさ
【7ハウス】 人目に触れる場　出会いの場

yes
靴を購入することによって、出会う人たちはあなたをお姫様のように扱うようになるだろう。女っぷりが上がる

no
見栄のために、実用的でない買い物をしようとしている

596

COLUMN 12

ローカル・スペース占星術―方位に現れる惑星のシンボリズム

芳垣宗久

心理分析や病気の診断と治療、さらには政治経済等、西洋占星術で扱われるテーマは多岐に及んでいますが、その中に「方位」に関する研究があることはご存知でしょうか？日本を含めた東アジアでは、風水や奇門遁甲、九星気学といった方位占術が大変盛んで、文化的にも深く根づいていますが、西洋占星術の宇宙観においても、方位は本来的に重要なファクターであり、近代では新たな視点からそのシンボリズムに注目が集まっています。

✤ 伝統的なホロスコープにおける方位の象徴

占星術で伝統的に使用されてきたホロスコープは、地球上のある特定の時間とロケーションから観察される惑星の配置を図表化したものですが、そこには方位に関する情報が含まれています。ハウスの基軸となる四つのアングルは、太陽の日周運動と方位の関係から定められたポイントで、太陽が上昇する東方がアセンダント、正午頃に再接近する南方がMC、夕方に下降する西方がディセンダント、深夜に再接近する北方がICに当たります。[※1]

そしてその延長で、各アングルを起始とするアンギュラー・ハウス（第1、第4、第7、第10ハウス）が東西南北の四方位を象徴するという見方が起こりました。

【表1：ハウスと方位の対応】

第1ハウス	東
第2ハウス	東北東〜北東
第3ハウス	北東〜北北東
第4ハウス	北
第5ハウス	北北西〜北西
第6ハウス	北西〜西北西
第7ハウス	西
第8ハウス	西南西〜南西
第9ハウス	南西〜南南西
第10ハウス	南
第11ハウス	南南東〜南東
第12ハウス	南東〜東南東

黄道12サインについても、火のサインは東、土のサイン南、空気のサインは西、水のサインは北を示すという見方があります。このセオリーでは、牡羊座を東、天秤座を西、山羊座を南、蟹座を北のように、各エレメントの活動サインを東西

南北の定位置とし(※2)、残りの固定サインと柔軟サインをその両脇の方位に当てはめています。

伝統的なホラリー占星術は、これらのハウスやサインの方位対応理論を、紛失物の在り処や行方不明者の居所を捜索に活用してきました。例えば失くした携帯電話を見つけるために作成されたホラリーチャートでは、水星が山羊座にあるなら家の南側の部屋で、第7ハウスにあるなら西側の部屋で見つかる、などと判断するのです。

❖ 惑星の真方位を使用するローカル・スペース占星術の誕生

20世紀に入ると、占星術の方位に対するアプローチに新しい流れが誕生します。その契機となったのは、1970年代にマイケル・アールワイン(※3)が発表したローカル・スペース占星術（以下「LS」と略）に関する論文です。

先ほど触れた通り、伝統的なホロスコープではサインとハウスによって惑星の方位が示されてきましたが、そのいずれもが太陽の軌道である黄道を基準としたものであり、私たちが地表で認識している真方位(※4)と完全に一致することはほとんどありません。そこでアールワインは、地球上のある特定の時間と場所から見た惑星の方位を正確に表現するために、地平線を基準としたローカル・スペース・チャートを開発したのです。

【図2：筆者のLSチャート】

これは、筆者（1971年6月22日17時27分東京で出生）のローカル・スペース・チャートです。

598

COLUMN 12　ローカル・スペース占星術－方位に現れる惑星のシンボリズム　〔芳垣宗久〕

通常のホロスコープとは異なり、このチャートにはサインやハウスは見られません。その代わり、東西南北の四つの方位が示されたコンパスの周縁に10個の惑星記号が表示されていますが、これらは筆者が誕生したその時と場所から計測された「リアルな惑星の方位」を表しています。

私の出生の金星は、通常のホロスコープではディセンダント（西のアングル）とほぼ正確に重なっていますが、LSチャートでは真西から26度近く北側にずれています。もちろん、後者の方がより正確な金星の方位を示していることはいうまでもありません。

アールワインは、このLSチャートで示された惑星の方位に、それぞれの惑星に特有のシンボリズムが働いており、私達の意識と身体、そして人生上の経験との間に密接な関わりがあることを発見しました。実際、金星の方位へ引っ越した人物が豊かな人間関係を楽しめるようになったり、木星の方位へオフィスを構えた起業家がビジネスでより大きな利益を挙げられるようになるといったケースが、食傷するほど見られたのです。この惑星方位の影響力は、海外への移住や旅行といったグローバルなレベル（※5）でも、通勤や通学といった生活圏のレベルでも、同様のクオリティーをもって現れることがわかっています。

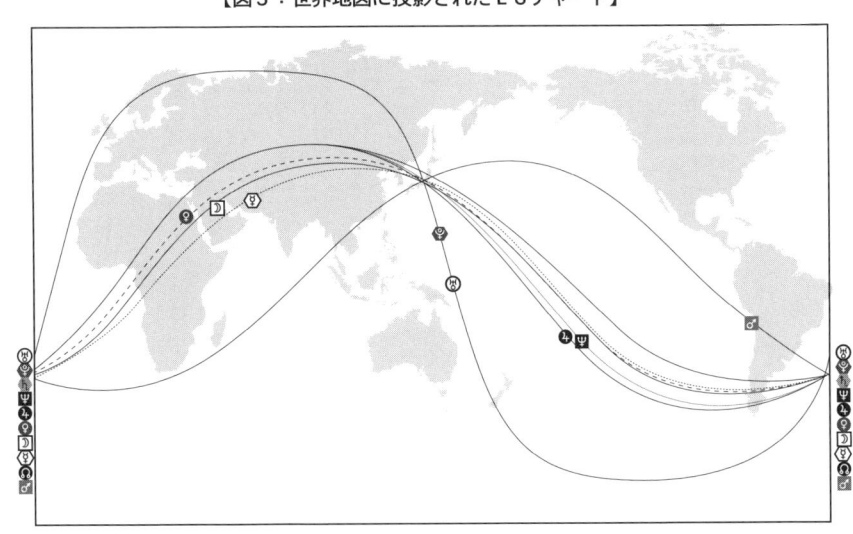

【図3：世界地図に投影されたLSチャート】

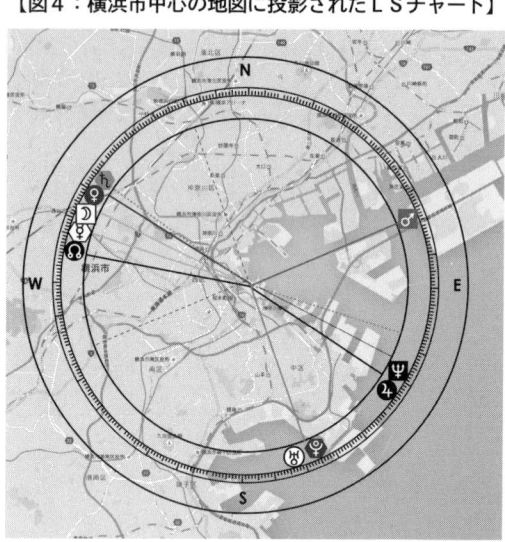

❖ 開運法としてのローカル・スペース占星術

私たちは生まれながらにして、特定の惑星の方位に高い感受性を持っています。このLSの原理を積極的に活用するなら、東アジアで盛んな風水や奇門遁甲、あるいは九星気学等と同様のコンセプトで、西洋占星術をベースとした方位占術を展開することができます。私たちが無意識の内に影響を受けてきた惑星方位を明確に意識することで、その力を意図的

【図4：横浜市中心の地図に投影されたLSチャート】

に強化、あるいは抑制できる可能性が開けたのです。

実際、アールワインを始めとしたLSの研究者は、占星術のクライアントが望んでいる自分自身や生活環境の変化を実現するために、特定の惑星方位へ移住したり、日常的に往復を繰り返すように助言し、多くの成功体験を蓄積しています。自己実現や社会的な名誉を求めるなら太陽の方位へ、心身のリラックスを求めるなら月の方位へといった具合に、目的に応じた適切な惑星方位を選択すればよいのです。ダイエットを志す人が、火星の方位に向かってウォーキングに出かけたり、土星の方位にあるスポーツクラブに通ったりすることは、身体を引き締めるための一助となるでしょう。

また、たとえその場を動くことができなくても、方位を通じた惑星のパワーを借りることは可能です。喧嘩をした恋人と仲直りしたいなら、金星の方位を向いて電話をかけるだけで、穏やかな会話のムードを作りやすくなります。もちろん、間違っても火星や天王星の方位を向いてコールするべきでないことはいうまでもありません。

❖ ミクロコスモスとしての住居

スティーブ・コッツィ（※6）は東洋の風水をヒントにして、家の間取り図にLSチャートを投影し、そこの住む個人にとって最適の住空間を作るというアイデアを発表しました。

600

COLUMN 12　ローカル・スペース占星術－方位に現れる惑星のシンボリズム　〔芳垣宗久〕

アストロ風水とでも呼ぶべきこの手法を実践するには、まずは【図5】のように、住居の間取り図とLSチャートおよび方位（※7）を一致させた合成図を作成し、住居内のどのエリアにどの惑星の力が働いているのを調べます。

そして、その惑星の性質に相応しい部屋の使い方をしたり、家具やインテリアの配置を考えることで、霊的な世界と物質的な世界が調和した生活環境をコーディネートするのです。

例えば、パソコンは水星のアイテムですから、基本的には水星のエリアに置くことが理想的とされます。実際、水星の方位のライン上でなら、より優れた知的作業やスムーズなコミュニケーションが実現しやすくなるでしょう。そして、そのエリアでパソコンを使用すること自体が、水星のスピリットに同化し、その力を活性化することにもつながるのです。

また、ある行為やアイテムを、それとは異質の性質を持つ惑星方位と組み合わせるという選択もあり得ます。長時間のオンラインゲームやネットサーフィンといった悪癖を改め、その日にこなすべき仕事に意識を集中させたいなら、パソコンを土星のライン上に置けばよいという考え方です。

【表2】では各惑星に照応した部屋の用途とアイテムを示してありますが、これらはごく一部の典型的な例でしかありません。特に家具や家電、道具、インテリア等については、その機能、素材、色彩、あるいは形状といった要素から支配星を類推し、応用の範囲を広げてください。

【図5：LSチャートを投影した間取り図の例】

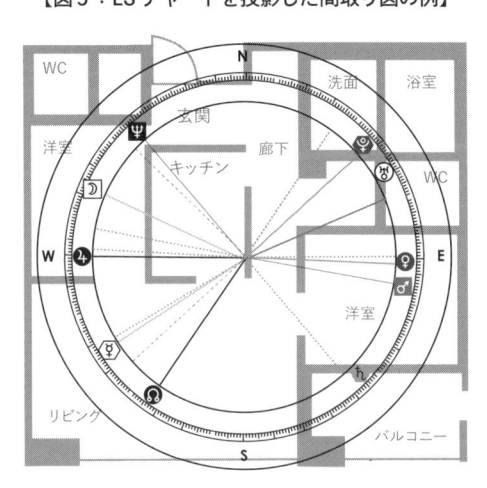

【表2】

	部屋の用途	代表的なアイテム
太陽	オフィス、応接間、リビング、サンルーム、サウナ	照明、暖房器具、トロフィー、ライセンス、高級品、金製品
月	リビング、ダイニング、キッチン、寝室、子供部屋	水槽、間接照明、キャンドル、加湿器、観葉植物、銀製品
水星	書斎、学習室、オフィス、リビング、車庫、自転車置き場	電話、パソコン、ノート、筆記用具、新聞・雑誌、書籍、ポスター

❖ LS風水の実践例

金星	リビング、応接間、アトリエ、コレクション・ルーム	ソファ、飾り棚、宝石、生花、香水、楽器、オーディオ、コミック
火星	キッチン、クラフト、トレーニング・ルーム、乾燥室	ストーブ、オーブン、工具、金属製の家具、スポーツ用品、刀剣
木星	リビング、応接間、モノが少ない広いスペース、仏間	祭壇、縁起物、書棚、百科全書、高級品、紙幣やコイン
土星	仕事場、鍵のかかる部屋、納戸、暗室、土間、ゴミ捨て場	時計、パーティション、ドライフラワー、革製品、骨董品、鉱石
天王星	コンピュータールーム、電子工作室	パソコン、テレビ、ラジオ、ステレオ、プロジェクター、ユニークなデザインのインテリア
海王星	オーディオルーム、祈祷や占い等の霊的なワークを行う部屋、寝室	アルコール、薬品、水槽、タロット
冥王星	ベッドルーム、開かずの間、毒劇物の収納場所	黒を基調としたインテリア、剥製、ゴミ箱、ポルノグラフィ

【図6】は私のクライアントであるAさんのオフィスの間取り図に、彼女のLSチャートを投影したものです。私がLS鑑定のために訪問した時点で、太陽と水星のラインが通る東側のエリアには仕事用のデスクが置かれ、PCや電話、FAX等がフル稼働していました。また、土星や冥王星のラインが重なるエリアには黒いゴミ箱が、火星のラインにはスカッシュのラケットが置かれていました。このようなケースは決して珍しいものではなく、私たちが自分のLSを反映させた住空間を本能的に求めている証拠であるといえます。

【図6：AさんのLSを投影したオフィスの間取り図】

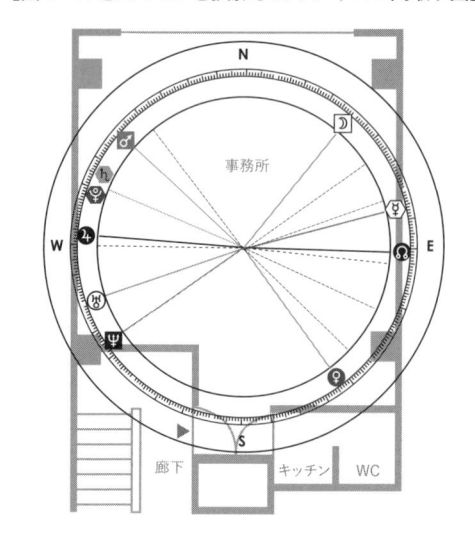

その一方では、金星の方位にはトイレが位置しており、部屋側には大量の資料が突っ込まれたスチール製のキャビネッ

602

COLUMN 12　ローカル・スペース占星術－方位に現れる惑星のシンボリズム　〔芳垣宗久〕

トが置かれていました。お世辞にも愛と美の惑星に相応しい状況とはいえません。しかし、トイレは動かすことはできないものの、花柄のカバーや質の良い芳香剤を使用するといった処方で、少しでも金星らしい空間に近づけることはできます。また、キャビネットは思い切って他の場所に移し、ファッション雑誌やレコードジャケット等をインテリア風にディスプレイできる飾り棚を置いていただきました。

その後、しばらくギクシャクしていたAさんと婚約者との関係に、リラックスしたムードが戻ってきたとの報告をいただきました。商談用のソファとテーブルがある西側のエリアには、木星や天王星の方位に当たりますが、この両星が逆行しているためか、ブレインストーミングで革新的なアイディア（天王星）は出てくるものの、なかなか利益（木星）には結びつかないとのことでした。この場合、ソファの近辺に質の良い木星のアイテムの配置によって弱点をカバーすることも必要ですが、ビジネス運をアップするには他の条件の良い惑星の力を借りた方が現実的です。

Aさんの出生図の月は蟹座で第2ハウスにも入っていますから、月の方位に当たる場所をしっかりコーディネートすればよいのです。そこには既に観葉植物が置いてありましたが、月のエネルギーをより活性化するためにウォーター・サーバーも設置し、そこで水分を補給していただくことになりました。

❖ LSの効果をより確実に引き出すために

イレクショナル占星術（※9）や占星魔術（※10）といった、星辰（しんしん）のパワーを借りた他のすべての開運法についていえることですが、LSの効果を最大限に引き出すためには、個人のネイタルチャートを的確に理解しておくことが大前提となります。

Aさんの木星方位の例でも言及した通り、ネイタルにおける惑星のコンディションによっては、それがいわゆるヴェネフィック（吉）であっても、期待通りの結果が出るとはかぎらないからです。また、月の方位に水槽や間接照明を置くことは、誰もがすぐに実践できる処方ですが、ネイタルで月が位置するサインやハウス、他の惑星とのアスペクトといった要素は、一人ひとりのチャートで異なりますから、当然それらも考慮しなければなりません。

例えば私の月は双子座にありますが、初めてLSチャートを自室に投影した時、月の方位にある間接照明が「二股」に分かれていることに大変驚きました。ダブル・ボディー（二重体）のサインである双子座のクオリティーを、無意識の内に反映させていたのです。もしその場にアクアリウム（月）を置くなら、中に入れるコッピー（小型の観賞魚）を2匹にしたり、鳥かごを置くならオウムやインコといった言葉を話

603

す（双子座）鳥を選んでもよいでしょう。

他にも、セカンダリー・プログレッション（1日1年法）で進行させたLSチャートや、トランジット天体の方位にも大きな影響があり、見逃すことはできません。個人が人生上の特定の時期に経験する意識やシチュエーションの変化は、そのときどきの惑星の運行に現れていることが多いからです。プログレッションの月が通過する方位は特に重要で、その時期にトレンドとなる活発なエリアを教えてくれます。また、同じ金星の方位であっても、トランジットの土星の方位と重なっている時期なら、バラ色の世界に耽溺することは難しくなるでしょう。

さらには、他の方位占術や地相占術との比較や併用も、これからの大きな研究課題となっています。アールワインを始め、他の多くのLS研究者は中国の風水にも通じており、それぞれの特性を生かして仕事をしています。私自身も八宅派や玄空飛星派といった中国風水派を学びましたが、特に山河や住居の形態によって空間の吉凶を占う巒頭(らんとう)派の理論は、LSを実践する上でも必須の知識であると思われます。例を挙げると、いくら月のラインが通る場所であっても、周囲を圧倒するような高層ビルの真下に一軒家を建てたり、ドアのすぐ近くに枕が来るようにベッドを置いたりすることはおすすめできません。巒頭派の風水では、それらの環境は心身の健康や成功運などを損なうネガティブなものと考えられているからです。

❖ LSチャートを作成できるソフトウェア

LS占星術を実践するに当たっては、コンピューター・ソフトウェアを使用することをおすすめします。惑星の方位を投影したマップを作成できるコンピューター・ソフトウェアを使用することをおすすめします。通常の占星術で使われるネイタルチャートでも、惑星のおおよその方位を知ることはできますが、やはり正確性に欠けているため、あくまでも参考までにとどめておきましょう。

Solar Maps（Esoteric Technologies, http://www.esotech.com.au/）
アストロローカリティー（地理的占星術）専用のソフトで、LSチャート以外の他のさまざまなアストロマップ（占星地図）を作成できます。この『Solar Maps』は日本のディストリビューターであるアストロナイン（http://www.astro9.com/）から購入されることをおすすめします。

Sirius（COSMIC PATTERNS SOFTWARE, http://www.astrosoftware.com/default.htm）

604

COLUMN 12　ローカル・スペース占星術－方位に現れる惑星のシンボリズム　〔芳垣宗久〕

非常に高機能な占星術ソフトで、LSチャートやLSマップの作成する機能も搭載されています。

以上にご紹介したソフトウェアは、ご自身のPC環境で使用可能かどうかをご確認の上で購入してください。比較的安価ながら他のプロフェッショナル向けのソフトに引けをとらない機能を持ちます。LSチャートと間取り図を合成した資料を作成することも可能です。

ZET9 GEO（Anatoly Zaytsev, http://www.zaytsev.com/index.html）

脚注

※1　MC（南中点）とIC（北中点）が真南と真北を貫く子午線を形成している一方で、アセンダント（上昇点）とディセンダント（下降点）は真東と真西に必ずしも一致しない。それらが一致して見るのは、春分と秋分の日の前後のみである。

※2　夏のサインである蟹座が北に、冬のサインである山羊座が南に対応するという理論は、太陽が夏至点（蟹座0度）にある時に北回帰線上で、冬至点（山羊座0度）にある時に南回帰線上で、それぞれ高度が最高位に達することに由来しており、気温の高低とは無関係である。英語では北回帰線を the tropic of Cancer（蟹座の回帰線）、南回帰線を the tropic of Capricorn（山羊座の回帰線）とも呼ぶ。

※3　マイケル・アールワイン（Michael Erlewine, 1941年～）：米国の占星術家、音楽家、写真家。1970年代に起こった占星術のコンピューターライズにいち早く携わり、リサーチや技術革新に貢献。ローカル・スペースやヘリオセントリック、東洋占星術等の研究でもリーダーシップを発揮している。

※4　真方位とは北極点を北の基準とする方位であり、方位磁石で測られる磁方位とは地球上のほとんどの地域で一致しない。方位磁針の示す北は真北ではなく磁北であり、真北と磁北との差を偏差あるいは偏角と呼ぶ。日本近海では磁北が真北よりおよそ5度～9度の範囲で西側にずれている。日本の各地域における偏差の詳細なデータは国土地理院地磁気測量ホームページ（http://vldb.gsi.go.jp/sokuchi/geomag/）を参照。

※5　惑星の方位を世界地図に投影したローカル・スペース・ワールドマップは、占星地図法（アストロマッピング）の一つとして同系統の技術の中で最も普及しているアストロ・カート・グラフィ（ACG）と混同されることがあるが、両者は全く異なる原理に基づいて作成されている。アストロ・カート・グラフィは、出生図の緯度経度のみを変化させて惑星のハウス上の位置を変化させるリロケーション（移住法）を効率的に行うために開発されたマップであり、LSのような地平線基準の方位情報は得られない。A

※6 CGに関する詳細は『パワーゾーン ─ アストロ・カート・グラフィであなたの「開運場所」が分かる!!』(真弓香著/ヴォイス刊)、『The Psychology of Astro*carto*graphy』(Jim Lewis著/Words And Things 刊) 等を参照。

※7 スティーブ・コッツィ (Steve Cozzi)：米国の占星術家、風水師、ソフトウェア開発者。アストロローカリティー (占星地理学) や外惑星のサイクルの研究で知られ、AFAN (The Association for Astrological Networking) のコーディネイターも務める。

ここでいう方位は真方位のことである。方位磁石で測った磁方位は真方位とのずれがあるため、それを補正して真北を求める必要がある。また、不動産業者が間取り図に記入している方位は、実際の方位と大きくずれていることが多いため注意を要する。

※8 エッセンシャル・ディグニティーの法則による。月は蟹座を支配する惑星であるため、そこに回帰している時には最も強くなると考えられる。詳細はいけだ笑み氏のコラム「エッセンシャル・ディグニティー」496ページを参照。

※9 イレクショナル占星術：行動のタイミングを選択する占星術。

※10 占星魔術とは、儀式によって惑星や恒星等のパワーをタリスマン (護符) に封入する魔術。

【参考文献】

Michael Erlewine, (*Local Space Relocation Astrology*)
Relocation And Directional Astrology

Steve Cozzi, (*Planets In Locality*)
Exploring Local Space Astrology

Martin Davis, (*Astrolocality Astrology*)
A Guide to What it is and How to Use it

606

COLUMN 13 色彩と占星術 〔芳垣宗久〕

「以下のような太陽、月、惑星らと色彩を関連付けたリストは、占星術に関心を持つすべての読者の好奇心を満足させるほどに編集されたことがなく、いまだ「占い」のレベルに過ぎないものだが、それは古今の多くの占星術家による色彩の適用が、いかに支離滅裂で馬鹿げているのかを示す証拠の直接的な表出でもある。」（ジェフ・メイヨ『惑星と人間の行動』より）

さまざまな占星術の文献に目を通していると、惑星やサインを色彩に結びつけた記述を見つけることがあります。人間の性格や体質はもちろん、食物、ハーブ、鉱物、数、天気に至るまで、占星術は人間が認識し得るあらゆる事象を天上のシンボルに関連づけてきました。しかし、色彩もその例外ではなかったようです。ジェフ・メイヨ（※1）が苦言を呈している通り、惑星やサインの色彩対応を示すリストには、それこそ作成者の数と同程度のバリエーションが存在しており、21世紀に入った現在でも学習者を困惑させているのが現状です。

このような占星術のルーラーシップ（※2）の混乱は、決して色彩にかぎったことではありませんが、その特別な難しさは、「色」という存在の持つ多元的な側面にも原因があるといっ てよいでしょう。色彩は電磁波として物理学的に計測可能な存在である一方で、それを感知する人間の生理的、心理的な反応もまた無視できないリアリティーだからです。このコラムでは、過去に提唱されてきた諸説を比較検討しながら、占星術の色彩論を改めて整理してみたいと思います。

❖ 古典7惑星の色彩対応の根拠

そもそも、占星術が主張する「惑星の性質」とは、どのようにして知ることができたのでしょうか？　バビロニア文明で発祥した古代の占星術は、目に見える七つの星辰を神格化すると同時に、それらの外見上の特徴から地上への影響力を類推しました。例えば、日食が起こると王に命の危険が及ぶ

【表1：惑星の色彩対応】

	太陽	月	水星	金星	火星	木星	土星	天王星	海王星	冥王星
アル＝ビールーニー（11世紀）	明るい色、ブロンド、黄色	青、赤、黄、混ざった色、蒼白が混ざった白、明るい色	混色、灰色と空色の2色が混ざった色	純粋な白、茶色、肌色、明るい色、緑ともいわれる	暗い赤	くすんだ薄茶色、黄色と茶色が混ざった白、明るい色、輝く色	濃い黒、黒と黄色が混ざった色、暗い色	ー	ー	ー
ウイリアム・リリー（17世紀）	黄色、金色、スカーレット、クリアーな赤	白、薄く黄みがかった白、薄い緑、わずかに銀色がかった灰色	混合された新しい色、空色が混じった灰色、野鳩の首のような色、多くの色が混ぜられた色	白、茶色が混じった乳白色の空色、薄い緑	赤、黄、燃え立つような輝いている色	海緑色、青、紫、灰色、黄と緑が混じった色	暗い色、くすんだ色、灰色がかった色、黒	ー	ー	ー
レックス・E・ビルズ（20世紀）	黄、オレンジ、黄色がかった明るい茶色	緑、ペール・グリーン、虹色、乳白色、白、銀色がかった灰色	青、青みがかった濃灰色、青、ペール・ブルー、ヴァイオレット、淡い紫、黄、オレンジ、暗く曖昧な色	青、ペール・ブルー、クリスタル・ブルー、緑、青緑、黄、ピンク、ターコイズ、パステルカラー（淡い中間色）、白	赤、クリムゾン・レッド（深紅色）、マジェンダ・レッド（赤紫）、炎のような色、オレンジ	青、深い青、ネイビー・ブルー、インディゴ、紫、菫色（ヴァイオレット）、鮮やかな色	黒、こげ茶色、灰色、深い青、ネイビー・ブルー、インディゴ	エレクトリック・カラー	白、黒、モーブ、ディープ・ブラッド・レッド、ディープ・ヴァリュー	黒、暗色、怒張したような色

608

COLUMN 13　色彩と占星術　〔芳垣宗久〕

と考えられたのは、太陽がその強く大きな光によって圧倒的な存在感を誇ることから、人間の社会では王に当たる惑星とみなされたからです。

その後、バビロニアの占星術はギリシアの学者たちによって引き継がれ、より高度な天文観測技術と深い哲学性を備えた知識体系として急速に発展していきました。中でもアリストテレス（※3）の宇宙論の影響力は圧倒的に大きく、それは占星術を世界のあらゆる現象を説明する論理的なシステムへと押し上げました。アリストテレスは、世界のあらゆる存在が「熱」と「冷」そして「乾」と「湿」という二つの対立した形相の組み合わせによって成り立つと考えましたが、惑星やサインといった占星術的なシンボルの性質についても、すべてその四形質論によって説明されるようになったのです。アリストテレスの影響を受けたプトレマイオス（※4）は、七つの惑星の気質を【表2】のように定義しています。

【表2：七つの惑星の気質】

太陽	熱/乾
月	冷/湿
水星	冷/乾
金星	熱/湿
火星	熱/乾
木星	冷/湿
土星	冷/乾

ヘレニズム時代に定説となったこの惑星の気質論は、後世の占星術家がさまざまな分野でルーラーシップを判断する時の理論的な根拠となりました。例えば医学的占星術では、体を温める作用があるショウガは熱の性質を持つ火星に、逆に冷やす作用を持つキュウリやキャベツは冷の性質を持つ月にという具合に、各植物の薬効からルーラー（支配惑星）を割り当てています。

以上のような占星術の類推の過程を見ると、一見恣意的に感じられる惑星の色彩対応に関しても、同様の原理が用いられていることが理解できます。【表1】を改めて観察してみましょう。

まず、色相（※5）としては、熱い惑星に暖色（※6）が、冷の惑星に寒色（※7）が割り当てられていることがすぐにわかります。彩度（※8）はその惑星が熱いほど鮮やかで、冷たいほど濁っていくという傾向があり、明度（※9）は外見的に明るい惑星（※10）ほど高く、暗い惑星ほど低くなっています。

こうして整理すると、惑星の色彩対応に関しては、メイヨが辛辣に批判しているほどいい加減ではないどころか、その背景には立派な理論的根拠があったと考えてよいでしょう。

❖ 太陽と月、火星、金星の色彩対応

惑星の外見的な特徴や運動パターン、そしてアリストテレ

スの四形質論を組み合わせ、七つの目に見える惑星の色彩対応をより詳細に検証してみましょう。

太陽は人間が直接感知できるほど強い熱を放射していることから、赤やオレンジ、黄色といった暖色系を支配するという意見で一致が見られます。アル＝ビールーニー（※11）の「ブロンズ」やウイリアム・リリー（※12）の「金色」等の記述は金属の光沢であり、厳密には色彩に分類されませんが、これも太陽のまばゆい光から類推されています。

月は地球に最も近い惑星であるため、海や河川から立ち上る湿気で潤った湿性の天体であると考えられました。温度は基本的には冷たとされますが、多少の熱と湿り気を持つ基本的には冷とされますが、多少の熱と湿り気を持っているものも考えられています。そして太陽に次ぐ明るさを持っているものの、その光は優しく、いつまでも眺めることができます。月の色相は寒色からやや中間色寄りで、明度の高いペール・カラー（※13）であるとされています。特に薄い緑（ペール・グリーン）や薄い青（ペール・ブルー）という意見が多く、他にも乳白色やシルバー・グレイといった微妙な濁りを持つホワイト系のカラーも記述されています。月はまた、高度や大気の状態によってさまざまな色に変化することから（※14）、アル＝ビールーニーは「赤、青、黄、混ざった色」と記述しており、ビルズ（※15）の『ルーラーシップ・ブック』では「虹色」と記述されています。

火星は太陽のすぐ隣に軌道があり、肉眼による観察でも赤く見えますから、やはり熱と乾の性質を持った惑星であり、ほぼあらゆる文献が赤、あるいは赤みがかった暖色を当てはめています。

金星も太陽に近い明るい天体ですが、火星のように赤くはなく、地球にもある程度近いことから、ほどよい熱と湿り気を持つ惑星だと考えられました。色彩に関しても、その美しい光と調和の取れた気質から、人間の心に美的な感動や心地よさを喚起するような色調が当てはめられています。文献を見るかぎり、金星と月が支配する色彩は、ペール・グリーンやミルキー・カラー等、高明度の淡色の領域でかなりの程度オーバーラップしているように思われます。しかし、ピンクや肌色、茶色といった意見もあることから、金星の色味は月よりも暖色寄りで、トーンも濃厚だと考えられていたことがわかります。金星はまた、純粋な白とする説がありますが、その由来が「天の宝石」と呼ばれるほど美しい白い光にあることはいうまでもありません（※16）。

リリーが述べている「茶色が混じった乳白色の空の色」を実際に見たい方は、俗に「明けの明星」や「宵の明星」（※17）と呼ばれる、金星が最も強い光を放つ時間帯に天を観察してください。濃紺の空と、地平線下から漏れる赤茶けた太陽の光との間には、確かにリリーが描写したような繊細で美しい色彩が現れます。

610

COLUMN 13　色彩と占星術　〔芳垣宗久〕

❖ 土星と木星、水星の色彩対応

土星は太陽（熱源）からも地球（水源）からも最も離れた冷／乾の性質を持つ惑星であり、暗い宇宙の最果てで鈍い光しか放っていないことから、その色彩は黒、あるいはそれに近い暗色という意見が定説となっています。また、現代の占星術家の中には、インディゴ（藍色）やネイビー・ブルーといった暗い青系の色帯に対応するという意見もあります。

木星は土星（極寒）と火星（灼熱）というマレフィック（凶星）の間に軌道があるため、結果的にほどよい温かさを持つと考えられ、人間に幸福をもたらすヴェネフィック（吉星）とされました。木星が紫（赤と藍の間）や黄緑色（黄と緑の間）といった、暖色と寒色の間に生まれる穏やかな中間色に対応させられた理由はそこにあります。明度に関しては、木星は比較的明るい惑星であることから、アル＝ビールーニーは「明るく輝く色」を支配すると述べている一方で、「灰色」（リリー）や「インディゴ」（ビルズ）といった冷暗色とする意見もあり、一見すると混乱しているように思われます。しかし、木星は土星のすぐ隣に軌道を持つ、いわば光と闇の世界の境界している惑星ですから、黒と白の中間である灰色や、有彩色の中でも最も黒に近い色相であるインディゴという説も成り立ちます。

水星は土星に次いで光が弱い惑星であるため、基本的にはグレー系の暗く濁った色彩に対応させられていますが、複数の色相や色調が入り混じった複雑なカラーを持つという説も古くから伝えられています。その微妙な色合いを、リリーは「野鳩の首のような色」と表現していますが、日本語で言うところの「玉虫色」[※18]がそれに該当すると考えてよいでしょう。これらの水星混合色説や多色説、あるいは色彩不明説は、惑星の中で最も頻繁に進行方向を変化させる、この惑星の複雑な運動パターンに由来があります[※19]。

天上を右往左往する豆のように小さい中性天体[※20]であり、接触した他の惑星やサインの性質に容易に同化してしまうと考えられました。そしてその色彩も、火星と重なれば赤く、月と接触すれば淡い緑という具合にコロコロと変色し、結果的に一言では表現し難い色彩に染まっていくというわけです。ビルズが収集した水星の色彩リストが、紫や黄色、オレンジ、青と混乱していることも、ある意味ではこの惑星のカメレオンのような性質を正しく表現しているといえるでしょう。

また、古典からモダンのテキストまで共通して現れる「空色と灰色が混じった色」という水星の記述は、日没直後に見られるくすんだ空の色を指しています。昼（陽）でも夜（陰）でもないその風景もまた、中性天体である水星に相応しいものと考えられたのです。

611

✣ 天王星の色彩対応

1781年の天王星の発見を皮切りに、1846年には海王星が、1930年には冥王星が発見され、近代の西洋占星術によって取り入れられてきました。しかし、それらの新惑星は、地球（水源）からも太陽（熱源、光源）からもはるかに離れた位置にあるため、肉眼による観察不可能な上、古典的な四形質論によってもその性質を定義することができません(※21)。そこで近代の占星術家は、各新惑星が発見された時代の国際情勢や科学的進歩、文化的な流行などを主な手がかりとして、そのシンボリズムの研究に着手したのでした。

天王星はフランス革命やアメリカの独立戦争といった市民革命、そして同時期に進行した産業革命の時代に発見されたことから、突発的な変化や自由への欲求、革新的なアイデア等のシンボルとされましたが、同時にこの惑星は、世界に新時代の到来を知らしめるような「新しい色彩」ももたらしています。

1789年、ドイツの化学者クラプロート(※22)は、ウラン鉱から元素としてのウランを発見し、その8年前に発見された天王星（Uranus）に因んで「ウラニウム」と命名しました。クラプロートのこの業績は、現代までに続く放射線の時代の幕開けを象徴する出来事ですが、人類がこの物質を大々的に利用した最初の用途は「蛍光剤」としてでした。暗闇で紫外線を当てられたウランが黄緑色の美しい光を発することが知られると、極微量のウランを加えたウランガラスの食器やアクセサリーが大量に製造され、19世紀のヨーロッパや米国で大流行したのです(※23)。

このウランカラーを始め、同じく19世紀に登場するネオンランプの色光、そしてそれらに類似した鮮やかな蛍光色は、工芸や技術の世界でエレクトリック・カラー（電気的な色彩）と呼ばれ、占星術でも天王星に対応する色とされるようになりました。

✣ 海王星と冥王星の色彩対応

海王星は、白、黒、モーブ(※24)、ディープ・ブラッド・レッド、さらにはディープ・トーンのカラー全般といった具合に、一見すると最も色彩対応が混乱している惑星に思われるでしょう。しかし、それは海王星が発見された19世紀が、それだけ豊かな色彩が出現した特別な時代であったことを物語っています。

19世紀は石油の大規模採掘と精製が始まり、その加工原料からガソリン、ワックス、溶媒、接着剤、プラスチック等の人工マテリアルがつぎつぎと創造された「化学の時代」でしたが、その影響は人間を取り巻く色彩の世界も一変させることとなったのです。

612

COLUMN 13　色彩と占星術　〔芳垣宗久〕

1856年、若き化学者ウイリアム・パーキン(※25)により史上初の合成染料モーブが発見され、天然の色材よりもはるかに安価で大量生産が可能だったため、その淡い紫色で染められたファッションが大流行しました。そして、パーキンの経済的な大成功に刺激された化学者たちが、新しい合成染料や合成顔料の開発でしのぎを削ったことから、19世紀末は色材の多色化が一気に進み、一般市民が使う織物や塗料などの日用品にも鮮やかな赤や青、緑などがふんだんに使用されるようになったのです(※26)。

ビルズが海王星の色彩リストに挙げているディープ・ヴァリューとは、天然の色材では実現できなかったそれらの人工色材の深く濃厚なトーンを指しています。また、海王星のホワイト説、そしてそれに相反するようなブラック説もまた、19世紀の流行色に由来があります。

19世紀前期には、ヨーロッパで漂白の技術(※27)が発展し、安価で質の高い白い布地が大量に市場に出回るようになりましたが、1840年にヴィクトリア英女王がアルバート公との結婚式で白いウェディング・ドレスを着用したことにより、一般市民の間でも白いファッションが大流行しました。同時代に普及した人工染料の鮮やかな有彩色と同様に、白はそれまでにない「新しい色」として認識されたのです。

19世紀はまた、特にその後期において、かつては喪服と見なされていた黒い服がシックなファッションとみなされ、ロンドンやパリの淑女たちの間で人気を博した上、すす汚れが目立たない色として労働者の作業着にも採用されるようになった時代でもありました。海王星に関連づけられた黒は、エレガンスと威厳を象徴するファッション・カラーであった と同時に、急速な工業化によって広がった環境汚染や、経済格差による労働者階級の抑圧なども象徴する多義的なシンボルだったといえるでしょう。

冥王星の色彩対応としては、20世紀の占星術家の間では黒、もしくはそれに近い黒褐色という意見がほぼ定説となっていますが、それは海王星のブラック説とはまた異なるニュアンスを持っています。

冥王星が発見された1930年代は、さまざまな国家でファシストが台頭し、未曾有の戦没者を出した第二次世界大戦へと突き進んだ時代に当たりますが、ファシストらは自分たちの力を示威する目的で黒、または褐色の軍服(※28)を好んで採用し、街では戦没者を弔う葬儀が連日のように行われ、黒い喪服(※29)を来た市民の姿も日常的な光景となりました。巨大化した支配者層の権力欲と暴力性、そして人々の死への恐怖の象徴として、黒はまさにこの時代のカラーであり、占星術的にも冥王星に最も相応しい色彩であると考えられたのです。

❖ 12サインの色彩対応

占星術の文献には、黄道12サインの色彩に関する記述も古くから見られます。

アル＝ビールーニーらの記述(※30)や、そのルーラー（支配惑星）の色彩と関連させた説などが混在しているように思われますが、著者により見解が著しく分かれているサインもあり、そこに惑星の色彩対応ほどの理論的整合性を見出すことは難しいと言わねばなりません。中には山羊座が「孔雀のような混色（ビールーニー）」であるとか、乙女座が「青い斑点のある黒」（リリー）とするなど、正直首を傾げたくなるような記述も見られます。

占星術が大衆化した20世紀には、牡牛座はパステル・カラー（金星の色）、射手座は紫（木星の色）など、各サインのルーラーの色彩対応をそのまま採用するというスタイルが一般化し、マスコミの太陽星座占い(※31)でも「ラッキー・カラー」として言及されるようになりましたが、シリアスな研究者の間では、この方法もまた「おまじない」程度の扱いしか受けていません。

その一方では、近代にはより理論的でシステマチックな12サインの色彩対応論も登場しています。それは、色相環(※32)と呼ばれる円環状の「色のものさし」を、同じく円環状のシ ンボルである黄道12サインに重ねるというアイデアです。

❖ 色相環と黄道12サインの照応

1666年、ニュートン(※33)はプリズムによる実験を行い、太陽の光は白色光であり、それが赤・橙・黄・緑・青・藍・菫の7色に分光できることを証明し、「宇宙にあるすべての色は、光によって構成され、それは人間の想像力には左右されない」と結論しました。

それから約144年後、ドイツの文豪で自然科学にも並々ならぬ関心を抱いていたゲーテ(※34)は、ニュートン派の物理的色彩論を徹底的に批判しましたが、「色は白と黒の間に生まれる」というアリストテレス以来の古典的色彩論(※35)を擁護するとして、人間の心理的・感覚的な反応にこそが色の本質であるとして、人間の心理的・感覚的な反応にこそが色の本質であるとして、ゲーテが『色彩論』(※36)で発表した色相環【図2】は、赤と緑、菫と黄、青と橙の3組の補色色相が対向位置に置かれています。同書ではまた、色彩の「アレゴリー的、象徴論、神秘的な適用」を暗示するものとして、色相環とギリシア医学の四体液説(※38)、そして人間の12種類の性格特性との関係を暗示した「気質の薔薇」【図3】という謎めいた図も掲載されていますが、ゲーテはその内容について具体的な解説を避けていますの(※39)。

614

COLUMN 13　色彩と占星術　〔芳垣宗久〕

【表3：サインの色彩対応】

サイン	アル=ビールーニー（11世紀）	ウイリアム・リリー（17世紀）	レックス・E・ビルズ（20世紀）
牡羊座	赤が混ざった白（淡いピンク色）	赤が混じった白	赤、炎のような色、色相環では赤
牡牛座	白、暗い茶	シトルリン（レモン色）が混じった白	パステルカラー、色相環では赤〜橙
双子座	緑が混ざった黄	赤が混じった白	ペール・ブルー、クリスタル・ブルー、バイオレット（菫）、色相環では橙
蟹座	スモーキーカラー（真っ黒ではないくすんだ色）	緑、もしくはラセット（あずき色）	青緑（ターコイズ）、緑、虹色、乳白色、色相環では橙〜黄
獅子座	白が混ざった赤（濃いピンク色）	赤、もしくはオレンジ	赤、オレンジ、色相環では黄
乙女座	白味がかった黄（レモン色）	青い斑点のある黒	クリムゾン・レッド（深紅色）、黄、色相環では緑
天秤座	黒みがかった白	黒かダーク・クリムゾン、もしくはトーニー・カラー（黄褐色）	深い青、ネイビー・ブルー、インディゴ、暗く曖昧な色、色相環では黄〜緑
蠍座	（記述なし）	茶色	暗色、怒張したような色、赤黒い血のような色、濁った赤、茶色、こげ茶色、色相環では緑〜青
射手座	赤みがかった色	黄色、もしくはグリーン・サンギン（やや緑みがかった茶色）（浅黒い茶）	オリーブ色、ペール・グリーン、黄色、紫、色相環では青
山羊座	孔雀のような混色	黒、もしくはラセット（あずき色）、黒	黒、こげ茶色、灰色、活気のない色、暗いトーン、色相環では青〜菫
水瓶座	黄	青い空の色（スカイブルー）	エレクトリック・ブルー、スカイ・ブルー、群青色、色相環では菫
魚座	白	白く輝く色	緑、ターコイズ、ディープ・ヴァリュー、白、色相環では菫〜赤

ゲーテの色彩論は結局科学とはみなされませんでしたが、その精神と主張は後世の哲学者や心理学者、芸術家、そして神秘学者らによって再評価され、それぞれの分野で研究が受け継がれました(※40)。

19世紀末に興った隠秘学結社ゴールデン・ドーン(※41)が用いたカラー・ゾディアック(色獣帯)とでも呼ぶべき図像【図1】も、明らかにその流れを汲んでおり、ゲーテの色相環の六つの基本色と、それらの間に生まれる六つの混色が、黄道の12サインに直接的に対応するとしています。大変理に適ったものであることを検証していきましょう。

まずこのシステムでは、「一次色」と呼ばれる赤・黄・青の3つの原色(※42)が、火のエレメントに属する三つのサインに対応するとされています。有彩色で最も強い印象のある赤は春の始まりである牡羊座に、最も明度の高い黄は夏の盛りである獅子座に、寒色で明度も低い青は秋から冬へ向かう射手座に相当する、という構成です。

空気のサインは、その前後にある二つの火のサインの色彩がブレンドされた「二次色」と呼ばれるグループに当たります。例えば双子座は、牡羊座(赤)と獅子座(黄)の中間に位置するため、これらを混色した橙(オレンジ色)となります。そして、残りの土と水のサインを、すぐ隣に接する火と空気のサインの色が交じり合った混色(三次色)に染めることに

より、黄道全体への色相環の投影が完成します。

色相環は暖色から寒色へ、そして再び暖色へと回帰する「無限の色のループ」を形成していますが、これは12サインが示す太陽年のサイクル、つまり四季の変化による寒暖、あるいは明暗の変化と見事に一致しています。また、対向に位置するサイン同士は、牡羊座(赤)と天秤座(緑)や獅子座(黄)と水瓶座(菫)といったように、ゲーテが『色彩論』で論じた補色の関係となっていることも興味深い事実です。色相環と12サインは、永久に循環し続ける時間の概念だけでなく空間的な不動をもたらす幾何学的な原理も内包したマクロコスモス(全体性)の表象なのです。

このカラー・ゾディアックは、マンリー・P・ホール(※43)やビルズのルーラーシップ・ブックでも紹介され、サインと色彩をリンクさせる最も近代的で説得力のある理論として、20世紀の占星術家の間で一定の支持を得ています。デザイナーにして占星術家でもあるA・T・マン(※44)もその一人で、彼の著書『占星術の円環の芸術』(The Round Art of Astrology)を紐解けば、この理論に基づいて彩色された美しいホロスコープを見ることができるでしょう。

「多種多様な色彩現象をその種々の異なる段階に固定し、並列したまま眺めると全体性が生ずる。この全体性は眼にとって調和そのものである。色相環はわれわれの眼前に出現し、

616

COLUMN 13　色彩と占星術　〔芳垣宗久〕

【図1：カラー・ゾディアック】
※巻頭口絵参照

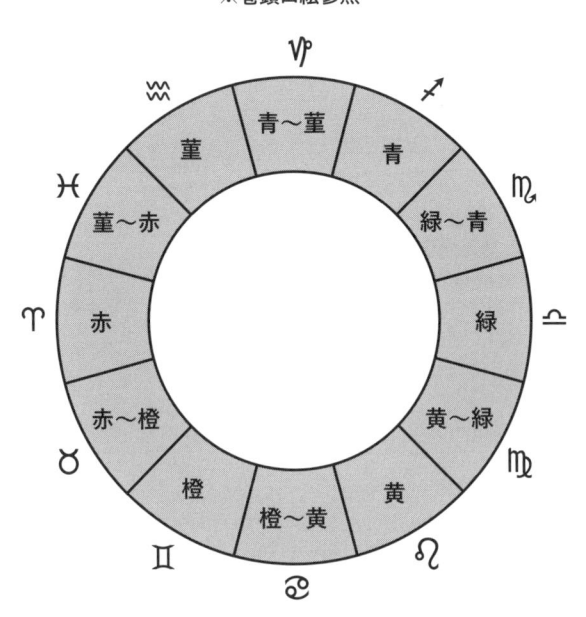

「生成変化の多種多様な関係はいまや明瞭となる。」（ゲーテ『色彩論』より）

【図2：ゲーテの色相環】

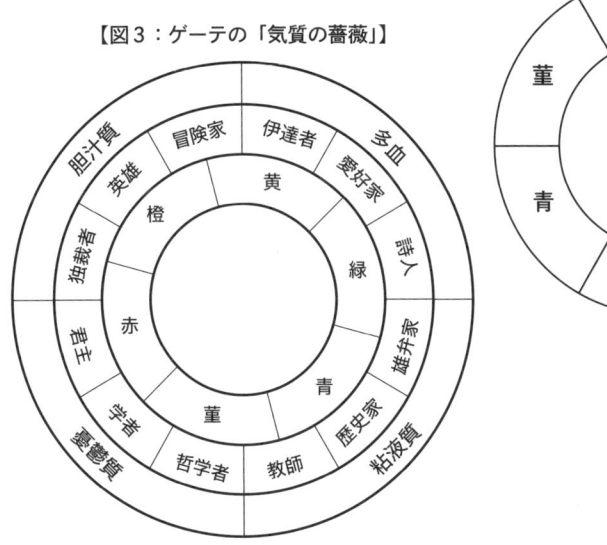

【図3：ゲーテの「気質の薔薇」】

【参考文献】

『色彩論【完訳版】』 ヨーハン・ヴォルフガング・フォン・ゲーテ（著）、工作舎
『図説 虹の文化史』 杉山久仁彦（著）、河出書房新社
『光学』 アイザック・ニュートン（著）、島尾永康（訳）、岩波文庫
『色彩心理学入門―ニュートンとゲーテの流れを追って』大山正（著）、中公新書
『色彩の本質・色彩の秘密(全訳)』 ルドルフ・シュタイナー（著）、西川隆範（訳）、イザラ書房
『色彩の魔力』 浜本隆志、伊藤誠宏（著）、明石書店
『黒の文化史』 ジョン・ハーヴェイ（著）、富岡由美（訳）、東洋書林
Ptolemy, Tetrabiblos
Al-Biruni, Book of Instructions in the Elements of the Art of Astrology
William Lilly, Christian Astrology, Books 1 & 2
Manly P. Hall, Astrological Keywords
Rex E. Bills, (*The Rulership Book*) A Directory of Astrological Correspondences
A. T. Mann, (*The Round Art of Astrology*) An Illustrated Guide to Theory and Practice

脚注

※1 ジェフ・メイヨ（Jeff Mayo, 1921年～1998年）：英国の占星術家。1973年に占星術の教育機関メイヨ・スクールを創設。多くの後進を育成した。

※2 ルーラーシップ（Rulership）：人間の精神活動や地球上の物質的な環境、あるいは事象等に対する惑星やサインの支配権。例えば金星は愛と美を支配する惑星であるため、恋愛感情や芸術的な才能、ジュエリー、花、パーティーといった事物と関連し、それらをコントロールする力を持つと考えられる。

※3 アリストテレス（Aristoteles, 前384～前322年）：古代ギリシアの哲学者。ソクラテス、プラトンとともに西洋最大の哲学者の一人とされ、その多岐にわたる自然研究の成果は西洋占星術の理論的な支柱となった。

※4 クラウディオス・プトレマイオス（Claudius Ptolemaeus, 83年頃～168年頃）：古代ローマの天文学者、数学者、地理学者、占星術師。エジプトのアレクサンドリアで活動。著書『アルマゲスト』で天動説を唱えたほか、『テトラビブロス』は占星術の古典として知られる。

※5 色相（hue）：赤、黄、緑、青、紫といった色の様相。色合い、色味のこと。

※6 暖色：色彩の人間に対する心理効果として暖かい感じを与える色の総称。一般的には赤紫・赤・橙（オレンジ）・黄などが暖色系に分類される。

※7 寒色：冷色とも呼ばれ、心理的に寒い感じを与える色の総称。青緑・青・青紫等の青みの多い色相が寒色系に入る。

※8 彩度：色の「鮮やかさ」。純度。色は彩度が高いほど派手で目立ち、低いほどくすんで地味な印象となる。

618

COLUMN 13　色彩と占星術　〔芳垣宗久〕

※9　明度：色の持つ明るさ・暗さの度合。惑星の見かけ上の明るさ（実視等級）は、太陽（−26.7）、月（−12.7）、金星（−4.7）、火星（−3.0）、木星（−2.9）、水星（−2.0）、土星（0.4）の順である。（括弧内の数値が小さいほど明るい天体であることを示す。）

※10　アル＝ビールーニー（Al-Biruni, 973年〜1048年）：11世紀のイスラム世界を代表する知識人。数学者、天文学、哲学、薬学、歴史、言語学等に通じ、『占星術の原理に関する教本』（The Book of Instruction in the Elements of the Art of Astrology）ではサインや惑星のルーラーシップについても詳述している。

※11　ウイリアム・リリー（William Lilly, 1602年〜1681年）：17世紀の英国で活躍した占星術家。1647年に出版した『キリスト教占星術』（Christian Astrology）は、それまでラテン語等の古語でしか伝えられていなかった占星術の知識を初めて英語で公にしたもので、近代における占星術の普及に大きく貢献した。

※12　ペール・カラー：白味がかった淡い色。

※13　大気によって最も散乱しやすい光は短波長の光（青〜紫）である

※14　ため、月が地平線近くにあり、月光が通過する大気の層が長くなる時は、地上には長波長の光（赤〜黄）が多く届くようになる。また、人間の視細胞には明所では赤に、暗所では青に反応しやすくなるという性質があるため、夜間に月に照らされた風景では青が目立って感じられる傾向がある（プルキニエ現象）。

※15　レックス・E・ビルズ（Rex E. Bills）：米国の占星術家。60年代に占星術のルーラーシップを調査するプロジェクトを実行し、その成果を集大成した『ルーラーシップ・ブック』（The Rulership Book）を1971年に出版した。

※16　古代中国でも金星は太白と呼ばれ、最も白い惑星とみなされていた。

※17　太陽の西方最大離角（約40度）にある頃の明け方に観察できる金星が「明けの明星」、東方最大離角にある時の日没後に見られる金星が「宵の明星」である。

※18　玉虫色：光の干渉によって色調が変化する染色や織色。金星は玉虫色に近いことから、どちらつかずの状態のことを慣用句的に「玉虫色の〜」と呼ぶことがある。

※19　太陽と月以外の惑星は黄道上を逆行をすることがあるが、その頻度は水星が最も多く、1年の内に3回の逆行期間がある。

※20　惑星は男性天体（太陽、火星、木星、土星）と女性天体（月、金星）に分類されるが、水星はどちらにも属さない中性天体とされている。

※21　あえて四形質論で考えるなら、土星よりも地球（水源）や太陽（光源・熱源）から離れているトランスサタニアン（土星外惑星）はすべて冷/乾の気質を持つことになる。

※22　マルティン・ハインリヒ・クラプロート（Martin Heinrich Klaproth, 1743年〜1817年）：ドイツの化学者。ウラン、ジルコニウム、セリウムの発見者で、これらの元素の命名者になっている。

※23　ウランが原子力に利用されるようになった1940年代以降は民間でウランを扱うことが難しくなったため、ウランガラスを使った新たな工芸品は極少量しか生産されていない。現存するウランガラスはアンティークとして高値で取引されている。

※24　モーブ（mauve）：薄く灰色がかったやや青みの強い紫色。ビクトリア女王がモーブで染められたドレスを愛用したことからビクトリアン・バイオレットとも呼ばれる。

※25　ウィリアム・ヘンリー・パーキン（Sir William Henry Perkin, 1838年〜1907年）：英国の化学者。マラリアの特効薬である合成キニーネ剤を開発する過程で、人工染料モーブを偶然に

619

※26 19世紀に登場した化学染料には、主なものだけでもマジェンダ（1857年）、メチルバイオレット（1861年）、ビスマルク・ブラウン（1862年）、アリニン・ブラック（1863年）、メチル・ブルー（1876年）、マラカイト・グリーン（1877年）、合成インディゴ（1878年）などが挙げられる。

※27 1799年のチャールズ・テナント（英）が晒粉（次亜塩素酸カルシウム）を発明したことにより、木綿繊維の漂白期間は著しく短縮された。

※28 イタリアのムッソリーニの配下にあった民兵組織・国家義勇軍は、その制服の色から「黒シャツ隊」と呼ばれていた。ナチスではヒトラー総統の礼服や突撃隊の制服は褐色で、党本部は「褐色館」と呼ばれ、親衛隊（SS）の制服は全身黒尽くめであった。日本では戦前までは白い喪服が一般的だったが、第二次世界大戦中から戦死者を送る葬儀が激増したため、貸衣装店で汚れが目立ちにくい黒い喪服が貸し出されるようになり、戦後はそれが定着したといわれる。

※29 火のサインは熱と乾、土のサインは冷と乾、空気のサインは熱と湿、水のサインは冷と湿の性質を持つ。また、それらが属する四つの季節にも気質があり、春は熱と湿、夏は熱と乾、秋は冷と乾、冬は冷と湿とされている。

※30 太陽星座占い（Sun sign astrology）：出生時の太陽が位置するサインのみで性格や相性、運勢等を占う簡略版の占星術。1930年代以降に欧米の新聞や雑誌等のコンテンツとして流行し、現在でもさまざまな媒体で人気を博している。

※31 色相環（color circle）：さまざまな色相を順序立てて円環にして並べたもの。芸術やデザインの分野で色彩の混合や配色を理論的に行うために使用される。

※32

※33 アイザック・ニュートン（Isaac Newton, 1642年～1727年）：英国の自然哲学者。数学者、近代物理学の基礎となったニュートン力学を確立し、近代科学文明の成立に貢献した一方で、錬金術や聖書の研究にも没頭し、オカルトに関する著作も残している。

※34 ヨハン・ヴォルフガング・フォン・ゲーテ（Johann Wolfgang von Goethe, 1749年～1832年）：ドイツの作家、自然科学者、政治家、法律家。文学では小説『若きウェルテルの悩み』や詩劇『ファウスト』などで知られる他、解剖学、植物学、地質学、光学などの自然科学関連の著作・研究も多数残している。

※35 アリストテレスは、闇は光の欠如ではなく、光とは独立して存在するものと考え、すべての有彩色は白（光）と黒（闇）の混淆によって生まれると唱えた。

※36 『色彩論』（Zur Farbenlehre）：ゲーテが20年の歳月をかけて執筆した大著。教示篇・論争篇・歴史篇の三部構成からなり、教示篇ではゲーテ自身の色彩論を展開し、論争篇でニュートンの色彩論を批判し、歴史篇で古代ギリシアから18世紀後半までの色彩論の歴史をたどっている。

※37 ゲーテは「白い紙の上に鮮やかな色紙を掲げ、じっと見てこれを取り去ると、そこに対立した色が生じる」「黄は菫を、橙は青を、深紅は緑を互いに呼び起こす」と記述しているが、これらは補色残像と呼ばれる生理現象であり、ゲーテの色彩調和論の基本となっている。

※38 四体液説：人間の身体には「血液、粘液、黄胆汁、黒胆汁」の4種類の体液が存在し、その調和によって身体と精神の健康が保たれ、バランスが崩れると病気になるとする古代ギリシア医学の説。

※39 この「気質の薔薇」は、アリストテレスの哲学、錬金術、占星術等の知識を融合させたゲーテ色彩論のエッセンスであると考えられるが、自らの色彩論を非科学的なものとされることを恐れてか、

COLUMN 13　色彩と占星術　〔芳垣宗久〕

ゲーテはそれらの関係を暗示するにとどめている。

※40　20世紀では化学者のオスワルト（1858年〜1932年）、人智学者ルドルフ・シュタイナー（1861年〜1925年）、芸術家のヨハネス・イッテン（1888年〜1967年）などがゲーテの色彩研究の系譜に属している。

※41　ゴールデン・ドーン（The Hermetic Order of the Golden Dawn）：1888年に英国で設立されたオカルト団体で、最盛期には100名以上の団員を擁したが、1903年頃までには内紛により3結社に分裂。日本では黄金の夜明け団とも呼ばれる。カバラや神智学、錬金術、各種の占い等が習合したその教義では、色彩の持つ魔術的なパワーが重要視されており、主要メンバーの一人であったアーサー・エドワード・ウェイトが作成したタロット・カード（ライダー版）にもその理論が反映されている。

※42　原色（primary colors）：混合することであらゆる種類の色を生み出せる、互いに独立な色の組み合わせのこと。原色には色彩を認識する方法や利用目的により、光の三原色（赤・緑・青）、インクの三原色（シアン・マゼンタ・イエロー）、さらには心理四原色（赤、黄、緑、青）といったさまざまな組み合わせがある。カラー・ゾディアックが基準とする原色は芸術家の間で伝統的に用いられていた赤・黄・青の三つで、これは光学やカラー印刷の理論とは一致しないドグマ的なものであるが、その流れを汲む色相環は現代の絵画やデザインの世界でも使用されている。

※43　マンリー・P・ホール（Manly Palmer Hall, 1901年〜1990年）：カナダ出身の著述家、神秘学者。オカルトに関する多数の著書を出版し、惑星やサインのルーラーシップを収集した『占星術の鍵言葉』（Astrological Keywords）はレックス・E・ビルズの『ルーラーシップの本』にも影響を与えた。

※44　A・T・マン（A.T.Mann, 1943年〜）：米国の占星術家、建築家、デザイナー。占星術と神聖建築に関する研究で知られ、芸術とスピリチュアリティー、心理学、生物学等をクロスさせたユニークな宇宙論を展開している。

COLUMN 14

占い現場における占星術

ラクシュミー

❖ 現場とは

よく新聞は「インテリが作ってヤクザが売る」といわれるようなことがありますが、占星術についても似たことがいえるかもしれません。いろいろな勉強の結果、それを生かしたいと思ってもまず最初に使える場所は怪しい占いハウスであることがほとんどです。

そこでは誰も占星術でのリーディングを求めていません。ただ目の前の悩みともやもやが晴れることを期待して質問者はやってきます。

その人たちに世界で一つだけのホロスコープが心理的アプローチといっても全く言葉が心に届くことはないでしょう。

また当たることが目的ではないという考えもありますが、現場でははっきり当たることが求められます。当たらなくてもよいといえるのはセッションの精度以外のものを提供できる場合のみです。よく考えてみれば自分が占星術に関心を持ったのも、自分の心理状態や状況にぴたっと当てはまることに感動したからであり、それが全く的外れであったなら

ば占星術書を手に取ることもなかったでしょう。

3日後に南方向の駅で財布を拾うというようなことを当てるのが目的ではありません。しかし、その人にとって大事なことを聞いてもらうための信頼関係を作るには、当てることがとても大事です。有名大学を出た偉い先生のそのステイタスと心理テクニックだけに対して、クライアントが最初からひれふしている状態を作ることをマネするべきではありません。山羊座視点から離れてホロスコープを読むことが読み手と質問者双方の12サイン意識を発達させることであり、その意味からすると怪しい占いハウスにも存在価値はそれなりにあります。

❖ 出生時間がわからない

占い現場にいきなりやってきた質問者は、出生時間を尋ねてもわからないケースがほとんどです。また自分のものはわかっても、相性を見てほしい相手の詳細なデータまでは把握していないことが多いでしょう。

COLUMN 14　占い現場における占星術 〔ラクシュミー〕

現実問題としては、夕方くらい、とか夜中らしいというアバウトな答えもたくさんあります。ハウスシステムをきっちり使う場合はあやふやな出生時刻を採用できません。しかし後述するように現場では月のサインがとても重要になりますので、どんなに適当な情報でも考慮に入れた方がよいでしょう。

ハウスシステム

出生時刻不明の場合、ソーラーサインチャートにしてハウスを読むことは、簡単な手法として知られていますが、現場ではほぼ使うことがありません。

なぜなら、ソーラーサインチャートである以上質問者が太陽を自覚していることが必要最低条件になります。しかし占いハウスを訪れる人たちはそもそも自分の太陽を見失いかけているからこそ、その場所に足を向けお金を払ってもやもやを払おうとしているのです。

そういった人たちに無理やり太陽ありきの話をしても全くチューニングが合わないでしょう。

月のサイン

次に月のサインが不明になりやすい点を悩まれる方が多いでしょう。出生時刻がわからない場合は正午でチャートを仮に作る方法が浸透しています。1日の真ん中が正午なので、どちらに振れても誤差が一番少ないからです。しかし正午でチャートを作って月のサインがサインの最終に近い度数の場合は次のサインの可能性も高いと思わねばなりませんし、逆にサインの初頭であるならば前のサインの最終度域である可能性もあります。

現場では、相手から聞き出すことや推理に使っている時間はありません。

まずトランジット模様からどこに影響を受けているのかという推理はできます。

また、サインの連続性の意味づけから、ワードを編み出すこともできるでしょう。

どのようなリーディングでも、相似性と相違性を比較することによって対象がくっきり浮かび上がってきます。

次頁の表を参照してください。

サイン	共通点	相違点	数秘的関連性
牡羊↔牡牛	●純粋で単純な感じ ▲周囲を考慮に入れることができない	抽象性 VS 具体性	1−2
牡牛↔双子	●可能性の拡大 ▲自己の欲求に忠実	集中 VS 拡散	2−3
双子↔蟹	●他者からの影響をすなおに受ける ▲慎重でない	好奇心 VS 共感	3−4
蟹↔獅子	●品位の良さ ▲打たれ弱い	同質 VS 異質	4−5
獅子↔乙女	●汚れを知らない ▲プライドが邪魔をする	分を知らないこと VS 分を知ること	5−6
乙女↔天秤	●常識的な判断力 ▲人目を気にする	周囲にNOと言われないため VS YESと言われるため	6−7
天秤↔蠍	●人を惹きつける魅力 ▲巻き込まれやすい	広く浅く VS 深く狭く	7−8
蠍↔射手	●浅くないものを目指す ●ここじゃないものを見ている	深さ VS 高さ	8−9
射手↔山羊	●発展への志向 ●基盤を軽視する	精神 VS 実務	9−10
山羊↔水瓶	●公共意識 ▲構造へのこだわり	保守 VS 革新	10−11
水瓶↔魚	●常識にこだわらない ▲非現実的	識別 VS 混同	11−12
魚↔牡羊	●純粋さ ●子供っぽすぎる	終わり VS はじまり	12−1

COLUMN 14　占い現場における占星術　〔ラクシュミー〕

当日のコンディション

またなぜ彼らが思い立って足を運ぼうと思ったのかに意識を沿わせることが必要です。それは火星と月の影響がほとんどでしょう。トランジットの火星は焦燥感を人に与えます。イライラしているかもしれませんし、行動したいという意欲が湧いてきているかもしれません。トランジットの月は気分の傾向です。その日の月と火星のコンディションから影響を受けやすいチャートを持っているはずであることが推測できるので、そこから月のサインやアスペクトを考えることもあります。

オーブ

月のアスペクトについては度数が決定できない以上、通常採用しているオーブを使うことができません。ほぼサイン対サインのイメージで取ることになるでしょう。タイトだと行動的影響、ワイドだと精神的影響というふうに解釈するのが一般的です。しかし月に関してはそもそもが受動天体で他からの影響を受けやすいためオーブを拡大して解釈することは可能です。また、サインをまたぐかもしれないアスペクトについては、またがないものより弱めにはなるが、確実に影響はあると思います。

✦ 惑星

次に意識したい点は年齢域の考慮とトランスサタニアンの考慮です。実践リーディングを矮小化せず、なおかつ大げさになりすぎず質問者の状態に沿ってチャートを読むためにはこの2本の芯が必要になります。

年齢域

読み手の年齢域と似た質問者ばかりが来るわけではありません。特に金星期の質問者が「今日彼から連絡が来るかだけが知りたいと思っているのに「そんなことは気にするな3年後に大きな出会いがある」と言ってもスパンが長すぎて理解してもらえないでしょう。読み手が経験してきた人生の中でその類の問題が取るに足らないものだと感じていたとしても、質問者の時間感覚を無視していては言葉が届きません。質問者の時間感覚すなわち年齢域に対応する惑星の公転周期になるでしょう。

トランスサタニアン

初学者の陥りやすいわなとしてトランスサタニアンを恐れすぎて脅しのようなリーディングになってしまうことがあります。現場に出てたくさんのチャートを読んでみると、見えないものの影響が全く出ていない人もたくさんいることを経

験するでしょう。ネイタルのコンディションでいうと、トランスサタニアンの影響の強く出たチャート（個人惑星とのタイトなコンジャンクションおよびスクエア、オポジション）を持っている人は日常的に影響を受けすぎていてそれを意識できていないかもしれません。またトランスサタニアンがイージーアスペクトばかりの人も、そもそも常に補強されているため何かが起こってもかすり傷程度にしか思わないこともあるでしょう。

✦ ハウス解釈

ハウスのリーディングについては現場に出た時の最初のハードルのようなものかもしれません。現象面を具体的に扱うことになるため読み手のセンスが硬直しやすいパートだといえるでしょう。また独学で占星術を学んだ人の限界がハウス解釈と未来予知だと感じることが多いです。

12ハウスは凶か

トランスサタニアンが意識化できていない質問者でも、12ハウスについては「問題がある」と認識していることが多いです。それはハウスが具体的な場を表すものであるため、物理的な支障があるという不条理というかたちでの自覚です。他のハウスであるならば支障の理由がわかるが12ハウス起因の問題

は理由がよく見えてこないため、不幸とか不運とかいう表現になりやすいでしょう。

しかし物質的な面だけでものごとを見ている質問者に、意識の広がりの無限の可能性をわかってもらうことはセッションにおける最大の目的だといっても過言ではありません。12ハウスのリーディングには時間をかけた方がよいでしょう。

4ハウス10ハウスの読み替え

4ハウスが母で10ハウスが父と読んだ方がドメスティックな問題には対応しやすいでしょう。特に民族問題や家族問題などを考える時は母系的基盤が重要視されています。欧米の価値観を持ち込みすぎても、ウェットな日本にはそぐわないケースが多いです。

OLにとっての10ハウス／主婦にとっての10ハウス

自己承認欲求は10ハウスでリーディングすることが可能ですが、必ずしもそこを目指さなくても4ハウス的達成を考えるというスタイルもあると思います。インド占星術的に4ハウスを強く読むやり方は、これからの日本の高齢化社会を考える時、かなり有効だと感じています。

COLUMN 14　占い現場における占星術　〔ラクシュミー〕

よくある質問

現場でよくある質問は

- いつ結婚できますか
- 相性
- 適職
- 金運

あたりが多いのではないでしょうか。

● 結婚の時期

これは外的要因と内的要因が密接にリンクする問題です。

「出会い」と「こころの準備完了」を読むためにはトランジットとプログレス、両方の大きなインパクトが重なる時期に着目しています。また7ハウスよりは8ハウス関連で出来事が起こるケースが多いと思います。実際問題は「結婚相手と出会う時期」「結婚が決まる時期」「結婚する（籍を入れる、一緒に住む、式をあげるのどれか一つ）時期」の中では「結婚が決まる時期」が一番大事なので、そこに集中して読んだ方がよいでしょう。

● 相性

パワーバランスを知ってもらうということ、相手のキャラを理解してもらうという2点が大事だと思います。パワーバランスについてはアスペクトの深い理解が必要です。ただし、これは芸能人やスポーツ選手などを例にとって考えやすい分野ではあります。たくさん相性チャートを読めば読むほどわかりやすくなるでしょう。相手のキャラの理解については、アフリクトを考慮に入れず、シンプルに火星のサインどうしや月のサインどうしで比較して説明した方が質問者にわかりやすいです。

● 職業

現場で戸惑うテーマの一つです。教科書には功成り名遂げた人のサンプルが多いでしょうし、占星術講座で取り上げられるものは関心にかたよりがある人たちが多いため、地味な仕事を地味にしている人たちのチャートの強弱が上手く腑に落ちないかもしれません。やはりこれは数をこなすことで自分なりのアベレージが見えてくるでしょう。また適職については1枚のチャートで最低三つは挙げられるように練習した方がよいのです。

太陽＝人生の方向性
水星＝技術
金星＝楽しみとお金もうけ
火星＝やる気

なので、何を使って仕事をするかはその人の選択です。選択肢が一つしかないのは寂しいので、バリエーション豊かに伝えてあげましょう。それが就職難の世相の中では自分なりの保険と安心につながると思います。

● 金運

特に大きな問題でなくても、みんないちおう聞いて帰ろうとするテーマです。質問者的には稼いで入ってくるのは当たり前なので「大きな出費で困らないか」とか「濡れ手で粟の入金はないか」ということをオプション的に知りたいケースのほうが多いです。とすると2ハウスよりも8ハウスをじっくり読んだ方がよいでしょう。

❖ おわりに

鑑定現場で出てきやすい問題をまとめてみました。ある程度の緊張感を持って、たくさんのチャートを読むにはやはり最初は現場に出た方がいいと思います。理想と現実のギャップに悩むその体験こそが、チャートを深く楽しく読むために必要なことでしょう。

628

COLUMN 15 バースコントロール占星術 〔リマーナすず〕

受胎のための占星術はとてもシンプルです。

使用するものは太陽・月・ノード・ASC−DSC、MC−ICのみ。受胎に関わる星回りは他にもたくさんありますが太陽・月・ノード・ASC−DSC、MC−ICが関わりを持たないケースを私はまだ見たことがありません。太陽・月は命を育む力そのもの、ノードは輪廻する魂の通り道。始まりも終わりもない宇宙の中で私たちはぐるぐる命をつないで存在しています。そこに地球の座標軸であるASC−DSC、MC−ICが関わることによって千差万別の境遇が発生します。

しかしホロスコープで見る受胎の時期はいくつもの周期が大きな円を描きながら同期を取っています。大局的な受胎サイクルを見るポイントで一番速く動くのはトランジットのノード、次にセカンダリープログレッションの月です。月に関わることはスキップできません。ゆっくりと着実に進んでいきます。子供を待ち望む人の多くはとても焦っています。少しでも早く子供が欲しい、という気持ちはよくわかります。しかし子供の方でもこの星のもとにしか生まれて来ようがない、という瞬間があります。時が満ちるのを待たなくてはなりません。

ステップ1 大局的な受胎サイクルを把握する

子供は簡単にできるものと思っている人は多いものです。しかし大局的なサイクルでの授かり時は必ずあります。35歳から妊娠しづらくなり、40歳ではさらに難しくなるなど妊娠や出産は直線的な時間で語られます。たしかに高齢になるほど難しいのが出産の現実です。

使用するもの
- ●トランジットのノード
- ●出生図の太陽、月、ノード、ASC-DSC、MC-IC
- ●進行の太陽、進行の月、進行のノード

太陽、ノードの進行法はソーラーアーク、1度1年法のどちらでも可。月はセカンダリープログレッション（1日1年

伝統法）を使用します。StargazerのCPS機能が便利です。

大局的な受胎サイクルのチェックポイント

□ トランジットのノードが出生の太陽・月・ノード・ASC−DSC、MC−ICのあるサインを運行する時期
□ トランジットのノードが進行の太陽・月のあるサインを運行する時期
□ 進行のノードが出生の太陽、月、ASC−DSC、MC−ICに近づいている時期
□ 進行のノードが進行の太陽、月に近づいている時期
□ 進行の太陽が出生の太陽や月やノードに近づいている時期
□ 進行の太陽が出生の月やノードと同じサインを運行する時期
□ 進行の太陽と月がASC−DSC、MC−ICに近づいている時期
□ 進行の月か進行のノードと同じサインを運行する時期
□ 進行の太陽と月が出生の太陽と月に対して180度、0度、90度、120度、60度を形成する時期
□ 進行の太陽と月どうしが180度、0度、90度、120度、60度を形成する時期

これらの天体配置がさまざまなバリエーションで組み合わさる時期に注目します。

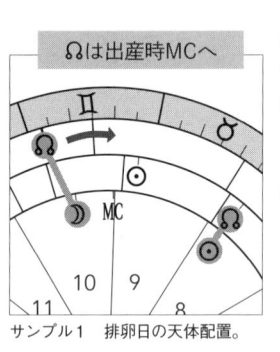

サンプル1　排卵日の天体配置。（♌は出産時MCへ）

受胎・出産の星回りは遺伝することがあります。母親があなたを産んだ時や妊娠期間中の天体配置を遡って調べてみてください。最初にノードと天体の組み合わせを見ます。バリエーションとして、月や太陽と他の天体との組み合わせ、ノードとの組み合わせに変化したり、その逆もあります。

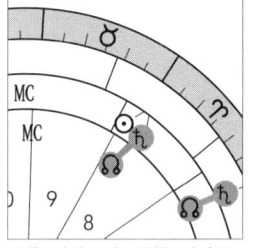

子供の出生日時、母親の出生日時、祖母（母方）の出生日時の3重円。内円…子供／中円…母親／外円…祖母

630

COLUMN 15　バースコントロール占星術　〔リマーナすず〕

ノードと土星の組み合わせが繰り返されています。子供は男女の間で授かるものなので、チャートを合わせるとさらに特徴が出ます。

夫婦の受胎サイクルの同期。東尾理子さんと石田純一さんの5重円（時間不明なので出生の月は最大で6度ずれます）。外円は第一子出産日時。※トランジットのノードは妊娠期間である約40週の間に15度〜16度逆行します。セカンダリープログレッションの月は9度〜10度程度進みます。

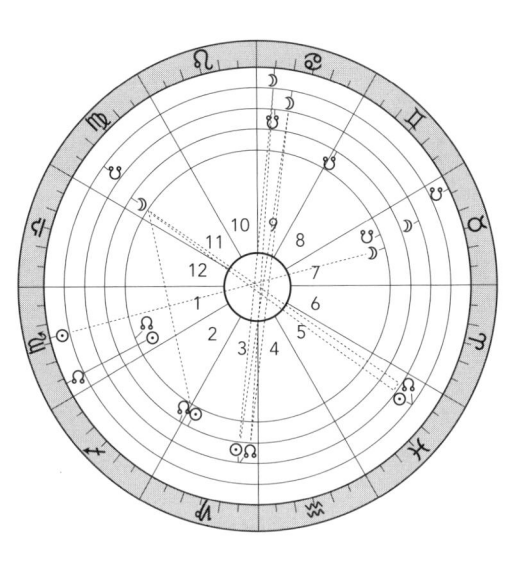

出産日時から受精日付近の天体配置を遡って調べることが可能です。また受精日から出産予定日のおおよその天体配置を予測することができます。

ステップ2　受胎しやすい排卵周期を見つける

大局的な受胎サイクルを把握したら次は卵巣の周期と天体の周期のリンクを探します。

（1）トランジットの新月をチェックする

出生、進行の太陽や月、ノードの上で新月が起きる排卵周期の受胎は頻出するパターン。日蝕になる場合は影響力が長いと考えます。

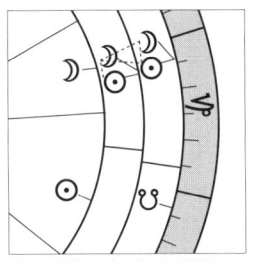

月とp新月の上で起きる新月。この排卵周期で妊娠・出産。直前の新月は日蝕でn太陽の上で起きています。

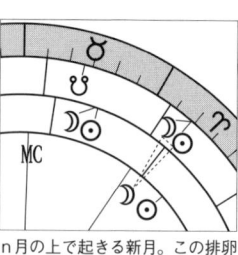

(2) 月相再置（NATAL ANGLE RECURRENCE）をチェックする

月相再置とは出生図の太陽─月の角度が再現されるタイミングのこと。

産婦人科医で占星家であった旧チェコのジョナス博士によって提唱された受精が起きやすいタイミングで、毎月30度ずつ異動します。人はセックスするしないに関わらず、約28

日周期で排卵が起きますが、月相再置の時は人にも交尾排卵が起きやすいと考えられています。

現代人は性衝動を抑圧しているので哺乳動物の雌のように発情し交尾排卵によって妊娠するのは難しいかもしれません。

しかし妊娠を望んでいるなら月相再置のタイミングを試すとよいでしょう。実際、この配置で妊娠する人は多いです。

月相再置のオーブは12度〜13度、約24時間。卵子の生存期間も約24時間です。FRANCESCA NAISH は著書「THE LUNAR CYCLE」で精子の寿命3日＋月相再置1日の4日間を妊娠しやすい期間であるとし、月相再置の前の24時間が最も妊娠しやすい時間であると述べています。

私自身も自然排卵の周期と月相再置と排卵直後の月相配置がリンクするかをまず探します。受胎は性交→排卵→受精→着床の流れ。月相再置が排卵日とずれていても、妊娠・出産の機運が来ている時は前後に受胎の兆しが現れています。

月相再置はStargazerではプログラムメニュー3重円→出生データ選択→ツールバー経過円→月相→月相再置で出せます。

特別な月相再置の年があります。太陽回帰と月回帰がほぼ同時に起きる月相再置です。妊娠・出産の時期表示になります。受胎以外では結婚や重要な出会いなどもあります。正確に合になっていなくても、月相再置の太陽と月が出生

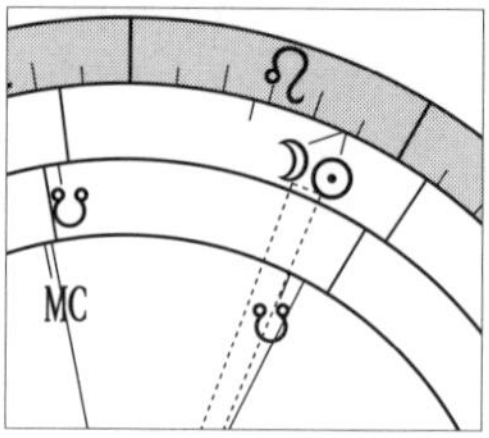

nノードの上で起きる新月。この排卵周期で妊娠・出産します。

n月の上で起きる新月。この排卵周期で妊娠・出産。次の新月は日蝕でp新月付近。

COLUMN 15　バースコントロール占星術　〔リマーナすず〕

の太陽と月と同じサインに入っていれば効力があります。
また月相再置と進行太陽回帰、個人新月、進行月回帰などの組み合わせもよく見られます。

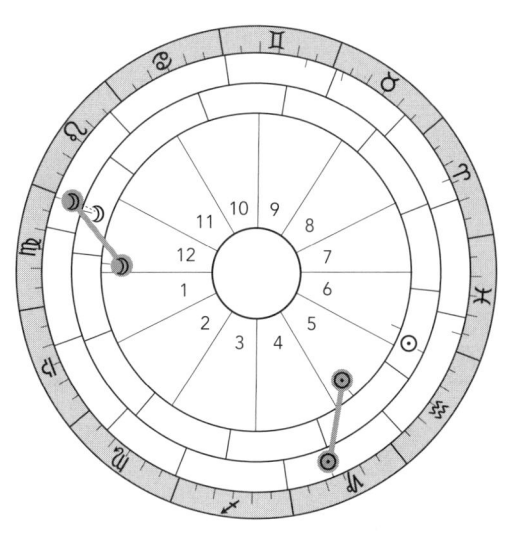

出生時と同じサインで起きる月相再置＋進行月回帰。この排卵周期で妊娠・出産します。

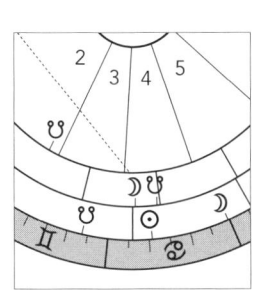

p月、pノードが運行しているサインでの月相再置。この排卵周期で妊娠・出産。直前の新月は日蝕。

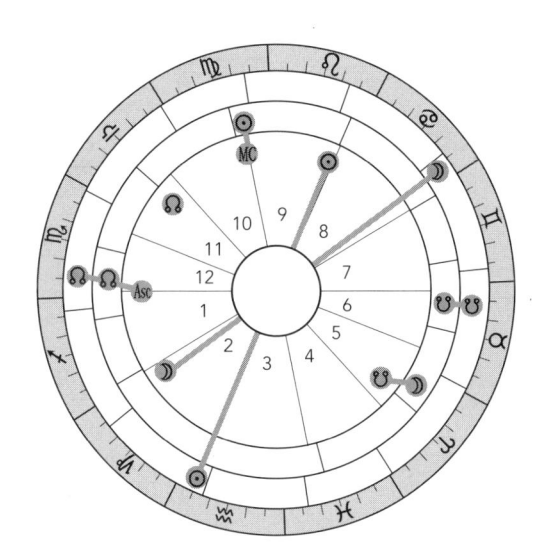

n太陽と月が月相再置の太陽と月とそれぞれ180度。この排卵周期で妊娠・出産します。他にASC—DSCにトランジットのノードが0度、MCに進行の太陽が0度、進行の月がノードと0度など。

(3) 月相再置のミッドポイントをチェックする

月相再置のミッドポイントが出生天体や感受点と接触していないか調べます。ミッドポイントも30度ずつ移動します。太陽、月、ノード、金星のほか、5ハウスの支配星など子供に関連する天体をつかまえることが多いです。

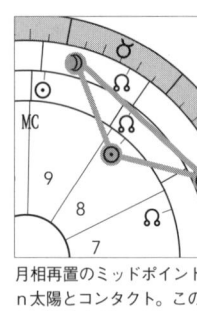

月相再置のミッドポイントがnテ陽とコンタクト。この排卵周期で妊娠・出産。直後の新月はpノードの上で日蝕。

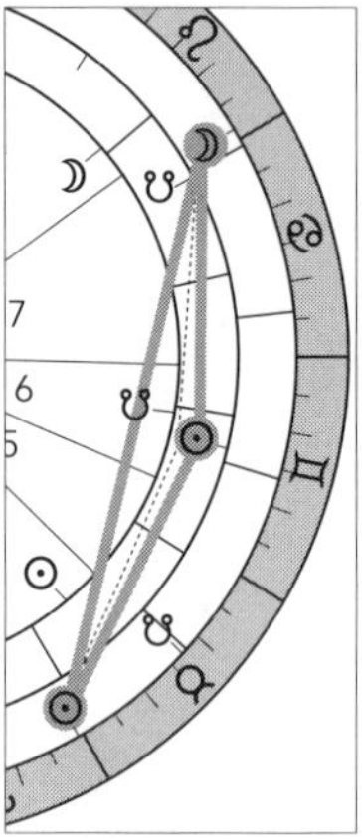

月相再置のミッドポイントがp太陽とコンタクト。この排卵周期で妊娠・出産。直後の新月は5ハウスカスプ上で日蝕。

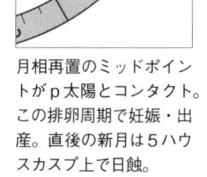

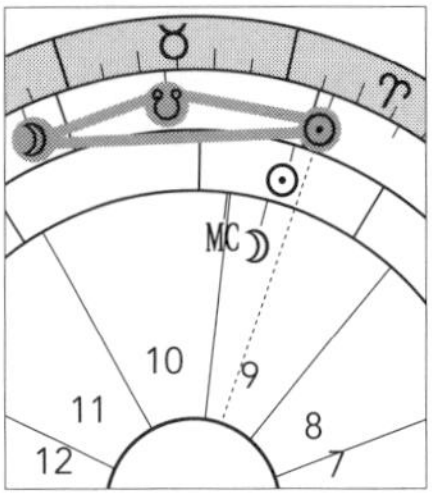

月相再置のミッドポイントがtノードとコンタクト。この排卵周期で妊娠・出産。直前の新月はnルp太陽0度の近く、直後の新月は日蝕。

(4) 出生の太陽と月のミッドポイントをチェックする

出生の太陽と月のミッドポイントに太陽、月、ノード、進行の太陽と月のミッドポイントがコンタクトしているケースがあります。

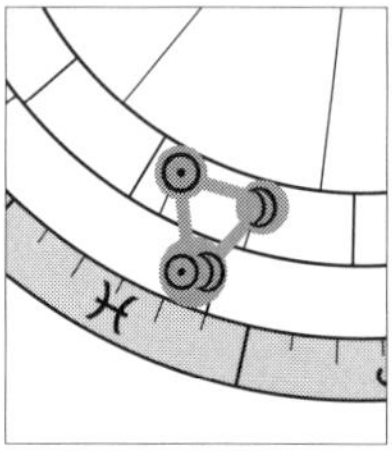

進行の太陽と月のミッドポイントでの新月。この排卵周期で妊娠・出産。

受胎において、出生の太陽と月のミッドポイントへのトランシットはとても鋭く働きます。排卵日付近のトランシットはHN8(0度、180度、90度、135度、45度)で接近分離ともにオーブ1度程度でコンタクトするトランシット天体がないかチェックしてください。進行の太陽や月についてはHN4(0度、180度、90度)で接近分離ともにオーブ2度以内でゆるくコンタクトしている時期が授胎が授かりやすいようです。受胎をサポートしてくれる天体はトランシットの木星です。トランシットの海王星と土星のコンタクトは受胎を妨げることも。しかし出生の太陽と月のミッドポイントに触れていたり、5ハウスの支配星であるなど子供に関わる天体である

COLUMN 15　バースコントロール占星術　〔リマーナすず〕

場合は受胎の時期表示になります。火星、天王星、冥王星のコンタクトも妊娠の時期表示になります。天王星の場合、全く予期しない妊娠であることが多いようです。授かり婚の配置。子供を望まない場合は人工中絶のリスクが高まるでしょう。火星の場合は妊娠初期の不安定な時期に多忙であるなど休まず動き回ることになります。また、つわりがきつい傾向が。冥王星は8ハウスの支配星であり、受胎に関しておおいに味方になってくれる天体です。流産やつらい不妊治療を乗り越えた人が妊娠するケースで冥王星のコンタクトを見ます。

ステップ 3　占星術を使ったタイミング法

精子の生存期間は平均5日〜3日、卵子の生存期間は平均1日、受精可能期間は現在では6時間〜8時間といわれています。

排卵の3日前〜排卵日当日にセックスすると妊娠の可能性が高くなります。大体この間で占星術的にも妊娠しやすい日時を選びます。意図を持って日時を選ぶテクニックがエレクショナルですが、受精日チャートの場合は母子の結縁をイメージしてチャートを作成します。強い引力が働くような配置の太陽・月を探します。具体的には出生の太陽・月と受精日チャートの太陽・月を調和的なアスペクトにできないか、パラレル

組ませられないか、母親の太陽と月のミッドポイントにトランシットのアングルや天体、感受点が来るのを待ちぶせできないかといったことです。

また妊娠期間中の母子の安全を願って受精日チャートの月を守ります。妊娠中に思いがけないトラブルに見舞われないよう可能であるなら火星や天王星からの接近のハードアスペクトを避けます。

インターコースチャートの作成（セックスの日時を選ぶ）

あまり無茶な時間帯は選ばないこと。実行可能な時間であることが第一です。

必要なデータ…基礎体温推定排卵日

月経周期の長さは個人差が大きいものの平均23日〜35日ごとに新しい周期がスタートします。排卵の時期もさまざまで28日周期の場合、目安として排卵日は第14日目です。

周期が何日でも高温期＝14日間と決まっています。例えば31日周期の人は31−14は17日で月経が始まってから17日目が排卵日になります。排卵チェッカーでチェックするとよいでしょう。排卵日前後の新月、月相再置、月相再置のミッドポイントを調べます。

ケース1　Iさん（2010年当時35歳）

卵巣年齢が45歳で自然妊娠は無理と診断され、人工授精にトライするものの妊娠に至らず、体外受精へのステップアップを薦められるが薬漬けの治療に疑問と限界を感じる。進行の月とトランシットのノード軸がお互いに接近し合い妊娠の期待が持てる星回りに入っています。

【Iさんの太陽と月のミッドポイント】
双子座9度　太陽／月＝海王星

【排卵日直前の新月】
2010年8月10日12時8分
①4ハウスでの新月
②5ハウス進行太陽へトランシット金星が合

【排卵日直前の月相再置】
2010年8月26日19時49分
①月相再置の太陽と月が出生図の太陽―月と0度。生まれた瞬間の月相をほぼ再現する配置

【基礎体温推定排卵日】
2010年9月2日〜9月5日あたり

【排卵日直後の新月】
2010年9月8日19時29分
①トランシットの太陽、水星が5ハウスを運行
②9月7日18時33分　個人新月（出生の太陽にトランシットの月が0度）

【排卵日直後の月相再置】
2010年9月25日11時20分
①出生図の太陽と月配置の月、出生図の月と月相再置の太陽がそれぞれパラレル
②進行の太陽と月相再置の太陽が0度

【排卵日直前の月相再置のミッドポイント】
双子座12度

【排卵日直後の月相再置のミッドポイント】
蟹座12度

2011年5月29日18時6分に女児出産。どちらのタイミングで授かったかわかりませんが、赤ちゃんの出生図のMCの度数が9月4日のインターコースチャートの太陽とオーブ1度未満の0度。子供の太陽は双子座8度で母親の太陽と月のミッドポイントと0度。

COLUMN 15　バースコントロール占星術　〔リマーナすず〕

インターコースチャート　2010年9月4日23時30分

① インターコースチャートの月は火星からの接近の90度は避けれていないが、最後に取るアスペクトは天王星との120度。出生の月とはタイトな接近の120度。
② 排卵日付近のトランジットでは出生の太陽と月のミッドポイントにインターコースチャートの水星が90度で触れます。水星は出生図における5ハウス支配星。
③ インターコースチャートの太陽の度数を排卵日直前の月相再置のミッドポイント（90度）にします。
④ インターコースチャートMCの度数を出生の太陽と月のミッドポイントに（90度）にします。

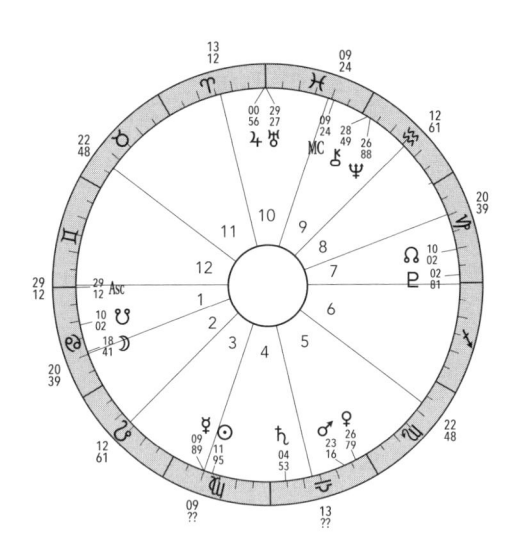

インターコースチャート　2010年9月6日6時00分

① インターコースチャートの月が火星や天王星と接近のハードアスペクトをとらない配置に。最後のアスペクトを金星との調和角に。
② 太陽をASC付近に置きます。早朝のチャートでは太陽がASCの近くにあります。
③ POFを11ハウスに置きます。11ハウスはパートナーの子供の場所です。

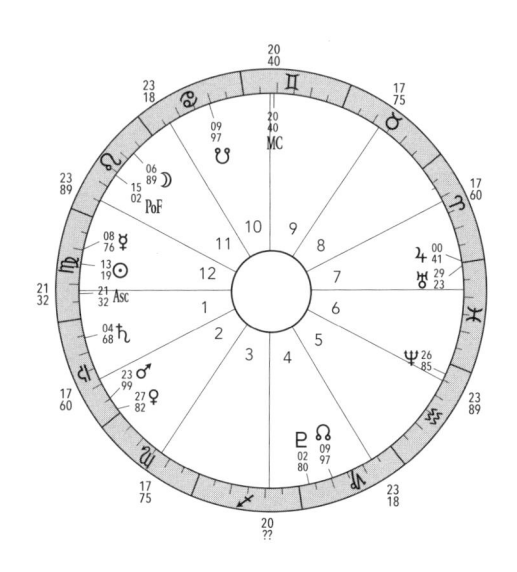

ケース2 Iさん（2012年当時37歳） 二人目の子供を授かるタイミング

二人目の子供についてはDSC、DSCの支配星、7ハウスにも注目してください（7ハウスは5ハウスから数えて3番目で、子供の兄弟姉妹の場所）。

【出生の太陽と月のミッドポイント】
双子座9度　太陽／月＝海王星

【排卵日直前の新月】
2012年11月14日7時7分
①出生図のASC―DSCとノード軸は合。DSC付近で日蝕

【排卵日直前の月相再置】
2012年11月30日17時53分
①進行の太陽に月相再置の太陽が60度
②出生図の太陽に月相再置の月が60度
③出生図の海王星に月相再置の月が0度

【基礎体温推定排卵日】
2012年12月8日～12月12日あたり
①トランシット太陽は7ハウスを運行

②進行の太陽とトランシット月の0度
③トランシット月と進行のトランシットノードと0度、出生のノードと0度

【排卵日直後の新月】
2012年12月13日17時41分
①出生図の8ハウスカスプの上で新月
②出生図のノード軸とDSCの上でトランシットの金星、ノード軸が0度

【排卵日直後の月相再置】
2012年12月30日12時25分
①出生図のノード軸に月相再置の月が60度
②出生図の太陽に月相再置の海王星が180度

【排卵日直前の月相再置のミッドポイント】
乙女座18度

【排卵日直後の月相再置のミッドポイント】
天秤座18度

他の日時でタイミングを取れなかったが、この1回で妊娠できたとのこと。

2013年8月28日に男児出産。子供も母親と同じく出生図に太陽／月＝海王星を持ちます。

COLUMN 15　バースコントロール占星術〔リマーナすず〕

インターコースチャート　2012年12月10日22時45分

① トランジットの太陽を直前の月相配置のミッドポイントの度数に。
② 出生の太陽と月のミッドポイントにトランジットの木星がコンタクト。MC付近に配置。
③ インターコースチャートのASCを出生の太陽と月のミッドポイントの度数に配置。
④ インターコースチャートの月と女性の出生図の月が接近の120度をとるように配置。
⑤ インターコースチャートの月が火星や天王星と接近のハードアスペクトを取らないように。
⑥ インターコースチャートの太陽と月のミッドポイントが出生の太陽にコンタクトするように配置。

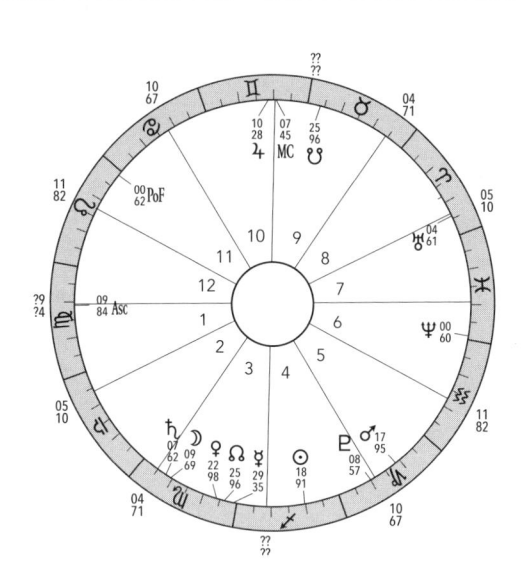

ステップ4　体外受精について

晩産化が進み、高度生殖治療で子供を授かる人が増えています。平均して30代後半〜40代前半の人たちで、占星術の星回りとしては中年の危機（n冥王星—t冥王星、n海王星—t海王星、n天王星—t天王星）に当たっています。

体外受精では一般的に薬による強い卵巣刺激を行い一気に卵を育てて受精させます。費用の方も30万円〜50万円と高額ですが金額に見合った結果は出せていません。成功率は30代までで約30%、40代になると約10%、45歳では一ケタまで落ちます。たくさん受精卵を作り凍結するので、凍結胚を持つ人が増えています。

体外受精は排卵周期に沿って行われますが、卵巣を刺激する方法によってスタートのタイミングが違ってきます。なので大局的な運気の流れを見ます。その中で特に注目するのは受精卵を子宮に戻す（胚移植）時期です。体外受精の成功にはトランジット天体の強い後押しが必要です。

ケース3

Yさん（2012年当時41歳）
体外受精　胚移植の日時／2012年5月16日11時00分

長年原因不明の不妊でしたが、転院して着床の妨げになる子宮筋腫が見つかる。手術後の体外受精で妊娠・出産。出生図のコンディションとしては5ハウス−11ハウスに強い緊張がありなかなか子宝に恵まれにくい配置。

しかしそれを調停する強い冥王星があります。太陽と月のミッドポイントは双子座7度。

2013年2月15日10時24分に0度、出生図の太陽に進行の月がオーブ1度未満で。子供の木星は母親の太陽と月のミッドポイントにコンタクトしています。

① 大局的な受胎サイクルはプログレスの月とトランジットのノードがともに5ハウスを運行し子供とのご縁を感じさせます。プログレスの月、トランジットのノードは太陽と月のミッドポイントに触れています。胚移植直後の新月はn月と180度、5ハウスでの日蝕。
② トランジット木星が5ハウスを運行。このトランジット下で体外受精が成功する例をよく見ます。
③ トランジット太陽、水星、金星が5ハウスをぞろぞろ運行する時は、成功しやすい。
④ ASC-DSC上のトランジットの冥王星。極限の心理状態を味わいやすいが達人の域にある医師や整体、鍼灸師の強いサポートが得られる配置。
⑤ トランジットのキロン-火星が太陽と月のミッドポイントにコンタクトし、ASCに対して火星が力強いサポート。キロンは高度生殖医療を司る小惑星です。
⑥ 進行のノードと火星が出生の冥王星の上まで進んでいます。

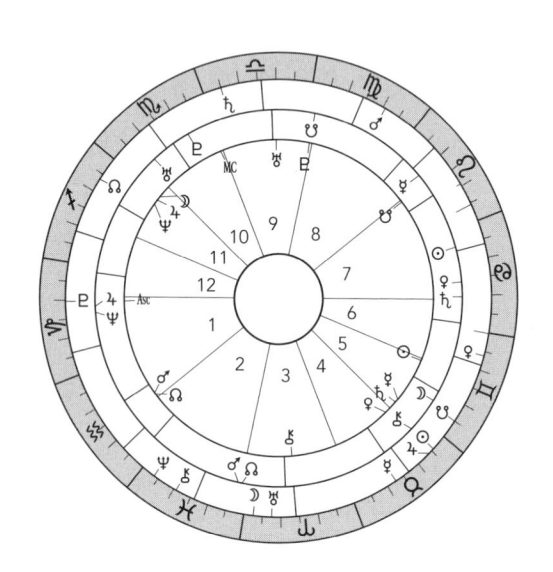

まとめ

今回はトランシットにはあまり触れませんでしたが、トランシットの木星と土星はとても重要です。

ASC—DSC、MC—ICに木星、土星がやってくる時、太陽や月に木星、土星がやってくる時期に注目してください。親になることは親という肩書を持つことであり、社会的な責任を担うということです。受胎サイクルがめぐっている時、結婚したい、子供を持ちたいという気分になる傾向があります。しかし仕事が忙しい、経済的な理由で難しいなど、外部からの影響であきらめたり先延ばしすることが多いものです。

その反対に、背中を押されることがあります。無数の機縁によって一人の人間がこの世に生を受けます。外からの影響はトランシットで考えます。

出産は昔から「血の道が変わる」といわれるほど血が入れ替わり、体内に浄化が起こります。トランシットのノードが出生や進行のノード、太陽、月、ASC—DSC、MC—ICにやってくる時、出産以外の出方としても、人との縁が変わるなど何らかの浄化が起きるでしょう。出会いや誕生を知らせますが、別れや死の前触れでもある星回りです。人生の潮目といってもよいかもしれません。どれだけ医療が進んでも、生殖は神の領域です。どれだけ強く望もうが、どれだけ努力しようが神が望み通りにコントロールすることは不可能です。

あきらめたわけではないが、コントロールを断念した人が思いがけず妊娠するというケースをよく目にしました。命は奇跡としかいいようがなく、それでいて不思議なほどに当たり前です。

ぜひ、命とのめぐり合わせをホロスコープから見つけ出してください。

コラム寄稿者紹介〈五十音順〉

いけだ笑み（いけだ・えみ）

1968年7月11日大阪生まれ。
宇宙のからくりと人間存在の謎について、物心ついたころから考え続け、古代占星術と錬金術思想にたどりつく。
1998年に松村潔氏に師事。
1999年ごろから占星術のプロとして活動開始。東京、大阪、博多、仙台、札幌での講師活動、研究会主催、雑誌への執筆に携わる。ホラリー占星術の研究と実践に取り組みながら、自分のためのタロット制作、ヨーガ哲学に没頭中。
主な著書：『基本の『き』目からウロコの西洋占星術入門』『続・基本の『き』目からウロコの西洋占星術入門』『ホラリー占星術』（すべて説話社）『スグヨミフレンドリータロット』（カイロンブックス）
「いけだ笑みの占いサイト」
http://astro.secret.jp/

石塚隆一（いしづか・りゅういち）

心理占星術研究家。1964年神奈川県生まれ。
1992年より占星術の研究を始める。松村潔氏に師事。
2000年以降、講座や執筆などを通じて、積極的に後進の育成にあたっている。ノエル・ティル氏の著書の翻訳の他、自著をkindle出版中。
『西洋占星術入門』、『ノエルティル占星術への招待』、『占星術のしくみとマンデン』、『心理占星術のためのサビアンシンボル』、『子ギツネ心理占星術〜単純化したアプローチ〜』など。
また、占星術の修得には繰り返しながら総合的な感覚をつくることが重要と考え、新宿や横浜、名古屋などで定期的な研究会・勉強会を継続する他、個人レッスンにも力を入れている。録音エンジニアでもある。
「星の部屋」
http://ryuz.seesaa.net/
「ノエルティル心理占星術を日本語で学ぼう！」
http://tyljapan.ciao.jp/

倉本和朋（くらもと・かずとも）

1968年生まれ。
2004年、西洋占星術に興味を抱く。
2007年、松村潔先生の著書を読み、以来西洋占星術の勉強に本腰を入れる。
2008年、占星術洋書読み始める。
2010年、amazon.co.jp のレヴュー欄に占星術図書（和洋）レヴュー投稿を始める。石塚隆一先生の許、心理占星術を学び始める。
2012年、会社を辞め、以来、毎週金曜、占星術洋書読書会をユーストリーム（2015年2月よりユーチューブ録画）で配信中。
2013年、ラクシュミー先生の許、タロットを学び始める。
2014年、正式に「占い師」として起業。電子書籍『西洋占星術洋書ガイドブック Vol.1〜5』『西洋占星術洋書を読むための英語勉強法』（ともに説話社）リリース。2015年、電子書籍『占星術英語用語簡易辞典』『西洋占星術家年鑑』（ともに説話社）リリース。芸名「極東もんじゃ」としてデビュー。

鷹石惠充（たかいし・しげみつ）

テレシスネットワーク株式会社
代表取締役社長
1959年生まれ・福岡県出身
大学時代、日本に初めて西洋占星術を紹介したという「門馬寛明」氏に師事し、在学中よりコンピューター占いシステム開発を企画、開発。その後、インターネット占いサービス会社を平成3年に設立し、占いコンテンツサービスの提供・運営を行いながら、西洋占星術、インド占星術、九星気学などを探求。
多くの素晴らしい占いの先生方がネット上で活躍できるステージの提供を命とするポリシーを基に、ドコモ、ヤフー占い、ライン占い等をサービス中。
近年、「伊勢山天愛」というペンネームにて九星気学を活用した「ラッキーカラーダイアリー」を出版、占いを活用し、人生を味わい、喜びを分かち合う生き方を広める活動を行っている。

コラム寄稿者紹介〈五十音順〉

竹内俊二（たけうち・しゅんじ）

1979年福井県生まれ。占星術研究家。
2006年に西洋占星術と出会い、書籍と松村潔先生のオーディオ教材で独学を始める。2011年より仕事の傍ら占星術の個人セッションを開始する。対話を大切にしながら共に本質を掘り下げ、希望と可能性に着目する読み方が特徴。顧客の約9割は女性であり、セラピストやカウンセラー、デザイナー等の個人事業主からの支持を集める。
2012年からはブログ『宙の色（そらのいろ）』にて、主に新月図・満月図の読み解きを開始。詳細な分析と、誰にでもわかりやすい物語的な表現が特徴。
2015年より名古屋、芦屋、東京、仙台、Skype にて、占星術の講座や公開セッションを開催する。
2016年以降は企業からの依頼による占星術のワークショップ開催と、動画サイトでのコンテンツ配信を予定している。Facebook と Twitter では、ほぼ毎日ホロスコープの読み解きを更新中。
料理と実家で飼っているシーズーをこよなく愛する。
「宙の色（そらのいろ）」http://ameblo.jp/studioprism/

登石麻恭子（といし・あきこ）

西洋占星術研究家。英国ＩＦＡ認定アロマセラピスト。AEAJ 認定アロマテラピーインストラクター。フラワーエッセンスプラクティショナー。
早稲田大学教育学部理学科生物学専修卒。
ボディ・マインド・スピリッツを統合するホリスティックなツールとして西洋占星術をとらえ、アロマテラピーやハーブ、フラワーエッセンスといった植物療法や、パワーストーンなどを活用したセラピューティックアストロロジーを実践。また医療占星術的視点から、植物（特にハーブなど薬用植物）や鉱物（パワーストーン）・身体・西洋占星術の相関を研究し、ライフワークとしている。
都内にてセッション、および西洋占星術、西洋占星術と植物療法、などの講座を開催中。
主な著書：『スピリチュアルアロマテラピー事典』（共著）、『植物油の事典』（共著）（毎日コミュニケーションズ）、『魔女のアロマテラピー』（INFAS パブリケーションズ）、『魔女の手作り化粧品』（ワニブックス社）

まついなつき

1960年生まれ。
高校在学中からマンガの論評雑誌を編集出版している小さな会社に出入りして、コラムやマンガ、インタビュー、カット描きなどの仕事を始める。
80年代はお笑い、演劇、バンド、マンガ等のサブカルチャー雑誌、90年代は育児、家族等の女性誌や企業PR誌の編集とコピーライティングに従事。
1998年より松村潔氏の朝日カルチャーの占星術初級講座、原宿虎の穴などに参加して、占いの勉強を始める。
2002年位から、占い原稿の執筆、講座、個人鑑定などを始め、マンガ家・エッセイストからに占い師にジョブチェンジ。
2008年10月中野ブロードウェイ4階に占いの店「中野トナカイ」を開店。
2015年8月南阿佐ヶ谷に「ウラナイトナカイ」を移転開店。
主な著書：『まついなつきのムーンチャイルド占星術』（主婦の友社）、『改訂版しあわせ占星術』（KADOKAWA）
WEBサービス監修：「結ばれるべき運命」、「枢機密占星術」など

芳垣宗久（よしがき・むねひさ）

1971年東京生まれ。占星術研究家。鍼灸治療家。
ホロスコープを人間の創造力を引き出す思考ツールとしてとらえ、伝統にもジャンルにもこだわらない自由な研究を展開。特に小惑星占星術やアストロ・ローカリティー（地理占星術）といった近代的なテクニックに詳しく、近年ではルネサンス時代の魔術的占星術の世界にも参入。個人相談や原稿執筆のほか、セミナー・講演等も積極的に行っている。
占星術スクール「ヘルメス学園」主催。
主な著書：『愛の小惑星占星術』（説話社）、『超開運 ダウジングでどんどん幸せになる本！』（芸文社）
「YOKOHAMA BAYSIDE ASTROLOGER」
http://www.i-m.co/Mune/yokohamabaysideastrologer/
「YOKOHAMA BAYSIDE ASTROLOGER ~ Blog Version ~」
http://astro-z.blogspot.jp/

コラム寄稿者紹介〈五十音順〉

ラクシュミー

占術実践家。
公務員、OL を経て 1999 年より現職。日本最大の占い館、大阪ミナミの「ジュピター」にてトータル 3 万人以上の鑑定実績を持ち「HanakoWest」や「ぴあ関西版」などに掲載される。自分と周囲を客観的 に見つめ直す機会を持つことで現象だけにとらわれないよりよい生活を送れるはずとの考えから個人鑑定をベースに活動している。各種ワークショップや講座 なども多数開催。
「マカロンタロット」監修
テレシスネットワーク占いコンテンツ「アストログラム透視占」監修
朝日カルチャー中之島、アカデメイア・カレッジ、カイロン東京校、アルカノン・セミナーズ講師

リマーナすず

1969 年 4 月 21 日大阪生まれ。
1981 年、12 歳の頃ルル・ラブア氏の著書と出会い占星術に触れる。
1994 年 9 月、大阪国際空港で占星術の鑑定をスタート。
1998 年に松村潔先生に師事。
2000 年から「赤ちゃんが欲しい」(主婦の友社刊) の星占いを 15 年間にわたり担当。
主に自宅で鑑定し不妊に悩む女性の相談に乗っている。
自身も西洋占星術の受胎サイクルを活用し、二人の女の子を授かる。
2011 年から講師として活動。
家族は、漫画家の夫、娘二人、猫 4 匹。
「毎日がチャンス日！」
http://hapihapiastrology2.blog.so-net.ne.jp

おわりに

占星術のホロスコープは、その人が生まれた場所で作成します。生まれた年月日、時間と場所が正確にわかれば、正確なホロスコープが作成できます。

ここにはハウスというものがありますが、ハウスは生まれた時間がわからないとはっきりしないものです。多くの人は、生まれた場所にじっとしているわけではなく、引っ越ししたりします。すると、生まれた場所とは違う、新しい場所でホロスコープを作りなおし、生まれた時のスタイルとどのくらい違うかを考えてみるとよいと思います。天体のハウス位置が違ってくる場合もあるのです。

インターネットで占星術のホロスコープを作成することのできるサイト、astro.com では、こうした場所を移動することで出来上がるリロケーションチャートはさほど重要ではなく、あくまで生まれた場所でのホロスコープが大切であると書いていますが、これは人によってかなり違います。自分の記憶を頑固に維持し、ある程度閉じた人と、環境に自分を開き、場所によって自分の表現が変わってくる人という違いはあるのです。

例えば引っ越しをすると、対人関係も仕事の仕方も、考え方まで変わってしまったという体験をする人はたくさんいます。場所は集団意識が刻印されており、この集団意識との関係で、個人の表現が変わってしまうのは当たり前で、おそらく、生まれた時のホロスコープがずっと変わらないという

は西欧的なタイプで、場所によって変わってしまうのは東洋的な人格タイプと考えてもよいかもしれません。

「はじめに」で書いたような例でいえば、内臓型と、脳脊髄神経型、すなわち植物系と動物系の違いです。植物系は、自分では動かない。ということは、動いてしまうと、条件ががらっと変わってしまいます。動物系はもともと動くので、動くことで何か変化しないのです。動物系は、環境に対してプロテクトして自分の記憶を保つ力が強いともいえます。

飛行機などの価格はどんどん安くなっているので、時には国内旅行よりも安価なので、自分の気に入った国や場所があれば、どんどん出かけることをおすすめしますが、それは開運にも関係することです。

人に依存することでしか生きていけないチャートの人は、地球の反対側に行くと、真逆の性格に変貌します。

どこの場所で、自分がどう変わるかを実体験で調べてみるととても興味深いことになります。これは、あちこちの国に移動する人が、私に相談をもちかけることが多く、いつのまにか、実例をたくさん知ったからいえることでもあるかもしれません。

ハウスはその人の細かいところを詳しく考える時に重要ですが、私はこのハウスを相対化したいと思っているというわけです。医療占星術では、その人のハウスは、身体の各部位を示したり、また6ハウスと8ハウスなどで病気になりやすい場所を考えたりしますが、場所を変えると、この配置が換わってしまうということは、ある病気にかかりやすい人も、場所を変えると体質が変わるということです。

事実、身近なところでも、深刻なアレルギーの人が、ある国に行くと、突然その日から、アレルギー

648

おわりに

が消えてしまって驚いたということもあります。私がハウスを相対化したいという意図は、占星術の中では、ハウスは、その人を最も具体的で狭い枠に閉じ込めるものだからです。ハウス、サイン、惑星のアスペクトなど、個人による違いは、それを上手く活用するとともに、しだいにそこから開放されていくという要素もあります。最終的にすべての条件から開放されるのがよいと思います。

例えば、タロットカードの生命の樹との対応でいえば、その人を個性的な人生の中に閉じ込めていくのは「恋人」のカードで、その条件を解放して広い世界に向かわせるのは、左右対称の位置にある「皇帝」のカードです。誰もが、自分だけの個性的な条件を無化したいと思います。この両方の願望を持つのです。

本書では他の人にもコラムをお願いしました。その方が全体に賑やかで楽しいからです。また、この場合、私は意見がそれぞれ違って統一されていないような状態を好んでいます。考え方や思考は、その人そのものではありません。自我と思考は分離するべきです。思考は新陳代謝します。考えた方とか思考そのものレベルで、どれが正しいのかを考えることは、あまりよいこととはいえません。誰でもその人の存在位置によって考え方が違うのです。ですので、みんながばらばらなことをいっていると感じたら、それはそれでよいのだと思います。

毎度のことですが、説話社の高木利幸さんにはお世話になりました。これだけ長い本だと、しかも複数の人がコラムで参加しているので、きっと大混乱だったと思います。

649

著者紹介

松村　潔（まつむら・きよし）

1953年生まれ。占星術、タロットカード、絵画分析、禅の十牛図、スーフィのエニアグラム図形などの研究家。タロットカードについては、現代的な応用を考えており、タロットの専門書も多い。参加者がタロットカードをお絵かきするという講座もこれまで30年以上展開してきた。タロットカードは、人の意識を発達させる性質があり、仏教の十牛図の西欧版という姿勢から、活動を展開している。著書に『完全マスター西洋占星術』『魂をもっと自由にするタロットリーディング』『大アルカナで展開するタロットリーディング実践編』『タロット解釈大事典』『みんなで！　アカシックリーディング』『あなたの人生を変えるタロットパスワーク実践マニュアル』『トランシット占星術』『ヘリオセントリック占星術』『ディグリー占星術』『本当のあなたを知るための前世療法　インテグラル・ヒプノ独習マニュアル』『三次元占星術』（いずれも説話社）、『決定版!!サビアン占星術』（学習研究社）ほか多数。

http://www.tora.ne.jp/

完全マスター西洋占星術 Ⅱ
<small>かんぜん　　　　　　　せいようせんせいじゅつ</small>

発行日	2016年4月4日　初版発行
	2021年12月10日　第5刷発行

著　者　　松村　潔
発行者　　酒井文人
発行所　　株式会社 説話社
　　　　　〒169-8077　東京都新宿区西早稲田1-1-6
　　　　　電話／03-3204-8288（販売）03-3204-5185（編集）
　　　　　振替口座／00160-8-69378
　　　　　URL https://www.setsuwa.co.jp

デザイン　　染谷千秋
編集担当　　高木利幸
印刷・製本　大盛印刷株式会社

© Kiyoshi Matsumura Printed in Japan 2016
ISBN 978-4-906828-21-0 C 2011

落丁本・乱丁本は、お取り替えいたします。
購入者以外の　第三者による本書のいかなる電子複製も一切認められていません。

松村潔の本

トランシット占星術

「トランシット」とは出生図と通過する惑星の相互作用から未来を予測する技法です。冥王星、海王星、天王星を重視する点に特徴があり、各天体がどのハウスに入った時に私達にどのような影響を与えるのかを詳しく解説。古代の占星術技法「パラン」を使っての恒星の影響も紹介しています。

A5判・並製・324頁
定価2640円（本体2400円＋税10%）

松村潔の本

ヘリオセントリック占星術

従来の価値観を180度変える力を与えてくれる占星術の技法である「ヘリオセントリック」について解説した1冊。なじみの深い、太陽や月、その他の惑星の位置関係を見る「太陽星座（雑誌やテレビなどでみる「12星座」）」ではなく、太陽から地球を見た「地球星座」で読み解く、あなたの才能や性格、今後の発展などがわかる新占星術です。

A5判・並製・240頁
定価2640円（本体2400円＋税10％）

松村潔の本

ディグリー占星術

「ディグリー占星術」とは、ホロスコープに明示されている「ディグリー（＝度数）」から自分自身を深く読み取るためのもので、1度から360度までの度数の意味を説明したサビアンシンボルと違い、12サイン共通の1度から30度までの各度数の意味を解き明かしものです。さらに、12サイン別の度数のテーマも合わせて取り上げていますので、サビアンシンボルとして勉強されたい方にも最適です。

A5判・並製・252頁
定価2640円（本体2400円＋税10％）

松村潔の本

三次元占星術

「三次元占星術」とは、40年以上西洋占星術を研究し続けてきた著者が編み出した最新の占星術技法です。太陽を中心にホロスコープリーディングを行う「ヘリオセントリック占星術」をさらに進化させたかたちです。西洋占星術を既に学んだ方には新たな発見と気づきを、精神世界に興味のある方には実用的なメソッドを、まったくの初めての方には自己認識の再発見という大きなインスピレーションを与えてくれるものでしょう。

A5判・並製・364頁
定価3080円（本体2800円＋税10％）

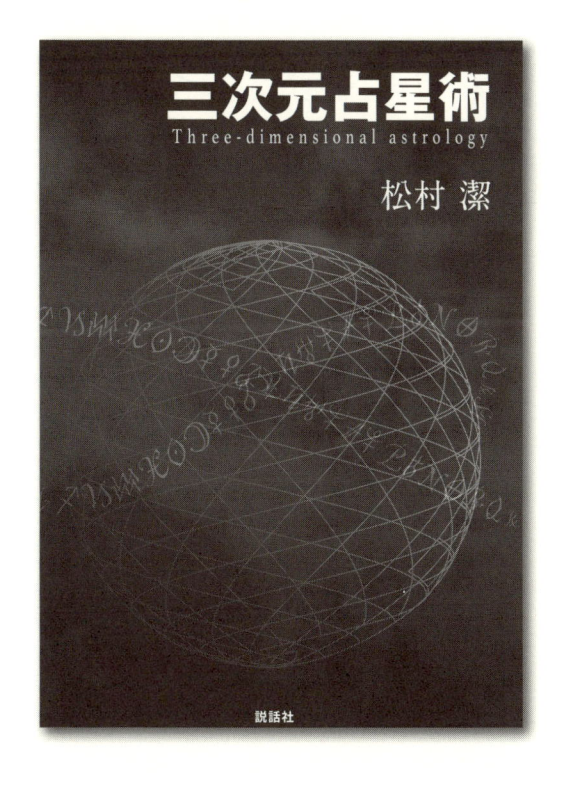